사회조사분석사 대비

사회조사방법의 이해

김수택 지음

한국통계학회 조사통계연구회 감수

김규성 · 김영원 · 박진우 · 변종석
이기재 · 한근식 · 홍기학

자유아카데미

머리말

한국통계학회 조사통계연구회에서는 통계학을 포함한 사회학, 심리학, 신문방송학, 행정학 등 사회과학 전 분야에 걸친 전공자들을 위한 「조사방법의 이해」 라는 조사방법의 입문서를 2002년 9월에 발간하였다. 그 후 2년 동안 저자들이 강의를 하면서 책의 내용과 기술 측면에서 느낀 부족한 점을 보완하고 독자들의 애정 어린 지적과 건의사항들을 수용하여 필자의 주도하에 2005년 1월 1차 개정판을 내게 되었다. 1차 개정판은 4년 동안 많은 독자들의 사랑을 받아 왔는데 사회조사분석사 시험을 준비하는 독자들이 사회조사방법론에 관한 내용 면에서 미흡함을 지적하였다. 이에 필자는 기존에 출제되었던 사회조사분석사 시험문제를 분석하여 부족한 내용을 보완하고 실무자들의 이해와 활용에 실질적인 도움을 줄 수 있는 방향으로 2010년 1월 2차 개정판을 출간하였다. 그 후 9년이 지나면서 책의 내용과 기술 면에서 책의 분량이 너무 많다는 지적과 함께 필자의 자기반성도 하게 되었다. 이에 필자는 강의하면서 느낀 내용의 부족한 점과 지나치게 상세한 설명으로 인한 분량의 증가 등의 지적사항을 과감하게 수용하여 책의 편제와 내용 및 연습문제 등을 대폭 수정, 보완하고 사회조사분석사에 대한 수험서로 충분한 새로운 방향으로 책을 저술하게 되었다.

이 책은 조사방법론과 통계분석의 두 분야를 동시에 접할 수 있도록 'Ⅰ. 사회조사방법론'과 'Ⅱ. 통계분석'의 두 편으로 나누어 총 9장으로 구성되어 있다. 1편의 1장에서 5장까지는 사회과학연구 방법론 측면의 내용을 대폭 수정, 보완하였으며, 2편의 6장에서 9장까지는 기술통계, 확률 및 확률분포, 통계적 추론, 필수적인 통계분석법에 관한 내용을 정리하는 방향으로 기술하였다. 그리고 각 장의 연습문제는 사회조사분석사 시험에 출제되었던 문제들을 선별하여 소절의 내용별로 수록하여 사회조사분석사를 준비하는 독자들의 시험 준비서로 활용하는데 충분하도록 노력하였다.

이 책이 나오기까지 격려와 지원을 아끼지 않은 조사통계연구회 김규성 회장에게 심심한 사의를 표하며, 세심하게 원고의 오・탈자를 찾아내준 조사통계연구회원과 경상대학교 정보통계학과 김현희 양에게 고마움을 전한다. 끝으로 어려운 여건 속에서도 많은 도움을 주시고 책을 출판해주신 자유아카데미 임철석 사장님 이하 모든 직원 여러분께 감사드린다.

2019년 8월

慶尙大學校 자연과학대학
정보통계학과 교수 김수택

차례

제 I 편 사회조사방법론

01장 사회조사연구

02장 자료수집법

03장 측정

04장 척도와 질문지

05장 표집과 조사관리

제II편 통계분석

06장 기술통계

07장 확률과 확률분포

08장 통계적 추론

09장 통계분석법

부 록

제 I 편

사회조사방법론

제1장

사회조사연구

1.1 과학적 연구

1.1.1 과학의 특성

과학적 연구 또는 방법을 이해하기 위하여 과학 그 자체의 특성이 어떤 것인가를 알아볼 필요가 있다. 과학(science)이라는 단어의 사전적 정의는 Oxford 사전에 의하면

> "knowledge about the structure and behaviour of the natural and physical world, based on facts that you can prove, for example by experiments."

인데, '어떤 사물을 안다(scire)'라는 희랍어를 기원으로 지식이라는 뜻의 라틴어 scientia에서 나왔다고 한다. Science를 '과학'이란 용어로 번역한 사람은 일본의 철학자 니시 아마네(西周, 1829~1897)로 알려져 있다. 그가 1874년 '명륙잡지'(明六雜誌)에 연재하던 '지설'(知說)이란 글에서 '과학'이란 말을 처음으로 그것도 단 한 번 사용했는데, 당시만 해도 전문화된 각 '분과(分科)의 학(學)'이란 정도의 뜻으로 쓴 표현이었다. 중국에서는 '과거지학(科擧之學)'의 줄임말을 과학이라 하였으니 과거를 보기 위한 학문으로 오늘날의 과학을 의미하는 것은 아니다. 그런데 '科'란 익은 벼의 상형 禾(화)와 자루가 달린 곡식, 술 따위를 푸는 도구의 상형 斗(두)로 형성된 글자로 "'말'로 곡식을 되다."가 본뜻이고, 조목별로 나누다, 등급 짓다가 파생된 뜻이라고 한다. 즉, '과'는 본질적으로 '분류'와 '측정'을 내포하고 있다할 것이므로 분류에서 시작하는 Science를 '과학'으로 번역한 것은 참으로 적절하다 하겠다.

과학은

- **기술**(description)
- **규칙의 발견**(discovery of regularity)
- **이론과 법칙의 형성**(formulation of theories and laws)

등 세 가지 활동을 통하여 우리가 살고 있는 세상을 이해하려는 것이라고 말한다. 즉, 과학의 궁극적 목적은 자연현상이나 사회현상을 이해하고 설명 또는 예측하기 위한 이론의 정립이라 하겠다. 그러나 그러한 연구가 모두 과학이라고 말할 수는 없다. 오랜 시간 동안 관습을 통하여 그럴 것이라고 믿어지고 있는 상식과 달리 과학은 모든 지식에 대하여 과학적 연구를 통한 입증을 전제로 하고 있다. 과학 또는 과학적 연구를 이해한다는 것이 쉽지 않지만 여기서는 E. R. Babbie(1973)가 정리해 놓은 이상적인 과학의 특성에 대하여 살펴보기로 한다.

1. 과학은 논리적(logical)이다.

과학 또는 과학적 연구는 상식, 관습, 종교적 계시 및 전통 등에 근거하지 않고 논리적 이론(이유)을 근거로 한다. 논리적이라 함은 서로 배반인 사건들이 동시에 일어날 수 없으며 사건

의 발생순서가 이치에 맞아야 한다는 것이다. 예컨대, 하나의 동전을 던졌을 때 동전의 양면이 동시에 나타났다거나 불을 피우기 전에 연기가 먼저 났다고 하는 것은 비논리적이다. 과학에서 타당성을 도출하는 논리전개 방법에는 귀납적인 것과 연역적인 것이 있는데 이들은 과학적 논리전개에 필수 불가결한 방편이라고 할 수 있다.

2. 과학은 결정론적(deterministic)이다.

과학은 어떤 사건도 저절로 발생하는 것이 아니라 어떤 원인이 있기 때문에 발생하는 것이며 그 원인이 논리적으로 확인되어야 한다는 것을 전제로 한다. 즉, 어떤 사건이 발생한 데에는 그에 상응하는 원인이 있기 때문이라고 단정하는 것이다. 그런데 일반적으로 하나의 현상에는 다양한 원인이 있을 수 있고 또한 하나의 원인이 여러 현상에 영향을 미칠 수 있기 때문에 어떤 원인의 결과로 나타나는 현상들 간의 명확한 관계를 밝히는 것은 용이하지 않다. 따라서 결정론적이라 함은 단정적이기 보다 개연성을 가지고 얼마나 더 가까운 것인가를 확실히 하는 확률적 형태의 결정론에 근거를 두고 있다고 말할 수 있다.

3. 과학은 일반화(generalization)를 목적으로 한다.

과학은 개별 사건을 설명하려는 것이 아니고 유사한 대부분의 사건들에 대한 일반적 이해를 추구한다. 즉, 개별 사건의 인과관계를 규명하고 이를 일반화하여 여러 유사 사건들에 존재하는 인과관계를 규명하고자 한다.

4. 과학은 특정적(specific)이다.

과학은 특정 연구를 통해서 일반화를 추구한다. 과학이 일반화를 목표로 하지만 어떤 연구에서 분명히 밝혀야 할 개념의 뜻은 조작적 과정을 통하여 특정될 수밖에 없고 그렇게 선택된 특정 방법에 의하여 연구가 진행될 수밖에 없으므로 과학은 특정적이라 한다. 그렇지만 구체적이고 특정적인 연구 결과는 유사한 상황에 적용하여 활용할 수 있어야 한다.

5. 과학은 간결함(簡潔, parsimonious)을 추구한다.

과학자는 최소한의 원인 변수를 선택하여 사건을 설명하고자 한다. 예컨대, 10개의 변수를 이용한 사건의 설명력이 95%이고 3개의 변수에 의한 설명력이 75%라면 후자가 더 바람직한 연구일 수 있다. 사실, 변수의 축소와 설명력 간에는 trade-off의 관계가 있는데 과학자는 양자를 모두 극대화시키고자 노력한다.

6. 과학은 경험적으로 검증 가능한(empirically verifiable) 것이어야 한다.

과학적 연구에 의한 지식은 경험적 자료에 의하여 입증될 수 있어야 하며, 연구사 자신이나 다른 연구자들이 동일한 방법으로 반복하여 연구를 수행하여도 동일한 결과가 도출되어야 한다는 것이다.

7. 과학은 상호주관적(intersubjective)이어야 한다.

과학은 객관적이어야 한다고 말하지만 각 연구자는 자신의 동기에서 비롯되는 주관적인 것으로부터 벗어날 수는 없기 때문에 과학적 연구가 반드시 객관적이라고 하기는 어렵다. 개념화의 과정에서 연구자에 따라 자신의 주관이 반영되어 개념이 서로 다르게 정의되고 측정되면 서로 다른 결과가 나올 수 있다. 그러나 연구자마다 서로 다른 주관을 가지고 같은 연구를 수행하더라도 같은 결론에 도달할 수 있어야 한다. 즉, 과학적 연구는 대다수의 많은 연구자들이 공통적으로 가지고 있는 주관에 근거한 연구(상호주관적인 연구)이어야 한다.

8. 과학은 수정 가능한 것(open to modification)이나.

과학은 진리를 추구하지만 불변의 진리가 발견될 것이라고 기대하기는 어렵다. 실제로 수많은 과거의 과학적 이론이 반증되어 수정 또는 대체되고 있다. 한편, 궁극적으로 과학은 인간 사회에 기여하는 유용성(utility)을 목적으로 하고 있으므로 과학적 연구 결과가 인간 생활에 얼마나 유용한가를 평가할 필요가 있다. 즉, 시대적 상황이 변함에 따라 그 유용성도 달라지고 그에 따른 이론도 변할 수 있으므로 과학은 유용성의 변화에 따른 수정이 가능해야 한다.

이상과 같은 과학의 속성은 모든 연구의 기조가 된다. 어떤 연구이든 그 자체가 과학적 이론을 정립하고자 하는 것이기 때문이다. 이러한 과학의 입장에서 보면 과학적 연구 또는 과학적 방법이란 앞에서 언급한 과학의 속성을 배경으로 하여 현상 속에 내재되어 있는 제반 법칙을 정확히 찾아내고 그것이 옳은 것임을 모두가 믿을 수 있도록 하는 연구이자 방법인 것이다. 따라서 그 방법이 체계적, 경험적, 실증적, 객관적 및 계량적이어야 연구의 산물이 일반성, 추상성 및 보편성을 지니게 되며 미래의 유사 상황에서의 예측을 가능하게 한다.

1.1.2 사회과학관

과학에서는 경험적 증거가 확실한 지식을 추구한다. 과학적 연구의 주된 특징은 경험적 증거의 제시에 있는데, 문제는 "경험적(empirical)"이라는 말의 해석이 학파에 따라 다르다는 것이다. 그 차이의 시발점은 사회과학이 자연과학과 같은 것인가 다른 것인가 또는 달라야 하는 것인가에 있다. 사회과학이 과학인가를 둘러싼 논쟁은 세 가지 쟁점, 즉, 연구대상인 사회현상을 무엇으로 규정하는가에 대한 존재론적 쟁점, 사회연구의 방법론과 관련된 인식론적 쟁점, 사회적 가치와 관련된 가치론적 쟁점 등의 세 가지를 중심으로 전개된다. 이 세 가지 쟁점에 따라 학문적 연구의 이론 구성 및 연구방법에 대한 일반적 규준의 틀이라 할 수 있는 학문적 패러다임(paradigm)이 달라진다. 학문적 패러다임이 서로 다른 사회과학의 조류는 크게 실증주의 철학에 뿌리를 둔 표준과학관과 이에 대한 비판 및 대안으로 제시된 해석적 및 비판적 사회과학관으로 나눌 수 있다(김경동 외, 2009).

(1) 표준과학관

사회과학에서 탐구하는 사회 또는 사회현상을 자연의 일부분인 객관적 실체로 간주하고, 사회연구란 자연의 일부분인 사회가 드러내 보이는 법칙이나 규칙성을 찾아내려는 지적 노력임을 견지하는 입장을 **표준과학관**이라고 한다. 따라서 표준과학관의 시각에서는 사회현상을 파악하는 방법이 자연과학과 같은 방법으로 객관적인 법칙을 탐구할 수 있다고 본다. 이러한 인식론적 입장에서 사회라는 자연현상은 인간이 지각할 수 있는 경험을 통하여 인식할 수 있고 사회현상에 대한 진술(이론)의 타당성도 인간의 경험적 관찰에 의해서만 검증할 수 있다고 본다. 따라서 연구과정에 연구자의 가치를 개입시키지 않으며 사실과 가치를 구분하여 엄격한 중립성을 유지하고자 한다. 또한 사회현상을 과학적으로 분석하기 위하여 개념을 객관적으로 측정할 수 있도록 조작적 정의에 의한 계량화 방법을 사용한다. 이러한 입장은 꽁트(Auguste Comte)나 뒤르켐(Émile Durkheim)의 뒤를 이어 실증주의적·경험주의적 사회과학으로 발전하고 있는데 실증주의 또는 20세기 신실증주의 사회학, 행동주의 심리학, 정치학의 행태주의, 자연과학주의 등에서 이런 방법론에 동조한다. 1920년대부터 정치학의 과학화를 위한 움직임이 시작되어 일련의 과도기를 거친 후에 정치학에서 표준과학관에 기반을 둔 학문적 사조를 **행태주의**(behaviorism)라 한다.

행태주의에 반기를 든 정치학자 D. Easton이 "behavioral credo(行態主義의 信條)"라는 말을 통해 정리한 행태주의의 제 특성은 다음과 같다(김광웅, 1976).

1. **행태주의는 규칙성을 찾아내고자 한다.**
   인간의 행태로 인한 사회현상 속에 내재하는 또는 내재할 것이라 믿는 일정한 통일성 또는 규칙성을 찾아내서 앞일을 예견하고자 한다.
2. **행태주의는 입증(verification)을 필요조건으로 삼는다.**
   이러한 입장에서 보면 지식이란 검증되기 전의 명제(propositions)로, 관찰 등의 증거에 의하여 경험적으로 검정되어야만 한다.
3. **행태주의는 기법(techniques)을 필요로 한다.**
   입증 자료의 타당성, 신뢰성 및 비교가능성을 보장할 수 있는 자료수집기법을 필요로 한다.
4. **행태주의는 계량화(quantification)를 속성으로 한다.**
   복잡한 사회현상에 대하여 분명하고 정확한 지식을 얻기 위해서는 엄격한 조작화와 측정에 의하여 질적 정보를 양적 정보로 전환할 필요가 있다.
5. **행태주의는 가치중립성(value neutrality)을 지향한다.**
   실체를 다룸에 있어서 가치에 대한 편향이 개입되지 않을 수 없다. 그러나 가치는 사실로부터 도출될 수 없다. 따라서 과학적 탐구는 객관성을 유지하기 위하여 가치개입을 배제한다.

6. 행태주의는 체계화된 이론을 추구한다.

이 입장에서 지식은 체계적 방법으로 얻어진다고 본다. 즉, 검증 가능한 가설이 논리적으로 연결된 개념과 명제의 구조로부터 도출되고, 이것이 경험의 세계에서 얻어지는 증거를 통해 입증되어 이론이 성립된다.

7. 행태주의는 순수과학을 표방한다.

모든 연구가 실천적 수준에서 즉시 응용되는 것은 아니고 응용과학의 기초를 다지는 순수한 지식이 다른 한편으로 필요하다는 입장이다.

8. 행태주의는 타 분야 학문과의 연계성을 강조한다.

개별 과학의 영역에 한정하여 스스로를 구속하지 않고 다른 분야의 방법, 이론 및 연구결과를 통합하고 활용하려 한다.

(2) 해석적 사회과학관

해석적 사회과학관이 표준과학관과 대조되는 점은 사회가 자연현상처럼 독립된 실체로 존재하는 객관적 실재일 수만은 없다는 것을 강조하는 그 존재론적 세계관에 있다. 즉, 인간이 비록 자연의 일부로 존재하지만 인간이 지닌 정신능력을 통하여 상호작용하면서 살아가는 과정에서 상호주관적으로 형성되는 것을 사회로 본다. 따라서 사회현상의 연구에서 행위자들의 의식 및 구성원 간의 상호작용 과정을 이해하는 것을 중시하며, 의미의 해석을 배제한 경험은 너무 한정된 것으로 때로는 잘못된 관찰의 소산일 수 있다는 입장을 취한다. 이와 같이 사회를 상호 주관적으로 경험하는 의미의 세계로 보는 해석적 사회과학관에서는 사회현상의 이해와 설명에 있어서 무엇보다도 행위자의 가치와 의미해석을 중요시하며 관찰자의 객관성을 강조한다. 따라서 연구방법론으로 참여관찰과 같은 질적이고 비조작적·불개입적 방법들을 사용한다. 이러한 입장은 학문에 있어 가치의 문제를 최초로 제기한 베버(Max Weber)의 학문적 전통을 이어 받은 해석적 사회과학을 대표하는 것으로 사회생활의 규범이 형성되는 과정을 이해하는데 특별히 유용한 것으로 알려져 있다. 여기서 해석적이라는 말은 인간의 주관적 의식을 중요시하는 사회과학 방법론적 입장을 암시하고자 한 것이다.

(3) 비판적 사회과학관

비판적 사회과학관은 Frankfurt학파라 명명된 한 무리의 사회철학자 또는 사회학자들이 내세우는 갈등론적 패러다임(paradigm)으로, 사회라는 실체를 변증법적 안목에서 이해집단들 간의 갈등에 의한 총체적인 역사구조로 파악한다. 따라서 현존의 사회적 마련이 지니는 한계, 즉, 한정된 희소자원의 불평등한 분배 때문에 일어나는 사회적 지위에 따른 집단들 간의 갈등 및 경쟁적 투쟁관계로 사회현상을 이해하고자 한다. 또한, 사회현상을 본질적으로 이해하기 위하여 겉으로 들어난 것보다는 사회구조의 총체성(totality) 속에서 실증주의 사회과학 등에서의 대치개념으로 간주해 온 것들-이론과 경험, 이론과 역사, 이론과 실천, 사실과 가치 등-이 맞물린 여러 현상 간의 역학관계 및 의미의 유관 적합성을 파악하고자 한다. 비판적 사회과학에서는 상반된 힘의 작용으로 인해 형성된 권력으로부터의 인간해방에 관심을 두고 비판이론이 경험적 이론을 넘어선 규범적 이론으로 구성되어 비판과 실천의 근거가 되도록 한다. 이러한 사회과학관은 주로 마르크스(Karl Marx)의 전통을 이어받은 비판적 사회과학의 바탕을 이루고 있으며 사회연구 방법으로 역학관계에 대한 변증법적 분석법 및 역사적이고 총체적인 접근법을 주로 사용한다. 비판적 사회과학관에서 견지하는 갈등론적 패러다임은 사람들이 현존하는 사회규범을 어기거나 바꾸려는 현상을 설명하는 데에 특별히 유용한 것으로 알려져 있다.

이상에서 설명한 세 가지 사회과학관의 주요 쟁점들을 정리해 보면 표 1.1.1과 같다. 한편, 1960년대 후반 표준과학관에 기반 한 행태주의가 실증적 연구방법론에 집착하여 사회나 정책이 지향해야 하는 본질적인 가치의 문제를 무시하고 있다는 비판이 제기되면서 Easton은 '정치학의 새로운 혁명'을 위하여 **후기행태주의**를 선언하고 후기행태주의의 성격을 '적실성의 신조(credo of relevance)'와 '실행(action)'으로 규정하였다. Easton이 주도한 후기행태주의는 행태주의에 비판적 사회과학관의 패러다임을 일부 수용한 것이라고 볼 수 있다. 후기행태주의의 제 특성을 살펴보면 다음과 같다.

1. 내용이 기법에 우선하여야 한다.

정치학, 행정학 등의 사회과학은 일정한 가치체계와 인간적 가치기준에 따라 직면한 사회문제에 관심을 가지고 문제 해결에 적극적으로 기여할 수 있는 실천적 연구가 이루어지는 응용사회과학으로 거듭 나야 한다는 것이다. 즉, 사이먼(Simon) 등이 주도한 행태주의는 가치중립적인 실증적 연구에 치우친 나머지 사회문제 해결을 위한 정책적 관심을 등한시 하였으며 규범적인 차원을 무시함으로서 행태론적 연구가 결과적으로 변화를 도외시하는 보수적인 이론으로 전락하였다는 것이다. 무자비한 정치 현실을 도외시 하고 추상과 분석을 추구하는 행태주의적 연구는 현실과 괴리되어 당면한 사회문제의 해결에 한계가 있다고 본다. 1960년대 후반

표 1.1.1 세 가지 사회과학관의 비교

	표준과학관	해석적 사회과학관	비판적 사회과학관
존재론적 입장	사회실재론	사회명목론	이해집단 간 갈등구조
인식론적 입장	자연과학주의	상호주관적 의식	집단 간 역학관계
가치론적 입장	가치중립성 중시	행위자의 가치 중시	규범적 이론 중시
연구방법론	조작적 정의, 계량화	사회적 의미 해석	변증법적 방법

에 등장한 신행정론에서는 흑인 폭동, 월남전 등의 당시 미국사회가 당면한 사회문제를 해결하기 위하여 정책 중심의 가치 지향적 연구를 표방하며 성장지향적인 능률성을 초월한 분배지향의 사회적 형평성을 강조하였다.

2. 사실판단과 가치판단을 종합한 연구 및 현실에 적합한 처방적 지식을 강조한다.

이러한 후기행태주의의 주장은 과학적 연구방법을 무시하거나 포기한 것이 아니고 과학적 지식이나 분석을 시급한 현실문제의 해결에 사용하자는 것이다. 또한, 절약과 능률이라는 전통적 행정 가치를 보완하기 위하여 빈곤, 불평등, 불의 등에 대한 윤리적 관심 및 정책결정에 있어서의 사회적 평등성을 강조한다.

3. 규범적 지식을 중시한다.

사회현상의 연구에서 겉으로 표출된 객관적 현상에 내재되어 있는 인간행동의 의미나 주관적 가치를 파악하려는 현상학적 접근 방법을 중요한 연구방법으로 활용한다.

이상에서 간략히 살펴본 사회과학관 및 방법론에 대한 쟁점은 우리의 관심사가 아니다. 다만 사회 현상의 연구에서 객관성과 반복성이 요구되는 자연과학적 방법론을 적용하고 있다는 것이 우리의 관심사이다. 표준과학관의 입장에서 과학의 본질은 다루는 대상에 있는 것이 아니고 그 방법에 있다고 주장하는 사회학자들은 사회과학도 하나의 과학으로 정립할 수 있다고 생각한다. 이들은 사회현상도 자연현상과 마찬가지로 인간의 오감에 의하여 지각할 수 있는 경험을 통하여 인식하게 되는 것이므로, 인식한 것을 기술(記述)한 이론의 타당성 여부도 경험적 관찰을 통해서 이루어져야 한다고 주장한다. 그러기 위해서는 경험적 관찰이 정확해야 하고, 정확성을 높이는 기법들인 통제된 실험, 표준화된 도구나 자(尺度)에 의한 측정과 이를 가능하게 하는 조작적 정의 등을 활용한다. 이런 입장에서 본다면 사회과학에서 자연과학과 같은 정도로 규칙성을 발견하고 이론과 모형을 구성하는 것은 어렵겠지만 사회연구에서도 반복성과 객관성이 보장되는 일정한 규칙을 발견할 수 있을 것이라는 점에서 사회과학을 자연과학과 동일시하고 있다(홍두승, 2001).

연습문제 1.1

01. 과학적 방법을 저해하는 요인이 아닌 것은?
가. 가치중립적인 사고방식
나. 과학이란 용어에 대한 그릇된 인식과 사용
다. 과학을 특수 분야로 생각하는 태도
라. 비합리적인 사고방식

02. 다음 중 가급적 적은 수의 변수로 보다 많은 현상을 설명하고자 하는 것은?
가. 간결성의 원칙(principle of parsimony)
나. 관료제의 철칙(iron law of bureaucracy)
다. 배제성의 원칙(principle of exclusiveness)
라. 포괄성의 원칙(principle of exhaustiveness)

03. 다음 중 과학적 연구방법의 기본과정에 대한 설명으로 틀린 것은?
가. 불완전한 진리는 공격받으므로 과학적으로 연구된 진리는 절대적이다.
나. 경험과 관찰은 객관적 현상에 대한 타당한 추론으로 지식의 원천이다.
다. 자명한 지식은 없으며 과학적으로 검증되어야 한다.
라. 과학적 설명은 확률적 인과모형의 관점에서 이루어진다.

04. 다음 중 과학적 연구에 관한 설명으로 틀린 것은?
가. 과학적 연구는 일반적으로 개체에 대한 설명보다 일반법칙에 근거한 설명이어야 한다.
나. 과학적 연구는 복잡하더라도 많은 정보를 제공하는 설명을 추구한다.
다. 과학적 연구는 경험적으로 검증 가능하여야 한다.
라. 과학적 연구는 일반적으로 단순한 상관관계에서 벗어나 이론을 바탕으로 인과관계를 설명하려 한다.

05. 과학적 방법의 특징에 관한 설명으로 틀린 것은?
가. 간결성 : 최소한의 설명변수만을 사용하여 최대의 설명력을 얻는다.
나. 인과성 : 모든 현상은 자연발생적인 것이어야 한다.
다. 일반성 : 경험을 통해 얻은 구체적인 사실로 보편적인 원리를 추구한다.
라. 경험적 검증가능성 : 이론은 현실세계에서 경험을 통해 검증이 될 수 있어야 한다.

06. 다음 중 과학적 연구의 특징에 해당하지 않는 것은?
가. 과학적 연구는 논리적(logical)이다.
나. 과학적 연구는 결정론적(deterministic)이다.
다. 과학적 연구는 직관적(intuitive)이다.
라. 과학적 연구는 일반화(generalization)를 목적으로 한다.

07. 다음은 과학적 방법의 특징 중 무엇에 관한 설명인가?

대통령 후보 지지율에 대한 여론조사를 여당과 야당이 동시에 실시하였다. 서로 다른 동기에 의해서 조사를 하지만 양쪽의 조사 설계와 자료를 수집하는 과정이 객관적이라면 서로 독립적으로 조사하여도 양쪽 당의 조사결과는 동일해야한다.

가. 논리적 일관성
나. 검증가능성
다. 상호주관성
라. 재생가능성

08. 과학적 조사(scientific research)의 특성에 대한 설명으로 틀린 것은?
   가. 과학적 조사는 경험적으로 검증 가능해야 한다.
   나. 과학적 조사를 통해 얻어진 지식은 바뀌지 않는다.
   다. 조사방법과 과정이 같으면 같은 결론을 얻을 수 있어야 한다.
   라. 과학적 조사는 최소한의 변수를 이용하여 최대한의 설명을 하려고 한다.

09. 다음 중 과학적 조사연구의 특징과 가장 거리가 먼 것은?
   가. 논리적 체계성 나. 주관성 다. 수정가능성 라. 경험적 실증성

10. 다음은 과학적 지식이 갖는 특성들에 관한 것이다. 이 가운데 가치문제와 특히 관련이 깊은 것은?
   가. 객관성 나. 타당성 다. 입증 가능성 라. 경험성

11. 후기행태주의가 행태주의를 비판하고 독자이론을 주장했는데 그 내용이 아닌 것은?
   가. 과도한 계량성은 현실과의 접촉을 상실시킨다.
   나. 학문은 엄격한 가치중립성을 가져야 한다.
   다. 내용이 기술보다 선행해야 한다.
   라. 학자들은 지식인으로서의 채무가 있다.

12. 사회과학에 있어 해석적 관점에 관한 설명으로 옳지 않은 것은 ?
   가. 사회과학 연구의 주요 목적을 인간행태의 인과관계에 관한 논증이 아니라 인간행위의 의미를 이해하고 해석하는 것으로 본다.
   나. 인간의 행위는 인간의 신념, 소망, 목적과 분리할 수 없다고 본다.
   다. 인간의 행위와 연결된 신념, 소망, 목적을 알게 되면 행위의 의미 또는 의의를 이해할 수 있다고 본다.
   라. 인간행위에 대한 해석의 객관적 주관성은 연구자들이 주관을 달리하기 때문에 다른 해석 또는 설명에 도달할 수 있어야 함을 의미한다.

13. 계량화된 자료의 분석보다는 연구자가 연구대상에 직접 접근하여 그들의 입장과 관점에서 일상적인 삶의 실제를 이해하려는 연구방법은?
   가. 실증적 연구방법 나. 해석적 연구방법
   다. 실험연구방법 라. 조사연구방법

14. 실증주의적 과학관에서 주장하는 과학적 지식의 특징과 가장 거리가 먼 것은?
   가. 객관성(objectivity) 나. 직관성(intuition)
   다. 재생가능성(reproducibility) 라. 반증가능성(falsifiability)

15. 비판적 사회과학관에 대한 설명으로 옳지 않은 것은 ?
   가. 사회라는 실체를 이해집단 간의 갈등구조로 파악한다.
   나. 사회구조의 총체성 속에서 현상들 간의 역학관계 및 의미의 유관 적합성을 파악하고자 한다.
   다. 비판이론이 가치중립적 이론으로 구성되어 비판과 실천의 근거가 되도록 한다.
   라. 연구방법으로 역학관계에 대한 변증법적 분석법 및 역사적이고 총체적인 접근법을 사용한다.

1.2 사회연구의 논리적 구조

인간은 일상적인 삶 속에서 경험하게 되는 현상이나 사상들에 대하여 인지(認知)한 것을 자신의 지식으로 삼게 되고 습득된 지식을 바탕으로 주어진 상황에 대처한다. 과학적 지식의 인지과정도 기본적으로 이와 같지만 그 절차와 방법이 훨씬 더 체계적이고 엄격하다 할 것이다. 이제, 일련의 인지과정으로부터 이론정립이라는 지적 과정이 사회연구의 핵심이라는 전제 하에서 그 일반적인 특질을 개관하여 보기로 한다.

1.2.1 이론

Rubin and Babbie(2008)는 **이론**(theory)을

'어떤 현상을 설명하거나 그 의미를 이해하기 위한 상호 연관된 진술의 체계'

라고 규정하고 있는데, 이론의 의미를 더 명확히 이해하기 위하여 이론의 기능, 또는 이론의 목적이 무엇인가를 살펴볼 필요가 있다.

과학적 이론이 추구하는 목적은 연구대상인 자연 또는 사회 현상에 대한 설명(explanation)과 이해(understanding)에 있다. 설명이란 어떤 현상이 일어난 원인을 알아내고자 하는 것이고, 어떻게 하여 그렇게 일어났는가를 파악하는 것을 이해라 할 수 있다. 현상에 대한 이해와 설명은 그 현상에 대한 예측(prediction)을 가능케 한다. 어떤 조건 하에서 어떤 원인으로 어떤 결과가 나타났는가를 알면 같은 조건 하에서 동일한 원인이 발생하면 그 결과도 같을 것으로 생각할 수 있기 때문이다. 따라서 '예측능력'을 이론의 평가기준으로 삼기도 한다. 예측이 가능해지면 나타나게 될 현상을 통제(control)할 수도 있다. 사실, 과학의 궁극적 목적은 통제에 있다고 할 수 있을 것이다. 이러한 견해는 표준과학관의 입장에 따른 것이고, 해석적 사회과학관에서는 설명과 이해를, 비판적 사회과학관에서는 통제(실천적 가치)를 중요시 한다.

이론의 내용적 측면을 볼 때 사회과학에서 이론이라는 것은

- **연구방법론**(methodology),
- **일반적 가치지향**(general orientation),
- **개념의 구조분석**(analysis of concepts),
- **경험적 일반화**(empirical generalization),
- **사후적 해석**(post factum interpretation)

등을 통칭하는 것이다. 이론은 연구의 출발점이자 동시에 종착역이 된다. 이와 같은 이론이 경험적 연구에 기여하는 바를 살펴보면 다음과 같다(배규환 · 이기재, 2003).

1. 연구방법론

과학적 연구과정에 대한 논리를 제공하고 경험적 연구의 틀을 제시함으로써 연구 결과를 평가하는 기준이 된다.

2. 일반적 가치지향

이에 관한 이론은 조사연구를 위한 전반적 배경(context)을 제공한다. 예컨대, 말리노프스키(Bronislaw Malinowski)는

"인간의 감정은 사회구조에 의하여 유형화 된다."

고 보는 사회학적 가치지향을 근거로 하여 오이디푸스 콤플렉스(Oedipus complex)에 대한 프로이드(Sigmund Freud)의 개념을 재검증하게 되었던 것이다.

3. 개념의 구조분석

개념이나 명제로 구성된 이론에서 무엇을 관찰하여 개념을 규정할 수 있는가를 명확히 하고자 하는 것이다. 통상적으로 개념은 개념들의 이론적 관계를 경험적으로 밝히기 위한 변수가 된다. 예컨대, 서덜랜드(Edwin Sutherland)는 '범죄'의 개념을 명확히 함으로써 기존의 범죄통계에 바탕을 둔 가설을 수정할 수 있었다. 또한, 개념에 대한 올바른 분석은 경험적 연구결과에서 모순처럼 보이는 사실들을 이해할 수 있게 하며, 경험적 조사연구에서 빠지기 쉬운 의사적 관계(擬似的 關係, spurious relationship)를 밝혀낼 수 있다.

4. 경험적 일반화

연역적 도출이나 경험적 일반화에 의해 형성된 이론의 개념적 구조는 경험적 조사연구에서 어떤 지표를 관찰해야 하는가, 또는 어떤 자료를 수집해야 하는가에 대한 지침을 제공한다.

5. 사후적 해석

조사연구에서 관찰된 내용은 사례연구 또는 통계자료로 활용할 수 있으며 사후적 해석은 조사연구 결과에 일정한 의미를 부여함으로써 다른 자료를 해석할 수 있게 한다.

한편, 이론의 바탕 위에서 시작된 조사연구가 단순히 가설이나 이론을 검증하는 수동적 역할만 하는 것은 아니다. 이론과 조사연구는 상호 보완적인 관계로서 이론이 조사연구에 기여하는 바와 같이 조사연구도 이론의 발달에 크게 기여한다. 머턴(Robert Merton)에 의하면 조사연구는 다음과 같은 기능을 수행한다고 한다.

- **새로운 이론의 시발**(始發, initiation)
- **이론의 재구성**(reformulation)
- **이론적 관심의 변화**(refocusing)
- **개념의 명료화**(clarification)

1.2.2 이론의 구성요소

이론은 논리적으로 서로 연관된 보편적 진술들의 한 묶음으로 볼 수 있는데 진술은 형성된 개념들을 엮어서 이루어진다. 따라서 개념과 진술이 이론의 구성요소가 된다.

(1) 개념

학문적인 인지과정을 보면 관찰된 현상에서 파악된 것들은 두뇌 활동에 의한 상징작용에 의하여 의미를 지니게 되고, 그 뜻은 언어라는 기호(symbol)에 의하여 규정되고 파악된다. 어떤 현상이나 사상에 대하여 인지하여 파악된 정신적 지각 또는 이미지(image)를 말 또는 언어로 나타낸 것을 **개념**(槪念, concept)이라 하는데, 인지과정에서 인지 대상에 대한 이미지를 개념으로 파악한다.

개념이란 관찰된 사실의 다양한 면모를 간략하게 기술하는 추상적 표현이라고 할 수 있는데, J. P. Chaplin(1975)은 개념이란 몇 개의 다른 대상에서 추출된 제 요소를 단일의 관념(single notion)으로 통합시키는 아이디어라고 규정하고 있다. 예컨대, 보통 사람들에게 익숙한 '둥글다'는 개념은 공, 오렌지, 바퀴 등과 같은 사물을 관찰한 경험으로부터 그 모양새의 특질을 일반화하여 형성된 것이다.

과학에서는 훨씬 더 명백하고 엄밀한 지적 활동에 의한 구성물로 개념을 규정한다. 그것은 다양한 사물이나 사상(事象)의 특정한 경우(사례)를 관찰한 여러 현상들을 일반화하여 형성되는 추상적인 용어로, 현상을 설명 또는 예측하고자 하는 이론의 전개에서 그 바탕이 되고 있다. 예를 들면, '학습능력'이라는 개념은 오랜 관찰을 통해 얻어진 독해력, 이해력, 암기력, 수리탐구력 등과 같이 학교수업에 필요한 능력들을 묶어서 이들 보다 더 추상적인 단어로 나타낸 것이다. 과학적 연구에서는 개념의 재개념화 및 조작적 과정을 통해서 상위 개념을 측정 가능한 하위 개념으로 다시 규정한다.

일반적으로 개념은 다음과 같은 기능을 수행한다고 본다(이관우, 1974).

1. 개념은 비가시적이고 비감각적인 현상에 대해서도 이해할 수 있는 방법을 제시해 준다. 예컨대, 주권, 평등, 민주와 같은 개념이 그것이다.
2. 개념은 언어나 기호로 표시할 수 있기 때문에 지식의 축적 및 확장을 가능케 한다. 동시에 과학적 개념들의 논리적 연관성은 과학의 체계적 구조를 가능하게 한다.
3. 개념은 실제의 연구에서 연구의 출발점과 방향을 설정해 준다.
4. 개념은 연구의 범위를 정해 주고 조작화 과정에서 연구의 변수 및 지표에 대한 선정기준이 된다.
5. 개념은 연역적 결과를 가져다준다. 이론 자체의 기능이기도 하지만 이론을 구성하고 있는 요소가 개념이기 때문에 이들의 관계가 실상에 대한 미래의 조건 및 사실을 예측케 하고 과거의 조건 및 사실에 대해서도 체계적 이해를 가능하게 한다.

(2) 진술

개념이 형성되고 의미가 정의되면 그러한 개념들을 엮어서 어떤 판단이나 주장을 담은 **진술**(陳述, statement) 또는 언명이 이루어진다. 과학적 진술은 실재적 언명, 관계적 진술, 이론적 진술의 세 가지로 분류할 수 있다(Reynold, 1979).

1. 실재적 언명

"무엇이 있다." 또는 "무엇은 이러 이러한 것이다."

와 같은 형식에 의하여 진술 속에 담긴 개념의 실재(존재)를 주장하는 진술을 실재적 언명이라 한다. 예컨대,

"모든 노처녀는 결혼을 하지 않은 여자이다."

와 같은 것이 실재적 언명에 해당된다.

2. 관계적 진술

개념들 간의 상호연관성(상관관계)이나 인과관계를 주장하는 진술을 관계적 진술이라 한다. 예를 들면,

"이직률이 높은 작업부서에서는 생산성이 낮다."

와 같은 상호관계를 나타내는 진술이나

"이직률이 높아질수록 생산성이 떨어진다."

와 같은 인과관계를 나타내는 진술을 들 수 있다.

3. 이론적 진술

"조건 $C_1, C_2, \cdots, C_n$ 하에서 P이면 Q이다."

와 같은 형식의 진술을 이론적 진술이라 한다. 일반적으로 표준과학관에서는 어떤 조건 하에서 여러 개념(변수)들 간의 관계를 나타내는 이론적 진술을 요구한다. 이론적 진술에는 법칙, 공리, 명제, 가설 및 경험적 일반화 등이 있다.

법칙(laws)이란 절대적 진리라 할 수는 없지만 일련의 과학자 집단에서 참으로 인정하는 이론적 진술이다. 즉, 경험적 검증과정을 거쳐 정립된 관계적 진술을 법칙이라 할 수 있는데, 법칙에 담겨 있는 개념들은 구체적인 상황에서 조작적 정의에 따라 측정할 수 있는 것들이어야 한다. 이론의 한 형식으로 법칙들의 묶음이 있다.

공리(公理, axiom)는 논리적 판단이나 경험적 검증이 필요 없거나 어려운 이론적 진술을 말한다. 공리적 이론의 체계에서는 전제가 되는 언명을 공리라 하며, 공리로부터 논리적으로 도출된 이론적 진술을 **명제**(命題, proposition)라 한다. 일반적으로 참 또는 거짓으로 판명될 수 있는 진술 또는 언명을 명제라 한다. 논리적 분석의 입장에서 보면 명제는 논리적(logical) 진

위에 관한 진술과 사실적(factual) 진위에 관한 진술로 구별할 수 있다. 전자는 명제의 진술에 사용된 용어의 일반적 의미나 전제로부터 논리적으로 진위를 판명할 수 있는 진술에 관한 것으로 언어 논리에 의한 명제와 수리 논리에 의한 명제로 나눌 수 있다. 예컨대,

"모든 노처녀는 결혼을 하지 않은 여자이다."

라는 명제는 노처녀라는 단어의 뜻에 의하여 스스로 명백히 참인 언어 논리적 명제이다. 위의 명제가 정의는 아니지만 참임을 입증하기 위하여 모든 노처녀를 조사해 볼 필요는 없다. 한편,

"x가 정수일 때 $x^2=1$이면 $x=1$이다."

는 수리적 논리 전개에 의하여 거짓으로 판명되는 수학적 명제이다. 수학에서는 몇 개의 명제를 엮어서 논리적으로 도출해 낸 합성명제를 **정리**(定理, theorem)라 한다. 이와 같이 주어진 전제로부터 논리적 필연성에 의하여 명제의 진위를 밝히는 논리를 연역적 논리라 한다.

사실적 진위에 관한 명제로

"a. 몇몇 노처녀는 자신의 집을 소유하고 있다."

라는 명제를 생각해 보자. 이 명제는 일견 참으로 보이지만 노처녀라는 단어의 의미만으로 그 진위를 판단할 수는 없다. 진위를 가리기 위해서는 노처녀들의 집 소유여부를 실제로 조사해 보아야 한다. 이처럼 진위를 가리기 위해서 경험적 증거가 요구되는 명제를 사실적 진위에 관한 명제라 하며, 경험적 증거로부터 명제의 진위를 가리거나 특정 진술을 도출해 내는 논리를 귀납적 논리라 한다. 다음과 같은 사실적 진위에 관한 명제

"b. 우리나라 노처녀들의 적어도 10%는 자신의 집을 소유하고 있다."

는 명제 a와 마찬가지로 진위의 판단에 경험적 증거를 필요로 한다. 그러나 증거를 수집하여 진위를 판단하기까지의 과정은 사뭇 다르다. 명제 a는 자신의 집을 소유하고 있는 노처녀 서너 명만 발견되면 분명히 참으로 판명되는 명제이다. 그러나 명제 b는 경험적 증거에 의하여 참으로 판정될 수도 있고 거짓으로 판정될 수도 있다는 것이다. b는 노처녀 집단을 대표할 수 있는 일부의 노처녀들을 선정하여 자신의 집 소유여부를 조사한 자료에 의해서만 그 진위 여부를 유추할 수 있다. 이런 관점에서 귀납적 논리에 의하여 입증하려는 이론적 진술을 **가설**(假說, hypothesis)이라 한다. 가설은 경험적 검증을 위한 것이므로 가설에 담긴 개념은 실제로 관찰·측정할 수 있는 것이어야 한다.

경험적 일반화란 실제 관찰 과정에서 얻은 자료로부터 발견된 어떤 사상의 유형이나 규칙성을 요약한 이론적 진술이다. 경험적 일반화는 그 자체를 하나의 법칙으로 볼 수 없지만 잠재적으로 법칙이 될 여지를 지닌 진술이라 할 것이다. 즉, 경험적 일반화로부터 새로운 이론을 구축할 수 있다.

1.2.3 사회연구의 일반모형

과학적 방법은 과학적 진리를 탐구함에 있어서 막연한 상상이 아닌 지극히 논리적인 전개이어야 한다. 과학적 논리의 전개 방법은 연역법과 귀납법의 두 가지로 구별되지만 둘은 서로 별개가 아닌 상호 보완적인 것으로 어느 쪽이든 논리의 전개 과정은 체계적 일관성 하에서 논리에 모순이 없도록 이루어져야 한다.

과학적 방법에 근거한 사회연구의 일반모형이라 함은 이론의 정립 과정에 따른 모형을 의미한다. 이론정립을 위한 연구모형은 연구의 요소 및 그들 사이의 관계를 도식화한 그림 1.2.1과 같이 나타낼 수 있다. 이 그림은 과학적 연구과정을 보여주는 전형적인 연구모형인데 그림에서 사각형으로 표시된 부분은 연구의 구성요소를, 원으로 표시된 부분은 다음 단계로 나아가기 위한 연구방법을 나타내며 화살표는 정보의 변형과정을 표시하고 있다.(Wallace, 1971)

그림 1.2.1을 좌우로 이등분한 오른쪽은 무엇을 관찰해야 하는가를 파악하기 위하여 이론을 적용하는 연역적 과정이고, 왼쪽은 관찰한 내용을 이해하고 설명하기 위하여 이론을 구성하는 귀납적

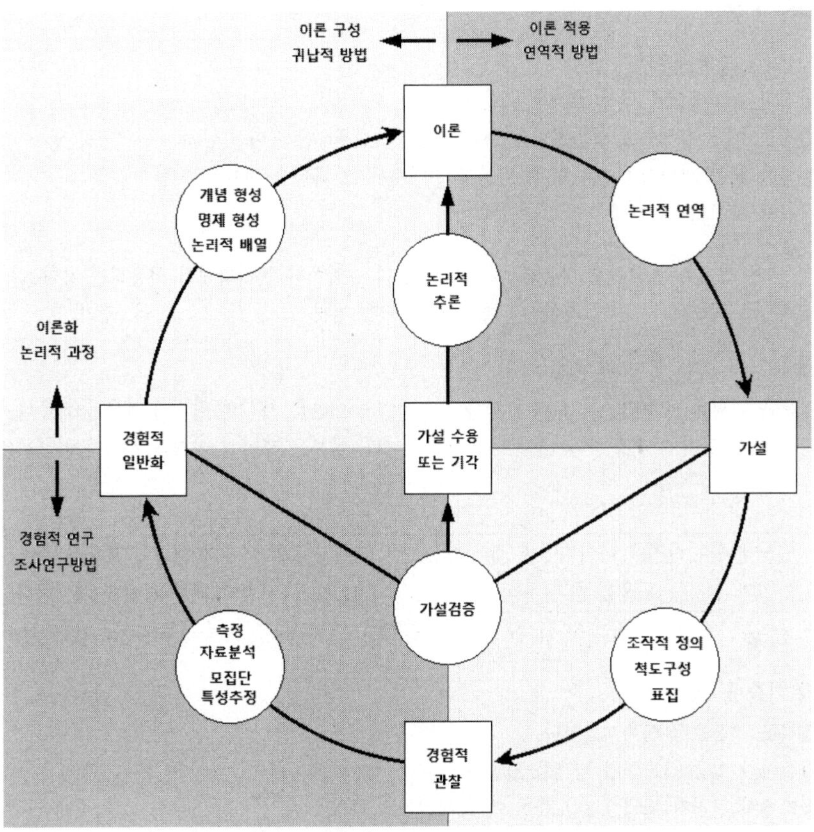

그림 1.2.1 과학적 연구모형(Wallace, 1971)

과정이다. 즉, 전자는 구체적인 관찰에 의하여 법칙·공리 등에서 연역적으로 도출된 명제와 가설을 경험적 관찰에 의하여 검증하는 절차를 밟아 그 가설의 기각 여부에 따라 이론을 확립하는 이론검증에 해당되며, 후자는 관찰된 자료을 바탕으로 한 경험적 일반화를 정교화·체계화 하여 이론을 형성해 가는 과정이라 하겠다. 한편, 그림 1.2.1을 상하로 이등분할 때, 상반부는 연역적이든 귀납적이든 간에 논리적 방법을 이용하는 이론화 과정이고, 하반부는 조사연구방법들을 사용하여 경험적 연구를 수행하는 과정을 나타낸다. 이 책에서 다루게 될 내용은 과학적 연구과정의 하반부에 해당된 조사연구방법론에 대한 것들이다.

연구모형 또는 연구과정을 좌우 또는 상하로 나눈 것은 설명의 편의를 위한 것일 뿐 서로 배타적인 것으로 구분되는 것이 아니다. 이론적 작업 없이 사회현상을 과학적으로 엄밀하게 관찰할 수 없으며, 이론을 검증하고 새로운 이론을 형성하기 위해서는 반드시 과학적 관찰이 이루어져야 한다. 즉, 이들은 상호 보완적인 관계로 서로가 서로를 물고 이어져 있는 순환적인 구조를 갖는데, 다만, 연구자의 시작점이 다를 뿐이다.

연습문제 1.2

01. 개념에 대한 정의가 아닌 것은?
    가. 일정한 관찰사상에 대한 추상적 표현
    나. 특정한 여러 현상들을 일반화함으로써 나타나는 추상적인 용어
    다. 현상을 예측 설명코자하는 명제, 이론의 전개에서 그 바탕을 만드는 역할
    라. 사실과 사실 간의 관계에 논리적 연관성을 부여하는 것

02. 보통의 경우 명제와 동의어로 사용되며 사회과학보다 수학이나 논리학에서 사용되는 용어는?
    가. 명제 나. 가설 다. 법칙 라. 정리

03. 이론의 역할에 대한 설명 중 옳지 않은 것은?
    가. 이론은 과학적 조사연구의 토대가 된다. 나. 이론은 사실의 설명과 예측을 해준다.
    다. 기존 지식 간의 간격을 메워 준다. 다. 이론은 과학적 지식을 복잡하게 표현해 준다.

04. 이론의 기능을 모두 고른 것은?

A. 연구주제의 선정에 아이디어를 제공한다.	B. 새로운 이론의 개발에 도움을 준다.
C. 가설의 설정에 도움을 준다.	D. 연구 전반에 대한 지침을 제공한다.

    가. B, C 나. A, B, D 다. A, C, D 라. A, B, C, D

05. 다음의 기술 중 옳은 것은?
    가. 법칙은 이론보다 상위개념이다.
    나. 가설이란 입증 불가능한 명제를 말한다.
    다. 공리에서 연역적 방법으로 도출한 것을 정리라고 한다.
    라. 명제란 가설을 실제로 조사가 가능하도록 기술한 것을 말한다.

06. 개념의 구성요소가 아닌 것은?
가. 일반적 합의 나. 정확한 정의 다. 가치중립성 라. 경험적 준거의 틀

07. 개념이 사회과학이나 조사연구에 기여하는 역할과 가장 거리가 먼 것은?
가. 개념으로부터 연역적 결과를 도출할 수 있다.
나. 조사연구에서 연구의 출발점을 시사한다.
다. 개념은 언어나 기호로 나타내어 지식의 축적과 확장을 가능하게 한다.
라. 인간의 감각에 의하여 감지될 수 있는 현상에 대해서만 이해할 수 있는 방법을 제시한다.

08. 이론에 관한 설명으로 틀린 것은?
가. 이론은 수정되지 않는다. 나. 사실을 논리적으로 설명한다.
다. 개념 간의 관계를 보여준다. 라. 일반화된 규칙성을 포함한다.

09. 개념에 관한 설명으로 틀린 것은?
가. 실제 연구에서 연구방향을 제시한다. 나. 개념은 이론의 핵심적 구성요소이다.
다. 개념은 특정대상의 속성을 나타낸다. 라. 개념 자체를 직접 경험적으로 측정할 수 있다.

10. 논리적 연관성 도출방법 중 연역적 방법과 귀납적 방법에 관한 설명으로 틀린 것은?
가. 귀납적 방법은 구체적인 사실로부터 일반 원리를 도출해 낸다.
나. 연역적 방법은 일정한 이론적 전제를 수립해 놓고 그에 따라 구체적인 사실을 수집하여 검증함으로써 다시 이론적 결론을 유도한다.
다. 연역적 방법은 이론적 전제인 공리로부터 논리적 분석을 통하여 가설을 정립하여 이를 경험의 세계에 투사하여 검증하는 방법이다.
라. 귀납적 방법이나 연역적 방법을 조화시키면 상호 배타적이기 쉽다.

11. 과학적 연구의 과정으로 맞는 것은?
가. 이론 → 가설 → 관찰 → 경험적 일반화 나. 가설 → 경험적 일반화 → 관찰 → 이론
다. 관찰 → 이론 → 경험적 일반화 → 가설 라. 경험적 일반화 → 가설 → 이론 → 관찰

12. 다음 중 귀납법에 관한 설명으로 틀린 것은?
가. 귀납적 논리의 마지막 단계에서는 가설과 관찰 결과를 비교하게 된다.
나. 경험의 세계에서 관찰된 많은 사실들이 공통적인 유형으로 전개되는 것을 발견하고 이들의 유형을 객관적인 수준에서 증명하는 것이다.
다. 특수한(specific) 사실을 전제로 하여 일반적(general) 진리 또는 원리로서의 결론을 내리는 방법이다.
라. 관찰된 사실 중에서 공통적인 유형을 객관적으로 증명하기 위하여 통계적 분석이 요구된다.

13. 연구방법으로서의 연역적 접근법과 귀납적 접근법에 관한 설명으로 틀린 것은?
가. 연역적 접근법을 취하려면 기존 이론에 대한 분석이 필요하다.
나. 귀납적 접근법은 현실세계에 대한 관찰을 통해 경험적 일반화를 추구한다.
다. 사회조사에서 연역적 접근법과 귀납적 접근법은 상호보완적으로 사용된다.
라. 연역적 접근법은 탐색적 연구에, 귀납적 접근법은 가설검증에 주로 사용된다.

14. 연구방법을 기술한 내용 중 올바른 것은?
 가. 사회현상을 설명할 때는 가급적 많은 변수를 동원하는 것이 좋다.
 나. 동일한 자료를 분석하여 서로 상이한 결론에 도달할 수는 없다.
 다. 연구대상 개체에 대한 설명은 이를 일반화시킨 포괄적 설명보다 우월하다.
 라. 사회현상의 설명은 단순한 상관관계보다 인과관계로 제시하여 주는 것이 좋다.

15. 이론으로부터 가설을 설정하고 가설의 내용을 현실세계에서 관찰한 다음, 관찰에서 얻은 자료가 어느 정도 가설에 부합되는가를 판단하여 가설의 채택 여부를 결정짓는 방법은?
 가. 귀납적 방법 나. 연역적 방법 다. 관찰 방법 라. 재조사법

16. 다음은 연구의 모형에 관한 여러 진술들이다. 이 중 적합한 것은?
 가. 연역법 방법은 탐색적 연구에, 귀납적 방법은 가설 검성에 주로 사용한다.
 나. 연역법 방법은 우선 관찰을 통해 자료를 수집하고 이를 정리·분석하여 일반적인 유형을 찾아내고 이것으로부터 잠정적인 결론에 도달하는 것이다.
 다. 귀납적 방법은 이론으로부터 가설을 설정하고 가설의 내용을 현실세계에서 관찰한 다음, 관찰에서 얻은 자료가 어느 정도 가설에 부합되는가를 판단하여 가설의 채택여부를 결정짓는 방법이다.
 라. 실제 연구과정에서는 연역법 방법과 귀납적 방법이 엄밀히 구분된다기보다는 상호 보완적인 하나의 고리를 이루고 있다.

17. 사회과학적 연구방법 중 연역적 접근방법에 대한 설명으로 옳은 것은?
 가. 관찰을 통해 현상을 파악한다. 나. 개별사례를 바탕으로 일반적 유형을 찾아낸다.
 다. 탐색적 방법에 주로 이용된다. 라. 이론 또는 모형 설정 후 연구를 시작한다.

18. 소득수준과 출산력의 관계를 알아볼 때, 모든 조사대상자의 소득수준과 출산자녀수 간의 관계를 살펴본 후 개별사례를 바탕으로 어떤 일반적 유형을 찾아내는 방법은?
 가. 연역적 방법 나. 귀납적 방법 다. 참여관찰법 라. 질문지법

1.3 조사연구

1.3.1 사회조사연구

일반적으로 어떤 사회현상에 대한 증거를 찾아 확인하는 경험적 접근 방법을 중시하는 사회연구(social research)에서는 연구대상 집단에 대하여 연구자가 직접 조사한 경험적 관찰을 통하여 그 집단의 특성이나 변수들 간의 관계를 파악하고자 한다. 경험적 관찰이란 연구가설의 검증에 적합한 데이터를 얻는 과정(광의의 실험)이라 할 수 있다. 경험적 관찰에서는 조작적 정의에 따른 신뢰할 수 있고 타당한 측정도구를 만든 다음 통제된 실험(experiment)이나 표본조사(sampling survey)를 통하여 데이터를 수집한다. 실험이나 표본조사를 이용하는 사회연구를 통상적으로 조사연구(survey research)라 하는데 그러한 조사연구는 잘 정의된 방법에 의하여 객관적으로 수행되면 반복성이 보장된다. 따라서 사회과학에서도 광의의 실험을 하여 자료를 수집하는 것으로 볼 수 있다. 우리는 이런 관점에서 조사연구와 관련된 제반 이론 및 방법에 대하여 다루고자 한다.

조사연구는 사회과학, 정보과학 등 거의 모든 학문분야에서 가장 널리 사용되는 방법 중의 하나로 그 역사는 상당히 오래 되었다. “신라민정문서”를 보면 서원경(현 청주) 부근 4개 촌락의 호구, 전답, 우마 등에 대한 현황 및 3년 동안의 증감을 조사한 기록이 현존하며(통계청 통계전시관), 19세기 후반에 마르크스나 베버도 이 방법을 사용하였다. 사회조사는 근대국가의 형성과 자본주의의 발달로 인하여 생긴 제반 사회문제를 해결하기 위하여 본격적으로 시행되기 시작되었다. 최초로 체계적이고 객관적으로 사회조사를 실시한 사람은 Bedfordshine의 보안관 John Haward로 알려져 있는데 그는 각 형무소의 생활조건을 비교하여 형무소 내의 생활환경 개선에 기여하였다. 1914년대까지 미국에서 실시된 조사연구를 보면 도시화 및 공업화가 경제적·사회적 조건에 미치는 영향 또는 요인에 관한 것이 대부분이었는데 1920년대 이후에는 학문적 목적뿐 아니라 사회문제를 해결하기 위하여 사회조사를 실시하게 되었다. 그러나 조사연구가 본격적으로 활용되기 시작한 것은 20세기 후반인데 미국 정부기관 및 상업적 여론조사기관들의 연구에 힘입어 비약적으로 발전하였다(홍두승, 2000). 오늘날 조사연구는 학문적 연구뿐만 아니라 여론조사, 시장조사, 농업조사 등에서도 널리 이용되고 있다.

1.3.2 조사연구의 종류와 목적

사회현상을 규명하려는 사회조사연구는 그 목적에 따라 다음과 같은 세 가지로 구분할 수 있다.

- **탐색적 연구**
- **기술적 연구**
- **설명적 연구(인과관계 연구)**

(1) 탐색적 연구

탐색적 연구는 그 자체가 목적이 아니고 연구하려는 문제의 성격을 우선 파악해 보거나 가설 수립을 위한 기초 작업으로 실시하는 미완성적 성격을 띤 것이다. 즉, 탐색적 연구는 그 자체가 하나의 연구라 하기 보다는 통상적으로 다른 연구를 수행하기 위한 선행 단계로 실행되고 있다.

탐색적 조사연구는 연구대상 모집단에 대한 사전 정보가 없을 때 주로 사용하는 것으로 본격적인 연구과제의 도출을 위한 의미 그대로의 탐색을 위한 것이다. 예컨대, 정부에서 막대한 지원금을 보조하는 벤처회사들의 운영실태, 문제점 등에 대한 선행연구가 전혀 없다면, 벤처회사들이라는 집단을 대상으로 표본조사를 실시하여 연구 과제를 도출할 수 있을 것이다. 이러한 탐색적 조사연구는 선행연구가 없는 분야의 연구에 유용하지만 탐색이라는 단어가 의미하듯이 문제에 대한 답을 제시해 주지는 않는다. 따라서 모집단의 특성을 추론하기 위한 조사가 아니라 집단의 특성을 나타낼 수 있는 변수들이 무엇인가를 파악하는 데에 만족해야 한다. 따라서 탐색조사의 방법이나 절차에는 많은 융통성이 부여될 수 있다.

탐색적 연구에서는 신문, 학술지, 정부보고서 등과 사회과학의 여러 분야에서 이미 조사된 2차 자료를 활용하여 연구문제와 관련된 내용들을 연구하는 문헌연구, 연구 주제와 직·간접적으로 관련된 사람들이나 전문가들의 지식이나 경험을 통하여 연구문제의 핵심적인 요소들을 파악하여 문제의 성격을 분명히 하려는 경험연구(전문가 의견 연구), 연구자의 관심분야에서 관찰된 몇 가지 사례를 집중적으로 조사하는 사례연구 등이 있다.

(2) 기술적 연구

연구대상 모집단의 현상이나 상태 등의 기술을 목적으로 하는 연구를 **기술적 연구**라 한다. 기술적 연구는 관찰결과를 요약, 정리하여 분포, 변수들 간의 연관관계 등과 같은 모집단의 특징적인 모습을 기술하려는 것이다. 즉, 기술적 연구에서는 연구대상 집단의 실태를 파악하는 것 자체가 조사연구의 목적이고, 연구자가 제기하는 가설이나 이론이 없으므로 모집단의 분포를 기술하는 것이 주된 관심사가 된다.

(3) 설명적 연구(인과관계 연구)

설명적 연구란 집단의 현상이나 상태에 대한 기술에서 더 나아가 그 현상이나 상태가 나타나게 된 원인을 밝히고자 하는 것이다. 즉, 모집단의 분포 자체에 만족하지 않고 분포가 왜 그런지를 알고자 하는 것으로 연구자가 질문을 제기하고 조사결과를 통해서 그 질문에 대한 해답을 이끌어 내는 것이다. 설명적 조사연구에서는 일반적으로 어떤 현상이나 상태를 다방면에서 동시에 관찰해야 한다. 설명적 연구조사는 그 성격상 실험과 같은 것이라 할 수 있다. 그러나 실험에서는 원인으로 생각되는 독립변수를 조작하지만 설명적 조사에서는 독립변수에 해당하는 것들을 표본조사를 통해 찾아내고 있다는 점이 근본적으로 다르다.

조사연구의 또 다른 목적으로는 조사를 통하여 특정 가설의 진위를 밝히거나 이론을 수정·보완하는 **검증**(testing), 새로운 정책의 시행 결과 등에 대한 효과를 측정하기 위한 **평가**(evaluation), 미래 상황을 전망하기 위한 **예측**(forecasting), 특정 현상이나 개념을 측정할 수 있는 도구 또는 척도를 구성하기 위한 **지표개발** 등을 들 수 있다.

1.3.3 조사연구설계

커린저(Kerlinger)는 연구문제에 대한 해답을 얻고 분산을 통제하기 위한 계획, 구조 및 전략을 조사설계(연구설계)라 하였다. 사회과학분야의 조사연구 진행과정은 학자들마다 약간의 이견(異見)이 있으나 일반적으로 다음과 같은 과정을 거친다.

제 1단계 : 연구문제 설정
제 2단계 : 연구모형 및 가설의 설정
제 3단계 : 연구방법 설계
제 4단계 : 측정도구 개발
제 5단계 : 표본설계 또는 실험설계
제 6단계 : 자료수집
제 7단계 : 자료처리 및 분석
제 8단계 : 분석결과 해석 및 보고서 작성

1. 연구문제의 설정

모든 연구는 문제에 대한 인식으로부터 출발하여 그 문제를 해결하기 위한 방법이나 필요한 지식을 얻음으로서 마무리하게 된다. 일반적으로 연구자는 관심 있는 현상이 있거나 기존의 이론으로부터 새로운 이론을 정립하고자 하거나 또는 현실에서 어떤 문제가 발생하게 되면 이를 인식하여 연구문제를 제기하게 된다. 그러나 인식된 문제들이 모두 연구문제가 될 수는 없다. 인간의 가치관에 관한 규범적 문제는 과학적 방법으로 해결될 수 있는 것이 아니기 때문에 검증 가능한 연구문제가 될 수 없다. 바람직한 연구 결과는 인식한 문제가 과학적으로 검증 가능한 질문의 형식으로 제기되었을 때에 얻을 수 있다. 따라서 연구 문제의 설정에서 우선적으로 고려해야 할 기본적인 사항은 연구의 목적, 동기 및 쟁점을 명확히 하는 것이다. 즉, 무엇을 위하여 무엇을 계기로 무엇이 문제가 되어 연구를 하게 되었는가를 복합적으로 고려하여 연구문제를 선정해야 한다는 것이다. 연구문제의 구비 요건으로는 다음과 같은 것들이 있다.

1. 연구문제는 인간의 가치관에 관한 규범적 문제이어서는 안 된다. 도덕적, 윤리적 기준이나 가

치관은 대단히 주관적이기 때문에 사람마다 견해가 크게 다를 수 있는 내용은 연구문제로 설정할 수 없다. 다만 규범적 쟁점으로부터 유래된 연구문제들은 규범적 문제를 경험적 문제로 전환하는 경험적 재형성 과정을 거쳐서 연구문제로 설정될 수 있다.

2. 연구문제는 성격상 이론적인 의의를 지녀야 하며 그 학문분야의 축적된 지식체계에 비추어 어느 정도의 독창성을 지녀야 한다. 즉, 기왕의 이론적 쟁점을 새로이 다루는 것으로 새로운 쟁점, 새로운 관점이나 접근법을 제시하는 연구문제일 때 학문적인 가치를 지닌 것으로 평가한다.
3. 연구문제는 둘 이상의 개념(잠재변수) 간의 관계를 질문의 형식으로 분명하게 진술되어야 한다. 예컨대, 연구문제는 'A는 B에 어떤 영향을 주는가?'와 같이 개념 간의 관계를 질문 형식으로 나타내어 연구 의도를 명확하게 제시할 수 있어야 한다.
4. 연구문제는 경험적으로 검증 가능한 것이어야 한다. 즉, 연구문제에 포함된 개념들은 어떤 형태로든 측정할 수 있어서 경험적 조사연구에서 다룰 수 있는 것이어야 한다.

연구문제가 설정되면 어느 측면에서 그 문제에 접근할 것인가 나타내는 연구주제 및 연구단위와 연구범위를 명확히 해야 한다. 보통 사회과학에서는 인간의 사회적 행위와 상호작용, 개인 또는 집합체 단위의 사람들이 지니는 행위성향들과 이들에 영향을 미치는 외적조건·상황 등을 연구주제로 삼거나 연구주제를 추상화하여 관계, 구조적 특성, 사회화 과정과 변동 등을 다루기도 한다.

연구 주제의 선정은 분석단위(unit of analysis) 또는 연구단위와 밀접하게 연관되어 있다. 법칙을 정립하고자 하는 대다수의 연구에서는 다수의 사람이나 사물 또는 집합체를 연구하게 되는데, 여기서 연구자는 분석단위와 일반화하려는 집합체를 명확히 구분하여야 한다. 연구대상인 개체의 수를 기준으로 보면 연구단위는 개인 또는 집단, 조직체, 사회적 범주, 사회제도, 공동체, 국가, 세계 등으로 구분할 수 있다. 연구단위를 결정하는 일은 단순히 어떤 대상을 얼마나 많이 조사하여 연구할까를 정하는 일에 그치지 않고 인과관계의 설명에서 자칫하면 범하기 쉬운 메타 방법론적(논리적) 오류를 고려해야 하는 까다로운 과정을 내포하기도 한다. 다음과 같은 세 가지 오류

- **생태학적 오류**(生態學的 誤謬, the ecological fallacy)
- **개인주의적 오류**(個人主義的 誤謬, the individualistic fallacy)
- **환원주의**(還元主義, reductionism) **오류**

가 논리적 오류의 대표적인 것들이다. 생태학적 오류와 개인주의적 오류는 분석단위와 해석 또는 설명단위의 불일치로 인하여 발생하는 오류들이다. 먼저, **생태학적 오류**란 집단, 사회적 범주, 공동체 등과 같은 높은 수준의 분석단위에서 얻은 내용을 개인과 같은 개별단위 또는 낮은 수준의 집합체 단위의 속성으로 해석함에 따라 발생하는 오류를 말한다. 예컨대, Durkheim의 자살론 연구가 전형적인 생태학적 오류에 해당된다. 그는 19세기 유럽의 개신교 지역(국가)과 천주교 지역(국가)의 자

살률 자료에서 발견한 차이를 바탕으로 자살률의 차이를 개인의 신앙과 종교적 차이에 기인한 것으로 설명하였다. 그는 개신교도들은 천주교도들보다 더 개인주의적이고 사회적 통합이 저조하기 때문에 자살을 더 많이 한다고 설명하였다. 여기서 그가 비교에 이용한 자살률 자료는 개신교도(천주교도)들이 상대적으로 많은 지역(국가)에 대한 것인데 그것을 통하여 개인 신도의 자살 행위를 설명하고 있으므로 일종의 생태학적 오류를 범한 것이 된다. 즉, 강남 지역의 학업성적이 강북지역보다 높으므로 강남에 사는 학생들의 성적이 강북지역 학생들 보다 높다는 식으로 해석하는 오류를 생태학적 오류라 한다. 반면에, **개인주의적 오류**는 낮은 수준의 집합체를 분석단위로 하여 얻은 자료나 구체적인 사례에 근거하여 높은 수준의 집합체 단위에 대한 속성을 설명하려는 오류인데 **원자오류**(atomic fallacy)라고도 한다.

환원주의는 어떤 넓은 범위에 속하는 인간의 사회적 행위를 이해하고 설명하는데 유관 적합한 개념 또는 변수의 종류를 지나치게 한정시키거나 한 가지로 귀착(환원)시키려는 성향을 일컫는다. 예컨대, 복합적인 요인들의 작용으로 발생하는 사회현상을 경제학자는 경제적 변수로만, 심리학자는 심리적 요인으로만 한정시켜서 설명하고자 할 때 발생하는 오류가 환원주의에 의한 오류이다.

연구문제 및 주제가 설정되면 문제의 진술에 사용되고 있는 개념들을 명확하게 정의하여야 한다. 정의란 특정한 용어로 표현되는 개념에 명확한 의미를 부여하는 것인데 어떤 개념이 항상 같은 의미로 사용되지는 않기 때문에 개념을 명확히 규정한다는 것이 쉬운 일은 아니다. 그러나 연구에 사용되는 개념들에 대해서는 대부분의 사람들이 모두 동일한 의미로 해석할 수 있도록 명확하게 정의되어야 한다. 명백하게 정의되지 않는 개념에 대해서는 그 개념이 어떻게 사용되고 있는가를 또는 다른 유사한 상황에서는 어떤 의미로 어떻게 쓰이고 있는가를 파악해 보고 그 개념의 상위개념과 하위개념을 연관 지어 살펴보는 것이 필요하다. 이러한 과정에 의하여 개념이 의미하는 바를 분명하게 명시하는 것을 개념의 **재개념화**(re-conceptualization) 또는 **재특정화**(re-specification)라 한다. 사회조사연구에서는 보편적으로 연구자의 재 개념화 작업에 의해 구성된 개념이 제시된다. 이러한 개념은 특정한 과학적 목적을 위해 의식적으로 고안되거나 채택된 것으로 **구성개념**(construct)이라 한다. 구성개념은 연구문제의 구체화에 사용되는 것으로 이론이나 연구모형은 이러한 구성개념들의 관계로 진술된다. 따라서 연구자는 연구의 목적이나 방향이 왜곡되지 않도록 기존의 연구나 관련 문헌들을 조사하여 구성개념을 명확하게 정의한 후에 연구모형을 설계하여야 한다.

예컨대, 통계품질이라는 개념을

"통계가 이용자에게 얼마나 사용하기 적합하게 작성되어 제공되고 있는가를 나타내는 특성"

으로 정의하고, 이렇게 정의된 통계품질을

'정확성, 적절성, 시의성, 접근성, 비교가능성, 효율성, 일관성'

등의 7개 차원에서 평가한다면, 통계품질이라는 개념을 7개의 구성개념으로 구체화한 것이다.

구성개념은 몇 개의 하위 구성개념들로 재구성되기도 한다. 최종적인 하위 구성개념은 하나 또는 몇 개의 측정변수에 의하여 직접 측정된다. 즉, 구성개념은 식별 내지 관찰될 수 있는 명확한 행동 차원으로 존재하지 않는 것으로 **조작적 정의**(operational definition)에 의해서만 측정할 수 있는 추상적 개념이다. 따라서 다른 변수들을 이용하여 측정되는 구성개념을 보통의 측정변수와 구별하여 **잠재변수**(latent variable)라 부르기도 한다. 연구에 사용되는 특정 구성개념을 하위 구성개념을 이용하여 규정하는 정의를 구성적 정의라 한다면 조작적 정의는 구성개념을 측정하기 위하여 측정할 내용이나 측정방법을 구체적으로 명시하는 정의를 말한다. 예컨대, 어떤 통계의 품질을 평가하기 위해서는 개별 구성개념을 측정하기 위한 세부 평가요소들을 마련하고 다시 세부 평가요소를 측정하기 위한 문항들을 작성해야 한다. 이와 같이 어느 정도 명확하게 개념화된 구성개념을 측정 가능한 구체적인 요소(측정변수)로 정의하는 것을 조작적 정의라 한다. 그러므로 조작적 정의가 어려운 구성개념은 서로 밀접한 연관관계가 밝혀져 있으며 조작적 정의가 용이한 다른 구성개념으로 다시 정의하여 측정할 수 있도록 해야 한다.

2. 연구모형 및 가설의 설정

연구문제가 설정되면 문헌조사를 통해서 얻어진 문제와 관련된 기존의 이론 및 지식을 바탕으로 연구문제를 체계적으로 도식화한 연구모형을 설정한다. 즉, 이론적 수준에서 연구문제에 활용된 개념들의 관계를 구성개념들의 관계로 도식화한 연구모형을 구축한다. 다음으로 구성개념(잠재변수)들 간의 관계를 설명하는 잠정적 진술(tentative statement), 즉, 가설을 설정한다. 일반적으로 연구모형 및 가설은 변수들의 관계로 기술된다. 따라서 먼저 변수에 대하여 알아보고 가설의 설정에 관한 문제를 살펴보기로 한다.

일반적으로 관찰대상이 갖고 있는 속성 또는 특성을 나타내는 상징(symbol)을 **변수**(variable)라 하는데 개별 관찰대상에 따라 그 값이 변한다는 것이 변수의 특징이다. 변수를 구성요소나 속성으로 이해하면 변수는 개념과 거의 같은 의미를 지닌다. 예를 들어, 성별, 소득, 학력, 지능, 실적 등을 변수라 하면 변수를 개념과 구별하기는 어렵다. 또한, 어떤 개념을 구성개념들로 정의하면 구성개념 역시 변수이며 특정 구성개념을 규정하는 하위 구성개념도 변수가 된다. 이 경우의 변수는 관찰 대상에 따라 변하는 변수의 값을 어떻게 측정할 것인가가 문제이다. 그러나 변수를 수치나 가치가 부여될 수 있는 특성으로 정의하면 변수는 의미 그대로 관찰 대상에 따라 변하는 것으로 연속체의 속성을 지녀야 한다. 따라서 구성개념을 조작적 정의에 의하여 측정 가능한 요소들에 의하여 규정하면 측정 가능한 요소들만 변수가 된다. 예컨대, "대학생의 체격"은 변수가 아닌 개념이고 "대학생의 키"나 "대학생의 몸무게"라고 할 때만 변수가 된다.

어떤 실체를 대표하여 지칭할 수 있는 것을 **지표**(indicator)라 한다. 예컨대, 지능(intelligence)을 지칭하는 지표로 IQ를 사용한다면 IQ가 지능을 나타내는 지표가 된다. 또한, 통계품질을 앞에서 언급한 7개 차원에서 평가한다면 각각의 평가차원(구성개념)도 지표라 할 수 있다. 즉, 지표는 변수와 거의 동일한 의미로 사용될 수 있다. 경제성장이라는 개념의 지표로 일인당 GNP를 사용한다면 이것은 바로 변수라 할 수 있다. 사실, 개념의 속성을 구체화한다는 의미에서 보면 지표와 변수를 구별하기는 어렵다. 그러나 변수는 대리 측정에 의한 수량적 의미가 강하다 할 것이다.

지표와 자주 혼용되고 있는 것으로 **지수**(index)가 있는데 이 둘은 구별되어야 한다. 여러 개의 수치화된 지표를 한데 묶어서 하나의 수치로 만든 것이 지수이다. 물가지수와 지능지수가 지수의 대표적인 예이다.

이상에 의하면 변수, 지표, 지수는 개념을 조작적으로 정의하는데 사용할 수 있는 하위개념으로 볼 수 있다. 조사연구에서는 개념의 조작적 정의에 사용하는 측정 가능한 모든 하위개념을 변수로 사용할 수 있으며, 조작적 정의에 의하여 측정된 개념도 변수라 한다. 설문조사에서는 각 개별 문항이 하나의 변수가 되며, 10~20개의 문항들에 의하여 구체화되어 측정되는 개념도 변수가 된다.

연구문제가 설정되면 해결하고자 하는 문제에 대한 답을 제공할 수 있는 가설을 설정하여야 한다. 가설은 실증 이전에 기술된 개념들 간의 상호 관계에 대한 서술, 또는, 두 개 이상의 변인들 사이의 관계에 대한 잠정적인 설명(tentative explanation)이라고 말할 수 있다. 따라서 가설을 "예상되는 해답" 또는 "어떤 문제에 대한 시사(示唆)된 해답"이라고도 한다. 이러한 가설은 연구문제의 서술과는 다르다. 연구문제가 변인들 간의 관계에 대하여 의문을 제기하는 것이라면 가설은 그와 같은 의문에 대한 잠정적인 해답을 제공하는 것이라 할 수 있다(김남현, 1992). 채서일(1999), 이관우(1987) 등에 의하면 가설은 다음과 같은 구비요건을 갖추고 있어야 한다.

1. 가설은 개념적으로 명백해야 하며 그 표현은 간단명료해야 한다.

가설을 형성하고 있는 개념들이 가능한 한 조작적인 측면에서 명백하게 정의되어야 하고, 누구나 이해할 수 있는 보편화된 용어로 기술되어야 한다는 것이다. 조작적 측면이란 추상적인 개념을 한 단계 낮은 하위개념들에 의하여 구체화 할 수 있어야 함을 의미한다. 그러한 조작적 정의에 의하여 개념에 대한 측정이 가능해지며 개념 간의 관계로 서술된 가설은 정의에 의하여 도출된 변수들의 상호관계를 기술한 형태로 구체화된다.

2. 가설은 한정적이고 특정화되어야 한다.

가설의 내용이 추상적이거나 막연한 내용이어서는 안 된다는 것이다. 가설의 내용이 모호하여 변수 간의 관계가 분명하지 않으면 검증이 불가능할 수 있다. 가설의 한정성과 특정성은 반복적인 연구 가능성을 보장한다.

3. 가설은 이론적 준거(準據)에 의하여야 한다.

가설이 이론과 분리될 수는 없다. 따라서 가설은 동일 분야의 다른 가설이나 이론과 관련이 있어야 하며, 가설에 정의나 인과관계가 분명한 내용이 포함되어서는 안된다. 또한, 가설은 논의의 여지가 있도록 진술되어야 하며 반증될 수도 있어야 한다.

4. 가설은 경험적으로 검증할 수 있어야 한다.

가설은 경험적 검증이 필요 없는 너무나도 당연한 결과는 가설이 될 수 없으며 경험적으로 검증할 수 있는 근거가 마련되어야 한다는 뜻이다. 즉, 가설은 측정 가능하고 숫자화가 가능한 변수들 간의 관계를 기술함으로서 경험적으로 검증할 수 있는 것이라야 한다. 따라서 가설은 검증에 사용될 자료의 측정, 수집, 분석 등에 관한 방법과 불가분의 관계를 갖고 있다.

5. 가설은 동의 반복적(tautological)이어서는 안 된다.

즉, 가설은 서로 다른 개념이나 변수들의 관계를 기술하고 있어야 한다는 것이다. 예를 들면,

"구성원들의 가치관은 조직문화에 영향을 미칠 것이다."

라는 가설은 구성원들의 가치관이 조직문화의 핵심 구성요소이며 두 변수가 비슷한 개념이기 때문에 가설로는 부적당하다(이경희, 2005).

6. 가설은 연구문제를 해결할 수 있어야 한다.

가설의 기각 여부를 경험적으로 판정하게 되면 연구문제가 해결될 수 있어야 한다는 것이다. 예를 들어, 다음과 같은 연구문제

"성과급 직원의 판매실적이 고정급 직원의 판매실적보다 높은가?"

에 대한 가설을

"성과급이 고정급보다 판매실적에 더 많은 영향을 준다."

와 같이 설정하였을 때, 이 가설의 검정결과가 참으로 판정되면 문제는 해결된다. 어떤 성과급 제도를 채택할 것인가는 그 다음 연구자의 몫이다.

이상과 같은 구비요건을 염두에 두고 설정된 가설들은 수많은 검증을 거쳐서 이론으로 인정받게 된다. 또한, 그러한 가설은 이론의 정립 및 학문의 발전에 다음과 같은 기능을 수행하게 된다(채서일, 1999).

1. 설명으로서의 가설은 사회현상들의 잠재적 의미를 찾아내고 관계를 규명하여 현상에 질서를 부여할 수 있다. 즉, 가설은 현상에 내재된 규칙적인 질서를 도출할 수 있는 계기를 부여한다.
2. 연구에 대한 자극(刺戟)으로 새로운 연구문제를 도출해 낼 수 있다.
3. 방법론의 측면에서 경험적 검증의 절차를 시사해준다.
4. 문제해결에 필요한 관찰, 도구 및 실험의 적정성을 평가할 수 있다.
5. 관련지식을 서로 연관지우는 기능을 수행한다.

여러 변수들 간의 잠정적인 관계를 진술하는 가설의 표현 형식은 다음과 같은 두 가지 형태로 구분할 수 있다(이경희, 2005).

1. If P_1, then P_2. 형식

"만약 P_1 이면 P_2 이다."

와 같은 형식은 Bertrand Russell이 제안한 것으로 가설을 진술하는 논리적 형식이다. 여기서 P_1과 P_2는 명제적 성격을 띠는 것으로 변인들 간의 관계를 제시하는 문장 또는 변수들이다. 따라서 가설은 선행조건(P_1)과 결과(P_2) 간의 관계를 진술하는 논리적 명제이다.

2. $Y=f(X)$ 형식

가설의 진술에 쓰이는 또 하나의 형식이 $Y=f(X)$의 형태로 표현되는 수학적 진술이다. 이러한 형태로 표현되는 가설은 변수 Y가 변수 X와 규칙 f에 따라 연관되어 있음을, 또는, 변수 Y가 변수 X의 함수임을 나타낸다. 심리학에서 전통적으로 사용되고 있는 가설의 형태는

'반응(R)은 자극(S)의 함수이다.'

라는 것으로 $R=f(S)$의 형식이다. 이러한 형태의 가설을 세운 연구자는 관찰이나 실험을 통하여(경험적으로) 자극변수(S)가 변함에 따라 반응변수(R)가 f라는 규칙에 따라 체계적으로 변화하고 있는가를 검증하거나 규칙 f를 찾아내고자 한다.

어떤 형식의 가설이라도 검정된 가설을 일반화하고자 할 때에는 일반화가 가능한 상황이나 조건을 반드시 제시하여야 한다. 가설은 그 적용범위에 따라 보편적(일반적) 가설과 실존적 가설로 구분할 수 있다. 가설에서 진술된 관계가 언제 어디서나 일반적으로 적용될 수 있는 것을 보편적 가설이라 하고, 특정한 상황이나 조건하에서만 적용 또는 보장되는 가설을 실존적 가설이라 한다.

3. 연구방법 설계

설정한 가설을 검증하기 위해서 연구목적에 적합한 자료수집방법을 결정하여 연구일정을 수립하고 조사비용 등과 관련된 예산을 편성하는 단계를 연구방법 설계라 한다. 일반적으로 자료수집방법은 탐색, 기술, 설명 등의 연구목적에 따라 결정된다. 연구일정표는 연구 의뢰인의 요구를 충족시킬 수 있는 범위에서 예측할 수 없는 지연에 충분히 대응할 수 있도록 유연하게 작성해야 한다. 조사연구에 소요될 대부분의 비용은 표본 또는 실험의 크기와 결측치에 대한 처리 방법 및 실제 조사과정에서 사용될 자료수집방법에 의하여 결정된다. 그 밖에도 측정도구의 제작과 시험 및 수집된 자료의 편집, 입력, 분석에 필요한 비용, 조사원에 대한 교육비, 조사원의 수당, 방문 비용, 일반관리비 등을 고려하여 예산을 편성해야 한다.

4. 측정도구 개발

자료수집방법이 정해지면 측정도구를 설계하고 제작하여야 한다. 측정도구의 개발은 조사연구 과정에서 대단히 중요한 부분 중의 하나이다. 잘 만들어진 측정도구에 의해서만 조사의 목적을 달성할 수 있는 정보를 얻어낼 수 있다. 따라서 측정도구는 개별면접, 전화조사 등과 같은 조사방법을 고려하여 개발하고 처음 개발한 측정도구는 충분한 사전조사를 통해서 그 타당도와 신뢰도를 검증해야 한다.

5. 표본설계 또는 실험설계

자료수집 방법으로 통제된 실험연구가 필요하다면 통계적 실험계획을 작성해야 하고, 조사모집단을 대표할 수 있는 표본을 추출해야 한다면 표본설계를 해야 한다.

6. 자료수집

제 6단계는 조사원을 선발하여 교육하고 실제 조사나 실험을 진행하여 구체적인 자료를 수집하는 단계이다. 가능하다면 조사경험이 풍부한 사람들로 조사원을 선발하고 선발된 조사원은 충분한 교육을 통하여 조사의 목적과 조사 진행절차를 완전히 숙지하게 하고 양질의 정보를 수집할 수 있도록 훈련시켜야 한다. 잘 훈련된 조사원에 의해서만 조사를 성공적으로 마칠 수 있다. 조사원에 대한 교육과 훈련이 끝나면 본 조사를 실시하게 된다.

7. 자료처리 및 분석

제 7단계에서는 수집된 정보와 자료를 적절한 형태로 편집하고 분석한다. 먼저, 설문지가 회수되면 각 질문에 적절한 답이 표기되었는가, 질문과 무관한 답은 없는가, 응답이 누락된 문항은 없는가를 확인한다. 이러한 자료정선(data cleaning) 과정에서 발견된 오류를 적절한 방법으로 수정하고, 또, 서술형 응답은 범주별로 분류하여 컴퓨터에 입력할 수 있는 형태로 부호화한다. 이렇게 완성된 설문지는 통계적 분석이 가능한 형태로 편집하여 컴퓨터에 입력시킨다. 다음으로 연구 주제나 자료의 형태에 맞는 통계적 분석 방법에 의하여 입력한 데이터를 몇 개의 수치나 도표의 형태로 정리·요약하고 분석한다.

8. 분석결과 해석 및 보고서 작성

조사연구의 마지막 단계에서는 분석 결과를 토대로 연구과정에서 가설검정에 대하여 논의한 후 최종 보고서를 작성한다. 지금까지 설명한 단계별 연구과정이 모든 연구에서 일률적으로 적용되는 것은 아니지만 조사연구에서는 어떤 형식으로든 위에 언급된 각 단계가 반영되어야 한다. 따라서 보고서에는 각 단계별 연구과정의 수행결과를 상세히 언급하여야 한다.

연습문제 1.3

01. 조사연구의 목적과 그 예가 잘못 짝지어진 것은?
    가. 설명(explanation) - 시민들이 왜 담배값 인상에 반대하는지 파악하고자 하는 연구
    나. 평가(evaluation) - 현재의 공공의료정책이 1인당 국민의료비를 증가시켰는지에 대한 연구
    다. 기술(description) - 유권자들의 대선후보 지지율 조사
    라. 탐색(exploration) - 단일사례설계를 통하여 개입의 효과를 검증하려는 연구

02. 객관적이고 체계적인 사회조사가 처음으로 시작된 시기는?
    가. 근대국가의 형성시기
    나. 1차 세계대전 이후
    다. 2차 세계대전 이후
    라. 1960년대 이후

03. 조사방법론의 발달과 관계없는 것은 어느 것인가?
    가. 체계적인 조사는 근대국가의 형성과 자본주의의 발달로 인한 사회문제 조사에서 시작되었다.
    나. 과학적 조사의 발달은 처음에 미국에서 시작되었다.
    다. 처음에는 빈곤문제, 노동문제 등에 대하여 이루어졌다.
    라. 이러한 조사활동은 조사기관의 발달과 조사방법 자체의 발달도 가져왔다.

04. 사회과학적 연구의 일반적인 연구목적과 가장 거리가 먼 것은?
    가. 사건이나 현상을 설명하는 것이다.
    나. 사건이나 상황을 기술 또는 서술하는 것이다.
    다. 사건이나 상황을 예측하는 것이다.
    라. 새로운 이론이나 가설을 만드는 것이다.

05. 기술적 조사의 연구문제로 적합하지 않은 것은?
    가. 대도시 인구의 연령별 분포
    나. 아동복지법 개정에 찬성하는 사람의 비율
    다. 도로확충이 가장 시급한 도시의 결정
    라. 가족 내 영·유아의 수와 의료비 지출과의 관계

06. 다음 중 탐색적 조사에 해당하지 않는 것은?
    가. 유관분야의 관련문헌 조사
    나. 연구문제에 정통한 경험자를 대상으로 한 조사
    다. 변수간의 상관관계에 관한 조사
    라. 통찰력을 얻을 수 있는 소수의 사례조사

07. 연구의 유형을 탐색, 기술, 설명으로 구분할 때 다음 중 기술적 연구의 목적이 아닌 것은?
    가. 과정이나 관계의 유형화
    나. 원리나 이론의 정확성 검증
    다. 새로운 설명을 위한 정보의 발견
    라. 단계나 절차의 명료화

08. 변수간의 인과관계를 전제로 하여 가설을 증명하고자 할 때 사용되는 조사방법 가운데 가장 과학적인 조사방법은 어느 것인가?
    가. 탐색적 조사　나. 기술적 조사　다. 역사적 조사　라. 실험적 조사

09. 해결 가능한 연구문제가 되기 위한 조건이 아닌 것은?
    가. 기존의 이론 체계와 관련이 있어야 한다.
    나. 연구현상이 실증적으로 검증 가능해야 한다.
    다. 연구문제가 관찰 가능한 현상과 밀접히 연결되어야 한다.
    라. 연구대상이 되는 현상에 대해 명확한 규정이 되어야 한다.

10. 과학적 조사방법의 일반적인 과정을 바르게 나열한 것은?

A. 조사설계	B. 자료수집	C. 연구주제의 선정
D. 연구보고서 작성	E. 자료 분석 및 해석	F. 가설의 구성 및 조작화

가. A → B → C → E → F → D　나. A → E → C → B → F → D
다. C → F → A → B → E → D　라. C → A → F → B → E → D

11. 조사문제의 정립이란?
가. 조사결과에서 문제가 되는 것을 가려낸다.　나. 조사과정에서 잘못된 점을 문제화한다.
다. 조사에서 얻어내려는 사실을 명백히 한다.　라. 위의 어느 것도 옳다고 할 수 없다.

12. 다음 중 조작적 정의에 관한 설명으로 틀린 것은?
가. 주어진 단어가 이미 정립된 의미를 지닌 다른 표현과 동의적일 때에 사용된다.
나. 용어의 지시물을 식별하는데 사용되는 관찰 가능한 절차의 구체화이다.
다. 정의된 변수는 그것의 관찰과 측정의 단계가 분명히 밝혀져 있을 때 조작적으로 정의될 수 있다.
라. 숫자로 측정될 수 있는 항목들을 추출해낸다.

13. 조작화의 결과로서 신앙심을 측정하기 위해서 사용된 일주일간 성경책을 읽는 횟수는 다음 중 무엇인가?
가. 개념적 정의　나. 지표　다. 개념　라. 지수

14. K교수는 인구·주택 총조사의 가구조사 자료를 이용하여 가족 구성원 간 종교의 동질성을 분석하기로 하였다. K교수의 연구에서 분석단위로 가장 적합한 것은?
가. 가구원　나. 가구　다. 종교　라. 국가

15. 집단을 단위로 조사한 결과를 근거로 개인의 특성을 설명하려 할 때 발생할 수 있는 오류는?
가. 생태학적 오류　나. 개인주의적 오류　다. 집단주의적 오류　라. 생화학적 오류

16. 연구결과 해석과정에서 발생할 수 있는 여러 가지 오류중 구체적인 개별 사례에 근거하여 거시적 사건을 설명하는 경우에 발생하는 오류는?
가. 생태학적 오류　나. 개인주의적 오류　다. 비표본 오류　라. 체계적 오류

17. 어떤 연구에서
"미국의 도시 중 동양인의 비율이 높은 도시가 동양인의 비율이 낮은 도시보다 정신질환 발병률이 높다."는 결과로부터 "백인 정신질환자보다 동양인 정신질환자가 더 많다."고 결론을 내리는 오류는?
가. 조건화 오류　나. 생태학적 오류　다. 개인주의적 오류　라. 일반화 오류

18. 조사연구의 오류 중 사회현상에 대한 설명을 경제적 변수에 한정하여 설명하거나 심리적 요인에만 한정하여 설명하는 오류는?
가. 생태주의적 오류　나. 환원주의적 오류　다. 제1종 오류　라. 제2종 오류

19. 나음 중 어느 대학생 개인의 특성에 기초하여 소속 대학교 학생집단의 전체 특성으로 규정하려는 분석상의 오류는 무엇인가?
가. 생태학적 오류　나. 환원주의 오류　다. 개인주의적 오류　라. 외적타당성 오류

20. 생태학적 오류의 예로 적합한 것은?
가. 빈곤의 원인을 개인적인 습성과 태도의 요인으로만 설명하려는 것
나. 장애인 시설의 건립은 찬성하지만 자기 거주 지역에 건립은 반대
다. 인간의 태도와 행위는 언제나 차이가 있다는 가정에서 비롯되는 오류
라. 흑인 근로자의 비율이 높은 지역의 범죄율이 높다는 결과로 흑인 근로자의 범죄증가를 논의하는 것

21. 다음 중 분석단위의 성격이 다른 것은?
가. 남성은 여성보다 외부에서 활동하는 시간이 많아 교통사고의 피해자나 가해자가 될 확률이 더 높다.
나. A지역의 투표자들은 B지역의 투표자들에 비하여 X정당 후보자를 지지할 의사가 더 많다.
다. A기업의 회장은 B기업의 회장에 비하여 성격이 훨씬 더 이기적이다.
라. 선진국 근로자와 후진국 근로자의 생산성을 국가별로 비교한 결과 선진국의 생산성이 더 높았다.

22. 도시별 평균소득과 보수당 득표율 사이에는 부(-)의 상관관계가 있는 것으로 나타났다. 이 자료에 기초하여 소득수준이 높을수록 보수당 득표성향이 낮아진다고 하면 어떤 오류를 범할 가능성이 있는가?
가. 환원주의 오류 나. 생태학적 오류 다. 개인주의적 오류 라. 미시적 분석 오류

23. 뒤르케임은 프로테스탄티즘이 자살행위와 깊은 관계를 가지고 있음을 보여주기 위해 특정지역을 분석단위로 조사하여 분석한 결과 카톨릭 신도의 비율이 높은 지역일수록 개신교 신도의 비율이 높은 지역보다. 평균 자살건수가 많다는 사실을 얻었다. 이를 토대로 일반적으로 개신교 신도가 카톨릭 신도보다 자살할 성향이 더 높다고 해석한다면 이는 무슨 오류인가?
가. 환원주의 나. 생태학적 오류 다. 측정 오류 라. 개인주의적 오류

24. 어떤 사실의 존재 여부, 즉, 일정한 변수의 분포 상태나 존재 양상을 분석하는 가설은?
가. 관계적 가설 나. 실험적 가설 다. 기술적 가설 라. 추상적 가설

25. 경험연구를 위한 가설을 정립할 때 유의해야 할 사항으로 잘못 지적된 것은?
가. 가설은 기존 이론에서 도출하거나 혹은 직접적인 관찰 내지 직관을 통해 구성하기도 한다.
나. 가설에 포함되는 모든 변수들을 조작적으로 명확하게 정의해 주어야 한다.
다. 이론검증을 위해 가설은 가능한 한 포괄적이며 일반성을 갖도록 한다.
라. 가설은 연구자의 편견이 개입되지 않은 가치중립적인 것이어야 한다.

26. 다음 중 연구가설에 대한 논리적 반대 가설은?
가. 식별 가설 나. 영가설 다. 기술적 가설 라. 설명적 가설

27. 사회과학에서 조사연구를 실시하기에 적합한 주제가 아닌 것은?
가. 지능지수와 학업성적은 상관성이 있는가? 나. 기업복지의 수준과 노사분규의 빈도와 관계는?
다. 여성들은 직장에서 차별대우는 받고 있는가? 라. 개기일식은 왜 일어나는가?

28. 학술지에 "비행의 결정요인에 대한 연구: 소년원 재소자를 중심으로"라는 제목의 논문이 실렸다. 제목을 보고 알 수 있는 것은?
가. 종속변수, 독립변수 나. 분석단위, 표집방식 다. 종속변수, 분석단위 라. 독립변수, 표집방식

제2장

자료수집법

2.1 자료

자료(data)란 해결하려는 문제와 직접적으로 관계가 있는 정보로 측정, 분류, 계산 등을 통해서 필요한 형태로 변환할 수 있어야 한다. 일반적으로 연구에 사용되는 자료는 그 출처에 따라 **1차 자료**(primary data)와 **2차 자료**(secondary data)로 구분된다. 2차 자료란 현재의 연구에 이용할 목적으로 수집된 것이 아니라 과거에 다른 연구목적으로 수집되고 분석된 자료를 말한다. 현재의 연구에 활용 가능한 2차 자료를 이용하는 분석을 메타분석이라 한다. 반면에 현재의 연구를 위해 연구자가 직접 조사하여 수집한 자료를 1차 자료라 한다. 이 장에서는 주로 1차 자료의 수집방법에 대하여 논의한다.

연구대상이 되는 사람이나 사물 또는 집단으로부터 연구에 필요한 자료를 얻어내는 자료수집법은 연구목적이나 방법 및 대상에 따라 학자마다 다양하게 분류하고 있다. Bailey (1982)는 자료수집법을 조사(調査, survey)와 비조사(非調査, non-survey)로 분류하고 있고, 김해동(1990)은 관찰(觀察, observation)과 실험(實驗, experiment)의 두 가지로 나누어 설명하고 있다. 또, 이관우(1987)는 분류에 구애받지 않고 16가지 자료수집방법을 기술하고 있으며, 홍두승(2001)은 사회조사에 국한하여 설문지를 사용하는 설문지법과 면접조사표를 사용하는 면접법으로 구분하여 6가지의 조사를 기술하고 있다. 한편, 김경동 · 이온죽(1986)은 경험적 증거를 기본으로 하는 표준과학관의 견지에서 양적 자료를 분석하려는 수량적 접근법과 현상학적 사회학 및 주관적 · 해석적 이해의 사회학에 대한 인식론에 기반을 둔 질적 접근법의 두 가지로 분류하고 있다. 이들에 의하면 수량적 접근법으로 질문서법, 면접법, 관찰법, 실험적 방법, 내용분석법(문헌연구법) 등이 있으며, 참여관찰, 심층면접, 투사법, 생활사 연구, 민속방법론, 불개입 · 무반응법, 다원적 방법론 등이 질적 접근법에 속한다. 이와 같이 바라보는 관점에 따라 자료수집법은 광범위하게 분류할 수도 있고 단순히 설문지 조사의 적용 방법을 자료수집법으로 규정하기도 한다.

일반적으로 연구 목적에 부합하는 자료는 조사와 실험에 의하여 얻어진다고 볼 수 있다. 여기서 조사란 조사자가 조사 대상에 아무런 조작을 가하지 않고 자료를 수집하는 수동적인 자료수집방법을 의미한다. 반면에 실험은 실험자가 실험대상을 완전히 통제하면서 자료를 수집한다. 이 장에서는 D. Bailey의 분류 및 김해동의 분류와 유사하게 조사에 의한 자료수집법과 실험에 의한 자료수집법으로 나누어 설명한다.

연습문제 2.1

01. 일반적으로 질적 연구(qualitative research)를 위해 많이 이용하는 방법은?

가. 관찰조사 나. 전화조사 다. 질문지조사 라. 실험조사

02. 양적 연구와 비교한 질적 연구에 관한 설명으로 옳은 것은?
가. 일반화의 가능성이 높다.
나. 연역적 방법으로 자료를 분석한다.
다. 변수 간의 관계 검증, 이론 검증 등에 유용하게 활용될 수 있다.
라. 자료의 수집단계와 분석단계가 분명히 구별되지 않는다.

03. 양적 연구와 질적 연구에 대한 설명으로 틀린 것은?
가. 양적 연구는 연구대상의 관계를 통계적으로 분석하여 밝히는 연구이다.
나. 질적 연구는 주관적·해석적 연구방법이다.
다. 양적 연구는 확인 지향적 또는 확증적 연구방법이다.
라. 질적 연구는 강제적 측정과 통제된 측정을 이용하는 방법이다.

04. 질적 방법으로 수집된 자료에 관한 설명으로 틀린 것은?
가. 정보의 심층적 의미를 파악할 수 있다.
나. 유용한 정보의 유실을 줄일 수 있다.
다. 현장중심의 사고를 할 수 있다.
라. 자료의 표준화를 도모하기 쉽다.

05. 양적 조사와 질적 조사의 사례로 틀린 것은?
가. 질적 조사 - 사례연구의 기록을 분석하여 핵심적 개념을 추출함
나. 양적 조사 - 단일사례조사로 청소년들의 흡연횟수를 3개월 동안 주기적으로 기록함
다. 질적 조사 - 노숙인과 함께 2주간 생활하면서 참여관찰을 함
라. 양적 조사 - 초점집단면접을 통해 문제해결방안을 도출함

06. 질적 연구에 관한 설명으로 틀린 것은?
가. 정보의 출처나 자료수집 방법을 다양하게 한다.
나. 개방형 질문을 통해 심층적인 정보를 얻어낸다.
다. 조사 초기에 설정한 분석들을 도중에 변경해서는 안 된다.
라. 연구과정에서 자료를 분석해 가면서 자료를 범주화 한다.

07. 양적 연구와 질적 연구를 통합한 혼합 연구방법(mixed method)에 관한 설명으로 틀린 것은?
가. 질적 연구결과에서 양적 연구가 시작될 수 없다.
나. 주제에 따라 두 가지 연구방법의 비중은 상이할 수 있다.
다. 다양한 패러다임을 수용할 수 있어야 한다.
라. 질적 연구결과와 양적 연구결과는 상반될 수 있다.

09. 질적 조사방법과 양적 조사방법의 차이점에 관한 설명으로 틀린 것은?
가. 양적 방법은 관찰대상자에게 독립된 객관적 현상이 존재한다고 보지만 질적 방법은 그렇지 않다.
나. 양적 방법은 현상의 결과적 측면에 주력한다면 질적 방법은 현상의 과정적 측면을 이해하려 주력한다.
다. 양적 방법은 조사절차가 유연하고 객관적이지만 질적 방법은 그렇지 못하다.
라. 양적 방법은 일반화(generalization)를 위해 노력하지만 질적 방법은 그렇지 못하다.

2.2 조사에 의한 자료수집법

조사에 의한 자료는 사회나 자연현상 또는 감정, 생각, 행위 등을 표현할 수 없는 조사 대상을 관찰하여 기록한 것과 자신의 감정이나 생각을 말이나 글로 표현할 수 있는 조사 대상자에게 질문을 제시하고 그 응답을 기록한 것으로 분류할 수 있다. 이 책에서는 편의상 전자를 관찰조사, 후자를 설문조사라 부르기로 한다. 한편, 조사할 항목들을 정리해서 나열한 표가 조사표인데 설문지와 혼용되어 사용되고 있다. 엄밀히 구분한다면 설문지는 조사할 내용이 응답자에게 질문할 문항들로만 구성되어 있는 조사표의 일종이다.

일반적으로 관찰조사에서는 조사원이 직접 관측결과를 기록하지만 설문조사는 조사원이 면접결과를 기록하는 경우와 응답자가 응답내용을 설문지에 기록하는 경우로 나눌 수 있다. 이와 같은 설문조사에서 전자에 사용하는 질문지를 면접조사표, 후자의 경우에 사용하는 질문지를 자기기입식 조사표로 구분하여 부르기도 한다. 김경동 · 이온죽(1986)은 전자를 면접법이라 하고 후자를 질문서법이라 부른다. 앞으로는 설문지도 조사표의 일종이므로 모두 조사표라는 용어를 사용하되 의미에 혼동이 있을 경우에만 설문조사표라는 용어를 사용하기로 한다.

사회조사에서는 설문조사를 통해서 자료를 수집하는 경우가 대부분인데 설문조사는 조사표의 배포와 회수 및 응답기입자가 누구인가에 따라 다양한 명칭이 있다. 여기서는 김경동 · 이온죽(1986)의 구분에 따라 조사에 의한 자료수집법을 면접법, 질문서법 및 관찰법으로 나누어 설명한다.

2.1.1 면접조사법

(1) 직접면접조사법

조사자가 응답자(피조사자)를 직 · 간접적인 방법으로 접촉하여 조사하는 모든 방법은 넓은 의미에서의 면접조사(interview)라 할 수 있다. 따라서 조사자가 응답자를 직접 만나 조사를 하는 면대면 조사(face-to-face interview)는 물론 전화를 매개체로 하여 조사자가 질문하면 응답자가 응답하는 전화면접(telephone interview), 온라인에서 조사자가 응답자에게 질문을 하면 응답자가 온라인으로 응답을 하는 인터넷 조사(internet survey) 등을 모두 망라하기도 한다. 그러나 여기서는 조사자가 응답자를 직접 만나 질문을 읽어주고 응답을 기록하는 협의의 개별 면접조사(personal interview) 혹은 면대면 조사에 국한하여 설명한다.

면접조사는 조사자가 얼마나 자유롭게 조사에 임할 수 있는가에 따라 **표준화 면접**(standardized interview)과 **비표준화 면접**(non-standardized interview), 그리고 둘의 절충 형태인 **준표준화 면접**(semi-standardized interview)으로 구분할 수 있다. 대부분의 면접조사에서 사용하는 표준화 면접이란 조사자가 미리 작성된 조사표에 의하여 모든 응답자에게 동일한 내용을 동일한 순서에 따라 질문하는 면접방식으로 **구조화 면접** 혹은 **통제 면접**이라 부르기도 한다. 비표준화 면접은 조사하려는 주제만 주어지고 일정한 형식의 조사표가 없이 진행되는 면접방식이다. 따라서 표준화 면접에서는 조사자가 자의적으로 면접순서나 말을 바꾸거나 다른 질문을 할 수 없지만, 비표준화 면접은 조사자가 많은 재량과 융통성을 가지고 어떤 통제도 받지 않는 자유로운 상태에서 면접을 진행하는 방법으로 객관적인 자료보다는 응답자의 심리상태와 같은 주관적인 자료를 얻기에 적합한 방법이다.

표준화 면접은 비표준화 면접에 비하여 표준화된 자료를 얻을 수 있어 신뢰도가 높고 자료처리가 쉽다. 또한, 사전에 준비된 조사표에 따라 면접이 진행되므로 조사원의 행동에 일관성이 있고 언어구성상의 오류가 적어서 응답자의 오해로 인한 오류를 방지할 수 있다. 즉, 면접결과가 조사자의 면접 숙련정도에 크게 좌우되지 않는다. 그러나 표준화 면접에서는 조사원의 융통성이 없어 상황에 적절히 대처할 수 없으며 정해진 조사표에 따라 조사하기 때문에 새로운 사실의 발견이 어렵다. 때로는 사무적인 면접으로 응답자와의 친근감이 결여되어 조사에 악영향을 줄 수도 있다.

표준화 면접과 비표준화 면접은 서로 상반되는 장단점을 지니고 있는데 양쪽의 장점만을 취하려는 의도에서 고안된 것이 준표준화 면접법이다. 즉, 중요한 질문들만 표준화하고 나머지는 조사자가 자유로이 질문하거나 상황에 따라서 적절히 대응하여 면접하는 방식이 준표준화 면접이다. 때에 따라서는 조사자가 사전에 부차적인 질문을 마련하여 사용할 수도 있다.

낯선 사람을 상대로 질문에 대한 답을 얻어내야 하는 면접조사는 고도의 테크닉을 요하는 어려운 일이다. 더군다나 사회 여건의 악화로 점차 사람이 사람을 만나는 일이 어려워지고 있다. 모르는 사람을 무조건 찾아가 면접하겠다고 할 때 대부분은 거부감을 나타내고 있는 것이 오늘의 현실이다. 이것은 면접이 그만큼 어려운 작업임을 간접적으로 나타내고 있다. 따라서 면접 초기부터 조사원과 응답자 사이에 인간적으로 친근한 관계를 형성하고 이를 유지할 수 있도록 노력해야 한다. 조사원과 응답자 사이에 형성되는 인간적인 친밀감을 **래포**(rapport)라 한다. 또한, 응답자가 부적합하거나 명확하지 않은 응답을 할 때는 추가적인 질문으로 답변을 다시 확인하여 정확한 답을 알아내도록 해야 한다. 추가적인 질문으로 답변을 명확히 하는 것을 **탐구조사**(探究調査, probing)라 한다. 조사원은 면접하는 동안 중립적인 입장을 고수해야 한다. 때로는 응답자가 자기 의사를 응답하기 전에 조사자의 의견을 참조하거나 아예 조사원에게 역으로 답을 묻는 경우도 있기 때문에 조사원은 응답을 암시하는 언행을 하지 않도록 주의해야 한다. 따라서 면접을 담당할 조사원에 대해서는 사전교육을 철저하게 실시하여야 한다.

면접조사에서 편향된(biased) 응답이 발생하는 요인으로는

· **자신향상효과**(自身向上效果, self-lifting effect)

응답자 자신의 사회적 위치를 현실보다 높게 생각하여 현재 자신의 위치에 해당하는 응답 대신 자기가 이상으로 생각하는 모습에서 응답하게 되는 경향

· **유사효과**(類似效果, conformity effect)
자신의 생각과는 다르게 주위 사람들의 영향을 받아 주위 사람을 따라 응답하는 경향

· **체면치레효과**(ego-threat effect)
자신향상효과와 비슷한 효과로 위신이나 사회적 지위보다는 유행이나 시대에 뒤떨어질 것을 두려워하여 그릇된 응답을 하는 경향

· **후광효과**(後光效果, halo effect)
조사 전에는 생각해 본 적이 없는 문제에 대하여 조사자의 질문을 받고 그 문제에 대한 급조된 생각으로 물음에 응답하는 것

· **겸손효과**(謙遜效果, senor effect)
자기 생각과는 달리 조사자의 기분이나 감정에 맞추는 방향으로 응답하려는 경향

· **선전효과**(宣傳效果, bandwagon effect)
선거에 관한 여론조사 등에서 자기 자신의 소신과는 달리 선두 주자나 동정심이 가는 후보자에게 표를 주어야 한다는 선전에 영향을 받아서 질문에 응답하는 것

· **습관효과**(習慣效果, habit effect)
질문의 내용을 신중하게 생각한 후에 응답하지 않고 단지 습관적으로 예 또는 그렇다는 대답을 되풀이하는 경향

· **무관심효과**(無關心效果, irrelevance effect)
자신은 조사와 상관이 없다고 생각하여 빨리 끝내기만을 바라고 생각 없이 마음 내키는 대로 아무렇게나 대답하는 것

등이 있다. 면접요원들은 이상과 같은 요인들로 인하여 편향된 응답이 발생하지 않도록 최선의 노력을 다해야 한다. 일반적으로 면접조사는 다른 조사방법에 비하여 응답 회수율이 높고 표본에 의한 편향이 작지만 조사비용과 시간이 많이 소요된다. 또한, 조사자가 상황에 따라 융통성을 가질 수 있고 제 3자의 개입을 방지할 수 있지만 익명성이 낮고 조사자 간의 개인 능력 차이 및 조사자의 개입 등으로 응답결과에 편향이 발생할 수 있다. 그러나 응답자의 이해도나 응답능력을 탐지하여 응답자의 이해를 도울 수 있기 때문에 복잡한 설문지를 사용할 수 있으며 글을 모르는 문맹자나 어린이를 대상으로도 조사할 수 있어 조사대상 범위가 넓다. 하지만, 고위직이나 범법자 등과 같이 응답자에게 접근이 곤란하거나 부재중인 경우는 조사가 불가능하다. 면접조사에서는 때때로 응답자의 행동이나 표정을 통하여 답변의 진위를 어느 정도 파악할 수도 있으며 성별과 같이 면접 도중의 관찰로부터 더 확실한 자료를 얻을 수 있다. 그러나 대답하기 곤란한 민감한 질문에 대해서는 응답을 얻어내는 것이 어렵다. 자세한 면접법의 장단점에 대해서는 김경동 등(2009)을 참조하기 바란다.

(2) 전화조사법(電話調査, telephone survey)

전화조사는 선거 여론조사나 시장조사 등과 같이 신속을 요하는 조사에서 많이 사용되고 있는 조사방법으로, 조사원이 응답자에게 전화를 걸어 조사내용을 질문하면 응답자가 대답하는 내용을 조사원이 기록하여 자료를 수집하는 방법이다.

전화가 처음 보급되던 당시의 전화조사는 오늘날의 인터넷 조사에서 제기되는 문제점 못지않게 비난의 목소리도 높았다. 전화 보급률이 낮을 때의 전화조사는 표본의 대표성이 문제점으로 지적되었으나 개인전화 시대인 요즘에는 대표성에 대한 논란이 거의 사라지고 사회조사에서 가장 많이 사용되는 조사방법의 하나가 되었다. 그러나 표집틀로 전화번호부를 사용하는 데에는 몇 가지 문제점이 있다. 우선 비등재(unlisting)의 문제를 들 수 있다. 사생활 침해를 우려하여 전화번호부에 이름을 등재하지 않으려 하는 경우가 늘고 있는데, 미국 대도시의 경우 비등재율이 50%를 넘는 것으로 알려져 있다. 다음으로 최근 이사를 한 사람들은 전화부에 나타나지 않는다는 것이고, 또한, 전화가 없는 가구는 원천적으로 전화조사에서 배제된다는 점이다. 요즈음은 거의 대부분의 사람들이 휴대폰을 소유하고 있기 때문에 기존 전화조사의 문제점을 해결하기 위한 방법으로 **임의번호 전화걸기**(RDD, random digit dialing)라는 방법을 사용한다. 이것은 전화번호의 마지막 네 자리 수를 랜덤하게 뽑아서 전화면접 대상자와 연결하는 방법인데, 최근 들어 선거여론조사 등에서 이 방법을 활용하고 있다.

초기의 전화조사는 전화 가입자의 일부를 표본으로 선정하고 선정된 응답자에게 전화를 걸어 질문하여 자료를 수집하였지만 최근에는 **컴퓨터보조 전화면접**(CATI, Computer Assisted Telephone Interview)이 일반화되었다. CATI란 조사 대상자가 전화기를 연결한 개인용 컴퓨터 앞에 앉아서 모니터 화면에 나타나는 질문을 읽고 응답을 하면 응답 결과가 바로 컴퓨터에 입력되는 방법이다. 선거여론조사에서는 전화를 받으면 음성으로 질문과 응답보기가 제시되고 응답자가 자신이 선택한 응답번호를 전화기에 음성으로 대답하면 응답결과가 자동으로 저장되는 **자동응답시스템**(ARS) 방식을 주로 사용하고 있다. 오늘날에는 IT기술의 급속한 발전으로 인하여 컴퓨터를 활용한 다양한 온라인 조사법이 사용되고 있는데 그러한 조사법에 대해서는 응답자가 응답내용을 직접 입력한다는 측면에서 질문서법의 한 부류로 취급하여 설명하기로 한다.

전화조사는 신속한 자료수집, 적은 비용, 광범위한 접근성 등 때문에 사회조사, 여론조사, 시장조사 등에 널리 이용되고 있다. 전화조사의 신뢰성을 높이기 위해서는 다음과 같은 문제점들에 대하여 세심한 주의를 기울일 필요가 있다.

- 재통화(call-back) 등의 조사 규칙을 준수하기 위해서는 조사기간이 충분히 주어져야 한다. 일반적으로 많은 전화조사가 1~2일 정도의 짧은 기간에 이루어지는데, 졸속으로 행해지는 전화조사는 재통화 기회가 줄어들어서 표본의 대표성이 떨어질 수 있다.

- 할당표집법에서는 타당성이 입증된 할당 변수를 사용해야 한다. 할당추출은 조사되는 사람과 조사되지 않는 사람들 간의 차이를 강력하게 억제할 수 있는 요인이 있는 경우에 채택할 수 있는 비확률적 추출방법이다. 따라서 타당성이 입증된 할당변수를 사용하지 않고 단순히 성별이나 나이 등만을 할당변수로 사용하여 표본을 할당하는 경우 직업이나 계층 등의 변수에 대한 추출확률이 차이가 나게 되어 큰 오류를 야기할 수 있다.
- 전화번호부를 추출틀로 사용하는데 따른 편향이 발생할 수 있음에 유의해야 한다. 전화번호부를 추출틀로 사용하면 누락된 전화번호나 결번으로 인한 편향이 초래될 위험이 크다.
- **푸시 폴**(push poll)과 여론조사를 구별해야 한다. 일부 정치집단이나 이익집단이 반대자에 대한 나쁜 소문이나 공공연한 거짓말을 퍼뜨리기 위해서 '푸시 폴'을 사용하는 경우가 있는데 이러한 '푸시 폴'은 여론조사가 아니라 여론조사를 가장한 정치적 조작이다.
- 할당표집법과 같은 비확률 추출법에서는 정확한 표본오차의 계산이 어려우므로 예측보도에 신중을 기해야 한다.
- 조사결과를 보도하거나 평가할 때에는 조사의 양적인 측면뿐만 아니라 질적인 측면도 보아야 한다. 즉, 표본의 크기, 응답률, 재통화 규칙의 준수 정도, 무응답 처리 등을 고려하여야 한다. 전화조사 결과를 보도할 때는 한국조사연구학회가 제정한 '조사윤리강령'에 따라야 한다.
- 선거에 관한 전화조사에서는 지지율 예측뿐만 아니라 투표의향 조사 및 처리에 관한 문제도 기술적으로 해결해야 한다. 투표 참여율은 인구통계학적 집단에 따라 달라지기 때문에 개별 응답자의 투표의향을 편향 없이 조사하여 최종 득표율 예측에 반영해야 한다.(한국조사연구학회 홈페이지 www.kasr.org 참조)

전화조사도 나름대로의 장점과 단점을 가지고 있다. 전화조사는 면접조사에 비해 적은 비용으로 신속하게 자료를 수집할 수 있으며 표본추출이 수월하고 접근이 용이하다. 또, 익명성이 높고, 조사자에 대한 관리 및 감독이 용이해서 문제가 발생하면 즉시 대처가 가능하며, 응답률도 우편조사에 비하여 높다. 이런 장점들 때문에 손쉬운 조사법으로 전화조사를 많이 이용하지만 전화조사는 다음과 같은 문제점들을 고려해서 사용해야 한다.

- 전화조사에서는 표본의 대표성이 가장 큰 문제가 된다. 전화조사는 전화가입자를 조사모집단으로 삼기 때문에 원칙적으로 전화를 소지한 사람만 조사가 가능하다. 따라서 전화가 없는 사람은 조사에서 제외되어 편향이 발생하며, 한 사람이 여러 대의 전화를 소유하고 있으면 형평의 문제도 발생하게 된다. 이런 점에서 전화조사는 표본의 대표성 문제가 여전히 존재한다.
- 전화의 특성상 질문 문항이 너무 많거나 질문의 길이가 길면 응답을 꺼리게 되어 응답률에 영향을 주게 된다. 질문의 수는 적을수록 좋으며 문장의 길이도 가능하면 짧아야 한다.
- 비언어적 방법을 활용할 수 없다. 화상전화가 보편화되기 전까지는 언어를 의사소통 수단으로

하는 전화조사에서는 그림, 도표, 사진 등과 같은 시각적 보조 자료를 활용할 수 없다.
- 응답자가 조사 대상자인가를 확인할 수 없다. 즉, 응답자가 바뀌어도 확인할 수 없다.
- 응답자는 언제든지 통화를 중단할 수 있다. 전화통화 중에 급한 일이 있거나 통화시간이 길어지면 응답자가 통화를 일방적으로 중단하는 경우가 발생할 수 있다.

(3) 집단면접조사

면접자가 한 자리에 모인 응답자들에게 개별 질문과 응답 요령을 읽어 주면 응답자가 질문지에 응답을 기록하는 방식을 집단면접조사라 한다. 개별면접에 비해 비용과 시간 및 면접자에 의한 편향을 줄일 수 있고 저하력 응답자에게는 자기기입식보다 수월하게 응답할 수 있도록 도와줄 수 있다. 그러나 저학력 응답자에게는 질문과 응답 요령을 반복해서 자세히 설명해야 하는 번거로움이 있으며 문맹자를 대상으로는 이용할 수 없는 방법이다.

개별면접조사와 비교한 집단면접조사의 장점은

- 개별면접 대신에 여러 사람을 한꺼번에 조사하므로 조사비용이 저렴하다.
- 여러 사람을 동시에 조사하므로 면접시간 또한 적게 걸린다.
- 한 곳에서 조사를 실시하므로 조사가 간편하다.
- 조사의 시간과 공간 및 여건이 동일하므로 조사 조건을 표준화할 수 있다.

등이 있고, 단점으로는 다음과 같은 것들이 지적될 수 있다.

- 조사 대상자가 집단 여론의 영향을 받아 정확한 응답을 하지 못하는 경우가 있을 수 있다. 특히, 집단 감정에 반하는 민감한 질문에 대해서 "모르겠다.", "그저 그렇다."와 같이 응답자의 생각과 다른 중립적인 응답으로 일관하는 경우가 발생한다.
- 여러 사람이 모여 있기 때문에 조사 대상자의 통제가 쉽지 않을 수 있다.
- 특별한 경우가 아니고는 조사 대상자를 한 자리에 모으는 것이 어렵다.
- 면접조사는 개인별 특성이나 차이를 감안하여 질의와 응답을 할 수 있으나 집단면접조사에서는 개인별 차이를 인정하지 못하여 신뢰도가 낮아질 수 있다.
- 설문지에 응답을 잘못 기입한 경우에 오류의 수정이 어렵다.

2.2.2 질문서법

조사표에 제시된 일련의 질문에 대하여 응답자가 응답을 조사표에 직접 기록하는 방식으로 자료를 수집하는 방법을 통칭하여 질문서법이라 한다.

(1) 집단조사법

집단조사(group survey)란 응답자들을 한자리에 모아 놓고 설문지를 배부한 다음 응답자가 설문지에 응답을 직접 기입하도록 한 후에 설문지를 회수하는 방법으로 **집합조사**라 부르기도 한다. 예를 들면, 대학에서 신입생을 대상으로 실시하는 인성검사, 적성검사 등이 집단조사법에 해당된다.

집단조사법에서는 모아 놓은 응답자들이 질문지에 제시된 응답요령에 따라 질문에 대한 응답을 기입하기 때문에 응답자가 집단의 일반론적인 주장이나 여론에 휩쓸리지 않도록 사전에 주의를 환기시켜야 한다. 또한, 조사의 목적이나 취지, 중요성 등을 사전에 설명하여 조사대상자들이 반감을 갖지 않고 조사에 협조할 수 있는 분위기를 조성해야 한다. 기업이나 공장 등과 같은 조직체를 대상으로 하는 조사에 활용할 수 있는 집단조사법은 시간과 비용을 줄일 수 있는 이점이 있지만 조직체 또는 개인 응답자의 협조를 구하는 일이 쉽지 않고, 응답자 선정을 조직체 담당자에게 의뢰해야 하는 경우에는 편향을 배제하기 어렵다는 약점을 지니고 있다.

(2) 우편조사법

우편조사(郵便調査, mail survey)란 조사 대상자가 우편으로 보내진 설문지에 응답을 기입하여 다시 우편으로 반송하게 함으로서 자료를 수집하는 방법이다. 그러나 때로는 설문지의 배부와 회수 중에서 어느 한 쪽만 우편을 이용하고 다른 한 쪽은 조사자가 직접 방문하여 배부나 회수를 하는 경우도 있다. 어느 방법이든 응답자가 응답 결과를 직접 기입하는 자기기입식이다. 여기서는 설문지의 배송이나 회수에 우편을 이용하는 방법을 통칭해서 우편조사라 하였다.

실례로, 서울대학교 인구 및 발전문제연구소의 근로자 연구(김경동·이해영 외, 1970)에서는 면접을 시행하기 위해 탐색조사를 한 결과 근로자들을 도저히 만날 수가 없음을 알았다. 그래서 일단 집단조사법을 시도하려고 기업체와 협의하였으나 이 방법도 역시 기업체의 협력을 구하기가 어렵고 당사자들도 꺼리기 때문에 수정된 방법을 고안하였다. 일단 표집원칙을 정하고 인사관리 책임자의 도움을 얻어 표본대상자에게 질문서 한 부와 회신용 봉투를 배포하고 후에 우편으로 응답을 받아내었다. 이 방법은 가끔 근로자 연구에 활용되었다(김경동·이온죽, 1986).

우편조사에서는 응답자가 응답에 협조할 수 있도록 세심한 배려를 해야 한다. 무응답을 줄일 수 있도록 조사의 취지를 알리고 협조를 당부하는 인사말과 응답 오류를 줄이기 위한 응답요령 설명서, 응답의 반송을 쉽게 할 수 있는 반송용 봉투와 우표 등을 설문지와 동봉하여 우송하여야 한다.

우편조사의 가장 큰 문제점은 응답률이 낮다는 것이다. 응답률을 높이기 위해서는 우선적으로 응답하여 반송하는 기간을 길게 하고 답례품을 보내는 등의 응답을 유도할 수 있는 방법을 생각해야 한다. 우편조사에서 응답률에 영향을 주는 요인으로 다음과 같은 것들이 지적되고 있다.

· **조사주체와 조사위임기관의 성격**

사회적으로 공신력이 있는 사람이나 기관이 조사를 하면 통상적으로 응답자의 응답률이 높아진다. 합법적인 연구기관이나 정부부처, 유명 비영리단체 등이 실시하는 조사는 합법성이 부여되고 조사의 가치가 인정되므로 응답자의 응답 동기가 높아져서 응답률이 높아진다.

· **설문지 구성과 디자인**

설문지의 내용은 물론 설문지 형태나 표지의 디자인 등이 응답률에 영향을 미치는 것으로 나타나고 있다. 따라서 설문지는 질문지 작성 원칙에 맞게 구성하고, 설문지의 크기, 모양, 색상, 글자의 크기 및 디자인 등을 고려하여 설문지의 형태를 결정해야 한다. 특히, 설문지의 앞에는 조사주체, 조사 위탁기관, 연구목적, 조사이유, 표본선정방법, 비밀유지, 결과의 공표일, 조사 참여에 대한 고마움 등을 나타내는 인사말이 있어야 한다.

· **응답 및 반송의 용이성**

응답하기 쉬운 질문은 응답자에게 부담을 덜 주어 응답률을 높게 한다. 또, 응답자가 응답지를 반송하는 데에 불편함이 없도록 우표를 붙인 반송봉투를 마련하여 질문지와 동봉해야 한다.

· **인센티브 제공**

응답을 유인하는 방법으로 기념품이나 답례품을 제공하는 것도 생각할 수 있다. 그러나 그런 방법은 잘못하면 오히려 역효과가 날 수 있으므로 주의해야 한다.

· **독촉장과 독촉전화**

응답이 늦어지는 경우 독촉장을 보내는 것은 응답률을 높이는 직접적인 방법이다. 일반적으로 20% 정도의 응답률을 보이는 우편조사의 경우 독촉장을 보내면 50% 이상의 응답률을 얻을 수 있는 것으로 알려지고 있다. 독촉장과 더불어 전화로 독촉하는 방법을 병행하면 더 높은 응답률을 얻을 수도 있다. 독촉은 3번 이내에서 실시하는 것이 좋다. 첫 번째 독촉의 경우에는 독촉장만을 보내고 두 번째에는 독촉장과 함께 질문지를 동봉하여 그 취지를 설명하는 것이 바람직하다. 또한 세 번째 독촉장을 보낼 때에는 공손하게 보낸 취지를 밝히거나 아니면 전화로 독촉하는 것도 좋은 방법이다.

· **설문지의 발송시기**

설문지의 발송 시기는 되도록 응답자가 집에 머무는 시간에 도착할 수 있도록 한다. 연휴나 휴가철에 설문지를 발송하면 집에 사람이 없어 응답이 지연되거나 불가능할 수 있기 때문이다. 또한, 응답자의 직업을 고려해서 바쁘지 않은 시간에 우편물이 도착되게 하는 것도 필요하다.

· **우편물의 종류**

우편물이 등기우편인가 일반우편인가에 따라서도 응답률에 차이가 있다. 비싼 우표나 항공우편을 사용하면 회수율이 높게 나타나는 경향이 있다.

면접조사와 비교한 우편조사의 장점을 살펴보면

- 직접면접에 비하면 우송료와 반송료만 소요되므로 조사비용을 줄일 수 있다.
- 모든 응답자에게 동시에 설문지를 배포하여 응답을 받으므로 조사기간이 단축될 수 있다.
- 응답자가 한가한 시간에 자유롭게 응답할 수 있어 시간적인 제약을 받지 않는다.
- 응답자의 신분이 노출되지 않으므로 응답자가 응답하기 어렵거나 민감한 질문에 대하여 솔직하게 응답할 수 있다.
- 응답자가 조사원의 영향을 받지 않고 응답할 수 있어 조사원의 편향을 배제할 수 있다.
- 접근이 어려운 유명인사도 우편을 통하여 접근할 수 있어 조사가 가능하다.
- 주소만으로 어디든지 우편이 배달되므로 광범위한 지역의 조사가 가능하다.

등이 있고, 단점으로는 다음과 같은 것을 들 수 있다.

- 융통성이 부족하다. 응답자와 조사자의 직접적인 접촉이 없으므로 조사표의 내용에 오해가 있어도 시정할 방법이 없다.
- 응답률이 낮다. 응답자에게 응답에 대한 절박한 느낌을 주지 못하고 자발적인 응답에 의존하므로 응답률이 저조하다. 일반적으로 우편조사의 응답률은 10%에서 50% 수준인 것으로 알려져 있다. 이와 같은 응답률은 조사의 신뢰성을 떨어뜨리는 결과를 가져온다.
- 질문지에 기록된 내용 이외의 다른 방법으로는 설명이 곤란하고 언어적 습관(verbal behavior)에 의존할 수밖에 없다.
- 주위 환경을 통제하기 어렵다. 응답자가 누구인지 확실히 알 수 없으며, 응답자가 바쁘거나 나태하여 대리로 응답하는 경우를 규제할 수 없다.
- 응답순서에 대한 통제가 어렵다. 앞의 문항에 대한 응답이 뒤에 오는 문항의 응답에 영향을 줄 수 있는데 이에 대한 규제가 어려워 응답순서의 잘못으로 편향이 발생할 수 있다.
- 사회적으로 민감한 질문에는 무응답이 많다. 우편조사가 민감한 질문에 대한 조사에 사용할 수 있는 적절한 방법이지만 응답자에 따라서는 민감한 질문에 무응답으로 일관하는 경우다.
- 생각할 여유가 있으므로 질문에 대한 자신의 생각이나 감정을 기록하지 않고 일반론적인 응답을 하는 경우가 있다.
- 응답기간이 길고 응답기한을 규제하기 어렵기 때문에 때로는 조사기일이 지난 뒤에 응답이 도착될 수 있다.
- 질문에 대한 이해가 쉽도록 단순한 문항으로 설문지를 구성해야 하기 때문에 복잡한 질문은 사용하기 어렵다.

(3) 개별 자기기입법

개별 자기기입법은 조사표를 우편으로 전달하고 회수한다는 점을 제외하면 사실상 우편조사와 동일한 방법이지만 조사원이 직접 가정이나 직장을 방문하여 조사표를 전달하고 회수한다는 점에서 우편조사보다 비효율적인 방법이다. 그러나 반드시 응답을 받아내야 하지만 도저히 응답자를 면접할 수 없는 상황이거나 장기간에 걸쳐 발생하는 내용을 조사해야 하는 경우에 이 방법을 활용할 수 있다. 예컨대, 생산과정에서 발생하는 제반 비용을 기록해야 하는 축산물생산비조사에서는 표본농가에서 조사원의 정기적인 지도를 받아 생산일지를 작성하게 하고 있다. 그러나 면접이 불가능하여 자기기입식으로 조사하였다면 면접에 의한 자료와 자기기입식 자료의 성격이 다를 수 있다.

(4) 델파이조사(delphi study)

델파이조사란 연구방향을 설정하기 위해 연구하려는 분야에 종사하고 있는 전문가 집단을 상대로 자료를 수집하는 일종의 사전 탐색조사이다. 미국의 ENO(Emergency Nursing Association)에서는 미국 내의 응급실 간호사를 위한 국책연구사업의 우선순위를 결정하는 연구를 수행하였다. 2001년에 종료된 이 연구에서는 ONS(Oncology Nursing Society)에 가입한 응급실 수간호사를 대상으로 3회에 걸친 우편조사를 실시하여 ONS 회원 431명으로부터 자료를 수집하였다. ENO에서는 이렇게 수집된 자료를 분석하여 상위 20개의 국책연구사업을 결정하였다. 여기서 사용된 자료수집법이 델파이조사이다.

(5) 인터넷조사(internet survey)

인터넷조사에 대한 정의를 살펴보면 학자에 따라 약간의 차이를 보이고 있다. 김광웅(2001)은 전산망을 통하여 전산망 가입자에게 직접 질문지 파일을 보내고 응답파일을 받는 형태를 인터넷 조사라 하고, 이계오(2001)는 인터넷 상에서 이루어지는 통계조사를 총칭하여 인터넷 조사라 하며, 기존의 조사방법과 다른 점으로 조사대상이 국내 또는 특정지역에 제한되지 않고 국경이나 공간의 한계를 넘을 수 있다는 점을 제시하고 있다. 또, 김영원・변종석(2001)은 사이버 공간에서 인터넷을 활용하여 자료를 수집하는 방법을 포괄적으로 인터넷 조사라 하였으며, 이해용・김기환(2001)은 인터넷 사용자들을 대상으로 웹 또는 전자메일을 이용하여 설문을 진행하고 응답하는 일련의 행위를 인터넷 조사라고 하였다. 결국 응답자가 설문지를 접촉하고 그 응답결과를 전송하는 일이 인터넷에서 이루어지는 조사는 모두 인터넷조사라 할 것이다.

인터넷 조사와 유사한 개념으로 온라인 조사(online survey)가 있다. 이는 컴퓨터 통신망 상에서 이루어지는 여러 형태의 사회조사를 일컫는 말인데, 인터넷 조사나 PC통신망 조사를 모두 일컫는 것으로 전자우편조사(e-mail survey), 웹조사(HTML form survey), 다운로드조사(downloadable survey) 등을 포함한다(홍두승, 2001). 인터넷 조사의 분류도 학자에 따라 다양하다. J. Watt(1997)

는 e-메일, Converted CATI, Converted Disk-By-Mail, Web CGI Program, Web Survey System 등의 다섯 가지로 분류하였고, 조동기(1998)는 방문자조사, 전자우편조사, 회원조사의 세 가지로 구분하였으며, 이계오(2001)는 표본추출 특성에 따른 유형과 컴퓨터 및 소프트웨어 수준에 따른 형식으로 구분하여 설명하고 있다. 이계오의 분류에 의하면 인터넷 조사는 어떤 추출틀이 사용되는가에 따라 다음과 같은 네 가지로 분류한다.

- **회원조사**(member survey)
  사전에 확보된 가입자 데이터베이스(DB)를 표본 추출틀로 사용한다. 회원들에게 전자우편이나 전화 등으로 조사에 참여하여 줄 것을 공지한 후에 응답하게 하는 방법이다. 질문의 형식은 일반적으로 웹문서를 이용한다. 응답소요시간은 20분 이내가 적당하다. 그러나 이 방법은 회원에 대한 DB가 준비되어 있지 않으면 조사가 쉽지 않고, 응답자의 대표성에 대한 논란의 여지를 지니고 있다.
- **방문자조사**(visitor survey)
  인터넷에 특정 사이트를 개설하여 설문지를 게시하고 인터넷이나 신문의 광고를 통해 방문자들을 모집한 다음 설문조사에 자발적으로 참여하는 방문자를 대상으로 자료를 수집하는 방법이다. 이 방법은 관심이 높거나 반대의사가 뚜렷한 집단이 많이 응답에 참여할 가능성이 높아 중복 응답자가 많이 발생할 수 있다. 따라서 중복 응답자를 식별할 수 있는 장치가 마련되지 않으면 신뢰성이 있는 자료를 얻기 어렵다.
- **전자우편조사**(e-mail survey)
  설문지를 텍스트 파일 형식으로 작성하여 확보된 e-메일 주소록의 대상자들에게 전자우편의 형태로 송신한 후에 응답자가 응답한 내용을 수신하는 형식의 자료수집방법이다. 질문내용이 약간 길어도 응답에 큰 영향을 주지 않으나 e-메일 주소록을 확보하기가 어려울 뿐만 아니라 조사대상자를 일반적으로 선정할 수 없는 단점이 있다. 그러나 편리하다는 장점 때문에 많이 사용되고 있다.
- **전자설문조사**(electronic survey)
  회원조사와 방문조사의 중간 유형으로 가입자 DB에 있는 사람을 조사 대상으로 한다는 점에서는 회원조사의 형태와 같으나 질문지를 게시하여 응답자를 모집하는 것은 방문조사의 형태와 같다. 특정 온라인 서비스 가입자 DB를 이용하므로 일반적인 모집단의 특성을 갖는 것으로 생각할 수 있다. 특징은 회원조사와 유사하다.

인터넷 조사는 컴퓨터 및 소프트웨어 수준에 따라 다음과 같이 분류할 수도 있다.

- **Flat-file 방식**
  이 형식은 e-메일을 포함하여 현재 각 언론사나 인터넷 회사에서 활용하고 있는 것으로 웹-페이지에 질문을 게재하고 방문자를 대상으로 자료를 수집하는 방법이다. 이 형식은 프로그램 개발과 유지비용이 적은 점이 장점이다.

· **Interactive 방식**

이 형식은 Flat파일 형식과 유사하지만 서버 사용자와 인터액티브 프로그램으로 연결된 대상자들 간의 조사에 활용되는 방식으로 앞에서 응답한 내용을 참조하여 뒤에 오는 질문에 응답할 수 있는 특징을 가진 방법이다. CATI 소프트웨어를 설치한 서버에서는 CATI와 연결하여 설문조사를 할 수 있다.

· **On-Line-Chatting 방식**

이 형식은 네트워크로 연결된 컴퓨터를 이용하여 개인 간에 메시지를 상호 교환하는 대화방식으로 조사를 수행하는 방법이다. 초기에는 네트워크의 시스템 미비와 인터넷 속도의 문제로 이용 상에 문제가 있었으나 이러한 문제점이 보완되면서 앞으로 많은 활용이 기대되는 방법이다.

인터넷의 특성상 인터넷 조사에는 다음과 같은 여러 가지 장점들이 있다.

· 단시간 내에 많은 표본을 확보할 수 있으며 많은 응답자를 실시간으로 동시에 조사할 수 있기 때문에 조사기간을 단축할 수 있다.
· 별도의 조사원 확보나 교육이 필요하지 않으며 온라인 특성상 별도의 부가비용이 발생하지 않기 때문에 조사비용을 절감할 수 있다.
· 웹의 멀티미디어 특성을 활용함으로서 도표나 사진, 그림 등을 포함하는 다양한 형태의 조사를 대규모로 실시할 수 있다.
· 온라인의 특성상 시간이나 공간의 제약이 없이 조사가 가능한 방법이다.
· 구조화된 설문지 작성이 용이하다. 응답자의 특성에 맞는 설문지를 선별적으로 보여줄 수 있으므로 응답자들이 질문에 빠르고 쉽게 응답할 수 있다. 즉, 구조화된 설문지를 사용할 수 있는 점에서 설문지로 인한 비표본오차를 줄일 수도 있다.

인터넷 조사 역시 여러 문제점을 안고 있다. 인터넷 조사의 단점들을 열거해 보면 다음과 같다.

· 인터넷에 가입된 사람이 편중되어 있어서 전체 모집단을 포함하는 추출틀을 구성하기 어렵다. 따라서 표본의 대표성이 결여될 수밖에 없다. 이 문제는 인터넷 가입자의 증가 추세와 기술의 발전 속도로 볼 때 점차 해결될 것으로 보인다.
· 추출틀의 구성이 어려우므로 기존의 확률표본추출법을 사용하기 어렵다. 그러나 이 문제도 점차 해결될 것으로 기대되고 있다. 실제로 인터넷 가입자가 급속히 증가하여 모집단의 특성이 하루가 다르게 변하고 있는 것이 현실이다.
· 인터넷 이외의 조사영역으로 확장하기 어렵다.
· 인터넷 조사에서 응답자의 태도에 관한 연구가 부족한 상태이다. 인터넷의 역사가 짧아서 이에

대한 연구와 노하우가 부족하고 응답자에 관한 연구가 미약하다.

- 응답자의 프라이버시와 통신예절에 문제가 있을 수 있다. 직접 만나거나 목소리를 들을 수 없고 단지 문자정보의 교환만 이루어지기 때문에 상대방의 입장을 무시한 응답이 나올 수 있다.
- 인터넷 환경 하에서는 응답자가 두 번 이상 접속하여 응답하는 것을 차단하기가 쉽지 않고 응답자의 구별과 접근이 어려워 응답자에 대한 보상이 사실상 불가능하다.

인터넷 조사는 몇 가지 제약조건 때문에 비판적인 시각이 많지만 매우 편리한 방법이라는 이유 하나만으로도 큰 매력이 있으며 특히 앞으로 더욱 발전할 컴퓨터 관련 기술과 병행하여 다양한 기능을 갖춘 조사가 가능할 것으로 기대된다. 인터넷 조사에서 주의할 점을 요약하면 다음과 같다.

- 응답자들의 시간과 시각(視覺)을 존중해야 한다. 응답자 편에서 응답하는 동안 시간의 구애를 받지 않도록 해야 하며 화면의 구성에서 눈을 피로하게 하는 밝은 색이나 차가운 색을 피하는 것이 좋다. 또한 설문지의 길이가 너무 길어 마우스를 여러 번 끌어내리면서 설문에 응답하게 하는 것은 바람직하지 못하다.
- 인터넷 조사와 일반 조사방법을 병행하여 사용하는 것이 바람직하다. 인터넷 조사에서 문제가 되는 표본의 대표성을 보완하기 위해서라도 전화조사나 면접조사와 병행하여 조사를 실시하는 것이 바람직하다.
- 조사주체, 설문목적 등을 밝혀 응답자들이 설문에 참여할 수 있는 동기를 유발시키는 것이 응답률을 높일 수 있다.
- 응답자들의 사적 정보를 존중해야 하며 응답자의 신분이 노출되는 일이 있어서는 안 된다. 만약 응답자의 e-메일 주소가 공개되어 현재 사회적으로 문제가 되고 있는 spam mail이라도 받게 된다면 응답자의 응답을 두 번 다시 기대할 수는 없을 것이다.

2.2.3 관찰조사

넓은 의미에서 관찰이란 경험적 인지과정, 즉, 자료수집을 위한 모든 행위라 할 수 있지만 여기서 말하는 관찰이란 사회나 자연에서 일어나고 있는 현상에 대하여 본 것을 그대로 기록하는 자료수집 방법을 말한다. 경험적 관찰에서는 시각적 인지에 국한하지 않고 사람의 오감(시각, 청각, 촉각, 미각, 후각)을 통한 자료수집을 포괄한다. 그러나 일상적으로 사물을 보고 남의 이야기를 듣는 모든 행위를 관찰이라 하지는 않는다. 과학적 관찰이라 함은 일정한 목적을 가지고 체계적으로 계획하고 기록함으로서 타당성과 신뢰성을 확인할 수 있는 관찰을 의미한다.

자연과학분야에서의 관찰조사에서는 조사대상으로부터 관찰하려는 변수가 비교적 명확하게 정의된다. 예를 들면, 브라헤는 평생 동안 혹성과 별의 움직임을 관찰하였는데 움직임은 방향, 거리, 속도 등 명확히 정의되는 변수의 관측으로 기록된다. 브라헤가 관측하여 기록한 자료를 이용하여 케플러

(Kepler)는 혹성 운동의 법칙을 도출하였다. 다음의 예제 2.2.1은 관찰조사를 통해서 우리가 원하는 정보를 얻을 수 있음을 보여주고 있다.

예제 2.2.1 관찰조사에 의한 연구(출처: www.bioeu.snu.ac.kr)

중학교를 다니는 어떤 학생이 학교에서 탐구활동부에 들어 처음으로 관찰하게 된 것이 목련꽃이었다. 관찰을 시작한지 3일째 되던 날, 목련의 꽃봉오리가 한 결 같이 북쪽을 향해 굽어 자라고 있는 것을 발견하였다. 보통의 식물은 해를 향해 굽어 자라는데 어째서 목련의 꽃봉오리는 해의 반대쪽을 향해 굽어 자랄까라는 의문을 갖고 연구를 하게 되었다. 목련꽃의 개화 과정 및 특징을 일기 위해 이틀마다 관찰하고 중요한 장면은 사진 촬영을 해서 자세히 살펴보았다. 그 결과 다음과 같은 사실을 관찰할 수 있었다.

1. 겉껍질의 작은 털은 남쪽을 향한 쪽의 것이 더 충실하다.
2. 꽃잎은 햇빛을 많이 받는 쪽이 잘 자란다.
3. 꽃잎은 겉껍질이 터지면서 나오는데 북쪽을 향한 쪽이 먼저 터진다.
4. 목련꽃의 꽃봉오리는 북쪽으로 굽어 자란다.
5. 북쪽은 엷은 초록색을 띠고 있으며 그 성장 속도도 느리고 남쪽은 백옥같이 흰색을 띠며 충실하게 자란다.

이로부터 남쪽을 향한 꽃잎은 햇볕을 많이 받아 겉껍질이 튼튼하고 질기게 자라고 있으나 북쪽을 향한 꽃잎은 햇볕을 받지 못하여 튼튼하게 자라지 못한다는 것을 알게 되었다. 그러므로 남쪽의 꽃잎이 먼저 자라면서 북쪽의 겉껍질을 끌어당기는 힘이 작용하여 북쪽이 터지게 되는 것이다. 또한 꽃봉오리는 남쪽을 향한 쪽이 북쪽을 향한 쪽보다 그 성장 속도가 빠르기 때문에 남쪽 부분이 볼록하게 튀어나오면서 꽃봉오리의 윗부분은 자동적으로 북쪽으로 굽게 된다. 즉, 햇볕은 목련꽃이 피어오르는데 큰 영향을 미치고 있음을 알게 되었다. ♣

(1) 코호트 연구(cohort study)

관찰조사에 의한 연구의 일종으로 임상실험에서 자주 사용되고 있는 **코호트 연구**가 있다. 코호트 연구란 코호트에서 발생하는 시간의 경과에 따른 특정사건의 변화를 관찰하는 조사연구이다. **코호트**는 관찰시점에서 균일한 특성을 지닌 조사집단을 말한다. 예제 2.2.2에서는 비행소년집단과 정상소년집단이라는 2개의 코호트가 관측되었다.

예제 2.2.2 코호트 연구(허명회, 2006)

1939년 하버드 대학 법대 교수였던 Sheldon Glueck은 그의 부인 Eleanor Glueck과 함께

500명의 14세 소년원(비행) 학생과 함께 같은 나이의 정상 학생 500명에 대한 전향적 조사(prospective study)에 착수하였다. 두 그룹의 학생들은 지능지수의 평균이 95로 같았고 다수의 사회 경제적 배경이 일치하도록 선택되었다. 이들은 17세, 25세, 32세 되는 해에 그들의 표본을 재조사하여 연구결과를 범죄학의 고전이라 불리는 'Unraveling Juvenile Delinquency'라는 저서로 남겼다. 그들이 마지막으로 표본을 조사한 해는 연구에 착수한지 21~23년이 지난 1960~62년이었다. ♣

자연과학에서와 달리 사회과학분야에서의 관찰은 그렇게 간단하지 않다. 예컨대, 유치원 아이들이 집단적으로 놀이를 할 때 나타나는 집단생활의 습성을 관찰하고자 한다면 어떤 행동을 습성이라고 하여 관찰할 것인가 또는 어떤 행동이 관찰자를 의식한 의도적인 행위인가 등을 규정하는 것은 쉽지 않을 것이다. 사회과학에서의 관찰은 관찰 상황 및 대상, 관찰의 기법, 관찰자의 위치와 역할 등의 분류 기준에 따라 몇 가지 유형으로 구분할 수 있다(Frankfort 등, 2000).

관찰은 관찰시기와 현상이나 행동 발생시기의 일치여부를 기준으로 **직접관찰**과 **간접관찰**로 구분할 수 있다. 연구대상이나 현상을 연구자 자신이 직접 보고, 듣고, 인지하여 그 관찰한 내용을 기록하는 것을 직접관찰이라 한다. 그러나 관찰 대상이 소멸되거나 관찰 대상에의 접근이 불가능 경우, 사건이 이미 일어난 뒤에 조사해야 하는 경우, 관찰하려는 자연스런 상황이나 사회적 과정, 상호작용 행위 등을 전혀 흩트리지 않고 관찰하려는 경우 등에서는 간접적으로 관찰할 수밖에 없다. 간접관찰에는 이미 일어난 일을 기록한 문헌연구법, 다른 사람의 경험과 관찰을 언어적 보고로 얻어내는 질문서법과 면접법, 불개입·무반응법에서 활용하는 사후적 흔적의 관찰 등이 있다. 통상적으로 사회과학에서의 관찰조사는 직접관찰을 지칭하므로 여기서는 직접관찰에 대하여 설명한다.

직접관찰은 관찰대상이 처한 환경이나 상황이 실제 상황인가 또는 연구자가 조성한 인위적 상황인가에 따라 **자연적 관찰**과 **인위(인공)적 관찰**로 구분하며, 피관찰자가 자신이 관찰되고 있다는 사실의 인지 여부에 따라 **공개적 관찰**과 **비공개적 관찰**로 구분할 수 있다. 한편, 관찰주체 또는 도구가 무엇인가에 따라 인간의 직접적 관찰과 기계를 이용한 관찰로 구분할 수 있으며, 관찰방법의 구조화 정도에 따라 김해동(1990)은 사전에 관찰할 내용을 표로 작성하고 조사표에 있는 내용만을 관찰하는 **통제적**(controlled) **관찰**과 관찰자가 조사표 없이 자유롭게 관찰하는 **비통제적**(uncontrolled) **관찰**로 구분하였다. 이관우(1987)는 전자를 조직적 관찰, 후자를 비조직적 관찰로 부르는데 통제적 관찰이란 관찰자의 행동이 조사표에 기재된 내용에 관한 것만으로 한정됨을 의미하는 것으로 **구조적**(構造的, structured) 또는 **체계적**(體系的, systematic) **관찰**이라고도 한다.

관찰조사는 그 자체로는 완전하지 못해서 설문조사와 함께 사용되는 경우가 많은데, 사실, 관찰에서 가장 중요한 점은 관찰대상의 특성이 관찰자로 인하여 왜곡되지 않도록 해야 한다는 것이다. 그래서 사회학자들은 관찰대상 집단이 지니고 있는 특성이 보존될 수 있는 정도에 따라 관찰조사를 분류하고 있다. 김광웅(1989)은 이러한 기준에 따라 관찰을 참여관찰과 비참여관찰 그리고 실험집단을 통한 비참여관찰로 나누어 설명하고 있다. 실험집단을 통한 비참여관찰은 실험에 의한 자료수집 방법의 일종이므로 다음 절에서 설명한다.

(2) 참여관찰

참여관찰(參與觀察, participant observation)이란 관찰자가 관찰대상의 한 구성원으로 참여함으로써 자료의 왜곡 가능성을 최소한으로 줄이면서 관찰대상을 직접 접촉하여 자료를 수집하는 방법이다. 따라서 이 방법은 관찰자가 관찰대상 집단의 한 구성원이 되어 똑같이 생활하면서 구성원들을 관찰하여야 하므로 구성원들로부터 신분이 노출되지 않도록 각별한 주의를 해야 한다. 만일 조사자가 가서 관찰을 하게 되면 조사를 당하는 사람들은 평소와 다른 행동을 하게 될 가능성이 높고 따라서 원래 목적한 바의 자료를 얻기 힘들게 된다. 유명한 Hawthorne의 연구도 참여관찰에 의한 것인데 종업원들이 관찰 당하고 있다는 사실을 알고 있어서 그 조사 결과가 의심스럽다는 비판을 받았다. 이로부터 관찰대상자에게 관찰자의 신분이 노출되거나 관찰목적이 알려져서 피관찰자의 행동에 영향을 주는 현상을 **호오돈 효과**(Hawthorne effect)라 한다. 물론 호오돈 효과를 없애기 위하여 관찰대상 집단의 구성원이 관찰하게 할 수도 있는데 항상 같이 생활하기 때문에 발생하는 동조현상에 의하여 객관성을 상실할 수 있다. 또한 관찰자가 어떤 편견을 가지고 있게 되면 역시 객관성을 잃게 되어 자료의 신뢰도에 문제가 발생한다.

(3) 비참여관찰

비참여관찰(non-participant observation)이란 관찰자가 관찰대상 집단의 일원으로 참여하지 않고 국외자로서 관찰하는 방법이다. 이 방법은 관찰한다는 것을 밝히고 관찰하는 것이므로 피관찰자가 자신이 관찰 당하고 있다는 사실을 알고 있다. 그로 인해 여러 문제점들이 발생할 수 있는데 그런 문제점들을 극복하기 위하여 관찰에 세심한 주의를 기울여야 한다. 예를 들면, 관찰자는 관찰하고 있다는 인상을 주지 않기 위해서 관찰된 사실을 암기해 두었다가 나중에 기록하는 등 관찰 방법에 기지를 발휘해야 한다.

설문조사와 달리 관찰조사에서는 관찰자의 주관이 개입될 소지가 가장 많은 조사방법이다. 따라서 관찰조사에서는 관찰자의 역할이 대단히 중요하다. 체계적 관찰에서는 관찰내용이나 절차가 통제되기 때문에 어느 정도는 주관성이 배제될 수 있지만 비체계적 관찰에서는 오로지 관찰자의 능력에 의존할 수밖에 없다. 성공적인 관찰조사를 위해서는 사전 교육 및 훈련을 통해서 관찰자가 관찰기술을 충분히 습득할 수 있도록 해야 하며, 관찰자는 관찰하고 있다는 사실을 망각하고 집단에 동화되는 일이 없도록 주의해야 한다. 관찰의 신뢰도를 높이기 위해서는 관찰 도구를 사용하거나 복수의 관찰자를 두는 등 가능한 여러 방법을 최대한 활용해야 할 것이다.

관찰조사의 장점으로는

- 조사대상이 언어에 의하여 의사표시를 할 능력이 없는 경우에 유일한 자료수집방법이다. 유아나 동물에 대한 관찰이 여기에 해당된다.
- 관찰은 현장에서 관찰대상의 가장 자연스러운 상태를 직접 보고 자료를 수집하기 때문에 설문조사에서 나타날 수 있는 편향을 피할 수 있다. 따라서 능력 있는 관찰자에 의한 관찰조사는 신뢰성이 가장 높은 자료를 제공한다고 볼 수 있다.
- 조사대상자가 조사에 응하지 않거나 비협조적인 경우에도 피조사자의 반응과 관계없이 자료수집이 가능하다. 그러나 조사대상자가 관찰 당하는 사실을 모른다고 해서 조사대상자의 사생활을 침해하는 관찰을 해도 된다는 것은 아니다. 따라서 관찰자는 관찰로 인하여 조사대상자의 사생활이 침해되지 않도록 주의해야 한다.
- 장기간의 관찰을 통하여 기대하지 못한 새로운 사실을 발견할 수도 있다.
- 조사대상자의 일상적인 생활 속에서 관찰이 이루어지므로 피관찰자에게 조사로 인한 직접적인 피해를 주지는 않는다.

등을 들 수 있고, 단점으로는 다음과 같은 것들이 있다.

- 관찰대상이 어떤 행동을 보일 때까지 많은 시간을 기다려야 하는 경우가 있으며, 때로는 기간이 너무 길어서 관찰 자체가 불가능 할 수 있다. 또한 관찰하려는 현상이 발생할 때까지 항상 현장에 있어야 하는데 그렇지 못한 경우가 많다.
- 부부의 성생활과 같은 개인의 사생활이나 숨겨진 사실은 관찰이 곤란하고, 관찰할 수 있다 하여도 이를 발표할 수는 없다.
- 관찰의 기록에는 관찰자의 인식과정에 의한 추리가 개입하게 되어 있다. 그런데 관찰자마다 지각되는 인상을 유지하는 능력 및 인상을 다루는 지적 능력이 다르고 관찰자 자신의 상상이나 관찰 대상자의 관계 등이 지각과정에 작용할 수 있기 때문에 관찰자의 주관적 인식에 의한 추리로부터 얻어지는 자료는 관찰자에 따라 큰 차이를 보일 수 있다. 따라서 관찰조사의 가장 큰 문제는 역시 자료의 신뢰성과 타당성에 있다고 할 수 있다. 예컨대, 직장에서 상사가 부하직원의 근무태도를 관찰할 때 혈연이나 지연 및 학연에 따라 관찰 방법이나 결과가 영향을 받을 수 있으며 관찰 결과의 해석에서도 개인의 감정이 개입할 여지가 다분히 있다.
- 관찰은 현장에서 생생한 자료를 접할 수 있다는 장점이 있지만 어떤 경우에는 관찰자가 너무나 평범하고 일상적인 문제로 치부하여 중요한 사실을 간과할 수 있다. 예를 들면, 식사 중의 무의식적인 행동이 예절교육에 필요한 자료인데도 이를 중요한 것으로 인식하지 못하는 것과 같은 것이다.
- 관찰자는 자신의 과거경험에 의하여 특정한 상황 하에서는 특정한 행위를 예단하는 오류를 범하거나 관찰 당시에 보이는 특별한 행동을 일반적인 행동으로 판단하는 오류를 범할 수 있다.

예컨대, 교육부에서 학생들의 예절교육에 대한 것을 알아보기 위하여 어느 학교를 방문했다고 할 때 관찰 사실이 알려진다면 학생들은 그 기간 동안에 인사를 의도적으로 잘하려 할 것이다. 이를 평상시의 행동으로 관찰한다면 잘못된 자료를 얻게 될 것이다.

· 관찰은 인간의 감각기관을 이용하여 자료를 수집하는 방법이므로 감각기관이 가지는 한계는 곧 관찰의 한계성을 의미한다. 어린이들의 놀이 습성을 관찰한다고 할 때 여러 어린이들의 놀이 습성을 한 사람이 동시에 관찰할 수는 없다.

2.2.4 기타 자료수집법

본 소절에서는 본격적인 자료수집 이전에 연구에 필요한 사전지식을 얻기 위한 예비적 자료수집 방법과 몇 가지 질적 자료수집방법에 대하여 간단히 설명하고자 한다.

(1) 예비조사(豫備調査, pilot survey)

예비조사란 실제 조사와 관련된 문제에 대하여 사전정보나 지식이 없는 경우에 전반적인 내용을 파악하기 위한 것으로 본 조사를 실현하기 위한 예비적 수단으로 사용된다. 즉, 관계문헌이나 전문가들로부터 자문을 받은 뒤에도 연구하고자 하는 문제의 핵심적인 요소가 불분명한 경우에 질문지 등의 실태조사 도구를 초안하기 위하여 실시하는 조사이다. 또한, 이 조사는 실태조사에 필요한 각종 도구를 설계하고 그들의 구체적인 실행절차를 수립하기 위한 기초 자료를 수집하는 예비적 수단으로 사용된다. 따라서 예비조사는 현지에 나가 연구대상을 직접 관찰하거나 면접하는 현지조사에 의하여 진행되는 것이 보통이다. 예비조사에서는 공식적인 표본설계나 표본추출과정이 별로 중요하지 않으므로 모집단을 대표하리라고 생각되는 조사대상을 선택하여 조사한다. 따라서 예비조사는 시간과 여건이 허락하는 한 많은 조사대상을 상대로 충분히 실시하는 것이 바람직하다. 예비조사가 충분히 시행될 수 있다면 그 결과로 본 조사에서 발생할 수 있는 여러 가지 문제점을 해결할 수 있으며 본 조사 기간의 단축 및 오차의 통제가 가능하게 된다.

(2) 표적집단면접(FGI, focus group interview)

표적집단(focus group)이란 새로 출시될 상품에 대한 소비자의 의견을 듣기 위하여 소집하는 소비자 집단을 지칭하는 데에서 유래하였는데, 전문지식을 지닌 연구자가 동질적인 소수의 응답자 집단을 대상으로 특정한 주제에 대하여 자유롭게 토론하도록 하면서 자료를 수집하는 방법을 **표적집단면접**이라 한다. 이 방법은 조사 대상자를 한 곳에 모아 놓고 조사한다는 점에서는 집단조사나 집단면접조사의 형태와 같지만 설문지를 배부하는 대신 집단을 하나의 조사대상으로 하여 대화나 토론을 하게 하여 자료를 수집하는 방법이다. 따라서 이 방법은 집단생활을 하거나 집단 활동을 하는 학교, 학생, 군인, 공장 근로자, 각종 사회단체 등을 조사하는 경우에 편리하다. 예컨대, 어느 교수에게 강의를 수강한 학생들을 대상으로 강의평가를 하기 위해서 교수의 강의에 대하여 자유롭게 토론하게 한 다음 그 내용을 청취, 기록하여 자료를 수집하거나, 어느 공장 노동자들의 처우 등을 조사하기 위하여 이들을 한자리에 모아 놓고 처우나 근무시간, 승진, 봉급, 각종 수당 및 각종 문제에 대하여 자유로운 대화나 토론을 하게 하면서 그 내용을 녹취하여 자료를 수집하는 것 등이 있다. 실제로 FGI는 마케팅 조사에서 추가적인 조사에 의하여 검증하고자 하는 중요한 가설을 도출하거나 설문지 작성에 필요한 정보를 얻어내고자 할 때 주로 사용된다. 또한, 신상품에 대한 아이디어 모색, 성공가능성 타진 등에도 사용된다. 즉, 광범위한 조사를 수행하기 전의 탐색단계에서 주로 사용되는 자료수집방법이 FGI이다.

일반적으로 표적집단은 사회적·경제적으로 수준이 비슷한 6~12명 정도의 사람들로 구성한다. 토론 진행자는 모든 참여자들이 자유롭게 토론할 수 있도록 하되 일방적인 명령식 진행이 되지 않도록 하고 한두 명의 참여자가 토론을 독점하지 않도록 유의해야 한다.

(3) 사전조사(事前調査, pretest)

사전조사란 예비조사 등의 결과를 토대로 질문지 또는 조사표를 작성한 후에 그 조사도구가 타당성이 있고 신뢰성이 있는 자료를 수집할 수 있는 것인가를 확인하기 위해서 실시하는 조사이다. 또한, 사전조사를 통해서 설문지나 조사표의 구성에서 용어나 내용, 문항배열 등에 관한 문제점을 검토하고 실사 과정에서의 어려움 등 전반적인 문제를 파악하게 된다. 따라서 예비조사가 조사표나 설문지의 초안 전에 실시하는 비조직적이고 기초적인 조사라면 사전조사는 조사도구의 작성 후에 실시되는 조사로 조직적이고 공식적으로 실시하는 본 조사의 연습단계라 할 수 있다. 즉, 사전조사는 조사과정이 본 조사와 동일하게 이루어지므로 본 조사의 축소판이라 할 수 있다.

사전조사는 설문지 또는 조사표의 오류 및 본 조사 실행과정에서 발생할 수 있는 문제점을 발견하여 미연에 조치하고자 하는 데 목적이 있다. 따라서 사전조사의 결과로부터 다음과 같은 내용들을 확인해 보아야 한다.

- 유사 문항의 응답에 일관성이 있는가?
- 응답이 어느 한쪽으로 치우치는 경향이 있는가?
- 모른다는 응답이 많은 문항이 있는가?
- 응답자들이 제시한 가외 의견(marginal comments)은 어떤 것들인가?
- 질문순서에 따라 응답이 변하는가?
- 응답자가 질문 내용을 제대로 이해하고 있는가?
- 응답을 기피하는 원인은 무엇인가?
- 응답자의 분위기, 응답시간, 유동성 등 상황적인 요인은 적절한가?

(4) 문헌조사(文獻調査, document survey)

문헌조사란 연구의 가장 기초가 되는 작업이라고 할 수 있다. 문헌조사에서는 각종 참고문헌 및 이전에 행해진 연구결과로부터 이론이나 개념 정의, 자료 분석법 등에 관한 자료를 수집한다. 문헌조사는 자료의 사용 목적과 그 기능에 따라 두 가지로 구별할 수 있다. 그 하나는 관계문헌의 조사만으로 연구문제에 대한 전체적인 정보 및 자료의 수집을 끝내는 것이고, 다른 하나는 관계 문헌조사가 앞으로 있을 본 조사에 대한 기초적인 예비조사 성격을 띠는 것이다. 따라서 후자는 앞으로 있을 본 조사를 전제로 해서 실시된다.

문헌조사에서 중요한 문제는 원하는 문서에 어떻게 접근할 것인가와 기록의 원칙 및 표준화되지 않은 문서를 어떻게 부호화 하여 분석할 것인가이다. 출판물의 경우에는 문서의 접근에 별 문제가 없겠지만 개인의 사생활과 관련된 문헌의 접근에는 신중을 기하여야 한다. 따라서 개인적인 문헌에 접근할 때는 연구자의 신원을 확실히 하고 문헌 소유자에게 조사에 대한 신뢰감을 주는 것이 필요하다. 즉, 조사의 목적이 사생활 폭로가 아닌 연구를 위한 것이며 조사결과가 어떻게 이용될 것인가를 명백히 하고 문서에 대한 비밀을 보장해야 한다. 문헌조사에서의 표준화 문제는 해결하기 어려운 문제로 남아 있다.

때로는 문헌조사에서 얻은 자료를 이용하여 이차적 분석을 하는 경우가 있다. 이러한 분석법을 연구자가 연구하고자 하는 현상에 대한 정보를 담고 있는 문서자료의 수집과 분석이라 하여 **문헌연구법**(document study)이라 한다. 문헌연구의 자료는 통계자료나 다른 연구자들이 수집한 수량적 자료와 문서의 형태로 기록되어 있는 질적 자료로 구분할 수 있다. 따라서 문헌자료의 분석 유형은 질적 분석과 양적 분석의 두 가지로 구분할 수 있다. 특별히 문헌자료의 수량적 분석방법을 **내용분석법**이라 하는데 이에 대하여는 김경동・이온죽・김여진(2009)을 참조하라.

문헌연구법의 장점을 살펴보면

- 역사적 사건과 관련하여 사망한 인물의 연구 등과 같이 연구대상자에 대한 면접이나 관찰이 불가능할 때는 문서자료만이 유일한 정보원이므로 문헌연구가 유일한 연구방법이 된다.
- 연구자의 개입에 따른 정보제공자의 반작용이 없으므로(불개입・무반응) 그로 인한 편향이나 왜곡을 분석할 수 있다.
- 장기간 진행되는 과정에 대한 종단분석이 가능하다. 특히, 역사연구에 유용한 방법이다.
- 실험이나 현지연구에 비하여 대규모의 표본을 이용하여 연구할 수 있다.
- 제보의 자발성이 보장된다. 따라서 본인이 자발적으로 정보를 제공하게 되면 자기 고백적 성격이 강한 일기나 편지 등은 면접 또는 설문조사보다 더 사실에 가까운 자료로서 정보의 자연스러움을 보장할 수 있고 전문가에 의한 기록을 통해 보다 질 높은 자료를 구할 수 있다.
- 기존의 자료를 이용하기 때문에 비용과 시간을 절약할 수 있으며 연구가 진행되는 중에도 부분

적으로 연구계획을 수정할 수 있다.

등을 들 수 있다. 단점으로는 다음과 같은 문제점이 지적되고 있다.

- 문헌자료의 대부분은 연구자를 위한 것이 아닌 만큼 작자에 의한 편향의 소지가 다분하다. 예컨대, 사적인 문서에는 과장, 자기합리화 등이, 공식문서에는 공식적 입장이라는 편향이 끼어들 수 있다. 또, 특별한 목적으로 기록된 문헌의 경우 과장되거나 유추된 내용들로 인해 편향이 발생할 수 있다.
- 선별적으로 보관된 자료의 경우는 모집단을 대표할 수 없다. 실제로 유명인사의 글은 잘 보존될 수 있지만 무명인의 사적인 기록은 잘 보존되지 않는다. 따라서 수집된 자료가 불완전한 것일 수 있으며 남아 있는 자료도 연구자에게 필요한 정보를 제대로 지니고 있다는 보장은 거의 없다. 또한, 일기나 자서전 등에서는 자료의 의미를 정확히 파악할 수 없는 경우도 있다.
- 어떤 자료는 처음부터 존재하지 않았거나 비밀문건으로 분류되어 공개하지 않기 때문에 입수할 수 없는 것도 있다.
- 문헌의 경우 언어적 행위에 국한되어 있는 경우가 대부분이기 때문에 표준화 및 부호화 작업이 매우 어렵고 시간의 경과에 따른 자료 수정이 불가피한 경우도 있다.

(5) 현지연구법

사회현상을 있는 그대로 기술하고 이해하려는 해석적 사회과학관의 입장에 동조하는 사회과학자들은 자연스러운 일상적 삶의 현장에서 행위자들의 행동과 활동 모습을 있는 그대로 관찰하고 분석하고자 한다. 이러한 접근법을 **현지연구법**이라 한다. 현지연구법이란 말은 아직도 일정한 합의를 얻지 못한 채 쓰이고 있는 용어인데 19세기에 학문적인 연구과제의 하나로서 체계적인 현지조사활동을 시작하여 하나의 사회연구방법으로 자리 잡게 되었다는 것이 정설이라고 한다.

프랑스의 Frederick Leplay가 근로자들의 가족과 자연공동체 연구를 한 사례를 비롯하여 영국의 인류학자 Bronislaw Malinowski의 미개사회연구, 사회개혁가 Charles Booth, Sidney, Beatrice Webb부부의 런던 빈민가연구, 미국 시카고학파의 Park, Burgess 등에 의한 도시연구, Lind부부의 Middletown 연구 및 Thomas와 Znaniecki의 폴란드출신 농민연구 등이 19세기에서 20세기 초에 이루어진 현지연구법 또는 질적연구법의 효시라 한다(김경동・이온죽・김여진, 2009: 425). 현지연구법의 중요한 자료수집수단으로는 참여관찰, 심층면접 및 생활사 연구 등을 들 수 있다.

1. 참여관찰

참여관찰이란 앞 소절에서 언급하였듯이 가능한 한 자연스러운 구조화되지 않은 비체계적 방법으로 대상을 관찰하는 방법을 말한다. 김경동・이온죽・김여진(2009)에 의하면 참여관찰은 연구자가 연구대상자의 삶과 활동에 최대한 친밀하게 참여하고 그것을 저들과 공유해야 하며,

연구대상자의 상징의 세계에 직접 참여하기 위하여 그들의 문화를 배워야 하고, 또한, 진행 중인 사회적 상호작용과정 속에서 스스로의 역할을 형성하고 재구성해 나가는 시도를 해야 한다는 것을 전제로 한다.

참여관찰에서 연구자는 기본적으로 관찰자의 역할을 수행해야 한다. 참여관찰자는 그 역할의 공개-비공개 정도에 따라 연구자가 자신의 신분을 밝히지 않고 연구대상 집단의 성원이 되는 **완전참여자**, 연구자의 신분을 밝히되 피관찰자들과 신뢰를 형성하고자 하는 **관찰자적 참여자**, 연구자의 신분과 의도를 처음부터 분명히 밝히고 한두 번의 관찰을 위한 단기간의 접촉을 시도하는 **참여자적 관찰자**와 피관찰자와의 상호작용에 참여하지 않고 접촉이 없는 상태에서 관찰하는 **완전관찰자**로 나눌 수 있다. 심층적인 자료를 얻어내고자 하는 현지연구에서는 참여자적 관찰자나 완전관찰자로서의 역할은 부적합하다 할 것이다. 연구자는 연구에 지장을 초래하지 않는 정도에서 참여의 정도나 유형을 적절히 조정해야 할 것이고 신분을 감추는 완전참여에 대해서는 윤리적 측면을 신중히 고려해야 한다.

2. 심층면접

심층면접에 대해서는 김경동・이온죽・김여진(2009)을 참조하라. 이들은 심층면접과 관련하여 다음과 같이 기술하고 있다.

"참여관찰을 하나의 자료수집기법으로 간주할 때, 현지연구에서 또 한 가지 중요한 자료수집방법은 사람들과의 대화(conversation)이다. 이것을 우리는 심층면접이라 부르기도 한다. 엄격하게는 비조사표형・비표준화・비조직적・비유도 면접을 일컫는 셈이다.

심층면접의 기본목적도 연구대상자의 관점을 파악하는데 있다. 그러므로 미리 준비된 조사표에 의거하여 일방적으로 질문을 던져서 응답도 대부분 미리 마련한 응답지에 한정시켜 받아내는 방식으로는 곤란하다. 비조직적인 심층면접은 연구자가 깊이 캐묻고, 새로운 단서들을 찾아내며, 문제의 새로운 차원을 열어 주기도 하고 개인적인 경험에 입각한 생생하고 정확하고 포괄적인 이야기를 제보자(응답자)로부터 들을 수 있는 기회를 제공한다. 그러자면 비교적 자연스러운 일상대화를 연상케 하는 면접기술을 요한다."

3. 생활사연구

생활사연구란 한 개인이나 조직체 또는 지역공동체의 경험과 그러한 경험을 스스로 해석하는 상황규정을 그들의 관점에서 연구하려는 방법으로, 주로 개인적인 문서를 다루며 그 접근방법은 질적 분석에 국한된다. 생활사연구에서의 자료는 개인이나 집합체의 주관적 행동을 이해하는데 도움이 되는 것이면 편지, 자서전, 신문기사, 법정기록 등을 망라하는 각종 문헌자료와 면접자의 자의적 해석을 배제한 심층면접 기록까지도 포괄한다.

(6) 불개입 · 무반응법

면접조사, 전화조사 등은 그 결과를 통해 기술하려는 사회적 상황에 연구자를 하나의 침입자나 방해자로 본다는 입장에서 연구자가 연구대상자의 눈에 뜨이지 않도록 하고(불개입), 연구자의 존재나 개입으로 인한 연구대상자의 반작용을 없도록 하여(무반응) 자료를 수집하는 방법을 **불개입・무반응법**이라 한다. 이 방법으로 수집될 수 있는 자료로는 사람들이 어떤 행동을 하고 남기는 물리적인 자취・흔적・행적들을 관찰한 것, 연구자가 자료의 생산에 전혀 개입하지 않은 기록자료 등이 있다. 물리적 자취에는 사람들이 활동한 결과로 나타나는 **물리적 침식**, 소모현상을 관찰한 **침식자료**(erosion measures)와 사람들이 흔적을 첨가시키거나 증가시킨 **첨가자료**(accretion measures)가 있다.

(7) 투사법(投射法, projective methods)

투사법은 직접 질문을 하는 것이 어렵거나 또는 직접 질문을 하여도 타당성 있는 대답이 나올 가능성이 없을 때, 어떤 자극상태(stimulus situation)를 형성하여 이에 대한 응답자의 반응을 보고 의향을 파악하는 방법이다(김해동, 1990). 이 방법은 사람은 누구나 무의식적으로 자신의 욕구를 외부세계에 표출한다는 전제 하에 자극을 투사해서 간접적으로 피조사자의 내면의 세계를 판독하고자 하는 것이다. 투사법은 원래 정신분석학과 심리학 분야에서 널리 사용되는 것으로, 일종의 준실험적 성격을 띠는 것이다.

마케팅 조사에서 소비자의 행동을 유발하는 동기를 조사하기 위하여 비체계적・비공개적인 설문지를 사용하는데 이 기법이 투사법에 해당된다. 자극이 비체계적이고 모호할수록 응답자는 자신의 감정이나 욕구, 동기, 태도 및 가치관 등을 노출시키려 한다는 점에서 투사법이 응답자의 동기를 조사하는 데 효과적인 방법이라고 한다(여운승, 1997). 투사법에서 사용되는 방법으로는 **단어연상법**(單語聯想法, word association), **문장완성법**(文章完成法, sentence completion), **구술법**(口述法, storytelling) 등이 있다. 이들에 대해서는 김해동(1990), 여운승(1997) 등을 참조하라.

(8) 계속조사

대부분의 조사는 주어진 시점에서 뽑힌 표본에 대하여 조사를 실시하는데 이와 같은 조사를 **횡단면 조사**(橫斷面 調査, cross-sectional survey)라고 한다. 그런데, 모집단의 변화를 수반하는 계속사건(successive occasions)에 대하여는 1회의 조사만으로 변화하는 특성, 변화율 등에 정보를 얻어낼 수는 없다. 조사를 1회로 끝내는 일회조사(one-shot survey or ad-hoc survey)에 반하여 동일 특성에 대하여 다른 시점에서 계속적으로 조사하는 것을 **계속조사**(successive survey), **시계열 조사**(時系列 調査, time series survey) 또는 **종단면 조사**(縱斷面 調査, longitudinal survey)라 한다. 통계청에서 매월 실시하고 있는 물가조사, 경제활동인구조사 등이 대표적인 계속조사들이다. 이러한 조사에서는 한 시점에서의 결과도 중요하지만 차이나 비율 등이 중요하여 대부분의 통계가 지수 형태로 작성되는 것이 특징이다.

계속조사에서 동일한 표본에 대하여 조사를 반복하는 조사를 특별히 **패널조사**(panel survey)라 한다. 2회 이상 조사되는 조사단위의 모임을 패널이라 하는데, 마케팅조사 또는 시장조사에서는 보상을 주는 방식으로 고정적인 패널을 확보하여 계속적으로 조사하는 경우가 많이 있다. 패널조사에서는 패널을 통해서만 자료가 수집되기 때문에 패널을 명확히 규정하는 연구도 있다.

지금까지 대표적인 조사에 의한 자료수집방법들에 대하여 살펴보았는데, 이 밖에도 여러 조사법이 있다. 해석적 사회과학관의 입장을 견지하는 학자들은 다양한 연구방법, 예컨대, 역사적 접근과 비교연구, 민속방법론, 다원적 방법론 등을 활용하는데 그러한 접근법에서 사용하는 여러 자료수집 방법들에 대해서는 사회조사연구방법에 관한 전문서적을 참조하기 바란다. 그리고 같은 종류의 조사라도 학자에 따라 다양한 명칭으로 부르고 있음에 유의하기 바란다.

연습문제 2.2

2.2.1

01. 설문조사에 대한 설명 중 옳지 않은 것은?
    가. 대단위 모집단의 태도와 성향을 측정할 때는 적합한 방법이 아니다.
    나. 개인, 집단, 사회적 가공물(social artifacts) 등을 분석단위로 사용한다.
    다. 표본의 소재(location)에 관한 정보가 부족할 때 눈덩이 표집으로 할 수 있다.
    라. 현상의 기술(description)을 목적으로 사용할 수 있다.

02. 중요한 질문들만 표준화하고 나머지는 조사자가 자유로이 질문하거나 상황에 따라 적절히 대응하며 면접하는 방법으로, 때로는 조사자가 사전에 부차적인 질문을 마련하여 사용할 수도 있는 면접방법은?
    가. 표준화 면접　　나. 비표준화 면접　　다. 준표준화 면접　　라. 구조화 면접

03. 면접조사의 원활한 자료 수집을 위해 조사자가 응답자와 인간적인 친밀관계를 형성하는 것은?
    가. 래포(rapport)　　나. 사회화(socialization)
    다. 조작화(operationcalization)　　라. 개념화(conceptualization)

04. 응답자의 대답이 불충분하거나 모호할 때 추가 질문을 통해 정확한 대답을 끌어내는 면접조사의 기술은?
    가. 심층면접　　나. 래포(rapport)　　다. 투사법　　라. 프로빙(probing)

05. 행정개혁을 실행하는 과정에서 공무원들의 사기가 저하되는 양상이 일어났는데 공무원들의 사기가 떨어지는 이유를 면접을 통해 조사하려고 한다. 이 조사에서 나타날 수 있는 현상과 가장 거리가 먼 것은?
    가. 우편조사보다 응답률이 낮다.　　나. 보충적인 정보수집이 가능하다.
    다. 전화조사보다 비용이 많이 든다.　　라. 자료수집 상황의 통제가 가능하다.

06. 다음 중 표준화 면접의 사용이 가장 적합한 경우는?
가. 새로운 사실을 발견하고자 할 때
나. 정확하고 체계적인 자료를 얻고자 할 때
다. 피면접자로 하여금 자유연상을 하게 할 때
라. 융통성 있는 면접분위기를 유도하고자 할 때

07. 가정폭력피해자에 대한 서비스 연계 실태를 파악하기 위해 가정폭력상담소, 여성1366, 경찰서, 가정폭력피해자 보호시설 근무자 등을 대상으로 피해자 접촉경로, 피해자에 대한 응급조치 내용, 응급조치 후 타 기관으로 의뢰한 경험, 개선되어야 할 점 등에 대해 다양한 정보를 자유롭게 파악하고자 한다. 이 때, 가장 적절한 면접조사 방식은?
가. 스케줄-구조화(schedule structured) 면접
나. 스케줄 면접(schedule interview)
다. 비스케줄 면접(non-schedule interview)
라. 비스케줄-구조화(non-schedule structured) 면접

08. 면접조사에서 조사자가 유의해야 할 사항과 가장 거리가 먼 것은?
가. 응답자와 친숙한 분위기(rapport)를 형성해야 한다.
나. 조사에 임하기 전에 스스로 질문내용에 대해 숙지하고 있어야 한다.
다. 가급적이면 응답자가 이질감을 느끼지 않도록 복장이나 언어사용에 유의하여야 한다.
라. 응답내용은 조사자가 해석하여 요약 정리해 두는 것이 바람직하다.

09. 면접조사에서 비교적 인지수준이 낮은 응답자들이 면접자의 생각이나 지시를 비판 없이 수용하여 응답하게 될 가능성이 높은 것은 어떤 효과 때문인가?
가. 1차 정보효과 나. 응답순서효과 다. 동조효과 라. 최근정보효과

10. 면접자의 감정을 거슬리지 않게 하기 위해서 자신의 생각은 접어두고 면접자의 눈치를 보아가며 면접자의 비위를 맞추는 데 급급한 경우에 나타나는 왜곡 응답효과는?
가. 겸양효과 나. 선전편승효과 다. 습관성효과 라. 무관심효과

11. 면접조사에서 응답자에게 면접에 참여하는 동기를 부여하는 요인들 중 부정적인 요인은?
가. 면접자를 돕고 싶은 이타적 충동
나. 물질적 보상과 같은 혜택에 대한 기대
다. 사생활 침해에 대한 오인과 자기방어 욕구
라. 자신의 의견이나 식견을 표현하고 싶은 욕망

12. 평정하여야 할 특징이 두 가지 이상일 때 평정자가 한 가지 특성에 대하여 강력한 인상을 가지게 되어 다른 특징에 대해서도 비슷한 평가를 내리려는 성향은?
가. 후광효과 나. 관용의 오류 다. 중간화 경향 라. 단일화 경향

13. 면접조사에서 어려운 질문에 부딪치면 응답으로 인한 심리적 부담감을 덜기 위해서 제시된 여러 개의 응답 중에서 무조건 제일 첫 번째 응답을 주로 기재하는 것은 어떤 효과 때문인가?
가. 후광효과 나. 1차 정보효과 다. 동조효과 라. 최근정보효과

14. 비표준화(비구조화) 면접의 장점으로 옳은 것은?
가. 융통성이 없다.
나. 면접결과의 신뢰도가 높다.
다. 면접결과자료의 수량화 및 통계처리가 용이하다.
라. 표준화 면접에서 필요한 변수를 찾아내는데 유용한 자료를 제공한다.

2.2.2

01. 다음 중 집단조사에 대한 설명으로 틀린 것은?
    가. 비용과 시간을 절약하고 동일성을 확보할 수 있다.
    나. 주위의 응답자들과 의논할 수 있어 왜곡된 응답을 줄일 수 있다.
    다. 학교나 기업체, 군대 등의 조직체 구성원을 조사할 때 유용하다.
    라. 조사대상에 따라서는 집단을 대상으로 한 면접방식과 자기기입방식을 조합하여 실시하기도 한다.

02. 다음 중 집단조사의 장점과 가장 거리가 먼 것은?
    가. 비용과 시간을 절약하고 동일성을 확보할 수 있다.
    나. 조사자와 응답자간 직접 대화할 수 있는 기회가 있어 질문지에 대한 오해를 최소로 줄일 수 있다.
    다. 면접방식과 자기기입의 방식을 조합하여 실시할 수 있다.
    라. 중립적인 응답의 가능성을 높일 수 있고, 집단을 위해 바람직하다고 생각되는 응답을 할 수 있다.

03. 어떤 대학의 학생생활지도연구소에서는 해마다 신입생에 대한 인성검사를 실시하고 있다. 이 경우 효율적인 조사에 가장 적합하다고 생각되는 조사양식은?
    가. 대면적인 면접조사
    나. 자기기입식 집단면접조사
    다. 우편조사
    라. 개별적으로 접근되는 질문지 조사

04. 개인적 사생활(privacy)보호와 면접조사가 어려울 때 실시할 수 있는 조사방법으로 가장 적합한 것은?
    가. 조사원을 이용하여 질문지를 배포하고 우편으로 회수한다.
    나. 조사원을 이용하여 질문지를 배포하고 전화로 조사한다.
    다. 우편으로 질문지를 배포하고 전화로 조사한다.
    라. 조사대상자들을 한 자리에 모아 질문지를 배포하고 전화로 조사한다.

05. 우편조사에서 취지문이나 질문지 표지에 반드시 포함되지 않아도 되는 사항은?
    가. 조사기관
    나. 조사목적
    다. 표본수
    라. 비밀유지보장

06. 우편조사의 응답률을 높이는 방법과 가장 거리가 먼 것은?
    가. 응답 독촉은 단 한 번만 정중하게 한다.
    나. 공신력 있는 기관을 연구 후원자로 밝힌다.
    다. 응답에 대한 적절한 보상(선물, 현금 등)을 한다.
    라. 우표를 직접 붙인 회수용 봉투를 우편 설문지와 함께 응답자에게 발송한다.

07. 우편조사의 특성과 가장 거리가 먼 것은?
    가. 회수율이 낮은 경우 표본의 대표성을 확보하기 어렵다.
    나. 응답자에 대한 익명성과 비밀유지에 대한 확신을 부여하기 쉽다.
    다. 표본으로 추출된 대상자가 직접 응답했는지 확인하기 어렵다.
    라. 일반적으로 조사에 필요한 시간이 전화조사보다는 길지만 면접조사보다는 짧다.

08. 우편조사의 응답률에 영향을 미치는 요인과 가장 거리가 먼 것은?
    가. 응답집단의 동질성
    나. 응답자의 지역적 범위
    다. 질문지의 양식 및 우송방법
    라. 연구주관기관 및 지원단체의 성격

09. 다음 중 우편조사의 회수율을 높이기 위한 방법과 가장 거리가 먼 것은?
가. 질문지 발송 후 추가 서신을 발송한다.
나. 질문지를 발송할 때 기념품을 같이 발송 한다.
다. 연구 주체와 조사 기관을 명확히 제시한다.
라. 반송용 봉투에 우표는 물론 응답자의 주소와 성명을 기재해 둔다.

10. 인터넷 설문조사의 특징으로 잘못 설명하고 있는 것은?
가. 설문응답이 편리하다.
나. 표본수가 많아지면 추가비용이 많이 든다.
다. 설문에 대한 응답을 빨리 회수할 수 있다.
라. 인터뷰 비용없이 사용자와 상호작용할 수 있다.

11. 온라인 조사에 참여하겠다고 의사를 표시한 사람으로 조사대상 집단을 구성하고 이 중에서 일정한 수를 표집하여 실시하는 조사는?
가. 가입자조사 나. 회원조사 다. 방문자조사 라. 전자우편조사

12. 체계화된 자료가 많지 않고 통계적인 모형을 통한 분석이 어려울 때 해당 분야의 관련 전문가를 대상으로 의견을 구하고 종합적인 방향을 전망하는데 목적이 있는 것으로, 1차 조사에서는 개방형 질문을 2차 조사에서는 폐쇄형 질문을 주로 사용하는 사회과학상의 조사방법은?
가. 파일럿조사 나. 패널조사 다. 델파이조사 라. 집단조사

13. 조사방법별 장·단점에 관한 설명으로 틀린 것은?
가. 집단조사 - 조사조건을 표준화하기 용이하다.
나. 우편조사 - 비용이 적게 들지만 일반적으로 설문 회수율이 낮다.
다. 전화조사 - 다양한 조사내용을 상세하고 신속하게 조사할 수 있다.
라. 면접조사 - 일반적으로 응답률이 높지만 비용과 시간이 많이 소요된다.

14. 한 조사기관에서는 최근 우리나라에서 중요한 사회적 이슈로 등장하고 있는 어떤 문제에 대한 여론 주도층의 의견을 청취하고자 하였다. 이 경우 수집방법으로서 가장 적합한 것은?
가. 대면적 면접조사 나. 우편조사 다. 전화조사 라. On-Line 조사

15. 대통령 후보자들의 TV 토론에 대한 국민들의 반응을 조사하는 방법으로 가장 적합한 것은?
가. 전화여론조사 나. 우편조사 다. 면접조사 라. 참여관찰조사

16. 후보공천 전에 누가 국회의원 당선 가능성이 높은가를 알아보려고 조사방법으로 가장 적절한 것은?
가. 단일사례조사 나. 실험조사 다. 설문조사(서베이) 라. 비계량적조사

17. 광범위한 개인의 감정이나 생활환경을 알아보고자 할 경우 많이 활용하는 조사방법은?
가. 집중면접(focused interview)
나. 임상면접(clinical interview)
다. 비지시적 면접(nondirective interview)
라. 구조적 면접(structured interview)

2.2.3

01. 감정이나 생각 및 행위를 말이나 글로 표현할 능력이 없는 대상에서 자료를 수집할 수 있는 방법은?
가. 면접조사 나. 실험 다. 관찰조사 라. 문헌조사

02. 다음 중 코호트 연구(cohort study)의 의미를 가장 잘 설명한 것은?
가. 시점조사를 통하여 여러 변수의 차이를 분석할 때 적용하는 연구 설계 방법
나. 다양한 특성을 지니는 인구 집단 속에서 특정사건이 시간에 따라 발생되는 변화를 조사하고자 할 때 사용하는 연구 설계 방법
다. 동일한 특성을 지닌 집단에서 발생되는 특정사건의 변화를 시간의 경과에 따라 조사하기 위한 연구 설계 방법
라. 본 조사연구 이전에 특정사건의 빈도를 미리 예측하기 위한 연구 설계 방법

03. 특정 고등학교(A, B, C)의 2010년 졸업생들을 대상으로 향후 10년 동안 매년 일정시점에 하는 조사는?
가. 횡단조사　나. 서베이 리서치　다. cohort 조사　라. 사례조사

04. 다음 중 관찰방법의 특징이 아닌 것은?
가. 연구대상의 행태에서 발생하는 사회적 맥락까지 포착할 수 있다.
나. 사회적 관계에 영향을 미치는 사건을 이해하도록 해준다.
다. 객관적 사실에 치중하여 피 관찰자의 철학, 세계관은 배제한다.
라. 다른 연구와의 비교는 규칙성을 확인시켜 준다.

05. 관찰기법 분류에 관한 설명으로 틀린 것은?
가. 컴퓨터 브랜드 선호도 조사를 위해 판매 매장과 비슷한 상황을 만들고, 표본으로 선발된 소비자가 제품을 선택하게 하여 행동을 관찰한다면 자연적 관찰이다.
나. 응답자가 자신이 관찰된다는 사실을 알려주고 관찰하는 것은 공개적 관찰이다.
다. 관찰할 내용이 미리 명확히 결정되어 준비된 표준양식에 관찰 사실을 기록하는 것은 체계적 관찰이다.
라. 청소년이 인터넷 이용실태를 조사하기 위해 PC방을 방문하여 이용 상황을 옆에서 직접 지켜본다면 직접관찰이다.

06. 관찰을 통한 자료수집의 지각과정에서 나타나는 오류를 감소하기 위한 방안으로 틀린 것은?
가. 객관적인 관찰 도구를 사용한다.　나. 보다 큰 단위의 관찰을 한다.
다. 가능한 한 관찰단위를 명세화해야 한다.　라. 관찰기간을 될 수 있는 한 길게 잡는다.

07. 관찰시기와 행동 발생시기의 일치여부를 기준으로 관찰기법을 분류한 것은?
가. 직접 관찰과 간접 관찰　나. 자연적 관찰과 인위적 관찰
다. 체계적 관찰과 비체계적 관찰　라. 공개적 관찰과 비공개적 관찰

08. 관찰자의 신분이 노출되거나 관찰대상자가 관찰되고 있다는 사실을 알게 됨으로서 행동에 영향을 받게 되는 현상은?
가. 호오돈 효과(Hawthorne effect)　나. 관찰효과(observation effect)
다. 네이만 효과(Neyman effect)　라. 노출효과(exposure effect)

2.2.4

01. 특정 조사대상을 문제와 관련된 가능한 한 모든 각도에서 종합적으로 파악하는 방법은 어느 것인가?
가. 전수조사　나. 사례조사　다. 통계조사　라. 실험적 조사

02. 입지전적으로 기업을 성장시켜 성공한 한 명의 기업가에 대해 성공의 비결이 무엇인지를 알아보기 위하여 그 사람에 대해 집중적인 연구를 하는 방법은?

가. 사례연구법 나. 상관연구법 다. 실험법 라. 내용분석법

03. 다음 중 연구하려고 하는 문제의 핵심적인 요소들을 분명히 알지 못할 때 질문지 작성의 전 단계에서 실시하는 비지시적 방식의 조사는?

가. 사전조사(pre-test) 나. 파일럿 조사(pilot survey)
다. 본 조사(main survey) 라. 사례조사(case study)

04. 다음 중 사례조사에 해당되는 것은?

가. 본 조사를 실행하기에 앞서 먼저 시행한다.
나. 조사의 범위를 한 지역 또는 한 번의 현상에 국한시켜 연구하고자 하는 현상의 대표성을 유지시킨 채 결과를 도출하는 방법이다.
다. 일정지역 또는 작은 표본을 추출하여 대표성을 유지시킨 채 사전에 진행하는 것이다.
라. 조사의 타당도, 신뢰도를 측정해 보는 방법이다.

05. 다음 [ ] 안에 알맞은 것은?

[ ]은(는) 집단구성원간의 활발한 토의와 상호작용을 강조하는데 그 과정에서 어떤 논의가 드러나고 진전되는가를 파악하는 것이 중요한 자료가 된다. 조사자가 제공한 주제에 근거해서 참가자 간의 의사표현활동이 수행되고, 연구자는 대부분의 과정에서 질문자이기 보다 조정자나 관찰자에 가깝다. [ ]은(는) 자료수집시간을 단축시키고 시행하기 용이한 측면도 있지만 참여자 수가 제한적이 때문에 일반화의 제한성, 집단소집의 어려움 등이 단점으로 지적된다.

가. 델파이조사 나. 초점집단조사 다. 사례연구조사 라. 집단실험설계

06. 다음 중 표적집단면접(focus group interview)에 관한 설명으로 옳은 것은?

가. 전문적인 지식을 가진 집단으로 하여금 특정한 주제에 대하여 자유롭게 토론하도록 한 다음, 토론 과정을 분석하여 필요한 정보를 추출하는 방법이다.
나. 응답자가 조사의 목적을 모르는 상태에서 다양한 심리적 의사소통법을 이용하여 자료를 수집하는 방법이다.
다. 조사자가 한 단어를 제시하고 응답자가 그 단어로부터 연상되는 단어들을 순서대로 나열하도록 하여 조사하는 방법이다.
라. 응답자에게 이해하기 난해한 그림을 제시한 다음, 그 그림이 무엇을 묘사하는지 물어 응답자의 심리 상태를 파악하는 방법이다.

07. 2000년부터 2012년까지 주요 일간신문에 나타난 기사를 분석하여 대북정책 경향을 파악하는 연구를 하였다. 여기서 사용한 연구방법에 관한 설명으로 틀린 것은?

가. 조사 반응성을 일으키지 않는다.
나. 다양한 유형의 기록자료를 분석대상으로 할 수 있다.
다. 연구에 오류가 있을 때 재시행이 용이하지 않다.
라. 대상자에 대한 직접 조사가 어려울 때 사용한다.

08. 최근 마케팅 조사나 선거관련 조사에서 특정주제에 대한 심층적 질적 자료를 얻기 위한 하나의 기법으로 초점집단토론이 흔히 사용된다. 다음 중 초점집단토론의 기법을 구성하는 필수적인 요소가 아닌 것은 ?
가. 토론 참석자
나. 기록수단 (녹음기 또는 캠코더)
다. 사회자
라. 이해관계가 없는 청중

09. 초점집단면접(focus group interview)에 관한 설명으로 틀린 것은?
가. 자료의 통계적 분석이 어렵다.
나. 높은 유연성과 타당도를 가진다.
다. 개인면접보다 통제하기가 수월하다.
라. 실제 상황에 대한 구체적인 정보를 얻을 수 있다.

10. 지역, 계층, 성 등으로 구분하여 소수로 각 범주별 조사대상을 뽑아 특정 주제를 중심으로 대상자의 의견을 수집하는 방법은 ?
가. 현지조사법
나. 비지시적 면접
다. 표적집단면접법
라. 델파이 서베이

11. 각종 학술 연구지, 상업 잡지, 통계자료집 등과 경영학, 사회학, 심리학, 인류학을 포괄하는 다양한 분야에서 출판되는 자료를 이용하는 조사방법은?
가. 현지조사
나. 패널조사
다. 실험
라. 문헌조사

12. 다음 중 2차 자료를 이용하는 조사방법은?
가. 현지조사
나. 패널조사
다. 실험
라. 문헌조사

13. 문헌조사의 유용성과 가장 거리가 먼 것은?
가. 연구문제 및 가설의 구체화
나. 연구문제 해결을 위한 새로운 접근방법의 모색
다. 경험적 일반화
라. 새로운 자료원에의 접근

14. 내용분석법에 관한 설명으로 틀린 것은?
가. 질적인 자료를 양적으로 전환하는 방법이다.
나. 군집표집법이 표집방법으로 활용될 수 있다.
다. 조사반응성으로 인하여 활용에 한계가 있다.
라. 인간의 의사소통 기록물을 대상으로 분석한다.

15. 다음의 사례에서 활용한 연구방법은?

> 웰스(IDa B. Wells)는 1891년에 미국 남부지방의 흑인들이 집단폭행을 당한 이유가 백인여성을 겁탈한 때문이라는 당시 사람들의 믿음이 사실인지를 확인할 목적으로 이전 10년간 보도된 728건의 집단폭행 관련 기사들을 검토하였다. 그 결과, 보도 사례들 가운데 단지 1/3의 경우에만 강간으로 정식기소가 이루어졌으며 나머지 대부분의 사례들은 흑인들이 분수를 모르고 건방지게 행동한 것이 죄라면 죄였던 것으로 확인되었다.

가. 투사법
나. 내용분석법
다. 질적 연구법
라. 사회성 측정법

16. 내용분석에 관한 설명으로 틀린 것은?
가. 비개입적 연구이다.
나. 표본추출은 하지 않는다.
다. 코딩을 위해서는 개념화 및 조작화가 잘 이루어져야 한다.
라. 책을 내용 분석할 때, 분석단위는 페이지, 단락, 줄 등이 가능하다.

17. 다음과 같은 특징을 지닌 연구방법은?

- 질적인 정보를 양적인 정보로 바꾼다. - 예를 들어, 최근에 유행하는 드라마에서 주로 다루었던 주제가 무엇인지를 알아낸다. - 메시지를 연구대상으로 할 수도 있다. - 래포(rapport)가 제대로 형성되지 못하면 오류가 발생할 수 있다.

가. 투사법 나. 내용분석법 다. 질적 연구법 라. 사회성 측정법

18. 다음 중 내용분석법을 사용하여 분석하기에 부적절한 연구주제는?
가. 알코올이 운전행동에 미치는 영향 분석 나. 한국 전래 동화에서 다루었던 주제 분석
다. 유명작가의 문체 분석 라. 정신분열자의 언어 사용 분석

19. 자신의 신분을 밝히지 않은 채 자연스럽게 일어나는 사회적 과정에 참여하는 관찰자의 역할은?
가. 완전참여자 나. 완전관찰자 다. 참여자적 관찰자 라. 관찰자적 참여자

20. 참여관찰의 단점으로 잘못 지적된 것은?
가. 관찰대상 구성원 간의 접촉으로 관찰에 감정적 요소가 개입된 우려가 있다.
나 관찰대상의 자연성을 유지시킨 채 관찰하기 힘들다.
다. 관찰방법에 있어서 자료처리의 표준화를 기하기가 힘이 든다.
라. 관찰활동에 있어서 관찰자가 관찰대상의 구성원이기 어렵다는 점이다.

21. 참여관찰을 통해 자료를 수집할 때 조사자가 취할 수 있는 태도 중 가장 객관성을 유지하기 어려운 것은?
가. 완전참여자 나. 완전관찰자 다. 참여자적 관찰자 라. 관찰자적 참여자

22. 관찰자의 유형에 관한 설명으로 틀린 것은?
가. 완전참여자는 윤리적 및 과학적 문제가 발생할 수 있다.
나. 연구자가 완전참여자일 때는 연구대상에 영향을 미치지 않는다.
다. 완전관찰자의 관찰은 피상적이고 일시적이 될 수 있다.
라. 완전관찰자는 완전참여자보다 연구대상을 충분히 이해할 수 있는 가능성이 낮다.

23. 심층면접법에 관한 설명으로 틀린 것은?
가. 질문의 순서와 내용은 조사자가 조정할 수 있어 좀 더 자유롭고 심도 깊은 질문을 할 수 있다.
나. 조사자의 면접능력과 분석능력에 따라 조사결과의 신뢰도가 달라진다.
다. 초점집단면접과 비교하여 자유롭게 개인적인 의견을 교환할 수 없다.
라. 조사자가 필요하다고 생각되면 반복질문을 통해 타당도가 높은 자료를 수집한다.

24. 심층면접에서 중요하게 고려해야 할 사항으로 틀린 것은?
가. 피면접자와 친밀한 관계(rapport)를 형성해야 한다.
나. 비밀보장, 안정성 등 피면접자가 편안한 분위기를 느낄 수 있도록 해야 한다.
다. 피면접자의 대답을 주의 깊게 경청해야 하며, 이전의 응답과 연결시켜 생각하는 습관을 가져야 한다.
라. 피면접자가 대답을 하는 도중에 응답내용에 대해 평가적인 코멘트를 자주 해주는 것이 좋다.

25. 비반응적 혹은 비관여적 자료조사의 예로서 가장 적절한 것은 ?
가. 청소년들의 게임 선호경향을 파악하기 위해 6~7명의 청소년을 모아놓고 함께 토론을 벌이고 의견을 수집한다.
나. 충남 OO군에 있는 환경마을을 찾아가 지역 주민과 직접 대화해서 수집한다.
다. 특정 신문사가 다른 신문사에 비해 환경문제에 더 관심을 가지고 있는가를 파악하기 위해 과거 10년간 신문기사들을 수집한다.
라. 노숙사의 생활양식을 조사하는 조사자가 직접 관찰기법을 동원하여 자료를 수집한다.

26. 횡단연구(cross-sectional research)에 관한 설명으로 옳은 것은?
가. 정해진 연구대상의 특정 변수 값을 여러 시점에 걸쳐 연구한다.
나. 패널연구에 비하여 인간관계를 더 분병하게 밝힐 수 있다.
다. 여러 연구 대상들을 정해진 한 시점에서 연구, 분석, 하는 방법이다.
라. 집단으로 구성된 패널에 대하여 여러 시점에 걸쳐 연구한다.

27. 김치의 상품화로부터 연상될 수 있는 배추, 각종 양념, 숙성 정도, 가격 등과 같은 시험단어들에 대하여 응답자들이 연상해내는 단어들의 순서와 반응시간 등을 측정하여 조사에 활용되는 방법은?
가. 설문지법　　나. 서베이법　　다. 투사법　　라. 면접법

28. 자료수집방법 중 조사자가 미완성 문장을 제시하면 응답자가 문장을 완성시키는 방법은?
가. 투사법　　나. 면접법　　다. 관찰법　　라. 내용분석법

29. 연구에서 관찰은 단 한 번에 이루어지기도 하며 경우에 따라서는 상당기간 동안 이루어지기도 한다. 다음 중 시간적 범위가 다른 것은?
가. cohort study　　나. panel study
다. trend study　　라. cross-sectional study

30. 대학생활 경험이 학생들의 성역할에 미치는 영향을 연구하기 위하여 대학에 갓 입학한 특정 신입생 표본을 미리 선정, 일정한 시간 간격을 두고 이들을 몇 차례에 걸쳐 조사를 실시하기로 하였다. 이와 같은 조사 유형은 어떤 형태의 조사연구인가?
가. 횡단적 연구　　나. 패널연구　　다. 추세연구　　라. 코호트연구

31. 국회의원 선거에 출마하려는 사람이 자기 선거구 유권자들의 지지성향을 단기간에 지속적으로 조사하여 선거 전략을 수립하려고 할 때 가장 적합한 조사방법은 ?
가. 집단면접조사　　나. 우편설문조사　　다. 델파이조사　　라. 추적(tracking) 조사

32. 다음의 조사유형으로 옳은 것은?

베이비 부머(baby-boomers)의 정치성향의 변화를 파악하기 위하여 이들이 성년이 된 후 10년마다 500명씩 새로운 표집을 대상으로 조사하여 그 결과를 비교하여 보았다.

가. panel 조사　　나. trend 조사　　다. cohort 조사　　라. cross-sectional 조사

2.3 실험에 의한 자료수집법

Bailey(1982)는 실험(實驗, experiment)을 연구대상 집단의 환경을 통제하여 자료를 수집하는 방법이라고 정의하였으며, J. Simon(1969)은 연구자가 의도적으로 조작한 변수들에게 연구 집단을 노출시킬 때 나타나는 변화를 관찰하여 자료를 수집하는 방법이라고 정의하였다. 또한, 이관우(1987)는 조사대상에 대하여 여러 변수간의 인과관계를 인위적으로 규정하고, 원인이 되는 변수를 조작하였을 때의 반응을 관찰하여 자료를 수집하는 방법이라고 실험을 정의한 바 있다. 결국, 실험이란 연구자가 의도적으로 조작한 변수의 영향이 어떤 결과로 나타나는가를 관찰하는 자료수집방법이라고 할 수 있다. 따라서 앞 절에서 살펴본 대부분의 조사가 연구대상 집단의 실태나 변수간의 연관관계를 파악하기 위한 것이라면 실험은 변수간의 인과관계를 밝혀낼 수 있는 과학적 방법이다. 조사에 의해서도 한 변수가 다른 변수에 미치는 영향을 연구할 수는 있다. 예컨대, 자연사한 사람들의 사인과 흡연 여부를 조사하여 흡연과 사망 원인 사이의 관계를 연구한다면 이 조사연구에서 흡연과 폐암에 의한 사망 사이의 어떤 연관성을 보일 수는 있을 것이다. 그러나 흡연이 폐암의 원인이라는 직접적인 증거는 제시하지 못한다. 동물실험을 통하여 인과관계를 주장하지만 그러한 인과관계는 직접 실험을 통해서만 밝힐 수 있다.

2.3.1 인과관계

한 변수의 변화로 인해 다른 변수가 변한다면 두 변수 사이에는 어떤 연관관계가 있다고 말한다. 두 변수에 대하여 관측한 자료로부터 두 변수 간의 연관성을 유추할 수 있다면 이는 한 변수의 변화를 다른 변수의 변화로 어느 정도 설명할 수 있음을 나타낸다. 연관관계란 변이를 가지는 두 변수가 같이 변하면서 서로에게 기대는 상호 의존적 관계를 말한다. 자료로부터 관측되는 두 변수 사이의 연관성은

(i) A가 B의 원인인 인과관계로 인하여 나타나는 A와 B의 연관성

(ii) C가 A와 B 각각에 미치는 영향으로 인한 A와 B의 연관성

(iii) A와 C가 B에 영향을 미쳐서 발생하는 A와 B의 연관성

의 세 가지로 구분할 수 있다.을 나타낸다. (ii)의 경우에 C를 잠재변수라 하며 A와 B의 연관성을 의사(疑似) 연관관계라 한다. (iii)의 경우는 변수 A와 C의 효과가 **교락**(confounding)되어 있다고 말한다. 따라서 A와 B의 연관관계가 바로 A와 B의 인과관계를 의미하는 것은 아니며, 연관관계가 없다고 하여 인과관계가 없다고 말할 수도 없다. 즉, 두 변수 사이에 연관관계가 있다면 그 연관성의 방향과 크기를 말할 수는 있지만, 한 변수가 다른 변수의 원인이라고 하는 인과관계를 말할 수 있는 것은 아니다.

사건 A는 사건 B의 원인이라는 인과관계를 나타내는 가설은 A가 일어나면 반드시 B가 발생하거나 설정된 가설에 따라 예측된 방향으로 변하는데 단지 시간적으로 B가 A보다 나중에 일어나는 관계를 나타낸다. 이 때, A를 원인, B를 결과라 하고, A와 B 사이에는 시간적으로 원인이 반드시 결과보다 선행한다는 조건 하에서 **공변성**(共變性, covariation) 또는 공변관계가 존재함을 가정하는 것이다. 경험적 관찰에 의하여 공변성이 입증되면 가설의 타당성이 입증된다. 그러나 공변성의 증거가 발견되었다고 하여 그러한 가설을 증명할 수 있는 것은 아니고, A가 일어나면 B가 일어날 확률이 크다는 쪽으로 가설의 신빙성을 높이는 것일 뿐이다. 또한, A가 원인이고 B가 결과라고 가정하면 둘의 관계는 비대칭적이어서 순서가 뒤바뀔 수 없는 관계이다. 즉, 시간적 선후가 A→B이지 B→A일 수 없으며 A→B 또는 B→A가 동시에 성립할 수 없다. A→B와 B→A가 동시에 가능한 관계는 상관관계 정도의 가정이지 인과관계의 가정은 될 수 없다. 이러한 의미에서 인과관계를 두 변수 간의 관계로 나타낼 때 A를 독립변수, B를 종속변수라 한다.

인과관계란 과학적인 개념으로 상식적인 개념과는 다르다. A가 B의 원인이라는 것을 상식적인 개념 하에서는 A가 B의 관계를 확정적인 관계로 해석하여 A를 B의 유일한 원인으로 보지만, 과학적인 개념 하에서는 둘의 관계를 확률적인 관계로 해석하여 A는 단지 B를 초래한 여러 요인들 중의 하나일 뿐으로 본다. 또한 과학적인 개념 하에서는 A가 B의 원인이라는 것을 포괄적으로 증명할 수 있는 것이 아니고 둘 사이의 어떤 관계를 추론하는 것으로 본다. 그러한 추론은 엄격한 통제 하에서 수행된 실험을 기반으로 하는 과학적인 추론이어야 한다. 인과관계가 과학적 추론에 의한 것인가는 공변성의 여부, 사건발생의 선후 및 다른 모든 원인들의 제거에 대한 입증 여부에 달려 있다.

인과관계의 입증논리는 J. S. Mill(1862)이 제시한 이른바 **일치법**(the method of agreement)과 **차이법**(the method of difference)을 그 준거로 한다. 가설을 기술하고 있는 명제나 변수를 p, q, p_1, p_2,… 라 하고 부정명제 또는 그 변수가 없음을 기호 '~'로 나타낼 때, Mill의 일치법은

"$p, p_1, \cdots, p_k \rightarrow q$ and $p, \sim p_1, \cdots, \sim p_k \rightarrow q$이면 p는 q의 원인이다."

라고 하는 것이다. 즉, 일치법에 의하면 $p_1, \cdots, p_k$의 유무와 관계 없이 p가 일어나면 q가 일어날 때 p를 q의 원인이라고 한다. 한편, Mill의 차이법은

"$p, p_1, \cdots, p_k \rightarrow q$ and $\sim p, p_1, \cdots, p_k \rightarrow \sim q$이면 p는 q의 원인이다."

라는 것으로 $p_1, \cdots, p_k$라는 조건 하에서 q의 발생 유무가 p의 발생 유무에 기인하면 p를 q의 원인이라고 한다. 따라서 Mill의 일치법과 차이법에 의하면

$$p, p_1, \cdots, p_k \rightarrow q, \quad p, \sim p_1, \cdots, \sim p_k \rightarrow q, \quad \sim p, p_1, \cdots, p_k \rightarrow \sim q$$

가 p는 q의 원인이기 위한 필요충분조건이 된다.

Mill의 입증논리는 결정론적 가정에 입각한 것으로 (iii)의 연관성과 같이 여러 원인들이 교락되어

있는 경우의 인과관계를 입증하는 데는 한계를 지니고 있다. 그러나 Mill의 논리는 교락을 고려한 확률적 개연성의 모형 하에서 인과분석을 위한 준거을 제공하며 실험설계의 기본모형을 암시하고 있다는 점에서 의미 있는 것이라 할 것이다.

사회과학에서는 두 변수의 관계를 대칭적(symmetrical) 관계, 상호적(reciprocal) 관계 및 비대칭적(non-symmetrical) 관계의 세 가지 유형으로 구분한다(Rosenberg, 1968).

대칭적 관계란 두 변수가 상호 간에 서로 영향을 미칠 수 있어서 두 변수의 어느 하나도 원인과 결과 또는 독립과 종속의 위치가 불분명한 관계이다. 대칭적 관계는

- **동일 현상이나 개념에 대한 대안적 지표들 사이의 관계**
- **공통원인에 의한 상이한 결과간의 관계**
- **기능적 상호의존 관계**
- **우연적 대칭 관계**

등으로 나눌 수 있다.

상호적 관계란 독립과 종속의 인과관계 방향이 분명하지는 않지만 서로 영향을 미치는 관계임이 확실한 관계를 말한다. 예컨대, 하층계급에 속하기 때문에 소외감을 더 강하게 느끼게 되는 한편, 소외감으로 인하여 사회적 적응에 실패하여 하층계급에 속하게 되기도 할 것이므로 하층계급소속과 소외감의 관계는 상호적 관계로 볼 수 있다.

비대칭적 관계는 한 변수가 다른 변수의 원인인, 즉, 독립변수와 종속변수가 분명한 인과관계로 사회과학에서 특별한 관심을 가지고 있는 관계이다. 경험적 조사연구에서는 두 변수 간의 인과관계를 확인하기 위하여 제3의 변수를 도입시켜서 두 변수 간의 관계를 자세히 검토하는 과정이 필요하다. 이 때, 도입되는 제3의 변수를 **검사요인**(test factor) 또는 **통제변수**(control variable)라 한다. 명목척도에 의한 자료에 대하여는 검사요인을 도입하여 재분류한 분류표에서 구한 백분율이나 산술평균을 이용하여 두 변수의 관계를 검토하는데 그러한 검토 과정을 **분석의 정교화**(elaboration) 또는 **정교화 분석**(elaborate analysis)이라 한다. 순서척도 이상의 자료에 대하여는 **부분감마**(partial γ)나 **부분상관계수**(partial corelation coefficients)를 이용하여 검사요인의 기능을 검토한다.

검사요인의 종류와 기능에 대하여 살펴보면 다음과 같다.

1. 외재적 변수(extraneous variables)

두 변수의 관계가 (ii)의 연관성과 같이 제3의 변수와의 상호연관성으로 인한 연관성으로 밝혀질 때, 제3의 검사요인을 **외재적 변수** 또는 **외부변수**라 한다. Goldhamer와 Marshall(1949)은 1845~1945년 사이에 주요 사회적 여건의 변화로 인하여 정신질환이 증가하였을 것이라는 이론적 해석, 즉,

'사회적 긴장 → 정신질환 증가'

라는 관계가 외재적 변수인 연령의 개입으로 인한 피상적 의사관계(皮相的 疑似關係, spurious relationship)임을 밝혀내었다. 이들은 연령을 검사요인으로 통제하여 각 연령범주에서 증가추세를 검토한 결과 노년층(50세 이상)의 정신분열증(노망)만 대폭 증가하였는데 이는 노인인구의 증가로 정신병 환자 수가 늘어난 것으로 사회적 긴장에 의한 정신질환 증가라 할 수 없었다.

2. 성분변수(component variables)

포괄적인 개념들로 설정되는 사회과학적 명제는 특정적이지 못하다는 한계를 지니고 있다. 따라서 사회과학에서는 개념을 구성하는 여러 요소(성분)들 중에서 특정성분을 가려내어 그 성분의 영향을 더 명백히 하고자 하는데, 원초관계를 더욱 특정적으로 밝혀 주는 특정성분을 **성분변수**라 한다. 포괄직 개념을 구성성분들로 특징화하여 그깃과 다른 현상과의 관계를 디욱 분명히 한다는 측면에서 성분변수도 분석의 정교화를 도와주는 검사요인의 기능을 하는 셈이다. Durkheim은 혼인 여부와 자살률의 관계를 밝히기 위하여 혼인 여부를 미혼자, 무자녀 기혼자 및 유자녀 기혼자로 구분하여 비교분석을 시도한 결과로 혼인과 자살률의 관계는 사실상 자녀 유무와 자살률의 관계임을 명백히 하였다.

3. 매개변수(intervening variables)와 **선행변수**(antecedent variables)

인과적 계기의 추적에 유용한 검사요인으로 매개변수와 선행변수가 있다. 먼저, 독립변수가 검사요인에 영향을 미치고 다시 검사요인이 종속변수에 영향을 주어서 독립변수와 종속변수 사이에 인과관계가 나타날 때, 즉,

$$\text{독립변수} \longrightarrow \text{검사요인} \longrightarrow \text{종속변수}$$

에서의 검사요인을 **매개변수**라 한다. 매개변수의 요건은 세 종류의 비대칭 관계가 성립해야 하며 매개변수를 검사요인으로 도입하여 통제하면 독립변수와 종속변수 사이의 인과관계가 사라지거나 약화되어야 한다는 것이다. 예컨대, 농촌거주자는 전통주의라는 가치의식을 조장하게 되고 그로 인하여 자녀양육에서 순종의 가치를 더 강조하게 됨으로써 농촌거주자일수록 자녀양육에서 순종의 가치를 더 중시하게 된다면 전통주의는 매개변수가 된다. 한편, 검사요인의 영향을 받은 독립변수와 종속변수 사이에 인과관계가 나타날 때, 즉,

$$\text{검사요인} \longrightarrow \text{독립변수} \longrightarrow \text{종속변수}$$

에서의 검사요인을 **선행변수**라 한다. 선행변수는 **외생변수**(exogenous variables)의 일종으로 독립변수와 비대칭 관계가 성립해야 하고, 선행변수를 검사요인으로 도입하여 통제하여도 독립변수와 종속변수 사이의 인과관계가 사라지지 않는다. 그러나 독립변수를 통제하면 선행변수와 종속변수의 관계는 사라지거나 약화된다. 예컨대, 교육수준이 정치적 인지의 수준을 좌우한다는 인과관계를 가정하고 부친의 사회 계층적 지위를 검사요인으로 도입하여 분석하면

교육수준과 정치의식수준의 원초관계는 살아 있고, 교육수준을 통제하면 부친의 지위와 정치의식수준 간의 관계는 사라질 때 부친의 계층적 지위는 선행변수가 된다.

4. **억제변수**(suppressor variables)와 **왜곡변수**(distorter variables)

실제로 유의미한 관계임에도 제 3의 변수의 개입으로 인하여 통계적으로 의미 있는 관계가 드러나지 않을 수 있다. 두 변수의 실재 관계를 소멸 또는 감소시키거나 감추는 검사요인을 **억제변수**라 한다. 억제변수는 두 변수 간의 무관계가 실재이거나 또는 피상적 의사현상임을 보여주는 기능을 한다. 그리고 드러난 두 변수의 관계가 실제로는 정반대의 관계임을 밝히는 검사요인을 **왜곡변수**라 한다. Durkheim보다 앞선 연구자들이 기혼자들의 자살률이 독신자들보다 높다는 자료를 제시하면서 그 이유로 혼인생활이 독신생활에 비해 삶의 긴장을 초래하는 요소들이 많기 때문이라고 하였다. Durkheim은 자살률의 분석에서 '연령'이라는 왜곡변수를 찾아내었다. 그는 연령을 통제하면 기혼자가 독신자보다 자살률이 현저히 낮았다는 것을 보이고 혼인이 사회통합에 기여하여 자살률을 낮춘다는 그의 이론적 가설을 자료로써 뒷받침 하였다.

2.3.2 통계적 실험

공변성의 여부, 변수의 발생순서 및 다른 원인요소들의 개입 등을 강력히 입증할 수 있는 가장 효과적인 방법이 실험이다. 일반적으로 실험을 통하여 달성하고자 하는 목적은 실험결과에 영향을 주는 여러 원인들에 대하여 다음과 같은 것을 알아내는 데에 있다(박성현, 1999).

· **검정과 추정의 문제**

어떤 원인이 반응에 유의한 영향을 주고 있으며 그 영향의 크기는 양적으로 얼마나 되는가?

· **오차 추정의 문제**

작은 영향밖에 주지 못하는 원인들은 전체적으로 어느 정도의 영향을 미치고 있으며, 측정오차는 어느 정도인가?

· **최적 반응조건의 결정 문제**

유의한 영향을 미치는 원인들이 어떤 조건일 때, 최적 반응을 얻을 수 있는가?

이런 이유로 연구목적이 단순히 모집단을 기술하는데 있지 않고 변수의 영향을 연구하는 것일 때는 자료의 수집방법으로 실험을 선호하게 된다. 따라서 자연과학분야의 거의 모든 연구에서 자료를 수집하는 방법으로 실험을 이용하는데 사회과학분야에서도 가능하다면 실험을 하는 것이 좋다. 물론, 사회 현상에 대한 연구방법으로 실험의 타당성에 대한 논란이 많지만 심리학 분야에서는 실험이 빈번히 이용되고 있다. 이 소절에서 우리는 통계적 실험 및 실험계획의 개념에 대하여 고찰하고 다음 소절에서 사회과학분야의 실험에 대하여 살펴보게 될 것이다.

실험으로 인과관계의 증거를 보다 확실하게 제시할 수 있는 이유는 실험결과에 영향을 줄 수 있는 변수들을 '통제(control)'할 수 있기 때문이다. 즉, 실험에서는 연구대상이 아닌 변수의 통제 하에서 연구대상 변수들의 조건 변화에 따라 발생하는 목표변수들의 변화를 관측한다. 이 때, 특정 변수들의 조건이 실험단위에 가해지는 패턴을 **실험계획**(experimental design)이라 하는데 그 기본 개념은 모든 분야의 실험에 동일하게 적용될 수 있다. 우선 실험계획에서 사용되는 기본적인 용어에 대하여 알아보자.

실험에서 특정 실험조건 하에 놓이게 되는 개체를 **실험단위**(experimental unit)라 하며 실험단위가 사람일 때는 **실험대상자**(subject) 또는 **피험자**라 한다. 또, 실험에서는 한 변수가 다른 변수에 어떤 영향을 주는지에 관심이 있다. 따라서 실험에는 반드시 영향을 받는 변수와 영향을 주는 변수가 있다. 전자는 실험조건에 따른 변화를 연구하려는 변수인데 특정 실험조건 하의 실험단위에서 측정되는 반응결과를 나타내기 때문에 **반응변수**(反應變數, response variable)라 부른다. 후자는 반응변수에 변동을 주는 또는 반응변수의 변화를 설명할 수 있는 변수로 **설명변수**(說明變數, explanatory variable)라 한다. 그리고 반응변수에 변동을 줄 수 있는 설명변수들 중 실험에서 직접 조작되는 변수를 **요인**(要因) 또는 **인자**(因子, factor)라 하며, 실험에서 직접 취급되지는 않지만 반응변수에 영향을 미치는 요인들을 **외부변수**(外部變數, extraneous variable)라 한다. 한편, 설명변수에 영향을 주는 또 다른 설명변수는 **외생변수**(exogenous variable)라 하는데, 외부변수와 구별되어야 한다. 또, 실험에서 실험대상에 가해지는 한 인자의 조건을 **인자의 수준**(水準, level of factor)이라 하며 인자의 수준으로 설정한 조건의 수를 수준수라고 하고, 실험단위에 가해되는 특정한 실험조건을 **처리**(處理, treatment)라 한다. 실험의 인자가 하나일 때는 그 인자의 각 수준이 하나의 처리가 되고, 인자가 둘 이상인 실험의 처리는 각 인자의 수준조합이 된다. 이 때, 인자가 반응변수에 미치는 영향을 **효과**(效果, effect)라 하는데, 단일 인자의 수준에 따른 효과를 **주효과**(主效果, main effect), 인자의 수준조합에 따른 효과를 **상호(교호)작용효과**(相互作用效果, interaction effect)라 한다.

예제 2.3.1 실험의 예

(i) 새로 출시될 휴대폰에 대한 세 가지 서로 다른 TV광고의 효과를 비교하는 실험을 생각해 보자. 실험 대상자들을 세 그룹으로 나누고 각 그룹에 서로 다른 종류의 휴대폰 광고가 포함된 40분짜리 TV 프로그램을 방영한 후 실험대상자를 상대로 광고효과를 측정할 수 있는 설문조사를 실시하는 실험을 생각할 수 있다. 이 실험에서 인자는 TV광고의 종류가 되고 수준수는 3이다. 또, 각 그룹에 속한 실험대상자들에게 한 종류의 휴대폰 광고가 포함된 40분짜리 TV 프로그램을 시청하도록 하는 것이 그 그룹의 실험대상자들에 대한 처리이므로 처리는 세 가지가 된다. 이 실험에서의 반응변수는 실험대상자들이 각 질문에

대한 응답 내용들이다.

(ii) 어떤 직물의 세탁에 대한 내구력에 대하여 알아보고자 한다. 일반 가정에서 사용하는 세탁기는 세탁방법에 따라 세 종류로 나눌 수 있고, 세제는 약산성, 중성, 약알칼리성의 세 가지가 있다고 한다. 따라서 직물의 내구력은 세탁방법과 세제의 종류에 영향을 받을 것이기 때문에 이 두 인자가 직물의 내구성에 미치는 영향을 조사하기 위한 실험을 하기로 하였다. 이 실험에서 한 인자는 세탁방법인데 세탁방법이 서로 다른 가, 나, 다 세 종류의 세탁기가 그 수준이 된다. 또 다른 한 인자는 세제로 산성, 중성, 알칼리성의 세 종류 세제가 그 수준이 된다. 처리는 1m의 직물(실험단위)을 특정한 세탁기와 세제를 사용하여 30회 세탁하는 것으로 할 때 처리는 9가지이고 반응변수는 30회 세탁 후에 측정되는 직물의 내구력이다. ♣

한 변수가 다른 변수의 변화에 미치는 영향에 대하여 연구할 때는 관찰조사보다는 실험에 의하여 자료를 수집하는 것이 바람직하다. 잘 계획된 실험에 의하여 인과관계를 밝힐 수 있지만 잘못 계획된 실험은 단순한 관찰보다 못하다.

예제 2.3.2 잘못 계획된 실험

(i) 새로운 교수법의 학습효과를 분석하고자 한다. 실험대상 학교로 선정된 중학교에서 우열반 제도를 시행하고 있다고 할 때, 우등반에 새로운 교수법 T를 적용하고 열등반에 기존의 교수법 ~T를 적용한 경우의 시험결과를 생각하여 보자. T를 적용한 반의 성적이 ~T를 적용한 반의 성적보다 높은 경우에 그 차이가 교수법의 효과로 인한 것인지 또는 우열반에 따른 학생들의 능력 차이 때문인지를 구분할 수 없다.(박성현, 1999)

(ii) 예제 2.3.1의 (i)에서 광고 A_1, A_2, A_3가 각각 포함된 프로그램을 세 장소 L_1, L_2, L_3에 각각 설치하고 근처를 지나가는 사람들을 모집하여 TV 프로그램을 시청하게 한 후 설문조사를 실시하는 방법으로 자료를 수집하였다고 하자. 그런데, 설문조사에 응한 사람들이 장소 L_1에서는 모두 10대 여자였고, L_2에서는 20대 남·여가 반반이었으며, L_3에서는 모두 30대 남자였다면 서로 다른 광고(인자)의 효과가 연령 및 성별(외부변수)에 따른 효과와 구별될 수 없기 때문에 유효한 결론을 내릴 수 없게 된다. 즉, 각 장소의 실험대상자 집단이 동등하도록 통제되지 않았기 때문에 각 장소별 반응변수의 차이가 광고에 의한 것인지 아니면 집단의 차이에 의한 것인지를 알 수 없다. 이와 같이 두 설명변수가 반응변수에 미치는 효과를 구별할 수 없으면 두 설명변수의 효과는 교락되었다고 한다. ♣

예제 2.3.2에서 보는 바와 같이 실험의 조건을 통제할 수 없는 상황에서 이루어진 실험으로는 유효한 정보를 얻을 수 있을 것이라는 보장이 없다. 예제 2.3.2의 실험 (ⅰ)에서 고득점 성적을 R, 저득점 성적을 ~R, 학년을 A, 성별을 B, 우등반을 D라 할 때

$$T, A, B, D \rightarrow R \quad \text{and} \quad \sim T, A, B, \sim D \rightarrow \sim R$$

라고 하여 Mill의 차이법에 따라 T를 R의 원인이라고 말할 수는 없다. 이와 같이 원인변수로 가정한 인자(T)와 외부변수(D)가 교락되어 있는 실험은 통계적인 의미에서 실험이라고 할 수 없다. 이러한 교락을 피하여 인자가 반응변수에 미치는 효과를 파악하기 위한 것이 통계적 실험계획이다. 다음과 같이 아주 단순한 실험계획

· **처리 → 관측**

· **관측1 → 처리 → 관측2**

하에서는 인자와 외부변수의 교락을 피할 수 없다. 이런 유형의 실험설계를 사회과학에서는 **사전실험설계**(pre-experimental design)라고 하는데, 이런 실험설계는 연구자가 외부변수의 조건, 처리를 가할 시점, 실험대상자 및 측정 시기 등을 거의 통제할 수 없는 **의사실험설계**(quasi-experimental design)이다.

교락을 피할 수 있는 간단한 방법이 **비교실험**(comparative experiment)이다. 동등한 실험단위로 구성된 두 집단에 대하여 한 집단에는 처리를 가하고 다른 집단에는 처리를 제외한 모든 조건을 동일하게 한 실험을 비교실험이라고 한다. 즉, 비교실험은 동등한 두 집단 G_1과 G_2에 대하여

$$G_1: T \rightarrow R_1, \quad G_2: \sim T \rightarrow R_2$$

일 때 R_1과 R_2가 통계적으로 유의한 차이를 보이면 처리 T의 효과가 있는 것으로 할 수 있다는 논리를 바탕으로 한 것이다. 비교실험에서 처리는 한 집단에만 가해지고 외부변수는 두 집단에 모두 다 적용되기 때문에 실험 후에 나타나는 두 집단 간의 차이는 처리의 효과가 된다. 이 때, 처리가 가해지는 집단을 **실험집단**(experimental group)이라 하고 처리를 가하지 않는 집단을 **통제집단**(統制集團, control group) 또는 **대조집단**(對照集團)이라 부른다.

k개의 처리를 비교하려면 k개의 동등한 실험집단 각각에 하나의 처리를 가하면 된다. 실험단위들을 k개의 동등한 실험집단으로 나누는 방법은 영국의 통계학자 R. A. Fisher에 의하여 고안되었다. Fisher는 실험단위들을 랜덤하게 나눔으로써 동등한 집단을 얻을 수 있다는 것을 알아내었다. 예컨대, 300명의 실험대상자에서 100명을 랜덤하게 추출하여 집단 1로 하고, 나머지 200명에서 다시 100명을 랜덤하게 추출하여 집단 2로, 마지막 남은 100명을 집단 3으로 하여 세 집단을 구성하면 세 집단은 동질적인 집단이 된다.

실험단위들을 동질적인 몇 개의 집단으로 랜덤하게 나누는 것을 **실험의 랜덤화**(randomization)라

하는데, 이 랜덤화는 실험단위를 각 처리에 랜덤하게 배치하는 것과 같다. 그러나 예제 2.3.1의 실험 (ii)에서는 실험단위인 9개의 천 조각은 균일할 것이므로 실험단위를 처리에 랜덤하게 배치하는 것은 의미가 없다. 이 실험에서는 9개의 각 처리에서 30번씩 총 270번 세탁을 해야 한다. 따라서 이 경우는 실험에 소요되는 시간을 고려할 때 270번의 세탁순서를 랜덤하게 정해야 한다. 즉, 실험의 랜덤화는 실험단위를 각 처리에 랜덤하게 배치하는 것과 각 처리조건에서 실행하는 실험의 순서를 랜덤하게 정하는 것으로 나눌 수 있다. 이러한 랜덤화에 의하면 외부변수의 효과가 각 처리에 균일하게 적용되어 상쇄되기 때문에 유사한 집단들을 만들 수 있으며 생각하지 못한 외부변수들의 효과도 상쇄될 수 있다.

의사실험계획 "처리 → 관측"에 대응되는 통계적 실험계획은

$$E_1 : \text{실험단위의 랜덤 배치} \begin{cases} \rightarrow \text{집단 1} \rightarrow \quad \text{처리 1} \quad \rightarrow \text{관측} \\ \rightarrow \text{집단 2} \rightarrow \quad \text{처리 2 또는 무처리} \quad \rightarrow \text{관측} \end{cases}$$

이고, "관측 1 → 처리 → 관측 2"에 대응되는 통계적 실험계획은

$$E_2 : \text{실험단위의 랜덤 배치} \begin{cases} \rightarrow \text{집단 1} \rightarrow \text{관측 1} \rightarrow \quad \text{처리 1} \quad \rightarrow \text{관측 2} \\ \rightarrow \text{집단 2} \rightarrow \text{관측 1} \rightarrow \quad \text{처리 2 또는 무처리} \quad \rightarrow \text{관측 2} \end{cases}$$

이다. 위와 같이 실험단위를 모든 처리에 랜덤하게 배치하거나 가능한 처리조건에서 실시할 모든 실험의 순서를 랜덤하게 결정하는 실험계획법을 **완전랜덤계획법**(completely randomized design)이라고 한다. 앞의 실험계획법 E_1과 E_2는 처리가 두 개인 완전랜덤계획법이다. 그리고 완전랜덤계획법에서 처리가 한 인자의 수준에 의해 결정되는 실험계획법을 **일원배치법**(one-way design)이라 하고, 두 인자들의 수준조합에 의해 처리가 결정되면 **이원배치법**(two-way design)이라 한다. 일원배치 및 이원배치에 의한 실험 자료의 분석에 대해서는 9.3절에서 다루게 될 것이다.

예제 2.3.1의 실험 (ii)에서 270번의 세탁 순서를 완전히 랜덤하게 결정하게 되면 이 실험계획은 이원배치에 의한 완전랜덤계획법이다. 그런데 이 실험에서는 한 처리조건에서 30회 세탁 후에 직물의 내구력을 측정하면 1회의 실험이 종료되므로 이 실험계획은 각 처리에서 한 번만 실험하게 되는 이원배치법이다. 이러한 반복이 없는 이원배치법에서는 두 인자의 상호작용효과를 오차와 분리할 수 없게 된다. 일반적으로 실험의 정밀도를 높이고, 상호작용효과를 분리해 내기 위해서는 각 처리조건에서 2회 이상의 반복실험을 하거나 각 처리에 많은 수의 실험단위가 배치되도록 해야 한다.

완전랜덤계획법은 실험에서 비교적 간단한 통계적 실험계획이다. 이 계획은 실험계획의 기본 개념인 통제와 랜덤화의 원리를 분명하게 보여주지만 예제 2.3.1의 실험 (i)과 같은 경우에는 실험대상자에 대하여 더 정교한 통제를 가할 필요가 있다. 장소 L_1, L_2, L_3에서 실험대상자를 통제하지 않고 자유 의지에 따라 TV 프로그램을 시청하게 되면 세 집단의 동질성을 보장할 수 없으며 TV 광

고의 효과는 집단 간의 차이와 교락되게 된다.

모든 실험대상자들을 랜덤하게 세 집단으로 나누는 랜덤화에 의하여 세 집단을 '평균적으로' 동등하게 만들 수 있지만 우연히 이질적인 세 집단이 될 가능성은 언제나 존재한다. 따라서 가능하다면 실험대상자들을 특정 외부변수의 조건에 따라 동질적 집단으로 분류할 필요가 있다. 반응에 영향을 줄 것으로 예상되는 외부변수들의 조건이 유사한 실험 대상들의 집단 또는 실험환경을 **블록**(block)이라 하고, 블록 내의 모든 실험단위를 각 처리에 완전히 랜덤하게 배치하는 실험계획을 **랜덤블록계획법**(randomized block design)이라 한다.

예제 2.3.1의 실험 (i)에서 실험대상자들을 성별(남, 여)과 연령대(10대, 20대, 30대)에 따라 6개의 집단으로 나누면 이 집단들이 바로 블록이고, 각 블록 내에서 실험대상자들을 랜덤하게 세 집단으로 나누고 각 집단에 세 처리 A_1, A_2, A_3 중의 하나를 랜덤하게 배치하는 실험계획법이 랜덤블록계획법이다. 이와 같은 랜덤블록계획법에서는 성별 및 연령대에 따른 효과를 분리해 낼 수 있기 때문에 블록화 변수도 인자로 취급한다.

이상에서 살펴본 실험계획의 세 기본 원리에 대하여 정리하면 다음과 같다. 실험을 계획하는 단계에서 실험자는 이런 원칙 하에서 실험계획을 작성하여야 한다.

1. **랜덤화의 원리**(principle of randomization)

   실험에서 직접 취급하는 인자 이외의 원인들이 반응변수에 편향되게 영향을 미치는 외부변수의 효과를 제거하기 위한 방안으로 각 실험조건에 실험단위를 랜덤하게 배치하거나 실험순서를 랜덤화해야 한다는 원리를 말한다. 랜덤화에 제약이 가해진 실험에서 얻은 결과를 분석하고 해석할 때는 주의하여야 한다.

2. **블록화의 원리**(principle of blocking)

   완전랜덤계획법에서는 랜덤화에 의하여 모든 외부변수의 효과를 제거하고자 하는데, 일반적으로 실험결과에 크게 영향을 미칠 것으로 예상되는 외부변수들은 실험의 환경을 가능한 한 균일하게 분할하는 블록을 만들어서 직접 통제하고, 그 외의 것들은 랜덤화에 의하여 그 효과가 상쇄되도록 한다. 이렇게 하면 블록을 하나의 인자로 취급하여 그 효과가 별도로 분리되므로 외부변수들의 효과가 주효과에 교락되는 것을 막을 수 있다. 외부변수를 블록으로 고정시키는 랜덤블록계획법이 같은 수의 실험단위를 이용한 완전랜덤계획법보다 더 정밀한 결과를 얻을 수 있다. 각 블록 내에서는 모든 처리조건 하에서 실험하는 것이 바람직하지만 한 블록 내 실험집단의 수가 처리의 수보다 작은 실험계획법도 있다.

3. **반복의 원리**(principle of replication)

   실험은 각 실험조건에서 한 번 시행하는 것보다는 가능하면 두 번 이상 반복하여 시행해야만 실험의 정밀도 및 실험결과의 신뢰성을 높일 수 있다.

실험계획에서는 효과를 분리할 필요가 없는 두 인자 상호작용효과나 세 인자 이상의 고차 상호작용효과를 블록과 교락(**교락의 원리**: principle of confounding)시켜서 실험의 효율을 높이거나, 기술적으로 무시할 수 있는 상호작용효과를 주효과와 교락(**직교화의 원리**: principle of orthogonality)시켜서 실험의 크기를 줄일 수 있도록 하고 있다.

통계적 실험계획에 따라 실험할 때만 우리는 실험에서 밝히고자 하는 "어떤 인자가 반응에 유의한 영향을 주고 있는가?"에 답할 수 있다. 사실, 실험자는 자료를 수집하려는 반응변수와 실험단위에 조작을 가하려는 처리 또는 인자에 대하여 명확히 이해하고 있어야 하며 처리를 가하고 반응을 측정하는 장치를 마련해야 한다. 이것이 바로 자연과학자나 심리학자들이 말하는 '실험계획'인데 실험자는 통계적 실험계획의 중요성을 간과해서는 안 된다. 아무리 정교한 물리적 실험계획에 의하여 실험하였더라도 통계적 실험계획에 의한 것이 아니면 그 분석결과를 신뢰할 수는 없다.

2.3.3 사회과학분야의 실험

실험단위가 거의 대부분 사람인 사회과학분야의 실험에서는 외부변수의 효과가 인자의 효과와 교락되는 것을 피하기 위한 실험의 랜덤화와 블록화를 실험의 통제 또는 외부변수의 통제라 한다. 사회과학에서는 여러 개의 동질적인 피험자 집단을 구성하는 것이 거의 불가능하기 때문에 실험집단과 통제집단에 대한 외부변수들의 동질성을 확보하는 방향으로의 외부변수 통제를 고려한다. 이러한 측면에서 외부변수를 통제하는 수단으로 무작위 통제와 외부변수의 고정을 들 수 있다.

무작위 통제란 통계적 실험에서 설명한 실험의 랜덤화와 같은 것으로, 피험자 집단을 확률표집의 원리에 따라 실험집단과 통제집단으로 분할하는 **난선화**(亂選化)나 실험조건(처리)을 개별 피험자에게 무작위로 배정하는 것을 말한다. 무작위 통제에 의하여 두 집단이 완전히 동질적인 것이라고 보기는 어렵겠지만 적어도 처음부터 다른 두 집단의 어떤 특성으로 인하여 체계적인 편향이 나타나지 않을 것으로 기대할 수는 있다.

무작위 통제는 실험집단과 통제집단의 유사성을 보장하는 것은 아니고 체계적 편향을 막아 보겠다는 것일 뿐이다. 따라서 처음부터 외부변수를 고정하여 두 집단의 동질성을 확보하는 방안을 고려하게 된다. 실험집단과 통제집단의 외부변수들을 고정하여 두 집단의 동질성을 보장하고자 하는 실험통제를 **외부변수의 통제**라 한다. 외부변수의 통제란 통계적 실험에서의 실험의 블록화를 의미하는데 사회과학에서는 이를 **배합법**(matching)이라 한다. 배합법에는 정밀통제(precision control)와 빈도분포통제(frequency distribution control)의 두 가지가 있다.

정밀통제란 실험결과에 영향을 줄 것으로 간주하는 모든 외부변수들의 조건들이 일치하는 두 사람을 선정하여 하나는 실험집단에, 다른 하나는 통제집단에 배정함으로써 두 집단의 동질성 또는 비교가능성을 확보하려는 절차를 말한다. 정밀통제가 이상적인 외부변수 통제 방법이긴 하지만 이 방법을 적용하는 데에는 현실적으로 많은 어려움이 있다. 실제로 통제해야 할 외부변수들을 결정하는 것이 쉽지 않고, 선정된 외부변수의 조건이 어느 정도의 범위에서 비슷하다고 할 것인가를 결정하기가 어렵다. 또한, 결정된 조건에 해당하는 다수의 사람들을 확보하기가 쉽지 않다. 따라서 정밀통제는 현실적으로 거의 불가능한 방법이라 할 것이다.

빈도분포통제란 정밀통제에서 나타나는 현실적인 문제를 고려하여 각 집단에 대한 외부변수의 분포를 비슷하게 통제하려는 절차이다. 즉, 실험집단과 통제집단 각각에 대한 외부변수의 빈도분포가 비슷해지도록 피험자를 배정하는 방법을 빈도분포통제라 한다. 이 방법에서는 주로 통제할 외부변수의 평균과 분산을 비교하여 빈도분포의 유사성을 검토하며 때로는 비대칭도나 첨도를 검토하기도 한다. 사실, 이 방법은 무작위 통제에 의해 구성된 두 집단에 대하여 특정 외부변수의 빈도분포를 비교함으로써 두 집단의 동질성을 검토하기 위한 것으로 볼 수 있다. 이제, 사회과학분야에서 자주 이용되는 몇 가지 실험설계에 대하여 살펴보자.

(1) 실험집단 사후설계

실험집단 사후설계는 **단일사례연구설계**(單一事例硏究設計, one-shot case study design) 또는 간단히 사례연구(case study)라 하는 것으로 단일 사례 혹은 집단에 차이가 나타날 것으로 기대되는 실험변수의 처리나 조작을 가한 다음 관측하는 실험설계이다. 예컨대, 대학생에게 금연 캠페인 영화를 보여주고 그들의 태도 변화를 관찰한다고 하자. 한 편의 영화 관람을 통해서 태도가 얼마나 달라질 수 있을 것인가는 의심스럽지만 그래도 안 본 것보다는 낫다는 전제 하에서 금연 캠페인 영화의 효과를 알아보기 위하여 실험하는 것이 단일사례연구설계의 한 예이다. 이 방법은 실험이 쉽고 간편하기 때문에 새로운 사실을 발견하기 위한 탐색적 실태조사에 주로 이용된다. 그러나 비교의 기준도 없고 가설검정을 위한 근거를 제시하지 못하기 때문에 분석결과를 일반화하는데 문제가 있다. 이 방법은 비교와 통제의 조건을 갖추지 못한 실험설계로 의사실험설계의 일종으로 볼 수 있다.

(2) 실험집단 전후설계

실험집단 전후설계는 **단일집단 전후비교**(單一集團前後比較, one group before-after comparison)설계라고도 하는데, 동일집단에 대하여 실험적 처리를 가하기 전에 관측하고 처리를 가한 후에 다시 관측하여 이 전후의 차이를 실험적 처리 또는 인자의 영향으로 보는 설계방법이다. 이 실험결과는

피험자 번호	사전관측	처리	사후관측
1	x_1		y_1
2	x_2	T	y_2
⋮	⋮		⋮
n	x_n		y_n

과 같이 나타낼 수 있으며, 처리의 효과는

$$\bar{d}=\frac{1}{n}\sum_{i=1}^{n}(y_i-x_i)=\bar{y}-\bar{x}$$

와 같은 식으로 추정한다. 예를 들면, 앞의 금연 캠페인 영화의 영향력을 조사하기 위하여 영화 관람 전에 금연에 대한 태도를 측정하고 영화를 관람한 후에 다시 측정하여 전후의 차이를 영화의 영향력으로 평가하는 것과 같은 실험설계이다. 이때의 질문 문항 작성은 아주 민감한 것으로 상당한 기술을 요한다. 이 방법은 **대응비교**(對應比較) 또는 **쌍체비교**(雙體比較, paired comparison)라 부르는 통계적 실험계획의 일종으로 각 실험대상에 대하여 전후의 실험조건이 짝지어지기 때문에 자체 통제기능을 지닌다. 그러나 비교할 통제집단이 없기 때문에 실험대상자에게 실험 외적 요인 및 실험자의 영향이 미치거나 사전관측 행위와 처리 사이의 상호작용 시험효과가 크거나 처리나 실험조건의 조작에 내적 요인이 작용하게 되면 실험 결과에 대한 타당성이 문제가 될 수 있다.

(3) 통제집단 사후설계(after only control group design)

통제집단 사후설계는 실험대상자들을 랜덤하게 나눈 두 집단 각각을 통제집단과 실험집단으로 하되 사전관측은 하지 않는다. 이 실험결과를 그림으로 표시하면

집단	사전 관측		사후 관측
실험집단(E)	없음	→ 처리(T) →	$y_1, y_2, \cdots, y_n$
통제집단(C)	없음	→ 무처리 →	$x_1, x_2, \cdots, x_n$

인데, 처리의 효과는

$$\bar{d}=\frac{1}{n}\sum_{i=1}^{n}(y_i-x_i)=\bar{y}-\bar{x}$$

와 같은 식에 의하여 간접적으로 추정된다. 이 설계에서 사전 관측을 하지 않는 것은 실험단위가 사람인 경우 사전 관측의 영향력이 지속되어 처리의 실질적 효과를 파악할 수 없기 때문이다. 따라서 실험집단에만 처리를 가한 결과를 통제집단의 것과 비교하는 이 방법에서는 랜덤화로 동등한 집단을 만들어 여러 외부변수들의 영향을 상쇄시키고 있으며, 사전 관측 행위와 처리간의 상호작용시험효과도 존재하지 않는다. 그러나 사전 관측을 하지 않기 때문에 실험집단의 변화량을 직접 측정할 수는 없고 단지 통제집단과의 평면적인 비교만 가능하다.

(4) 통제집단 전후설계(before-after control group design)

통제집단 전후설계는 일명 **고전적 설계**(classical design)라고 하는데 2.3.2절의 통계적 실험계획 E_2에 해당되는 실험설계이다. 이 설계는 처리 이외의 다른 모든 조건이 동일한 실험집단과 통제집단을 구성하고 각 집단 모두로부터 실험 전후의 결과를 관측하는 방법이다. 이 실험결과는

집단	사전 관측		사후 관측
실험집단(E)	O_{EB}: $x_{E1}, x_{E2}, \cdots, x_{En}$	→ 처리(T) →	O_{EA}: $y_{E1}, y_{E2}, \cdots, y_{En}$
통제집단(C)	O_{CB}: $x_{C1}, x_{C2}, \cdots, x_{Cn}$	→ 무처리 →	O_{CA}: $y_{C1}, y_{C2}, \cdots, y_{Cn}$

으로 나타낼 수 있다. 여기서 처리효과를 T, 외부변수들의 효과를 W라 하면

$$O_{EA}-O_{EB}=T+W, \quad O_{CA}-O_{CB}=W$$

이므로 처리효과 T는

$$T=(O_{EA}-O_{EB})-(O_{CA}-O_{CB})$$

가 된다. 따라서

$$\bar{d}_E=\frac{1}{n}\sum_{i=1}^{n}(y_{Ei}-x_{Ei}), \quad \bar{d}_C=\frac{1}{n}\sum_{i=1}^{n}(y_{Ci}-x_{Ci})$$

라 할 때 처리의 효과 T는

$$\hat{T}=\bar{d}_E-\bar{d}_C$$

와 같은 식으로 추정할 수 있다.

이 실험설계에서는 실험대상자들이 갖고 있는 본래의 특성(내적 요인)을 측정할 수 있고 처리의 효과(실험 요인의 조작 결과) 및 오차(실험의 외적 요인)를 추정할 수 있지만 사전 관측의 영향에 의한 편향이 지속적으로 실험결과에 개입될 수 있다. 즉, 사전 관측과 처리 간의 상호작용 시험효과(I)가 존재하면

$$O_{EA}-O_{EB}=T+I+W, \quad O_{CA}-O_{CB}=W$$

이므로 처리효과와 상호작용시험효과의 합만 추정할 있다.

예제 2.3.3 통제집단 전후비교

커피에 졸음예방 효과가 있다는 주장을 확인하기 위하여 수업시간 중에 자주 조는 학생 40명을 대상으로 실험을 하고자 한다. 통제집단 전후비교를 위한 실험을 하고 이 실험의 문제점에 대하여 검토하여라.

(풀이)

먼저 40명을 20명씩 랜덤하게 두 집단으로 나누어 한 집단을 통제집단, 다른 한 집단을 실험집단으로 정한다. 두 번째 단계로 실험집단과 통제집단 각각에서 수업 중에 조는 학생의 수를 조사한다. 세 번째 단계로 실험집단 학생들에게는 커피를 마시게 하고 통제집단 학생들은 커피맛이 나는 음료수를 마시게 한 다음 각 집단에서 수업 중에 조는 학생 수를 조사한다. 이 실험에서는 실험대상자들이 관측되고 있다는 사실을 알 수 없도록 해야 하며, 특히 본인이 어떤 처

리를 받았는가(커피를 마셨는지 음료수를 마셨는지)를 모르게 해야 한다. 실험대상자가 어떤 처리를 받았는지 모르게 하는 것을 **단일눈가림기법**(single blind technique)이라 한다. 또한, 실험결과(조는지의 여부)를 관측하는 사람도 실험대상자(학생)가 어떤 처리를 받았는지를 모르게 해야 한다. 이와 같이 실험대상자와 실험결과 관측자 모두 실험대상자가 어떤 처리를 받았는지 모르게 하는 것을 **이중눈가림기법**(double blind technique)이라 한다. 이 실험결과가

	실험 전 조는 학생수	처리	실험 후 조는 학생수
실험집단	15	→ 커 피 →	6
통제집단	16	→ 음료수 →	14

와 같았다면 커피의 효과는

$$\text{커피의 효과}=(6-15)-(14-16)=-7$$

로 추정된다. 즉, 커피가 7명(35%)의 졸음을 예방하였다고 할 수 있다. ♣

(5) 솔로몬의 설계(Solomon's design)

실험대상집단이 사전 관측에 아무런 영향을 받지 않는다면 통제집단 전후설계를 통하여 설명변수의 효과를 어느 정도 정확히 추정할 수 있지만 상호작용 시험효과가 있을 것으로 생각되면 **솔로몬의 설계**를 택하는 것이 좋다. 일명 솔로몬의 복수통제집단 설계 또는 4개집단 설계라고도 하는 이 방법은 하나의 통제집단만을 가지고 있는 고전적 설계에서는 사전 관측의 영향과 설명변수와의 상호작용으로 인한 효과를 제거할 수 없기 때문에 이를 보완하기 위하여 고안된 실험설계이다. 이 방법은 고전적 설계와 통제집단 사후설계를 결합한 것으로 실험과정을 그림으로 나타내 보면

		사전관측		사후관측
실험집단	E_1	X_{E_1}	→ 처리 →	Y_{E_1}
	E_2	×	→ 처리 →	Y_{E_2}
통제집단	C_1	X_{C_1}	→ 무처리 →	Y_{C_1}
	C_2	×	→ 무처리 →	Y_{C_2}

와 같다. 이 실험설계에서 집단 E_2와 C_2에 대해서는 사전 관측을 하지 않기 때문에 이들에 대한 사전과 사후 측정의 차이를 직접 구할 수는 없다. 그러나 집단 E_1과 C_1에 대한 사전 관측의 평균을 실험집단 E_2 및 통제집단 C_2의 사전관측에 대한 추정치로 사용할 수 있다. 처리의 효과를 T, 상호작용 시험효과를 I, 외부변수들의 효과를 W, 사전관측 효과를 B라 하면 4집단에서 나타나는 차이는

$$D_1=Y_{E_1}-X_{E_1}=T+B+I+W,\quad D_2=Y_{E_2}-\hat{X}_{E_2}=T+W,$$

$$D_3=Y_{C_1}-X_{C_1}=B+W,\quad D_4=Y_{C_2}-\hat{X}_{C_2}=W$$

와 같이 표현된다. 따라서 순수한 실험처리의 효과 T는

$$\hat{T}=D_2-D_4=Y_{E_2}-Y_{C_2}$$

로 추정한다. 또, $\hat{B}$는 D_3-D_4로 추정할 수 있으므로

$$\hat{I}=D_1-(D_2+\hat{B})=D_1-(D_2+D_3-D_4)=(Y_{E_1}-X_{E_1})-\{(Y_{C_1}-X_{C_1})+(Y_{E_2}-Y_{C_2})\}$$

와 같은 식으로 상호작용시험효과를 추정할 수 있다. 위와 같은 공식을 **솔로몬 공식**이라 한다. 모든 효과 T, I, W 및 B를 분리해서 추정할 수 있는 솔로몬의 설계는 실험의 내적·외적 타당성에 영향을 미치는 각종 요인들을 극복할 수 있는 가장 강력한 설계 중의 하나이지만, 문제는 동시에 많은 실험집단과 통제집단을 선정하고 통제하는 것이 쉽지 않다는 것이다. 우선, 설계에 많은 비용이 소요되며, 소표본일 경우 비록 랜덤화에 의한 네 집단이라도 그 동질성이 보장되지 않을 수 있다.

(6) 의사실험설계

이 설계는 완벽한 실험설계는 아니다. 그러나 실험 대상을 랜덤하게 설정할 수 없거나 집단의 동질성을 기하기 어려운 경우 또는 비교의 준거가 되는 통제집단의 확보가 어려운 경우에 유사한 조건을 갖춘 집단을 구성하기 위해서 사용된다. 의사실험설계로는 정태적 집단비교(靜態的 集團比較, static-group comparison), 패널실험(panel experiment) 등을 들 수 있다.

정태적 집단비교는 **사후연구설계**(Ex-post-facto experiment)라고도 하는데, 어떤 과정을 경험한 집단을 실험집단으로 하고 경험하지 않은 집단을 통제집단으로 삼는 실험설계이다. 예를 들어, 대학교육의 효과를 알아보기 위한 실험을 한다고 하자. 대학교육의 효과를 알아보려면 대학 신입생들이 4년 동안 교육을 받은 후까지 기다려야 하는데 그럴 수는 없으므로 신입생을 통제집단으로 하고 졸업생을 실험집단으로 하여 양자를 비교하는 실험이 정태적 집단비교의 예가 될 수 있다. 다른 예로, 잡지에 신상품에 대한 광고를 낸 다음 그 잡지 구독자들에서 표본을 뽑아 광고를 기억하는 사람들을 실험집단, 기억하지 못하는 사람들을 통제집단으로 간주하는 실험설계는 정태적 집단비교에 해당된다. 따라서 이 방법은 실험집단과 통제집단 간의 차이가 우연에 의한 것인가를 알아보려는 간단한 연구에 이용되고 있다. 그러나 두 집단이 본래부터 체계적인 차이를 가지고 있었는지는 알 수 없으며 실험대상의 선택이나 실험환경을 통제할 수 없다.

패널실험이란 시계열 실험(time series experiment)이라고도 하는데, 실험대상 집단을 처리 전에 적당한 시차를 두고 여러 번 관측한 다음 처리를 하고 다시 일정 시차 간격으로 여러 번 관찰하는 실험으로, 처리 전 관찰 추세가 처리 후에 변화를 보이면 그 변화를 처리효과로 본다. 패널실험에서는 동일한 실험대상을 반복적으로 관측해야 하고 처리 및 관측 시점을 조절할 수 있기 때문에 패널을 실험집단을 삼는 것이 보통이다. 마케팅자료를 반복적으로 제공하는 고정 집단(패널)은 많기 때

문에 정기적으로 동일한 유형의 마케팅 자료를 수집해야 하는 마케팅 조사에서 패널실험이 자주 사용된다. 패널실험에 관한 자세한 내용은 여운승(1997)을 참조하라.

2.3.4 실험의 타당성

실험설계에서 최우선적으로 고려해야 할 점은 실험의 타당성(妥當性, validity)에 관한 문제이다. 실험의 타당성이란 실험이 인과관계를 규명하려는 실험의 목적에 맞게 수행되었는가에 대한 것을 말한다. 이러한 타당성에는 내적 타당성(internal validity)과 외적 타당성(external validity)이 있다.

실험의 **내적 타당성**이란 외부변수들을 효과적으로 통제하여 인자(실험변수)의 효과가 정확하게 측정될 수 있도록 실험이 설계되고 시행되었는가를 말한다. 실험에서 외부변수들의 실험결과에 대한 영향력이 낮을수록 내적 타당성은 높아진다. 따라서 모든 외부변수의 영향력을 효과적으로 차단하여 인자의 처리조건에 따른 반응변수의 효과를 정확히 측정할 수 있도록 통제된 실험설계는 내적 타당성이 높다고 말한다.

실험대상이 거의 대부분 사람이고 실험결과를 측정하는 도구가 주로 질문지인 사회과학분야의 연구에서는 통계적 실험계획을 수립하였다고 해서 모든 문제가 해결되는 것은 아니다. 피험자 자신이 실험대상자라는 사실을 인지하고 있는 자체가 실험결과에 영향을 줄 수 있기 때문이다. 주로 사람이 실험단위인 사회과학분야의 실험에서는 자연과학분야의 실험과는 다른 여러 외부변수들이 존재한다. 여운승(1997)은 실험의 내적 타당성을 저해하는 외부변수로 7가지를 제시하고 있다.

1. **외부유래사건**(history)

   반응변수 또는 설명변수에 영향을 줄 수 있는 사건이 실험기간 중에 발생하면 이 사건을 외부유래사건이라 한다. 외부유래사건이 실험결과에 어떤 영향을 미칠 것인가는 분명하지 않은 경우가 많고 포착하기가 어려우며 그러한 사건을 물리적으로 통제하기란 거의 불가능하다 할 것이다. 따라서 외부유래사건이 미치는 영향력을 최소화할 수 있는 방안을 강구하는 것만이 최선이라 할 것이다. 외부유래사건의 영향력은 현장실험에서 특히 더 클 것으로 생각된다.

2. **성숙효과**(maturation)

   장시간의 면접에서 시간이 경과하면 응답자가 처음과는 다른 응답태도를 보일 수 있고 이런 변화는 응답에 영향을 줄 수 있다. 이와 같이 시간의 경과로 실험대상 집단 자체에 발생하는 변화로 인한 효과를 성숙효과라 한다.

3. **시험효과**(testing effect)

   실험과정 자체가 실험에 미치는 영향을 시험효과라 한다. 시험효과는 주시험효과와 상호(교호)작용 시험효과로 구분할 수 있는데, 사전관측(事前觀測) 결과가 사후관측(事後觀測) 결과에 미치는 효과를 주시험 효과(main testing effect), 사전관측이 실험변수와 교락되어서 반응에 영향을 주는 것을 상호작용 시험효과(interactive testing effect)라 한다. 주시험 효과는 실험의 내적 타당성에 커다란 영향을 미치고 상호작용 시험효과는 실험의 외적 타당성에 영향을 주기 때문에 둘은 엄격히 구분해야 한다.

4. 조사수단의 변동

면접자의 능력, 경험 등과 같은 요인의 변화와 측정에 활용되는 도구, 기계 등의 성능에 따른 결과의 차이를 말한다. 실험과정에서 측정수단을 변경하는데 따르는 변동이나 면접조사에서 면접자에 따른 응답결과의 차이도 여기에 속한다.

5. 통계적 회귀(statistical regression)

시계열 현상을 다룰 때 처음 시점에서의 극단적인 관측들이 다음 시점에서 평균적인 관측으로 접근하는 현상을 통계적 회귀라 하는데, 이런 경우에 시점 간의 비교에서 해석상의 오류를 범할 수 있다. 일반적으로 실험기간 중에 관측된 극단적인 값들은 평균값에 영향을 주게 되는데 이로 인해 결과를 잘못 해석하는 오류를 통계적 회귀라 한다.

6. 선택편향(selection bias)

비교하려는 실험대상 집단들의 동일하지 않은 요인이 처리와 교락되어 발생하는 효과를 선택편향이라고 한다. 이런 편향은 대응비교나 실험의 랜덤화에 의하여 제거할 수 있다.

7. 실험대상물 소멸(experimental mortality)

실험과정에서 실험대상집단의 일부가 소멸되면 소멸된 실험단위들이 소멸되지 않은 실험단위들의 반응과 동일한 것인가의 여부를 알 수 없기 때문에 문제로 대두된다. 통계용어로는 결측치에 의한 변동이라 할 수 있다.

모든 외부변수의 문제는 그들이 실험결과에 영향을 미친다는 것보다 실험과정과 결과에 영향을 주었는지의 여부를 알 수 없다는 데에 있다. 따라서 적절한 실험설계를 통해서 발생할 수 있는 문제점들을 제거하도록 해야 할 것이다.

실험의 **외적 타당성**이란 실험실 내의 인위적으로 통제된 상황 하에서 도출된 실험결과를 실험실 밖의 다른 상황이나 실제 상황에 확대하여 적용할 수 있는가에 대한 것으로 실험의 대표성에 관한 쟁점이다. 즉, 실험의 결과를 일반화하여 다른 대상이나 다른 시기, 다른 상황에도 적용하여 해석할 수 있다면 그 실험설계는 외적 타당성이 높다고 한다. 일반적으로 외적 타당성은 내적 타당성과 서로 맞물린 트레이드 오프(trade-off) 관계에 있다. 즉, 내적 타당성을 높이기 위하여 실험에서의 외부변수를 엄격히 통제하게 되면 현실과 많이 다른 상황에서 실험을 하게 될 것이고, 그렇게 얻어진 실험결과를 실제상황에 적용하게 되면 외적 타당성이 낮아질 수밖에 없다. 거꾸로 외적 타당성을 높이기 위하여 외부변수의 통제를 완화하게 되면 실험 자체의 내적 타당성이 떨어져서 실험결과에 대한 신뢰도가 낮아지게 된다.

실험은 그 실시 장소에 따라 **실험실 실험**(laboratory experiment)과 실험실의 작위성을 극복하기 위하여 현실적인 상황 속에서 실험을 진행하는 **현지 실험**(field experiment)으로 나눌 수 있다. 실험실 실험이란 연구자가 원하는 바와 동일한 조건 하의 상황을 인위적으로 만들고, 그 상태에서 설명변수를 조작하고 통제한 후에 나타나는 결과를 관측하여 자료를 수집하는 방법이다. 이에 비하여 현지 실험은 실제로 일어나는 상황 하에서 가능한 실험조건만을 통제하여 변수를 조작하고 변화를 관측한다. 따라서 양자의 차이는 통제의 정도에 있다고 볼 수 있으므로 양자를 명확하게 구분하기 어려운 경우도 있다. 그러나 특정한 상황을 인위적으로 설정하게 되면 더 많은 통제를 가하게 되므로 양자의 정확도에서 큰 차이를 보일 수 있다.

실험실 실험은 인자의 조건에 대한 조작이 용이하여 여러 개의 인자를 동시에 조작할 수 있으며 좁은 공간에서도 실험이 가능하다. 또한, 반응변수에 영향을 주는 외부변수의 개입에 대한 통제가 용이하고 동일한 조건하에서 정밀한 실험을 반복적으로 시행할 수 있다. 따라서 실험실 실험은 현지 실험에 비하여 내적 타당성이 더 높게 된다. 한편, 실험실 실험에서는 실험의 상황을 너무 인위적으로 설정하는 경향이 있으며, 인위적 상황에서 얻어진 실험 결과를 너무 확대해서 일반적으로 해석하려는 경우가 있다. 즉, 실험실 실험은 너무 인위적이기 때문에 인자에 대한 실험적 조작 결과의 일반화 정도가 떨어져서 외적 타당성이 결여될 수 있다. 일반적으로 실험실 실험은 내적 타당성이 큰 것으로 인정되고 있으며 현지 실험은 외적 타당성이 더 높다고 말한다.

현지 실험은 실제로 진행되고 현실 상황 속에서 인자를 조작하여 결과를 관측하는 방법이다. 따라서 이 방법은 복잡한 사회현상에 대한 연구와 같이 실험실에서 인위적으로 실험할 수 없는 경우에 적합한 실험으로 자연적 상황에서 사회적 영향이나 변화를 연구하는데 적합하다. 현지실험은 실제 주어진 상황에서 실험을 하게 되므로 인자에 대한 실험적 조작의 영향력이 실험실 실험에 비하여 더 강하다. 즉, 연구의 외적 타당성이 높으므로 다른 유사한 상황으로 일반화할 수 있는 가능성이 커진다. 그러나 제한된 공간에서 실험이 이루어지는 실험실 실험에 비하여 변수를 조작하거나 실험 대상자를 엄격히 통제하는 것이 쉽지 않다. 또한 반복실험이 어려워서 연구 자체의 정확도가 떨어지고 연구자의 편견이 개입될 가능성이 높다.

완벽한 통제에 의한 실험실 실험이라 하여도 사람들을 대상으로 사람이 행하는 사회과학분야의 실험에서는 내적 타당성 및 외적 타당성을 저해하는 여러 요인들이 존재한다. 실험자와 피험자 사이에는 어떤 형태로든 상호작용이 일어나기 마련이고 이 점이 내적 타당성 문제를 야기한다. 이런 문제들에 대한 연구결과에 의하면, 피험자들이 실험자가 기대할 것으로 느끼는 쪽으로 반응을 나타낸다고 하는 **실험자 기대효과**, 피험자들이 평가 받는다는 것 자체에 대한 불안과 우려의 정도가 높을수록 실험자의 단서에 민감하게 반응하여 편향을 나타낸다는 **평가불안**, 피험자가 실험에 대한 의심을 품고 실험자의 행동을 단서로 민감한 반응을 보일 수 있다고 하는 의구심, 피험자가 자신도 중요한 과학적 연구에 참여하고 있다는 생각에서 실험자의 연구에 도움이 되는 방향으로 반응을 하게 **요구특성** 등이 실험실 실험의 내적 타당성을 저해하는 요인들이라고 한다. 이 밖에도 실험자의 성별, 사회경제적 지위, 권위주의, 지능 등의 여러 특성들이 실험에 영향을 미친다고 알려져 있다.

실험실 실험에서 외적 타당성을 저해하는 요인으로는

- 연구자는 접근이 용이하고 협조를 구하기 쉬운 피험자 집단을 선호하게 되는데, 한정된 특성을 지닌 피험자 집단에서 얻은 실험결과는 심각한 편향을 야기하여 일반 인구집단으로의 일반화가 어렵게 된다.
- 인위적으로 설정하고 통제하는 실험실내의 상황에서 얻어진 결과를 가지고 자연스러운 실제 상황에 확대 적용하는 데에는 문제가 제기될 수밖에 없다. 실험실실험에서 관찰되는 것은 한정된 소집단을 대상으로 단기간에 관찰한 것이지만 다양한 사회집단에서 나타나는 중요한 현상들은 중장기에 걸쳐서 진행되어 온 결과물이기 때문이다.
- 실험실에서 인위적으로 생성하여 조작한 실험변수들이 실제 상황에서 일어나고 변화하는 변수들과 얼마나 유사한가에 대한 쟁점이다. 인위적으로 조성된 상황과 변수들이 실제로 존재하는가 하는 실재성과 실험실에서의 피험자 경험이 진짜 경험과 얼마나 같은가 하는 현실감각의 측면에 의한 현실성 문제로 말미암아 사회과학에서는 현지실험의 중요성을 강조하고 있다.

등과 같은 세 가지로 요약할 수 있다.

실험을 통한 연구에서는

- 변수간의 인과관계를 분명히 파악할 수 있다.
- 관련변수의 조작 및 통제를 통해서 연구를 원하는 방향으로 진행할 수 있다.
- 동일한 실험환경을 조성하여 반복적으로 실험할 수 있다.
- 정교한 실험계획에 의하면 경우에 따라 비용이 적게 들 수도 있다.

등의 장점이 있지만 유효한 자료를 얻기까지에는 통계적 실험계획에도 현실적으로 많은 문제점들이 있다. 그러한 문제점들은 실험연구의 단점이기도 하다. 실험을 진행함에 있어서 현실적으로 발생할 수 있는 문제점들에 대하여 간략히 살펴보면 다음과 같다.

- **동일한 실험환경인가?**

  랜덤화 및 블록화는 모든 실험 대상들에 대하여 처리를 제외한 다른 조건들이 같게 하려는 것으로 통계적 실험계획에서 중요한 개념들이지만 실제 실험에서의 모든 문제를 해결해주지는 못한다. 특히, 실험대상이 사람일 때는 실험대상자가 어떤 처리를 받았는지를 알고 있다는 사실이 실험결과에 영향을 준다는 것은 경험적으로 입증되어 있다.

- **실험결과를 일반화할 수 있는가?**

  잘 설계된 실험계획에 따라 정밀하게 실시된 실험을 통해서 인자의 변화가 반응변수의 변화를 알 수 있지만 그러한 반응변수의 변화는 사실 특정한 실험환경 하에서 특정한 실험대상을 상대로 얻어진 것임에 유의해야 한다. 현실적인 실험에서는 실험대상자를 충분히 확보하지 못할 수도 있기 때문에 작은 실험대상 집단으로부터 얻어진 결론을 더 큰 모집단으로 일반화 할 수 있는가는 실험에서의 가장 큰 문제점으로 지적된다. 실험대상에 비현실적인 처리를 가하거나 특정 집단을 대상으로 특정 시간과 장소에서 실험이 이루어진 경우는 실험 결과의 해석 및 일반화에 특단의 주의를 요한다. 심리학 실험에서는 실험대상자가 어떤 처리를 받았는지 모르더라도 실험에 참여하고 있다는 사실을 인지하고 있는 것만으로도 진실한 반응을 보이지 않을 수 있다. 또한 인간을 대상으로 하는 실험에는 윤리적인 문제가 대두될 수 있으며 많은 변수를 동시에 조작하기 어렵기 때문에 현실적으로 실험이 불가능한 경우가 많다. 이 점은 사회과학분야에서 효과적인 실험을 실시할 수 없는 요인이기도 하다.

· **실험의 세부 시행절차를 준수하였는가?**

실험계획이 짜여 지면 현장에서 실험을 어떻게 진행할 것인가를 자세히 규정하고 있는 실험진행의 세부지침서(protocol)를 작성하고 이 지침서에 따라 실험이 진행되고 있는지를 확인하는 일도 매우 중요하다. 정교하게 계획된 중요한 실험에서도 이 점을 간과하여 실패한 경우들이 허다하다. 때로는 실험이 세부지침서대로 잘 진행될 수 있을 것인가를 확인하기 위하여 예비실험을 실시해 보는 것도 좋다.

연습문제 2.3

2.3.1

01. J. S. Mill이 제시하는 인과관계 추론의 조건이 아닌 것은?
가. 공간적 일치의 원칙　　나. 동시 변화성의 원칙
다. 차이성의 원칙　　라. 공통성의 원칙

02. 입증논리에 대한 설명 중 옳지 못한 것은?
가. 입증논리는 인과관계를 추리하는데 논리적 바탕을 말한다.
나. 인과관계의 추리란 가설에 포함된 변수 간의 인과관계의 추정을 검증하는 것이다.
다. 검증이란 가설을 자료로서 확실히 증명하는 것이다.
라. 가설검증의 고전적 방법으로 J. S. Mill의 귀납적 방법이 있다.

03. "60대 이상의 노인 가운데 무릎이 쑤신다고 하는 분들의 비율이 상승할수록 비가 올 확률이 높아진다." 와 같은 상황에서 제대로 된 인과관계 추리를 위해 특히 고려되어야 할 인과관계 요소는?
가. 공변성　　나. 시간적 우선성　　다. 외생변수의 통제　　라. 외부사건의 통제

04. 인과관계의 일반적인 성립조건과 가장 거리가 먼 것은?
가. 시간의 선행성　　나. 공변 관계　　다. 비허위적 관계　　라. 연속변수

05. 사회과학연구에서 인과관계를 규명하는 내용에 관한 설명으로 틀린 것은?
가. 두 변수 사이에 시간적 순서가 존재해야 한다.
나. 두 변수 간에는 정(+) 혹은 부(-)적 관계가 존재할 수도 있다.
다. 두 변수 간에는 상관관계가 존재해야 한다.
라. 두 변수 간에 상관이 발견되면 인과관계도 성립된다.

06. 두 변수간의 사실적인 관계를 약화시키거나 소멸시켜 버리는 검정변수는?
가. 선행변수 나. 매개변수 다. 억제변수 라. 왜곡변수

07. 실제 관계가 표면적으로 나타난 관계와는 정반대임을 밝혀주는 검정요인은?
가. 외부변수(extraneous variable) 나. 외생변수(exogenous variable)
다. 억제변수(suppressor variable) 라. 왜곡변수(distorter variable)

08. 다음 사례에서 성적은 어떤 변수에 해당되는가?

대학교 3학년 학생인 A, B, C 군은 학기말 시험에서 모두 A+를 받았다. 3명의 학생은 수업시간에 맨 앞자리에 앉는 공통점이 있다. 따라서 학생들의 성적은 수업시간 중 좌석 위치와 중요한 관련성을 가지고 있다고 생각하게 되었다. 이것이 사실인가 확인하기 위해 더 많은 학생들을 관찰하기로 하였다.

가. 독립변수 나. 통제변수 다. 매개변수 라. 종속변수

09. “노인의 사회참여가 높을수록 자아 존중감이 향상되고, 자아존중감의 향상으로 생활만족도가 높아진다.” 에서 자아존중감은 어떤 변수인가?
가. 종속변수 나. 매개변수 다. 외생변수 라. 통제변수

10. 연구자들의 가설에 포함된 변수들에 관한 옳은 설명을 모두 짝지은 것은?

연구자들은 학생들의 학업부진이 비행친구와 사귀도록 만들고 이것이 비행으로 이어진다고 본다. 그러나 학업이 부진한 학생이라도 학교 선생님의 관심을 받으면 비행가능성이 줄어들 수 있다고 본다. 그런데, 학생들의 어릴 적 가정환경이 비행을 설명하는 가장 중요한 원인일 것이라는 또 다른 연구자들의 가설이 있다.

A. 학업부진은 독립변수이고 비행은 종속변수이다. B. 비행친구와의 사귐은 매개변수이다.
C. 선생님의 관심은 조절변수이다. D. 어릴적 가정환경은 외생변수이다.

가. B, D 나. A, B, C 다. A, C, D 라. A, B, C, D

11. 종업원이 친절할수록 패밀리 레스토랑의 매출액이 증가한다는 가설을 검증하고자 할 경우, 레스토랑의 음식의 맛 역시 매출에 영향을 미친다면 음식의 맛은 어떤 변수인가?
가. 종속변수 나. 매개변수 다. 외부변수 라. 조절변수

12. 세 변수가 “종교 → 사회적 통합 → 자살률“과 같은 순서로 영향을 미칠 때 사회적 통합은 무슨 변수인가?
가. 외적변수 나. 매개변수 다. 구성변수 라. 선형변수

13. 어떤 연구자가 한 도시의 성인 500명을 무작위로 추출하여 인터넷 이용이 흡연에 미치는 영향을 조사한 결과, 인터넷 이용량이 많은 사람일수록 흡연량도 유의미하게 많은 것으로 나타났다. 이를 토대로 인터넷 이용이 흡연을 야기한다는 인과적인 설명을 하는 경우가 문제가 되는 인과성의 요건은?
가. 경험적 상관 나. 허위적 상관 다. 통계적 통제 라. 시간적 순서

14. 연구자가 검정요인(test factor)을 연구에 도입하는 가장 큰 이유는?
가. 인과성의 확인 나. 측정의 타당도 향상
다. 측정의 신뢰도 향상 라. 일반화 가능성의 증대

15. 변수의 종류에 관한 설명으로 옳게 짝지어진 것은?
A. 매개변수는 독립변수와 종속변수 사이에서 독립변수의 결과인 동시에 종속변수의 원인변수이다.
B. 억제변수는 두 변수 X, Y의 사실상의 관계를 정반대의 관계로 나타나게 하는 제3의 변수이다.
C. 왜곡변수는 두 변수 X, Y가 서로 관계에 있는데 관계가 없는 것으로 나타나게 하는 제3의 변수이다.
D. 통제변수는 외재적 변수의 일종으로 그 영향을 검토하지 않기로 한 변수이다.
가. A, B 나. B, C 다. C, D 라. A, D

2.3.2

01. 실험설계에 관한 설명으로 틀린 것은?
가. 실험의 검증력을 극대화 시키고자 하는 시도이다.
나. 연구가설의 진위여부를 확인하는 구조화된 절차이다.
다. 실험의 내적 타당도를 확보하기 위한 노력이다.
라. 조작적 상황을 최대한 배제하고 자연적 상황을 유지해야 하는 표준화된 절차이다.

02. 순수 실험설계(true experimental design)의 특징이 아닌 것은?
가. 비동질 통제집단의 설정 나. 실험집단과 통제집단에 대한 무작위 할당
다. 독립변수의 조작 라. 외부변수의 통제

03. 실험설계를 위한 필수요건이 아닌 것은?
가. 실험대상자들을 실험집단과 통제집단으로 무작위 배분하여야 한다.
나. 독립변수는 실험집단에만 투입하고 통제집단은 통제되어야 한다.
다. 통제집단과 비교집단을 함께 갖추어야 한다.
라. 독립변수의 효과를 추정하기 위해 종속변수가 비교되어야 한다.

04. 실험설계와 비교하여 비실험 설계(non-experimental design)에 관한 설명 중 잘못된 것은?
가. 기본적인 논리는 실험설계와 동일하다.
나. 독립변수를 직접 조작할 수 없기 때문에 인과관계의 가설에 대한 확신의 정도가 크게 낮다.
다. 종속변수를 먼저 관찰하고 독립변수는 종속변수와 동시에 관찰하는 경우가 많다.
라. 비실험 조사에서도 반드시 가설을 설정하여 이를 검증하는 절차를 거쳐야 한다.

05. 완벽한 실험설계를 위하여 충족되어야 하는 조건과 가장 거리가 먼 것은?
가. 실험변수의 조작 가능성 나. 인과관계의 일반화
다. 외생변수의 통제 라. 실험대상의 무작위화

06. 실험변수가 아니면서 결과변수에 영향을 주는 일종의 독립변수로서 최대한으로 그 영향이 제거되거나 상쇄될 수 있도록 해야 하는 실험설계의 기본요소는 무엇인가?
가. 조절변수 나. 종속변수 다. 외부변수 라. 매개변수

07. 실험설계에서 무작위화(randomization)를 사용하는 이유와 가장 거리가 먼 것은?
가. 가설을 타당하게 검증하기 위해 필요한 장치다.
나. 실험처치 전에 실험집단과 통제집단의 상태를 동질하게 하기 위한 것이다.
다. 종속변수의 체계적 변이(variation)를 극대화하기 위한 방법이다.
라. 실험에 간섭하는 외생변수를 통제하기 위한 방법.

08. 두 개의 변수 사이의 관계를 나타낼 때 독립변수와 상호 교환적으로 사용될 수 없는 용어는 어느 것인가?
가. 외부변수(extraneous variable) 나. 외생변수(exogenous variable)
다. 예측변수(predictor variable) 라. 원인변수(causal variable)

09. 교수법의 차이가 아동들의 문장 독해능력에 어떤 영향을 미치는가를 알아보기 위해 초등학교 아동 50명을 대상으로 연구를 하려고 한다. 어떤 연구방법이 가장 좋은가 ?
가. 참여관찰법 나. 내용분석법 다. 실험법 라. 조사연구법

10. 순수 실험설계와 유사 실험설계를 구분하는 기준은?
가. 독립변수의 설정 나. 비교집단의 설정
다. 종속변수의 설정 라. 실험대상 선정의 무작위화

2.3.3

01. 외부변수를 사전에 아는 경우, 외부변수가 실험대상이 되는 각 집단에 균등하게 영향을 미칠 수 있도록 실험집단과 통제집단을 선정하여 외부변수의 효과를 통제하는 방법은?
가. 상쇄(counter balancing) 나. 균형화(matching)
다. 제거(elimination) 라. 무작위화(randomization)

02. 학교 성적을 연구하려 할 때 인종간의 차이가 성적의 분산에 영향을 끼친다고 하면 동일 종족의 학생만 선정해서 연구하는 외부변수 통제방법은?
가. 난선화 나. 외부변수의 실험변수화
다. 외부변수의 고정 라. 매칭절차

03. 실험에 있어 중요하다고 인정되는 변수의 기준 및 통제집단 구성을 동등화한 것은 ?
가. 무작위추출에 의한 통제방법 나. 빈도분포통제
다. 정밀통제 라. 실험통제

04. 다음 설명은 외부변수를 통제하는 방법 중 무엇에 해당하는가?

하나의 실험집단에 2개 이상의 실험변수가 가해지는 경우 사용하는 방법이다. 예를 들면, 두 가지 광고 A와 B에 대한 사람들의 선호도를 알아보고자 할 때, 광고의 제시 순서가 그 광고에 대한 사람들의 선호도에 영향을 미칠 수 있다. 이때, 실험집단 참여자의 반에게는 광고를 A→B의 순으로 제시하고, 나머지 반에게는 B→A의 순으로 제시하여, 각 광고에 대한 그들의 선호도를 측정한다.

가. matching 나. elimination 다. randomization 라. counter-balancing

05. 다음 중 정밀통제를 설명하고 있는 것은?
  가. 실험대상을 실험집단과 통제집단으로 배분함에 있어 두 집단의 구성이 동질적으로 되게 하는 기술
  나. 중요하다고 생각되는 변수를 중심으로 실험집단과 통제집단을 분류하는 기술
  다. 몇 개의 중요한 변수에 입각하여 실험대상물을 비슷한 것끼리 조합해서 배분하는 것
  라. 실험집단과 통제집단이 모두 다른 조건이 동일한 상태가 되게 한 다음 두 집단의 독립변수의 조작 결과를 사전·사후의 2차에 걸쳐 측정하는 것이다.

06. 외부변수의 통제에 대한 설명으로 바른 것은?
  가. 가능한 실험변수의 차이를 크게 함으로써 분산을 크게 하는 방법을 말한다.
  나. 조사목적 이외의 독립변수의 영향을 최소화시키는 것을 의미한다.
  나. 조사연구에서 생기는 우연에 의한 변동을 극소화시키는 것을 의비한나.
  라. 조사결과를 다른 대상에 일반화할 수 있는가의 문제를 말한다.

07. 어린이 축구교실의 효과를 측정하기 위해서 단일집단 전후비교(the one group before-after design)를 이용하여 축구기술의 향상정도를 측정하였다. 이 실험에서 실험결과를 왜곡할 수 있는 요인으로 가장 통제하기 어려운 것은?
  가. 역사요인 나. 도구요인 다. 통계적 회귀 라. 피험자 선택

08. 사후실험(Ex-Post Facto Experiment) 설계의 특성과 관계없는 것은?
  가. 결과가 이미 발생했을 때, 결과가 나타나게 된 원인을 추적하여 알아내는 방법이다.
  나. 독립변수에 대한 통제가 윤리적으로 바람직하지 않을 때 사용될 수 있다.
  다. 일반적인 실험설계보다 종속변수에 영향을 줄 수 있는 변수의 통제가 용이하다.
  라. 실제상황에서 검증하기 때문에 일반적인 실험설계에 비해서 현실성이 높은 결과를 얻을 수 있다.

09. 통제집단 사후측정 실험설계가 통제집단 사전사후측정 실험설계보다 좋은 점은?
  가. 무작위 추출과 관련된 문제를 피할 수 있다.
  나. 무작위 할당과 관련된 문제를 피할 수 있다.
  다. 측정 반응성(measurement reactivity)과 관련된 문제를 피할 수 있다.
  라. 무작위 추출 및 무작위 할당과 관련된 문제를 모두 피할 수 있다.

10. 사후실험설계(ex-post facto research design)의 특징으로 틀린 것은?
  가. 가설의 실제적 가치 및 현실성을 높일 수 있다.
  나. 순수 실험설계에 비하여 변수들 간의 인과관계를 명확히 밝힐 수 있다.
  다. 분석 및 해석에 편파적이거나 근시안적 관점에서 벗어날 수 있다.
  라. 조사의 과정 및 결과가 객관적이며 조사를 위해 투입되는 시간 및 비용을 줄일 수 있다.

11. 사전-사후 측정에서 나타나는 사전측정의 영향을 제거하기 위해 사전측정을 한 집단과 그렇지 않은 집단을 나누어 동일한 처치를 가하여 모든 외부변수의 통제가 가능한 실험설계 방법은?
  가. 통제집단 사전사후실험설계 나. 요인설계
  다. 솔로몬 4집단설계 라. 관련통제집단설계

12. 다음은 어떤 설계방식에 해당하는가?

수학과외의 효과를 측정하기 위하여, 유사한 특징을 가진 두 집단을 구성하고 두 집단을 각각 수학시험을 보게 하였다. 이 후 한 집단에는 과외를 시키고, 다른 집단은 그대로 둔 다음 다시 수학시험을 보게 하였다.

가. 집단비교설계(static-group comparison)
나. 솔로몬 4집단 설계(Solomon four-group design)
다. 통제집단 사후측정설계(posttest-only control group design)
라. 통제집단 사전사후측정설계(pretest-posttest control group design)

13. 다음은 무엇에 관한 설명인가?

- 실험집단에 대하여 사전조사를 실시한다. - 실험집단에 대하여 실험자극을 부여한 다음 종속 변수를 측정한다. - 통제집단은 구성하지 않는다.

가. 단일집단 사후측정 설계(one group post-test only design)
나. 집단비교 설계(static-group comparison)
다. 솔로몬 4집단 설계(solomon four-group design)
라. 단일집단 사전사후측정 설계(one-group pretest-posttest design)

14. 솔로몬 연구설계에 관한 옳은 설명을 모두 짝지은 것은?

A. 4개의 집단으로 구성한다. B. 사후측정만 하는 집단은 2개이다. C. 검사와 개입의 상호작용효과를 도출할 수 있다. D. 통제집단 사전사후검사설계와 비동일 비교집단 설계를 합한 형태이다.

가. A, B, C　　나. A, C　　다. B, D　　라. A, B, C, D

15. 단일사례 실험연구(단일사례연구)에 관한 설명으로 옳은 것은?
가. 외적 타당도가 높다.
나. 실험적 처치를 필요로 하지 않는다.
다. 개입의 효과를 관찰하는 것이 주요 목적이다.
라. 외생변수를 쉽게 통제할 수 있다.

16. 다음 사례에서 사용한 조사 설계는?

저소득층의 중학생들을 대상으로 무작위로 실험집단과 통제집단에 각각 50명씩 할당하여 실험집단에는 한 달간 48시간의 학습프로그램 개입을 실시하였고 통제집단은 아무런 개입 없이 사후조사만 실시하였다.

가. 통제집단 사전-사후검사 설계 (pretest-posttest control group design)
나. 통제집단 사후검사 설계 (posttest-only control group design)
다. 단일집단 사전-사후검사 설계 (one-group pretest-posttest design)
라. 정태집단 비교 설계 (static group comparison design)

2.3.4

01. 다음 중 내적타당도 저해요인이 아닌 것은?
가. 특정사건의 영향
나. 피실험자의 변화에 따른 영향
다. 사전검사의 영향
라. 반작용 효과

02. 사회조사에서 외적타당도가 의미하는 바는?
가. 조사결과의 일반화가 가능한가?
나. 척도의 변별력이 충분히 있는가?
다. 조사결과를 공식 발표할 수 있는가?
라. 척도의 타당성을 전문가에게 검증 받았는가?

03. 다음 중 조사결과의 일반화와 가장 관련이 깊은 것은?
가. 내적 타당도 나. 외적 타당성 다. 신뢰성 라. 자료수집방법

04. 다음 내용은 무엇에 해당하는가?

지역사회에서 발생한 폭동의 원인을 알아보기 위하여 연구자는 시위대 중 1명에게 질문하였다. 이 사람이 '어떤 상점을 털기 위한 것'이라고 응답한 것을 바탕으로 나머지 약 300여명의 사람들도 같은 이유로 폭동을 일으킨 것이라고 잘못 가정할 수 있다.

가. 선별적 관찰 나. 과도한 일반화 다. 도박사의 논리 라. 자아가 개입된 이해

05. 실험실내(laboratory) 실험방법과 비교하여 현지(field) 실험방법이 가지는 장점은?
가. 내적 타당성 나. 외적 타당성 다. 개념 타당성 라. 신뢰성

06. 어떤 연구 도중에 위약효과(placebo effect)가 크게 나타났을 때 이 연구에서 유의해야 할 점은?
가. 연구대상자 수를 줄여야 한다.
나. 사전조사와 본조사의 간격을 줄여야 한다.
다. 연구결과를 일반화시키지 말아야 한다.
라. 연구대상자에서 피시험자임을 인식시켜야 한다.

07. 실험변수의 효과와 관계없이 동일한 측정을 반복함으로써 결과변수의 값에 변화를 발생하는 것은?
가. 주시험 효과(main testing effect)
나. 상호작용 시험효과(interaction testing effect)
다. 실험대상의 소멸(mortality)
라. 통계적 회귀(statistical regression)

08. 통계적 회귀(statistical regression)에 관한 설명으로 옳은 것은?
가. 수집된 자료가 어느 특정 선을 중심으로 분포하는 현상이다.
나. 자료 분석을 했을 경우, 종속변수가 독립변수의 변화에 따라 함께 변화하는 현상이다.
다. 타당도 높은 연구에서는 수집된 자료가 광범위하게 분포되지 않고 응집력을 갖춘 회귀성을 나타내야 한다는 것이다.
라. 사전측정에서 극단적인 점수를 얻은 경우에 사후측정에서 독립변수의 효과에 관계없이 평균치로 값이 근접하려는 경향이다.

09. 다음 사례에서 영향을 미칠 수 있는 대표적인 내적 타당도의 저해요인은?

노인들이 요양원에서 사회복지서비스를 받은 후에 육체적으로 약해졌다. 이 결과를 통해 사회복지서비스가 노인들의 신체적 능력을 키우는데 전혀 효과가 없었다가 추론하였다.

가. 성숙효과 나. 외부사건 다. 검사효과 라. 도구효과

10. 다음 사례에서 가장 문제될 수 있는 타당도 저해 요인은?

2008년 경제위기로 인해 범죄율이 급격히 증가하였고, 이에 경찰은 2009년 순찰활동을 크게 강화하였다. 2010년 범죄율은 급속히 떨어졌고, 경찰은 순찰활동이 범죄율의 하락에 크게 영향을 미쳤다고 발표하였다.

가. 성숙효과 나. 통계적 회귀 다. 검사효과 라. 도구효과

11. 다음 중 실험실내 실험(laboratory experiment)의 연구에서 내적 타당성을 저해하는 요인이 아닌 것은?
가. 모의상황 효과(simulated situations effect)
나. 실험자 기대효과(experimenter expectancy effect)
다. 평가불안 효과(evaluation apprehension effect)
라. 요구특성 효과(demand characteristics effect)

12. 다음의 사례에서 영향을 미칠 수 있는 대표적인 내적 타당도 저해요인은 무엇인가?

체육활동을 진행한 후에 대상 청소년들의 키가 부쩍 커졌다. 이 결과를 통해 체육활동이 청소년의 키 성장에 크게 효과가 있었다고 추론하였다.

가. 성숙효과　　나. 외부사건　　다. 검사효과　　라. 도구효과

13. 다음 사례에 대한 타당도 저해요인에 기초한 비판 중 그 성격이 나머지와 다른 하나는?

경찰은 2011년 12월 대전지역에서 일제 음주운전 단속을 실시하였고 그 결과 2012년 초의 음주운전은 크게 감소하였다고 주장하였다.

가. 가장 음주운전이 많은 시기는 연말이므로 자연스럽게 예전의 상태로 돌아온 것뿐이다.
나. 경찰이 2012년부터 새 음주측정기로 교체하였으므로 이 감소는 음주측정기의 교체로 인한 것이다.
다. 이 결과는 대전지역에서나 가능한 이야기이지 다른 지역에서는 감소시키기 어려웠을 것이다.
라. 2012년부터 주류세가 대폭 인상되었으므로 음주가 줄어든 것이 음주운전 감소의 원인이다.

14. 외적 타당도에 영향을 미치는 요인은?
가. 자료수집과정에서 관심을 가지는 독립변수 이외의 다른 사건이 영향을 미칠 수 있다.
나. 연구의 대상인 개인, 집단, 지역공동체 등의 자체 내 조건의 변화가 발생할 수 있다.
다. 조사결과에 나타난 차이가 측정도구, 표집단위의 불안정성으로 인해 발생할 수 있다.
라. 표집과정에서 특정한 속성의 집단이 차별적으로 선별되어 대표성의 문제가 발생한다.

15. 캠프벨과 스탠리(Campbell & Staneley)가 언급한 외적타당도의 저해요인이 아닌 것은?
가. 실험 처치와 피험자 편견의 상호작용효과　　나. 실험적 배치의 반동효과
다. 여러 번 실험처치를 할 경우의 간섭효과　　라. 측정치의 극단치가 평균으로 이동하는 효과

16. 다음 사례에 내재된 연구설계의 타당성 저해요인이 아닌 것은?

한 집단에 대하여 자아 존중감 검사를 하였다. 그 결과 정상치보다 지나치게 낮은 점수가 나온 사람들이 발견 되었고, 이들을 대상으로 자아 존중감 향상 프로그램을 실시하였다. 프로그램 종료 후에 다시 같은 검사를 가지고 자아 존중감을 측정한 결과 사람들의 점수 평균이 이전보다 높아진 것으로 나타났다.

가. 성숙효과　　나. 통계적 회귀　　다. 검사효과　　라. 도구효과

제3장 측정

3.1 측정의 의미
3.2 측정의 타당성
3.3 측정의 신뢰성

3.1 측정의 의미

사회연구에는 경험적 자료(empirical data)를 다루지 않는 이론적 연구가 포함되어 있지만 이 책에서 우리가 다루고자 하는 바는 사변적이 아닌 표준과학관에 입각한 과학적 연구이다. 따라서 이 장에서는 경험적 자료의 수집에 국한하여 연구에 적합한 자료를 얻어내기 위한 수단과 도구에 대하여 논의하고자 한다.

통상적으로 관측대상의 속성을 구체적으로 기술하는 과정을 **측정**(measurement)이라고 한다. 측정은 사건이나 사물의 특성을 기술하는 방법에 따라 추론측정(derived measurement), 임의측정(measurement by fiat), 본질측정(derived measurement)의 세 가지로 구분할 수 있다.

추론측정은 B**급 측정**(measurement of B magnitude)이라고도 하는데 특정 사건이나 사물의 특성과 관련된 다른 특성들을 측정하고 특성들 간의 법칙에 따라 원하는 특성을 간접적으로 측정해 내는 것을 말한다. 예컨대, 사물의 밀도는 부피에 대한 질량의 比로 정의하므로 질량과 부피를 측정하여 밀도를 측정하는 것이 추론추정에 해당된다. 추론측정은 확실한 이론적 배경 하에서 정립된 법칙을 이용하여 원하는 특성을 간접적으로 측정하는 것으로 자연과학분야의 측정에서 널리 쓰인다.

임의측정은 어떤 특성과 측정값 사이에 특별한 연관관계가 있다고 일시적으로 가정하고 측정하는 것으로 지적 능력을 측정하기 위하여 지능지수를 측정하는 것과 같은 것이 이에 해당된다. 임의측정은 연구자의 조작적 정의에 의한 척도를 이용하여 특정 개념을 측정할 수 있다는 가정 하에서 이루어지는 측정으로 사회과학분야에서의 대부분의 측정은 임의측정에 해당된다. 개념의 조작적 정의는 사실(fact)보다는 논리적 근거나 가정에 의한 것이므로 하나의 개념에 대하여 어떻게 조작적 정의를 내리는가에 따라 여러 가지의 측정값이 있을 수 있다. 따라서 조작적 정의에 의한 임의측정은 측정의 타당성을 확보하는 것이 관건이라 하겠다.

본질측정은 A**급 측정**(measurement of A magnitude)이라 하는데, 어떤 사물의 특성을 나타내는 고유의 정의 또는 본질적인 법칙에 따라 측정대상에 수치를 직접적으로 부여하는 측정으로 가장 기본적인 측정법이다. 예컨대, 무게나 길이를 재거나 생산량, 판매액 등을 측정하는 것이 이에 해당된다.

한편, 사회과학분야의 측정은 측정값의 차이가 나는 원인에 따라 응답자중심 접근법, 자극중심 접근법, 반응중심 접근법에 의한 측정으로 구분하기도 한다.

응답자중심 접근법이란 특정 자극에 대한 반응의 응답자 간 차이가 응답자의 개인 차이에 기인한 것인가를 알아보고자 하는 것으로 동일한 홍보 영상에 대한 응답자의 반응을 측정하여 그 홍보영상에 대한 응답자 개인의 차이를 보고자 하는 것이 이에 해당된다.

자극중심 접근법이란 개인의 특성이 동질적인 응답자 집단을 구성하여 자극에 대한 응답자 개인의 차이를 제거한 다음 이 집단에 가해진 서로 다른 자극에 대한 반응을 측정하여 자극 간의 차이만을 알아보고자 하는 측정을 말한다. 예컨대, 랜덤하게 선발한 여대생 집단에 커피와 콜라를 마시게 하고 어떤 음료가 졸음을 예방하는가에 대한 응답 결과와 같은 것이 자극 중심 접근법에 의한 측정이다. 이때 측정값은 개인의 특성과 관계없는 객관적인 응답결과로 개인의 특성이 상쇄된 것이므로 응답결과로부터 커피와 콜라라는 두 자극의 차이를 판단할 수 있다. 이런 의미에서 자극중심 접근법을 **판단접근법**(judgement process)라고도 한다.

반응중심 접근법은 응답자중심 접근법과 자극중심 접근법을 통합한 방법으로 자극에 대한 개인의 주관적인 느낌을 측정함으로써 응답결과로부터 응답자 특성 간의 차이와 자극 특성 간의 차이를 동시에 알아보고자 하는 것이다. 예컨대, 대학생의 '삶의 만족도'를 알아보기 위한 5개의 문항에 대하여 20명의 대학생에게 응답하도록 하였다면 각 대학생은 개인의 특성에 따라 응답할 것이므로 이로부터 개인의 차이를 알 수 있으며, 각 문항에 응답한 결과로부터 문항 간의 차이도 알 수 있다.

어떤 측정법을 사용하던 간에 사회연구에서 측정의 가장 중요한 문제는 사회현상을 제대로 이해하는 데에 가장 적절한 경험적 자료를 과학적인 방법에 의하여 얻어낼 수 있는 측정인가에 있다. 즉, 자료의 질이 우선적인 관심사이다. 과학적 연구의 자료는 '믿을 만하고 마땅한 자료'이어야 한다. 이를 자료의 신뢰성(reliability) 및 타당성(validity)이라 한다. 표준과학관에서는 객관적으로 일반화된 통계적 절차에 따른 자료에 의하여 신뢰도와 타당도를 규정하고 있다.

과학적 연구에서 연구자는 자신이 제시하는 이론 또는 가설을 입증하기 위하여 믿을 만하고 타당한 경험적 증거를 제시하고자 한다. 이 때, 신뢰성의 문제는 입증에 사용된 자료가 일관성이 있는 것인가에 대한 것이고, 타당성의 문제는 수집된 자료가 가설(이론)의 입증에 적합하고 마땅한 것인가를 따지는 것이다. 이러한 신뢰성과 타당성에 관한 쟁점은 자료의 종류에서부터 수집, 정리, 분석에 이르기까지의 여러 과정에서 다양하게 제기될 수 있다. 이 책에서는 자료의 질을 담보하는 핵심적 기준인 신뢰성과 타당성을 높이기 위하여 고려해야 할 사항들에 대하여 논의하고자 한다. 이들은 자료의 수집절차와 관련된 것으로 자료의 대표성 또는 전형성, 인과관계를 논하기 위한 통제된 실험, 관측도구의 질 등을 들 수 있다. 대표성의 문제는 모집단의 일부분만을 관측대상으로 해야 할 때 표본이 모집단을 대표할 수 있는 것인가에 대한 것으로 여기에 대해서는 5장에서 논의한다. 한편, 과학적 연구의 기본적인 요건은 누구나 동일한 절차에 따라 관측하면 같은 결과가 도출될 수 있도록 상황이나 조건을 적절히 통제해야 한다는 것인데, 모든 경험적 증명의 절차는 통계적 실험의 논리에 따라야 한다. 마지막으로 관측도구를 질적으로 통제하여 자료의 타당성을 높이고 정확성을 기하고자 하는 것인데 이러한 절차는 자연과학에서 개발된 것이다. 사회과학에서도 관측의 정확성을 기하여 자료의 타당성을 높이려면 관측도구 역시 타당하고 정확해야 할 것이다. 흔히 말하는 측정의 정확성, 측정도구의 타당성이 이에 해당되는 것으로 이 장에서 집중적으로 논의하고자 하는 것이다.

과학적 연구에서 가장 중요한 점은 관측대상에서 어떤 특성을 '얼마나 정확히 측정할 수 있는가'라 할 수 있겠다. 더욱이 인간 또는 사회의 여러 현상을 규명하고자 하는 사회과학분야의 연구에서는 측정된 자료의 분석이나 해석보다 측정 그 자체가 더 중요한 문제일 수 있다.

관측 대상이 지니고 있는 속성을 기술하는 측정에서 그 결과는 거의 숫자로 표현된다. 하지만, 사회과학에서는 사회현상을 수치로 나타내는 수량화가 쟁점이 된다. 그러한 쟁점은 인식론의 문제이고 일부는 가치판단과 관련된 문제이므로 이 점에 대해서는 논외로 하겠다. 다만, 측정을 양적인 것으로만 한정한다면 사회과학에서는 그 적용에 한계가 있을 것이므로 측정이란 특정 분석단위가 지니고 있는 어떤 속성을 질적 수준이나 양적인 수치로 규정하는 과정으로 본다. 예컨대, 사람들을 성별, 인종 또는 취업상태 등으로 분류하는 것은 수치를 부여하는 것이 아니고 질적인 속성에 이름(label)을 붙이는 일이며, 어떤 집단을 효율성이 '높은' 집단 또는 '낮은' 집단으로 분류하는 것은 그 속성의 정도나 수준을 결정하는 것인데, 이러한 일은 수치를 부여하는 작업이 아니기 때문에 분류 또는 범주화 작업을 측정과 다르게 볼 수 있다. 그러나 각 분류항목이나 범주에 숫자를 부여할 수 있으므로 관찰 대상을 분류하고 범주화하는 것도 측정으로 간주한다. 이런 관점에서 보면 관측대상에서 측정되는 속성은 양적인 것과 질적인 것으로 나눌 수 있다. 양적 측정은 측정결과가 무게나 길이 등과 같이 직선상의 한 점을 나타내는 숫자로 표현되는 것이고, 질적 측정은 만족도, 부패정도와 같은 것에 대한 측정으로 측정결과가 범주나 순서를 나타내는 숫자로 기록되는 것이다.

관찰 대상의 어떤 특성을 측정할 것인지가 결정되면 그것을 어떻게 숫자화(측정)할 것인가가 명확히 정의되어야 한다. 자연과학분야에서는 대부분 직접적인 실험이나 관찰을 통해서 자료를 수집하기 때문에 수치를 부여하는 측정방법이나 도구가 비교적 명쾌하고 어느 정도 일관성을 유지하고 있다고 볼 수 있다. 우리는 가슴둘레나 체중의 의미를 정확히 알기 때문에 줄자나 저울을 이용하여 "길이"나 "무게"라는 개념을 수치로 바꾼다. 즉, 객관적으로 널리 알려진 줄자나 저울을 사용하여 가슴둘레나 체중을 측정한다는 것에 대하여 이의를 제기하는 사람은 없을 것이다. 다만, 어느 정도로 정확한 줄자나 저울을 사용하여 언제 어떤 방법으로 측정할 할 것인가를 고려해야 한다. 또, 대학수학능력을 측정한 수능점수는 적어도 그 수치가 어떤 과정을 통하여 얻어지는가를 알고 있다. 따라서 수능점수가 한 학생의 대학수학능력을 완벽하게 측정해 내는가는 의문이지만, 대학에서 입학생을 선발할 때 수능점수를 이용하는 것에 대해 문제를 제기하지는 않는다. 그렇지만 대학 응시자들의 키를 측정하여 키가 큰 순서대로 입학생을 선발한다면 이것은 모든 사람들이 키와 대학수학능력 사이에는 아무런 연관관계가 없다고 생각하기 때문에 문제가 된다. 즉, 키는 응시자의 수학능력을 측정하는 타당한 방법이 아니라는 것이다. 이러한 문제는 삶의 만족도, 정부정책에 대한 태도 등과 같이 직접 측정이 어려운 개념들을 수량화하려는 사회과학분야에서 보다 심각하게 나타난다. 사회현상이나 사람의 내면적인 상태와 같은 직접 측정이 어려운 개념은 설문지나 면접 등을 이용하는 간접측정방법으로 수량화를 시도하는데, 그러한 측정방법이 타당한가를 평가하는 것은 쉽지 않다. 따라서 사회과학연구에서는 누구나 상호주관적으로 그 크기를 이해할 수 있는 수치를 만들어 내는 수량화의 절차가 필요하다. 예컨대, 생산성이 높은 집단이라고 할 때 생산성이 얼마나 높은가를 잴(측정) 수 있는 자(척도)를 만들고 그것을 수치로 나타내고자 한다.

사회조사연구에서 측정은 이론과 사실을 연결시켜 주는 고리의 역할을 하는 것으로 사실과 가장 근접한 위치에서 대상을 표상해 내는 절차에 해당되며 이론을 검증해 주는 경험적 수단으로서의 역할을 수행한다. 이론(가설)은 추상적인 개념들과 그들로 구성된 명제들로 이루어진다. 이러한 추상의 세계를 경험의 영역으로 옮기는 과정을 보면 추상적 개념들을 일정한 속성으로 구분할 수 있는 변수로 바꾼다. 예컨대, 개인의 사회 계층적 위치라는 개념을 지위의 높낮이가 구별되는 분류 가능한 속성으로 파악하기 위하여 사회 경제적 지위(Social-Economic Status : SES)라는 변수로 변환하고 이 변수의 속성을 경험적으로 확인하기 위한 측정수단을 마련하는 과정을 밟는다. 이 과정에서 변수의 속성을 가리키는 요소(지표)들을 찾아내야 한다. SES의 지표로는 학력, 직업, 소득 및 주택소유 등이 지표가 될 수 있을 것이다. 그러한 지표 각각에 대하여 개별적 또는 조합적으로 값을 매기고 지표값들을 종합하여 SES의 측정값을 얻게 된다. 즉, 사회 계층적 위치라는 개념을 측정한다는 것은 개인의 사회 계층적 위치에 대한 지표로 결정된 직업, 학력, 소득 등의 값을 조사대상에게 부여하고 부여된 값들로부터 정해진 규칙에 따라 얻어진 수치를 그 사람에 대한 SES 값으로 부여함을 의미한다(김경동 등, 2009). 이 때, SES의 값을 얻어내는 방법 또는 도구를 척도라 하는데, 측정된 SES 값이 개인의 사회 계층적 위치를 제대로 투영해 내고 있는가의 정도가 측정 또는 측정도구(척도)의 타당성이며, 사회 경제적 지위가 유사한 사람들에게서 측정한 SES 값들의 유사성 여부가 측정 또는 측정도구(척도)의 신뢰성이다. 사회과학의 측정에서 유의할 점은 우리가 어떤 현상의 특성을 측정한다는 것의 대부분이 사실은 특성 자체보다 그 특성을 투영해 낼 것으로 생각하여 설정한 지표들을 측정하고 있다는 것이다. 따라서 사회과학분야의 측정에서는 설정된 지표들이 측정하려는 특성을 제대로 투영해 내고 있는 타당한 것인가가 쟁점이 된다.

한편, 측정방법이 명확히 정의된 타당한 것이라고 하여 측정이 정확한 것이라고 말할 수는 없다. 저울을 이용하여 체중을 측정하는 것은 타당하지만 한 사람의 체중을 반복 측정한 결과가 들쭉날쭉하다면 그 저울(측정도구)은 믿을 수 없다. 100m 달리기에서 초 단위만 나타낼 수 있는 시계를 이용하여 순위를 측정하는 것 또한 믿을 수 없다. 이런 문제는 보다 정밀한 계측기를 사용하여 해결할 수 있다. 그러나 주로 설문지를 이용하는 사회과학의 측정에서 측정의 신뢰도는 동일 문항에 대하여 측정할 때마다 일관성 있는 결과가 얻어질 수 있는 정도를 나타낸다. 사실, 질(quality)의 수량화에는 한계가 있으므로 우리는 모든 것을 측정할 수 있는가를 생각해 보아야 한다. 그러나 질적 서술도 불완전한 것이라는 전제에서 계량분석을 위한 측정 또는 수량화의 문제를 살펴보기로 한다.

연습문제 3.1

01. 관찰된 현상의 경험적인 속성에 대해 일정한 규칙에 따라 수치를 부여하는 것은?
    가. 변수(variable) 나. 척도(scale) 다. 지표(indicator) 라. 측정(measurement)

02. 연구대상자의 속성을 일정한 규칙에 따라서 수량화하는 것을 무엇이라 하는가?
    가. 척도 나. 측정 다. 요인 라. 속성

03. 다음 중 측정에 관한 설명으로 틀린 것은?
    가. 측정이란 사물이나 사건의 속성에 수치를 부여하는 작업이다.
    나. 측정에서는 연구자의 주관적인 판단이 중요한 기능을 한다.
    다. 경험의 세계와 추상적인 관념의 세계를 연결하는 기능을 가진다.
    라. 측정은 과학적 연구에서 필수적이다.

04. 경험의 세계와 추상적인 관념의 세계를 연결시켜주는 수단으로서 일정한 법칙에 따라 사물이나 사건의 속성에 숫자를 부여하는 과정은?
    가. 측정 나. 척도 다. 조작적 정의 라. 부호화

05. 다음 중 사회조사에서의 측정에 관한 설명으로 옳은 것은?
    가. 측정이란 사물이나 사건 등의 속성에 수치를 부과하는 것이다.
    나. 객관적으로 파악될 수 없는 태도변수는 측정이 불가능하다.
    다. 반복해서 측정하여도 동일한 결과를 얻을 수 없다는 가정을 전제한다.
    라. 측정하고자 하는 개념이 연구자에 따라 정의가 달라질 수 없다.

06. 측정과 관련된 다음 사항 중 적절하지 못한 것은?
    가. 측정은 관찰된 현상의 경험적인 속성(변수)에 대해 일정한 규칙에 따라 수치나 이름을 부여하는 과정이라고 볼 수 있다.
    나. 측정은 이론과 경험적 사실을 연결시켜주는 고리로서 사실과 가장 가까운 위치에 있으면서 이론을 경험적으로 검증하게 해주는 수단이 된다.
    다. 추상적인 개념을 측정하는 경우 개념적 정의 정과 조작적 정의과정을 통해 실제 측정 가능한 개념으로 전환된다.
    라. 일반적으로 자연과학적 현상에 비해 사회과학적 현상을 측정하기가 훨씬 쉽고 또한 논란의 여지도 적다고 볼 수 있다.

07. 측정방법에 따라 측정을 구분할 때, 밀도(density)와 같이 어떤 사물이나 사건의 속성을 측정하기 위해 관련된 다른 사물이나 사건의 속성을 측정하는 것은?
    가. 추론측정(derived measurement) 나. 임의측정(measurement by fiat)
    다. 본질측정(fundamental measurement) 라. A급 측정(measurement of A magnitude)

3.2 측정의 타당성

측정의 타당성이란 측정이 측정하려는 현상을 제대로 표출해 내는가를 검토하는 기준이다. 어떤 개념이 지목하는 특정 현상의 측정값이 바로 그 현상을 직접적으로 표상하고 있으면 그 측정은 타당한 것으로 간주한다. 자료의 타당성에 대한 쟁점은 측정도구(척도)가 엉뚱한 개념이 아닌 연구자가 측정하려는 개념을 정말로 재고 있는 것인가이다.

측정의 타당성은 측정결과인 자료의 타당성과 측정도구의 타당성으로 구분할 수 있다. 여기서 측정된 자료의 타당성이란 자료의 수집과정, 특히 실험에서 얻어진 자료의 내적 타당성 및 외적 타당성에 대한 것으로 2장에서 살펴본 것들이다. 따라서 이제부터는 측정도구의 타당성을 측정의 타당성 또는 간단히 타당성이라 하겠다.

사회과학연구에서 타당성의 증거를 제시하는 예는 매우 드물다. 사실 측정의 타당성을 확보하는 것이 그렇게 쉬운 일이 아니다. 따라서 사회과학에서는 상호주관적으로 타당하다고 용인되는 측정도구를 사용하고 측정수단의 문제와 관련된 신뢰도를 검토하는 것이 보통이다. 예컨대, 인간의 지적 능력을 측정하기 위하여 두개골의 부피를 측정한다고 할 때 정확한 측정방법으로 측정한 두개골의 부피는 지적 능력과 아무런 연관이 없음이 밝혀졌기 때문에 이 측정은 지적 능력을 측정하는 타당한 방법이 아니다. 그러나 IQ검사용 질문지를 이용하여 측정한 지능지수가 다양한 지적 능력의 일부분을 나타내고 있다면 IQ검사는 지적 능력을 측정할 수 있는 어느 정도 타당한 방법이다. 또 다른 예로, 수능시험이 대학 수학능력(修學能力)에 대한 타당한 측도인가를 생각해 보자. "대학 수학능력"이란 타고난 지적 능력, 경험에 의한 지식, 시험기술, 학업에 대한 동기 등이 어우러진 대단히 모호한 개념인데, 수능 점수가 이런 모호한 개념을 완전하게 투영해 내고 있는지는 의문이다. 그러나 수능 점수가 대학 수학능력을 어느 정도 반영해 내는 것이라는 데에는 모두가 공감하고 있기 때문에 대학 입학생의 선발에서 하나의 지표로 이용되고 있다. 이와 같이 측정도구가 측정하려는 것을 제대로 측정해 내고 있는가가 측정의 타당성이다.

일반적으로 자연과학적 현상의 측정에 사용할 타당한 측정도구의 선택은 그리 어려운 문제가 아니다. 그러나 사회현상이나 사람의 내면 상태를 측정하기 위한 도구의 개발은 대단히 어렵고 논란의 여지가 많다. 이 절에서는 사회조사에서 측정도구로 흔히 사용되고 있는 설문지의 타당성에 관한 것으로, 미국심리학회에서 분류하고 있는 내용 타당성, 기준관련 타당성, 구성체 타당성의 세 가지에 대하여 알아보기로 한다.

3.2.1 내용타당성

어떤 속성을 적절한 방법으로 관측하는 상황에서 우리의 관측이 바로 우리가 관측하려는 바를 제대로 투영해내고 있는가는 자명성(self-evidence)의 기준에서 판정할 수 있다. 이 때, 측정도구가 측정하려는 것을 어느 정도는 제대로 재고 있다고 과학자 공동체 등에서 합의한 바에 따라 연구자가 주관적으로 판단하는 것을 **액면타당성**(face validity)이라 한다. 즉, 연구자가 개념에 대한 조작적 정의, 관측하려는 속성, 관측 절차 및 도구 등을 세심히 검토하여 자신의 인식론적 판단에 따라 주관적으로 평가하는 타당도를 액면타당도라 한다.

한편, 측정도구로 재고자 하는 태도나 속성에 관한 내용이 그 태도나 속성을 지닌 모집단의 특성을 대표할 수 있는가를 판단하는 타당성을 **내용타당성**(content validity)이라 한다. 실제로 어떤 개념을 표상하고 있는 현상을 측정하려 할 때 그 개념을 뜻하는 모든 요소들(내용모집단)을 모조리 지표화 할 수는 없으므로 개념을 지칭하는 것으로 고려할 수 있는 모든 지표들 중에서 일부를 선정하여 측정도구를 만들게 된다. 따라서 선정된 지표들이 개념의 핵심적인 요소들을 잘 대표하고 있는가를 판단하려는 것이 내용타당성이다. 이러한 의미에서 내용타당성을 **표집타당성**(sampling validity)이라고도 한다. 예컨대, 영어능력이라 함은 통상적으로 읽기, 쓰기, 듣기, 어휘 등에 관한 능력을 지칭한다. 그런데 새로 개발된 영어능력 평가시험(측정도구)의 내용을 분석한 결과 위 항목 중 어휘능력을 평가하는 부분이 누락되어 있다면 새로 만들어진 영어능력 평가시험은 영어능력을 제대로 평가할 수 없으므로 내용타당성이 결여되어 있다고 할 수 있다.

내용타당성은 선정되는 지표가 많을수록 일단 타당성이 확보된다고 할 수 있지만 지표를 무작정 많이 선정한다고 해서 타당도가 높아진다고 볼 수는 없다. 내용타당성은 측정하려는 특성의 정의에 꼭 필요한 지표가 측정도구에 모두 포함되어 있는가에 달려있다. 결국 내용타당도는 측정도구에 포함될 지표들이 논리적인 근거 하에서 합리적으로 선정될 때 높아진다. 내용타당도는 심리학이나 교육학 분야 등에서 여러 종류의 검사를 개발하고 평가하는 데 주로 사용된다. 내용타당도가 높은 측정도구를 작성하기 위해서는 측정하려는 내용과 관련된 모든 항목들을 상세히 기술하고, 이들 중에서 대표성 있는 표본 항목을 추출하여 검사 도구에 포함시켜야 한다(Carmines and Zeller, 1979). 표본 항목은 보통 단순랜덤추출법으로 추출한다. 예컨대, 초등학교 1학년 학생들의 어휘 능력을 검사하려면 초등학교 1학년 학생들이 알고, 상용하고 있는 단어들을 모두 분류해 내야 한다. 그런데, 초등학교 1학년 학생들이 사용할 수 있는 단어들을 한 번의 시험에 모두 포함시킬 수는 없으므로 사용 가능한 단어 군에서 표본 단어를 랜덤하게 추출하여 추출된 단어들을 검사 도구에 포함시킨다. 이러한 과정을 잘 준수하여 작성된 단어 시험은 측정할 내용들이 적절히 반영된 내용타당성이 있는 측정도구가 될 것이다.

사람의 심리상태 등과 같은 것들을 측정하기 위한 내용의 구성은 어휘능력 평가시험에서와 같이 쉽지가 않다. 예컨대, 소외감을 측정하기 위한 내용타당성이 있는 측정도구를 만들기 위해서는 소외감을 정의하는데 사용되는 하위 개념이나 이들 하위 개념의 또 다른 하위 개념들과 연관된 모든 내용들이 기술되어야 한다. 그러나 그러한 모든 내용의 구성은 사실상 불가능하다 할 것이다. 따라서 소외감을 측정하는데 사용할 표본 항목을 추출하는 것도 불가능하다. 즉, 소외감 같은 인간의 심리나 태도를 측정하려는 경우에 내용타당도가 있는 검사 도구를 작성하는 데는 한계가 있을 수밖에 없다. 결국, 내용타당성에 대한 평가는 관련 분야의 전문가 집단에 의하여 이루어질 수밖에 없다. 따라서 미묘하거나 의견이 다양할 수 있는 사항에 대한 평가는 전문가들마다 의견이 다를 수 있어 논란의 여지가 항상 존재한다. 이와 같이 액면타당도나 내용타당도는 객관적인 자료에 근거하지 않고 전문가들의 주관적 판단에 의존하므로 주관적 타당도라 할 수 있는데 다음과 같은 약점들을 지니고 있다(김경동 외, 2009).

- 측정하려는 개념의 정의나 규정 자체에 대한 온전한 합의나 의견일치가 어렵다.
- 대부분의 사회과학적 개념들은 다차원적 성격을 지닌 것으로 그것은 다시 부분개념이나 하위개념들로 규정될 수 있는데 그 중에서 어느 차원을 다룰 것인가를 결정한다는 것이 쉬운 문제는 아니다.
- 사회과학에서의 측정도구는 자연과학에서의 그것처럼 간명한 것이 아니고 복합적이며 장황한 것일 수 있는데 이것을 단순화하기가 쉽지 않다.

3.2.2 기준관련 타당성

논리적 타당성이라 할 수 있는 액면타당성이나 내용타당성의 평가에서 모두가 합의할만한 기준이 있을 수 없다면 기술적인 수준에서 측정의 실용적 측면을 평가하는 방안을 고려할 수 있다. 측정하려는 특성에 대한 개념의 정의가 명확하지 않거나 평가자들에 따라 평가기준이 다를 수 있어서 논리적 타당성에 대한 객관적 평가가 곤란하다면 기왕의 조사연구에서 결과나 타당성이 입증된 평가기준을 사용함으로써 측정도구의 타당성을 객관적으로 평가할 수 있을 것이다. 따라서 이를 경험적 타당성이라고도 하는데 타당성의 평가에 비교 가능한 다른 평가기준을 필요로 하기 때문에 이를 기준 또는 **기준관련 타당성**(criterion-related validity)이라 한다.

기준관련 타당성의 평가에서는 어떤 측정도구에 의한 결과(자료)와 이미 타당성이 입증되어 재고자 하는 속성의 측정에 널리 사용되는 측정도구에 의한 결과(자료)와의 상관관계를 검토하거나 어떤 속성의 측정도구에 의한 측정치와 그 속성에 연관되어 있는 것으로 보는 다른 속성에 대한 측정치 간의 상관관계를 검토하는 방법을 사용한다. 예컨대, 대학생의 삶의 만족도를 측정하고자 할 때, 전자는 일련의 문항을 지표로 삼아 척도를 만들어서 얻은 척도점수와 삶의 만족도를 측정하기 위한 다른 척도에서 얻은 점수 간의 상관계수를 구하여 타당도를 평가하는 방법이고, 후자는 삶의 만족도 점수와 전과희망 또는 학업성취도를 재는 척도의 점수의 상관도를 분석하여 타당도를 평가하는 것이다. 여기서 상관분석을 통하여 타당성을 평가하려는 척도의 기준으로 삼는 척도에 대한 타당성은 어떤 형태로든 입증되어 있어야 한다.

사회과학에서는 측정하려는 개념과 관련된 변수들이 존재하지 않아서 평가기준을 설정할 수 없거나 타당성 자체가 존재하지 않을 수도 있다. 예컨대, 자존심과 같은 개인의 특성을 어떤 변수로 측정하고 어떤 기준에 따라 누가 판단할 것인가는 대단히 어려운 문제이다. 측정하려는 개념이 추상적일수록 그 개념의 측정도구를 평가할만한 마땅한 개념을 찾기가 더 어렵다. 다른 경우의 타당성에서도 마찬가지이겠지만 기준관련 타당성에서는 측정도구의 측정력 뿐만 아니라 예측의 타당성이 더 큰 관심사이다. 기준관련 타당성의 평가에는 예측타당성과 동시타당성의 두 가지 접근 방법이 있다.

(1) 예측타당성

측정도구에 의한 측정결과가 측정대상의 미래 상태를 제대로 예측할 수 있는가를 평가하는 것을 **예측타당성**(predictive validity)이라 한다. 즉, 측정결과가 관련된 어떤 업무수행의 성공 여부를 예측하는데 사용될 수 있다면 그 척도는 예측타당성을 지니고 있다고 한다. 예측타당성은 변수 X의 값이 다른 변수 Y의 값을 예측하는 데에 사용할 수 있는가를 나타내는 것으로 통계적 관점에서 볼 때는 가장 명백하고 유용한 형태의 타당성이라 할 것이다.

예측타당성은 두 변수 사이의 상관관계로 평가할 수 있다. 예컨대, 대학에서 신입생을 모집할 때 내신 성적의 반영률을 결정하기 위하여 내신 성적과 대학 성적 사이의 상관계수를 구하였다고 하자. 만약 내신 성적이 대학 성적과 높은 상관관계를 보였다면 내신 성적은 대학 성적에 대한 예측타당도가 높은 척도이다. 따라서 내신 성적은 신입생 선발에 높은 비중을 차지하는 척도가 될 것이다. 예측타당성이 "예 - 아니오."로 답할 수 있는 성질의 것은 아니지만 얼마나 정확히 예측할 수 있는가를 경험적 자료에 의하여 직접 평가할 수 있는 유일한 통계적 타당성이라 할 수 있다.

(2) 동시타당성

동시타당성(concurrent validity)이란 측정도구에 의한 측정결과가 측정대상의 현재 상태를 올바르게 나타내고 있는가를 평가하는 것으로, 측정대상들을 측정점수에 의하여 어떤 속성에서 의미 있는 차이를 보이는 그룹으로 구분할 수 있느냐는 것이다. 예컨대, 삶의 만족도를 재는 척도에 의하여 만족도가 높은 사람과 낮은 사람을 구분할 수 있다면 그 척도는 동시타당도가 있는 척도라 할 수 있다. 동시타당성을 측정대상의 현재 상태를 제대로 예측하는가에 대한 것으로 보면 동시타당성은 예측타당성과 시간적인 차이만 있을 뿐 거의 동일한 유형이라 할 수 있다. 동시타당성은 같은 시점에서 측정도구의 측정값과 평가기준 사이의 연관성에 의하여 측정할 수 있다. 예컨대, 투표형태가 공개된 사람들을 대상으로 정치적 보수성을 측정하는 설문조사를 실시한 다음 투표형태를 나타내는 변수와 보수성을 나타내는 변수 사이의 상관관계를 구하여 정치적 보수성에 대한 측정도구의 타당성을 평가하는 것은 동시타당성에 대한 평가이다.

어떤 측정도구에 대한 동시타당성은 타당성이 입증된 다른 측정도구와의 상관관계를 통하여 평가할 수 있다. 그런데, 조사연구자들은 행위의 예측을 꺼려하여 예측타당성보다는 동시타당성을 더 실행 가능한 대안으로 본다. 그리고 한 기준에 대해 동시타당성이 있는 척도라 하여도 예측타당성은 있을 수도 있고 없을 수도 있다.

3.2.3 구성(체)타당성

자명성 기준에 따른 내용타당성 또는 액면타당성은 지나치게 주관에 의존하며, 실용적 기준으로 타당성을 평가하려는 기준관련 타당성은 타당성이 입증된 다른 척도를 필요로 하는 단점을 지니고 있다. 이런 단점을 극복하기 위한 방안으로 관측의 타당성을 이론적 적합성에 의하여 판단하는 방법을 생각할 수 있다. 이것은 측정이 적어도 연구자의 조작적 정의에 의한 개념구성 및 이론의 틀 내에서는 타당한가를 평가하자는 것으로 구성(개념)타당성 또는 **구성체타당성**(construct validity)이라 한다. 구성타당성이란 어떤 측정이 경험적으로 다른 측정과 상관도가 높다고 하여도 그것이 이론적으로 유관 적합한 의미를 지니지 못한다면 문제가 있다고 판단하는 것인데, 여기에는 조작적 정의에 의한 개념화 또는 이론 자체의 타당성이 쟁점으로 남게 된다.

구성타당성은 측정하려는 개념이 가설이나 명제들의 논리적 연관을 기술하고 있는 이론의 틀에 입각하여 어떤 결론을 내리는 데에 유관 적합한 것인가, 또는 개념을 측정하기 위한 지표나 척도들이 가설이나 이론의 구성에 필요한 다른 변수들과의 관계를 파악하는데 적합한 것인가라는 측면에서 타당성을 평가하고자 하는 것이다. 구성타당성은 타당성을 입증하는 방법에 따라 이해타당성, 집중(수렴)타당성, 판별타당성의 세 가지로 구분할 수 있다.

이해타당성(nomological validity)은 특정 개념을 어떻게 이해하고 있는가에 관한 것으로 측정도구가 서로 유사한 여러 개념들을 모두 측정해낼 수 있는 것인가를 평가한다. 즉, 두 개념 사이에 높은 상관관계가 있다고 할 때 두 개념을 모두 측정해 낼 수 있는 측정도구는 이해타당도가 높다고 평가한다. 예컨대, 상품의 선호도뿐만 아니라 쉽게 구매할 수 있는 정도를 같이 측정하여 상품의 구매빈도를 더 잘 설명할 수 있는 측정도구는 이해타당도가 높다고 평가한다.

집중(수렴)타당성(convergent validity)은 구성개념을 여러 가지 방법으로 측정할 수 있는가를 평가하는 것이다. 여러 측정방법들이 동일한 구성개념을 측정할 수 있다면 측정결과 간의 상관관계가 높아야 할 것이다.

판별타당성(discriminant validity)은 동일한 측정도구로 측정한 서로 다른 개념들에 대한 측정값들 간의 낮은 상관관계로부터 구성개념 타당성을 입증하고자 하는 것이다.

구성타당성의 평가는 개념의 조작적 정의에 따라 설정된 개념의 구성요인 또는 지표를 측정하기 위한 항목이나 문항들의 조합으로 만들어진 척도에 의하여 각 요인에 대한 경험적 검사점수(평가점수)를 구한 다음 구성요인들 간의 연관성을 검토하는 방법으로 이루어진다. 앞에서 언급한 바와 같이 내용타당성은 전문가의 주관적 판단에 의존할 수밖에 없는 것이고, 기준관련 타당도는 객관적인 평가기준을 설정하는 것이 어렵다는 한계를 지니고 있다. 반면에 구성타당성은 측정도구를 구성하고 있는 항목들의 이론적 구성에 대한 타당성을 평가하는 것이기 때문에 다른 유형에 비하여 보다 객관적인 것이라 할 수 있다. 이러한 이유로 사회과학에서는 구성타당성이 널리 이용되고 있다.

구성타당성의 예를 들어 보자. 권기만, 안민영, 최종후(2001)는 서울시의 반부패지수를 산출하기 위해서 부패유발이 행정제도, 행정통제, 사회조직문화의 세 요인에 의한다고 정의하였다. 그리고 행정제도에 대해서는 행정절차의 복잡성과 공정성 및 행정정보의 공개에 관한 문항들로, 행정통제에 대한 것은 불복, 이의제기, 외부감시와 관련된 문항들로, 사회조직문화 부문은 금품제공 효과, 조직문화, 부패 요인도 등과 연계된 문항들로 설문지를 작성하였다. 여기서는 각 요인별 점수와 부패유발 요인들의 총 점수 사이의 상관관계 및 요인들 사이의 상관관계를 통하여 세 가지 요인들의 구성타당성을 평가할 수 있다.

구성타당도가 낮게 나타나는 데에는 크게 두 가지 원인에 기인한다. 하나는 측정하려는 개념을 구성하는 잠재 요인의 설정이 적절하지 못한 경우이고, 다른 하나는 요인을 측정하는 문항들을 잘못 만든 경우이다. 이때는 측정도구(설문지)를 수정해야 한다. 따라서 구성타당도를 높이기 위해서는 요인들 간의 상관도뿐만 아니라 요인을 측정하는 문항들 간의 상관도도 높아야 한다. 구성타당성을 평가하기 위한 통계적 방법으로는 상관분석, 요인분석, 분산분석 등이 있다. 이에 대하여는 척도의 구성기법 편에서 다루기로 한다.

연습문제 3.2

01. 측정도구가 실제로 측정하려는 개념을 정확하게 측정하고 있는가를 평가하는 것은?
    가. 타당도　　나. 신뢰도　　다. 유의도　　라. 독립도

02. 측정의 타당성에 관한 설명으로 틀린 것은?
    가. 측정도구가 측정하고자 하는 현상을 일관성 있게 측정하였는가를 말해준다.
    나. 측정도구가 실제로 측정하고자 하는 개념을 측정하였는가를 말해준다.
    다. 타당성은 그 개념이 정확히 측정되었는가를 말해준다.
    라. 문항구성이 측정하고자 하는 개념을 얼마나 잘 반영하고 있는가를 말해준다.

03. 타당성에 관한 설명으로 옳은 것을 모두 묶은 것은?

A. 타당성은 측정하고자 하는 바를 얼마나 정확하게 측정하였는가에 대한 개념이다. B. 내적타당성은 측정된 결과가 과연 실험변수의 변화 때문에 일어난 것인가에 관한 문제이다. C. 외적타당성은 연구결과의 일반화 가능성에 대한 것이다. D. 일반적으로 내적타당성을 높이면 외적타당성이 낮아지고, 외적타당성을 높이면 내적타당성은 낮아진다.

가. A　　나. A, B　　다. A, B, C　　라. A, B, C, D

04. 측정의 타당성에 대한 설명 중 틀린 것은?
   가. 동일한 대상의 속성을 반복적으로 측정할 때 동일한 측정결과를 가져올 수 있는 정도를 말한다.
   나. 측정의 타당성을 평가하는 방법으로는 액면 타당성(face validity), 내용 타당성(content validity), 구성체 타당성(construct validity) 등이 있다.
   다. 일반적으로 측정의 타당성을 경험적으로 검증하는 일은 측정의 신뢰성을 검증하는 것보다 어렵다.
   라. 측정의 타당성을 높이기 위해서는 측정하고자 하는 개념에 대하여 적절한 조작적 정의를 갖는 것이 중요하다.

05. 인간의 지능을 머리의 크기로 측정하였다면 머리의 크기라는 측정도구는 어떤 문제가 있는가?
   가. 신뢰도 나. 타당도 다. 내적일관성 라. 무작위적 오류

06. 측정도구의 타당도를 측정하는 방법이 아닌 것은?
   가. 재조사법 나. 내용타당도 다. 기준관련 타당도 라. 구성체 타당도

07. 측정대상이 측정에 사용된 문항들은 측정하려는 개념을 잘 측정한다고 느끼는 정도는 무엇인가?
   가. 판별타당도(discriminant validity) 나. 안면타당도(face validity)
   다. 준거관련타당도(criterion-related validity) 라. 구성타당도(construct validity)

08. 창의성을 측정하기 위해 새롭게 개발된 측정도구의 수렴타당성(convergent validity)이 높은 경우는?
   가. 새로운 창의성 측정도구와 기존의 창의성 측정도구로 측정된 점수들 간의 상관이 높은 경우
   나. 새로운 창의성 측정도구와 지능검사로 측정된 점수들 간의 상관이 높은 경우
   다. 새로운 창의성 측정도구와 예술성 측정도구로 측정된 점수들 간의 상관이 높은 경우
   라. 새로운 창의성 측정도구와 신체적 능력 측정도구로 측정된 점수들 간의 상관이 높은 경우

09. 개념타당성(construct validity)의 종류가 아닌 것은?
   가. 이해타당성(nomological validity) 나. 집중타당성(convergent validity)
   다. 판별타당성(discriminant validity) 라. 기준관련 타당성(criterion-related validity)

10. 측정도구의 내용타당도를 평가하는 방법과 가장 거리가 먼 것은?
   가. 관련 분야 전문가들의 자문을 구한다.
   나. 측정대상과 관련된 이론들을 판단기준으로 사용한다.
   다. 패널토의나 워크숍 등을 통하여 타당도에 관한 의견을 수렴한다.
   라. 측정도구를 반복하여 측정하고 그 관계를 알아본다.

11. 입사시험의 타당도를 시험점수와 합격 후 업무수행 우수성 간의 관계에 의해 파악할 경우 이는 어떤 유형의 타당도에 해당하는가?
   가. 내용타당도 나. 구성타당도 다. 동시타당도 라. 예측타당도

12. 암기력을 측정하기 위해 암기한 것들을 모두 종이 위에 쓰도록 하는 방법과 암기한 것들을 모두 말하도록 하는 방법을 사용하는 경우, 시로 다른 두 가지 측정방법으로 측정한 결과값들 간의 상관관계의 정도를 나타내는 타당성은 무엇인가?
   가. 내용타당성 나. 예측타당성 다. 집중타당성 라. 기준관련 타당성

13. 다음 ( )에 알맞은 것은?

> 공공기관 채용시험에서 A의 성적은 높았고 B의 성적은 낮았지만 두 사람 모두 같은 공공기관에 입사했다. 입사 후에 B가 A보다 업무능력이 뛰어난 것으로 나타났다면 이 기관에서 사용한 채용시험의 ( )타당도는 낮다고 할 수 있다.

가. 내용(content) 나. 수렴(convergent) 다. 판별(discriminant) 라. 예측(predictive)

14. 사용하고 있는 측정도구의 측정값과 기준이 되는 측정도구의 측정값과의 상관관계로 측정되는 타당도는?
가. 구성체타당도 나. 액면타당도 다. 기준관련타당도 라. 다차원타당도

15. 개념타당성(construct validity)의 종류 중 다음 ( ) 안에 들어갈 내용으로 옳은 것은?

> - 서로 유사한 여러 개념들을 모두 측정할 수 있는 측정도구일수록 (A)이 높다고 평가
> - 동일한 개념을 서로 다른 측정도구를 이용해서 측정한 결과들 간의 상관관계가 높을수록 (B)이 높다고 평가
> - 서로 다른 개념을 동일한 측정도구를 사용해서 측정한 결과들 간의 상관관계가 낮을수록 (C)이 높다고 평가

가. A:이해타당성, B:집중타당성, C:판별타당성 나. A:집중타당성, B:판별타당성, C:이해타당성
다. A:판별타당성, B:이해타당성, C:집중타당성 라. A:이해타당성, B:판별타당성, C:집중타당성

16. 개념타당성은 심리적인 특성의 측정과 관련된 개념으로 행동과학의 연구에 특히 중요하다. 다음 중 개념타당성의 구성요소가 아닌 것은?
가. 이해타당성 나. 표면타당도 다. 집중타당성 라. 판별타당성

17. 사회적 지위를 측정하는 지표로서 직업, 소득, 그리고 교육수준을 선택하고 각 측정치간의 상관계수를 통하여 타당도를 평가하는 방법은?
가. 표면 타당도 나. 기준관련 타당도 다. 내적 타당도 라. 개념(구성체) 타당도

18. 사회경제적 지위에 따라 성차별적인 태도에 차이가 있는가라는 연구 질문에 대한 답을 찾고자 한다. 이론적으로 연결되어 있는 "사회경제적 지위"와 "성차별적인 태도"라는 두 가지 개념과 각 개념에 대한 다수의 측정항목을 동시에 설정한다고 하였을 때, 이 상황에 해당하는 측정 타당화 방법은 다음 중 어디에 해당하는가?
가. 표면타당도(face validity) 나. 내용타당도(content validity)
다. 기준관련타당도(criterion-related validity) 라. 구성체타당도(construct validity)

19. 원래 측정하고자 한 영역이나 범위를 얼마나 잘 측정했는가를 설명하는 개념은?
가. 내용타당도 나. 동시타당도 다. 예언타당도 라. 구성체타당도

20. 어떤 회사의 기획실 직원이 그 회사 사원들의 직업 만족도를 측정하기 위해서 몇 가지 설문문항들을 작성하고 그의 동료 직원들에게 보여서 그가 측정하려고 하는 바를 빠짐없이 모두 다 포함시켰는지를 확인한다면 다음 중 가장 적절한 설명은?
가. 신뢰도를 확보하는 일이다. 나. 내용타당도를 확보하는 일이다.
다. 기준타당도를 확보하는 일이다. 라. 내적신뢰도를 확보하는 일이다.

3.3 측정의 신뢰성

타당한 측정도구를 사용하고 있다는 전제 하에서 측정의 정확성은 측정 과정에서 발생하는 오차에 달려 있다. 측정오차는 측정과정에서 체계적 또는 규칙적으로 발생하는 오차와 우연히 나타나는 오차로 구분할 수 있다. 전자는 측정도구의 구조적인 문제로 인하여 나타나는 것으로 **편향**(bias)이라 부르며, 후자는 예측 불가능한 오차로 **확률오차**(random error)라 한다. 즉, 측정값은

측정값 = 참값 + 편향 + 확률오차

와 같이 나타낼 수 있다. 타당한 측정도구에 의한 측정결과에 편향이 없고 확률오차는 아주 작아서 무시할 수 있다면 그 측정을 정확한 측정이라고 한다.

설문지를 이용한 측정에서 설문 문항들이 특정 응답을 유도하도록 작성되었다면 그 설문지를 이용한 측정에는 편향이 발생한다. 한편, 같은 개인일지라도 검사할 때마다 다른 응답이 나올 수 있으며 응답자의 기억력, 질문의 모호성 등의 여러 요인들로 인하여 응답이 달라질 수 있기 때문에 개개인마다 다른 크기의 확률오차가 발생한다. 사회과학에서의 측정은 거의 대부분이 자연과학의 측정에 비해 원천적으로 간접 측정의 성격을 띠고 있기 때문에 확률오차의 발생 가능성은 더 크다 할 것이다. 그런데 올바른 학자라면 편향이 발생하도록 설문지를 만들지는 않을 것이므로 그런 전제 하에서 사회과학에서는 유사한 특성을 지닌 대상으로부터 안정된 측정결과를 얻을 수 있는가를, 즉, 측정의 일관성을 측정에 대한 신뢰성의 기준으로 삼는다.

신뢰성이란 반복하여 측정할 때 같거나 비슷한 결과가 얻어질 수 있는가에 관한 것으로 측정도구를 통해 얻은 자료의 재생성에 대한 측도이다. 어떤 대상에 대하여 동일한 측정방법으로 반복하여 측정할 때 같거나 유사한 결과가 얻어진다면 그 측정은 측정결과를 예측할 수 있는 안정성이 높은 측정이라 한다. 따라서 신뢰성 있게 측정된 자료라 함은 그 자료가 안정적이고 일관성이 있으며 믿을 만하여 궁극적으로 예측가능성이 있음을 의미한다. 같은 현상에 대한 반복 측정값들은 반드시 같지 않지만 일치하는 경향이 있다. 예컨대, 건강한 사람의 혈압은 측정할 때마다 약간의 차이는 있지만 거의 일치할 것이다. 이와 같이 반복 측정의 결과가 일치하는 정도를 신뢰도라고 한다.

어떤 현상에 대한 관측점수 X는 관측 대상에 따라 변하는 측정대상의 참 점수(true score) T와 확률오차 ε의 합, 즉, $X=T+\varepsilon$으로 표현할 수 있다. 여기서 T와 ε은 서로 독립인 확률변수들이고, 오차항 ε은 평균이 0, 분산이 σ_ε^2인 확률변수라 가정하면 X의 변동량을 나타내는 분산 $Var(X)$는

$$Var(X) = Var(T) + Var(\varepsilon)$$

이 된다. 즉, 관측점수 X의 변동량 $\sigma_X^2 = Var(X)$는 참 점수 T의 변동량 $\sigma_T^2 = Var(T)$와 오차의 변동량 $\sigma_\varepsilon^2 = Var(\varepsilon)$의 합으로 표현된다. 이 때, 관측점수의 분산에 대한 참 점수의 분산의 비(ratio)

$$R=\frac{\sigma_T^2}{\sigma_X^2}=1-\frac{\sigma_\varepsilon^2}{\sigma_X^2}$$

을 관측점수 X의 신뢰도라 한다. 따라서 확률오차가 없다면 신뢰도는 1이 된다. 또한, 위의 식으로부터 $\sigma_T^2=R\sigma_X^2$이므로 신뢰도와 관측점수의 분산이 주어진다면 참 점수의 분산을 구할 수 있다. 그러나 σ_X^2은 바로 추정할 수 있는 것이 아니므로 신뢰도를 추정하기 위하여 식 $X=T+\varepsilon$과 동일한 식으로 표현되는 두 번째 측정점수 $X'=T+\varepsilon'$을 생각하자. 여기서 ε'는 T 및 ε과 독립이고

$$Var(\varepsilon')=Var(\varepsilon)=\sigma_\varepsilon^2$$

이므로

$$Var(X')=Var(X)=\sigma_X^2$$

이다. 그리고 X와 X'의 공분산 $Cov(X,X')$은

$$Cov(X,X')=Var(T)+E(\varepsilon\varepsilon')=Var(T)=\sigma_T^2$$

이 된다. 따라서 X와 X'의 상관계수 $\rho_{XX'}=Corr(X,X')$는

$$\rho_{XX'}=\frac{Cov(X,X')}{\sqrt{Var(X)}\sqrt{Var(X')}}=\frac{\sigma_T^2}{\sigma_X^2}=R$$

이므로 신뢰도 계수 R은 상관계수 $\rho_{XX'}$과 일치한다. 따라서 첫 번째 측정점수와 두 번째 측정점수 간의 상관계수를 구하여 신뢰도 계수 R을 추정할 수 있다. 질문지를 측정도구로 사용하는 경우에 신뢰도 계수를 산출하는 방법으로는 재검사법, 대체법(또는 동형법, 대안법), 반분법, 그리고 내적일치도 등이 있다.

3.3.1 재검사법

재검사법(test-retest method)은 동일한 측정도구로 반복해서 측정한 결과가 일관성을 유지하여 안정적인가를 살펴보기 위한 것으로 동일한 측정대상에 대해서 서로 다른 두 시점에서 동일한 척도를 이용하여 측정한 결과를 비교하는 방법이다. 동일한 관측대상 집단에 대하여 두 시점에서 측정한 결과를 X_{i1}과 X_{i2}라 하면 측정도구에 대한 신뢰도는 X_1과 X_2의 상관계수가 된다. 같은 관찰자로부터 얻은 두 자료 간의 상관계수를 **관찰자 내 신뢰도**(intra-observer reliability)라 하는데, 이것도 응답의 안정성을 측정하는 재검사법의 한 형태이다.

두 측정점수 간에 변동이 있다는 것은 시간의 경과에 따라 특성이 실제로 변했을 수도 있으므로 짧은 기간에 쉽게 변하는 변수를 측정하는 문항이나 척도에 대한 신뢰도 계산에는 재검사법을 사용하지 않는 것이 바람직하다. 주어진 기간 동안에 쉽게 변할 수 있는 변수들의 측정도구에 대해서 재

검사법을 사용하면 신뢰도가 낮게 나타날 수 있는데, 이는 설문지가 잘못 만들어졌음을 뜻한다고 하기 보다는 특성 자체가 바뀌었다는 것을 의미한다고 볼 수 있다. 시간에 따라 쉽게 변하지 않는 특성이라 하더라도 측정 그 자체로 생기는 측정오차를 줄이기 위하여 보다 짧은 시차를 두고 재검사가 이루어지는 것이 좋다. 그러나 재검사까지의 기간이 너무 짧으면 재검사 시에 응답자가 설문 문항에 대해 잘 알고 있어서 먼저 응답한 기억을 토대로 단순히 응답할 수 있음을 염두에 두어야 한다. 이를 **기억효과**(memory effect) 또는 **학습효과**(practice effect)라 하는데 이로 인하여 신뢰도 계수가 과장될 수 있기 때문에 주의하여야 한다.

재검사법으로 신뢰도를 평가하기 위하여 상관계수를 구하였을 때 상관계수에 대한 해석은 신중하게 해야 한다. 즉, 상관계수가 낮다고 하여 무작정 신뢰도가 낮다고 평가해서는 안 된다는 것이다. 예컨대, 극형에 대한 사람의 태도는 피고가 사형선고를 받기 전과 후에 따라 매우 달라질 수 있다. 이러한 실제적 변화는 신뢰도의 평가에서 측정 불안정으로 나타나는데 측정간의 시간 간격이 길수록 특성이 변할 가능성은 더욱 더 높아진다. 이러한 경우에는 재검사에 의한 신뢰도에 측정 불안정 요인이 개입하게 되어서 어느 정도 시간이 경과한 시점에서는 측정의 신뢰도를 과소평가하게 된다.

3.3.2 대체법

재검사법이 안고 있는 검사의 효과와 시간 간격의 문제를 극복하는 방안으로 시간 간격을 최소로 하여 거의 동시에 측정하되 같은 내용을 측정하는 서로 다른 측정도구들을 사용하는 방법을 생각할 수 있다. 이런 방법을 **대체법**(代替法, alternative forms method), 다형법(multiple forms) 또는 평행법(parallel forms) 등으로 부른다. 대체법에서는 준비된 측정도구에 의하여 측정값을 얻고, 같은 내용을 측정하지만 이와 형식이 유사한 다른 측정도구를 사용해서 측정값을 얻은 후, 두 측정값들 간의 상관계수를 구해 신뢰도를 평가한다.

대체법에서는 측정도구들이 겉으로는 다르지만 같은 내용을 측정하는 것이어야 한다는 등가성(equivalence)의 원리가 중요하다. 그러나 측정도구들이 실제로 등가성을 지니고 있다는 근거를 밝히기는 쉽지 않고, 통계적으로 추정한 신뢰도가 실제로 신뢰성 정도를 나타내고 있는 것인지 아니면 형식상의 등가성에서 상관도가 크고 작음을 보여주는 것인지를 판단하기는 쉽지 않다. 그렇지만 대체법을 사용하면 재검사법에서 제기될 수 있는 시간간격과 기억효과(검사효과)의 문제를 해결할 수는 있다.

대체법에서 유사 측정도구를 작성하는 방법으로는 단순히 응답 보기의 순서를 바꾸거나, 응답 보기의 단어를 같은 의미의 다른 단어로 바꾸거나, 설문 문항 자체를 같은 의미를 나타내는 다른 문장으로 바꾸는 방법 등이 있다. 그러나 동일한 내용을 다루면서 문항의 난이도와 변별력이 동일한 대체 측정도구를 만드는 일이 쉽지 않다는 점이 대체법의 단점으로 지적된다.

예제 3.3.1 대체법의 예

(1) 응답순서의 변경

<A형> 지난 4주 동안 당신은 얼마나 자주 슬프고 우울함을 느꼈는가? ( )

① 항상 느꼈다. ② 대부분 느꼈다. ③ 좀 느꼈다.
④ 가끔 느꼈다. ⑤ 전혀 없었다.

<B형> 지난 4주 동안 당신은 얼마나 자주 슬프고 우울함을 느꼈는가? ( )

① 전혀 없었다. ② 가끔 느꼈다. ③ 좀 느꼈다.
④ 대부분 느꼈다. ⑤ 항상 느꼈다.

(2) 단어교체

<A형> 지난 한 주 동안 당신은 얼마나 자주 소변을 보았습니까? ( )

① 하루에 1~2번 ② 하루에 3~4번 ③ 하루에 5~8번
④ 하루에 12번 ⑤ 하루에 13번 이상

<B형> 지난 한 주 동안 당신은 얼마나 자주 소변을 보았습니까? ( )

① 12~24시간마다 ② 6~8시간마다 ③ 3~5시간마다
④ 2시간마다 ⑤ 2시간보다 더 자주

(3) 유사한 어휘

<A형> 당신은 지난 한달 동안 외로움을 느낀 적이 어느 정도나 됩니까? ( )

① 매일 느낀다. ② 종종 느낀다. ③ 가끔 느낀다. ④ 느낀 적 없다.

<B형> 지난 4주 동안 당신은 외로운 기분을 느낀 적이 얼마나 있습니까? ( )

① 항상 ② 때때로 ③ 이따금 ④ 전혀 없다. ♣

3.3.3 반분법

신뢰도를 평가하기 위한 재검사법과 대체법에는 시간간격 및 등가성 확보에 문제가 있으며 또한 모두 동일 집단에 대해 두 번의 검사(측정)를 실시해야 한다. 이런 점을 고려하여 측정결과의 동질성에 의하여 신뢰도를 추정하는 대표적인 방법이 **반분법**(split halves method)이다. 반분법을 이용하면 한 번의 검사 결과를 이용하여 신뢰도 계수를 추정할 수 있다. 반분법은 측정도구에 포함되어 있는 지표들을 랜덤하게 두 묶음으로 나누고 각 묶음을 별개의 척도로 간주하여 각 묶음에서 개별 지표점수들의 합을 구한 다음 두 점수 간의 상관계수를 구하여 신뢰도 계수를 추정하는 방법이다. 설문지를 사용하는 경우에는 특정 속성을 측정하기 위한 척도에 포함된 문항들을 랜덤하게 두 집단으로 나눈 다음 두 집단 점수 간의 상관계수를 구한다.

n개의 문항으로 구성된 척도보다 $2n$개의 문항으로 구성된 척도의 신뢰도가 더 높을 것이라고 가정할 수 있다. 따라서 반분법으로 추정한 상관계수는 척도를 구성하고 있는 문항들의 절반을 사용한 것이므로 원래의 척도에 대한 신뢰도 계수는 상향 조정되어야 한다.

반분법으로 구한 상관계수를 r_0라 할 때 다음과 같은 **스피어만-브라운 공식**

$$R=\frac{2r_0}{1+r_0}$$

을 이용하여 원래 척도의 신뢰도를 구한다. Spearman-Brown 공식의 일반적인 형태는

$$R=\frac{Kr_0}{1+(K-1)r_0}$$

인데, 최초 척도를 구성하고 있는 문항 수보다 K배 많은 문항들로 구성된 척도의 신뢰도는 위의 식에 의하여 상향 조정되고 있음을 알 수 있다. 예컨대, 최초 척도의 신뢰도가 0.5일 때 이보다 문항 수가 3배 많은 척도의 신뢰도는 위의 식에 의하여

$$R=\frac{3\times 0.5}{1+(3-1)\times 0.5}=0.75$$

으로 조정된다. 일반적인 Spearman-Brown 공식을 이용하면 원하는 신뢰도를 확보하는데 필요한 문항 수를 결정할 수 있는 다음과 같은 공식

$$K=\frac{R(1-r_0)}{r_0(1-R)}$$

을 유도할 수 있다. 이 식에서 R은 원하는 신뢰도이고, r_0는 처음 척도의 신뢰도이며, K는 척도의 신뢰도가 R이 되기 위한 척도구성 문항 수의 확대 비율이다. 예컨대, 10개 문항으로 구성된 척도의 신뢰도가 0.6일 때 0.8의 신뢰도를 얻기 위해서는

$$K=\frac{0.8\times(1-0.6)}{0.6\times(1-0.8)}\fallingdotseq 2.7$$

이므로 필요한 문항 수는 27개가 된다.

3.3.4 분산분석법

n개의 문항으로 구성된 척도를 이용하여 r명의 응답자에게서 구한 척도점수는

응답자	문항 점수			
	X_1	X_2	$\cdots$	X_n
1	x_{11}	x_{12}	$\cdots$	x_{1n}
2	x_{21}	x_{22}	$\cdots$	x_{2n}
$\vdots$	$\vdots$	$\vdots$	$\vdots$	$\vdots$
r	x_{r1}	x_{r2}	$\cdots$	x_{rn}

와 같은 표로 나타낼 수 있다. 이것은 문항과 응답자를 인자로 한 반복이 없는 이원배치법에 의한 자료로 볼 수 있다. 따라서 척도점수의 총변동을 나타내는 총제곱합(SST)은 응답자 간의 변동을 나타내는 응답자 제곱합(SSR)과, 문항 간의 변동을 나타내는 문항 제곱합(SSQ) 및 오차에 의한 변동을 나타내는 오차 제곱합(SSE)의 합이 된다. 즉,

$$SST = SSR + SSQ + SSE$$

이고 각 요인에 대한 제곱합을 그 자유도로 나눈 제곱평균이 각 요인의 변동량을 나타내는 분산이 된다. 그런데 문항에 의한 변동은 응답자별 반복 측정의 일관성에 기초한 척도의 신뢰도와는 무관하므로 척도점수의 총분산은 응답자 간의 분산과 오차에 의한 분산의 합이 된다. 따라서 척도의 신뢰도는 다음과 같은 식

$$R = \frac{\text{응답자분산}}{\text{응답자분산} + \text{오차분산}}$$

으로 추정할 수 있다. 반복이 없는 이원배치법 자료의 분산분석에 대하여는 9.3절을 보라. 표 9.3.7과 같은 분산분석표에서 인자 A를 문항, 인자 B를 응답자라 하면 척도의 신뢰도는

$$R = \frac{V_B}{V_B + V_E}$$

와 같은 식으로 추정할 수 있다.

예제 3.3.2 가상 자료에 의한 신뢰도 계수 산출

다섯 사람이 a, b, c, d의 네 문항에 대하여 응답한 결과를

응답자	문항				X_1	X_2
	a	b	c	d	a+c	b+d
1	6	6	5	4	11	10
2	4	6	5	3	9	9
3	4	4	4	2	8	6
4	3	1	4	2	7	3
5	1	2	1	1	2	3

이라 할 때, 분산분석법과 반분법을 이용하여 신뢰도 계수를 추정하여라.

(풀이)

문항과 응답자를 요인으로 하여 분산분석을 실시하면

요인	자유도	제곱합	평균제곱	F	유의확률
문항	3	6.80	2.267	2.08	0.0850
개인	4	40.30	10.075	12.46	0.0003
오차	12	9.70	0.808		

과 같은 분산분석표가 구해진다. 따라서 분산분석법에 의한 설문지의 신뢰도 계수는

$$R_V = \frac{10.075}{10.075+0.808} = 0.926$$

으로 추정된다. 한편, 문항을 반분한 그룹 간의 상관계수(문항 a와 c의 합 X_1과 b와 d의 합 X_2 간의 상관계수)를 구하면 0.832이므로 전체 설문에 대한 신뢰도 계수는 스피어만-브라운 공식에 의하여 다음과 같이 추정된다.

$$R_H = \frac{2\times 0.832}{1+0.832} = 0.908 \quad ♣$$

3.3.5 내적일치도

내적일치도(internal consistency)는 동일한 개념을 측정하려는 서로 다른 여러 문항들이 같은 내용을 얼마나 유사하게 측정하고 있는가에 대한 지표이다. 한 변수에 대한 측정도구가 여러 문항 점수들의 합으로 정의될 때, 합의 부분을 구성하고 있는 각 문항들에서 유사한 값들이 측정되고 있다면 문항들이 내적일치성을 보인다고 한다. 따라서 내적일치도가 높은 측정도구는 더욱 더 신뢰할만한 것이 된다.

어떤 변수를 측정하는 n개 문항의 각 점수를 $X_1, X_2, \cdots, X_n$이라 할 때, 문항 점수들이 유사할수록

$$\frac{Var(X_1)+Var(X_2)+\cdots+Var(X_n)}{Var(X_1+X_2+\cdots+X_n)} = \frac{\Sigma\, Var(X_i)}{Var(\Sigma X_i)}$$

의 값은 작아지게 된다. 그런데, 극단적으로 $X_1 = X_2 = \cdots = X_n$이라 가정하면

$$\frac{\Sigma\, Var(X_i)}{Var(\Sigma X_i)} = \frac{n\, Var(X_1)}{n^2\, Var(X_1)} = \frac{1}{n}$$

이 된다. 따라서

$$\frac{\Sigma\, Var(X_i)}{Var(\Sigma X_i)} \ge \frac{1}{n} \quad \Rightarrow \quad 1-\frac{\Sigma\, Var(X_i)}{Var(\Sigma X_i)} \le 1-\frac{1}{n} = \frac{n-1}{n}$$

이므로 내적일치도에 따른 신뢰도 계수를

$$\alpha = \frac{n}{n-1}\left[1-\frac{\Sigma\, Var(X_i)}{Var(\Sigma X_i)}\right]$$

로 정의하면 $0 \le \alpha \le 1$이 된다. 이 계수는 1951년에 심리측정학자 크론바흐(Cronbach)가 처음으로 사용하였는데 그의 이름을 따서 계수의 이름을 **크론바흐 알파**라 한다. 크론바흐 알파는 측정도구를 구성하고 있는 문항들의 동질성을 나타내는 통계량으로, 같은 변수나 내용을 다른 방향에서 측정할 때 서로 다른 문항들이 얼마나 잘 보완하고 있는가를 나타내는 측도이다. 한편,

표 3.3.1 $\bar{\rho}$와 n에 따른 크론바흐 알파 값

문항 수 (n)	문항 간 상관계수들의 평균($\bar{\rho}$)						
	0.0	0.1	0.3	0.5	0.7	0.9	1.0
2	0.000	0.181	0.461	0.666	0.823	0.947	1.000
3	0.000	0.250	0.562	0.750	0.875	0.964	1.000
5	0.000	0.357	0.681	0.833	0.921	0.978	1.000
7	0.000	0.437	0.750	0.875	0.942	0.984	1.000
9	0.000	0.500	0.794	0.900	0.954	0.987	1.000
11	0.000	0.550	0.825	0.916	0.962	0.990	1.000

$$\sigma^2=\frac{1}{n}\sum_{i=1}^{n} Var(X_i), \qquad \bar{\rho}=\frac{2}{n(n-1)}\sum_{i<j}\frac{1}{\sigma^2}Cov(X_i,X_j)$$

라 하면

$$Var\left(\sum_{i=1}^{n}X_i\right)=\sum_{i=1}^{n}Var(X_i)+2\sum_{i<j}Cov(X_i,X_j)=n\sigma^2\{1+(n-1)\bar{\rho}\}$$

가 된다. 따라서 크로바흐 알파는

$$\alpha=\frac{n\bar{\rho}}{1+(n-1)\bar{\rho}}$$

와 같은 식으로 표현된다. 이 식에서 $\bar{\rho}$는 문항 간 상관계수들의 평균을 나타낸다. 이 식은 스피어만-브라운 공식의 일반적인 형태와 일치하는데 크론바흐 알파는 문항 수 n에도 종속되어 있음을 알 수 있다. $\bar{\rho}$와 n에 따른 크론바흐 알파가 표 3.3.1에 주어져 있다. 위의 식과 표 3.3.1을 보면 크론바흐 알파는 $\bar{\rho}$의 값이 작아도 문항 수 n이 충분히 크면 신뢰도가 1에 가깝게 됨을 알 수 있다.

특별히 문항 점수가 二項(0 또는 1, Yes or No)인 경우에 크론바흐 알파는

$$\text{KR}20=\frac{n}{n-1}\left[1-\frac{\Sigma p_i(1-p_i)}{Var(\Sigma X_i)}\right]$$

와 같은 식으로 구할 수 있다. 이 식에서 n은 이항문항의 수이고, p_i는 i번째 문항에서 "예" 또는 1이라고 응답한 사람들의 비율이다. KR20은 Kuder-Richardson formula number 20 계수로 알려져 있다.

예제 3.3.3 크론바흐 알파 계수 산출(허명회, 1997)

다음 쪽의 표 3.3.2와 같은 설문지의 다섯 문항에 대한 응답점수 X_1, X_2, X_3, X_4, X_5의 합

$$\text{SLS}=X_1+X_2+X_3+X_4+X_5$$

으로 대학생의 인생 만족도(SLS; Satisfaction with Life Scale)를 측정하고자 한다. SLS의 신

표 3.3.2 인생만족도 측정을 위한 설문지

인생 만족도(Satisfaction with Life Scale) 측정을 위한 설문지

1. 내 인생은 거의 모든 측면에서 나의 이상(理想)과 가깝다.
   전혀 그렇지 않다: 1 — 2 — 3 — 4 — 5 — 6 — 7 : 정말 그렇다.
2. 현재 내 인생의 여건은 아주 좋다.
   전혀 그렇지 않다: 1 — 2 — 3 — 4 — 5 — 6 — 7 : 정말 그렇다.
3. 현재 나는 내 인생에 만족한다.
   전혀 그렇지 않다: 1 — 2 — 3 — 4 — 5 — 6 — 7 : 정말 그렇다.
4. 현재까지 나는 인생에서의 중요한 몇 가지를 성취하였다.
   전혀 그렇지 않다: 1 — 2 — 3 — 4 — 5 — 6 — 7 : 정말 그렇다.
5. 인생을 새로 시작하더라도 바꿀 것이 거의 없다.
   전혀 그렇지 않다: 1 — 2 — 3 — 4 — 5 — 6 — 7 : 정말 그렇다.

뢰도를 구하기 위하여 통계학과 대학원생 20명으로부터 표 3.3.3과 같은 자료를 얻었다(2차 측정값은 가상자료임). 크론바흐 알파와 재검사법에 의한 SLS의 신뢰도를 구하여라.

(풀이)

표 3.3.3의 자료를 이용하여 각 변수에 대한 기술통계를 구하면

표 3.3.3 인생만족도 측정자료

1차 측정						2차 측정
X_1	X_2	X_3	X_4	X_5	SLS(1)	SLS(2)
3	6	4	3	5	21	20
7	7	7	7	5	33	28
3	3	3	5	3	17	18
2	6	5	6	3	22	26
5	4	6	4	3	22	20
5	6	6	7	5	29	33
3	5	3	5	2	18	20
5	6	5	3	1	20	22
2	2	5	5	2	16	18
5	4	6	5	6	26	24
5	5	6	6	5	27	25
4	4	4	3	4	19	25
5	5	6	6	4	26	30
3	2	3	6	2	16	18
6	6	6	5	6	29	27
5	6	5	5	6	27	30
3	3	2	6	1	15	16
3	7	5	6	2	23	25
5	4	5	5	2	21	16
5	4	4	5	3	21	24

변수	X_1	X_2	X_3	X_4	X_5	SWLS(1)	SWLS(2)
평균	4.20	4.75	4.80	5.15	3.50	22.40	23.25
표준편차	1.36	1.52	1.32	1.18	1.67	5.01	4.93

이므로 크론바흐 알파 계수는

$$\alpha=\frac{5}{4}\left[1-\frac{(1.36)^2+(1.52)^2+(1.32)^2+(1.18)^2+(1.67)^2}{(5.01)^2}\right]=0.75$$

이 된다. 따라서 다섯 문항의 내적일치도는 높다고 할 수 있다. 1차 검사에서 얻은 SLS(1)과 2차 검사에서 얻은 SLS(2) 사이의 상관계수를 구해보면 0.81이므로 재검사법에 의한 SLS의 신뢰도 역시 높음을 알 수 있다. ♣

예제 3.3.4 이항문항에 의한 크론바흐 알파 계수 산출

세 문항 점수의 합으로 정신건강 상태를 측정한다고 한다. 문항의 합이 낮은 점수이면 빈약한 정신건강 상태를 나타내고, 높은 점수이면 보다 나은 정신건강 상태를 나타낸다고 한다. 각 문항에 대하여 "예./아니오."로 답하고, 문항 점수는 "예."=1점이고, "아니오."=0점이다. 5명의 표본 환자에 대해 조사한 결과가 다음 [표]와 같다. 크로바흐 알파 계수를 구하여 정신건강 상태를 측정하는 설문지의 신뢰도를 평가하여라.

[표] 정신건강상태 측정자료

환자	문항 1	문항 2	문항 3	합계
1	1	0	1	2
2	1	1	1	3
3	0	0	0	0
4	1	1	1	3
5	0	1	1	2
비율	0.6	0.6	0.8	

(풀이)

세 문항의 점수를 X_1, X_2, X_3이라 하면 $X_i \sim b(1, p_i)$이므로 X_i의 분산은 $p_i(1-p_i)$가 된다. 여기서 p_i는 i번째 문항에 "예."라고 응답한 비율이다. 다음으로 $X=X_1+X_2+X_3$의 평균과 분산을 구하면 $\bar{x}=2.0$, $s_X^2=1.5$이므로 이항 문항들에 대한 크론바흐 알파 계수는

$$\alpha=\frac{3}{3-1}\left[1-\frac{(0.6)(0.4)+(0.6)(0.4)+(0.8)(0.2)}{1.5}\right]=0.86$$

이 된다. 따라서 설문지의 내적일치도는 높다고 할 수 있다. ♣

3.3.6 관찰자간 신뢰도(inter-observer consistency)

같은 관찰자의 관측에 대한 안정성을 측정하는 재검사법의 한 형태를 관찰자내 신뢰도라 하였는데 이것은 같은 사람으로부터 얻은 두 자료간의 상관계수를 구하여 평가하였다. 그런데, 한 변수에 대한 둘 이상의 관찰자들의 평가가 얼마나 일치하는가를 살펴보는 것도 중요하다. 이를 위한 측도로 서로 다른 관찰자간의 상관계수로 나타내는 **관찰자간 신뢰도**(inter-observer consistency)가 있다. 설문지가 자기기입식으로 만들어지고 자신의 행위나 태도를 측정하도록 설계되었을 때는 관찰자간 신뢰도를 사용하지 않는다. 그러나 변수의 측정에서 관측자의 주관적인 요소가 개입될 수 있을 때는 항상 관찰자간 신뢰도를 계산하는 것이 중요하다. 관찰자간 신뢰도는 설문지의 심리측정 성질로 사용되기도 하며 어떤 때는 그 자체가 관심변수가 되기도 한다.

예를 들어, 유방 X-ray 사진이 유방암의 초기 단계를 진단하는데 좋은 검사인지 아닌지를 알기 위해서 10장의 사진을 12명의 다른 방사선 의사들에게 보여주고 각 방사선 의사들에게 암으로 의심되는 것, 확실치 않은 것, 의심되지 않는 것을 구분하도록 하였다고 하자. 이 자료를 이용하여 12명의 방사선 의사들이 응답한 결과를 비교하고 의사들 간의 상관계수를 계산하였다면 이것으로 유방 X-ray 사진에 대한 관찰자간 신뢰도를 평가할 수 있다.

관찰자간 신뢰도 계산은 관찰자내 신뢰도가 전제된 상태에서 가능하다. 즉, 관찰자들 개개인의 측정에는 일치성이 있어야 한다는 뜻이다. 관찰자의 평가가 일치성이 없이 매번 평가할 때마다 변한다면 관찰자간 신뢰도는 의미가 없어진다.

3.3.7 타당도와 신뢰도의 관계

타당한 측정도구들이라 하여 모두 신뢰할 수 있는 것은 아니다. 예컨대, m단위로 직물을 판매할 때, A상점에서는 알루미늄 줄자를 사용하고, B상점에서는 고무 성분이 들어간 줄자를 사용한다고 하자. 고무성분이 들어간 줄자는 판매원의 당기는 힘에 의하여 길이가 달라지지만 알루미늄 줄자는 그렇지 않을 것이므로 더 신뢰할 수 있다. 즉, 알루미늄 자가 고무줄자보다 오차가 적어 신뢰할 수 있으므로 소비자들은 A상점을 선호하게 된다.

측정도구의 신뢰도가 높으면 타당성도 확보되었다고 할 수 있는가? 성태제(2000)는

$$\textbf{관측점수}(X) = \textbf{타당한 관측점수}(T) + \textbf{타당하지 않은 관측점수}(F) + \textbf{오차}(E)$$

로 정의하고, 타당도를

$$\text{타당도} = \frac{\text{타당한 관측점수}}{\text{관측점수}}$$

로, 신뢰도를

$$\text{신뢰도}=\frac{\text{타당한 관측점수}+\text{타당하지 않은 관측점수}}{\text{관측점수}}$$

로 나타내었다. 이 정의에 의하면 타당도 계수는 신뢰도 계수를 초과할 수 없으므로 신뢰도가 낮은 어떤 측정도구도 타당성이 높을 수는 없다. 그러나 신뢰도가 높기 위해서 반드시 타당도도 높아야 하는 것은 아니다. 즉, 신뢰도가 높아야 한다는 것은 타당도를 높이기 위한 필요조건이지 충분조건은 아니다. 타당도와 신뢰도와의 관계는 분산분석을 이용하여 설명할 수 있다. 이론적으로 관측점수 X의 분산 σ_X^2은

$$\sigma_X^2=\sigma_T^2+\sigma_F^2+\sigma_E^2$$

으로 나타낼 수 있다. 여기서, σ_T^2, σ_F^2 및 σ_E^2은 각각 타당한 점수와 타당하지 않은 점수 및 오차에 대한 분산을 나타낸다. 따라서 측정도구의 타당성은 σ_X^2에 대한 σ_T^2의 비(比) σ_T^2/σ_X^2, 측정도구의 신뢰성은 $\left(\sigma_T^2+\sigma_F^2\right)/\sigma_X^2$으로 나타낼 수 있다. 여기서 T, F, E를 서로 독립인 확률변수들이라 가정하면

$$Cov(T,X)=E(TX)-E(T)E(X)=Var(T)=\sigma_T^2$$

이므로 타당한 점수 T와 관측점수 X의 상관계수는

$$\rho_{TX}=\frac{Cov(T,X)}{\sqrt{Var(T)}\sqrt{Var(X)}}=\sqrt{\sigma_T^2/\sigma_X^2}$$

이 된다. 이 ρ_{TX}를 측정값 X에 대한 이론적 타당도라 한다. 그런데 $F=0$, 즉, 타당하지 않은 관측점수가 0이면 이론적 타당도 ρ_{TX}는 반복 측정값들 간의 상관계수 $\rho_{XX'}$로 추정되는 신뢰도 계수 R의 제곱근과 일치한다. 그러나 $F=0$이라는 가정은 현실적으로 불가능한 것이고 극단적으로 $T=0$이면 $\rho_{TX}=0$이지만 신뢰도 계수는 큰 값이 될 수 있기 때문에 신뢰도가 높다고 하여 타당성도 높다고 할 수는 없다. 또한, 타당도 σ_T^2/σ_X^2은 신뢰도 $\left(\sigma_T^2+\sigma_F^2\right)/\sigma_X^2$보다 클 수 없으므로 신뢰도가 낮은 측정은 타당성도 낮을 수밖에 없다. 다만 신뢰도가 높은 측정은 타당도도 높아질 수 있다는 것이다. 이러한 이유로 사회과학에서는 측정이 타당하다는 전제 하에서 측정의 신뢰성을 주요 쟁점으로 삼고 있다.

측정값 X에 대한 경험적 타당도는 타당성이 확보된 다른 측정값 Y(기준관련 타당도에서는 기준이 된다.)와의 상관계수 ρ_{XY}로 정의할 수 있다. 그런데, Y가 E 및 F와 독립이라고 가정하면

$$Cov(X,Y)=Cov(T+F+E,Y)=Cov(T,Y)=\rho_{TY}\sigma_T\sigma_Y$$

이므로

$$\rho_{XY}=\frac{\rho_{TY}\sigma_T\sigma_Y}{\sigma_X\sigma_Y}\le\frac{\sigma_T}{\sigma_X}=\rho_{TX}=\sqrt{R}$$

이 된다. 이 식은 타당한 측정 Y를 기준으로 하는 측정 X의 기준관련 타당도 역시 Y에 대한 신뢰도 계수의 제곱근보다 높을 수 없음을 의미한다.

연습문제 3.3

01. 측정오차에 관한 설명으로 틀린 것은?
    가. 비체계적 오차는 상호 상쇄(self-compensation)되는 경향도 있다.
    나. 체계적 오차는 항상 일정한 방향으로 작용하는 편향(bias)이다.
    다. 비체계적 오차는 측정대상, 측정과정, 측정수단 등에 따라 일관성 없이 영향을 미침으로써 발생한다.
    라. 측정오차를 신뢰성과 타당성에 관련지었을 때 신뢰성과 타당성은 정도의 개념이 아닌 존재개념이다.

02. 사회조사에서 발생하는 측정오차의 원인과 가장 거리가 먼 것은?
    가. 조사의 목적
    나. 측정대상의 상태 변화
    다. 환경적 요인의 변화
    라. 측정도구와 측정대상자의 상호작용

03. 측정의 신뢰성을 향상시킬 수 있는 방법과 가장 거리가 먼 것은?
    가. 측정도구에 포함된 내용이 측정하고자 하는 내용을 대표할 수 있도록 한다.
    나. 응답자가 모르는 내용은 측정하지 않는다.
    다. 측정항목의 모호성을 제거한다.
    라. 측정항목의 수를 늘린다.

04. 신뢰도는 과학적 연구의 요건 중 어느 것과 가장 관련이 깊은가?
    가. 논리성
    나. 검증가능성
    다. 반복가능성
    라. 일반성

05. 하나의 개념을 측정하기 위한 측정도구에 다수의 문항을 포함시키는 목적과 가장 거리가 먼 것은?
    가. 측정의 신뢰도를 높여 준다.
    나. 측정의 타당도를 높여 준다.
    다. 복합적 개념을 측정 가능하게 한다.
    라. 추상적 개념을 수량화할 수 있다.

06. 다음 중 회사의 면접시험에 면접심사위원을 여러 사람으로 구성하는 이유로 가장 적합한 것은?
    가. 타당도를 높이기 위하여
    나. 신뢰도를 높이기 위하여
    다. 안전도를 높이기 위하여
    라. 정확도를 높이기 위하여

07. 여러 개의 측정항목 중에서 신뢰도를 저해하는 항목을 찾아내어 측정항목을 제외시킴으로써 측정도구의 신뢰성을 높이고자 하는 경우에 사용되는 것은?
    가. 재검사법(test-retest reliability)
    나. 반분법(split-half reliability)
    다. 동형검사 신뢰도(parallel reliability)
    라. 내적 일관성(internal consistency reliability)

08. 스피어만-브라운(Spearman-Brown) 공식은 어떤 경우에 사용되는가?
    가. 동형검사 신뢰도 추정
    나. Kuder-Richardson 신뢰도 추정
    다. 반분신뢰도로 전체 신뢰도 추정
    라. 범위의 축소로 인한 예언타당도에 대한 교정

09. 어떤 선생님이 학생들의 지능지수(IQ)를 측정하기 위해 정확하기로 소문난 전자저울(체중계)을 사용했을 때, 측정의 신뢰도와 타당도에 관한 설명으로 옳은 것은?
    가. 신뢰도와 타당도 모두 낮다.
    나. 신뢰도와 타당도 모두 높다
    다. 신뢰도는 낮지만 타당도는 높다.
    라. 신뢰도는 높지만 타당도는 낮다.

10. 척도의 신뢰도 측정방법인 반분법에 관한 설명으로 옳은 것은?
가. 첫 번째 조사가 두 번째 조사에 영향을 미칠 수 있다.
나. 신뢰도가 낮을 경우 어떤 문항을 제거해야 할지 알 수 있다.
다. 시간이 지남에 따라 실제 값이 변화하는 것을 통제할 수 없다.
라. 어떻게 반분하느냐에 따라 상관계수가 달라질 수 있다.

11. 경제민주화에 대한 신문사설의 입장을 평가하기 위해 다수의 인원이 각 신문사설의 내용을 분류한다고 가정할 때 같은 입장의 사설을 다르게 분류할 경우 나타날 수 있는 문제는?
가. 타당도　　나. 신뢰도　　다. 유의도　　라. 후광효과

12. 성인에 대한 우울증 검사 도구를 청소년들에게 그대로 적용할 때 가장 우려되는 측정오차는?
가. 고정반응　　나. 문화적 차이　　다. 무작위 오류　　라. 사회적 바람직성

13. 문항 상호간의 일관성을 측정하는 크론바흐 알파에 관한 설명 중 잘못된 것은?
가. 표준화된 알파라고 부르기도 한다.　　나. 문항 간 평균 상관계수가 커질수록 값이 커진다.
다. 값의 범위는 -1에서 +1까지이다.　　라. 문항의 수가 증가할수록 값이 커진다.

14. 측정에서 비체계적 오차와 체계적 오차를 신뢰도와 타당도의 개념과 연결시켜 생각할 때, 타당도는 높지만 신뢰도가 낮은 경우는 어디에 해당하는가?
가. 비체계적 오차가 작고 체계적 오차가 작을 경우
나. 비체계적 오차가 크고 체계적 오차가 작을 경우
다. 비체계적 오차가 작고 체계적 오차가 클 경우
라. 비체계적 오차가 크고 체계적 오차가 클 경우

15. 용수철이 고장 난 체중계가 있어서 체중을 잴 때마다 항상 실제와 다르게 체중이 일정하게 나타난다면, 이 체중계의 타당도와 신뢰도는?
가. 신뢰도와 타당도 모두 낮다.　　나. 신뢰도와 타당도 모두 높다.
다. 신뢰도는 낮고 타당도는 높다.　　라. 신뢰도는 높고 타당도는 낮다.

16. 측정도구의 타당도와 신뢰도에 대한 설명 중 맞는 것은?
가. 측정값=참값+확률오차+체계오차
나. 체계오차=0, 확률오차$\neq$0 인 경우, 측정도구는 신뢰할 수 있지만 타당하지 않다.
다. 확률오차=0, 체계오차$\neq$0 인 경우, 측정도구는 타당하지만 신뢰할 수 없다.
라. 측정오차는 체계오차의 부분도 포함되는데 이는 신뢰도와 관계가 있다.

17. 어떤 유통업체에서 고객만족도를 측정하기 위해 개발한 척도를 계속적으로 사용해 본 결과 언제나 비슷한 결과를 얻었다. 그리고 고객만족도를 측정하는 타당성이 입증된 다른 척도와의 상관관계는 상당히 낮은 것으로 판명되었다. 이 척도에 관한 설명으로 옳은 것은?
가. 신뢰성은 있지만 타당성은 없다.　　나. 타당성은 있지만 신뢰성은 없다.
다. 신뢰성과 타당성이 모두 낮다.　　라. 신뢰성과 타당성의 유무를 알 수 없다.

제4장

척도와 질문지

4.1 척도의 의미와 수준

4.1.1 척도의 의미

관측대상 또는 현상이 지니는 특정 속성을 측정하기 위해서는 우선 측정하려는 속성을 명확히 규정하여야 한다. 특히, 개념을 측정하여 수량화하려면 그 개념을 가리키는 하위개념 또는 지표들을 규정하고, 지표에 수치를 부여할 수 있는 개념의 조작적 정의가 필요하다. 다음으로 관측대상에 일정한 규칙에 따른 숫자나 기호를 대응시키는 장치, 도구, 방법 등을 준비해야 한다. 그러한 도구나 장치 및 방법을 **척도**(尺度, scale)라 한다.

Kerlinger(1964)의 정의에 의하면 척도란 일종의 측정도구로서 일정한 규칙에 따라 측정대상에 대응될 수 있도록 만들어진 일련의 기호나 숫자를 뜻한다. 이 정의에 의하면 척도가 측정도구로 사용되는 한편, 측정하는 도구의 체계화된 숫자를 나타내는 데에 쓰이기도 함을 알 수 있다.

측정하려는 속성은 측정대상에 따라 그 측정값이 변하기 때문에 우리는 측정하려는 속성을 변수라 하고 통상적으로 영문 대문자로 나타낸다. 예컨대, 어떤 사람을 측정한다는 것은 그 사람이 지니고 있는 특정 속성을 측정하는 것이다. 만약, 측정하려는 특정 속성들이 몸무게, 체온, 신장이라면 이 속성들을 각각 W, X, Y와 같은 문자로 나타내고 이들을 측정변수들이라고 한다. 다음으로 우리는 체중계, 온도계, 신장계와 같은 측정도구(척도)를 사용하여 특정인의 몸무게, 체온, 신장 등을 숫자로 나타내고(측정하고) 이 수치들을 변수 W, X, Y의 측정값들이라고 한다.

체중계, 온도계, 혈압계 등을 연상해 보면 척도란 결국 일정한 규칙에 따라 연속체 상에 나열되어 표시된 숫자나 기호의 배열이라 할 수 있다. 따라서 관측대상에 수치를 부여하는 측정도구로 이용되는 척도는 기본적으로 연속성을 지녀야 한다. 척도의 연속성에 의하여 측정대상과 일대일 대응관계를 가지면서 대상의 속성이 양적으로 전환된다. 이것은 측정대상이 연속성을 지닌 단일 공간에 존재해야 하며 그 결과로 측정대상이 양적으로 측정됨을 의미한다. 그러나 연속성을 지닌 단일 공간은 연구자의 의도에 따라 몇 개의 범주로 구성될 수도 있다.

자연과학에서의 측정은 물리적 측정도구를 이용하여 기계적으로 이루어지기 때문에 척도가 편향이 없고 신뢰할 수 있는 것인가만 평가하면 된다. 따라서 자연과학에서는 척도의 정확성 또는 신뢰성을 척도의 타당성과 동일시하고 있다. 그러나 주로 추상적 개념을 측정하려는 사회과학분야에서는 개념을 수량화할 수 있는 타당하고 신뢰할만한 척도를 만드는 것이 쉽지 않다. 사회과학에서는 측정의 제 문제들이 그대로 척도에서도 쟁점의 대상이 된다. 일반적으로 수량화를 위한 도구(척도)를 써서 측정된 자료가 타당하면서 신뢰할 수 있는 값을 가지려면 척도 그 자체가 정확한 측정계(測定計)이어야 하지만 사회・심리적 척도에 대한 타당성과 신뢰성은 물리적 척도의 그것에 비하여 한계가 있음을 언급한 바 있다. 사회연구에서 측정하려는 대부분의 개념들은 많은 변수들이 여러 차원에서 구성되어 있는 복합적인 것이다. 따라서 단일 문항으로는 그 개념을 평가하기가 어렵고 여러 문항으로 구성된 척도를 사용한다(McKennel, 1977). 또한, 태도나 가치, 느낌의 강도 등과 같은 질적 속성은 양적 측정이 어렵고 수량화하여 측정하더라도 수치의 연속성과 가법성을 지니지 못한다는 문제점을 안고 있으므로 사회과학분야에서는 척도가 가지는 한계성에 유의해야 한다(홍두승, 1995). 그렇지만 사회과학분야에서도 여러 개의 지표를 이용하여 척도를 구성하면 하나의 지표로 측정하기 어려운 복합적인 개념들을 측정할 수 있고, 표준화된 척도를 일관되게 사용하면 측정의 신뢰도를 높일 수 있다. 또한, 척도에 의한 양적 관측치를 이용하면 자료의 수량적 분석이 가능하다. 이런 이유로 사회연구에서는 여러 척도를 개발하여 측정도구로 쓰고 연구자들은 자신의 연구 목적에 적합한 척도를 끊임없이 만들어 내고 있다.

사회연구에서 척도로 사용되는 설문지는 일정한 규칙에 근거하여 응답자가 응답할 수 있도록 표시된 기호나 숫자의 배열인데 응답자의 선택에 따른 양적 측정값을 제공하는 것이다. 일반적으로 설문지의 척도는 응답자들이 동의나 반대, 또는 몇 가지 서로 다른 반응양식을 나타내는 언어적 질문과 그에 대한 응답보기들의 집합으로 이루어진다. 즉, 설문지의 척도는 고정된 선택 지문을 가지고 있으며 응답자를 척도상의 어떤 위치에 배치시키게 된다. 척도란 원래 양적 측정을 위한 도구이지만 이렇게 만들어진 척도는 추상적 개념을 양적으로 측정할 수 있게 한다. 이 장에서는 척도의 네 가지 기본 유형을 기초로 사회조사연구에 널리 이용되는 여러 가지 척도들에 대하여 논의한다. 그에 앞서 먼저 척도의 작성과정에 대하여 간단히 살펴보자.

사회연구에서 척도를 작성한다는 것은 개념을 경험적 변수로 재규정하고 그 변수를 다시 개념의 조작적 정의에 따른 경험적 지표 또는 지시자(indicator)들로 풀어낸 다음 도출해낸 지시자들을 묶어내는 도구화(instrumentation) 과정을 의미한다. 척도를 만들어 내는 도구화 과정에 대하여 단계별로 살펴보면 다음과 같다(Lin, 1976; 김경동, 이온죽, 김여진, 2009).

1. 이론적 성찰에서 어떤 기본적인 속성들을 지닌 여러 현상에 대하여 인지한 것을 표상하는 정신적 구성물(mental construct)이나 이미지를 말이나 기호로 나타내는 개념을 형성한다.
2. 형성된 개념이 표상하는 현상의 특징을 고찰하여 그것이 지니고 있는 '측면(aspects)', '구성요소(components)', '차원(dimension)' 등으로 개념을 '특정화(specifications)'한다.
3. 현상의 복합적 조합을 표상하는 개념은 단순한 직접 관찰에 의하여 파악될 수 있는 것이 아니므로 특정화한 것을 관찰할 수 있는 지시자들을 선정한다. 여기서는 개념과 지시자 간의 논리적 상응(相應) 또는 연관성을 근거로 수치화 할 수 있는 지표들을 구상하고 그 지표들 중에서 실제 조사연구에 활용할 것을 선발하는 기준을 고려해야 한다.
4. 선정된 지시자들을 묶어서 관측내용을 요약하기 위한 척도 또는 지수를 만든다.

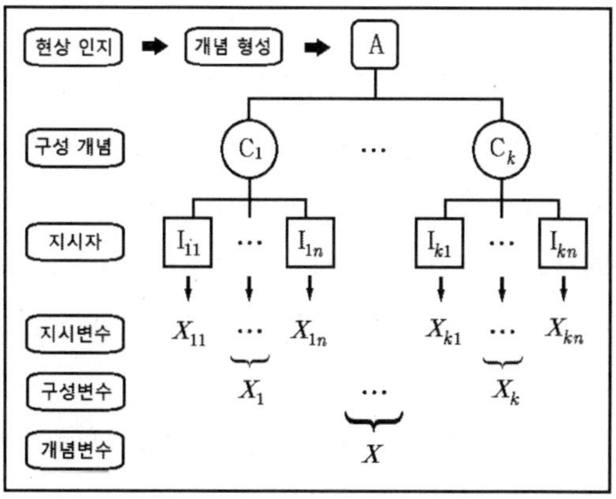

그림 4.1.1 척도의 작성과정

이상과 같은 척도의 작성과정을 도식화한 것이 그림 4.1.1이다. 그림 4.1.1은 개념 A가 k개의 구성개념으로 이루어진 복합개념임을 보이고 있다. 구성개념이란 처음 형성된 개념의 하위개념으로 구성요소, 차원 혹은 지표라 부르기도 한다. 그림 4.1.1에서 구성개념 C_i를 측정하는 변수 X_i는 n개의 지시변수들을 엮어서 만든 것이고, X는 구성개념을 측정하는 변수 $X_1, X_2, \cdots, X_k$를 묶어서 구성한 척도로 개념 A를 측정하는 변수이다.

4.1.2 측정의 수준

사회 및 심리조사에서 측정도구로 널리 사용되는 설문지는 여러 문항들로 구성되어 있는데 각 문항에 대한 척도는 응답 값이 제공하는 정보의 양 또는 형태에 따라 명목척도, 순서척도, 구간척도 및 비척도의 네 유형으로 나눌 수 있다. 4가지 척도들에는 각기 다른 특징이 있으며 척도의 종류에 따라 자료의 분석방법이 다를 수 있다. 척도로부터 얻는 정보의 양은 명목척도가 가장 작고 순서척도, 구간척도, 비척도의 순서로 커진다. 그러나 모든 문항에 대하여 비척도만 사용할 수는 없다. 얻으려는 정보 자체가 명목척도인 경우로 제한될 수 있으며, 때로는 사생활 침해 등의 이유로 응답자가 응답을 거부할 때는 낮은 수준의 척도를 사용할 수밖에 없다. 예컨대,

"귀하의 소득이 얼마입니까?"

라는 질문에 응답자들이 정확하게 금액을 말해 준다면 많은 정보를 얻을 수 있는 비척도를 사용하는 것이 바람직하다. 그러나 응답자들이 응답을 기피하거나 거짓 응답을 하게 되면 정보를 아예 얻지 못하거나 잘못된 정보를 얻게 되므로 이런 경우는

"귀하의 소득 수준은 어느 정도 입니까?"

와 같은 순서척도를 사용하는 질문이 오히려 적절하다 할 것이다.

(1) 명목척도

과학이 분류에서 시작된 것이라고 말한 바와 같이 관측대상을 지니고 있는 속성에 따라 분류 또는 범주화 하는 것이 가장 초보적인 측정일 것이다. 분류를 위한 각 범주에는 이름을 붙일 수도 있지만 필요에 의하여 숫자를 부여하고 관측대상이 속하는 범주에 부여된 수치를 관측대상의 측정값으로 매기는 척도가 **명목척도**(名目尺度, nominal scale)이다. 따라서 명목척도로 측정된 수치는 단순히 분류의 목적으로 사용된 것으로 성질이 전혀 다른 범주에 대한 표지(標識, label)일 뿐 양적 의미를 지니지 못한다.

분류를 위한 범주들은 어떤 관측대상이 하나의 범주에만 속할 수 있도록 상호 배타적(mutually exclusive)이어야 하며 같은 속성을 지닌 사례는 모두 다 그 범주에 속할 수 있도록 같은 범주 내에서는 포괄적(exhaustive)이어야 한다. 사람을 남자와 여자로 구분하는 것과 같이 간단한 분류작업에서는 문제될 것이 없지만 사회과학적 연구대상의 분류는 단순하지 않다. Kerlinger(1972)는 상호 배타성과 포괄성의 기준을 다음과 같은 분류의 세 가지 원칙

① $a=b$이거나 $a\neq b$이지 $a=b$이면서 $a\neq b$는 아니다.

② $a=b$이고 $b=c$이면 $a=c$이다.

③ $a>b$이고 $b>c$이면 $a>c$이다.

으로 제시하였다. 여기서 ①은 분류의 상호배타성을 의미하며, ②는 어떤 범주에 속하는 개체들 간의 **등가성**(等價性, equivalence)을 확인하는 논리인데 ③과 함께 **이행성**(移行性, transitivity)의 원리라 한다. 이런 원칙에 따른 분류범주에 수치를 부여하는 명목척도는 **재귀성**(再歸性, reflexivity), **대칭성**(對稱性, symmetry) 및 이행성의 원리에 입각한 등가성을 갖는 것이 특징이다. 재귀성이란 어떤 범주에 속하든 특정 범주에 속하는 사람은 누구나 스스로를 그 범주에 속하는 것으로 분류하는 원리로 $a=a$, $b=b$와 같이 나타낸다. 그리고 대칭성은 $a=b$이면 $b=a$이라는 논리를 의미한다. 이상의 논의에 따르면 명목척도를 사용하는 질문에 대한 응답 항목들은 상호 배타적이어야 하며 또한 포괄적이어서 응답자가 응답할 항목이 없도록 해서는 안 될 것이다.

명목척도로 측정된 수치는 하나의 표지일 뿐이므로 수치에 대한 사칙연산의 법칙이 적용될 수 없다. 예컨대, 선거예측조사에서 흔히 사용되는 다음과 같은 질문

> [설문] 이번 대통령 선거에서 귀하는 어떤 정당의 후보를 지지합니까?
> ① A당 ② B당 ③ C당 ④ D당 ⑤ 기타

은 명목척도인데, 응답자들은 이 질문에 대하여 1부터 4 중의 하나를 선택하게 된다. 여기서 숫자 1, 2, 3, 4는 응답자가 지지하는 정당을 나타내는 표지일 뿐이지 지지정당의 순위를 의미하는 것이 아니다. 더군다나 1과 2의 합이 3이라고 하여 A당과 B당의 합이 C당이라거나 1의 3배가 3이므로

A당의 3배가 C당이라는 것과 같은 연산의 법칙은 적용될 수 없다. 물론 응답 항목에는 응답자가 선택할 수 있는 모든 경우가 포함되어야 한다.

명목척도로 측정된 자료로는 같은 값을 갖는 것들의 수를 헤아려서 어떤 범주에 속하는 개체의 빈도수가 몇 개인가 만을 제시할 수 있다. 일반적으로, 명목척도에 의한 자료는 개별 측정대상을 범주별로 분류하고 범주에 속하는 관측도수를 표기한 일원(one-way) 또는 다원(multi-way) 분류표(contingency table)의 형태로 요약된다.

(2) 순서척도

분류범주에 순위를 매기고 측정대상이 속하는 범주에 매겨진 순위를 측정대상에 부여하는 척도를 **순서척도**(順序尺度, ordinal scale) 또는 **서열척도**(序列尺度)라 한다. 따라서 순서척도는 속성의 크고 작은 순서나 많고 적은 순서에 따라 측정대상에 순위를 부여할 뿐 대상 간 차이의 크기를 나타내지는 않는다. 이런 순서척도의 특징은 **비재귀적**(irreflexive)이며, **비대칭적**(asymmetrical)이고 이행적이다. 비재귀성이란 어떤 속성값 a에 대하여도 $a>a$일 수 없다는 것이고, 비대칭성은 서로 다른 범주에 부여된 속성값 a와 b에 대하여 $a>b$이면 $b>a$일 수 없다는 논리이다. 순서척도에 의한 측정에서는 서로 다른 세 범주의 속성값 a, b, c에 대하여 $a>b$이고 $b>c$이면 $a>c$이어야 한다는 이행성의 원리가 반드시 충족되어야 한다.

측정대상의 순위는 n개의 대상이 지니고 있는 어떤 속성의 크기 $x_1>x_2>\cdots>x_n$에 의하여 정해지거나 둘 이상의 속성 조합에 따른 순위를 매길 수도 있다. 또한, 순위의 근거로

"… 보다 좋다.", "… 보다 우세하다."

등과 같은 질적 기준을 사용할 수도 있다. 한편, 순서척도에 의한 측정값은 절대적인 크기나 양을 나타내는 것이 아니고 단지 순서의 의미만 지닐 뿐이므로 순서를 나타내는 수치로 올림차순이나 내림차순의 어느 것을 사용하여도 무방하다. 예컨대, 세 측정대상 A, B, C의 특정 속성에 대한 크기가 $a<b<c$일 때 각각의 순위를 올림차순에 의하여 r, $r+1$, $r+2$로 매기거나 내림차순에 따라 $r+2$, $r+1$, r과 같이 부여할 수 있다. 그러나 순위 $r+1$과 r의 차이와 순위 $r+2$와 $r+1$의 차이가 수직선상의 동일한 거리라는 보장은 없다. 따라서 순서척도는 단순 분류기능만 지닌 명목척도보다 더 많은 정보를 제공해 주는 상위척도이지만 명목척도와 같이 사칙연산은 의미가 없다. 순서척도에 의한 자료의 분석은 순위상관계수와 같이 순위를 이용하는 통계분석법이 사용된다..

(3) 구간척도

어떤 대상이 지니는 속성에 그 크기의 대소 관계에 따라 순위를 매길 수 있고 각 대상에 매겨진 순위의 차이가 같으면 각 대상 간의 거리도 동일한 척도를 **구간척도**(區間尺度, interval scale)라 한

다. 예컨대, 구간척도 1, 2, 3, 4, 5가 있는 경우에 1과 2, 2와 3, 3과 4, 4와 5 등의 간격은 모두 1만큼의 동일한 차이를 갖는 것으로 간주한다. 따라서 측정대상의 위치에 따라 실수를 부여하는 구간척도에서는 거리가 동일한 두 점 간의 차이는 직선상의 어디서나 같으므로 등간(等間) 또는 동간(同間)척도라 부르기도 하며, 덧셈과 뺄셈에 대한 연산 법칙이 적용될 수 있다. 이런 측면에서 임의의 두 점에 덧셈 또는 뺄셈의 연산 법칙을 적용할 수 있는 척도는 구간척도가 된다. 이것은

① **유일성**(uniqueness) : a와 b가 실수이면 $a+b$는 단 하나의 실수이다.

② **대칭성**(symmetry) : $a=b \Rightarrow b=a$

③ **전환성**(communication) : $a+b=b+a$

④ **대체성**(substitution) : $a=b,\ a+c=d \Rightarrow b+c=d$

⑤ **조합성**(association) : $(a+b)+c=a+(b+c)$

와 같은 형식논리로 표현된다.

전형적인 구간척도의 예로 섭씨(℃)나 화씨(°F) 온도 등을 들 수 있다. 예컨대, 30℃는 10℃보다 20℃만큼 더 많은 양으로 그 차이는 70℃와 90℃의 차이와 같다. 즉,

$$30-10=90-70$$

이므로 섭씨온도는 구간척도이다. 그러나 90℃의 물이 30℃의 물보다 세 배만큼 더 뜨거운 것은 아니므로 90℃가 30℃의 세 배라고 하는 비 또는 비율은 의미가 없다. 그것은 구간척도에서의 0이 어떤 기준점을 나타내는 표시일 뿐 양적 의미를 지니는 것이 아니기 때문이다. 이런 의미에서 구간척도의 0을 임의 영점 또는 가상 영점이라고 한다. 0℃는 온도가 없음을 의미하는 것이 아니고 1기압에서 물이 어는 빙점을 나타낼 뿐이다. 따라서 구간척도에서의 0은 양적으로 의미를 지니는 절대 0이 아니다.

사회과학에서는 구간척도로 측정된 값을 측정대상 자체가 지닌 속성의 실재 크기로 볼 수 없는 경우가 많기 때문에 구간척도로 측정되는 변수를 찾기란 쉽지 않다. 예컨대, IQ지수가 낮은 쪽에서 10만큼으로 나타난 지능의 차이가 높은 쪽에서 10만큼으로 나타난 지능의 차이와 같다고 할 수 있는가? 실제로 두 차이는 크기가 같지만 동일한 의미를 지닌 것으로 볼 수 없다. 즉, IQ지수는 지능의 높고 낮음만을 나타내는 순서척도일 뿐이다. 시험성적도 마찬가지로 학업 수행능력의 높고 낮음을 나타내는 순서척도이다. 그러나 표준화된 IQ지수나 시험성적은 구간척도의 의미를 지니기 때문에 통상적으로 IQ지수나 시험성적 등을 구간척도로 취급하고 있을 뿐이다.

(4) 비(율)척도

온도가 90℃인 물이 30℃인 물보다 세 배만큼 더 뜨겁다고 말할 수 없으며, 0℃는 온도가 없음을 의미하는 것이 아니고 단지 물의 빙점을 나타낼 뿐이다. 그러나 연봉이 1억 원인 A와 5천만 원인 B

의 연봉의 차이 5천만 원은 A의 연봉이 B의 두 배, 또는 B의 연봉이 A의 절반임을 의미하는 실재적인 것이다. 또한, 백수인 C의 연봉이 0원이라는 것은 실질으로 소득이 전혀 없음을 의미한다. 이와 같이 구간척도가 지니는 모든 성질들에 더하여 실재적 의미를 지닌 절대 영(absolute zero) 또는 자연적 영(natural zero)이 존재하여 비 또는 비율이 의미를 지니는 척도를 **비(율)척도**(比尺度, ratio scale)라 한다. 절대 영이란 측정하려는 특성이 실제로 전혀 없음을 의미한다. 섭씨나 화씨 0도는 절대 영의 온도가 아니지만 Kelvin온도(절대온도 K)에서 0°K는 에너지가 없는 상태를 나타내는 절대 영이므로 Kelvin온도는 비척도이다.

비척도는 比가 의미를 지니는 척도이므로 사칙연산이 가능하다. 즉, 길이가 1m인 철선은 길이 2m인 철선의 절반이며, 체중이 80kg인 사람은 체중이 40kg인 사람에 비하여 몸무게가 2배만큼 무겁다. 그러나 100℃ 물의 뜨겁기가 50℃ 물의 뜨겁기의 두 배는 아니다. 구간척도에서 덧셈 연산을 위한 형식논리에 곱셈연산의 법칙

③′ **전환성**(communication) : $ab=ba$

④′ **대체성**(substitution) : $a=b,\ ac=d \Rightarrow bc=d$

⑤′ **조합성**(association) : $(ab)c=a(bc)$

을 추가하면 비척도에서 사칙연산을 위한 형식논리가 된다.

엄밀한 의미에서 구간척도와 비율척도는 차이가 있지만 실제 조사 자료의 분석에서는 두 척도 모두에서 거의 대부분의 고급 통계적 방법이 사용된다. 그런데, 사회과학분야의 연구에서 비척도를 이용한 측정은 쉬운 일이 아니다. 어떤 사람의 외향성을 측정한 것에 의하여 다른 사람의 배만큼 외향적이라고 판단하는 데는 여러 종류의 오차가 수반될 것이다. 그러나 실제로 심리학이나 행정학, 경제학 계통의 자료에는 비척도에 의한 것들이 많은데 비 또는 비율의 해석에 유의하여야 한다.

사회과학에서는 주로 설문지를 측정수단으로 삼고 있는데 설문지를 구성하고 있는 개별 문항들은 앞에서 논의한 네 가지 척도들 중의 하나로 구성되어 있다. 어떤 척도를 사용할 것인가는 조사 대상자들로부터 얻고자 하는 정보의 형태와 양 및 응답 내용의 특성 등에 따라 달라진다. 그러나 통계적 방법에 의하여 자료를 요약, 분석할 때는 자료의 척도에 가장 적합한 통계적 기법을 사용해야 한다.

많은 양의 정보를 제공하는 상위척도와 제한된 정보만을 제공하는 하위척도에 대해 동일한 통계적 방법을 적용한다면 분석 결과에 심각한 오류가 발생하거나 애써 얻은 정보를 충분히 활용하지 못하는 결과를 초래할 수 있다. 즉, 상위척도 자료에 대하여 하위척도 자료에 사용하는 분석방법을 적용한다면 다양한 통계적 방법을 사용하여 많은 정보를 얻을 수 있는데도 최소한의 정보만을 얻을 수 있을 뿐이다. 반면에 구간이나 비척도와 같은 상위척도에서만 가능한 방법을 명목척도나 순서척도와 같은 하위척도에 사용하여 얻은 정보는 신뢰할 수 없으며 이를 바탕으로 한 판단은 잘못될 가

능성이 매우 높게 된다. 한편, 상위척도는 하위척도로 변환하여 사용할 수 있으나 하위척도는 상위척도로 변환해서 사용하는 경우가 거의 없다. 하위척도에 적용하는 방법은 상위척도에도 적용할 수 있지만 부득이한 경우를 제외하고는 굳이 정보의 손실을 감수하면서 상위척도를 하위척도로 변환하는 것은 어리석은 일이다.

연습문제 4.1

4.1.1

01. 사회과학에서 척도를 사용하는 이유와 가장 거리가 먼 것은?
    가. 하나의 지표로는 측정하기 어려운 복합적인 개념을 측정할 수 있다.
    나. 변수에 대한 양적 측정치를 제공함으로 통계적 조작이 가능하다.
    다. 여러 개의 지표를 하나의 점수로 나타내어 자료를 단순화 한다.
    라. 척도는 양적인 속성을 질적인 계열로도 전환이 가능하다.

02. 다음 중 척도에 대한 설명으로 틀린 것은?
    가. 복합적인 자료를 분석하기 위한 단순한 측정치로 요약하기 위해서 척도구성을 한다.
    나. 다양한 문항들로 동일한 차원을 다루는 하나의 척도를 구성하기 위하여 척도법을 사용한다.
    다. 측정치 또는 측정수준의 오류를 줄이고 그 타당성과 신뢰성을 높이는 하나의 기법이 곧 척도법이다.
    라. 개별 문항들을 집약하지 않고 모두 지표로 인정하면 보다 효율적으로 주어진 현상을 측정할 수 있다.

03. 척도를 구성하는 가장 중요한 이유는?
    가. 표면타당도를 향상시키기 위해　　나. 외적 타당도를 향상시키기 위해
    다. 내적 타당도를 향상시키기 위해　　라.. 하나의 문항에 의한 왜곡된 측정을 막기 위해

04. 사회조사에서 어떤 태도를 측정하기 위해 단일지표보다 여러 개의 지표를 사용하는 이유로서 틀린 것은?
    가. 신뢰도를 높이기 위해　　나. 타당도를 높이기 위해
    다. 내적일관성을 높이기 위해　　다. 측정도구의 안정성을 높이기 위해

05. 척도구성에서 척도의 일부를 이루는 개별 문항들에 대한 기본적인 가정은 ?
    가. 개별문항은 양적 속성을 가지지만, 그것은 결국 질적 속성으로 변환될 수 있어야 한다.
    나. 개별문항은 다차원적이며, 논리적으로나 경험적으로 연결된 다수의 개념이 반영되어야 한다.
    다. 개별문항은 하나의 연속체를 이루어야 하며 이 연속체는 단일 개념을 반영하여야 한다
    라. 개별문항은 둘 이상의 개념을 별도로 점수화하는데 적합하여야 하며 이들 개념은 통계적으로 조작이 불가능한 질적 개념이어야 한다.

06. 지수에 관한 설명으로 틀린 것은?
    가. 단순지표로 측정하기 어려운 복합적인 개념을 측정할 수 있다.
    나. 경험적 현실세계와 추상적 개념세계를 조화시키고 일치시킨다.
    다. 변수에 대한 양적 측정치를 제공함으로써 정확성을 높여준다.
    라. 본래 의도한 속성을 정확히 측정하고 보다 일관성 있는 결과를 얻기 위해 단일문항이 주로 활용된다.

07. 어떤 개념을 측정하기 위해 여러 개의 문항으로 이루어진 척도(scale)를 사용하는 이유에 해당하는 사항들을 제대로 모아 놓은 것은?

A. 척도는 하나의 지표로서는 제대로 측정하기 어려운 복합적인 개념들을 측정하는데 유용하다. B. 척도는 측정의 신뢰도를 높여 주기도 한다. C. 척도는 여러 개의 지표를 하나의 점수로 나타냄으로써 자료의 복잡성을 덜어주기도 한다. D. 척도에 의해 구해진 양적인 측정치는 통계적인 활용을 쉽게 한다.

가. A, B, C　　나. A, C, D　　다. A, B, D　　라. A, B, C, D

08. 지수와 척도에 관한 설명으로 틀린 것은?
가. 지수와 척도 모두 변수의 합성 측정이다.
나. 척도와 지수 모두 변수에 대한 서열측정이다.
다. 지수점수는 척도점수보다 더 많은 정보를 전달한다.
라. 척도는 동일한 변수의 속성들 가운데서 그 강도의 차이를 이용하여 구별되는 응답 유형을 밝혀낸다.

4.1.2

01. 측정의 수준에 따라 사용할 수 있는 통계기법이 달라지는데 다음 중 측정의 수준과 사용 가능한 기술통계를 잘못 짝지은 것은?
가. 명목 수준 - 중간값(median)　　나. 서열 수준 - 범위(range)
다. 등간 수준 - 최빈값(mode)　　라. 비율 수준 - 표준편차(standard deviation)

02. 제공되는 정보와 자료 분석에 이용할 수 있는 통계적 방법의 수준에 따라 척도를 순서대로 나열한 것은?
가. 서열척도 > 명목척도 > 등간척도 > 비율척도　　나. 명목척도 > 서열척도 > 비율척도 > 등간척도
다. 비율척도 > 등간척도 > 서열척도 > 명목척도　　라. 등간척도 > 비율척도 > 서열척도 > 명목척도

03. 측정의 수준에 따라 척도를 나눌 때 어느 척도에서든지 그 하위범주가 반드시 충족시켜야 할 특성은?
가. 하위범주들의 서열성　　나. 하위범주들의 상호배타성과 포괄성
다. 하위범주 간 간격의 등간성　　라. 하위범주 값에서 절대적인 영(0)값

04. 다음 중에서 틀린 내용은?
가. 정부의 교육정책에 따른 지지도는 서열척도나 비율척도로 측정할 수 있다.
나. IQ는 등간척도로 측정하는 것이다.
다. 좋아하는 정당을 선택하라는 질문은 명목척도로 측정하는 것이 적절하다.
라. 가구당 소득은 비율척도로 측정하는 것이 적절하다.

05. 다음 중 측정수준에 대한 설명으로 틀린 것은?
가. 비율측정(ratio measure) : 사칙연산의 수학적 조작이 가능하다.
나. 등간측정(interval measure) : 순위수준의 부등식 외에 교환, 대체, 조합이 가능하다.
다. 순위측정(ordinal measure) : 범주 간의 관계가 이행적이다.
라. 명목측정(nominal measure) : 이행적으로 $a<b$이고 $b<c$이면 $a<c$가 성립한다.

06. 명목척도(nominal scale)의 논리적 특성은 한 범주 내에 있는 모든 대상이 등가성을 지니고 있다는 점이다. 이러한 등가성에 대한 기호적 표현이 아닌 것은?

가. $a=a$ 나. $a=b$ 이면 $b=a$이다.
다. $a<b$이면 b는 a보다 크지 않다. 라. $a=b$이고 $b=c$이면 $a=c$이다.

07. 명목척도 구성을 위한 측정범주들에 대한 기본 원칙이 아닌 것은?

가. 배타성 나. 포괄성 다. 논리적 연관성 라. 선택성

08. 서열척도에 대한 설명으로 맞는 것은?

가. 덧셈, 뺄셈이 가능하다. 나. 표준측정단위가 존재한다.
다. 절대 영이 존재한다. 라. 분류범주가 상호 배타성을 갖고 있다.

09. 현직 대통령에 대한 인기도를 0점에서 100점까지의 값 가운데 하나를 선택하도록 했다. (높은 수치일수록 높은 지지) 갑은 30점을 준 반면 을은 60점을 주었다. 갑과 을의 평가에 대해 다음 적절한 것은?

가. 을은 갑보다 2배 만큼 현직 대통령을 더욱 더 지지한다.
나. 갑이 을보다 2배 만큼 현직 대통령을 더욱 더 지지한다.
다. 을이 더 지지하지만 그 차이가 2배라고 할 수 없다.
라. 갑과 을의 평가를 비교할 수 없다.

10. 다음 중 서열척도로 측정할 수 있는 변수로 구성된 것은?

가. 행복감, 교회 참석 정도, 지역사회 참여도 나. 종교 유무, 소득, 직무 만족도
다. 직업, 신분, 인종, 대통령 지지도 라. 학력, 연령, 정당 가입여부

11. 다음 중 비율척도로 측정하기 어려운 것은?

가. 각 나라의 평균 기온 나. 각 나라의 1인당 평균 소득
다. 각 나라의 1인당 교육년수 라. 각 나라의 국방 예산

12. 속성이 전혀 존재하지 않는 상태인 영점(0)이 존재하는 척도는?

가. 서열척도 나. 비율척도 다. 명목척도 라. 등간척도

13. 다음 중에서 등간이나 비율척도로 조사된 자료를 서열과 명목척도로 변형시켜 분석할 수 있는 것은?

가. 제품선호도 나. 사회계층 다. 교육수준 라. 소득

14. 결혼한 부부들을 대상으로 자녀수를 조사하고자 하는데, 두 가지로 측정한다. 아래의 보기 [측정 A]와 [측정 B]에서 사용한 척도를 순서대로 제대로 짝지어 놓은 것은?

[측정 A] 부부에게 현재 자녀수에 대해 "1) 적다. 2) 적당하다. 3) 많다."라는 범주로 답하게 하였다.
[측정 B] 부부에게 그들의 실제 자녀수를 적도록 하였다. 자녀가 없는 경우는 자녀수를 0으로 처리한다.

가. 명목척도-서열척도 나. 서열척도-비율척도 다. 등간척도-비율척도 라. 서열척도-등간척도

4.2 사회과학척도

사회과학에서 측정하려는 개념의 대부분은 복합적인 의미를 지니고 있기 때문에 단순히 하나의 지시자 또는 지표에 의하여 표상하기는 어렵다. 그래서 사회과학자들은 여러 지표들을 묶어서 만든 복합지표를 이용함으로써 개념 측정의 타당성 및 신뢰성을 높일 수 있을 것으로 기대한다. 여러 개의 단일 지표들을 엮어서 만든 복합지표, 즉, 측정도구를 학문 영역에 따라 척도, 심리검사, 지표, 지수 등으로 부르는데, 심리검사, 지표, 지수는 모두 척도의 일종이다. 심리검사와 척도는 기준(norm)의 유무로 구분한다. 심리검사에서 기준이 있다는 것은 심리검사 점수의 분포(모집단)에 대한 모수의 추정치를 가지고 있음을 말한다. 대표적인 심리검사인 지능검사에 대하여 살펴보자. 특정 지능검사에서 지능점수는 각 하위 차원별 점수에 대하여 구한 변환점수들의 가중합으로 구해진다. 이렇게 구한 지능점수를 지능검사의 기준에 맞게 환산한 점수가 바로 지능지수이다. 지능검사에서는 일반적으로 지능지수가 평균 100, 표준편차 15인 정규분포를 따른다고 가정한다. 따라서 특정 지능검사에서 얻은 검사점수 300점을 지능검사의 기준에 맞게 환산한 지능지수가 145일 때 이에 대한 통계적 해석이 가능하다. 즉, 지능지수 145는 평균에서 표준편차의 3배만큼 벗어난 것이고, 정규분포에 의하면 지능지수가 145보다 높은 사람은 1,000명 중 3명 정도이다. 따라서 지능지수 145는 통계적으로 대단히 높은 지능지수임을 알 수 있다. 이런 기준을 갖는 검사는 지능검사 이외에도 성격검사나 적성검사, 흥미검사 등이 있다. 기준이 있는 심리검사는 그냥 이용하면 되지만 기준이 없는 검사를 사용해야 할 때는 필요하다면 직접 기준을 만들어야 한다. 그러나 기준을 만드는 일은 매우 소모적인 작업과정을 거쳐야 하며 많은 비용이 소요된다. 따라서 기준은 없지만 일반적으로 널리 알려진 척도들이 자주 사용된다. 국내에서 소개되어 있는 척도는 외국의 척도를 번역한 것 외에 자체 개발한 것 등을 포함하여 수 백 가지가 있다. 이런 척도에는 기준이 없기 때문에 자체 척도점수를 통계적 의미를 지니는 수치로 변환할 수 없다. 그러나 나름대로 타당도 및 신뢰도 검증을 거친 척도들은 많이 있다. 일반적인 기준은 없어도 검증을 거쳐서 만들어진 척도를 심리척도라 한다. 때로는 연구자 스스로 이런 심리척도를 개발해야만 할 경우가 있는데 이때에는 반드시 척도를 구성하는 질문지의 타당도 및 신뢰도에 대한 검증을 거친 척도를 심리척도로 사용해야 한다.

지수는 척도의 일종이지만 척도와의 구분은 사실 쉽지 않다. Babbie(1975)는 개별 속성에 부여한 점수를 단순히 합하여 얻는 측정치를 지수값이라 하고, 속성들의 유형에 점수를 부여하는 절차에 의하여 구한 측정값을 척도값이라 하였다. 또, Lin(1976)은 어떤 문항이나 응답범주가 경험적 상응성(empirical correspondence)을 지니면 엄밀하게 지수라 하고 그렇지 못하면 척도로 구분하였다. Lin에 의하면 구간척도나 비척도로 측정되는 여러 지표변수들의 합 또는 가중합으로 구성된 복합지표를 지수라 하고, 변수의 강도, 방향, 수준, 효율성 등과 같이 통상 순서척도로 측정되는 지표변수들로 구성된 측정도구를 척도라 할 수 있다. 따라서 척도는 관측결과를 연속선상에 순서대로 배열하는 기능을 지니고 있으므로 단일 지표변수를 척도로 쓸 수도 있다. 사실 사회과학에서는 지표변수들의 단순 조합으로 만들어지는 지수보다 지표들이 어우러진 유형이나 내적 구조 또는 서열적 위계를 중시하여 일종의 누적 점수를 산출해 내는 척도가 보다 엄밀한 측정수단이라 하겠다. 지수의 대표적인 예로 물가지수를 들 수 있는데, 사회과학자들은 사회경제적 지위지수, 집단응집력지수, 대학의 질 지수 등과 같이 다양한 형태의 지수를 개발하여 사용하고 있다. 여러 형태의 지수들에 대해서는 김경동 외(2009)를 참조하라.

자연과학에서 물리적 특성을 측정하기 위한 척도는 정형화, 표준화되어 있는 것들이 대부분이다. 그러나 사회과학에서는 연구자가 연구 목적에 맞는 척도를 만들어야 한다. 표준화된 척도가 없는 한 기존의 척도를 다른 목적에 사용할 수는 없기 때문이다. 사회과학에서의 척도는 관측 대상자의 태도나 가치, 느낌의 강도와 같은 질적 속성을 양적 속성으로 변환하여 측정하는 측정도구라고 말할 수 있다. 따라서 몇 개의 지표나 문항들로 척도를 구성하려면 몇 개의 지표들을 단순히 묶는 지수와 달리 그들 사이의 일정한 서열적 위계를 가정하여야 한다. 그러나 현실적으로 지수와 척도의 구분이 모호하여 그 둘을 혼용하고 있다. 지금까지 사회조사연구에서 개발된 여러 척도 중에는 실제로 지수의 성격을 지닌 것들이 많이 있다. 이 절에서는 일반적 관행에 따라 사회과학분야에서 널리 이용되는 척도와 그 구성기법에 대하여 논의한다.

척도에는 그 측정수준에 따른 네 가지 기본 유형이 있고 이것을 근거로 하여 실제로 쓰이고 있는 척도는 분류기준에 따라 여러 종류로 나눌 수 있다. 기본 유형에 따라 척도를 분류해보면 명목척도에 속하는 임의척도라는 것이 있고, 평정척도, 총화평정척도 및 누적척도는 순서척도에 속하는 것들이다. 또, 유사등간척도는 구간척도의 일종이다.

학자들은 척도를 인간의 내적 상태와 외적 관계의 파악을 위한 두 가지로 분류하기도 한다. 또한, 응답을 얻기 위하여 응답자에게 제시하는 질문과 관련된 특성을 자극요소라 하는데 자극요소에 대한 응답요소로는 응답자가 정확히 판단하여 반응하는 판단응답과 개인 선호도, 태도, 가치관 등과 같이 응답자 자신의 절대적 근거에 따라 반응하는 감정응답이 있다. 이러한 자극요소와 응답요소에 의하여 척도를 비교척도와 非비교척도로 구분하기도 한다.

비교척도는 자극특성들을 직접 비교하여 응답하게 하는 척도를 말하는데, 비교척도를 구성하는 방법으로는 상대비교법, 순위법, 고정총합법 등이 있다. **상대비교법**이란 한 속성의 보유정도에 대한 다른 속성의 보유정도를 응답하게 하는 척도로, 예를 들면,

"자동차를 구매할 때 가격의 중요성을 100점이라 할 때,
디자인은 ( )점, 성능은 ( )점이다."

와 같은 척도로 **비율분할법**이라고도 한다. **고정총합법**은 응답자에게 평가할 속성들에 대한 총점을

제시하고 개별 속성에 대한 점수를 응답하도록 하는 방법으로,

"자동차를 구매할 때 고려해야 할 요소들에 대한 총점을 100점이라 할 때,
가격은 ( )점, 디자인은 ( )점, 성능은 ( )점이다."

와 같은 것이다. **非비교척도**는 자극특성의 보유정도를 응답자가 직접 판단하여 응답하도록 하는 것으로 연속평정법, 항목평정법 등이 있다. **연속평정법**은 자극특성의 보유정도를 연속된 수직선상의 한 값으로 응답하게 하는 것이고, 제시된 몇 개의 응답 값 중에서 하나를 선택하여 응답하게 하는 방법을 **항목평정법**이라 한다. 이 절에서는 구성 기법을 중심으로 여러 척도들에 대하여 설명한다.

(1) 평정척도

평정척도(評定尺度, rating scale)란 평가자가 측정대상(주어진 현상, 인물 또는 사물)의 속성을 연속선상의 한 점, 또는 몇 개의 의미 있게 배열한 범주 중의 하나에 위치시켜서 질문에 대한 평정자의 의견이나 태도를 제시하게 하거나 평정대상이 지니는 속성을 평가하게 한 다음 각 점 또는 범주에 일정한 규칙에 따라 부여된 점수를 측정값으로 사용하는 척도를 말한다.

평정척도의 대표적인 예로는 학생의 성적을 (A, B, C, D, F)나 [수(秀), 우(優), 미(美), 양(良), 가(可)]로 평가하는 것을 들 수 있다. 평정척도는 일정한 지시문(instruction)과 평정을 위한 척도점으로 구성된다. 예컨대, 평정척도에서 지시문은

"우리나라 대통령의 지도력은 어느 정도라고 생각하십니까?"

와 같은 질문의 형식으로 제시되며, 척도점은

① 매우 강함 ② 강함 ③ 보통 ④ 약함 ⑤ 매우 약함

와 같이 몇 개의 범주를 나열하는 것이 보편적인 형태이다.

평정척도의 척도점을 구성하는 방법으로는

- **응답 항목이나 범주를 나열하는 방법**
- **일정한 간격으로 수치를 부여한 수직선, 온도계, 사다리 등의 그림을 제시하는 방법**

등이 있다.

평정척도에서는 보통 **문항평정법**을 사용한다. 문항평정법이란 응답항목으로 어떤 태도나 느낌을 나타내는 문장 또는 어떤 속성을 나타내는 항목들을 그 정도에 따라 범주별로 제시하고 응답자가 본인의 느낌이나 태도에 가깝다고 생각하는 항목 또는 평가자가 평가대상의 속성에 해당된다고 생각하는 항목을 선택하게 하는 평정법을 말한다. 문항평정법은

"귀하가 사는 동네의 쓰레기 분리수거는 얼마나 잘 되고 있다고 생각합니까?"

와 같이 직접 질문을 제시하는 직접 문항평정법과

"귀하가 사는 동네의 쓰레기 분리수거는 다른 동네에 비해 얼마나 잘 되고 있다고 생각합니까?"
와 같은 비교 질문을 사용하는 비교 문항평정법으로 구별할 수 있다.

예제 4.2.1 문항평정법의 예

(1) 범주를 나열한 문항평정법

[질문] 평소 여성이 직장생활에 대하여 어떻게 생각하십니까? 귀하의 생각과 가장 가까운 항목의 ( )에 √ 표시를 해주시오.

( ) 혼인과 관계없이 평생 직업을 갖지 않는 것이 좋다.
( ) 결혼 전까지만 직업을 갖는 것이 좋다.
( ) 자녀가 생길 때까지만 직업을 갖는 것이 좋다.
( ) 자녀가 어느 정도 성장한 후에 직업을 갖는 것이 좋다.
( ) 자녀의 나이와 관계없이 직업을 갖는 것이 좋다.

응답 보기를

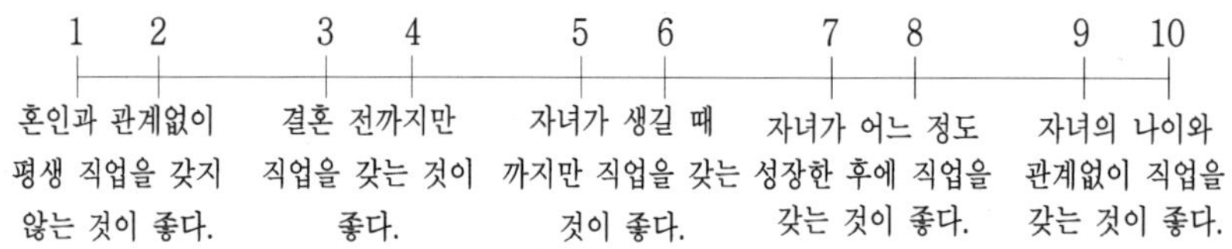

와 같이 직선상에 배열하고 여성의 직장생활에 대한 찬성 정도가 높은 쪽으로 1에서 10까지의 수치를 부여하면 수치평정척도가 된다.

(2) 척도점을 그림으로 나타낸 문항평정법

[질문] 기술협력 및 교류를 희망하는 분야와 관련된 북한의 기술 수준은 어느 정도라고 예상하십니까?

온도계 척도	사다리 척도
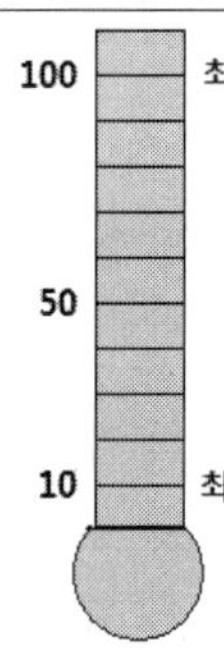	

♣

사회과학에서 사용하는 척도의 대부분은 개별 문항에 대한 평정척도를 이용하는데, 평정척도는 평가자 또는 응답자가 자신의 지식과 경험을 바탕으로 평가 대상에 대한 속성을 평가하고 측정대상을 비교하여 평가하지 않는 것이 특징이다. 일반적으로 평정척도는 만들기 쉽고, 응답이 간편하며, 시간과 비용 면에서 경제적이고, 따라서 적용 범위가 넓다는 등 여러 장점이 있는 반면 평가자의 성격이나 태도 등의 성향에 따라 평가가 편향될 수 있다는 단점이 있다. 특히, 평가자의 성격이 따라 어느 한 쪽으로 평가가 치우칠 수 있는데 한 번 치우친 평가는 후광효과에 의하여 계속적으로 동질적인 평가가 나올 위험성이 존재한다. 또한, 같은 평정척도라도 평가자에 따라 문항에 사용된 단어를 해석하는 기준이 달라서 응답의 안정성이나 신뢰성에 영향을 줄 수 있다.

척도란 측정대상을 어떤 속성의 점수에 의하여 구별 또는 분류하고자 하는 측정수단이라 할 수 있다. 그러한 기능을 수행하도록 척도를 구성하는 방법은 다음과 같은 세 가지로 구분한다.

- **총화척도**(總和尺度, summated scales)
  개별 문항에 대한 평정점수를 단순히 합치는 방법
- **차별척도**(差別尺度, differential scales)
  문항들이 자체적으로 일종의 단일차원에서 순위를 형성하고 있어서 응답자가 제시된 여러 문항들 중에서 자신의 속성이나 의견에 해당하는(또는 해당하지 않는) 것을 선택하면 저절로 응답자의 위치를 파악할 수 있게 하는 방법
- **누적척도**(累積尺度, cummulative scales)
  문항들이 자체적으로 서열을 이루도록 만들어서 모든 문항에 긍정적으로 답한 사람의 척도점수가 일부의 문항에 긍정적으로 답한 사람의 척도점수보다 높도록 하는 방법

(2) 리커트 척도

리커트 척도(Likert scale)는 Likert(1932)가 개발한 척도인데 여러 가지 척도들 중에서 가장 실용성이 높은 것으로 평가받고 있다. 리커트 척도는 일종의 차별척도인데 여러 문항의 개별 응답 점수를 합하여 척도를 구성한다는 의미에서 **총화평정척도**(總和評定尺度, summated rating scale)라고 한다. 리커트 척도를 구성하는 각 문항에는 일정한 방향으로 의견이나 태도 등의 강도를 나타내는 응답 범주들이 나열되어 있는데 그것을 점수화하고 전체 문항들의 평점을 합한 총점이 리커트 척도의 척도값이 된다. 개별 문항의 응답 범주에는 범주의 강약 정도에 따라 3점, 5점 또는 7점 척도에 의한 수치가 부여되어 있다. 이때 응답 범주들 사이에는 등간성을 가정하는데 기술적 또는 경험적으로 그 등간성을 확인할 수는 없으므로 리커트 척도의 척도값은 순서척도로 측정된 값일 뿐이다.

예제 3.3.3에서 SLS는 전형적인 리커트 척도이다. SLS는 5문항의 총점이고 각 문항은

전혀 그렇지 않다. : 1 − 2 − 3 − 4 − 5 − 6 − 7 : 정말 그렇다.

와 같은 7점 척도로 구성되어 있다.

리커트 척도는 여러 문항점수들의 총합으로 구성되기 때문에 개별 문항들 간에 일관성이 있어야 하고 각 문항과 총점 사이에도 일관성이 있어야 한다. 그러한 일관성은 내적일치도, 문항 간의 상관분석, 문항분석법 등에 의하여 판단한다. 한편, 예제 3.3.3의 응답 범주를 보면 "전혀 그렇지 않다." 부터 "정말 그렇다."에 단계별로 1부터 7까지의 숫자를 부여하고 있는데, 범주 간의 등간격이 문제가 될 수 있지만 여러 문항들에 의하여 만족도에 대한 순위가 결정되므로 척도의 목적은 달성된다. 보다 중요한 문제는 삶의 만족도라는 개념을 점수화 할 때 개념을 구성하고 있는 각 문항에 동일한 가중치를 적용할 수 있는가 하는 것이다. 개념에 대한 점수화 방법으로는 개념을 구성하는 각 문항에 동일한 가중치를 주는 단순총합을 이용하는 방법과 각 문항의 개념에 대한 기여도를 가중치로 하는 가중합을 이용하는 방법이 있다.

리커트 척도에서는 척도를 구성할 문항들을 선정하여 설문조사를 실시한 다음 문항의 내적 일치성이나 문항 변별력을 검토하여 척도를 구성할 최종 문항을 선정한다. 개별 문항분석에는 변별력분석, 주성분 분석법, 요인분석법 등이 이용된다.

리커트 척도는 느낌의 강도를 나타내기가 간편하여 만들기가 쉽고 응답자들이 간단히 응답할 수 있다는 장점이 있다. 리커트 척도의 단점으로는 구간척도가 아닌 순서척도에 가깝다는 점이 지적되지만 등간격을 나타낼 수 있는 가장 좋은 척도로 인정되고 있으며 연속형 자료에 대한 통계분석법을 활용할 수 있는 것으로 알려져 있다.

(3) 서스톤 척도

사회연구에서 사용되는 대부분의 척도는 사실상 순서척도이므로 척도점 간의 등간성을 확보하는 것이 필요하다. 등간성을 확보하기 위하여 만들어 낸 척도의 일종이 **서스톤 척도**(Thurstone scales)이다. 서스톤 척도는 Thurstone에 의하여 개발된 척도이다. 그의 척도구성법에는 유사등간법, 조합비교법, 계속구간법 등이 있는데, 유사등간법이 많이 사용된다. 서스톤 척도는 문항 평가자들이 순위를 매겨 놓은 문항들로 구성되는 차별척도의 일종으로 **평위척도**(ranking scale) 또는 **유사등간척도**(equal-appearing interval scale)라고도 한다.

서스톤 척도는 가중치가 부여된 일련의 문항들 중에서 응답자가 동의하여 선택한 문항에 부여된 가중치들의 평균을 응답자에 대한 척도의 측정값으로 삼는 척도이다. 따라서 이 척도에는 찬반 태도의 강약을 나타내는 가중치가 부여된 문항들만 나열되어 있다. 서스톤 척도의 구성에서 중요한 문제는 문항집단에서 어떤 문항을 선정하고 선정된 문항의 가중치는 얼마로 할 것인가이다. 개별 문항의 적합성 여부는 전문 평가자들의 평가 결과를 토대로 판정한다. 서스톤 척도의 구성 과정은 다음과 같다.

1. 연구문제와 관련되어 측정하려는 변수를 명확히 규정한다.

2. 관련 자료를 수집하여 측정변수와 연관된 100여 개의 문항을 만든다. 문항은 간결한 문장으로 표현하되 양면성을 가진 표현은 피해야 한다.
3. 각 문항의 평가범주는 부적합-중립-적합의 정도를 세분할 수 있도록

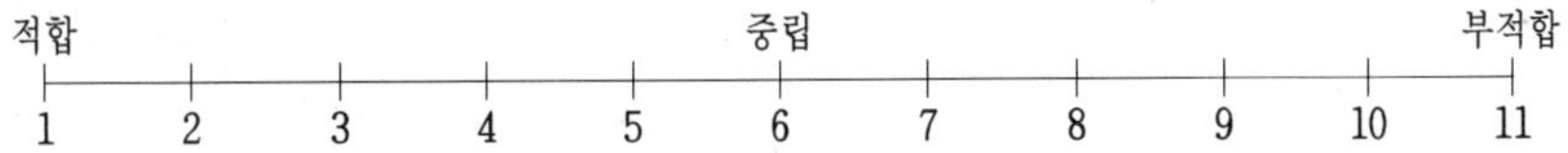

와 같은 11개의 범주로 구분하여 적어도 20명 이상의 평가자에게 문항을 평가하도록 한다. 이 11개 범주는 평가자의 순위를 매기기 위한 것인데 이것을 평정이 아닌 평위(ranking)라 규정하여 서스톤 척도를 평위척도라 한다.
4. 문항별로 평가 점수의 중앙값, 범위, 평균, 표준편차를 계산한다. 여기서 평가자들의 의견이 일치하지 않아서 평가 점수의 편차가 큰 문항들은 제외하고 평균이나 중앙값을 문항의 가중치(척도값)로 부여한다.
5. 11개 평가 범주에 해당하는 문항들이 등 간격으로 고르게 배치될 수 있도록 약 20~30개 정도의 문항을 문항의 척도값을 기준으로 선정하여 서스톤 척도를 구성한다. 이 때, 사분위수 범위나 표준편차 및 척도값을 비교하여 비슷한 순위의 문항이 중복되지 않도록 한다.

예제 4.2.2 서스톤 척도의 예(Phillips, 1971)

다음 문항 중에서 자신이 동의하는 문항에 ○표 하시오.
1. 사회의 의사를 수용하기 위해 개인의 의사를 억압하는 것은 자신의 숭고한 목적을 성취하는 길이다. (1.1)
2. 인간은 다수의 의사를 따를 때 가장 좋은 대접을 받는다. (2.8)
3. 논쟁이 생길 때 친구와 합의하지 못하는 것은 어리석은 일이다. (4.5)
4. 자기주장은 가치 있는 일이지만 사회생활에서 제한될 수밖에 없다. (6.1)
5. 인간의 능력개발은 자신에게 중요한 목적이 되어야 한다. (7.5)
6. 타인의 요구에 순응하면 자기 개성이 희생된다. (8.9)
7. 능력의 한계까지 자기 개발을 이루려는 것은 인간 존재의 주된 목적이다. (10.4)

각 문항에서 괄호 안의 수치는 문항에 부여된 척도값인데 척도값 간의 거리가 거의 동일함을 알 수 있다. 여기서 어떤 응답자가 3, 4, 5번 문항에 ○표를 하였다면 그에 대한 서스톤 척도의 측정값은 각 문항에 부여된 세 척도점수의 평균인 6.03이 된다. ♣

서스톤 척도는 평가자가 개별 문항의 척도상 위치를 평가하면 이를 바탕으로 연구자가 대표적인 문항을 선정하여 척도를 구성한 것인데 어떤 질문에 대한 응답자의 매우 극단적인 반응에 대응하기 위하여 응답자의 태도가 연속선상에 위치하면 응답자의 태도 점수는 동일한 간격으로 구분된 어떤 범주에 속할 것이므로 등간격으로 구분된 각 범주에 해당되는 문항을 응답자에게 제시하고 자신이

동의하는 문항을 선택하게 하여 응답자의 태도에 적합한 연속선상의 한 지점을 결정하는 것이다.

서스톤 척도는 많은 문항들 중에서 측정 변수와 관련된 문항이 선정되기 때문에 문항의 선정이 정확해지는 장점이 있다고 말할 수 있다. 그러나 서스톤 척도는 평가를 위한 다수의 문항과 평가자가 필요하기 때문에 척도 구성에 많은 시간과 노력이 필요하다. 또한, 평가자의 편견이 개입될 수 있다는 점도 단점으로 지적할 수 있다. 서스톤은 태도측정 위하여 이 척도를 개발하였는데 리커트 척도에 비해 작성과정이 복잡하고 동일한 수의 문항을 사용해도 리커트 척도가 서스톤 척도보다 더 높은 신뢰도를 보이는 것으로 알려져 있다(Summers, 1970).

(3) 거트만 척도

누적척도는 일련의 문항들이 일정한 기준에 따라 논리적으로 거의 완전한 서열을 이루고 있다면 응답자의 순위도 문항에 응답한 유형에 따라 결정될 수 있다는 가정 하에서 만들어진다. **척도분석법**(scale analysis) 또는 **척도도식법**(scalogram method)이라고도 하는 **거트만 척도**(Guttman Scale)는 거의 완벽한 누적척도를 만들면 그 '속성의 모집단'은 단일 차원의 성질을 지닌다는 가정 하에서 모집단에 대한 속성의 단일차원을 확인하기 위해 개발한 일차원 척도이다. 단일차원의 척도는 하나의 변수만을 측정하며 문항과 개인의 총점 사이에 누적적인 관계가 성립한다.

거트만 척도의 구성 원리를 알아보기 위하여 어린이들에게 난이도에 따라 배열된 산수 문제

① $28 \div 7 = ?$ ② $8 \times 4 = ?$ ③ $12 + 9 = ?$

를 제시한 경우에 대하여 생각해 보자. ①번 문제에 답할 수 있는 어린이는 ②번과 ③번 문제에도 답할 수 있을 것이고, 따라서 이 어린이의 총점은 3점으로 예상된다. 반면에 ③번 문제에 답하지 못하는 어린이는 ①번이나 ②번에도 답하기 어려울 것이므로 총점은 0점으로 예상된다. 가트만 척도는 바로 이와 같은 원리를 이용하여 만든 척도이다.

단일 차원에 속하는 동질적인 문항들을 약한 강도의 질문부터 강한 강도의 질문 순으로 배열하여 척도를 구성하면 약한 강도의 문항에 대한 응답 결과에 따라 강한 강도의 응답에 대해 어느 정도 예측이 가능하다. 또한 응답자의 응답 결과를 이용하여 척도점수를 계산하면 연구자의 질문에 대해 매우 강하게 느끼는 응답자부터 전혀 느끼지 못하는 응답자까지 척도점수의 순서로 배열할 수 있다. 따라서 거트만 척도는 문항의 속성강도에 따라 문항이 일관성 있게 배열되어야 한다.

예제 4.2.3 정치 관심도 측정을 위한 거트만 척도의 예

1. 나는 선거에 참여하여 투표하는 것은 당연하다고 생각한다.
   ① 정말 그렇다. ② 그런 편이다. ③ 전혀 그렇지 않다.
2. 나는 대통령선거에 거의 참여하여 투표하는 편이다.

① 정말 그렇다. ② 그런 편이다. ③ 전혀 그렇지 않다.

3. 나는 모든 선거에 빠지지 않고 투표하는 편이다.
   ① 정말 그렇다. ② 그런 편이다. ③ 전혀 그렇지 않다.
4. 나는 지지하는 정당이 있다.
   ① 정말 그렇다. ② 그런 편이다. ③ 전혀 그렇지 않다.
5. 나는 선거 때 선거 운동원으로 참여한 경험이 있다.
   ① 그렇다. ② 아니다.
6. 나는 정당의 당원으로 참여한 경험이 있다.
   ① 그렇다. ② 아니다. ♣

예제 4.2.3에서 6개 질문 문항의 배열 순서를 보면 정치 관여도나 관심도의 강도에 따라 질문이 배열되어 있음을 알 수 있다. 이와 같이 거트만 척도는 단일 차원에 대한 여러 문항으로 척도를 구성하고, 각 문항의 척도는 연구자의 의도에 따라 2점, 3점, 4점, 5점 등의 척도로 구성할 수 있다.

거트만 척도의 각 문항에 대한 긍정적 응답을 (+)로, 부정적 응답을 (−)로 표시하여 6문항으로 구성된 거트만 척도의 전형적인 응답 유형을 나타내면 표 4.2.1과 같다. 표 4.2.1은 정치 관심도나 관여도가 매우 높은 응답 유형 A부터 매우 낮은 유형 G까지 가트만 척도에서 나타날 수 있는 이론적인 결과를 배열한 것이다. 그러나 실제 응답결과는 표 4.2.1과 같이 이상적인 응답 유형의 순서만으로 나타나지는 않을 것이다. 응답자는 질문의 순서와 관계없이 자신이 생각에 따라 응답할 것이므로 거트만 척도로 구성된 질문에서는 질문 강도가 높은 문항에 긍정적인 응답을 했더라도 질문 강도가 낮은 문항에 부정적인 응답을 하게 되는 일관성 없는 응답이 나타날 수 있다. 예컨대, 6번 문항에 +로 응답한 사람은 나머지 다섯 문항에서 모두 +로 응답해야 하는데 3번 문항의 응답 결과가 −이거나, 반대로 3번 문항까지 모두 +로 응답한 사람이 4, 5, 6번 문항에서 −, −, +로 응답할 수 있다. 이것을 오차라 하는데 전자를 **누락오차**, 후자를 **권외오차**라 한다. 이러한 오차의 빈도수

표 4.2.1 6문항으로 구성한 가트만 척도의 전형적인 응답유형

응답유형	문항번호						척도점수
	1	2	3	4	5	6	
A(1)	+	+	+	+	+	+	6
B(2)	+	+	+	+	+	−	5
C(3)	+	+	+	+	−	−	4
D(4)	+	+	+	−	−	−	3
E(5)	+	+	−	−	−	−	2
F(6)	+	−	−	−	−	−	1
G(7)	−	−	−	−	−	−	0

를 응답오차 또는 **오차점수**(error scores or number of error)라 한다. 거트만 척도는

$$CR=1-\frac{\text{오차점수}}{(\text{응답자 수})\times(\text{문항 수})}$$

로 정의하는 **재생계수**(再生係數, coefficient of reproducibility)-재사용 가능계수 또는 척도화 가능계수(coefficient of scalability)-로 척도의 일관성을 평가할 수 있다.

재생계수는 오차점수가 높으면 척도화 가능성이 희박함을 나타내는 계수인데 그 값이 얼마나 커야 하는지에 대한 정확한 기준은 없다. 이홍탁(1994), 남궁평(2001) 등은 척도화가 가능하려면 재생계수가 0.9 이상은 되어야 한다고 주장한다. 따라서 일관성 없는 응답이 나타나는 질문은 모두 제외하여 거트만 척도를 다시 구성하는 것이 바람직하고, 가트만 척도를 구성하는 문항의 수가 적어도 10개는 되어야 한다는 주장이 있으므로 처음부터 문항의 수가 충분하도록 척도를 구성하는 것이 좋을 것이다. 그러나 많은 문항으로 척도를 구성할 경우 어느 한 쪽으로 지나치게 치우친 응답이 나타날 수 있는 질문은 배제하는 것이 바람직하다.

거트만 척도는 리커트 척도와 함께 일차원 척도의 성질을 지닌 척도이다. 그러나 실제로 응답자의 응답이 단일 차원의 성질을 지닌다고 가정하는 것은 비현실적이며, 추상적 개념을 단일 차원에서 측정한다는 것도 어렵다는 점을 인식해야 한다. 그리고 특정 표본에서 척도화 가능성이 확인된 거트만 척도를 성격이 다른 집단에 사용할 수는 없다는 점도 명심해야 한다.

(4) 보가더스 척도

보가더스 척도(Borgadus scale)는 누적척도의 일종인데 주로 인종이나 민족 또는 사회계층들 간의 사회・심리적 거리감을 측정하기 위하여 사용되는 **사회적 거리척도**(social distance scale)이다. 이 척도는 응답자가 속하지 않는 다른 사회집단에 속하는 대상에 대한 친밀감이나 혐오감 등의 느낌을 측정하기 위한 것으로 그 용도가 한정되어 있다.

E. S. Borgadus는 인종적 편견의 강도를 측정하기 위하여 각 인종에 대하여 어떤 반응(사회적 수

표 4.2.2 보가더스의 인종간 거리척도

문 항	미국인	중국인	일본인	영국인	독일인	프랑스인
결혼하여 가족으로 받아들인다.	1	1	1	1	1	1
친구로서 같은 클럽에 가입한다.	2	2	2	2	2	2
이웃으로 받아들인다.	3	3	3	3	3	3
같은 직장에 다닌다.	4	4	4	4	4	4
우리나라 국민으로 받아들인다.	5	5	5	5	5	5
우리나라 방문객으로 받아들인다.	6	6	6	6	6	6
우리나라에 오는 것도 싫다.	7	7	7	7	7	7

용도)을 보이는가를 살펴보기 위하여 앞쪽의 표 4.2.2와 같은 설문지를 작성하였다. 응답자가 표 4.2.2의 척도에 따라 인종별로 최대로 수용할 수 있는 문항에 표시를 하면 보가더스 척도의 결과는 **인종간 거리계수**(RDQ, Racial Distance Quotient)로 구해진다. 예컨대, 미국인에 대하여 100명의 응답자 중 70명이 문항 1에, 30명이 문항 2에 표시했다면 응답자 집단이 미국인에게 느끼는 친밀감의 정도를 나타내는 RDQ는

$$\mathrm{RDQ}=\frac{1\times70+2\times30}{100}=1.30$$

과 같이 계산한다. 보가더스 척도 역시 각 척도점 간의 사회적 거리가 같다는 것을 가정하여 작성되는 척도이므로 문항을 작성할 때 문항의 경중에 차이가 나타나지 않도록 주의해야 하고 해석상의 한계가 있다는 단점이 있다.

(5) Q-분류법

서스톤 척도의 변형된 형태로 볼 수 있는 척도의 일종으로 **Q-분류법**(The Q-sort)이 있다. 서스톤 척도는 제시된 다수의 문항에 대하여 전문 평가자들이 문항을 9~11개의 평가범주로 분류하여 척도를 구성하지만 Q-분류법에서는 응답자가 각 문항에 대한 자신의 태도에 해당되는 범주를 선택하게 한 후 응답자에게 각 태도의 범주에 속하는 문항 또는 항목의 수를 기록하게 한다. 즉, Q-분류법은 응답자가 문항을 분류한 유형에 따라 그 사람의 태도나 속성의 위치(범주)를 밝히고자 하는 것으로 이 점이 서스톤 척도와 다른 점이다. 그리고 Q-분류법에서는 각 태도범주에 속하는 것으로 분류될 문항의 수가 정규분포를 따르도록 미리 정해 놓고 있는데 이것이 Q-분류법의 한 특징이라 하겠다.

문항 점수를 -5점에서 +5점의 범위에서 중립적 태도의 점수에 0점으로 부여하면 응답자가 긍정, 중립, 부정의 각 범주에 대답한 문항의 수를 집계하면 각 문항에 대한 응답자의 느낌이나 태도에 상대적인 순위를 부여할 수 있으므로 요인분석에 의하여 비슷한 선호감을 지니고 있는 사람들의 집단을 분리해 낼 수 있다. 즉, Q-분류법은 대상물을 척도로 평가하기 보다는 대상물에 대한 응답자의 태도에 따라 응답자를 분류하고자 하는데 있다.

(6) 어의차별척도

어의차별척도(語意差別尺度, semantic differential scale)는 **의미분화척도**(意味分化尺度) 또는 의미변별척도라고도 한다. 이 척도는 어떤 대상이 개인에게 주는 의미를 측정하여 일종의 태도척도를 구성한 것으로 개념의 의미를 다차원에서 측정하여 태도의 변화를 더 정확하게 파악하기 위해서 고안된 척도이다(Osgood, Suci, Tannenbaum, 1957).

어의차별척도에서는 평가 대상이 되는 현상이나 사물에 내포되어 있는 특정 개념의 의미를 파악하기 위해서 하나의 개념을 여러 가지 의미의 다차원에서 평가한다. 어의차별척도는 몇 개의 차원에

표 4.2.3 어의차별척도의 평가차원별 형용사의 짝

차원	상반되는 형용사의 짝			
평가	좋다 - 나쁘다,	아름답다 - 추하다,	착하다 - 악하다,	깨끗하다 - 더럽다
능력	크다 - 작다,	많다 - 적다,	강하다 - 약하다,	무겁다 - 가볍다
활동성	적극적 - 소극적,	빠르다 - 느리다,	능동적 - 수동적,	예민하다 - 둔하다
수용성	맛있다 - 맛없다,	흥미롭다 - 귀찮다,		

따른 양극화된 형용사들을 짝 지워서 5점 내지 7점 척도로 구성된 문항들로 이루어진다. 여기서 몇 개의 차원이란 기본적으로 제시할 수 있는 평정의 기준을 의미하는 것으로 어의차별척도는 적어도

- **평가(評價, evaluation) 또는 가치판단 요인**
- **능력(能力, potency) 요인**
- **활동성(活動性, activity) 요인**
- **수용성(受容性, acceptance) 요인**

의 차원에서 측정대상인 특정 개념의 의미를 파악할 수 있어야 한다는 것이다. 어의차별척도에서 각 차원의 평가에 사용되는 형용사의 짝들이 표 4.2.3에 예시되어 있다. 상반되는 형용사의 짝을 찾을 수 없는 경우에는 한쪽 형용사만을 제시할 수도 있는데, 이를 **Stapel척도**라 한다. Stapel척도는 응답자가 혼란스러워 할 수 있으므로 부득이한 경우가 아니면 가급적 사용하지 않는 것이 현실이다.

예제 4.2.4 어의차별척도의 예

귀하는 회사에 대한 평소 이미지가 어떻다고 생각하십니까? 귀하의 느낌과 가장 가까운 번호에 ○표하여 주십시오.

	매우	약간	보통	약간	상당히	
1. 밝다	5	4	3	2	1	어둡다
2. 따뜻하다	5	4	3	2	1	차갑다
3. 적극적이다	5	4	3	2	1	소극적이다
4. 진보적이다	5	4	3	2	1	보수적이다
5. 민주적이다	5	4	3	2	1	권위적이다
6. 자율적이다	5	4	3	2	1	타율적이다

어의차별척도는 마케팅 분야의 조사에서도 널리 활용되고 있다. 제품 디자인의 특성 연구를 위한 평가 도구를 개발하기 위해서 어의차별척도를 활용한 사례를 보면, 디자인의 특성을 기능성, 심미성 및 상징성의 차원으로 나누어 평가하고 있다(홍두승, 1995). 즉, 기능성 요인에 대해서는

기능적 - 비기능적, 실용적 - 비실용적, 견고하다 - 약하다, 편리하다 - 불편하다

등의 형용사 짝을, 심미성 요인에 대하여는

아름답다 - 추하다, 조화 - 부조화, 정돈된 - 산만한, 깨끗한 - 지저분한

등의 형용사 짝을, 상징성 요인에 대해서는

고급스러운 - 대중적인, 품위 있는 - 품위 없는, 현대적 - 고전적, 세련된 - 촌스러운

등의 형용사 짝을 이용하여 제품 디자인의 평가도구 차원별로 의미를 세분화하였다. 이처럼 의미차별척도는 측정 개념을 여러 차원으로 세분화하여 그 의미를 파악할 수 있고, 평가 개념에 따라 적절한 차원을 새로이 구성할 수 있기 때문에 실제로 많은 분야의 설문조사에서 널리 활용되고 있다.

어의차별척도는 개념을 구성하는 요소들이 어의적 공간(semantic space)에서 군집 또는 집락을 이룰 수 있다는 전제에서 구성된다. 따라서 측정 개념에 대한 차원이 설정되지 않은 경우에 어의차별척도는 다음과 같은 단계에 따라 구성한다.

1. 평가 대상이 되는 개념과 그 기준을 설정하고,
2. 개념을 측정하기 위해 적절하게 표현된 양극화된 형용사 군을 정한 다음,
3. 평가자들의 결과를 요인분석법 등으로 분석하여 유사한 의미를 지닌 단어들로 군집을 만든다. 다음으로 각 군집에 적절한 개념을 부여하여 측정 개념에 대한 차원을 설정하고 해당 차원을 평가할 어의차별척도의 문항을 선정한다.

어의차별척도로 수집된 자료로는 각 평가차원에 대한 점수들을 분석하여 평가차원들 간의 유사성 같은 관계를 파악할 수 있다. 이런 분석에는 평균분석이나 거리집락분석, 요인분석 등과 같은 다변량 분석법이 이용된다. 어의차별척도는 문항을 비교적 쉽게 작성할 수 있고, 응답자가 쉽게 응답할 수 있다는 장점이 있다. 이런 이유로 어의차별척도는 리커트 척도와 함께 많이 사용되는 척도이다.

(7) 소시오 메트리

소시오 메트리(sociometry)는 소집단 또는 작은 규모의 공동체를 이루고 있는 구성원들 간의 의사소통, 사회적 지위, 상호관계, 사회적 적응 등이나 집단구조를 파악하기 위해서 개발된 척도이다(Bailey, 1978). 소시오 메트리는 응답자들이 소속집단 구성원들에 대하여 비호감, 영향력, 인기 등의 정도를 평가한 자료로부터 **사회측정행렬**(sociometric matrix)이라 부르는 교차표를 만들어 분석하거나 **소시오그램**(sociogram)라는 그림을 그려서 집단의 성격 등을 파악하는 기법이다.

소시오그램은 집단의 구조를 파악하기 위하여 구성원들이 타구성원을 선택하는 모습을 화살표로 나타낸 것으로

상호흡인(mutually attracted), 지도자, 고립자(isolate), 잠재적 힘의 소유자,
비상호적 연쇄(non-reciprocated chain), 배타적 도당(clique)

등과 같은 집단 내의 구조를 찾아볼 수 있다(김경동 등, 2009).

(8) 다차원 척도

지금까지 소개한 척도들은 응답자가 측정대상이 지니고 있는 속성을 확인하여 그 강도를 수치화할 수 있다는 전제를 바탕으로 한 것이다. 여기서 연구자는 응답자가 대상의 속성에 대하여 평가한 것을 토대로 대상의 위치를 알게 되는데, 응답자가 어떤 근거로 그와 같은 평가를 하였는지는 알 수 없다. **다차원 척도**(multi-dimensional scales)는 응답자의 평가에 어떤 특성 또는 속성이 작용하였는가를 추정하기 위한 것이다. 이때, 차원의 수는 응답자의 평가에 영향을 주는 속성들의 수를 나타낸다. 사실, 다차원 척도는 응답자의 판단을 영향을 주는 속성들을 찾아내고자 하는 것보다는 응답자들이 여러 관측대상들에 대하여 어떤 유사성을 느끼고 있으며 어떤 대상을 선호하는가를 조사하여 관측대상들이 다차원 공간상의 어디에 위치하는가를 찾아내기 위한 것이다.

일반적으로 사회과학분야에서는 여러 문항들을 결합하여 척도를 구성한다. 그런데, 측정의 신뢰성을 확보하기 위하여 여러 문항을 결합한 척도가 바람직하지만 고려할 수 있는 모든 문항을 이용하여 척도를 구성하는 것은 불가능하다. 따라서 측정 변수와 관련되었을 것으로 생각되는 다수의 문항을 평가하여 척도를 구성할 문항을 선정한다. 여기서는 측정 변수와 관련하여 다수의 문항을 평가한 결과를 토대로 척도의 구성에 적절한 문항을 선정하는 통계적 방법에 대하여 간단히 소개한다.

· 상관분석에 의한 척도 구성

척도와 문항 간의 상관계수를 문항 선택을 위한 지표로 사용한다. 척도를 구간척도나 비율척도로 간주할 수 있다면 피어슨의 상관계수를, 명목척도나 순서척도라면 스피어만의 **순위상관계수**, **켄달의 타우**(Kendall's τ), **소머스의** D(Somers' D), **감마**(γ) 등을 연관성의 측도로 이용한다.

· 문항변별력 분석에 의한 척도 구성

응답 강도가 다른 두 부류의 응답자를 구별할 수 있는 변별력을 지닌 문항들로 척도를 구성하고자 할 때 개별 문항의 변별력 지수를 이용하여 척도를 구성할 문항을 선택할 수 있다. 여기서 변별력 지수란 척도 점수가 높은 상위 집단과 낮은 하위 집단을 구성하여 각 문항별로 두 집단의 평균을 비교할 수 있는 통계량을 말한다. 개별 문항의 변별력 지수는 다음과 같이 구한다.

1. 응답자별로 각 문항의 응답 점수를 더하여 총점을 구한다.
2. 응답자를 총점의 크기 순서대로 나열한다.
3. 총점이 상위 25%와 하위 25%에 속하는 응답자들로 두 집단을 구성한다.
4. 각 문항의 변별력 지수로 두 집단의 평균차이 또는 t-통계량을 사용한다.

변별력 지수로 두 집단 간 평균의 차이를 사용하는 경우에 기준치는 개별 문항 응답점수 범위의 1/2로 정한다. t-통계량 값을 변별력 지수로 사용할 때는 t-통계량의 절댓값이 2 이상인 문항을 변별력이 있는 문항으로 판단하거나, 문항별 t-검정을 통하여 유의성 여부를 검정한 다음 최종적으로 척도를 구성할 문항을 선정한다.

· **주성분분석에 의한 척도 구성**

개별 문항과 척도간의 상관계수가 일정한 수준 이상인 문항을 선정하여 척도를 구성할 때, **주성분분석**(principal component analysis)을 통해 척도의 타당성을 확인해 볼 수 있다. 주성분분석이란 여러 문항들 간의 상관관계로부터 가상의 합성변수(주성분)를 만들어 내는 다변량 분석법이다. 통상적으로 고유치가 1.0이상이거나 설명된 총 분산의 누적 비율이 70~80% 이상인 주성분을 선택하고 각 문항에 대한 주성분 점수를 이용하여 척도를 구성한다.

· **요인분석에 의한 척도 구성**

요인분석은 변수(문항)들 간의 상관관계를 이용하여 공통 요소를 많이 내포하고 있는(유사한 특성을 지닌) 변수끼리 묶어 내는데 널리 이용되고 있는 다변량 분석법이다. 요인분석은 주성분분석과 매우 유사한 방법이다. 단지 주성분분석은 모든 변수들을 대표할 수 있는 주성분 검출이 목적이지만 요인분석은 개별 변수들이 지니고 있는 요인(혹은 인자)들을 검토하여 어떤 특성을 공통적으로 지닌 변수들을 하나의 그룹으로 묶어내는데 이용되는 분석 방법이다. 따라서 요인분석의 결과로 공통요인을 내포하고 있는 문항들을 분류해내고 그 문항들을 결합하여 척도를 구성한다. 요인의 수는 고유치가 1.0보다 크거나 설명된 총 분산의 누적 설명비율이 70~80% 이상이 되도록 결정하는 것이 일반적이다.

연습문제 4.2

01. 평정척도의 장점이 아닌 것은?

가. 만들기 간편하다. 나. 시간과 비용이 적게 든다.
다. 적용의 범주가 넓다. 라. 객관성이 유지될 수 있다

02. 리커트 척도에서 가장 중요한 요소는 무엇인가?

가. 문항간 내적 일관성 나. 문항의 재생가능성
다. 척도의 용이성 라. 척도의 누적가능성

03. 서열측정을 위한 방법으로 단순합산법을 사용하는 대표적인 척도는?
가. 거트만 척도 나. 리커트 척도 다. 서스톤 척도 라. 보가더스 척도

04. 실용성과 효율성이 높다고 인정되며 총화평정기법(summated rating technique)이라고도 불리는 척도는?
가. 거트만 척도 나. 리커트 척도 다. 서스톤 척도 라. 어의차별 척도

05. 한 개인의 태도를 측정하기 위해 사용된 문항들이 단일 차원에 속하는지를 확인할 수 있는 척도는?
가. 서스톤 척도 나. 리커트 척도 다. 거트만 척도 라. 의미분화 척도

06. 각 문항이 척도상의 어디에 위치할 것인가를 평가자들로 하여금 평가하게 하고, 이를 바탕으로 연구자가 대표적인 문항들을 선정하여 척도를 구성하는 척도는?
가. 거트만 척도 나. 리커트 척도 다. 서스톤 척도 라. 의미분화 척도

07. 서스톤 척도는 측정의 수준으로 볼 때 다음 중 어느 척도에 해당하는가?
가. 등간척도 나. 서열척도 다. 명목척도 라. 비율척도

08. 척도를 구성하는 과정에서 평가자의 평가에 근거하여 문항을 선정하고 척도의 값을 정한 다음 조사자가 이를 바탕으로 척도에 포함된 적절한 문항을 선정하여 구성하는 척도는?
가. rating scale 나. equal-appearing interval scale
다. summated rating scale 라. cumulative scale

09. 서스톤 척도에 대한 다음의 설명 중 틀린 것은?
가. 리커트 척도에 비하여 서스톤 척도는 비용과 시간이 많이 소요되는 단점이 있다.
나. 리커트 척도는 구간 수준의 측정이 가능하지만 서스톤 척도는 서열 수준의 측정만이 가능하다.
다. 평가자의 편견이 개입될 가능성이 있으므로 가능하면 많은 수의 평가자를 선정하는 것이 좋다.
라. 문항의 선정 과정에 평가자 간에 이견이 큰 문항은 제외한다.

10. 다음 중 평가자가 부여한 점수로 해당 문항의 척도값을 정하는 것은 ?
가. 리커트 척도 나. 서스톤 척도 다. 거트만 척도 라. 의미분화 척도

11. 거트만 척도에서 응답자의 응답이 이상적인 패턴에 얼마나 가까운가를 측정하는 것은?
가. 단일차원계수 나. 스캘로그램 다. 재생가능계수 라. 최소오차계수

12. 거트만 척도를 활용하여 약물중독의 정도를 측정하는 척도를 구성하고 한다. 먼저 술, 대마초, 필로폰의 순으로 약물중독 정도가 심하다고 가정하고 각각에 대해 사용여부를 물었다(사용: +, 미사용: -). 다음 응답유형 가운데 척도의 구조에 위배되는 오류형(혼합유형)은 어느 것인가?

	술	대마초	필로폰
유형 1	+	+	+
유형 2	-	+	-
유형 3	+	-	-
유형 4	+	-	+

가. 3, 4 나. 2, 4 다. 2, 3 라. 1, 4

13. 척도는 응답자, 자극 또는 응답자와 자극을 동시에 측정하려고 하는가에 따라 여러 방식이 있다. 이 중 응답자와 자극을 동시에 측정하는 척도는?
가. 리커트 척도 나. 서스톤 척도 다. 거트만 척도 라. 의미분화 척도

14. 거트만 척도에서 응답자수가 400명, 문항수가 20개, 응답의 오차가 80일 때 재생계수는 얼마인가?
가. 0.99 나. 0.92 다. 0.48 라. 0.88

15. 외국인 노동자에 대한 5명의 응답자들의 사회적 거리감을 조사하여 다음과 같은 척도점수를 계산하였다고 가정하자. 이때, 응답자의 응답이 이상적인 패턴에 얼마나 가까운지를 측정하는 재생계수의 값은?

사회적 거리감	응답자				
	A	B	C	D	E
1. 방문자로서 허용하겠다.	0	1	1	1	1
2. 이웃으로 허용하겠다.	0	0	1	1	1
3. 친구로서 허용하겠다.	1	0	0	1	1
4. 가족의 배우자로 허용하겠다.	0	0	1	0	1
지수 점수	1	1	3	3	4
척도 점수	0	1	4	3	4

가. 0.80 나. 0.90 다. 0.94 라. 0.96

16. 오스굿(Charles Osgood)에 의하여 개발되기 시작한 의미분화척도의 작성절차 중 잘못된 것은?
가. 매개변수의 도입 나. 차원과 대극점(對極點)의 용어 선정
다. 평가도구의 작성 라. 응답자의 평가

17. 의미분화척도의 특성으로 옳지 않은 것은?
가. 언어의 의미를 측정하기 위한 것으로 응답자의 태도를 측정하는 데 적당하지 않다.
나. 평가적, 활동적, 역동적 차원 등 다차원적 척도이다.
다. 대립적인 형용사 쌍을 이용해서 측정한다.
라. 의미적 공간에 어떤 대상을 위치시킬 수 있다는 이론적 가정을 사용한다.

18. 유권자들이 국회의원이 자질에 대해 어떻게 느끼고 있는가를 알아보기 위해 형용사들을 양극단에 배치하여(예: 신뢰-불신) 측정하는 척도는?
가. Q-분류법 나. 어의차별척도 다. 리커트 척도 라. 서스톤 척도

19. 중소기업 사장의 중국계 노동자에 대한 친숙도를 조사할 때 어떤 척도법을 사용하는 것이 좋은가?
가. 소시오 메트리 나. 평정척도법 다. 보가더스 척도법 라. Q-척도법

20. 사회적 거리척도로서 집단 간 거리측정이 아니라 집단 내 구성원간의 거리를 측정하는데 유용한 방법은?
가. Thurston Scale 나. Guttman Scale 다. Sociometry 라. Bogardus Scale

21. 척도 구성방법을 비교척도(comparative scaling) 구성과 非비교척도(non-comparative scaling) 구성으로 구분할 때 비교척도 구성에 해당하지 않는 것은?
가. 쌍대비교법(paired comparison) 나. 순위법(rank-order)
다. 연속평정법(continuous rating) 라. 고정총합법(constant sum)

22. 집단 내 성원들 간의 호감도 또는 반감도를 측정하는 척도로서 소집단의 구성원들 간의 감정관계를 측정하고 이들의 구조에 관심을 갖는 척도는 ?
가. 누적척도　　나. 유사등간척도　　다. 총화평정척도　　라. 소시오 메트리

23. 거트만 척도에 관한 설명으로 틀린 것은?
가. 척도를 구성하는 과정에서 문항들의 단일차원성이 경험적으로 검증되도록 설계된 척도이다.
나. 재생계수가 1일 경우에는 이상적인 거트만 척도에 접근하여 완벽한 척도구성 가능성을 갖는다.
다. 거트만 척도는 단일 차원적이고 누적적이다.
라. 문항분석에서 제1사분위 이하 집단의 평균과 제3사분위 이상 집단의 평균 간의 차이가 클수록 판별력이 좋은 문항이다.

24. 조사에서 사용되는 온도계 척도(thermometer scale) 방법이란?
가. 조사항목의 설계양식, 특히 주 질문항목과 부수적 질문항목을 연결시키는데 사용되는 방법
나. 전화면접에서 전화번호가 결정된 후에 이 번호의 가구원 중에서 면접대상자를 선정하는 방법
다. 전화면접에서 수집된 자료의 부호화 작업에 사용되는 방법
라. “어느 정도 찬성하고, 어느 정도 반대하는가?”와 같이 응답자들의 태도를 조사할 때 사용되는 방법

25. 사회계층간 사회적 거리의 측정변수로 가장 부적합한 것은?
가. 상류층과 하류층간의 소득격차　　나. 사회계층간 교육수준의 차이
다. 상류층과 중류층간의 거주지역의 차이　　라. A집단과 B집단에서 사용하는 언어의 차이

26. 리커트(LiKert) 척도에서 문항들이 단일 차원을 이루는지를 확인할 수 있는 방법은?
가. 요인분석　　나. 회귀분석　　다. 구조방정식 모형　　라. 재생계수 계산

27. 통계분석기법을 활용한 척도구성 기법으로서 적합하지 않은 것은?
가. 개별문항과 척도간의 피어슨의 상관계수를 산출한다.
나. 여러 개 문항들의 요인분석을 실시하여 고유값이 1보다 큰 것을 선택한다.
다. 기준변수와 개별문항의 상관관계를 검토한다.
라. 개별문항의 평균값과 표준편차를 산출한다.

28. 대개 소집단에서의 사람들 사이의 상호관계, 상호작용, 의사소통, 리더쉽, 사회적 지위, 집단구조 등을 알아보기 위하여 활용되는 것은?
가. Q-기법　　나. 어의(語義)차별법　　다. 소시오 메트리　　라. 조합(組合)비교법

29. 만약 연구자가 한 척도를 구성하고 있는 문항들에서 많은 결측 자료를 가지고 있을 경우 각 사례로부터 얻을 정보의 양을 극대화 하기를 원한다면 결측자료를 어떤 방법으로 처리해야 하는가?
가. 결측 자료를 가진 사례들을 분석에서 제외시킨다.
나. 응답자들이 답한 항목들로부터 얻은 평균 점수로 결측 자료를 대체한다.
다. 결측 자료에 대해서는 총체적 자료로부터 얻은 평균점수를 준다.
라. 어떠한 수정 없이 결측 자료를 분석에 포함시킨다.

4.3 질문지 설계

설문조사에서 질문지는 조사원과 응답자 간의 의사소통도구이다. 따라서 질문지 설계는 처음부터 끝까지 이런 관점에서 이루어져야 한다. 일반적으로 면접원은 설문내용에 대하여 처음부터 끝까지 잘 숙지하고 있겠지만 대부분의 응답자는 설문내용과 관련된 지식이나 경험을 기반으로 자신의 행태나 정보를 새로이 형성하게 된다. 때로는 설문에 응답하면서 새로운 행태가 형성될 수도 있다. 설문조사의 일차적인 목적이 응답자들의 행태에 관한 정량적 정보를 얻기 위한 것이므로 설문이 진행되는 과정에서 응답자들의 태도가 자연스럽게 형성될 수 있도록 질문지를 구성하는 것이 무엇보다도 중요하다. 즉, 이상적인 질문지는 그것 자체가 하나의 주제를 가진 주체로서 응답자와의 의사소통이 자연스럽게 이루어질 수 있는 구조화된 텍스트여야 한다. 질문지의 작성은 연구와 관련된 광범위한 지식과 경험, 그리고 섬세한 언어적 감각을 필요로 한다. 특히, 응답 상황에서 응답자의 정보처리과정, 분석방법을 포함한 조사방법론, 심리측정 등에 대한 지식들이 질문지 설계에 적절하게 활용될 수 있어야 한다.

이 절에서는 질문지 설계에서 일반적으로 고려해야 할 사항과 질문 문항 및 응답 항목의 결정 그리고 질문지의 전체적인 흐름에 관한 내용에 대하여 개괄적으로 살펴보고, 조사방법이나 분석방법에 따라 질문지를 어떻게 구성해야 하는가에 대하여 설명한다.

질문지 설계란 독자적인 영역을 구축하고 있는 학문적 성격을 띠는 것은 아니고 하나의 기법일 뿐이다. 따라서 질문지 설계에 정답이란 있을 수 없다. 질문지 설계에서 특정 답을 유도할 수 있는 질문이나 애매한 질문은 피해야 한다는 말을 자주 한다. 어찌 보면 지극히 상식적인 것이지만 말이 쉽지 경험이 많은 연구자도 실제로 그러한 질문을 피하기란 만만치가 않다. 이 절에서 논의하는 내용들은 연구자가 유념해야 할 상식적인 수준에 불과하다. 질문지 작성에 대한 상세한 내용은 김경동·이온죽·김여진(2009)을 보라.

질문지의 내용 및 형태는 자료수집 방법에 따라 달라져야 함은 분명하다. 따라서 개별 질문을 구성하기 이전에 연구의 목적 및 질문에 관한 설계를 구체화 한 후에 적절한 질문지 작성에 들어가야 할 것이다. 질문지는 적어도 다음과 같은 단계를 거쳐서 작성된다.

1. 연구목적, 연구문제, 이론, 가설 등과 자료수집법의 관계를 재검토하여 얻고자 하는 정보의 성격을 구체화하고 질문의 내용을 결정한다.
2. 조사방법에 따른 질문지 유형(형식)을 결정한다.
3. 개별 질문을 만들고 응답의 형태를 결정하여 질문지를 초안한다.
4. 질문을 재검토하여 수정한다.
5. 질문들을 배열하여 질문지를 완성한다.

6. 사전조사를 통해서 드러난 질문지의 문제점을 수정한다.
7. 질문지를 편집하고 질문에 대한 응답요령이나 면접지침서를 준비한다.

위와 같은 단계에 따라 질문지를 작성하는 과정에서 유념해야 할 사항들에 대하여 살펴하자.

(1) 질문의 유관적합성

질문지는 연구에 필요한 자료의 수집에 사용할 도구이므로 '무엇'을 '어떻게' 얻어낼 것인가에 대한 생각이 뚜렷해야 한다. 질문지에서 얻어낼 수 있는 다양한 종류의 정보들 중에서 '무엇'을 얻고자 하는 것인가가 질문지 작성에서 고려해야 할 첫 번째 요인으로 질문들의 유관적합성(relevance)에 관한 문제이다. 유관적합성의 문제는 일차적으로 연구목적 및 연구문제와 관련된 것으로 연구자가 설정한 이론이나 가설에 따른 분석모형과도 밀접하게 연관되어 있다. 따라서 왜 이러한 질문을 하는가에 대하여 그 질문을 통해서 얻고자 하는 정보가 연구문제와 관련된 연구목적에 부합하는 것이기 때문이라고 말할 수 있어야 한다. 질문지나 개별 질문의 유관적합성이란 질문에서 얻으려는 정보가 연구목적이나 문제에 부합해야 한다는 것이다. 조사방법 및 자료 분석방법에 따라 질문지는 각기 다르게 구성되어야 하지만 응답자가 질문의 의미나 조사목적을 어떻게 이해하는가에 따라 결과는 판이하게 다를 수 있다. 질문지 설계에서 응답자가 설문에서 느끼고 구체화하게 될 설문의 의미나 조사목적 및 응답자의 정보처리 과정을 간과하게 되면 엉뚱한 결과가 나타날 수 있음에 유의해야 한다.

연구자의 연구목적, 연구문제, 이론 및 가설에 따라 자료의 분석에 사용할 통계분석기법이 정해지므로 유관적합성 문제는 수집된 자료의 활용 및 분석 측면도 고려해야 한다.

연구문제가 변수들 간의 구조적 특성을 규명하는 것이라면 요인분석, 주성분분석, 군집분석 등과 같은 독립적 통계분석법을 사용한다. 이 때에는 특별한 종속변수와 독립변수들 간의 인과관계보다 독립변수들 사이의 구조적 연관성에 관심이 있다. 따라서 관심 영역의 특성을 드러낼 수 있는 비교적 동질적인 형태와 내용을 지닌 문항들로 질문지를 구성하고 응답의 형태도 통상적으로 척도형을 사용한다. 여기서는 나중에 문항분석을 통해 이질적이거나 변별력이 떨어지는 문항을 제외할 수 있다. 즉, 문항구성 과정은 다분히 탐색적이므로 상호 중복적 특성을 지니는 문항들도 탐색적으로 포함시킬 수 있다.

반면에 연구자가 독립변수와 종속변수 사이의 연관관계를 밝히는 데에 관심을 갖고 있다면 다양한 형태의 질문지 구성이 가능하지만 각 개별 문항에 대하여 보다 세심한 주의를 기울여야 한다. 단일 종속변수에 대하여 분산분석을 하거나 범주변수에 의한 분류표를 만들어서 χ^2-검정을 하고자 한다면 종속변수의 측정치가 되는 설문은 개별 문항이 하나의 연구가설을 검정하는데 사용되기 때문에 각각이 간결하면서도 정교하게 구성되어야 한다. 하지만 단일 문항을 종속변수로 사용하는 경우보다 여러 개의 변수를 토대로 요인분석 등의 방법을 이용하여 만든 파생변수를 종속변수로 사용하는 경우가 대부분인데 이런 경우에는 보통 척도형의 응답지를 사용한다.

(2) 질문지 유형

설문조사는 응답자에 대한 접근 방법에 따라 개별 면접조사, 전화조사, 자기기입식 설문조사 등으로 구분된다. 어떤 방법을 사용해도 질문지의 유형이 일반적인 원칙에서 벗어나면 안 되지만 접근 방법에 따라 설문의 구성에 조금씩 차이가 있을 수 있다.

개별면접에서는 응답자를 직접 만나서 설문조사를 하기 때문에 비언어적 도구를 사용한 의사소통이 가능하다. 따라서 응답자들의 설문에 대한 이해를 돕기 위하여 시청각적 재료 등 다양한 보조 재료를 활용할 수 있도록 질문지를 설계하는 것이 바람직하다. 면접조사에서는 다른 방법에 비하여 면접자에 의한 편향이 나타날 가능성이 크기 때문에 면접자들의 모든 행동지침이 질문지 안에 그대로 반영되어 있어야 한다. 개별면접에서의 질문지는 연기자의 언행을 구체적으로 제시하는 시나리오 대본처럼 만들어져야 한다.

전화조사는 전화를 이용하여 응답자와 대화하는 방식이다. 전화조사에서는 응답자가 면접자를 직접 대면할 수 없으며 자기기입식 설문조사와 같이 응답자가 설문 내용을 직접 볼 수 있는 상황이 아니다. 따라서 전화조사의 개별질문은 의사소통이 분명하게 이루어질 수 있도록 특별히 간결하고 명확하게 구성되어야 한다. 특히, 선다형 질문의 경우에 응답 항목이 7개 이상이면 응답 결과가 왜곡될 가능성이 높으므로 주의해야 한다. 그리고 짧은 시간 내에 설문조사를 끝내야 하므로 설문의 길이가 너무 길지 않도록 해야 한다.

자기기입식 설문조사에서는 응답자가 직접 설문을 보고 응답을 작성하기 때문에 일대일 개별면접과 유사한 점이 있지만, 개별면접 설문지에 비해 형식적으로 훨씬 깔끔한 구조를 갖고 있어야 한다. 즉, 응답자가 설문을 보며 별 어려움 없이 그 흐름이나 지시를 따를 수 있도록 질문지를 구성해야 한다. 그러나 질문들이 서로 영향을 미칠 수 있는 경우에는 자기기입식으로 조사하는데 특히 주의해야 하며 설문의 순서가 매우 중요한 질문지의 경우는 자기기입식 조사가 적합하지 않을 수 있다. 한편, 개별면접의 경우에 조사 후 코딩을 위하여 응답 항목에 "모르겠다."나 "무응답"과 같은 항을 만들기도 한다. 하지만 자기기입식의 경우는 그런 응답 항목 자체가 응답자에게 혼란을 주거나 그 쪽으로 응답할 비율이 커질 수 있으므로 "모르겠다." 또는 "무응답" 같은 항목은 사용하지 않는 것이 바람직하다.

(3) 질문의 언어와 문장

설문조사에서 사용되는 질문은 모든 계층의 응답자가 쉽게 그리고 정확하게 이해할 수 있도록 작성하되 조사원과 응답자가 마주 앉아서 대화를 하는듯한 느낌이 들 수 있도록 구어체 중심의 간결한

문장이 되어야 한다. 설문조사에서 질문지를 통해 얻고자 하는 정보의 종류로는

1. 응답자의 신상에 관한 사실 정보
2. 타인이나 주위에 관한 지식 및 정보
3. 사실이나 현상, 인물에 관한 믿음, 느낌, 행동, 태도와 그 이유
4. 특정 상황 하에서의 행위에 대한 윤리적 또는 실질적 기준
5. 현재나 과거의 행동
6. 자아의식 또는 자아평가

등이 있는데 크게 응답자의 태도나 신념에 관한 것과 응답자의 경험이나 행동에 관한 것으로 구별할 수 있다. 그런데, 행동이나 경험에 대한 정보는 어떤 개념에 대하여 어떻게 느끼거나 믿고 있는가를 나타내는 응답자의 태도나 신념과 무관할 수 있으므로 어떤 정보를 얻기 위한 질문인가를 명확히 해야 한다. 예를 들어, 우리나라의 여성흡연에 대하여 조사할 때, 연구자는 응답자로부터 여성흡연에 대한 태도를 조사할 것인가 아니면 여성흡연의 실태를 조사할 것인가를 명확히 해야 한다. 일반적으로 태도나 신념에 관한 응답은 질문에 사용된 어휘나 질문의 배열 순서에 매우 민감하지만 행동이나 경험에 관한 질문의 경우는 상대적으로 덜 민감하다고 알려져 있다.

개별 문항의 작성 단계에서는 먼저 조작화 과정에서 도출된 내용들을 담고 있는 질문형식의 진술(질문항목의 원형)들을 나열하고 나열된 각 질문의 성격을 검토하여 개별 문항을 구성하는 것이 바람직하다. 개별 문항을 검토할 때는 다음과 같은 문제들을 고려한다.

- 이 질문은 반드시 필요한 것인가?
- 이 질문의 주제를 위해서는 둘 이상의 문항으로 나누어 작성할 필요가 있는가?
- 응답자들은 이 질문의 응답에 필요한 지식이나 정보를 알고 있는가?
- 질문에 대한 응답이 어느 한 쪽으로 치우칠 개연성이 있는가?
- 응답자들은 정보를 제공할 의사가 있는가?

어떤 정보를 얻기 위한 질문인가와 관계없이 질문에 사용할 어휘의 선정에는 세심한 주의를 요한다. 설문지의 질문에 사용할 어휘의 선택에서 일반적으로 지켜야 할 사항으로는

- 응답자가 질문의 요지를 쉽게 파악할 수 있도록 간단명료한 단어를 사용한다.
- 애매하거나 사람에 따라 다르게 해석할 수 있는 단어는 사용하지 않는다.
- 중립적인 단어를 사용하고, 전문용어는 가급적 피한다.
- 거부감을 줄 수 있는 질문이나 단어는 피한다.
- 응답 항목에 사용되는 어구는 상호 배타적이어야 한다.
- 특정 응답을 유도할 수 있는 어휘는 사용하지 않는다.

등이 있으며 문장의 전체적인 맥락과 관련된 언어구사에서는 다음과 같은 점을 고려해야 한다.

질문의 어감을 중시해야 한다.

질문지가 의사소통을 전제로 한 텍스트라는 것에는 중요한 의미가 내포되어 있다. 그것은 응답자가 응답할 때 설문을 통해서 응답자의 신념 및 태도를 구체적으로 도출해 내는 과정이 설문의 어의(語義)적 내용보다 다분히 정서적인 느낌이 강렬한 단어에 영향을 강하게 받을 수 있다는 것이다. 사람들 사이의 일상적인 의사소통 과정에서 정서적인 느낌이 서로의 이해에 60%이상 영향을 미친다는 연구결과를 보더라도 설문에서 느끼는 정서적 단서가 응답자의 지식이나 태도를 구체화하는 과정에 중요한 역할을 하게 됨을 알 수 있다. 따라서 정서적 단서를 제공하는 개별 단어 및 문장에 의한 어감을 고려하여 설문을 작성해야 한다. 설문작성에서 이와 관련하여 자주 실수하는 부분은 동일한 설문에서 긍정문과 부정문을 단순한 논리적 관계로만 생각한다는 것이다. 예컨대, "요즘 세상에 돈으로 안 되는 것은 없다."와 "요즘 세상에 돈으로 안 되는 것도 있다."는 논리적으로 배타적인 관계에 있지만 응답 결과에서 논리적 연관성을 보이지 않는 것이 보통이다. 정서적으로 아주 강한 느낌을 주는 설문은 응답자들의 일반적인 정서를 자극하여 응답자의 평상시 의사를 반영하지 못하는 방향으로 응답을 구체화할 수 있기 때문에 그러한 단어나 문장을 사용한 설문은 불가피한 경우가 아니면 사용하지 않는 것이 좋다.

설문은 평이(平易)하고 이해하기 쉬워야 한다.

질문은 응답자의 이해능력이나 학력 등의 수준에 맞는 것으로서 응답자의 경험과 유관 적합한 내용이어야 하며, 누구나 같은 의미의 질문으로 이해하고 응답할 수 있도록 문장을 작성해야 한다. 고학력자나 전문직을 조사대상으로 하는 특수한 목적의 설문은 예외가 될 수도 있지만 우리나라의 일반 성인을 조사대상으로 하는 설문은 중졸 수준의 학력이라면 누구나 이해할 수 있는 평범한 단어와 문장으로 작성되어야 한다. 이 점은 당연하고 쉬운 일 같지만 자칫하면 간과하기 쉬우므로 주의해야 한다. 그리고 아무리 쉬운 내용의 질문이더라도 응답이 용이하도록 그림과 같은 시각적 재료를 적극 활용하는 것이 바람직하다 할 것이다.

설문에는 되도록 구어체 문장을 사용한다.

일반적으로 설문은 구어체 문장으로 작성해서 그대로 읽어주면 자연스럽게 말하는 것처럼 되도록 해야 한다. 특히 개별면접이나 전화조사에서 문어체 설문을 사용하게 되면 심각한 결과를 초래하게 되는 경우도 있다. 문어체로 작성된 설문 문항에 대하여 면접원은 대개 구어체로 질문을 하게 된다. 앞에서 예로 든 설문 "우리나라 정치가들 중에는…"에 대하여 생각해 보자. 어떤 면접원은 원안대로 "…정치가들 중에는…"으로 질문했고 다른 면접원은 어감을 자연스럽게 한다고 하여 "…정치가들 중에도…"라고 질문했다면 응답자들의 본래 태도가 두 가지 질문 형태에 따라 뒤섞이게 될 것이다. 심지어 연구자는 조사과정에서 어떤 잘못이 있었는지도 알 수 없을 것이다. 잘못된 설문을 모든 면접원이 동일하게 사용했다면 그 잘못은 나중에라도 밝혀질 수 있지만, 문어체로 된 설문을 면접조사원들이 임의로 바꾸어 질문하게 하면 잘못이 어디에 있는지도 밝힐 수 없게 된다. 이러한 오류는 문어체 설문을 사용하는 면접과정에서 흔히 일어날 수 있는 오류이다.

설문은 간결한 단문의 형태를 갖추어야 한다.

가급적 짧은 문장으로 질문 내용을 압축하되 한 문항에 복수의 질문이 포함되지 않도록 해야 한다. 어떤 쟁점에 대한 연구자의 의견이 복합적이어서 무의식중에 하나의 질문에 두 가지 이상의 내용을 담아 응답을 구하게 되면 응답자가 질문의 의도를 곡해하거나 응답을 할 수 없을 수 있다. 따라서 이중질문은 피하고 두 가지 내용은 나누어서 따로 물어보아야 한다. 또한, 지문이 길고 질문 내용이 지나치게 설명적이거나 복잡하면 조사결과의 분석에서도 문제가 될 뿐만 아니라 응답자에게 지루함과 피로감을 주게 되며 불쾌감을 주어 응답 자체를 거부할 수도 있다. 전문용어 등에 대한 설명이 필요하다면 설문 직전에 별도의 지문을 사용해서 설명하고 설문 자체는 간단하게 만드는 것이 중요하다.

질문은 명시적이고 직접적이어야 한다.

질문은 명시적이고 직접적이어야 하며 질문의 내용이 구체적으로 표현되어야 한다. 복잡하거나 추상적인 질문은 연구자의 의도와 무관하게 중의적이거나 암시적인 설문이 될 수도 있다. 가치관이나 성격 등은 한 두 문항으로 전체적인 태도를 파악하는 것이 쉽지 않기 때문에 다수의 동질적인 질문들에 의한 척도를 만드는데 이럴 때는 간접적인 질문이 들어가는 경우도 있다. 물론, 상당히 민감한 주제에 대해서는 간접적인 질문이 보다 효과적일 수도 있다. 한편, 질문의 내용이 구체적이어야 함은 당연하지만 지나치게 세부적인 설문을 만들게 되면 질문의 양이 크게 늘어나서 응답자들에게 거부감을 느끼게 할 수도 있다. 따라서 상식적인 수준에서의 적절한 균형 감각이 필요하다.

유도질문이나 부하(負荷)질문은 피해야 한다.

응답을 어느 한 쪽으로 치우치게 하여 편향을 일으키게 하는 질문을 유도질문 또는 부하질문이라 하는데 그러한 질문은 원칙적으로 피하여야 한다. 그러나 특별한 응답이 꼭 필요한 경우에는 의도적으로 유도질문을 이용하기도 하는데 이때에는 용어의 선택에 세심한 주의를 필요로 한다. 배우자 학대, 변태 성행위와 같은 비정상적 행위의 여부를 묻는 질문에 대해서는 거의 아니라는 답일 것인데, 이런 경우에는 처음부터 언제, 어디서, 얼마나 자주 그런 행위를 했느냐고 직접적으로 묻는 것이 오히려 사실에 가까운 응답을 얻을 수 있다는 연구도 있다.

의도하지 않은 유도질문은 무의식적인 언어구사나 용어의 선택에서 기인된다. 그러한 유형을 살펴보면 다음과 같다(김경동 외, 2009).

- 문항 내에 여러 가지 대안을 제시해야 하는 경우에 선택 가능한 대안들의 일부만을 제시함으로써 편향을 일으킬 수 있다. 예컨대, '귀하는 공휴일에 TV를 보는 것 등으로 시간을 보내십니까?'와 같은 질문은 대안이 부분적이고 일방적이어서 아니라는 응답으로 치우칠 가능성이 높다고 볼 수 있다.
- 감성적 의미를 담고 있는 용어가 포함된 질문은 쓸데없이 응답을 한 쪽으로 몰고 갈 수 있다. 예컨대, '귀하는 국민의 신성한 권리행사를 위하여 지난 지방선거에서 투표했습니까?'와 같은 질문은 투표행위가 신성한 권리행사라고 규정함으로써 투표를 하지 않은 것을 부끄럽게 여겨 거짓으로 투표했다는 응답을 유도할 소지가 있다. '빨갱이', '친일파', '모성', '애국자', '민주주의' 등과 같이 사회통념상 고정적 가치가 부여되된 단어들은 사용에 주의하여야 한다.
- 현상유지와 관련된 방식의 용어나 언어구사가 담긴 질문에는 그 대답에 동조하는 경향을 보인다. 따라서 '법에 따르면', '현재 대부분의 사람들이 그러하듯'과 같이 일반적으로 용인되고 있는 관행이나 믿음으로 인정되는 표현 등은 피해야 한다.
- 위세 높은 사람이나 집단의 이름을 빙자하면 그 쪽으로 대답이 기울 개연성이 크다. 예컨대, '정부에서 추진한 근대화 사업…'보다는 '○○○대통령이 추진한 근대화 사업…' 쪽으로 기울어질 가능성이 높다

(4) 질문의 형태

설문조사 결과는 질문의 응답항목 형태에 따라 달라질 수 있다. 1994년에 언론사들이 여론조사를 실시하여 발표한 대통령에 대한 지지율이 어느 일간지에서는 67%이었는데 또 다른 일간지에서는 44%이었다. 한 달 정도의 시차를 두고 진행된 두 조사기간 동안의 정국에는 큰 변화가 없었음에도 두 조사결과는 큰 차이를 보이고 있다. 이런 큰 차이는 응답항목의 형태에 의한 것으로 분석된다. 즉, 전자는 지지여부에 대한 응답항목을 긍정과 부정으로만 하여 응답을 받았고, 후자는 중립적인 응답항목을 포함해서 응답을 받았지만 두 조사 모두 긍정적인 응답률만을 대통령에 대한 지지도로 발표하였던 것이다.

질문의 형태는 **개방형**과 **폐쇄형**으로 나눌 수 있다. 개방형 질문이란 응답에 대한 보기가 주어지지 않은 질문에 대하여 응답자가 자신의 견해를 자유롭게 기술하는 형태를 말한다. 개방형 질문과 응답은 전문가 집단을 상대로 한 복잡한 내용의 설문조사나 탐색적 설문조사에서 주로 사용하는 형태인데, 수집된 자료의 편집과정에서 응답자의 응답 내용을 분류하고 범주화해야 하는 어려움이 있다. 따라서 질문에 대해 적절한 지식이나 정보를 지니지 못한 응답자 집단에 대한 설문조사에서는 개방형 질문을 사용하지 않는 것이 바람직하다.

폐쇄형 질문이란 선택 가능한 응답의 보기를 제시한 질문에 대하여 응답자가 자신의 생각과 가장 가깝다고 생각하는 응답 항목을 단수 또는 복수로 고르게 하는 형태를 의미한다. 이 형태는 측정의

신뢰도가 높고 자료의 편집이 용이하기 때문에 구조화된 설문일수록 개방형보다 폐쇄형을 주로 이용한다. 그러나 응답 선택지가 충분히 완성적이지 못하면 오히려 안 좋은 결과가 나타날 수도 있다. 폐쇄형 질문에 대한 응답 형태는 조사자가 일반적으로 응답이 가능한 항목을 범주화하여 보기로 제시하는 **범주형**과 응답자의 태도나 신념, 행위 등의 강도를 표시하는 **척도형**으로 구별할 수 있다.

범주형 응답 형태에는 **양자택일형**과 **선다형**이 있다. 양자택일 형은 응답 항목이 단순하기 때문에 응답자들의 분명한 응답을 도출해낼 수 있다. 그러나 응답 항목이 너무 단순화되어 있기 때문에 응답자들이 긍정적 응답으로 편향될 가능성이 높고, 다양한 태도를 보일 수 있는 질문에는 사용할 수 없으며, 추후의 자료 분석에 한계가 있다. 선다형의 경우에는 다양한 유형의 태도를 이끌어 낼 수 있지만 응답 항목을 만드는데 세심한 주의가 필요하다. 선다형의 예를 들어보면,

"당신은 평소에 어느 정당을 지지하십니까?"

라는 질문에 대하여

① 민주당 ② 자유당 ③ 정의당 ④ 미래당 ⑤ 기타

와 같이 보기를 제시하고 그 중의 하나를 선택하게 하는 형태이다. 이러한 질문에서는 응답 가능한 모든 응답 항목을 명확히 구분하여 제시해야 하며, 각 항목은 동등한 수준에서 상호 배타적으로(중복되지 않게) 범주화되어야 한다. 예컨대, 학부모를 대상으로 하는 조사에서

"자녀의 교육문제에 대하여 평소에 주로 누구와 상의하십니까?"

라는 질문에 대하여 주된 상의 대상이 될 수 있는 모든 사람이나 기관이 상호 배타적으로 제시되어야 하고, 각 범주의 서열수준이 비슷하도록 제시되어야 한다. 선다형에서는 가능한 모든 응답 항목들이 망라되어야 하기 때문에 통상적으로 기타 항목을 하나의 선택지로 삽입하고 있다.

응답자에게 자신의 태도나 느낌에 대한 강도를 표시하도록 하는 척도형은 어떤 특성에 대한 일정한 차원에서의 정량적 응답을 유도하기 때문에 다양한 통계분석기법을 활용할 수 있다. 하지만 척도를 몇 점 척도로 구성할 것인가를 결정하는 일은 간단하지 하다. 느낌의 강도를 몇 단계로 나눌 것인가에 대하여 어떤 명백한 이유가 있는 것은 아니지만 구미에서는 7점 척도를 많이 이용하고 국내에서는 5점 척도나 11점 척도를 많이 이용하는 편이다. 최근 들어 국내에서도 7점 척도를 이용하는 경우들이 자주 보이고 있다. 일반적으로 중앙값을 포함하는 점수체계를 사용하기 위하여 5, 7, 11점 척도를 주로 사용하는데, 경우에 따라서는 짝수 개의 점수체계를 쓰기도 한다. 최근에 국내 정치와 관련된 여론조사에서는 찬반의 태도를 분명히 하기 위해서 5점 척도 보다 4점 척도를 많이 사용하는 경향이 있다. 그러나 4점 척도에서는 원칙적으로 척도의 등간성을 가정하는 다변량 분석기법을 사용할 수 없다. 예를 들어, 대통령의 국정운영에 대한 만족도 조사에서 4점 척도의 긍정적인 두 점수에 응답한 비율을 합하여 만족도를 나타낼 때, 이때의 4점 척도는 이항분포의 확장에 해당

하기 때문에 중간값을 포함하는 직선상에서 정규분포를 전제로 하는 다변량 분석법은 원칙적으로 사용할 수 없다. 한편, 척도형에는 일직선상에 그냥 점수만 제시하고 그 강도를 평가하는 방법이 있고, 대단히, 매우, 거의, 전혀, 약간 등의 강도를 나타내는 부사를 제시하여 평가하도록 하는 방법이 있는데, 느낌의 강도를 나타내는 부사를 사용하는 것이 응답의 신뢰도가 높은 것으로 알려져 있다.

응답 요령이나 응답 항목이 동일한 여러 폐쇄형 질문들은

질문	응답 항목			
	(1)	(2)	…	(c)
질문 1				
질문 2				
⋮				
질문 r				

와 같이 행렬의 형태로 설문과 응답항목을 배치한 **행렬형** 설문을 이용하면 설문지의 공간 및 응답시간을 줄일 수 있다. 그러나 응답자에게 설문들에 대한 일정한 응답 유형이 형성되어 비슷한 응답 결과를 초래할 수 있음에 유의하여야 한다. 또, 별개의 설문으로 배열하는 것이 논리적으로 타당함에도 편의상 한데 묶어버릴 수 있음도 유념해야 한다.

의견이나 태도를 조사하기 위한 설문에는 개방형 질문과 폐쇄형 질문을 섞어서 사용하는 경우도 있다. 대표적인 예로 George Gallup이 의견과 태도 조사를 위해서 개발한 **5차원 설계**가 있다(김경동 외, 2009).

설문지에서 질문의 순서는 조사 결과의 신뢰성을 확보하기 위해 신중히 고려해야 할 대단히 중요한 사항 중의 하나라고 말할 수 있다. 설문조사에서 선행 질문이 민감한 사안에 대한 응답자의 판단을 묻는 것이라면 후속 질문들에 대한 응답이 선행 질문의 영향을 받게 될 가능성은 매우 커지게 된다. 따라서 후속 질문의 응답에 영향을 미치지 않을 질문을 앞에 배치하되, 원활한 조사 진행을 위해 단순하고 쉬운 질문이나 응답자의 흥미를 유발할 수 있는 질문들을 먼저 배치한다. 또한, 조사 내용이 지나치게 복잡하거나 어려워서 응답자의 거부감이 커질 수 있는 질문은 맨 뒤에 배치하는 등 질문지의 배열 순서에 세심한 배려를 해야 한다.

설문조사에서의 질문지를 전반부, 중반부, 후반부로 구분할 때 전반부는 모든 응답자에게 해당되는 질문으로 구성하되 조사에 대한 거부감을 줄일 수 있는 가벼운 질문을 배치하는 것이 바람직하다. 중반부에는 본 조사의 핵심적 주제에 관한 질문을 배치하고, 조사 시간이 길어질수록 응답자는 점점 더 지루해 하므로 그다지 중요하지 않은 질문을 후반부에 배치하는 것이 일반적이다. 이제 질문지의 구성과 관련해서 일반적으로 고려해야 할 몇 가지 사항에 대하여 살펴보자.

· **도입부 설문**

일반적으로 응답자는 조사원을 처음 만나게 되는 경우가 대부분이다. 응답자가 처음 만난 조사원의 질문에 솔직하게 응답할 것이라고 기대하기는 어렵다. 오히려 조사원에 대한 일말의 경계심 때문에 성의 없이 피상적으로 응답하거나 거짓으로 응답하려는 경향이 있다. 선거 때마다 조사기관에서 실시하는 선거 결과에 대한 예측이 논란의 대상이 되고 있는데, 예측 오차의 주된 원인 중의 하나가 응답자의 경계심에서 나온 거짓 응답 때문인 것으로 추정되고 있다. 따라서 설문조사 전에 응답자의 경계심을 없애고 조사원과의 인간적인 친밀감을 형성하는 일은 대단히 중요하다. 그러한 방법의 하나가 도입부 설문을 이용하는 것이다. 도입부 설문은 나중에 분석하지 않고 폐기하게 되더라도 반드시 사용하는 것이 바람직하다. 평범한 질문으로 구성된 도입부 설문의 응답 과정은 응답자가 설문의 의도와 방식을 이해하고 조사원과의 인간적인 친밀감을 형성할 수 있는 계기가 될 수 있다. 또한, 응답자는 일반적인 몇 개의 질문에 응답하면서 설문의 주제와 관련된 지식을 구체화하고, 이어지는 설문에 편하게 응답할 수 있는 마음 자세를 갖출 수 있게 될 것이다.

· **사회적 편향성 판단**

사회의 통념적 가치를 묻는 질문에는 통념적 사회규범에 입각하여 응답하려는 경향이 있는데 이것을 사회적 바람직성(social desirability)에 의한 응답 성향이라고 한다. 사회적으로 문제가 되고 있는 뇌물, 매춘, 청소년 흡연 등에 관한 실태조사에서는 그러한 응답 성향으로 인하여 경험률이 실제보다 과소평가될 가능성이 매우 높다. 따라서 사회적 통념에 따라 응답할 가능성이 높은 설문조사에서는 사회적 편향성을 판단할 수 있는 설문을 질문지에 삽입하고 사후에 그런 성향이 높은 응답자의 응답은 분석에서 제외하는 것이 바람직하다.

· **눈가림 기법**

때로는 응답자가 조사원의 의도나 입장을 생각해서 거기에 부응하려는 의도로 과잉반응을 보일 수도 있다. 예를 들어, 구청의 민원처리에 대한 구민들의 태도를 알아보기 위해서 통반장에게 설문조사를 시켰다고 하면, 응답자들은 통반장의 체면 때문에 구청에 유리한 대답을 할 수 있다. 또, 특정 회사의 유니폼을 입은 홍보직원이 자사 제품에 대한 시장조사를 하고 있다면, 응답자들은 직원의 입장을 고려하여 긍정적인 방향으로 응답하려는 경향이 있을 수 있다. 이러한 문제는 조사원의 신분을 적당히 숨기거나 응답자에게 설문조사의 의도나 목적을 구체적으로 알려주지 않는 눈가림 기법을 사용하여 해결해야 한다. 일반적으로 설문조사를 시작하기 전에 도입부 지문이나 조사원을 통해 응답자에게 조사목적, 조사 의뢰인 등을 자세히 설명하면서 조사협조를 부탁하게 된다. 이 때, 조사목적이나 의도를 너무 지나치게 자세히 알려주어서 위와 같은 오류가 발생하지 않도록 해야 한다. 특히, 조사 의뢰인과 관련된 질문이 있는 경우에는 응답자에게 조사 의뢰인에 대한 정보를 제공해서는 안 된다. 심리학에서는 조사원에게도 연구 목적이나 의도를 분명하게 알려주지 않는 이중눈가림 기법이 자주 사용된다.

·설문의 길이

적절한 설문의 길이를 명확하게 규정할 수는 없지만 경험적으로 개별면접의 경우에는 약 30분, 전화면접은 10분, 자기기입식 설문은 15분 이내에 조사가 종료될 수 있는 길이가 적당하다고 알려져 있다. 연구 목적에 따라서는 설문조사에 한 시간 이상이 소요될 수도 있는데 이럴 경우에는 응답자에게 사전 양해를 충분히 구하고 시간 할애에 대한 보상을 할 필요가 있다.

·깔때기 형태의 흐름에 따른 질문의 배열

질문들은 다른 조건이 동일하다면 다음과 원칙 하에서 배열하도록 한다.

첫째, 질문의 내용이 깔때기(funnel) 모양과 같이 일반적인 것에서 구체적인 것으로 진행될 수 있도록 하는 것이 바람직하다. 즉, 응답자들이 처음에는 쉽고 일반적인 질문에 응답하도록 하고 점차 정교하고 구체적인 질문에 응답하게 하라는 것이다. 그러나 연구 목적에 따라서는 반대의 흐름으로 진행할 수도 있다. 예를 들어, 대통령의 국정 수행에 대한 평가를 주제로 한 설문조사에서, 먼저 전체적인 국정 수행에 대하여 평가하게 한 다음 각 분야별 직무 수행에 대해 평가하게 하는 경우와 그 반대의 경우를 비교해 보자. 후자의 경우에는 각 분야별 직무수행에 대한 평가가 선행되고, 선행된 평가를 종합하여 전체적인 평가를 하게 될 것이다. 그러나 전자의 경우는 전반적인 국정 수행에 대한 평가가 대통령에 대한 전체적인 이미지나 지지도에 의하여 이루어질 가능성이 크고, 이 결정이 각 분야별 직무수행에 대한 평가에 영향을 주게 될 가능성이 농후하다. 따라서 연구 목적이 대통령에 대한 이미지나 지지도만을 알아보기 위한 것이라면 전자의 경우도 괜찮겠지만, 정책수립의 방향 설정이나 정책평가에 있다면 후자가 적절한 질문의 흐름이라 하겠다. 설문조사가 객관적인 자료를 수집하기 위한 것이지만 응답자들은 설문과 관련된 지식이나 정보를 구체화시켜 놓지 않은 상태에서 응답하는 것이 보통이다. 따라서 질문의 진행 순서를 결정할 때는 그러한 응답자의 정보처리 특성을 고려하여야 한다.

둘째, 질문은 사실적인 실태를 묻는 것에서 추상적인 태도를 묻는 것의 순서로 진행되는 것이 바람직하다. 그래야 응답자들의 반응을 쉽게 끌어낼 수 있으며 응답자들이 편하게 응답할 수 있을 것이다. 또한, 여러 관련 지식이나 정보를 활성화시켜야만 대답할 수 있는 정교한 질문으로 자연스럽게 이어갈 수 있을 것이다. 그러나 경우에 따라서는 역순의 흐름이 바람직할 수도 있다. 예를 들어, 혼전 성 경험이나 청소년 흡연 실태와 같이 사회통념상 민감한 사안에 대해서는 오히려 추상적이고 간접적인 질문을 먼저 하는 것이 응답자의 거부감을 줄일 수 있는 방법이 된다. 비슷한 이유로 비가치적이고 중립적인 내용에서 사회규범이나 가치 지향적인 내용으로 진행되도록 질문하여 응답자들이 자연스럽게 응답할 수 있도록 하는 것이 바람직하다.

설문지가 완성되면 설문지의 문제점을 파악하고 수정하기 위하여 일부 조사대상자들을 상대로 작성된 설문지를 적용하여 실사를 해보아야 한다. 이 작업을 **사전검사**(pretest)라 한다. 실험에서도 사전검사 또는 사전측정이라는 용어를 사용하는데, 실험에서의 사전검사란 실험대상에 어떤 처리를 가하기 전에 미리 어떤 속성을 관측하는 행위를 말하므로 설문지의 사전검사와 혼동하지 않기 바란다. 혼동을 피하기 위하여 설문지의 사전검사를 **사전조사**라 칭하기로 한다.

사전조사는 설문지에서 사용하고 있는 언어나 문장 및 질문의 배열순서, 형식, 내용 등이 적절한가를 확인하여 설문지를 수정, 보완하기 위한 것으로 조사연구에 필요한 자료의 질을 좌우하는 대단히 중요한 절차이다. 따라서 사전조사는 비용이 허용되는 한도에서 여러 번 실시하는 것이 좋다.

사전검사는 본 조사를 위하여 표본설계에 따라 추출된 표본을 제외한 사람들을 대상으로 실시하는 것이 원칙이다. 그러나 사전조사 대상은 본 조사용으로 추출된 표본과 비슷한 사람들을 선발해야 한다. 접근하기 쉬운 대상만을 선발하여 실시하는 사전조사는 사전조사라 할 수 없다. 일반적으로 사전조사를 위한 표본은 본 조사용 표본의 크기를 늘려서 추출한 표본에서 표본설계에 따라 추출하는 하는 것이 바람직하다. 사전검사용 표본의 적정 크기는 20~50개 정도로 알려져 있다. 사전조사에서 유의할 점을 열거해 보면 다음과 같다(김경동 외, 2009).

- 응답자들이 조사목적과 내용을 이해하고 있는가?
- 서두의 질문을 접한 후에 편하게 응답하는가?
- 문항의 문장 및 언어 구사는 명확한가?
- 응답자는 연구자의 의도와 같은 방향으로 질문을 해석하고 있는가?
- 응답은 조사목적에 부합하는 것인가?
- 응답자가 충분히 상세하게 응답하고 있는가?
- 개방형 질문에 대한 응답이 너무 다양하고 혼란스러워서 분석에 어려움이 따를 것인가?
- 응답자의 수준에서 대답하기 어려운 문항인가?
- 질문의 해석에서 지역적 차이가 있는가? 또는 지역의 특색을 살려야 할 필요가 있는가?
- 응답자를 당황하게 하거나 혼란스럽게 하는 것은 어떤 것인가?
- 설문지가 전반적으로 너무 길어서 정확한 응답을 기대하기 어려운가?
- 복합형 질문은 제대로 꾸며져 있는가?
- 응답요령이나 설문지침은 분명한가?
- 한 부분에서 다른 부분으로, 한 질문에서 다른 질문으로의 추이는 부드러운가?

연습문제 4.3

01. 질문지에 사용되는 질문이나 진술을 작성하는 원칙과 가장 거리가 먼 것은?
    가. 항목들이 명확해야 한다.
    나. 질문항목들은 되도록 짧아야 한다.
    다. 부정어가 포함된 질문은 반드시 포함한다.
    라. 편견에 치우친 항목과 용어를 지양한다.

02. 질문지 작성에서 유의사항으로 틀린 것은?
    가. 가능한 명확하고 쉬운 단어를 사용한다.
    나. 폐쇄형 질문에서는 가능한 응답을 모두 제시해야 한다.
    다. 하나의 문항에 두 가지 이상의 내용을 물어봐야 한다.
    라. 연구자 임의로 응답자에 대한 가정을 해서는 안 된다.

03. 설문지 작성에서 폐쇄형 질문과 비교한 개방형 질문에 관한 설명으로 틀린 것은?
    가. 개방형 질문은 자료처리가 더 용이하다.
    나. 개방형 질문은 예비조사 시에 더 유용하다.
    다. 개방형 질문을 통해 생각하지 못한 의견을 더 얻을 수 있다.
    라. 개방형 질문은 무응답과 불성실한 응답이 나올 가능성이 더 많다.

04. 다음 질문 문항이 가지고 있는 가장 큰 문제점은?

    본인의 월 평균소득을 선택해 주십시오.
    A. 100만 원 이상 ~ 200만 원 미만
    B. 200만 원 이상 ~ 300만 원 미만
    C. 300만 원 이상 ~ 400만 원 미만
    D. 400만 원 이상 ~ 500만 원 미만

    가. 응답 범주의 의미가 불분명하다.
    나. 응답 범주들의 간격이 일정하지 않다.
    다. 응답 범주들 간의 관계가 상호 배타적이지 않다.
    라. 응답 가능한 상황들을 모두 포함하고 있지 않다.

05. 다음 질문 문항에서 가장 문제가 될 수 있는 것은?

    검찰청장 부인에 대한 옷 로비 사건의 수사가 진행 중입니다. 검찰청장은 어떻게 처신해야 한다고 생각하십니까?
    1. 검찰청장이 사퇴해야 한다.
    2. 검찰청장이 사퇴할 필요가 없다.
    3. 수사결과를 본 후 사퇴여부를 결정해야 한다.

    가. 문항의 포괄성
    나. 위협적 질문
    다. 유도질문
    라. 이중질문

06. 다음 중 개방형 질문의 장점이 아닌 것은?
    가. 응답 가능한 모든 응답의 범주를 모를 때 적합하다.
    나. 응답자가 어떻게 응답하는가를 탐색적으로 살펴보고자 할 때 적합하다.
    다. 개인의 사생활이나 소득수준과 같이 밝히기를 꺼리는 민감한 주제에 보다 적합하다.
    라. 몇 개의 범주로 압축시킬 수 없을 정도로 쟁점이 복합적일 때 적합하다.

07. 개방형 질문의 특성과 가장 거리가 먼 것은?
   가. 응답자료 집계 및 분석이 매우 편리하다.
   나. 응답을 통해 새로운 정보를 얻을 수 있다.
   다. 응답자들에게 심적 부담을 주기 쉽다.
   라. 상대적으로 응답 거부율이 높다.

08. 개방형 질문을 이용하기에 적합하지 못한 경우는?
   가. 응답자들의 지식수준이 높아 면접자의 도움 없이 독자적으로 응답할 수 있는 경우
   나. 응답자에 대한 사전지식의 부족으로 응답을 예측할 수 없는 경우
   다. 특정 행동에 대한 동기조성과 같은 깊이 있는 내용을 다루고자 하는 경우
   라. 숙련된 전문 면접자보다 자원봉사자에 의존하여 면접을 실시하는 경우

09. 질문지 문항 작성 원칙에 부합하는 질문을 모두 짝지은 것은?

> A. 정장과 캐주얼 의상을 파는 상점들은 경쟁이 치열합니까?
> B. 무상 의료제도를 시행한다면 그 비용은 시민들이 추가적으로 부담하여야 한다고 생각하십니까, 아니면 다른 분야의 예산을 줄여 충당해야 한다고 생각하십니까?
> C. 귀하는 작년 여름에 해운대 해수욕장에 가 보신 적이 있으십니까?
> D. 귀하는 귀하의 직장에서 받는 임금수준에 대하여 만족하십니까?

   가. A, B　　나. B, C　　다. C, D　　라. A, D

10. 다음 ( )안에 알맞은 것은?

> (A)척도는 매우 구조화되어 있고, 주로 (B)형 질문을 사용하는 경향이 있으며, (C)에서 실시될 수 있다.

   가. A: 양적, B: 폐쇄, C: 설문지형식
   나. A: 양적, B: 개방, C: 면접
   다. A: 질적, B: 개방, C: 심층면접
   라. A: 질적, B: 폐쇄, C: 면접

11. 질문문항의 배열에 관한 설명으로 옳은 것은?
   가. 특수한 것을 먼저 묻고 일반적인 것은 나중에 질문한다.
   나. 개인의 사생활에 대한 것이나 민감한 내용은 먼저 묻는다.
   다. 시작하는 질문은 흥미를 유발하는 것으로 쉽게 응답할 수 있는 것으로 한다.
   라. 비슷한 형태로 질문을 계속하여 응답에 정형이 생기게 한다.

12. 질문지 초안 완성 후 실시하는 사전검사에 관한 설명으로 옳은 것은?
   가. 사전검사는 가설을 보다 명확히 하기 위한 조사이다.
   나. 사전검사는 본조사의 조사방법과 같아야 한다.
   다. 사전검사 결과는 본조사에 포함시켜 분석하여야 한다.
   라. 사전검사에서 표본의 수는 본조사와 비슷해야 한다.

13. 폐쇄형 질문에서 응답범주와 관련된 설명으로 옳은 것은?
   가. 가능한 모든 응답을 제시해 주어야 한다.
   나. 정확한 의미전달을 위해 범주의 내용을 일부 중복해야 한다.
   다. 응답범주를 설정할 단계에서는 분석기법을 고려하지 않는 것이 좋다.
   라. 중립적인 의견을 표시할 수 있는 범주를 반드시 포함시켜야 한다.

제5장 표집과 조사관리

5.1 표본조사

5.2 표집법

5.3 조사오차 및 표본의 크기

5.4 조사관리와 부호화

5.1 표본조사

사회조사연구에서 연구대상 집단을 모집단이라 하는데, 모집단에 속하는 모든 조사단위를 모조리 조사하여 자료를 수집하는 것을 센서스(census) 혹은 전수조사라 한다. 우리나라 통계청에서 실시하고 있는 센서스로는 인구 및 주택 총조사, 농업 총조사, 광공업 총조사, 사업체 총조사 등 여러 가지가 있다. 국가는 나라의 경영에 필요한 기본적인 정보를 얻기 위해서 막대한 비용과 시간이 소요되는 센서스를 실시한다. 그러나 센서스는 개인이 할 수 있는 일이 아니므로 대부분의 통계자료는 표본조사를 통해서 얻어진다. 우리가 대중매체를 통해 접하는 실업률, 소비자 물가지수, 입후보자 지지율, 정부정책에 대한 찬성률, TV 시청률, 특정제품의 시장 점유율 등과 같은 통계는 모두 표본조사를 통해 얻어진 것들이다. 모집단의 일부분인 표본에서 수집된 자료에 의하여 모집단의 미지의 특성을 추론하기 위해서는 모집단을 잘 대표하는 표본을 추출하여야 한다. 사회조사연구에서 전수조사 대신에 표본조사를 이용하고 있는 이유는 다음과 같다.

· **조사비용을 절감할 수 있다.**

· **신속한 조사결과를 얻을 수 있어서 필요한 시기에 정보를 제공할 수 있다.**

· **조사결과에 대한 정확성 및 신뢰도를 평가할 수 있다.**

조사 과정에서는 다양한 형태의 오차가 발생한다. 전수조사는 대규모 모집단을 대상으로 조사를 실시하기 때문에 전반적인 조사과정이 그만큼 어렵고 복잡해진다. 따라서 사실상 조사과정에서 발생하는 오차가 어느 정도인지 알 수 없고 조사결과에 대한 신뢰도도 평가할 수 없다. 표본조사에서도 필연적으로 표본오차가 발생한다. 그러나 표본오차의 크기는 조절할 수 있으며 정교한 확률 구조에 따라 표본을 추출하면 조사결과에 대한 신뢰도를 평가할 수 있다. 실제로 실제로 조사에서 발생하는 모든 오차를 고려하면 전수조사보다 과학적으로 설계된 표본조사에서 신뢰도 높은 조사결과를 얻을 수 있다.

· **심도 있는 조사를 통해 다양한 정보를 얻을 수 있다.**

전수조사에서는 막대한 인력 및 경비가 필요하고 아울러 조사관리 등이 어렵기 때문에 모집단을 구성하는 모든 개체를 상대로 세밀한 조사가 쉽지 않고 따라서 다양한 정보를 얻어내는 것이 현실적으로 힘들다. 하지만 표본조사의 경우 조사대상의 수가 많지 않으므로 심도 있는 조사를 통해 다양한 정보를 수집할 수 있다.

· **파괴검사가 가능하다.**

관측값을 얻기 위하여 조사개체를 파괴하는 경우에는 전수조사가 현실적으로 불가능하다. 파괴검사는 표본조사에서만 가능하다.

이상과 같은 이유로 표본조사가 널이 활용되고 있는데 주로 사람을 조사대상으로 하는 사회과학 분야에서는 다음과 같은 표본조사의 문제점들을 지적하고 있다. 사실 이런 문제점들은 표준과학관에 입각한 표본조사의 문제라기보다는 사람을 대상으로 하는 조사 자체의 문제점이라 하겠다.

- 사회연구에서 다루고자 하는 연구주제가 역동적인 사람들이 형성하고 있는 사회화 과정이나 구조에 관한 것이라면 원칙적으로 표본조사는 부적절하다는 것이다. 왜냐하면, 표본조사에서 응답을 받아내는 과정이 사회적 맥락과 과정에서 추상된 행위 자체가 아닌 추측이나 기억, 생각 등을 자료로 삼기 때문이다.
- 조사원, 조사도구, 면접과정의 모두가 응답자와 상호작용하는 복합적인 과정을 내포하고 있기 때문에 소위 말하는 반작용 효과가 커서 진실한 응답이나 타당한 자료수집을 보장하기 힘들다.
- 응답자가 조사에 참여할 의지가 있어야 하고 조사 내용에 대한 지식도 갖추어야 하는데 그렇지 못함으로 인하여 개인의 기억에 의존하는 자료를 요구하는 조사에서는 응답자의 견해나 관점에 편향이 발생하거나 응답률이 낮아질 수 있다.

성공적인 표본조사를 위해서는 모집단을 잘 대표할 수 있는 표본을 추출하고 이에 따른 효율적인 추정방법을 찾아내는 것이 대단히 중요하다. 그러한 작업을 **표본설계**(標本設計, sample design)라 하는데, 먼저 표본설계와 관련된 용어 및 개념에 대해 살펴본다.

사회조사에서 조사대상이 되는 개체를 **기본단위**(elementary unit)라고 한다. 예컨대, 가구의 월 평균소득에 대한 통계조사에서는 각 가구가 조사대상이고, 대학생을 상대로 삶의 만족도를 조사한다면 대학생 개개인이 조사대상인데. 조사대상이 되는 가구, 학생을 기본단위라 한다. 조사목적에 따라 사람, 가구, 농가, 사업체, 학교, 병원 등이 기본단위가 될 수 있다. 실제로 이런 기본단위를 상대로 필요한 정보를 얻기 때문에 경우에 따라 기본단위를 **조사단위** 또는 **관찰단위**라 부른다.

조사대상이 되는 모든 기본단위들의 집합을 **모집단**(母集團, population)이라 하는데, 이 모집단이 표본조사를 통해 특성을 파악하고자 하는 연구대상 집단이 된다. 그런데, 표본조사 결과는 오직 표본을 뽑기 위해 설정한 모집단에 대한 정보만 제공하기 때문에 연구 목적에 적합한 표본을 추출하려면 우선 연구대상 모집단을 명확히 정의하여야 한다. 모집단의 정의에는 공간적 또는 시간적 개념 등을 포함한 모든 사항들이 정확하고 세밀하게 설정되어 있어서 어떤 개체가 연구대상 모집단에 포함되는가를 결정할 수 있는 것이어야 한다.

예컨대, 수도권에 거주하는 고등학생의 학부모들을 대상으로 새로운 교육정책에 대한 의견을 조사한다고 할 때, 모집단은

- 수도권이라 하면 어떤 지역들을 포함하는가?
- 어떤 시점을 기준으로 학부모 여부를 판정할 것인가?

- 조사기간 중 수도권으로 전학 온 학생의 학부모는 모집단에 속하는가?
- 외국인 학교에 다니는 학생의 학부모는 조사대상인가?
- 수도권 학교에 다니는 학생의 타 지역 거주 부모는 조사대상에 포함되는가?

와 같은 질문에 대해 분명하게 답할 수 있도록 세밀하게 정의되어야 한다.

실제로 조사를 위한 모집단을 설정할 때는 우선 연구의 목적에 따라 정의되는 개념적이고 이론적인 모집단을 **목표모집단**(target population)이라 한다. 그런데, 실제 조사를 위한 모집단은 정확히 파악할 수 있으며 접촉하여 실사가 가능한 개체들만으로 구성되어야 하므로 개념상 정의된 목표모집단은 현실적으로 수정이 불가피하다. 조사과정에서 발생할 수 있는 현실적인 제약조건을 반영하여 실제로 조사가 가능한 기본단위들로만 구성된 모집단을 **조사모집단**(survey population) 또는 조사가능 모집단(accessible population)이라고 한다. 예컨대, 언론매체에서 발표하고 있는 우리나라 성인들을 대상으로 한 여론조사들은 도서지역을 제외한 지역의 성인만을 조사대상으로 하고 있으며 아울러 군인이나 병원에 입원한 환자들은 조사대상에서 제외하고 있다. 이런 경우 목표모집단은 전국의 성인들이지만 조사모집단은 실제 조사가 곤란한 사람들을 제외한 성인들의 집단이란 것을 알 수 있다. 대부분의 표본조사에서 개념상 규정된 목표모집단과 실제 조사대상이 되는 조사모집단은 일치하지 않는다. 이런 경우에 목표모집단과 조사모집단은 상당히 유사해서 조사모집단에서 얻은 결과를 목표모집단으로 확대 해석하는데 무리가 없어야 한다.

표본추출과정에서 표본으로 추출되는 단위를 **추출단위**(sampling unit) 또는 **표집단위**라 하는데 단계별로 표본을 추출할 때는 각 추출단계마다 추출단위가 정해져야 한다. 추출단위는 하나 이상의 기본단위들로 구성되는데 한 기본단위가 여러 추출단위에 속하지 않도록 해야 한다. 따라서 기본단위 하나만으로 추출단위가 될 수 있으며 여러 개의 기본단위를 모여서 추출단위로 사용할 수 있다. 추출단위를 기본단위의 묶음으로 정의할 때는 기본단위들이 중복되거나 누락되지 않도록 추출단위를 구성해야 한다.

추출단위가 결정되면 표본을 추출하기 위해서 모든 추출단위가 나열된 목록(list)을 작성해야 한다. 이런 목록을 **추출틀**(sampling frame) 또는 **표집틀**이라 한다. 선거여론조사에서 유권자가 추출단위일 때는 모든 유권자들의 명부가 추출틀이 되며, 가구를 추출단위로 하는 경우 인구·주택 총 조사 자료 또는 주민등록자료를 활용한 가구들의 명부가 추출틀이 된다.

추출틀을 구성하고 있는 추출단위들 중에서 표본으로 선택된 추출단위의 비율을 **표본추출률**(標本抽出率, sampling fraction)이라고 한다. 예컨대, 10,000가구 중에서 표본으로 500가구를 랜덤하게 추출하였다면 추출률은 5%가 된다. 표본을 추출하는 방법에 따라 모든 추출단위에 대해 동일한 추출률이 적용될 수도 있고, 그렇지 않을 수도 있다. 동일한 추출률이 적용되지 않은 경우에는 추정단계에서 각 추출단위에 대한 추출률이 반드시 반영하여야만 정확한 추정이 가능하다. 모든 추출단위에 동일한 추출률을 적용하여 추출된 표본을 **자체가중표본**(自體加重標本, self-weighted sample)이라 하며 그런 추출법을 **등확률표집법**(epsem ; equal probability selection method)이라 한다.

통계학에서는 연구대상 모집단의 특성을 나타내는 값을 **모수**(parameter)라 한다. 모수는 고정된 상수이지만 미지이다. 예컨대, 교육부에서는 사회 일각에서 제기되고 있는 초등학교 '보조교사제' 도입의 타당성을 검토하기 위하여 이 제도에 대한 여론조사를 실시하기로 하였다면, 목표모집단은 우리나라의 만 19세 이상인 성인들의 집합이고, 모집단의 특성값인 모수는 '보조교사제'에 대한 찬성률이다. 표본조사에서 관심 있는 모수의 형태는 후보자 지지율, 상품의 시장 점유율 등으로 표현되는 **모비율**과 가구당 월 평균소득, 학생당 월 평균 사교육비 등을 나타내는 **모평균**, 그리고 특정 어종의 연간 총 어획량, 경기도 내 중소기업의 월 매출액 총계 등과 같은 **모총합** 등이 있다. 이러한 모수들은 모집단에 대한 완벽한 정보가 없으면 파악할 수 없는 고정된 값이다. 표본조사의 주요한 목적은 표본으로부터 얻은 정보를 이용하여 위와 같이 관심 있는 모수를 추정하는데 있다.

연습문제 5.1

01. 전수조사와 비교한 표본조사의 장점으로 틀린 것은?
    가. 시간과 비용을 절약할 수 있다.
    나. 표본오류가 줄어든다.
    다. 단시간 내에 많은 정보를 얻을 수 있다.
    라. 조사과정을 보다 잘 통제할 수 있어서 정확한 자료를 얻을 수 있다.

02. 철학적인 관점에서 제기되는 표본조사의 문제점이 아닌 것은 어느 것인가?
    가. 표본조사는 본질적으로 통계적인 분석을 기본으로 하기 때문에 계량적으로 분석하기 어려운 연구내용을 취급하는 데는 한계가 있다는 비판이다.
    나. 표본조사는 연구대상의 동태적인 현상이나 변화, 그리고 진화의 과정에서 발생되는 원인을 분석할 수 없다는 비판이다.
    다. 표본조사로는 장기적인 관점에서 동태적으로 변화되는 사회현상 및 인간행태를 설명하는 방법으로는 타당하지 않다는 지적이다.
    라. 표본조사는 인과관계를 파악하기 어렵다는 비판이다. 즉, 변수간의 인과관계보다 상관관계를 보다 더 잘 파악할 수 있는 방법으로 보기 때문이다.

03. 모든 요소의 총체로서 조사자가 표본을 통해 발견한 사실들을 토대로 하여 일반화하고자 하는 궁극적인 대상을 지칭하는 것은?
    가. sampling frame　나. sampling unit　다. population　라. sampling distribution

04. 부적절한 표본 추출틀을 사용하여 얻은 자료를 바탕으로 이루어졌다면 그 연구결과는?
    가. 대표성을 결여하게 된다.　나. 이론적인 적절성이 결여된다.
    다. 정확한 가설을 설정하기 어렵다.　라. 정확한 측정을 어렵게 한다.

05. 표본추출의 대표성에 관한 설명으로 틀린 것은?
가. 대표성의 문제란 표본이 모집단을 대표하여 일반화가 가능한 것인가의 문제이다.
나. 표본추출에는 우연성이 많아야 대표성이 확보된다.
다. 표본은 모집단과 변수의 특성이 유사한 분포를 갖도록 추출되어야 한다.
라. 조사에 있어 어떤 것이 중요한 가설인가에 따라 대표성이 달라진다.

06. 다음 중 모집단을 정확하게 규정하기 위해 고려해야 하는 요소와 가장 거리가 먼 것은?
가. 경제성　　나. 표본단위　　다. 조사지역　　라. 조사기간

07. 일반적인 표본추출과정을 바르게 나열한 것은?

A. 표본추출	B. 표본추출방법의 결정	C. 모집단의 확정
D. 표본프레임의 선정	E. 표본크기의 결정	

가. C→D→B→E→A　　나. D→C→B→E→A　　다. B→D→C→E→A　　라. C→B→D→E→A

08. 표본추출에 관한 용어의 설명으로 틀린 것은?
가. 모집단(population)은 모든 연구대상 혹은 분석단위들이 모인 집합이다.
나. 표본(sample)은 모집단에서 일정 부분 추출된 요소들의 집합이다.
다. 모수(parameter)는 모집단의 특성치로, 통계치(statistic)를 근거로 추정한다.
라. 통계치(statistic)는 모수로부터 계산되는 표본값이다.

09. 표집틀로 적합하지 않는 것은?
가. 경제활동인구조사를 위한 전국 인구센서스 조사구
나. OO구의 빈곤층 실태조사를 위한 이 지역거주 생활보호대상자 명부
다. 하류계층 생활실태파악을 위한 백화점카드 사용자명단
라. 징집대상자 파악을 위한 주민등록부

10. 표본추출을 위한 모집단의 구성요소나 표본추출단위가 수록된 목록은?
가. element　　나. sampling frame　　다. sampling unit　　라. sampling distribution

11. 표본추출률 또는 표집비율(sampling fraction)이란?
가. 실험집단의 크기에 대한 통제집단의 크기　　나. 모집단의 크기에 대한 표본집단의 크기
다. 두 개 표본집단 간의 동질성을 비교한 것　　라. 현지실험과 현지조사의 차이를 비교한 것

12. 총 학생수가 2,000명인 학교에서 800명을 표집할 때의 표집률은?
가. 25%　　나. 40%　　다. 80%　　라. 100%

5.2 표집법

표본조사의 목적은 표본에 포함된 정보를 이용해서 모집단의 특성을 기술하고자 하는 것이다. 따라서 모집단의 특성을 잘 설명할 수 있는 대표성 있는 표본을 효과적으로 추출할 수 있는 방법을 구현하는 것이 표본조사의 목적 달성에 가장 중요한 요소라 하겠다.

표본을 추출하는 방법은 크게 **확률표집법**(probability sampling)과 **비확률표집법**(non-probability sampling)으로 구분할 수 있다. 확률표집법이란 모집단을 구성하고 있는 모든 추출단위가 표본으로 추출될 확률을 사전에 알고 있는 표집법을 말한다. 따라서 확률표집법에서는 특정한 표본이 선택될 확률을 계산할 수 있으며 이 확률을 토대로 표본에서 얻어진 추정결과에 발생하는 오차를 과학적으로 설명할 수 있다. 비확률표집법에서는 추출단위가 표본으로 추출될 확률을 알 수 없기 때문에 추정결과에 대한 **정도**(精度, precision)나 신뢰도를 평가할 수 없다.

5.2.1 확률표집법

(1) 단순랜덤표집법

단순랜덤표집법은 단순확률표집법이라고도 부르는 가장 간단한 확률표집법인데 이 표집법은 다른 확률표집법의 기초가 되므로 이 표집법에 대하여 조금 자세히 살펴보기로 한다.

크기 N인 모집단에 속하는 n개의 추출단위로 구성된 모든 가능한 경우가 표본으로 뽑힐 확률이 동일하도록 표본을 추출하는 방법을 **단순랜덤표집법**(simple random sampling)이라 하고 이 방법으로 추출된 표본을 **단순랜덤표본**이라 한다.

랜덤(random)이란 동일한 확률이 부여되도록 하는 것인데 “기회 균등”의 의미로 해석할 수 있다. 따라서 표본이 될 수 있는 모두 경우에 대하여 각각이 표본으로 선택될 기회를 동등하게 부여하는 표집법이 단순랜덤표집법이다. 단순랜덤표본을 추출하려면 모집단에 속하는 모든 추출단위들의 목록이 필요하다. 그러나 추출틀을 구하는 것이 현실적으로 쉽지 않고, 추출틀을 구했다 하더라도 추출된 조사단위들이 지리적 또는 공간적으로 넓게 퍼져 있다면 실사비용이 많이 들게 된다. 그런데 더 낮은 비용으로 동일한 정도를 보장하는 다른 표집법들이 많이 있기 때문에 실제 표본설계에서 단순랜덤표집법이 단독으로 사용되는 경우는 거의 없다.

추출단위들이 나열된 추출틀에서에서 단순랜덤표본을 추출하는 방법에 대하여 생각하자. n개의 추출단위를 뽑는 방법에는 하나씩 차례로 추출하는 **축차추출**과 한꺼번에 n개를 뽑아내는 **동시추출**이 있다. 축차추출에는 항아리에서 구슬을 뽑을 때 뽑힌 구슬을 항아리에 되돌려 넣고 다시 뽑는 것과 같은 **복원추출**(sampling with replacement)과 한 번 뽑힌 구슬은 되돌려 넣지 않고 뽑는 것과 같은

비복원추출(sampling without replacement)의 두 가지가 있다. 복원추출에서는 동일 개체가 두 번 이상 표본에 포함될 수 있는데 표본설계에서 고려하는 모집단은 모두 유한 모집단이고 유한 모집단에서 같은 개체를 두 번 이상 조사해도 추가 정보를 얻을 수는 없다. 따라서 표본추출에서는 특별한 언급이 없는 한 비복원추출만 고려한다.

단순랜덤표집법의 정의에 따라 표본을 추출하려면 한 번에 n개의 추출단위를 랜덤하게 추출하여야 한다. 그런데, 로또 복권에서는 1에서 45까지의 번호가 하나씩 부여된 45개의 균일한 공이 들어 있는 기구에서 한 번에 하나의 공을 랜덤하게 6번 비복원으로 추출하여 일등 당첨번호를 결정하고 있다. 이러한 방법으로 뽑은 표본은 단순랜덤표본임을 증명할 수 있다. 즉, 축차추출에 의하여 뽑힌 표본은 단순랜덤표본이다. 단순랜덤표본을 추출하는 도구로 **난수표**(random number table)를 사용해 왔으나 요즘은 컴퓨터에서 생성된 난수에 의하여 단순랜덤표본을 간단히 추출할 수 있다. 단순랜덤표집법에 의하면 각 추출단위가 표본으로 추출될 확률이 동일하므로 단순랜덤표본은 자체가중표본이 된다. 따라서 단순랜덤표본을 이용한 모평균의 추정에는 단순 표본평균이 사용된다.

(2) 계통표집법

단순랜덤표집법으로 표본을 추출하는 과정을 보면 추출틀에 속하는 모든 추출단위에 고유의 표지번호를 부여해야 하는데 실제 표본설계에서 추출단위에 번호를 부여하는 작업이 현실적으로 어려운 경우가 많이 있다. 예컨대, 전화번호부에 등재되어 있는 각 전화번호에 일련번호를 부여하는 작업은 간단한 일이 아니다. 이와 같은 단순랜덤표집에서의 어려움을 해결하기 위한 목적으로 표본추출과정을 보다 단순하고 편리하게 변형한 표집법이 **계통표집법**(系統抽出法, systematic sampling)이다. 계통표집법은 실제 조사현장에서 단순랜덤표집법 대신으로 매우 폭넓게 활용되고 있는 표집법이다.

예를 들어, 어떤 잡지사에서 구독자의 의견을 조사하기 위하여 구독자 50,000명에서 1,000명을 추출한다고 하자. 단순랜덤표본을 추출하려면 이 잡지를 구독하는 50,000명에 대한 이름과 주소 등이 기재된 명부(추출틀)에 고유번호를 부여한 다음 난수표를 이용하여 다섯 자리 난수 1,000개를 뽑아 이에 해당하는 구독자를 표본으로 추출해야 한다. 사실, 이러한 작업은 매우 번거롭고 시간이 많이 소요된다. 그런데, 50,000명에서 1,000명을 추출한다는 것은 결국 50명당 1명을 뽑는 것과 같은 것이다. 따라서 구독자의 이름이 나열되어 있는 명부의 처음 50명에서 1명을 랜덤하게 선정한 다음, 매 50번째에 해당하는 구독자를 표본으로 추출하는 방법을 생각할 수 있다. 처음 출발점을 1~50에서 랜덤하게 선택하면 그 결과로 얻어지는 표본은 1/50 계통표본이라 한다. 여기서 1/50이 표본 추출률이고, 추출률의 역수에 해당하는 50을 계통표집에서의 **추출간격**(sampling interval)이라 한다. 계통표집법이란 표집틀에 수록된 처음 $k(=N/n)$개의 추출단위들에서 하나를 랜덤하게 뽑고 그 다음부터는 매 k번째에 해당되는 추출단위를 뽑는 표집법이다. 이러한 표집법으로 선정된 표본을 $1/k$ 계통표본이라 한다. 결국, 시간적이나 공간적으로 일정한 간격을 두고 추출단위를 뽑는 방법이 계통표집법인데 방법이 간편하고 모집단 전체에서 추출단위가 골고루 뽑히는 장점이 있다.

추출틀에 추출단위들이 랜덤하게 나열되어 있다면 계통표본은 단순랜덤표본과 거의 동일한 것으로 취급한다. 예컨대, 대학생들을 대상으로 지난 한달 동안 지출한 용돈을 조사한다고 하자. 만약, 이름이 가나다 순서로 나열된 학생 명부를 추출틀로 사용한다면 학생들의 이름과 용돈 지출액은 상관이 없으므로 이 명단은 랜덤하게 나열되어 있다고 볼 수 있다. 이런 경우에 계통표본은 단순랜덤표본과 이론적으로 거의 동일하게 취급하며 계통표본에서 얻어진 자료로부터 모수를 추정할 때 단순랜덤표본에 의한 추정 방법을 그대로 사용한다.

계통표집법은 다음과 같은 이유로 인하여 단순랜덤표집법 대신 사용되는 유용한 표집법이다.

- 계통표집법은 실제 조사 현장에서 적용하기 편리한 표집법이다. 뿐만 아니라 적절한 추출틀이 마련되어 있지 않은 경우에도 조사자의 주관적인 선택에 의해 발생하는 선택편향을 줄일 수 있다는 장점을 지닌다. 예컨대, 도로를 따라 위치한 상가들을 대상으로 표본조사를 실시할 때 이 상가들에 대한 정확한 추출틀을 사전에 확보하지 못했더라도 실제 현장에서 매 5번째에 해당하는 상가를 조사하도록 한하면 조사원의 주관적 선택에 따른 선택오차를 어느 정도 배제한 20% 계통표본을 얻을 수 있다.
- 모집단의 크기를 사전에 알 수 없어도 원하는 추출률에 따른 표본을 얻을 수 있다. 예를 들어, 특정 투표소에서 투표를 마치고 나오는 사람들을 대상으로 투표결과에 대한 출구조사를 실시할 때 실제 이 투표소에서 투표할 유권자의 수는 사전에 알 수 없다. 그러나 투표를 마치고 나오는 처음 10명에서 1명을 랜덤하게 뽑아 조사한 다음 매 10번째에 해당하는 투표자를 조사하면 추출률이 10%인 계통표본이 얻어진다.
- 관심변수와 관련된 특성에 따라 순서대로 나열된 추출틀을 확보할 수 있다면 계통표집법을 사용하는 것이 단순랜덤표집법에 의한 것보다 모집단을 더 잘 대표할 수 있는 표본을 얻을 수 있다. 예컨대, 기업체의 올해 신입사원 채용규모를 파악하기 위하여 표본조사를 실시한다고 하자. 이 때, 기업체를 전년도 매출액 크기에 따라 순서대로 나열된 추출틀에서 계통표집을 하면 전년도 매출액이 많은 기업부터 적은 기업까지 골고루 표본으로 선정된다. 따라서 신입사원 채용규모와 매출액이 높은 상관관계를 갖고 있다면 결과적으로 계통표본이 단순랜덤표본보다 더 모집단을 잘 대표하는 표본이 될 것이다. 실제로 정부공식통계를 생산하기 위한 표본설계를 보면 표본의 대표성 제고를 위해 이런 형태의 계통표집법이 폭 넓게 활용되고 있다.
- 계통표집은 단위비용 당 얻을 수 있는 정보의 양이라는 측면에서 단순랜덤표집법보다 더 많은 정보를 얻을 수 있는 표집법이다. 다시 말하면 계통추출은 추출과정이 간편하므로 비용 및 시간 측면에서 단순랜덤표집법에 비해 효율적이다.

한편, 계통표집법을 사용할 때 주의해야 할 사항이 있다. 우선, 이론적으로 계통표집법은 단순랜덤표집법과 상당한 차이가 있다. 예컨대, 10% 계통표집법에서 표본으로 추출될 수 있는 가능한 경우는 정확히 열 가지이고, 랜덤하게 선정된 그 중 하나가 표본이기 때문에 이론적으로 추정량의 분산을 계산할 수 없다. 그래서 추출단위들이 랜덤하게 나열되었다는 가정 하에 계통표본을 단순랜덤표본인 것으로 간주하고 추정량의 분산을 계산한다. 이 경우 일반적으로 표본오차가 실제보다 과대추정되는 경향을 보인다. 또한, 추출단위들이 관심변수와 관련된 특성에 따른 주기성을 갖고 나열되어 있는 경우에 주기와 추출간격이 일치하게 되면 표본의 대표성에 심각한 문제가 생길 수 있다. 따라서 주기를 갖는 추출틀에서 표본을 추출해야 할 때는 다른 표집법을 사용하거나 주기와 추출간격이 일치하지 않도록 하는 계통표집법을 사용해야 한다.

계통표집법은 다양한 분야에서 실제로 널리 활용되는 표본추출법이다. 다음은 계통표집법을 사용하거나 사용할 수 있는 예들이다.

- 우리나라 인구 및 주택 총 조사에서는 표본조사를 실시할 가구를 선정할 때 조사구를 기준으로 10개 조사구에서 한 조사구를 표본조사 가구로 추출하는 10% 계통표집법을 사용하고 있다.
- 품질관리를 위한 표본검사에서도 계통표집법이 많이 활용되고 있다. 예컨대, 조립라인에서 매 50번째 생산되는 부품을 선택하여 품질검사를 하거나 창고에 쌓여 있는 제품들을 검사할 때 위로부터 3번째 선반에서 두 번째 상자를 표본으로 선택하는 것은 계통표집법을 활용한 것이다.
- 회계사들은 회계과정이 적절한지를 감사하기 위해 회계장부 중 일부를 표본으로 뽑거나, 재고금액을 확인하기 위해 재고항목 중 일부를 표본으로 선택한다. 이때에도 계통표집법을 활용하는 것이 자연스러울 것이다.
- 시장조사를 위한 표본조사에서도 계통표집법이 자주 이용된다. 가령 조사대상 점포에서 매 20번째 고객을 상대로 음식의 맛, 색, 느낌 등을 물어보거나, 놀이공원의 주차장에 진입하는 차량 중 매 20번째 차량을 선정하여 운전자에게 놀이공원의 여러 홍보정책이나 입장료 등에 관한 질문을 하는 경우 등이 계통표집법을 활용한 것이다.

(3) 층화확률표집법

표본조사에서 관심변수와 관련된 **보조변수**(補助變數, auxiliary variable)에 대한 자료를 쉽게 얻을 수 있다면 효율적인 표본설계를 위하여 그 보조정보를 활용하여야 한다. 보조정보는 추정의 정밀도를 높이기 위하여 비(比) 추정량, 회귀 추정량 등과 같은 모수의 추정량에 이용하거나 표본설계 및 추출단계에 이용할 수 있다. 층화표집법은 표본설계에서 보조정보를 이용하는 표본추출법이다.

층화확률표집법이란 모집단을 보조변수의 값이 유사한 추출단위들을 묶어서 만든 층들(strata)로 분할하고 각 층에서 확률표집법으로 표본을 추출하는 방법이다. 층화확률표집법으로 표본을 추출하려면 우선 모집단을 서로 겹치지 않는 부분집단으로 나누어야 한다. 일반적으로, 동질적인 추출단위들의 묶음이 되도록 모집단을 분할하는데 때에 따라서는 관심을 갖고 통계를 산출해내려는 집단별로 분할하기도 한다. 이렇게 분할된 부분모집단(sub-population)을 **층**(stratum)이라고 부른다. 각 층에서 표본을 단순랜덤표집법으로 추출하면 층화랜덤표집법이라 하며 계통표집법으로 추출하면 층화계통표집법이라 한다.

예를 들어, 서울에 소재하고 있는 서점들의 연 평균 매출액을 조사하기 위해서 500개의 서점을 랜덤하게 추출하여 조사한다고 하자. 그런데, 서울에 있는 서점들은 그 규모에서 엄청난 차이를 보이고 있다. 따라서 500개로 이루어진 표본에 우연히 대형 서점이 10개 포함된 경우와 50개가 포함된 경우의 평균 매출액에 대한 추정치를 비교해 보면 꽤 큰 차이가 날 수 있다. 실제로 추출되는 표본에 따라 추정치는 변하고 이 변동의 크기를 나타내는 것이 표본오차인데 단순랜덤표집법으로 표본을 추출하면 표본오차가 커진다는 것이다. 표본오차가 크다는 것은 추정의 정밀도가 낮다는 것이므로 이 예에서 추정치의 표본오차가 커지는 단순랜덤표집법을 사용하는 것은 바람직하지 않다. 사실, 표본설계의 목적은 고정된 비용 하에서 표본오차를 최소화하는데 있다. 그런데, 서울에 있는 각 서점의 매장면적을 사전에 알고 있다면 서울의 전체 서점을 매장의 크기에 따라 대형, 중형, 소형으로 분할하고 각 집단에서 미리 배정된 수만큼의 서점들을 단순랜덤표집법으로 추출하면 앞에서 제기된 문제를 해결할 수 있다. 이렇게 하면 표본에 포함되는 대형 서점의 수에 따른 변동을 줄일 수 있고 결과적으로 표본오차를 대폭 감소시킬 수 있다. 여기서 대형, 중형, 소형으로 분류된 각 서점집단이 층에 해당되고 각 층에서 단순랜덤표집법으로 추출된 서점들로 이루어진 표본을 **층화랜덤표본**, 각 층에 배정된 크기의 표본을 계통표집법으로 추출한 표본은 **층화계통표본**이라 한다.

층화확률표집법을 효과적으로 사용하기 위해서는 유의해야 할 사항이 있다. 앞의 예에서 전체 서점을 매장의 크기에 따라 분류하였는데 이런 층화작업을 수행하기 위해서는 전체 서점의 매장면적에 대한 정보를 사전에 확보할 수 있어야 한다. 그리고 층을 나누는 기준으로 매장면적을 사용하는 이유는 매장면적이 매출액과 상당히 높은 상관관계를 갖고 있을 것이라는 점을 고려한 것이다. 층화확률표집법에서 모집단을 층화하는 기준으로 사용되는 변수를 **층화변수**라고 한다. 층화확률표집법이 효율적이기 위해서는 전체 추출단위에 대하여 사전에 정보를 확보할 수 있는 적절한 층화변수를 선택하는 작업이 대단히 중요하다.

층화표집법이 실제 표본설계에서 널리 사용되는 이유를 살펴보면 다음과 같다.

- 적절한 층화 변수를 확보하여 모집단을 층화하면 단순랜덤표집법에 비하여 동일한 비용 하에서 추정량의 정도를 높일 수 있다. 즉, 층화 변수의 기준에 따라 동질적(homogeneous)인 추출단위들끼리 하나의 층으로 묶어주는 층화 작업에 의하여 층 내의 변동이 작아지게 되므로 추정의 정밀도가 높아진다.

· 필요에 따라 집단별(층별) 추정치를 얻을 수 있다. 앞의 예에서 만약 서울시 전체 서점의 평균 매출액뿐만 아니라 서점을 매장면적에 따라 50평 이상, 10-50평, 10평 이하로 분류한 집단별 평균 매출액에 관심이 있는 경우에 각 층과 관심 집단이 일치하도록 층화 작업을 하고 각 층별로 적절한 표본의 크기를 사전에 배정하면 어느 정도 신뢰할 수 있는 각 관심 집단별 추정치들을 얻을 수 있다. 이런 경우 층화 변수 및 각 층의 분류기준은 조사목적에 의해 자연스럽게 결정된다. 우리나라 통계청에서 실시되는 대부분의 조사들을 보면 전국을 광역시 및 도별로 층화하고 표본을 추출하여 전국에 대한 추정치 및 각 시도별 추정치를 산출하고 있다.

· 단순랜덤표집법에 비해 조사비용을 절감할 수 있다. 예를 들어, 지역별로 층을 구성하는 경우나 여론조사를 위하여 성별-연령별로 층을 구성하는 경우에 유사한 속성을 지닌 개체들로 구성된 각 층별로 전반적인 조사 관리를 할 수 있어서 조사관리가 용이하고 비용을 절감할 수 있다. 따라서 동일한 비용으로 단순랜덤표집에서 보다 더 많은 조사단위를 표본에 포함시킬 수 있어서 결과적으로 추정의 정밀도를 높일 수 있다.

이상과 같은 층화확률표집법의 장점들은 모집단의 층화 가능성 및 층의 구성 기준과 밀접하게 연관되어 있다. 예컨대, 대학에서 학생들을 상대로 여론조사를 할 경우 학생들을 학년이나 계열 또는 대학별로 층화해서 조사하는 것이 효율적이다. 사업체 조사의 경우 사업체들을 산업형태 및 규모에 따라 층화하면 산업형태별, 규모별 추정치를 얻을 수 있을 것이다.

층화확률표집법에서 고려해야 할 또 하나의 중요한 문제는 각 층에 적절한 크기의 표본을 배정(allocation)하는 방법이다. 앞의 예에서 500개 서점으로 표본을 구성할 때 각 층에서 추출할 표본의 크기를 얼마로 하는 것이 효율적인가를 결정해야 한다. 일정한 비용 하에서 추정량의 정밀도를 최대로 할 수 있는 최적의 표본배정방법은

· 각 층을 구성하는 총 조사단위의 수 - 층의 크기

· 각 층을 구성하는 조사단위 간의 변동 - 층내 분산

· 각 층에서 조사단위당 실사 비용

등과 같은 요인들의 영향을 받는다.

각 층에 있는 조사단위의 수는 표본 속에 포함된 정보의 양에 영향을 준다. 200개의 조사단위를 가진 모집단에서 뽑은 크기 20인 표본은 20,000개의 조사단위를 가진 모집단에서 추출한 크기 20인 표본보다 더 많은 정보를 제공한다. 따라서 모든 층에서 일정수준 이상의 정보를 확보하려면 조사단위의 수가 많은 층에 더 많은 표본을 배정하는 것이 효과적이다. 또한, 조사 단위들이 이질적이면 정도 높은 추정량을 얻기 위해 더 많은 표본이 필요하므로 층내 변동이 큰 층에 더 많은 표본을 배정해야 한다. 마지막으로, 각 층 마다 조사단위당 실사비용이 서로 다를 경우 조사비용을 최소로 하기 위해서는 실사비용이 많이 드는 층에서 표본을 적게 뽑아야 한다.

각 층에 배정되는 표본의 크기에 영향을 주는 세 가지 요인들 중에서 층의 크기만을 고려한 배정법을 **비례배정법**(proportional allocation)이라 하고, 층의 크기 및 층내 분산의 크기를 반영한 배정법을 **네이만 배정법**(Neyman allocation)이라 한다. 그리고 세 요인의 영향을 모두 반영한 배정 방법을 **최적배정법**(optimal allocation)이라 한다. 층화확률표집법에서 비례배정법을 이용하여 층에 표본을 배정하면 모집단의 모든 추출단위들이 표본에 포함될 확률은 같아진다. 따라서 비례배정법으로 얻어진 층화랜덤표본은 단순랜덤표본과 마찬가지로 자체가중표본이므로 모평균의 추정량으로 단순표본평균을 사용한다. 네이만 배정과 최적 배정의 경우는 모평균의 추정에 각 추출단위의 추출확률을 반영한 가중평균 형태의 추정방법을 사용해야 한다.

층화변수를 이용하여 모집단을 층화할 필요가 있지만 표본을 뽑아 관측하기 전에는 각 추출단위가 어떤 층에 속하는가를 알 수 없는 경우가 있다. 예컨대, 전화를 이용한 여론조사에서는 전화 접촉이 이루어진 후에 응답자를 남성과 여성으로 층화할 수 있다. 이런 경우에는 단순랜덤표본을 추출하여 조사를 실시한 후에 층화작업을 하는데 이런 층화를 **사후층화**(事後層化)라 한다. 단순랜덤표본이 모집단의 분포 형태를 제대로 반영하지 못한 상태로 추출되었다면 추출된 표본을 사후층화 한 후에 층화확률표집법에 의한 모수의 추정 공식을 이용하여 모수를 추정할 수 있다. 예컨대, 어떤 지역 대학생들의 평균 몸무게를 추정하기 위해 남·여 학생비율이 각각 50%인 모집단에서 100명의 학생들을 랜덤하게 추출하였더니 우연히 70명의 남학생과 30명의 여학생이 뽑혔다고 하자. 일반적으로 남학생이 여학생에 비해 몸무게가 많이 나가므로 이 때 단순표본평균은 모평균을 과대 추정하게 된다. 이런 경우 사후층화를 통해서 원래 모집단의 남녀 구성 비율을 추정과정에 반영하는 것이 바람직하다. 즉, 사후층화는 추정과정에서 모집단의 구성비를 반영하여 추정의 정밀도를 높이기 위한 것이다. 실제 여론조사에서 많이 적용되고 있는 이런 사후층화작업은 층화확률표집법에서의 층화작업과는 본질적으로 다른 개념임에 유의해야 한다.

(4) 집락표집법

단순랜덤표집법이나 층화확률표집법을 사용하기 위해서는 모집단의 조사 단위들을 모두 포함하고 있는 추출틀을 작성해야 한다. 전국의 가구 집단과 같은 대규모 모집단을 대상으로 하는 표본설계에서는 전국 가구의 목록과 같은 추출틀을 작성하는데 엄청난 비용이 들거나 또는 현실적으로 확보가 불가능할 수도 있다. 또한, 방대한 규모의 추출틀이 작성되었다 하더라도 그 추출틀에서 가구들을 단순랜덤표집법으로 추출하면 조사대상 가구들이 전국적으로 흩어지기 때문에 표본가구들을 실사하는 데에 막대한 비용 및 시간이 소요된다. 이러한 문제를 극복하기 위해서 우선 전국의 가구를 지역적으로 인접한 것끼리 묶은 집단-이 집단을 **집락**(集落, cluster)이라 한다.-을 구성하고 집락들의 집합에서 일정한 수의 집락을 추출한 다음 추출된 집락 내의 일부 또는 모든 가구를 조사하는 방법을 사용하는데 이런 표집법을 집락표집법이라고 한다.

집락표집법(集落標集法, cluster sampling)이란 서로 인접한 조사 단위들을 묶어서 집락 또는 조사구를 만들고 이 집락들 중에서 일부의 집락을 추출한 다음 추출된 집락에 속한 조사 단위들의 일부 또는 전부를 표본으로 추출하는 확률표집법이다. 따라서 집락표집법에서는 조사 단위들의 집합인 집락이 추출단위로 사용된다.

예를 들어, 서울시 고등학생들의 월평균 사교육비를 추정하기 위한 표본 추출방법에 대하여 생각해 보자. 단순랜덤표집법을 사용하기 위해서는 서울시의 모든 고등학생들이 포함된 학생명단이 필요한데 이러한 추출틀을 작성하려면 많은 비용과 시간이 들게 되고 현실적으로 작성이 불가능할 수 있다. 서울시의 각 구를 층으로 한 층화확률표집법에서도 각 층에 속하는 학생들의 명단이 요구되기 때문에 이러한 문제를 피할 수가 없다. 이런 경우 조사단위에 해당하는 학생들을 직접 추출하기보다는 일단 고등학교를 추출하고 선정된 학교의 학생들 전체를 조사하거나 선정된 학교에서 일부 학생만을 다시 추출하여 조사하는 표본추출법을 사용할 수 있다. 이 경우 각 고등학교가 추출단위, 즉, 집락에 해당되며, 이 표집법에서 필요한 추출틀인 서울시 전체 고등학교 명단은 확보가 용이하다. 여기서 표본으로 선정된 고등학교의 전체 학생을 조사대상으로 삼는 표집법을 **일단집락표집법**(single stage cluster sampling)이라 하며, 추출된 고등학교에서 일부 학생들을 추출하여 조사하는 방법은 최종 표본이 두 단계에 걸쳐 선정되기 때문에 **이단집락표집법**(two stage cluster sampling)이라 한다. 한편, 각 단계에서 표본을 단순랜덤표집법으로 추출하는 집락표집법을 **단순집락추출법**(simple cluster sampling)이라 한다. 위의 예에서 이단집락표집법을 사용하면 표본으로 뽑힌 고등학교의 학생명단만이 추가적으로 필요하므로 추출틀의 확보가 매우 쉬워진다.

집락표집법을 사용하는 또 하나의 이유를 살펴보기 위해서 서울시 전체 고등학생들을 대상으로 단순랜덤표본을 추출했다고 가정하자. 이 경우에 서울시 전역에 흩어져서 선정된 고등학생들을 조사하려면 조사원의 이동거리, 시간 등을 고려할 때 조사비용이 엄청나게 커지게 된다. 그러나 집락(학교)내의 조사단위(학생)들은 지역적으로 인접해 있을 것이므로 이동 비용 등과 같은 실사비용을 줄일 수 있다. 요약하면, 집락표집법은 모집단의 모든 조사 단위들을 망라한 좋은 추출틀이 없거나 추출틀을 얻는데 많은 비용이 들지만 집락에 대한 추출틀은 쉽게 얻을 수 있는 경우 또는 조사 단위들이 멀리 떨어져 있어서 실사비용이 크게 증가하는 경우에 최소의 비용으로 최대의 정보를 확보하기 위한 효과적인 표본추출법이다.

우리나라 통계청에서 인구주택 총조사에 사용하고 있는 조사구가 가장 대표적인 집락이다. 통계청에서 국가통계를 생산하기 위한 표본설계에서는 대부분 조사구를 집락으로 이용하는 집락표집법을 사용하고 있다. 그 밖에도 조사단위가 사람들인 경우에 가구는 그 자체가 집락이 되며, 대학생들을 대상으로 한 표본추출에서도 전공 및 학년에 따른 학생들의 집단이 집락추출을 위한 편리한 추출단위가 될 수 있다. 또한, 어떤 질병에 대한 평균 재발 횟수나 평균 입원일수를 연구하는 경우에 병원이 그 질병을 갖고 있는 환자들의 묶음인 집락으로 사용될 수 있다.

집락표집법을 사용할 때 반드시 유의해야 할 사항이 있다. 일반적으로 집락은 인접한 조사 단위들을 묶어서 구성되기 때문에 집락 내의 조사 단위들은 여러 가지 측면에서 유사한 특성을 지닐 수 있다. 예컨대, 지리적으로 인접한 가구들을 묶어서 집락을 만들면 한 집락에 속해 있는 가구들은 소득, 교육수준, 정치적 성향 등에 있어서 동질적일 가능성이 높다. 즉, 집락 내에서 얻어지는 관측치들 사이에 상당히 높은 상관관계가 존재할 수 있는데 이런 경우에는 집락 내에서 많은 가구들을 조사하는 것은 비효율적이다. 이때에는 일차적으로 많은 집락을 뽑고 추출된 집락에서 다시 일부의 조사 단위만을 추출하는 이단집락추출법을 사용하는 것이 바람직하다.

층화확률표집법과 집락표집법은 모집단을 서로 중복되지 않는 집단으로 분할하여 구성한다는 측면에서는 유사하다. 하지만 집단의 구성 방법이나 사용목적 등을 보면 층화확률표집법에서의 층과 집락표집법에서의 집락 사이에는 큰 차이가 있다. 이들의 주요 차이점을 살펴보면 다음과 같다.

- 층화확률표집법에서는 가능한 한 동질적인 조사 단위들로 층을 구성하여 층들 간에는 가급적 서로 이질적인 층이 되도록 하는 것이 바람직하다. 그러나 집락표집법에서는 집락들을 구성하고 있는 조사 단위들이 이질적일수록 집락 간의 변동이 줄어들게 되어서 동일한 조사비용으로 보다 효율적인 추정이 가능해진다.
- 층화확률표집법의 경우 모든 층에서 표본을 추출하여 정보를 확보하지만 집락표집법에서는 전체 집락들의 집합에서 표본으로 추출된 일부 집락에서만 다시 표본을 추출하기 때문에 추정방법 등에 있어서 본질적으로 큰 차이가 있다.

집락표집법에서 표본의 크기는 집락의 크기와 표본으로 추출될 집락의 개수라는 두 가지 요소를 동시에 고려하여 결정해야 한다. 이단집락표집법에서는 추출된 집락에서 뽑게 될 최종 조사단위의 수도 결정해야 한다. 이러한 결정은 집락 내 조사단위들의 동질성 여부와 밀접한 관계를 갖고 있다. 집락 내 조사단위들의 동질성 정도는 **급내상관계수**(intra-class correlation coefficient)로 표현된다. 예컨대, 어떤 시에서 학부모들을 대상으로 새로운 고등학교 배정안에 대한 지지율을 알아보기 위하여 인접된 가구들로 구성된 집락을 만들고 일단집락표집법으로 표본을 추출한다고 하자. 이 표본설계에서 최종 표본으로 1,000가구를 선정할 때, 100가구씩 묶어서 만든 집락들에서 10개의 집락을 추출하는 경우와 20가구씩 묶은 집락들에서 50개 집락을 추출하는 경우 중 어느 것이 더 효율적인가를 생각해 보자. 어떤 집락 내의 인접한 대다수 가구들은 현행 학군에 만족해서 새로운 배정안에 찬성하지 않는 반면, 다른 집락에 있는 대부분의 가구들은 현행 학군에 만족하지 않아서 새로운 배정안을 강력히 희망할 수도 있다. 이러한 상황은 집락 내의 조사 단위들이 매우 동질적이라는 것을 의미하므로 집락의 크기를 작게 하여 가능하면 많은 수의 집락을 추출하는 것이 바람직할 것이다.

(5) 크기비례확률표집법

다단계 표집법은 집락표집법의 개념을 확장한 것이다. 집락 내에 너무 많은 조사 단위들이 포함되어 있어서 모든 조사 단위들을 조사할 수 없거나 집락 내 조사 단위들의 측정값이 유사하여 단지 몇 개의 조사 단위만 조사하면 전체 집락에 관한 정보를 충분히 확보할 수 있는 경우도 있다. 이런 경우에는 우선 집락들의 집합에서 집락을 확률표집법으로 추출하고, 추출된 집락 내의 조사 단위들 중에서 일부를 다시 추출하는 이단집락추출법을 사용한다. 이와 같이 최종 표본이 몇 단계에 걸쳐서 선정되는 표본추출법을 **다단계 표집법**(multi-stage cluster sampling)이라 한다.

예컨대, 전국의 고등학교 3학년 학생들을 대상으로 표본조사를 실시한다고 할 때, 일단계로 전국의 고등학교 중 일부 고등학교를 표본으로 추출하고, 이단계로 추출된 학교에서 다시 학급을 추출한 다음 마지막으로 표본으로 추출된 학급에서 최종적으로 일부 학생을 표본으로 추출할 수 있다. 이 경우는 일단계 추출과정에서의 추출단위가 학교이고, 이단계의 추출단위는 학급이며, 최종 삼단계의 추출단위는 학생이 되는 다단계 표집법 또는 삼단집락표집법을 사용한 경우이다. 다단계 추출법에서 단계별 추출단위를 **일차추출단위**(psu, primary sampling unit), **이차추출단위**(ssu, secondary sampling unit), **삼차추출단위**(tsu, third sampling unit) 등으로 부른다. 위의 예에서 전국의 고등학교를 시도별로 층화한 후, 각 층에서 위와 같은 다단계 표집법으로 표본을 추출하면 이런 추출법을 **층화 다단계 표집법**이라고 한다. 실제로 통계청 등에서 실시되는 대규모 표본조사의 경우 대부분 층화 다단계 표집법을 사용하고 있다.

단순랜덤표집법이나 단순집락표집법 등은 표본을 뽑을 때 추출에 있는 모든 추출단위들이 표본에 포함될 확률이 동일하도록 표본을 추출하였다. 하지만 이런 방법이 항상 효과적인 것은 아니며 경우에 따라서는 각 추출단위들이 추출될 확률을 변화시킴으로써 보다 효율적인 추정결과를 얻을 수 있다. 예컨대, 어느 지역의 사업체로부터 표본을 추출하여 올해 신규 사원 채용인원을 추정하고 싶다고 가정하자. 일반적으로 대다수의 사업체는 규모가 작고 소수의 종업원을 고용하고 있는 반면 일부 대규모 사업체는 훨씬 많은 종업원을 고용하고 있다. 이런 경우 단순랜덤표본은 대체로 소규모 사업체들로 이루어지게 된다. 그런데 신규 채용인원은 규모가 큰 사업체에 크게 영향을 받는다. 그러므로 규모가 큰 사업체가 표본에 포함될 기회를 크게 하면 전체 신규 채용인원을 보다 효율적으로 추정할 수 있다. 이런 경우 사업체가 표본으로 뽑힐 확률을 사업체의 현재 종업원 수에 비례하도록 하여 사업체를 추출하는 방법을 고려할 수 있다. 이와 같은 표본추출법을 **크기비례확률표집법**(sampling with probabilities proportional to size) 또는 **pps표집법**이라고 한다. 크기비례확률표집법에서의 추정 공식은 단순랜덤표집법에서의 추정식과 상당히 다르다는 점에 유의하여야 한다. 다단계 표집법에서는 일차 추출단위를 추출할 때 집락의 크기에 비례하는 확률로 표본 집락을 추출하는 크기비례확률표집법이 흔히 사용된다. 예컨대, 전국의 가구를 대상으로 표본조사에서 흔히 시·

군 · 구를 일차 추출단위로 사용하는데, 이 때 각 시 · 군 · 구의 가구 수는 모두 다르고 통상적으로 큰 차이가 있다. 이런 상황에서는 시 · 군 · 구를 동일한 확률로 추출하는 단순랜덤표집법보다 각 시 · 군 · 구의 가구 수에 비례하는 확률로 표본을 추출하는 크기비례확률표집법을 사용하는 것이 효율적이다.

크기비례확률표집법을 적절히 이용하면 다단계 표집법에서 모든 기본단위가 표본으로 뽑힐 확률이 동일한 자체가중표본을 얻을 수도 있다. 예컨대, 서울시의 모든 가구를 모집단으로 하는 표본조사에서 각 동을 psu로 하는 이단집락표집법으로 표본을 추출한다고 하자. 먼저, 20개 동을 추출하고 각 동에서 50개 가구를 단순랜덤표집법으로 추출하여 모두 1,000가구를 최종 표본으로 선정하는 경우에 단순랜덤표집법으로 동을 추출하면 실제 가구 수가 많은 동에 있는 가구는 가구 수가 적은 동에 있는 가구에 비해 상대적으로 최종 표본으로 뽑힐 확률이 작아지게 된다. 따라서 각 가구의 추출확률을 반영한 가중평균 형태의 추정 공식을 사용해야 한다. 하지만 가구 수에 비례하는 크기비례확률표집법으로 추출된 동에서 크기 50인 단순랜덤표본을 뽑으면 모든 가구가 최종 표본으로 추출될 확률이 동일하게 된다. 따라서 이렇게 얻어진 표본은 자체가중표본이므로 모평균의 추정치로 단순표본평균을 이용한다.

5.2.2 비확률 표집법

非확률표집법이란 각 추출단위가 표본에 포함될 확률을 알 수 없는 표본추출법을 말한다. 확률표집법에서는 각 추출단위가 표본으로 추출될 확률을 알 수 있기 때문에 추정량의 정도 및 신뢰도를 설명할 수 있다. 그러나 비확률표집법에서는 조사 결과에 대한 정도나 신뢰도를 객관적으로 설명할 수 없고 조사 결과의 정확성은 오직 주관적인 평가를 통해서만 가능하다. 따라서 경험적으로 비확률표집법에 의해 매우 만족스런 조사 결과를 얻었던 경우가 있었다고 하여 앞으로도 계속 좋은 결과를 얻을 수 있다는 보장이 전혀 없다. 비록 비확률표집법이 이런 문제점을 갖고 있지만 간편하고 비용이 적게 든다는 이유로 실제 사회조사에서는 다양한 형태의 비확률표집법이 사용되고 있는 것이 현실이다. 특별히 확률표집법이 현실적으로 불가능한 경우, 표본오차가 문제되지 않는 경우, 본조사에 앞서 개략적인 현황을 파악하기 위한 시험조사(pilot survey) 등에서는 비확률표집법이 사용되고 있다.

(1) 편의표집법

편의표집법이란 조사자가 손쉽게 접촉할 수 있는 대상들을 표본으로 추출하는 방법인데 우발적 표집법(accidental sampling)이나 무계획표집법(haphazard sampling)이라고도 부른다. 예컨대, 대형상가를 이용하는 고객들을 대상으로 표본조사를 실시한다고 할 때 확률표집법을 적용하기 위해서는 이곳을 이용하는 모든 고객들이 포함된 추출틀을 확보하여야 한다. 그러나 그런 추출틀을 작성하는 것이 현실적으로 불가능하여 어느 날 조사원이 이 상가에 나가 우연히 그곳에 온 사람들 중 일부를 주관적으로 선정하여 조사를 실시하였다면 이와 같은 추출법이 편의표집법에 해당된다. 편의표집법으로 추출된 표본은 모집단을 대표할 수 없으므로 표본에서 얻어진 결과를 전체 모집단에 대한 결과로 일반화하여 해석하는 것은 매우 위험하다. 흔히 접할 수 있는 다음과 같은 조사가 편의표집에 해당한다.

· 자발적으로 특정 연구에 참가하기를 원하는 사람들을 대상으로 한 조사
· 조사하기 편리한 특정 학교의 학생들을 대상으로 한 조사
· 길거리 또는 백화점 앞에서 지나가는 사람들을 대상으로 한 조사
· 잡지에 설문지를 끼워서 배포하고 참여의사에 따라 우편으로 응답하게 하는 조사
· TV 프로그램 중 전화를 건 시청자들을 대상으로 한 조사
· 포털 사이트에 조사문항을 게시하고 자유롭게 응답하게 하는 인터넷 조사

추출틀을 확보할 수 없을 뿐만 아니라 일상적인 방법으로 조사대상자를 접촉하기 어려운 경우에는 먼저 소수의 조사대상자를 찾아 조사한 후 이들의 소개로 추가적인 조사대상자를 찾아 표본을 확보하는 추출방법을 사용하기도 한다. 이런 표집법은 마치 작은 눈덩이를 굴려 점점 큰 눈덩이를 만드는 것과 유사하다고 하여 **눈덩이 표집법**(snowball sampling)이라고 한다. 예컨대, 마약을 경험한 사람들, 폭력 서클에 가입하고 있는 청소년들 또는 불법 외국인 근로자를 대상으로 표본조사를 실시하는 경우 조사대상자들의 접촉이 쉽지 않기 때문에 눈덩이 표집법으로 표본을 추출하는 것이 효과적이다. 이런 눈덩이 표집법도 일종의 편의표집법에 해당하므로 조사결과를 일반화하여 해석할 때는 상당히 유의해야 한다.

(2) 유의표집법

조사를 실시하는 전문가가 주관적인 판단에 의해 모집단을 잘 대표할 수 있다고 생각되는 대상들을 표본으로 추출하는 방법을 **유의표집법**(purposive sampling)이라 한다. 유의표집법은 **판단표집법**(判斷標集, judgement sampling) 또는 전문가 선택(expert choice)이라고도 부른다. 만약 교육학자가 어떤 대도시 학생들의 의식을 조사하기 위하여 이 지역을 잘 대표할 수 있다고 판단되는 몇 개의 학교를 선택하고 이들 학교의 재학생들을 대상으로 조사한다면, 이 때 사용된 표집법이 유의표집법이다. 이 경우 다른 교육학자는 이 지역을 대표하는 학교로 다른 학교들을 선택하게 될 가능성이 있으므로 유의표집법로 추출된 표본은 대표성을 확보할 수 없으며 따라서 얻어진 결과를 일반화할 수 없다. 또한, 설명할 수 없는 편향이 크게 발생할 수도 있다.

일반적으로 표본조사에서 발생하는 오차는 편향과 변동(variation)으로 설명할 수 있다. 확률표집법에서는 대부분 편향이 발생하지 않는 추정 방법을 사용하기 때문에 표본오차는 추정량의 분산으로 설명할 수 있다. 확률표집법에서 표본의 크기가 작아지면 추정량의 분산이 커진다. 따라서 확률표집법을 사용할 때 신뢰할 수 있는 결과를 얻기 위해서는 적절한 크기의 표본을 확보하여야 한다. 다시 말해서 표본의 크기가 아주 작으면 확률표집법의 경우에도 전혀 모집단을 대표할 수 없는 표본이 선택되어 엉뚱한 조사결과가 얻어질 수 있다. 이런 경우에 유의표집법을 사용하면 비록 편향은 발생하지만 이런 편향은 상대적으로 무시할 수 있고, 비록 주관적이지만 어느 정도 모집단을 대표할 수 있는 표본을 확보할 수도 있다. 따라서 표본의 크기가 아주 작을 때는 유의표집법이 효과적인 표본추출법일 수 있다.

예컨대, 서울시 전체 고등학교를 대상으로 교육환경을 파악하기 위해서 3개 학교만을 표본으로 추출하여 조사한다고 하자. 이런 경우 어떤 학교가 표본으로 뽑힐 것인가를 전혀 예상할 수 없는 랜덤표본을 사용하는 것보다 오히려 전문가에 의해 서울시 전체 고등학교를 잘 대표할 수 있는 3개 학교를 선택하는 것이 보다 효과적일 수 있다. 하지만 표본의 크기가 50개로 늘어난다면 이때는 비확률표집법보다 적절한 확률표집법을 활용하는 것이 보다 신뢰성 있는 결과를 얻을 수 있다.

유의표집법은 동질적 유의표집법과 이질적 유의표집법으로 구분할 수 있다. 이에 대하여는 김경동 외(2009)를 참조하기 바란다.

(3) 할당표집법

할당표집법(割當標集法, quota sampling)은 조사변수에 관련이 있다고 판단되는 특성에 대한 모집단의 구성 비율이 표본에 그대로 반영될 수 있도록 하는 표본추출법이다. 예컨대, 어느 대학교 학생들의 한 달 평균 용돈을 추정하고자 하는 경우, 학생들의 용돈은 전공이나 학년에 따라 차이가 많다고 판단되면 이 대학교 전체 학생들의 전공별 학년별 구성 비율이 그대로 표본에 유지될 수 있도록 표본을 추출하는 방법이 할당표집법이다. 할당표집법에서 그룹을 형성하고 이들 그룹에 대한 구성 비율을 표본에 그대로 유지하는 이유는 최소한 그룹 구성을 위해 반영한 특성이 조사원의 선택편향에 의하여 왜곡되지 않도록 하는 것을 목적으로 한다.

할당표집법은 조사변수와 관련 있는 특성에 따라 모집단을 분할한다는 점에서 보면 층화확률표집법과 상당히 유사하다. 그러나 각 층에서 추출단위를 뽑을 때 층화확률표집법에서는 추출단위를 랜덤하게 추출하지만 할당표집법에서는 조사원의 주관적인 판단에 의해 최종 조사단위가 선정된다는 차이가 있다. 결국, 할당표집법도 조사단위가 표본으로 추출될 확률을 알 수 없는 비확률표집법이므로 조사결과에 대한 신뢰도를 객관적으로 평가할 수 없다.

할당표집법은 확률표집법에 비해 비용이 적게 들고 빠르게 조사결과를 얻을 수 있기 때문에 간단한 여론조사나 마케팅조사에서 많이 사용된다. 이론적으로 문제가 있지만 할당표집법을 많이 사용하는 이유는 다음과 같다.

- 추출틀을 필요로 하지 않는다. 예컨대, 어느 지역에 거주하는 조사원에게 그 지역에서 살고 있는 30대 남성 50명을 조사하도록 할당하였다면 조사원은 조사대상자가 누구이든지 관계없이 지역에 거주하는 30대 남성 50명만 조사하면 되므로 확률표집법과 달리 추출틀이 필요없다.
- 무응답이 발생해도 재조사할 필요가 없다. 즉, 조사 대상이 응답을 거부하거나 전화를 건 가구와 통화가 되지 않더라도 다음 사람이나 가구를 상대로 조사를 진행하면 된다.

이와 같은 두 가지 측면을 고려하면 할당표집법이 조사를 신속하게 수행할 수 표집법임을 알 수 있다. 하지만 다른 한편으로는 이런 측면 때문에 할당표본에서 얻어지는 조사결과가 선택편향에 의한 문제점을 갖게 된다는 사실을 알 수 있다. 할당표집에서 발생하는 선택편향에 대한 예로 1948년 미국 대통령선거 여론조사를 들 수 있다. 1948년 이전까지 미국의 정치 여론조사에서는 할당표집법이 널리 사용되었다. 표본에서의 성별, 연령별, 소득별, 교육수준별 비율이 모집단과 일치할 경우 여론조사 결과가 더 정확할 것이라고 생각하였기 때문이었다. 그러나 1948년 선거여론조사 결과로 인하여 이런 생각을 심각하게 재검토하게 되었다. 당시 여론조사 결과에서 약세로 평가되었던 트루먼(Trumen) 후보가 여론조사에서 우세를 보였던 듀이(Thomas Dewey) 후보를 누르고 당선되었기 때문이었다. 당시의 주요 여론조사기관에서는 성별, 연령별, 교육수준별, 인종별, 퇴역군인별 구성 비율을 할당표본에 반영하였지만 여론조사가 실패하게 된 것은 난수표 등을 이용하는 확률표집법에 따라 최종 응답자를 추출하지 않고 조사원의 주관적인 판단에 따라 추출하였기 때문이었다.

연습문제 5.2

01. 확률표집에 관한 설명으로 옳은 것은?
    가. 표본이 모집단에 대해 갖는 대표성을 추정하기 어렵다.
    나. 모집단이 무한하게 클 경우에 적용할 수 있는 표집방법이다.
    다. 표본의 추출 확률을 알 수 있다.
    라. 모집단 전체에 대한 구체적 자료가 없는 경우 사용된다.

02. 단순무작위표집을 통하여 자료를 수집하기 어려운 조사는?
    가. 신용카드 이용자의 불편사항　　나. 조세제도 개혁에 대한 중산층의 찬반 태도
    다. 새 입시제도에 대한 고등학생의 찬반 태도　　라. 동사무소 행정서비스에 대한 거주민의 만족도

03. 모집단이 서로 상이한 특성으로 이루어져 있을 경우에 모집단을 유사한 특성으로 묶은 여러 부분집단에서 단순무작위추출법에 의하여 표본을 추출하는 방법은?
    가. 할당표본추출법　　나. 편의표본추출법
    다. 층화무작위표본추출법　　라. 군집표본추출법

04. 어느 대학교 학생들의 환경보호에 대한 여론을 조사하기 위해 그 대학 내 학생 정원 가운데 각 학년별 학생 수를 고려하여 학년별 표본 크기를 우선 정하고 표본추출을 행하였다. 무슨 방법에 의한 것인가?
가. 집락표본추출 나. 계통표본추출 다. 층화표본추출 라. 단순무작위표본추출

05. 보다 동질적인 층으로부터는 비교적 적은 수의 표본을 뽑고, 다소 이질적인 층으로부터는 보다 많은 표본을 뽑음으로써 결과적으로 최소 규모의 표본으로 정확성을 유지할 수 있도록 하는 추출법은?
가. 비례 배분(proportional allocation) 나. 최적 배분(optimum allocation)
다. 데밍 배분(deming allocation) 라. 네이만 배분(neyman allocation)

06. 층화비례 표본표집의 특징을 올바르게 설명한 것은?
가. 각 층의 인구를 하나의 소규모 모집단으로 간주하고 각 층의 모집단 인구규모에 비례하여 표집한다.
나. 지역 또는 연령분포에 따라 조사대상 인구를 저울질 한다.
다. 각 층별로 표집은 하되 무작위로 조사대상자를 선정 한다.
라. 각 층의 모집단인구에 연령에 따라 각기 상이한 표본 표집률을 적용한다.

07. 남학생 300명, 여학생 200명이 재학 중인 어떤 고등학교에서 남녀학생들의 컴퓨터 사용정도와 그 요인들을 살펴보기 위해 설문조사를 실시하고자 한다. 연구자는 이미 남녀학생 간의 컴퓨터 사용정도의 차이가 큰 것을 알고, 전체 학생을 남녀 학생별로 나눈 후 각 집단에서 남학생 100명, 여학생 100명을 단순무작위로 추출하였다. 여기에 관련된 표본추출방법은?
가. quota 표집 나. cluster 표집 다. stratified 표집 라. purposive 표집

08. 다음에 해당하는 표집방법은?

성인의 정치의식을 조사하기 위해 소득을 기준으로 최상, 상, 하, 최하로 구분한 다음 각 계층이 모집단에 차지하고 있는 비율에 맞추어 1,500명의 표본을 4개의 소득계층별로 무작위 표집하였다.

가. stratified 표집 나. cluster 표집 다. quota 표집 라. systematic 표집

09. 2013년 11월30일을 기준으로 47,563,753명의 선거인 명부를 기준으로 우리나라 유권자 1,500명을 뽑아 투표율을 조사하려한다. 표본으로 추출된 1,500명을 인구비례에 따라 각 지역별로 나누어 표본을 무작위로 추출했다면 이때 사용한 표본추출 방법은?
가. 판단추출 나. 편의추출 다. 층화비례추출 라. 다단계 편의추출

10. 층화(stratified)표본추출법에 관한 설명으로 틀린 것은?
가. 모집단을 일정 기준에 따라 서로 상이한 집단들로 재구성한다.
나. 동질적인 집단에서의 표집오차가 이질적인 집단에서의 오차보다 작다는데 논리적인 근거를 둔다.
다. 비례층화추출법과 불비례층화추출법으로 구분할 수 있다.
라. 집단 간에 이질성이 존재하면 무작위추출보다 정확하게 모집단을 대표하지 못하는 단점이 있다.

11. 580개 초등학교 모집단에서 5개 학교를 임의로 추출하였다. 선택된 학교마다 2개씩의 학급을 임의로 선택하고, 또 선택된 학급마다 5명의 학생을 임의로 선택하여 학생들이 학원에 다니는지를 조사하였다. 이 표집방법은?
가. 단순임의표집 나. 층화표집 다. 집락표집 라. 계통표집

12. 크기 $N=300$명의 모집단에서 남자는 $N_1=210$명, 여자는 $N_2=90$명이다. 층화임의표집을 사용하여 남자 $n_1=21$명, 여자 $n_2=9$명을 추출하였다. 이들에 대하여 한국인으로서 자부심을 갖고 있느냐는 질문을 했고 이에 대하여 "그렇다."고 대답한 사람은 남자가 15명, 여자가 6명이었다. 모집단 전체에서 한국인으로서 자부심을 갖고 있는 사람의 비율을 추정한 것은?

가. 0.14　　나. 0.58　　다. 0.70　　라. 0.86

13. 선거예측조사에서 출구조사를 할 경우 주로 사용되는 표집방법은?

가. quota sampling　　나. stratified sampling　　다. cluster sampling　　라. systematic sampling

14. 계통표집에서 집단의 크기가 100만 명이고 표본의 크기가 1,000명이라면 다음 중 어떤 것이 가장 적절한 표집방법인가?

가. 먼저 단순무작위로 1,000명을 뽑아 그 중에서 편중된 표본은 제거하고, 그것을 대체하는 표본을 다시 뽑는다.
나. 최초의 사람을 무작위로 선정한 후 매 1,000번째 사람을 고른다.
다. 모집단이 너무 크기 때문에 100만명을 1,000개의 집락으로 나누어야 한다.
라. 모집단을 1,000개의 하위집단으로 나누고, 그 하위집단에서 1명씩 고르면 된다.

15. 집락표본추출(cluster sampling)에 관한 설명으로 틀린 것은?

가. 확률표본추출(probability sampling)의 하나로써 표본오차의 크기를 계산할 수 있다.
나. 완전한 표본틀(sampling frame)이 없는 경우에도 사용가능하며, 비교적 비용이 적게 든다는 장점이 있기 때문에 전국규모의 조사에 많이 사용된다.
다. 집락 내에서는 동질성이 크고 집락 간에는 이질성이 크도록 집락을 설정하면 표본오차(sampling error)와 조사비용을 동시에 줄일 수 있다.
라. 조사자의 필요에 따라서는 집락을 2개 이상의 단계에서 설정할 수도 있다.

16. 조사대상이 지리적으로 광범위하게 흩어져 있는 전 국민인 경우 표집단위를 여러 개로 분할하여 한정된 지역에서 표집하는 방법은?

가. 집락표집　　나. 할당표집　　다. 계통표집　　라. 층화표집

17. 재학생 인원수가 10,000명인 어느 한 대학교에서 도서관시설에 대한 학생들의 만족도를 조사하고자 한다. 이를 위해 재학생 10,000명의 이름이 가, 나, 다 순으로 적힌 목록을 가져다 놓고 처음 학생과 그 이후로 매 100번째 이름이 나오는 학생을 표본으로 추출하였다. 이러한 표본추출방법은?

가. 할당표집 (quota sampling)　　나. 편의표집 (convenience sampling)
다. 층화표집 (stratified sampling)　　라. 계통표집 (systematic sampling)

18. 다단계 집락표집에 대한 설명으로 틀린 것은?

가. 최초의 집락수가 많으면 그 이후의 집락 수는 적어진다.
나. 표본의 대표성을 높이기 위해서는 최초의 집락수를 적게 하는 것이 좋다.
다. 다단계 집락표집에서 층화표집을 병행하는 것은 표본의 대표성을 높이기 위한 방법이다.
라. 규모비례확률표집(PPS)은 다단계집락표집에 속한다.

19. 다음 ( )에 알맞은 것은?

군집표집(cluster sampling)에서 추출된 군집들은 가능한 군집 간에는 (A) 이고 군집 속에 포함된 표본요소 간에는 (B)이어야 한다.

가. A: 동질적, B: 동질적
나. A: 동질적, B: 이질적
다. A: 이질적, B: 동질적
라. A: 이질적, B: 이질적

20. 집락표본추출법에 관한 설명으로 틀린 것은?
가. 선정된 각 집락은 다른 조사의 표본으로도 사용 할 수 있다.
나. 모집단의 목록이 없는 경우에 매우 유용하다.
다. 단순무작위표본추출법에 비해서 시간과 비용면 에서 효율적이다.
라. 집락 단계의 수가 많을수록 표본오차(sampling error)가 작아지게 된다.

21. 표본추출방법에 대한 설명 중 틀린 것은?
가. 단순무작위표집을 하기 위해서는 모집단에 대한 명부를 표집틀로 가지고 있어야 한다.
나. 모집단에 대한 명부가 일정한 주기성을 가지고 있을 때 이 주기성 때문에 편중된 표집을 할 위험이 있는 표집방법은 층화표집이다.
다. 층화표집은 단순무작위추출에서 얻어진 표본보다 모집단을 더 잘 대표하기도 한다.
라. 유의표집은 연구자가 주관적으로 판단하여 모집단을 가장 잘 대표한다고 생각되는 사례들을 표본으로 선정한다.

22. 다음 중 집락표집과 층화표집의 특징으로 옳은 것은?
가. 집락표집과 층화표집 모두 내부적으로 동질적이다.
나. 집락표집은 내부적으로 동질적이다.
다. 층화표집은 내부적으로 이질적이다.
라. 집락표집은 내부적으로 이질적이다.

23. 조사대상자가 표본으로 선정될 확률이 동일한 표집방법은?
가. 층화표집
나. 집락표집
다. 유의표집
라. 단순무작위표집

24. 사회조사에서 비확률 표본추출법이 많이 사용되는 이유는?
가. 표본추출오차가 작게 나타난다.
나. 모집단에 대한 추정이 용이하다.
다. 표본설계가 용이하고 시간과 비용을 절약할 수 있다.
라. 모집단 본래의 특성과 일정량 이상은 차이가 나지 않는 결과를 얻을 수 있다.

25. 판단표집(purposive sampling)에 대한 설명으로 가장 거리가 먼 것은?
가. 목적표집이라고도 한다.
나. 연구자의 주관적인 판단에 의한 표집이다.
다. 계량적인 연구보다는 질적인 조사연구에 더욱 적절하다.
라. 연구자가 모집단과 그 구성요소에 대한 풍부한 사전지식을 갖고 있어야 한다.

26. 종로, 신도림, 신촌 세 곳에서 지나가는 사람을 대상으로 오전에 조사를 한다면 이 표집방법은?
가. 단순무작위표집(simple random sampling) 나. 할당표집(quota sampling)
다. 유의표집(purposive sampling) 라. 편의표집(convenience sampling

27. 유의표집(purposive sampling)에 대해 맞게 설명한 것은?
가. 모집단의 특성에 대한 가정을 하지 않는다.
나. 확률표본추출법의 일종이다.
다. 연구자가 자신의 연구능력과 사전지식을 활용하여 응답자를 고를 수 있다.
라. 표본의 대표성을 보장할 수 있다.

28. 어떤 연구자가 대중교통에 대한 시민들의 만족도를 조사하기 위해서 오전 9시 경에 지하철역 10군데에서 조사자를 배치하여 일부 시민들을 조사하고 있다. 이러한 표본표집법과 가장 거리가 가까운 것은?
가. 비확률표집법 나. 계통표집법 다. 층화표집법 라. 단순무작위표집법

29. 다음은 어떤 표본추출방법에 관한 설명인가?

- 조사문제를 잘 알고 있거나 모집단의 의견을 효과적으로 반영할 수 있을 것으로 판단되는 특정 집단을 표본으로 선정하여 조사하는 방법 - 예를 들어, 휴대폰 로밍 서비스에 대한 전문지식을 가진 표본을 임의로 선정하는 경우

가. 편의표본추출방법 나. 판단표본추출방법
다. 할당표본추출방법 라. 이론적 표본추출방법

30. 판단표본추출법(judgement sampling)에 관한 설명으로 옳은 것은?
가. 모집단의 특성에 대한 가정을 하지 않는다.
나. 확률표본추출법의 일종이다.
다. 연구자가 자신의 연구능력과 사전지식을 활용하여 응답자를 고를 수 있다.
라. 표본의 대표성을 보장할 수 있다.

31. 다음 중 모집단의 모든 표집단위가 표본에 선정될 수 있는 확률을 명확히 규정할 수 없고, 각 표집단위의 추출확률 또한 동일하지 않은 표집방법은?
가. 할당표집(quota sampling) 나. 단순 무작위표집(simple random sampling)
다. 체계적 표집(systematic sampling) 라. 층화표집(stratified sampling)

32. 어떤 연구자가 2001년도 사회과학대학 입학생들을 학번 순서대로 표본을 표집하여 남학생과 여학생 각각 100명씩을 선정하였다. 이 표집방법은 무엇인가?
가. 눈덩이표집법 나. 계통표집법 다. 할당표집법 라. 단순무작위표집법

33. 눈덩이 표본추출(snowball sampling)에 관한 설명으로 틀린 것은?
가. 사회적 연결망을 이용한 표본추출방법이다.
나. 모집단의 구성비율을 이용해서 표본을 추출하는 방법이다.
다. 희귀한 사건이나 현상에 대해 조사할 때 주로 사용한다.
라. 확률적 표본추출방법이 아니므로 통계적 추론을 할 수 없다.

34. 전체 모집단에서 표본을 추출하는 것이 아니라 모집단을 일련의 동질적인 요소를 가진 하위집단으로 재구성하여 작위적으로 표본을 추출하는 방법은?
가. 집락표집법 나. 계통표집법 다. 할당표집법 라. 층화표집법

35. 대학생 집단을 학년과 성, 계열별(인문계, 자연계, 예체능계)로 구분하여 할당표본추출을 할 경우 할당표는 총 몇 개의 범주로 구분되는가?
가. 3개 나. 5개 다. 12개 라. 24개

36. 다음에 사용된 표집방법은?

A지역에 위치한 도서관을 이용하여 남녀 청소년의 비율이 6:4임을 감안하여 어느 하루에 그 곳을 방문한 청소년들을 대상으로 남학생 60명, 여학생 40명을 선착순으로 설문조사를 실시하였다.

가. quota 표집 나. systematic 표집 다. stratified 표집 라. simple random 표집

37. 조사대상을 파악하기도 어렵고 접근도 어려울 때 또는 모집단 추출 틀의 작성이 곤란할 경우에 사용되는 방법 중에서 해당 집단에 속하는 사람들을 소개 받아서 조사를 진행하는 방법은?
가. 할당추출법 나. 판단추출법 다. 간편 추출법 라. 눈덩이 추출법

38. 도박중독자의 심리적 상태를 파악하기 위해 처음 알게 된 도박중독자로부터 다른 대상을 소개 받고, 다시 소개받은 대상으로부터 제3의 대상자를 소개 받는 절차로 이루어지는 표본추출방법은?
가. 유의표집 나. 집락표집 다. 눈덩이표집 라. 비례적 층화표집

39. 청소년의 흡연 실태를 조사하기 위해 5명의 흡연 청소년을 면접하고, 이들로부터 흡연 청소년을 각기 5명씩 소개 받고, 이들로부터 다시 각각 5명씩 소개 받아 모두 125명을 면접 조사하는 표집방법은?
가. 편의표집 나. 유의표집 다. 눈덩이표집 라. 할당표집

40. 다음 중 표본의 대표성이 가장 큰 표본추출방법은?
가. 편의표본추출법 나. 판단표본추출법 다. 군집표본추출법 라. 할당표본추출법

41. 다음 중 비확률표집이 아닌 것은?
가. 편의표집 나. 유의표집 다. 할당표집 라. 층화표집

42. 드문 사건에 대한 표집방법으로 사용되지 않는 것은?
가. 이상표집(two-phase sampling) 나. 망표집(network sampling)
다. 다중틀조사(multiple frame survey) 라. 상호관입표집 (inter-penetrating sampling)

5.3 조사오차 및 표본의 크기

5.3.1 표본오차

표본조사로부터 모집단의 모수를 '정확히' 알아낸다는 것은 불가능하고 단지 추정할 뿐이므로 표본조사의 결과에는 필연적으로 오차가 발생하는데 이를 **표본오차**(sampling error)라 한다. 그런데 모집단의 모수에 대한 참값은 미지이므로 표본오차를 직접 구할 수는 없다. 모수의 추정치를 산출해내는 공식, 즉, 추정량은 적절한 가정 하에서 어떤 확률분포를 따르는데, 이 확률분포를 이용하면 표본오차를 오차의 한계로 설명할 수 있다. 이에 관한 자세한 내용에 대해서는 8.2절을 보다.

8.2절을 보면, 주어진 신뢰수준 $100(1-\alpha)\%$에서 추정치에 대한 오차의 한계 d는

$$d=(\text{신뢰계수})\times(\text{표준오차})$$

와 같은 식으로 표현된다. 여기서 **표준오차**(standard error)는 추정량의 표준편차인데, 추정치에 대한 표본오차의 평균적인 크기를 나타내는 값으로 해석할 수 있고, 신뢰계수는 추정량의 분포와 주어진 신뢰수준에 따라 결정되는 값이다.

크기 n인 랜덤표본의 표본분산을 s^2이라 할 때 모평균 μ의 추정량 $\bar{y}$의 표준오차는

$$\widehat{s.e}(\bar{y})\approx\frac{s}{\sqrt{n}}$$

이고, 모집단의 크기 N과 표본의 크기 n이 충분히 크면 중심극한정리에 의하여 $\bar{y}$의 분포는 근사적으로 정규분포를 따르므로 $\bar{y}$의 신뢰수준 $100(1-\alpha)\%$인 오차의 한계는

$$d\approx z_{\alpha/2}\frac{s}{\sqrt{n}}$$

이 된다. 여기서 $z_{\alpha/2}$는 표준정규분포의 제 $100(1-\alpha)\%$백분위수가 된다. 또한, n이 충분히 클 때 표본비율 $\hat{p}$는 근사적으로 정규분포를 따르므로 $\hat{p}$의 신뢰수준 $100(1-\alpha)\%$인 오차의 한계는

$$d\approx z_{\alpha/2}\sqrt{\frac{p(1-p)}{n}}$$

가 된다. 위의 두 식을 보면 오차의 한계는 표본의 크기로 조절할 수 있고 모집단의 크기와는 거의 무관함을 알 수 있다.

표본조사에서 원하는 추정치의 오차의 한계 d_0가 주어지면 표본의 크기를 구할 수 있다. 신뢰수준 $100(1-\alpha)\%$에서 모평균 μ의 추정량 $\bar{y}$에 대한 오차의 한계가 d_0이하인 표본의 크기는

$$d=z_{\alpha/2}\frac{\sigma}{\sqrt{n}}\le d_0 \quad\Rightarrow\quad n\ge\left(\frac{z_{\alpha/2}\sigma}{d_0}\right)^2$$

이 된다. 또한, 신뢰수준 $100(1-\alpha)\%$에서 모비율 p의 추정량 $\hat{p}$에 대한 오차의 한계가 d_0일 때 필

요한 표본의 크기는

$$n=\frac{z_{\alpha/2}^2\, p(1-p)}{d_0^2}$$

인데, p는 미지이고 $p(1-p)$의 최댓값이 0.25이므로 신뢰계수가 z일 때 최대 표본의 크기는

$$n_0=\frac{z^2}{4d^2}$$

이 되고, 95.4% 신뢰수준에서 $z=2$이므로 $n_0=d^{-2}$이 된다.

오차의 한계는 모표준편차에 비례하고 표본의 크기의 제곱근에 반비례한다. 따라서 원하는 오차의 한계가 d_0일 때 필요한 표본의 크기가 n_0이면 원하는 오차의 한계를 $d_0/2$로 높일 때 필요한 표본의 크기는 $4n_0$가 된다.

예제 5.3.1

선거를 앞두고 어떤 선거구의 유권자 중에 500명을 무작위로 뽑아 지지후보를 조사한 결과 A후보의 지지율은 52.5%, B후보의 지지율은 47.5%로 나타났다. 아래 [보기]의 설명 중에서 가장 적절한 것은? (단, $\sqrt{5}=2.24$, $\sqrt{2.5}=1.58$)

[보기]

가. 이 여론조사의 경우 99% 신뢰수준에서 오차의 한계는 4.39%p이다.

나. 두 후보의 지지율 차이가 99% 신뢰수준에서 오차의 한계를 벗어나므로 A후보의 승리가 예상된다.

다. 표본수가 여론조사에서 흔히 사용되는 1,000명에 크게 못 미치기 때문에 이 조사결과는 믿을 수 없다.

라. A후보의 지지율은 95% 신뢰수준에서 오차의 한계를 고려하면 50% 이하가 될 수 없다.

마. 표본수를 2,500명으로 조사했을 때에도 동일한 지지율을 얻었다면 95%신뢰수준에서 A후보가 과반수이상의 지지를 확보했다고 할 수 있다.

(풀이)

크기 n인 랜덤표본으로 p를 추정할 때 p의 추정량 $\hat{p}$의 최대 오차의 한계 d는 $p(1-p)\le 0.25$이므로 신뢰수준 $100(1-\alpha)\%$에서 다음과 같이 구해진다.

$$d(\%\text{p})=100z_{\alpha/2}\sqrt{\frac{0.25}{n}}=z_{\alpha/2}\sqrt{\frac{2500}{n}}\,.$$

가. 신뢰도 99%인 오차의 한계는 $(2.58)\sqrt{5}\,(\fallingdotseq 5.80)\,\%$p이다.

나. 두 후보의 지지율 차이 5%는 신뢰도 99%인 오차한계 5.8%보다 작다.

다. 표본수가 작으면 오차의 한계가 커질 뿐이다.

라. 신뢰도 95%인 오차의 한계는 $(1.96)\sqrt{5} \fallingdotseq 4.39\%p$이므로 A후보의 지지율은

$$52.5 \pm 4.39(\%p) = (48.11,\ 56.89)$$

이내에 있다.

마. 표본수가 2,500일 때 신뢰도 95%신뢰수준에서 오차의 한계는 1.96%p이므로 A후보의 지지율은 52.5±1.96(%p) 이내에 있다. 따라서 A후보는 과반수이상의 지지를 확보했다고 할 수 있다. ♣

5.3.2 비표본오차

충분한 크기의 확률표본을 확보하였더라도 표본조사에서는 표본오차 이외에도 다양한 오차가 발생할 수 있다. 통계조사에서 발생하는 오차는 그 특성상 우연히 나타나는 오차와 조사 과정에서 체계적으로 발생하는 오차로 구분할 수 있다. 전자는 확률변수적 특성을 지닌 오차로 확률오차 또는 우연오차(random error)라 하며 후자는 조사 과정에서의 구조적인 문제로 인하여 나타나는 비확률변수적 특성을 띠는 오차로 편향(偏向, bias)이라 한다. 그러나 표본조사에서의 오차는 통상적으로 그 발생 원인에 따라 모집단의 일부분인 표본만을 조사하여 모수를 추정하기 때문에 필연적으로 발생하는 표본오차와 표본오차를 제외한 모든 종류의 오차로 조사의 계획 과정에서부터 자료의 수집, 분석 및 보고서 작성 과정까지의 부주의나 실수 또는 알 수 없는 원인 등으로 인하여 발생하는 **비표본오차**(non-sampling error)로 구분한다.

Biemer와 Lyberg(2003)은 비표본오차를 발생 원인에 따라

- **추출틀 오차**(frame error)
- **무응답 오차**(non-response error)
- **측정 오차**(measure error)
- **특정화 오차**(specification error)
- **처리 오차**(processing error)

의 다섯 가지로 구분하고 있다. 추출틀 오차와 무응답 오차는 결측 자료로 인한 오차로 미관측 오차(non-observation error)에 속한다. 측정 오차와 특정화 오차는 관측 과정에서 발생하는 오차로 관측 오차라 부른다.

(1) 미관측 오차

통계조사에서는 언제나 미관측으로 인한 오차가 발생하는데 표본오차도 미관측 오차의 일종이다. 미관측으로 인한 비표본오차는 추출틀 오차와 무응답 오차의 두 가지로 구분된다.

· 추출틀 오차

추출틀 오차는 **포함오차**(coverage error)라고도 하는데 조사모집단에 해당하는 추출틀과 목표모집단이 일치하지 않아서 발생하는 오차이다. 이상적인 경우는 추출틀과 목표모집단의 조사 단위 사이에 일대일 대응이 되는 경우이다. 즉, 목표모집단에 속하는 조사 단위가 추출틀에 단 한번만 포함되어 있고 목표모집단에 속하지 않는 조사단위는 추출틀에 포함되지 않은 경우인데 실제로는 그렇지 못하다. 추출틀과 목표모집단이 일치하지 않는 경우를 살펴보면 다음과 같다.

첫째, 목표모집단의 일부 조사 단위들이 추출틀에 포함되지 않은 경우이다. 추출틀에 포함되어 있지 않은 조사 단위들은 표본으로 뽑힐 수 없기 때문에 관측도 불가능하다. 전화번호부를 추출틀로 사용하는 전화조사에는 몇 가지 문제가 있다. 요즘은 개인정보 노출을 꺼려하여 자신의 전화번호를 전화번호부에 등재하지 않는 경향이 높다. 비등재율은 사회경제적 상류층일수록 높은 것으로 알려져 있다. 따라서 등재율이 높지 않은 전화번호부를 추출틀로 사용하게 되면 확률표본이라 하더라도 표본이 모집단을 대표하지 못하므로 표본추출오류에 의한 오차가 발생한다. 이와 같은 경우에는 아무리 표본조사를 거듭하여도 어느 한 쪽으로 치우치는 편향이 발생할 수밖에 없다.

둘째, 추출틀에 있는 일부 조사 단위들이 목표모집단에 속하지 않은 경우이다. 목표모집단에 속하지 않는 조사 단위는 관심의 대상이 아니므로 표본을 뽑기 전에 미리 제거해야 하지만 때로는 관측을 해야만 조사대상인가를 결정할 수 있는 경우가 있다. 이럴 때는 자료수집 과정에서 조사대상 여부를 철저히 확인하여야 한다.

셋째, 추출틀에 중복된 조사 단위가 포함되어 있는 경우이다. 추출틀에 중복된 조사단위가 없도록 해야 하지만 때로는 중복을 피할 수 없는 경우도 있다. 예컨대, 휴대폰 전화번호를 랜덤하게 생성하여 가구에 대한 전화조사를 실시하는 경우에 한 가구에 둘 이상의 전화번호가 대응될 수 있다. 이때는 표본에 있는 단위가 추출틀에 등재된 횟수에 대한 정보를 자료수집 과정에서 확보하여 추정단계에서 추정치를 보정할 수 있도록 해야 한다.

넷째, 추출틀에 있는 한 조사 단위에 목표모집단 내의 여러 조사 단위가 대응되는 경우이다. 이런 예로는 추출틀이 주거용 주택의 주소지로 구성되어 있는데 목표모집단이 가구인 경우를 들 수 있다. 한 주소지에 여러 가구가 있을 수 있으므로 가구를 표본으로 뽑기 위해서는 가구들의 명부를 작성하여야 한다.

· 무응답 오차

무응답은 표본으로 뽑힌 조사단위로부터 자료를 수집할 수 없을 때 발생한다. 예컨대, 전화조사에서는 전화연결 실패로 인하여 무응답이 발생한다. 조사단위의 모든 조사항목에 대하여 어떤 자료도 수집하지 못한 경우를 **단위 무응답**(unit non-response)이라 하고 일부 조사항목에 대한 자료를 얻지 못한 경우는 **항목 무응답**(item non-response)이라 부른다. 단위 무응답은 표본으로 뽑힌 조사단위와 접촉할 수 없기 때문에 발생한다. 사회조사에서 많이 이용되는 방문면접조사의 경우 조사 대상자의 부재, 응답 거부, 질병이나 장애로 인한 접촉 불능 등의 이유로 무응답이 발생한다. 우편조사에서는 조사표의 분실로 무응답이 발생하는 경우가 많이 있다. 무응답은 조사의 성패를 결정할 만큼 심각한 문제이므로 조사원에 대한 충분한 사전 교육, 재방문 등을 통하여 응답을 얻어낼 수 있도록 해야 한다. 항목 무응답은 개인의 사생활과 관련된 항목에서 많이 발생한다. 항목 무응답에 대한 대체(imputation)에 대하여는 Lohr(1999)를 참조하기 바란다.

(2) 관측 오차

조사단위와 접촉하여 관측하는 과정에서 발생하는 오차로 조사단위가 지니고 있는 특성에 대한 참값과 조사단위를 측정하여 얻은 관측치의 차이를 관측 오차 또는 응답 오차라 한다. 사회조사의 경우를 보면 잘못 정의된 개념으로 인하여 질문이 의미하는 개념과 조사에서 측정해야 하는 개념이 다르면 응답 오차가 발생하는데 이런 오차를 특정화 오차라 한다. 측정 오차는 측정도구의 결함으로 생길 수도 있지만 주로 조사원의 경험 미숙, 조사원에 대한 불충분한 사전 교육 및 훈련, 응답자의 의도적 또는 부정확한 정보로 인한 오류 등에 의하여 무작위적으로 발생한다. 따라서 측정 오차를 통제하기 위해서는 조사원에 대한 충분한 사전 교육 및 훈련과 세밀한 감독이 요구된다.

(3) 처리 오차

처리 오차는 수집된 자료를 처리 분석하는 단계에서 발생하는 오차를 말한다. 처리 오차는 기초자료에 대한 미흡한 검사로 인한 오류, 자료의 편집(editing), 코딩, 입력, 도표화 등의 자료처리 과정에서 생기는 오류, 부적합한 분석방법이나 잘못 계산된 가중치로 인한 통계적 추정 과정의 오류, 결과의 인쇄나 공표 과정에서 발생하는 오류 등으로 구분할 수 있다. 처리오차는 비교적 통제가 가능한 것으로 세심한 조치를 취하여 가능한 한 발생하지 않도록 해야 한다.

다음 절에서는 전반적인 조사 관리 및 조사과정에서 발생할 수 있는 비표본오차를 줄이기 위해 고려해야 할 점들에 대하여 논의한다..

연습문제 5.3

01. 표본의 크기를 결정하는데 고려해야 하는 요인과 가장 거리가 먼 것은?

가. 신뢰도　　나. 표본추출방법
다. 모집단의 동질성　　라. 수집된 자료가 분석되는 범주의 수

02. 다음 중 표본의 크기를 결정하는 요인과 가장 거리가 먼 것은?

가. 조사목적　　나. 조사비용
다. 분석기법　　라. 집단별 통계치의 필요성

03. 표본의 크기를 결정하는 요인이 아닌 것을 모두 고르면?
가. 모집단의 동질성 나. 조사자의 능력 다. 신뢰도 라. 조사비용의 한도
마. 조사가설의 내용 바. 연구자의 수

04. 단순무작위표집법으로 표본을 표집할 때 표본크기를 50 에서 100으로 늘렸다. 이 때 나타나는 효과와 가장 관련이 깊은 것은?
가. 모집단의 평균값이 커진다. 나. 추정치의 분산이 줄어든다.
다. 표본평균과 표본 최빈값이 일치한다. 라. 아무런 효과가 없다.

05. 적절한 표본의 크기를 정하는 데 있어 관련이 적은 것은?
가. 표본의 대표성을 유지하기 위한 최소한의 표본 수는 구해져야 한다.
나. 단순무작위표본추출법일 경우 다른 조건이 같다면, 모집단이 이질적일수록(즉, 분산이 클수록) 표본 수도 커야 한다.
다. 통계적으로 표본의 크기를 결정하는데 있어서 모수 추정치의 허용오차를 작게 설정할수록(즉, 추정의 정확도를 높일수록) 표본의 크기는 커진다.
라. 표본의 크기를 정하는 데 있어 조사에 가용한 자원이나 분석에서 사용될 변수나 변수범주를 고려할 필요는 없다.

06. 표본의 크기에 관한 설명으로 옳은 것은?
가. 변수의 수가 증가할수록 표본의 크기는 커야한다.
나. 모집단의 이질성이 클수록 표본의 크기는 작아야 한다.
다. 소요되는 비용과 시간은 표본의 크기에 영향을 미치지 않는다.
라. 분석변수의 범주의 수는 표본의 크기를 결정하는 요인이 아니다.

07. 표본의 크기에 관한 설명으로 틀린 것은?
가. 표본의 크기는 전체적인 조사목적, 비용 등을 감안하여 결정한다.
나. 부분집단별 분석이 필요한 경우에는 표본의 수를 작게 하는 대신 무응답을 줄이려고 노력한다.
다. 일반적으로 표본의 크기가 증가할수록 표본오차의 크기는 감소한다.
라. 비확률 표본추출법의 경우 표본의 크기와 표본 오차와는 무관하다.

08. 표본오차는 표본을 추출할 때 발생하는 확률적 현상이다. 일반적으로 표본오차에 영향을 주는 요인으로 알려진 것으로만 짝지어진 것은?
가. 표집법 - 모집단의 특성 - 조사비용 나. 조사비용 - 조사목적 - 모집단의 특성
다. 표집법 - 모집단의 특성 - 표본의 크기 라. 모집단의 특성 - 표본의 크기 - 조사비용

09. 다음 중 표본오차의 크기에 영향을 미치는 요인과 가장 거리가 먼 것은?
가. 표본추출방법 나. 문항의 무응답 다. 표본의 크기 라. 모집단의 분산 정도

10. 표본오차(sampling error)에 대한 설명으로 틀린 것은?
가. 확률표집의 표본오차는 영이다. 나. 모수와 통계량의 차이를 나타낸다.
다. 표본의 크기가 클수록 표본오차는 작아진다. 라. 표본의 분산이 작을수록 표본오차는 작아진다.

11. 표본오차에 대한 설명으로 틀린 것은?
    가. 표본의 분산이 작을수록 표본오차는 작아진다.
    나. 표본의 크기가 클수록 표본오차는 작아진다.
    다. 표본오차란 통계량들이 모수 주위에 분산되어 있는 정도를 말한다.
    라. 표본의 크기가 같을 때 단순랜덤표집보다 집락표집에서 표본오차가 작다.

12. 표준오차(standard error)에 영향을 주는 요인이 아닌 것은?
    가. 표준편차 나. 표본추출 방법 다. 모집단의 특성 라. 표본의 크기

13. 다음 표집법 중 표본오차의 추정이 확률적으로 가능한 것은?
    가. 할당표집 나. 유의표집 다. 눈덩이표집 라. 단순무작위표집

14. 표본추출에 관한 설명으로 옳은 것은?
    가. 모집단과 표본 추출틀이 일치하지 않을 경우 무응답오차가 나타난다.
    나. 표본의 크기는 질문지 내용과 문항의 길이에 따라 달라진다.
    다. 표본의 크기는 표본오차에 정비례하고 비표본오차에 반비례한다.
    라. 전수조사과정에서 발생하는 비표본오차 때문에 전수조사가 표본조사보다 부정확할 가능성이 있다.

15. 표본오차와 비표본오차에 관한 설명으로 틀린 것은?
    가. 표본오차의 크기는 표본의 크기가 증가함에 따라 감소한다.
    나. 표본오차의 크기는 표본의 크기의 제곱근에 반비례한다.
    다. 비표본오차는 표본조사와 전수조사에서 모두 발생할 수 있다.
    라. 전수조사의 경우 비표본오차는 없으나 표본오차는 상당히 클 수 있다.

16. 질문 문항과 관련된 비표본 오류의 하나로서 질문의 보기가 앞쪽에 제시되었을 때 보다 뒤쪽에서 제시되었을 때 채택될 가능성이 커지는 경향(특히, 전화조사에서)을 일컫는 용어는?
    가. 디자인 효과(Design Effect) 나. 테일-엔드 효과(Tail-End Effect)
    다. 프라이머시 효과(Primacy Effect) 라. 리선시 효과 (Recency Effect)

17. 다음 중 포함오차(coverage error)에 관한 설명으로 옳은 것은?
    가. 표본조사에서 표집틀이 완전하지 않아서 발생하는 오류이다.
    나. 표본추출과정에서 선정된 표본 중 일부가 연결이 되지 않거나 응답을 거부했을 때 생기는 오류이다.
    다. 면접이나 관찰과정에서 응답자나 조사자 자체의 특성에서 생기는 오류이다.
    라. 정확한 응답이나 행동을 한 것을 조사자가 잘못 기록하거나 기록된 설문지나 면접지가 분석을 위하여 처리되는 과정에서 틀려지는 오류다.

18. A보험사에 가입한 고객을 대상으로 만족도 조사를 시행하려고 한다. 만약 A보험사에 최근 1년 동안 가입한 고객 명단을 표본틀로 사용하여 표본을 추출한다면 이때의 표본틀 오류는?
    가. 모집단이 표본틀에 포함되는 경우 나. 표본틀이 모집단 내에 포함되는 경우
    다. 모집단과 표본틀이 동일한 경우 라. 모집단과 표본틀이 전혀 일치하지 않는 경우

5.4 조사관리와 부호화

표본추출과 질문지 작성이 완료되면 실제로 자료를 수집하는 실사(實査)의 단계로 들어가게 된다. 그런데, 조사에서 비표본오차가 가장 많이 발생하는 부분이 바로 자료수집 과정이다. 따라서 조사과정이 얼마나 체계화되고 표준화되어 있는가가 조사 자료의 품질을 결정한다. 특히, 자료 수집은 조사 설계를 담당한 연구원이 아닌 조사원 또는 면접원에 의하여 진행되므로 조사원들이 조사 목적, 내용 및 절차에 대해 잘 숙지하여 표준적인 진행 절차에 따라 조사를 진행할 수 있도록 하는 것이 조사관리의 핵심적인 사항이다.

5.4.1 조사 참여인력의 역할

조사과정의 각 단계에는 기능적으로 역할이 분담된 인력이 참여하게 된다. 여기서는 정량적 조사를 기준으로 각 단계별 참여 인력의 역할에 대하여 간단히 살펴보도록 한다.

(1) 연구원

담당 연구원은 해당 조사를 전체적으로 기획하여 설계하고, 질문지를 만들며, 수집된 자료를 분석하여 결과물을 만드는 핵심적인 역할을 하는 사람이다. 해당 조사의 전체 과정에 대하여 가장 잘 알고 있는 사람으로서 실제 조사를 담당할 조사원에게 조사의 목적과 내용을 교육시키며, 조사목적에 적합한 자료가 수집될 수 있도록 모든 인력들을 연계하여 통제하고 관리한다.

(2) 실사 감독관

자료수집의 전 과정을 총괄하는 사람이다. 이들은 해당 조사에서 실제 자료를 수집하게 될 조사원의 선발 및 교육, 조사에 필요한 제반 준비 작업, 회수된 질문지의 검토 및 자료의 편집(editing) 등 자료 분석 직전까지의 자료수집에 필요한 단계별 작업을 진행하고 관리한다.

(3) 검증원

자료수집 과정에서 조사원들이 표준적인 진행 절차에 따라 정확히 자료를 수집하였는가를 검증하는 작업은 조사 과정에서 반드시 이루어져야 한다. 따라서 검증원은 실사 감독관의 지시에 따라 회수된 자료의 일부를 무작위로 뽑아서 응답자 선정 과정의 적합성 및 표준적인 진행 절차에 따른 면접 여부 등을 검증하게 된다.

(4) 코더(coder)

개방형 질문에 대한 응답은 적절한 범주에 따라 분류하고 부호화해야 한다. 보통은 담당 연구원이 개방형 응답을 조사 목적에 맞게 적절히 범주화하고 이를 숫자나 부호로 변환하는 작업을 하는데, 전문 조사기관에서는 전문적인 코더가 이 작업을 담당한다.

(5) 타자수(key puncher)

타자수는 초기 컴퓨터 시절에는 천공수라 부르던 사람으로 수집된 설문지의 응답내용을 전산처리가 가능한 숫자나 부호의 형태로 컴퓨터에 입력시키는 작업을 담당한다. 입력 과정에서 자료를 잘못 입력하게 되면 자료의 분석과정이나 분석 결과에 오류가 발생할 수 있으므로 입력된 자료에 대해서는 분석에 앞서서 반드시 여러 번 검토하여 중복, 누락, 오타 등으로 인한 오류를 수정하는 자료의 편집과정을 거치도록 해야 한다.

(6) 조사원(enumerator)

조사원 또는 면접원은 조사 과정에서 직접 자료를 수집하는 핵심적인 역할을 담당하는 사람이다. 조사원은 표준적인 조사 진행절차에 따라 응답 대상자를 선정하고, 응답자에게 설문 내용을 질문하여 그에 대한 응답을 기록한다. 특히, 개별 방문면접의 경우 면접원은 방문 지점, 응답자 선정 및 면접과정 등을 세밀히 기록한 조사표를 제출하도록 해야 한다.

5.4.2 조사 준비

자료를 수집하기 위해서는 설문지 이외에도 준비해야 할 것이 많이 있다. 이들을 간단히 정리해 보면 다음과 같다.

(1) 자료수집용 준비물

조사원들이 조사를 진행하는데 필요한 설문지와 면접에 필요한 소도구, 예컨대, 보기 카드, 자극제시 재료, 답례품, 필기도구 등을 빠짐없이 준비해야 한다. 한편, 최종 응답자를 조사원이 선정해야 하는 경우에는 응답 대상자 선정지침서를 준비해야 하고, 선정 방법에 따라서는 난수표, 조사원별 응답 대상자에 대한 할당표 등도 준비해야 한다. 또한, 조사원들이 기록해야 할 조사 결과표, 면접원 지침서 및 조사 관리에 필요한 제반 서류들도 빠짐없이 준비하도록 한다. 또한, 조사과정에서 발생할 수 있는 사고에 대하여 철저한 대응책을 마련하고(예컨대, 보험가입) 사고에 대처할 수 있는 물품도 준비해야 한다.

(2) 교육자료 및 진행 매뉴얼 작성

앞에서 언급하였듯이 자료수집 과정에서 다양한 비 표본오차가 발생하게 된다. 따라서 비표본오차를 최소화하기 위해서는 조사원들이 표준적인 절차에 따라 통일된 형태의 자료를 수집할 수 있도록 해야 한다. 이를 위해서는 교육을 통해서 조사원들이 조사목적과 설문 내용, 조사 진행 및 면접 절차 등을 충분히 숙지할 수 있도록 해야 한다. 그러나 무엇보다도 조사원이 스스로 책임감을 느끼고, 성실하게 조사에 임하도록 할 수 있는 조사원들에 대한 동기부여 교육이 요구된다. 조사원 교육은 아무리 강조해도 지나치지 않다. 그리고 교육을 위한 별도의 자료나 매뉴얼은 만들어 놓아야 한다.

(3) 조사원 모집

설계와 준비가 잘된 설문조사를 성공적으로 완수하기 위해서는 해당 조사에 적합한 능력 있고 성실한 조사원을 선발하여야 한다. 조사원을 교육하는 것도 중요하지만 어떤 사람을 조사원으로 선발할 것인가도 그에 못지않게 중요하다. 사실, 훌륭한 조사원을 선발하기란 쉽지 않다. 훌륭한 조사원을 확보하기 위한 가장 손쉬운 방법은 전문조사원이나 전문 면접원을 채용하는 것이다. 이들은 훈련 및 교육이 잘 되어 있고 경험도 많기 때문에 면접 성공률도 높고 능력이 수준급 이상이므로 면접원 간의 편차나 오류가 거의 없다.

가능하면 전문조사원을 활용하는 것이 바람직하지만 전문조사기관이 아니라면 전문조사원을 양성하여 두기는 어렵고 구하기도 쉽지 않다. 구할 수 있다 하여도 고비용이 문제가 될 수 있다. 따라서 선발과정에서 되도록 경험이 있는 사람을 뽑도록 하고 일단 조사가 시작된 후에 조사원을 교체하기란 쉽지 않으므로 철저한 교육 및 관리, 감독을 통하여 조사를 훌륭히 수행할 수 있도록 하는 것이 중요하다.

조사원 선정에서 고려해야 할 외형적 요건으로는 성(性), 연령, 언어구사 능력, 외모 등을 들 수 있다. 조사 내용이나 성격이 남녀 어느 한쪽에 더 적합하다면 조사원의 선발에 성을 고려하는 것이 좋다. 조사원의 연령은 응답자가 조사원에게 부담을 느끼거나 조사원을 가볍게 대하지 않을 정도의 연령대가 바람직하다. 언어구사 능력은 개인에 따라 큰 차이를 보인다. 조사원은 발음이 명확하고 자신의 생각을 응답자가 이해할 수 있도록 조리있게 표현할 수 있어야 한다. 외모는 최소한 상대방에게 불쾌감이나 거부감을 주지는 않는 인상이어야 한다. 조사원 선정에 관한 내면적 요건으로는 성격, 품성, 태도, 지적 수준, 성향 등을 들 수 있다. 낯선 사람을 만나서 무엇인가를 꼬치꼬치 캐묻는다는 것이 쉬운 일은 아니므로 조사원은 원만하고 쉽게 흥분하지 않으며 예의바른 사람이어야 한다. 조사원의 지적 수준은 적어도 조사방법에 대하여 일반적 이해가 가능한 수준이어야 하고, 스스로 편견을 가지게 될 극단적인 성향을 보이는 사람은 조사원으로 적합하지 않다.

조사원의 수는 표본의 크기, 질문지 분량, 조사비용 등에 결정되지만 대형 조사의 경우 조사 관리감독자 1인당 10명을 넘지 않도록 하고, 한 조사원이 하루에 20명 이상 면접하지 않도록 하는 수준에서 결정하는 것이 바람직하다. 관리자 1인당 조사원이 10명을 넘게 되면 통제가 쉽지 않고 조사원 간의 편차가 커질 수 있다. 또, 한 조사원이 하루에 20명 이상 면접하게 되면 피로감 등으로 조사를 대충할 수도 있으며 조사원이 신속하게 조사를 끝내기 위하여 특정 응답을 유도하는 방향으로 질문할 수도 있어서 응답결과에 조사원 편향이 발생할 수 있다.

(4) 조사원 교육

조사원 교육의 목적은 면접의 절차나 기법만을 위한 것이 아니고 실제 면접에서 필요한 모든 정보를 제공하기 위한 것이다. 조사원 교육은 반드시 조사 진행과정에 충분한 경험이 있는 연구원이

나 실사 감독관이 담당하도록 하여 조사원의 예기치 못한 질문에도 충분히 대답할 수 있어야 한다. 사실, 교육의 궁극적인 목표는 조사원들이 조사원의 역할과 조사의 중요성에 대하여 깊이 인식하게 함으로써 사명감을 가지고 조사에 임할 수 있도록 하고, 조사원의 행동을 개관적으로 표준화하는데 있다. 이제, 조사원의 교육에 반드시 포함되어야 할 사항들을 요약하면 다음과 같다.

- 연구의 목적과 중요성, 주관기관, 후원기관, 연구결과의 활용계획 등을 주지시킴으로써 조사원의 역할과 중요성을 인식하게 한다. 덧붙여서 전체적인 조사연구과정 및 조사일정에 대하여 설명하면서 조사연구에 대한 전반적인 이해를 할 수 있도록 한다.
- 조사원의 윤리, 면접의 원리와 기술, 조사원의 태도 및 응답 거부에 대한 대응 요령 등을 숙지하도록 한다. 조사원, 특히 면접 조사원의 교육에서는 우선적으로 바람직한 조사원의 언행이나 및 태도에 대해서 논의해야 한다. 응답자는 기본적으로 어떻게 해서 자신이 조사 대상자로 선정되게 되었는가에 의구심을 갖게 되어 있다. 따라서 조사원은

    - 자신이 어디를 대표하는 누구인가?
    - 조사목적이나 취지는 무엇이고, 자신은 무엇을 하려 하는가?
    - 응답자 본인은 어떻게 조사 대상자로 선정되었는가?

  등을 설명하는 과정에서 불손한 언행으로 두 사람 사이에 형성되어야 할 우호적인 관계를 해치는 일이 없도록 교육시켜야 한다. 그리고 조사원의 조사에 대한 태도나 열정은 실적에 집착하여 조사의 질을 떨어뜨리지 않을 정도면 된다. 따라서 접촉 상황, 응답자의 선정 과정, 응답자의 의문에 대한 답변 내용 등을 자세히 기록하게 하여 조사원의 면접에 임하는 태도를 통제할 수 있도록 한다. 조사원이 지녀야 할 중요한 능력의 하나는 응답을 회피하거나 단호하게 거절하는 응답자를 설득하는 것이다. 따라서 응답 거부에 대한 대응 사례 등을 통하여 유연한 태도로 점잖게 응답자를 설득하는 방법에 대하여 교육시켜야 한다.
- 조사원에게 해당 조사의 목적 및 의의를 충분히 숙지하도록 하여 조사원들이 응답자에게 이를 막힘없이 조리 있게 설명할 수 있도록 하며, 조사에 성실하게 임해야 하는 동기를 유발시키도록 해야 한다. 또한, 설문지의 전반적인 내용을 숙지하고 개별 질문에 대한 내용이나 의도를 분명히 이해하여 조사에 임하도록 하며, 필요하다면 보조 재료의 사용 방법에도 충분히 설명하여야 한다.
- 조사대상 가구나 응답자 선정과정 및 조사 진행절차에 대하여 상세한 교육이 이루어져야 한다. 사실, 조사 진행절차를 세세히 규정해 놓은 교본에 따라 조사를 진행하면 성공적으로 조사가 완료될 수 있도록 하는 것이 가장 바람직하다. 그래야만 모든 조사원들이 표준적인 절차에 의하여 조사를 진행할 수 있게 된다.
- 수집된 자료의 질적 수준을 높이기 위하여 수집된 자료에 대한 검증 작업이 이루어진다는 사실

을 조사원에게 알려서 조사원들이 경각심을 갖도록 해야 한다. 실제로 당일 배포된 질문지는 당일 회수하여 검토하고, 이를 근거로 조사원에 대한 재교육 및 감독이 계속되고, 조사가 완료된 질문지의 일부분은 응답자와 다시 접촉하여 검증조사를 실시하며, 전화조사 같은 경우는 중앙집중식 모니터링을 통해서 무작위로 면접과정을 청취하고 있다는 사실 등을 알려주어야 한다.

· 조사원에 대한 교육이 끝나면 조사실습을 하도록 한다. 조사원끼리 조사원과 응답자로 짝을 지어 서로의 역할을 연습하면서 실제로 응답을 꺼리거나 거부하는 사람을 만난 상황을 가정하여 면접 연습을 해보도록 한다. 이러한 면접연습을 **역할부여 연습**(role playing)이라고 한다. 이 때, 조사원은 면접에 실패한 사람에게도 좋은 인상을 주도록 노력해야 한다. 어떤 의미에서는 1회의 조사를 성공적으로 끝내는 것보다 조사 자체에 대한 응답자들의 거부감을 없애주는 것이 향후 조사를 용이하게 할 수 있기 때문이다. 연습조사를 통해서 조사원들이 전체 실사과정을 완전히 습득할 수 있도록 하고, 설문지에 잘못된 점은 없는가, 조사원들이 제대로 이해하지 못하는 내용이 있는가에 대하여 검토하고 수정해야 한다.

(5) 현지조사 준비

조사원들이 실제로 조사를 진행하기 위해서 현지로 떠나기 전에 조사 관리자 또는 실사 감독관이 반드시 준비해 두어야 할 일이 있다.

우선, 조사지역의 읍·면장이나 이장에게 공문을 보내서 현지의 협조를 구하고 경우에 따라서는 사전 홍보를 해 둘 필요도 있다. 필자의 경험에 의하면 조사대상 가구를 방문하려는 조사원을 도둑으로 오인한 경우도 있었다. 외지인에 대한 경계심과 배타심이 강한 농어촌이나 산간 마을을 조사하고자 할 때는 마을 이장 등을 통하여 사전에 현지협조를 구하는 일은 필수적이다. 그러나 대중매체를 이용한 사전홍보는 협조를 얻는데 오히려 장애가 될 수도 있고 조사에 대한 편견이나 거부감이 형성될 수 있으므로 신중을 기하여야 한다. 조사원에게는 현지로 떠나기 전에 조사원 신분증 및 사전에 발송한 협조공문의 사본을 반드시 지니고 가도록 하고 비상연락망도 구축하여 두도록 한다.

또한, 선정된 응답자에 대한 조사가 불가능한 경우를 대비하여 조사 대상자 대체계획이나 방법을 수립해 놓아야 한다.

5.4.3 자료 수집

(1) 최종 응답자 선정

표본설계에서 최종 응답대상자가 선정되어 있지 않고 최종 추출단위만 뽑혀져 있는 경우에는 조사원이 최종 조사대상을 선정해야 한다. 필자가 관리하고 있는 농업인 질병 및 재해 조사의 표본설계는 조사대상 지역으로 선정된 읍·면에서 조사원이 크기비례확률표집법으로 5개 마을(리)을 뽑고, 뽑힌 마을에서 계통표집법으로 10가구를 선정하여 조사하도록 되어 있다. 따라서 조사원은 해당 읍·면의 협조를 받아 마을의 가구 수에 대한 정보를 확보하여 크기비례확률표집법으로 5개 마을(리)을 뽑고, 뽑힌 마을 이장의 협조를 받아 계통표집법으로 10가구를 선정하여 조사한다.

조사원은 표준적이고 체계적인 표본추출 절차에 따라 최종 조사대상자를 선발해야 한다. 최종 표본추출단위에서 조사 대상을 선정하는 일은 조사의 질을 높이는 또 하나의 중요한 사항이다. 조사원이 자신의 마음대로 응답자를 선정하게 되면 조사 결과에 편의표집에 따른 편향이 발생하게 된다. 조사원이 자신의 마음대로 응답자를 추출하게 하면 대부분의 경우 조사원이 쉽게 접촉할 수 있는 사람들로 응답자가 선정되기 십상이다. 그 결과로 응답자 집단이 어느 한 쪽으로 편향되어 모집단을 대표할 수 없게 되므로 조사결과를 일반화시킬 수 없게 된다. 이십세기 초의 미국 대통령 선거에서 여론조사 결과를 심하게 왜곡시킨 중요한 이유 중의 하나가 여기에 있다. 그 이후로, 응답자 선정과정에서 발생할 수 있는 오차를 줄이기 위하여 다양한 응답자 선정방법이 개발되어 왔다. 여기서는 최종 추출단위가 가구인 경우에 추출된 가구의 구성원 중에서 최종 응답자를 뽑는 몇 가지 방법에 대하여 설명한다.

Kish의 방법

Kish에 의하여 개발된 방법인데 직접 개별면접에서 사용하는 가장 표준화되고 엄격한 응답자 선정방법으로 전화조사에서도 사용할 수 있다. 이 방법에서는 먼저 가족 구성원들의 관계, 성별, 연령을 파악하여 구성원들 각각에 번호를 부여한 후 미리 주어지는 응답자 선정기준표를 이용하여 응답자를 선정한다. 조사원은 가구 내의 응답가능 대상자 수를 확인한 후에 각각의 가족 관계, 성별, 연령을 묻고 번호를 부여한다. 예컨대, 한 가정에 부부, 성인 아들과 딸, 할아버지가 있다면 할아버지 1, 남편 2, 부인 3, 아들 4, 딸 5와 같이 번호를 부여한 다음, 이 가구에 할당된 질문지의 형태에 따라 Kish표를 이용하여 최종 응답자를 선정한다.

Trodahl-Carter-Bryant(T-C-B) 방법

T-C-B 방법에서는 조사원이 최초로 접촉한 가구 구성원에게

- 당신을 포함하여 __세 이상인 사람이 몇 명입니까?
- 이들 중 여자는 몇 명입니까?

와 같은 두 가지 질문을 하고 이 질문의 결과와 미리 준비된 선정기준표를 이용하여 응답자를 선정한다. 최초로 접촉한 사람에게 특정인과의 면접을 부탁하면 그 이유를 물을 수 있으므로 이 방법을 사용할 때는 조사원이 응답자에게 그러한 질문을 하는 목적을 설명하도록 교육해야 한다. 질문의 목적을 설명하는 표준화된 설명문의 예는 다음과 같다.

"지금 저는 제가 가지고 있는 응답자 선정표에 따라 선생님 댁의 가족 중 한사람과 면접을 하게 됩니다. 그 분은 여자일 수도 있고 남자일 수도 있습니다. 이러한 방법을 사용해야만

전체 응답자의 남녀 비율이 맞아 조사가 정확하게 됩니다."

Hagen-Collier 방법

개인의 사생활이 침해당하고 있다는 느낌을 줄이기 위하여 Kish의 방법을 수정·보완한 것이 T-C-B 방법이라면, **Hagen-Collier 방법**은 그러한 느낌을 T-C-B 방법보다 더욱 줄인 방법이라 할 수 있다. 이 방법은 복잡한 과정을 생략하고 조사원이 접촉해야 할 응답자의 유형을 질문지에 표시하는 방법이다. 예컨대, 조사원은 질문지에 표시된 4가지 유형-나이가 제일 적은 여자, 가장 나이든 여자, 나이가 제일 적은 남자, 가장 나이든 남자-중의 하나에 해당하는 사람을 응답자로 선정한다.

Birthday 방법

Birthday 방법도 일반적으로 많이 사용하는 방법 중의 하나로 가구 내에서 가장 최근에 생일이 지난 사람이나 또는 앞으로 생일이 가장 빨리 돌아오는 사람을 응답자로 선정하는 방법이다. 이 방법은 이론적으로 랜덤추출법에 해당하지만 실제로 그러한 결과를 가져올 지는 불확실하다. 생일에 의한 응답자 선정 방법은 응답자의 사생활을 침해한다는 느낌도 들지 않고 조사원이 짧은 시간 내에 쉽게 응답자를 선정할 수 있으나 완전한 랜덤성을 왜곡시킬 수 있다는 지적도 있다.

(2) 조사원 자기소개

조사원은 응답 대상자에게 자신의 소속, 조사기관, 조사목적, 이름 등을 분명하게 밝혀서 응답자의 신뢰를 얻어야 하며, 응답한 내용은 연구를 위한 통계분석 이외의 다른 목적으로 사용하지 않을 것임을 확약하여 응답자가 다른 의구심을 갖지 않도록 해야 한다.

(3) 면접 요령

· 면접의 원칙

면접의 원칙으로는 면접과정에서 응답자가 호의적으로 조사에 응할 수 있도록 응답자의 협조를 유도하는 것이 가장 중요하다. 여기에서는 다음과 같은 요인을 고려해야 한다.

- 응답자가 조사원에게 친밀감을 느끼고 조사에 응하는 일이 재미있다고 느끼게 해야 한다. 이것은 전적으로 조사원에게 달려 있다.
- 응답자가 조사를 가치 있는 것으로 받아들이게 해야 한다. 조사원들은 응답자들의 중요성과 공헌도를 강조하여 응답자가 연구에 흥미를 느끼고 조사에 협조할 수 있도록 해야 한다.
- 응답자들의 마음속에 내재되어 있는 조사에 대한 장벽을 극복하는 것이 필요하다. 어떤 응답자들은 조사원을 외판원이나 정부기관원 등으로 보면서 그들을 의심할 수도 있으므로 조사원들은 우호적인 태도로 연구목적, 응답자 선정방법, 개인의 비밀보장 등에 대하여 친절하게 설명해야 한다.

· 면접에서 지켜야 할 규칙

- 응답자의 말을 경청해야 한다.
- 해당 조사의 주제 및 개별 질문의 내용을 충분히 숙지해야 한다.
- 왜곡 가능성이 있는 상황에 편견을 갖지 말고 잘 대처해야 한다.
- 질문지를 단순히 읽지 말고 응답자와 대화하는 태도를 지닌다.
- 해당 조사와 관련된 이야기만 한다.
- 응답자의 이해 정도에 맞추어 질문의 속도를 유지한다.
- 응답거부가 일어날 수 있는 상황을 파악하여 거기에 잘 대처하도록 한다.
- 응답자의 비협조적인 태도에 영향을 받지 않도록 한다.
- 응답자의 생각에 신뢰와 관심을 보이면서 친근한 태도를 유지한다.
- 개방형 질문의 답을 최대한으로 끌어내기 위한 재 질문을 잘 해야 한다.
- 특별한 응답자의 태도에 유연하게 대처할 수 있도록 해야 한다.

(4) 조사결과 기록

응답 내용은 오기나 누락이 없도록 질문지에 정확하게 기록해야 한다. 특히, 개방형 질문에 대해서는 응답자가 응답한 내용을 상세히 기록하여 범주화 과정에서 오해가 없도록 해야 한다. 그리고 개별 면접의 경우, 사후 검증을 위하여 면접 대상가구 및 응답 대상자 선정과정 등의 면접과정을 면접 가구에 대한 약도와 함께 정확하게 기입하여야 한다.

5.4.4 질문지 회수 및 검증

조사 관리는 매일 설문지를 배포하고 당일에 설문지를 회수하는 일일 관리체제로 운영하는 것이 바람직하다. 그래야만 조사원들의 실수나 누락에 의한 오류를 바로 수정할 수 있기 때문이다. 실사 감독관은 회수된 질문지나 조사표를 세밀히 검토하고, 응답이 누락되었거나 응답 내용이 의심스러운 질문지를 가려내어 조사원에게 시정하거나 보완하도록 해야 한다. 시간이 지날수록 이런 작업은 매우 어려워진다.

실사 감독관은 조사기간 동안에 회수된 질문지를 검토하고, 회수된 질문지의 일부, 보통 20~30% 정도를 랜덤하게 선정하여 조사결과를 검증해야 한다. 회수된 질문지의 검증은 표준적인 절차에 따라 선정된 응답자에게 실제로 질문하여 얻은 응답 내용이 기록되었는가를 확인하는 과정으로, 이미 응답한 응답자와 다시 접촉하여야 하기 때문에 조사에 상당한 경험이 있는 실사 전문가가 검증을 담당하여야 한다. 전화면접에서는 면접이 진행되는 동안 모니터링 시스템으로 면접과정을 감시하면 다시 전화를 걸어 확인하는 검증과정을 생략할 수 있다. 그러나 초보 조사원이 면접한 경우나 조사가 시작되는 시점에서는 검증을 하는 것이 바람직하다. 심리적인 측면에서 조사원이 검증을 한다는 사실을 알고 있는 것이 좋다.

조사가 모두 완료되면 실사 감독관은 조사원 개개인의 능력 및 문제점에 대하여 평가하고 평가결과를 작성하여 보관한다. 이 평가서는 다음의 조사에서 조사원을 선발하고 운용하기 위한 자료로 활용하게 된다. 또한, 조사 완료 후에 조사에 관여한 모든 사람이 모여 자료수집 과정에서 겪은 어려움이나 개선점, 그리고 담당 연구원이 미처 생각하지 못했던 여러 가지 오차 요인과 개선 사항에 대해 토론하는 것도 대단히 중요한 마무리 작업이다. 이러한 토론 과정에서 얻은 실제 자료수집 과정의 문제점 및 개선점에 대한 정보는 향후에 자료수집 과정에 반영하고 조사 결과의 문제점은 자료 분석과정에 반영될 수 있도록 해야 한다.

5.4.5 부호화

검증이 완료되면 설문조사 결과를 필요하다면 범주화하고 숫자나 부호로 변환하여 통계분석이 가능한 형태로 컴퓨터에 입력하게 된다. 부호화란 일정한 부호화 지침서(coding manual)에 따라 부호부여자(coder)가 설문지의 각 항목에 대한 모든 응답이 부호로 표시되도록 하는 작업을 말한다. 부호화 방법에는 사전 부호화(pre-coding)와 사후 부호화(post-coding)의 두 가지가 있다. 사전 부호화란 설문지 작성 단계에서 응답 내용의 범주를 구조화 또는 표준화하고 각 범주에 일정한 부호를 부여하는 방법이다.

부호화라 함은 통상적으로 사후 부호화를 일컫는 것으로 면접, 관측, 내용분석 등에 의한 자료수집이 종료된 후에 부호를 부여하는 방법이다. 미시건 대학 사회조사연구소의 지침에 따르면 부호는 사실 또는 목록 부호(factual or listing codes), 범위 부호(field codes), 급간 부호(bracket codes), 조합 또는 유형 부호(combination or pattern codes), 이유 부호(reasons codes), 척도형 부호의 6가지로 분류할 수 있다. 유형 부호의 변형으로 기하학적 부호(geometric codes)가, 이유 부호의 변형으로는 연속 부호(series codes)와 준거틀 부호(frame of reference codes)가 있다. 부호의 형태 및 부호화의 원리와 절차에 대하여는 김경동 외(2009)를 참조하기 바란다.

연습문제 5.4

01. 자료 정선과정(data cleaning)에서 발견된 오류를 해결할 방법 중 적절하지 않는 것은?
  가. 결측값으로 처리한다.
  나. 전체 사례를 삭제한다.
  다. 질문지의 응답을 다시 확인한다.
  라. 정해진 추정원칙에 따라 추정치를 삽입한다.

02. 자료의 코딩이 끝난 후, 조사 자료의 품질관리(quality control)의 한 방편으로 행해지는 작업으로 가장 중요시되는 것은?
가. 자료의 사례별 sorting　　나. 자료의 재입력
다. 자료의 cleaning　　라. 자료의 분야별 sorting

03. 전화면접에서 선택된 전화번호를 갖는 가구원중 면접대상자를 누구로 삼을 것인가를 결정할 때 이용할 수 있는 방법과 거리가 먼 것은?
가. 키시(Kish)표　　나. 생일법　　다. 난수표　　라. 트로달-카터 수정표

04. coding방법 중에서 숫자 외에 문자도 사용하는 것은?
가. sequence code　　나. mnemonic code　　다. block code　　라. group classification

제Ⅱ편

통계분석

제6장 기술통계

6.1 자료의 도표화

표본으로부터 수집된 원시자료(raw data)는 모집단에 대한 정보를 지니고 있지만 모집단의 특성을 파악할 수 있는 형태가 아니므로 그 특성을 쉽게 파악할 수 있도록 자료를 정리하고 요약해야 한다. 자료를 요약하여 자료 분포의 특징적인 모습을 파악할 수 있는 그림이나 수치 등으로 나타내는 분야의 통계학을 **기술통계학**(記述統計學, descriptive statistics)이라 한다.

수집된 자료는 통계분석을 위하여 수치의 형태로 정리되어야 한다. 자료의 요약방법은 자료의 속성에 달라진다. 자료는 부여된 수치가 크기나 수량의 의미를 지니면 양적 자료라고 하고, 숫자가 단순히 범주를 구분하기 위한 것이거나 순서만을 나타내면 질적 자료 또는 범주형 자료라 한다.

측정척도로 보면 구간이나 비(율)척도로 측정되는 변수들에 대한 자료가 양적 자료이고, 명목척도나 순서척도로 측정되는 변수들에 대한 자료가 질적 자료이다. 예컨대, 몸무게, 월수입, 강수량, 지지자의 수, 불량품의 수, 교통사고 건수 등이 양적 자료이고, 성별, 종교, 혈액형, 교육정도 등은 질적 자료이다. 양적 자료는 다시 연속형 자료와 이산형 자료로 구분된다. 연령, 월수입 등은 연속형 자료이고, 불량품의 수, 교통사고 건수 등은 이산형 자료이다.

6.1.1 질적 자료의 도표화

일반적으로, 응답자들의 사회, 인구학적 특성과 관련된 사회조사 자료에는 성별, 직업, 출신지역, 학력 등과 같이 질적 변수에 대한 것이 대부분이다. 이런 범주형 자료는 응답 범주별로 도수가 제시되어 있는 분류표(分類表, contingency table)-분류형 도수분포표(frequency table)-로 요약되고, 막대그림이나 원그림을 이용하여 분포 모습을 나타낼 수 있다.

(1) 분할표

범주형 자료에서는 개별 관측치가 어떤 범주에 속하는가만 알 수 있다. 따라서 범주형 자료는 행 또는 열에 범주변수의 각 범주를 나열하고, 각 범주에 속하는 자료의 빈도수를 기록한 표로 요약할 수 있다. 표를 **분할표**(分割表, contingency table), 분류표, 교차표 등으로 부른다. 분할표는 사용된 범주변수의 수에 따라 일원분류표, 이원분류표 등으로 부르는데, 범주변수의 수와 각 변수의 범주의 수를 알 수 있도록 $r \times c$분류표 등으로 나타낸다. 구간척도나 비척도로 측정된 자료도 자료를 변환하여 범주화하면 분할표를 작성할 수 있다.

다음 쪽의 표 6.1.1는 퍼듀대학 교수 1,621명을 성별과 직급에 따라 분류한 3×2분류표이다. 이 표에서 각 행은 교수의 직급을 나열한 것이고, 각 열은 교수의 성별을 나타낸다. 이원분류표에서는 행 백분율, 열 백분율 및 전체 백분율을 이용하여 두 변수 간의 연관관계를 파악할 수 있다.

표 6.1.1 성별, 직급별 교수 수 (단위: 명, %)

		직급						합계	
		조교수		부교수		정교수			
성별	여성	126	7.8 37.2 37.6	149	9.2 26.6 44.5	60	3.7 8.3 17.9	335	20.7 - 100.0
	남성	213	13.1 62.8 16.6	411	25.4 73.4 31.9	662	40.8 91.7 51.5	1,286	79.3 - 100.0
합계		339	20.9 100.0 -	560	34.6 100.0 -	722	44.5 100.0 -	1,621	100.0

표 6.1.1을 보면, 남자교수는 직급이 올라갈수록 인원수가 늘고 있는데 여자교수는 오히려 줄고 있음을 알 수 있다. 이것이 성별과 직급 사이에 존재하는 연관성이다. 성별 직급별 분포는 백분율을 이용하면 좀 더 명확히 이해할 수 있다. 가능한 세 가지 백분율이 표 6.1.1의 각 범주의 오른쪽에 제시되어 있다. 표 6.1.1에서 각 칸의 첫 번째 백분율은 전체 자료의 수 1621을 분모로 하여 구한 백분율이고, 두 번째 백분율은 행의 합을, 세 번째 백분율은 열의 합을 분모로 하여 계산한 것이다. 즉, 전체 교수의 20.7%가 여성이고, 44.5%가 정교수이다. 또, 전체 교수의 3.7%만이 여자 정교수이며, 조교수의 37.2%, 부교수의 26.6%, 정교수의 8.3%가 여자교수인데, 상위직급에서 여성의 숫자가 작음을 백분율이 보다 확실히 보여주고 있다.

예제 6.1.1

다음 표는 피고가 살인자라고 확신하는 326명을 판결(사형, 징역)과 피고인의 인종(흑인, 백인)에 따라 분류한 것이다. 어떤 판사가 이 자료를 근거로 사형선고에 흑백차별이 있다는 흑인인권단체의 주장은 사실이 아니라고 주장한다. 이 판사의 주장은 올바른 것인가?

[표] 인종별 판결기록(단위: 건수, %)

구분	흑인	백인	합계
사형 선고	17 (10.2)	19 (11.9)	36
사형 면함	149 (89.8)	141 (88.1)	290
합계	166 (100.0)	160 (100.0)	326

(풀이)

흑인인권단체에서는 인종별 사형 선고율이 흑인 10.2%, 백인 11.8%로 유사하게 조사된 것이 정확하더라도 흑백차별이 있다며 이에 대한 근거로 피고인 인종, 사형선고 여부, 희생자 인종에 따른 삼원분류표를 제시하였다. 삼원분류표는 세 번째 변수의 범주에 따라 이원분류표를 작성하면 된다. 이 경우에 제시된 삼원분류표는 다음과 같다.

[표] 피고인과 희생자의 인종별 판결기록(단위: 건수, %)

피고인	판결	흑인 희생자	백인 희생자	합계
흑인	사형 선고	6 (5.8)	11 (17.5)	17
	사형 면함	97 (89.8)	52 (82.5)	149
	계	103 (100.0)	63 (100.0)	166
백인	사형 선고	0 (0.0)	19 (12.6)	19
	사형 면함	9 (100.0)	132 (87.4)	141
	계	9 (100.0)	151 (100.0)	160

이 삼원분류표를 보면, 흑인을 살해한 백인들이 사형선고를 받은 경우는 한 건도 없다. 그러나 백인을 살해한 흑인들의 약 18% 정도가 사형언도를 받았다. 즉, 사형선고에서 흑백 인종을 차별하고 있음을 알 수 있다. ♣

예제 6.1.1은 두 변수 사이에 강하게 작용하는 제3의 변수 또는 잠재변수의 효과로 인하여 변수 간의 연관성이 뒤바뀌고 있음을 보이고 있다. 이것을 **심프슨의 역설**(Simpson's paradox)이라고 한다. 심프슨의 역설이란 두 집단을 특성에 따라 여러 범주로 분류하면 전체적으로 높은 비율을 갖는 집단이 각 범주에서는 낮은 비율을 가질 수도 있다는 것이다. 심프슨의 역설에 의하면 많은 변수들이 결과에 영향을 미치는 복잡한 상황에서는 강한 연관성만으로 성급하게 결론을 내려서는 안 됨을 알 수 있다.

분류표 중에는 행과 열에 같은 변수의 범주들을 나열하여 만들어진 표가 있다. 이러한 분류표는 동일한 대상에 대하여 한 변수를 측정하여 작성한 것과 두 변수를 측정하여 작성한 것으로 구분할 수 있다. 한 변수인 경우는 주로 거리, 비용 등과 관련된 표에서 많이 사용되는데, 이런 표의 특징은 대각선상의 셀들이 비어 있고 대각선을 중심으로 대칭이다. 두 변수인 경우는 전입·전출, 1차·2차 구매, 전·후 변화 등과 같이 동일한 대상에서 다른 변수를 측정하였을 때 사용되는데 이러한 분류표에서는 대각선상의 셀이 중요한 의미를 갖는다.

예제 6.1.2

아래 [표]는 1,000명의 화물운전자들에게 5개 회사에서 생산되는 타이어에 대해 소비자 선호도를 조사한 결과를 정리한 것이다. 소비자 선호도 조사는 화물운전자들에게 5개 제품 중 하나를 1차 선택하게 한 후, 2일 동안 사용한 후에 다시 하나를 2차 선택하도록 수행되었다. 이 자료에 대한 아래 [보기]의 설명 중에서 옳은 것은?

[표] 5개 제조사 타이어 제품에 대한 소비자 선호조사 결과

2차 선택 / 1차 선택	A사 제품	B사 제품	C사 제품	D사 제품	E사 제품	총계
A사 제품		17	15	23	10	185
B사 제품	22	89	11		14	
C사 제품	17	11		13	12	188
D사 제품	15		21	111	21	202
E사 제품		18	13	15		257
총계	185	169			257	1,000

[보기]

가. 5개 제조사 타이어 제품 중 1차에서 가장 많이 선택된 제품을 나열하면 E사, D사, C사, A사, B사 제품의 순이다.

나. 5개 제조사 타이어 제품 중 1차와 2차에 걸쳐 동시에 가장 많이 선택된 제품을 나열하면 E사, C사, A사, B사, D사 제품의 순이다.

다. 1차에서 B사 제품을 선택하였으나 2차에서 D사 제품을 선택한 화물운전자의 수는 1차에서 D사 제품을 선택하였으나 2차에서 B사 제품을 선택한 화물운전자의 수보다 더 크다.

(풀이)

주어진 표를 완성하면 다음과 같다.

2차 선택 / 1차 선택	A사 제품	B사 제품	C사 제품	D사 제품	E사 제품	총계
A사 제품	120	17	15	23	10	185
B사 제품	22	89	11	32	14	168
C사 제품	17	11	135	13	12	188
D사 제품	15	34	21	111	21	202
E사 제품	11	18	13	15	200	257
총계	185	169	195	194	257	1,000

가. 열의 합을 보면 E(257) > D(202) > C(188) > A(185) > B(168).

나. 대각선 셀을 보면 E(200) > C(135) > A(120) > D(111) > B(89).

다. (B, D) = 32 < (D, B) = 34. ♣

(2) 파이차트와 막대차트

명목척도나 순서척도로 측정된 범주형 자료에서 각 범주의 구성비를 비교하기 위하여 사용하는 그림그래프로 막대차트, 파이차트 등이 있는데 이들은 각자 사용되기도 하지만 목적에 따라 서로

결합하여 여러 변형된 형태로 사용되고 있다.

파이차트(pie chart)는 전체를 나타내는 원을 그린 후 각 범주의 구성비를 부채꼴의 면적으로 나타낸 그림이고, **막대차트**(bae chart)는 각 범주의 구성비를 막대의 길이로 나타낸 그림이다. 막대차트에서 가로축은 단지 범주를 나타낼 뿐이고 막대의 나열 순서와는 무관하지만 막대의 폭은 모두 같게 해야 한다. 그리고 막대의 길이는 각 범주별 도수 또는 상대도수에 비례해야 하며 세로축은 0의 값을 원점으로 해야 한다. 표 6.1.2의 지역별 청소년 문맹률 자료로 그린 파이차트와 막대차트가 그림 6.1.1과 그림 6.1.2이다.

파이차트는 한 눈에 전체에 대한 부분을 나타내고 있다는 인상을 강하게 주지만 여러 변수들의 범주별 비교는 어렵다. 그러나 막대차트를 이용하면 각 범주에서 여러 범주변수들의 비교가 가능하다. 그림 6.2.3은 두 범주변수의 각 범주를 비교하기 위한 막대차트이다.

표 6.1.2 지역별 문해율과 문맹률

문해율		지역					
		A	B	C	D	E	F
성별	남	70	76	68	91	95	99
	여	46	50	52	89	87	95
청소년 문맹률		55	10	26	5	3	1

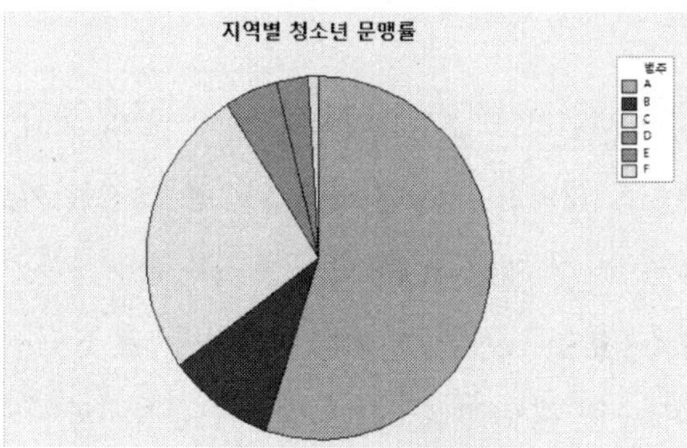

그림 6.1.1 파이차트

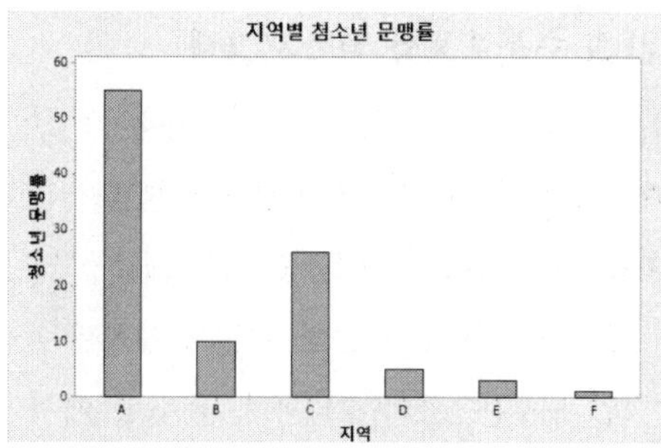

그림 6.1.2 막대차트

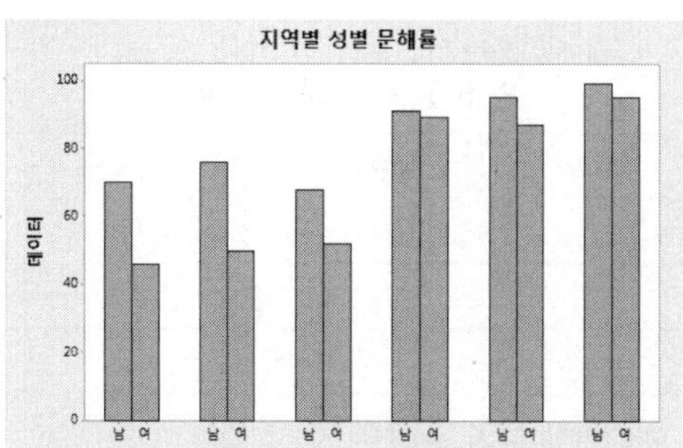

그림 6.1.3 두 범주변수의 비교를 위한 막대차트

6.1.2 양적 자료의 도표화

질적 자료의 경우 변수 값의 범주가 몇 개로 제한되지만 양적 자료는 그렇지 않으므로 질적 자료의 요약방법과 약간의 차이를 보인다. 양적 자료의 요약은 자료의 분포 모습을 파악하는 것과 분포의 특징을 몇 개의 수치에 의하여 기술하는 것이 핵심이다. 여기서는 분포의 전체적인 모습을 파악하기 위한 도수분포표와 히스토그램, 줄기와 잎 그림, 꺾은선 그래프 등을 소개한다.

(1) 꺾은선 그래프

꺾은선 그래프는 가로축을 나타내는 연속변수를 구간으로 나누고 각 구간에서 세로축을 나타내는 연속변수의 값을 점 등으로 표시하여 선으로 연결한 그래프인데, 가로축이 시간을 나타내는 축일 때의 꺾은선 그래프를 특별히 **시도표**(時圖表, time plot)라 한다. 종합주가지수, 물가지수, 환율, 연도별 미곡 생산량 등과 같이 시간의 흐름에 따라 관측되는 자료를 시계열 자료 또는 종단면 자료(longitudinal data)라 하는데, 시계열 자료는 시도표를 이용하면 시계열 자료의 특징으로 나타나는 추세, 계절변동 등을 파악할 수 있다. 시계열이 장기간에 걸쳐서 전체적으로 증가 또는 감소하는 경향을 **추세**라 하고, 1년 이하의 주기로 반복되는 규칙적인 변화를 **계절변동**이라 한다. 꺾은선 그래프는 시간의 흐름에 따른 변화를 시각적으로 파악할 수 있다는 장점이 있으나 변화율을 파악하고자 할 때는 함정에 빠지기 쉬우므로 주의해야 한다.

(2) 도수분포표와 히스토그램

자료의 분포를 파악하기 위한 전통적 방법이 도수분포표와 히스토그램이다. 많은 양의 자료는 몇 개의 군으로 나누어 보는 것이 전체적인 분포 모습을 파악하기 쉽다. 양적 변수를 측정한 자료는 자료들이 속하는 범위를 몇 개의 계급구간으로 나누고 각 계급구간에 속하는 관측치의 수를 세어서 표로 요약할 수 있는데, 이렇게 작성된 표를 **도수분포표**(frequency table)라 한다. 표 6.1.3은 전형적인 도수분포표의 형태이다. 표 6.1.3에서 계급도수는 해당 계급구간에 속하는 관측치의 수이고, 상대도수는 각 계급도수를 전체 자료의 수로 나눈 값인데 이 값에 100을 곱한 백분율로 표시

표 6.1.3 도수분포표

계급구간	계급도수	상대도수	누적도수	누적상대도수
$a_1 \sim b_1$	f_1	f_1/n	f_1	f_1/n
$a_2 \sim b_2$	f_2	f_2/n	f_1+f_2	$(f_1+f_2)/n$
⋮	⋮	⋮	⋮	⋮
$a_k \sim b_k$	f_k	f_k/n	n	1.00
합계	n	1.00		

하기도 한다. 누적도수는 그 계급까지의 각 계급도수를 모두 더한 것이고 누적상대도수는 누적도수를 전체 자료의 수로 나눈 값이다.

질적 자료에 대한 도수분포표(분할표)를 막대차트로 나타냈다면, 양적 자료에 대한 도수분포표를 그림으로 나타낸 것이 **히스토그램**(histogram)이다. 히스토그램은 각 계급구간 위에 그 계급의 상대도수에 비례하는 면적에 해당하는 직사각형을 그린 그림이다. 따라서 직사각형의 높이는 상대도수를 계급의 폭으로 나누어서 구하는데 계급의 폭이 모두 동일할 때는 계급의 도수나 상대도수를 그냥 높이로 사용해도 된다. 히스토그램은 자료의 분포 개형을 파악할 수 있도록 만든 자료의 그림 요약이다. 따라서 작성된 히스토그램을 보고 자료의 중심위치 및 퍼짐도의 크기, 분포의 대칭성 여부 및 봉우리의 수, **이상점**(outlier)의 존재 여부 등을 면밀히 검토하여 자료 분포의 특징을 기술하여야 한다.

표 6.1.4는 어느 공업도시에서 대기 중의 오존농도를 측정하여 얻은 다음과 같은 자료

[표] 오존농도 측정 자료 (단위: 100ppm)

3.5	6.8	2.4	6.8	5.5	6.2	5.7	9.4	6.8	6.6	5.6	4.0
1.4	2.5	3.0	1.7	1.1	7.5	5.8	3.4	3.1	4.4	3.4	11.7
6.6	5.4	5.6	5.3	5.1	6.2	3.1	5.8	4.7	5.7	6.6	4.1
6.0	4.4	4.7	4.7	5.6	6.0	5.8	7.6	3.8	4.5	6.6	3.7
4.2	5.4	6.5	7.4	5.5	5.8	1.6	1.4	5.9	3.7	7.6	4.8
4.4	4.7	3.0	6.0	1.4	2.8	2.5	3.7	3.3	9.4	6.2	3.7
5.3	3.5	4.1	6.7	3.9	6.1	8.1	2.0				

로 작성한 도수분포표이고, 이 도수분포표에 대한 히스토그램을 미니탭으로 그린 것이 다음 쪽의 그림 6.1.4이다.

표 6.1.4 오존자료의 도수분포표

계급	계급구간	도수	상대도수	누적도수	누적상대도수
1	0.5 ~ 1.5	4	0.0500	4	0.0500
2	1.5 ~ 2.5	4	0.0500	8	0.1000
3	2.5 ~ 3.5	10	0.1250	18	0.2250
4	3.5 ~ 4.5	15	0.1875	33	0.4125
5	4.5 ~ 5.5	11	0.1375	44	0.5500
6	5.5 ~ 6.5	19	0.2375	63	0.7875
7	6.5 ~ 7.5	10	0.1250	73	0.9125
8	7.5 ~ 8.5	4	0.0500	77	0.9625
9	8.5 ~ 9.5	2	0.0250	79	0.9875
10	9.5 ~ 10.5	0	0.0000	79	0.9875
11	10.5 ~ 11.5	0	0.0000	79	0.9875
12	11.5 ~ 12.5	1	0.0125	80	1.0000
합 계		80	1.0000		

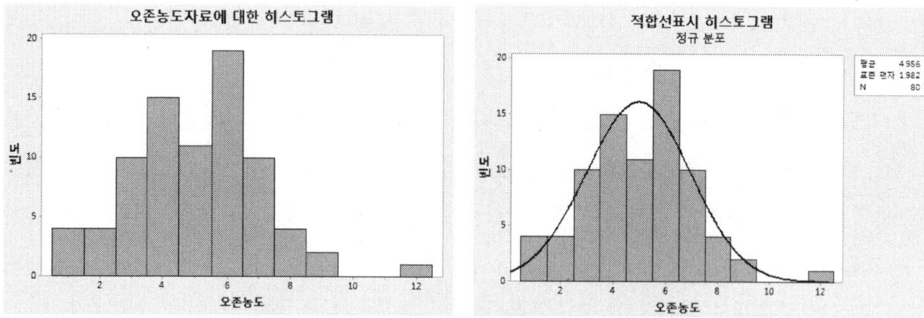

그림 6.1.4 오존자료에 대한 히스토그램

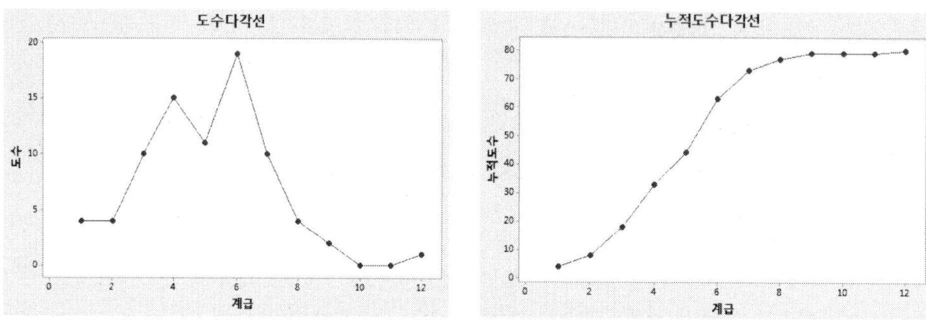

(1) 도수다각선 (2) 누적도수다각선

그림 6.1.5 오존자료에 대한 꺾은선 그래프

그림 6.1.4를 보면 6번 계급의 빈도가 조금 커 보이지만 이상점으로 보이는 11.7을 제외하면 주어진 자료는 전체적으로 종모양의 곡선을 따라 분포하고 있다고 하겠다.

히스토그램에서 각 계급구간의 막대 상단의 중점을 직선으로 연결하여 그린 꺾은선 그래프를 **도수다각선**(frequency polygon)이라 하며, 누적도수를 이용한 도수다각선을 **누적도수다각선**이라 한다. 그림 6.1.5는 표 6.1,4의 도수분포표의 도수 및 누적도수로 그린 도수다각선이다. 계급의 도수로 그린 그림 6.1.5의 (1)은 관측값들의 변화에 따른 계급도수의 변화를 잘 보여주고 있다. 그리고 누적도수를 이용한 누적도수다각선을 보면 계급의 상대도수가 가장 큰 구간에서 기울기가 가장 크다. 즉, 누적도수다각선의 그래프에서 경사가 가장 급한 곳이 최대 도수분포 구간이고, 각 계급의 도수가 일정하면 누적도수 그래프는 기울기가 직선의 형태를 보인다.

예제 6.1.3

어느 마을에 질병으로 인해 300명의 환자가 발생했다. 이 중 100명에게는 응급처치를 실시하였고, 나머지 200명은 응급처치를 실시하지 못하였다. 이들 300명을 30일 동안 관측하고 그 결과를 다음 [그림]과 같이 누적완치율로 표시하였다. 이에 대한 설명으로 옳지 않은 것은?

[그림] 날짜별 누적완치율

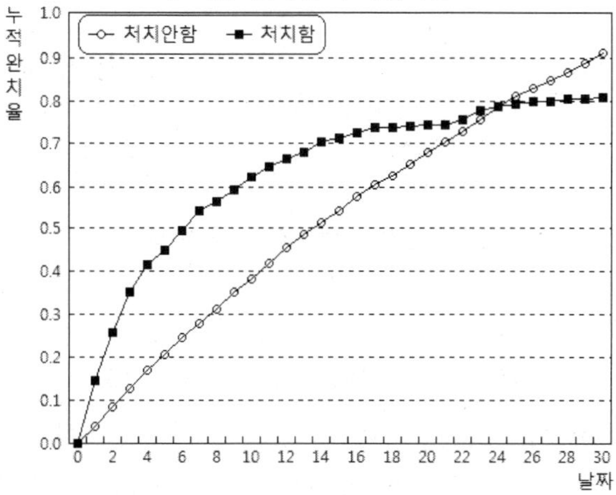

가. 30일까지의 누적완치율은 응급처치를 한 경우가 안한 경우보다 높다.

나. 응급처치를 한 경우와 하지 않은 경우에 한 달 동안 완치되지 않은 환자의 수는 대체로 비슷하다.

다. 응급처치를 한 경우가 응급처치를 하지 않은 경우에 비해 일일완치율이 25까지는 높다.

라. 응급처치를 하지 않은 경우 일일완치율은 대체로 일정하다.

(풀이)

가. 응급처치를 하지 않은 경우의 완치율(91%)이 한 경우(81%)보다 높다.

나. $100 \times 0.19 \approx 200 \times 0.09$.

다. 그래프를 보면 24일까지 높다.

라. 그래프가 직선의 형태를 띠므로 일일완치율은 대체로 일정하다. ♣

(3) 줄기-잎 그림(stem and leaf display)

도수분포표와 히스토그램에 의하여 자료를 요약하는 전통적인 방법은 관측 값을 범주화하는 것이므로 정보의 손실을 초래하게 된다. 또한, 도수분포표를 구한 후에 히스토그램을 작성하게 되는 두 단계의 작업이 필요하다. Tukey는 도수분포표와 히스토그램의 단점을 해결할 수 있는 자료 요약방법으로 **줄기-잎 그림**을 제시하였다. 간단한 자료를 가지고 줄기-잎 그림을 작성하는 방법을 소개하기로 한다. 다음의 자료

168	175	166	183	172	176	173	190	181	178
165	172	176	180	171	193	161	177	175	170
158	169	174	178	186	175	177	169	176	174

는 30명 학생들의 키를 cm단위로 잰 자료이다. 이 자료는 150cm대에서 190cm대까지의 자료로 나눌

```
줄기(*10)          잎 매달기                  잎 정렬하기
  15|             15|8                      15|8
  16|             16|865199                 16|156899
  17|             17|5263826175048576 4     17|01223445556667788
  18|             18|3106                   18|0136
  19|             19|03                     19|03
```

그림 6.1.6 줄기-잎 그림 만들기

수 있는데, 160㎝대의 자료

168　165　169　166　161　169

를 보면 처음 두 자리 16은 공통이고 끝의 한 자리 수는 0에서 9 중의 하나이다. 다른 ㎝대의 자료에 대해서도 공통인 부분만 달라질 뿐 마찬가지이다. 따라서 공통부분인 앞의 두 자리 15에서 19는 줄기로, 끝의 한 자리는 잎으로 생각하여 각 자료값의 해당 줄기 옆에 잎을 크기 순서로 나열하는 그림을 작성할 수 있다. 이와 같이 자료의 값을 줄기와 잎으로 분해하여 해당 줄기 옆에 잎을 크기 순서로 나열한 그림을 줄기-잎 그림이라 한다. 그림 6.1.6은 앞에 주어진 자료를 줄기-잎 그림으로 나타내는 과정을 보여주고 있다. 그림 6.1.6을 보면 줄기-잎 그림 그 자체가 히스토그램 역할을 할 뿐 아니라 원래 자료를 그대로 보존하고 있기 때문에 각 관측치의 순위까지도 알 수 있다. 따라서 전체 자료의 수가 크지 않을 때 줄기-잎 그림은 매우 유용한 그림이다.

예제 6.1.4

다음 [표]와 그림은 어느 대학교 학과 학생들이 보고한 체중의 분포를 표현하고 있는 도수분포표와 줄기-잎 그림이다. 이 두 표현법은 동일한 자료의 분포를 나타내는 서로 다른 방법이다. 이에 대한 [보기]의 설명 중 옳지 않은 것은?

[표] 체중의 도수분포표

계급구간	도수	상대도수
87.5 ~ 102.5	2	0.022
102.5 ~ 117.5	(A)	0.098
117.5 ~ 132.5	19	0.206
132.5 ~ 147.5	( )	( )
147.5 ~ 162.5	( )	( )
162.5 ~ 177.5	( )	( )
177.5 ~ 192.5	8	0.087
192.5 ~ 207.5	1	0.011
207.5 ~ 222.5	1	0.011
합 계		1.000

[그림] 체중의 줄기-잎 그림

```
 9|5
10|288
11|002556688
12|00012355555
13|0000013555688
14|00002555558
15|0000000000355555555557
16|000045
17|000055
18|0005
19|00005
20|
21|5
```

[보기]

가. 표의 (A) 안에 들어갈 숫자는 9이다.

나. 총 인원수는 92명이다.

다. 학생들은 자신의 몸무게를 보고할 때 5파운드씩 끊어서 보고하는 경향이 있다.

라. 몸무게가 177.5파운드 이상이라고 보고한 학생은 전체의 10%를 넘는다.

마. 가장 빈도수가 높은 계급구간은 132.5 이상 147.5 미만이다.

(풀이)

가. 102.5 이상 117.5 미만인 자료의 수는 9개이다.

나. 총 자료의 개수는 92개이다.

다. 전체 자료의 7/9이 5의 배수이다.

라. 177.5 파운드 이상인 학생은 전체의 10.9%이다.

마. 빈도수가 가장 높은 계급은 147.5 이상 162.5 미만이다. ♣

예제 6.1.5

다음 [그림]은 어느 극단 남·여 배우의 연령에 대한 자료를 줄기와 잎 그림으로 나타낸 것이다. 이에 대한 설명으로 옳은 것은?

[그림] 어느 극단 남·여 배우의 연령에 줄기-잎 그림

남자배우				여자배우
	·	2	·	1244444
	*		*	566666677788999
44332210	·	3	·	00001123333444444
99888888775555	*		*	55677888
4433332211110000	·	4	·	0111112
99988887665	*		*	589
321	·	5	·	
6665	*		*	
210	·	6	·	0112
	*		*	
	·	7	·	4
6	*		*	

가. 20대 남자배우와 50대 여자배우는 없다.

나. 남자배우가 가장 많은 연령대는 40대 전반이고 여자배우는 30대 후반이다.

다. 50대 이상인 배우의 비율은 여자보다 남자 쪽이 높다.

(풀이)

남자 20대와 여자 50대 줄기에 매달린 잎이 없고, 여자의 30대 전반 줄기에 잎이 가장 많이 매달려 있다. 그리고 50대 이상인 남, 여의 비율은 $\frac{11}{60} > \frac{5}{61}$이다. ♣

연습문제 6.1

01. 어느 회사에 출퇴근하는 직원을 500명을 대상으로 이용하는 교통수단을 지하철, 자가용, 버스, 택시, 지하철과 택시, 지하철과 버스, 기타의 분야로 나누어 조사하였다. 이 자료를 정리하기에 적당하지 않은 것은?
가. 도수분포표 나. 막대그래프 다. 원형그래프 라. 히스토그램

02. 정리해 놓은 자료를 설명하는 방법으로 그래프를 사용하면 편리하다. 다음에 설명된 그래프는?

> · 누적도수분포표에서 각 계급구간의 누적도수에 대응 하는 기둥의 맨 위 중간점을 직선으로 연결했을 때 나타난 그래프를 말한다.
> · 누적도수를 상대도수 또는 백분율 형태로 나타낼 경우 서로 다른 두 집단의 변화율을 상호 비교하는데 유용하게 사용된다.

가. 히스토그램(histogram) 나. 상대도수다각형(relative frequency polygon)
다. 누적도수다각형(ogive) 라. 상자그림표(box-plot)

03. 다음에 제시된 글과 [표]를 근거로 한 [보기]의 설명 중 옳은 것은?

> 해운항만청은 일본과의 우호증진을 위한 사업의 일환으로 한·일 간 문화유람선을 운행할 계획을 수립 중이다. 해운항만청은 사업 시행사를 공모하여 최종적으로 2개의 해운업체를 유람선 시행 후보사로 선정하였다. 해운항만청의 주무 과장인 B서기관은 두 업체의 기존 해운실적 중 동일지역 항해별 정시 도착률 및 기후 상태별 정시 도착률을 기준으로 최종 시행사를 선발하기로 하였다.

[표 1] 두 해운회사의 기후상태별 정시도착기록 (단위: 항해 편수)

	A해운회사		D해운회사	
	정시도착	연착	정시도착	연착
정상 기후	900	66	5,400	520
악조건의 기후	2,520	656	820	275
합 계	3,420	722	6,220	795

[표 2] 두 해운회사의 항만도시별 정시도착기록 (단위: 항해 편수)

	A 해운회사		D 해운회사	
	정시도착	연착	정시도착	연착
대만	320	40	500	100
블라디보스톡	240	12	4,800	440
보스턴	210	20	400	65
샌프란시스코	500	100	320	120
암스테르담	2,150	550	200	70
합 계	3,420	722	6,220	795

[보기]
가. A사는 2개 지역에서만 D사보다 정시 도착률이 높고 전체적으로는 D사보다 낮은 것으로 나타났다.
나. A사는 어떠한 기후조건에서든 D사보다 높은 정시 도착률을 나타내고 있다.
다. A사와 D사 모두 정시 도착률이 가장 높은 도시는 블라디보스톡이다.
라. 항만도시별 및 기후상태별 정시 도착률을 보면, D사가 A사보다 우수한 것으로 평가할 수 있다.

6.2 수치에 의한 자료의 요약

이 절에서는 몇 개의 요약된 수치들을 이용하여 자료 분포의 특징을 기술하는 방법에 대하여 설명한다. 대표적인 수치 요약으로 자료의 중심화 경향을 나타내는 대푯값과 자료들이 대푯값 주변에 흩어진 정도를 나타내는 산포도가 있다.

6.2.1 다섯 수치 요약

예제 6.1.5의 줄기-잎 그림을 보면 대체적으로 남자배우의 연령이 여자배우의 연령보다 많아 보이는데 얼마나 더 많다고 할 수 있을까? 간단한 방법 중의 하나는 남자배우들을 연령이 높은 집단과 낮은 집단으로 나누는 중간에 위치하는 값을 구하고, 이 값을 남자배우들의 연령을 대표하는 값으로 생각하여 여자배우들의 연령을 대표하는 값과 비교하면 된다. **중위수**(中位數) 또는 중간값 등으로 부르는 **중앙값**(median)은 자료를 크기순으로 나열하였을 때 중간 위치에 있는 값으로 정의한다. 따라서 자료의 크기를 n이라 할 때, n이 홀수이면 중간 위치는 $(n+1)/2$이므로 크기순으로 정렬된 자료의 작은 쪽에서 $(n+1)/2$번째 위치에 해당되는 값이 중앙값이다. n이 짝수일 때는 중간 위치가 $n/2$과 $(n/2)+1$의 두 곳이므로 두 위치에 있는 값의 평균을 중앙값으로 정의한다.

줄기-잎 그림은 자료의 분포 형태를 파악하는 것 외에 해당 순위에 위치하는 자료의 값을 찾는 데에도 쓸모가 있다. 예제 6.1.5의 여배우 쪽 줄기-잎 그림을 보면 20세 이하인 값이 22개, 34세 이하가 38개임을 알 수 있다. 따라서 여자배우 61명의 연령을 크기순으로 나열한 자료에서 31번째 위치에 있는 중앙값은 30~34에 있을 것이다. 줄기 3・에 달린 잎

$$0,\ 0,\ 0,\ 0,\ 1,\ 1,\ 2,\ 3,\ 3,\ 3,\ 4,\ 4,\ 4,\ 4,\ 4$$

에서 31번째 잎은 3이므로 중앙값은 33이다. 남자배우 쪽 줄기-잎 그림에서는 40세 미만인 자료가 22개, 44세 이하인 자료가 38개이므로 30번째 값과 31번째 값은 40~44에 있다. 줄기 4・에 달린 잎에서 30번째 잎은 1, 31번째 잎은 2이므로 중앙값은 41과 42의 평균인 41.5가 된다. 따라서 남자배우의 연령이 여자배우에 비하여 대략 8.5세 정도 높다고 말할 수 있겠다.

앞에서 논의한 바와 같이 중앙값을 이용하면 남・여별 연령 분포에 대한 중심은 비교할 수 있다. 그러나 일반적으로 자료는 한 곳에 몰려 있지 않기 때문에 대표되는 하나의 값으로 전체 자료가 충분히 요약될 수는 없다. 자료에는 어느 정도의 퍼짐(dispersion)이 있기 마련인데 대푯값만으로는 퍼짐의 정도, 즉, 산포도는 알 수 없다. 자료의 최솟값과 최댓값은 자료의 값들이 널려 있는 **범위**(範圍, range)만을 보여줄 뿐이다. 범위 R은

$$R = \text{자료의 최댓값} - \text{자료의 최솟값}$$

으로 정의한다. 예제 6.1.5에서 남자배우 연령의 범위는 $R_M = 76-30 = 46$이고, 여배우 연령의 범위는

$R_F=74-21=53$이다. 한편, 줄기-잎 그림을 보면 남자배우의 연령은 30 ~ 45에, 여배우의 연령은 20 ~ 35에 집중되어 있는데 최저 연령과 최대 연령으로 구한 범위는 이런 산포에 대한 정보를 충분히 제공하지 못한다. 그렇다면 자료의 산포에 대한 정보를 효과적으로 나타낼 수 있는 수치는 어떤 것이 있을까? 중앙값이 크기순으로 나열된 전체 자료를 반으로 나누는 값이므로 나누어진 자료를 다시 반으로 나누는 값을 생각하자. 크기순 자료의 반을 다시 반으로 나누는 값은 전체 자료를 사등분하는 위치에 있는 값이므로 이러한 요약 통계를 **사분위수**(四分位數, Quartile)라 한다. 사분위수에는 제1사분위수 Q_1, 제2사분위수 Q_2, 제3사분위수 Q_3가 있는데 제2사분위수 Q_2는 중앙값과 같다.

크기 n인 자료에서 사분위수는

$$Q_1 = \text{오름차순에서 } (n+1)/4\text{번째 위치에 있는 값},$$

$$Q_3 = \text{내림차순에서 } (n+1)/4\text{번째 위치에 있는 값}$$

으로 정의한다. 예제 6.1.5에서 여배우 연령의 사분위수는 $(61+1)/4=15.5$번째 값인데 15.5번째에는 실제 자료의 값이 없으므로 15번째 값과 16번째 값에 0.5씩의 가중치를 부여한 가중평균을 구한다. 따라서 여배우의 자료에서 Q_1은 오름차순의 15번째 값 27과 16번째 값 27의 평균 27이다. 또, Q_3는 내림차순의 15번째 값 40과 16번째 값 38의 평균이 된다. 남자배우의 경우에는 $n=60$이므로 $(60+1)/4=15.25$번째 값이 사분위수이다. 따라서 Q_1은 오름차순의 15번째 값 38과 16번째 값 38에 0.25와 0.75의 가중치를 부여하여 구한 가중평균

$$Q_1=38\times0.75+38\times0.25=38$$

이 된다. 같은 방법으로 남자배우의 제3사분위수를 구해 보면

$$Q_3=47\times0.25+48\times0.75=47.75$$

인데 반올림해서 48이라고 해도 되겠다.

제1사분위수와 제3사분위수 사이의 거리

$$\text{IQR}=Q_3-Q_1$$

을 **사분위수 범위**(inter-quartile range)라 한다. 산포가 큰 자료일수록 IQR의 값은 커진다. 남·여 배우 각각의 사분위수 범위를 구하면

$$\text{IQR}_M=48-38=10, \quad \text{IQR}_F=39-27=12$$

이므로 남·여 배우 각 연령의 산포는 거의 같다고 말할 수 있다. 실제로 남우 연령의 50%는 38과 48 사이에 놓여 있고 여우 연령의 50%는 27과 39 사이에 놓여 있는데, 이러한 사실은 IQR을 이용하여 기술할 수 있다. 즉, 남·여 배우 연령은 각각의 중앙값에서 ±(IQR/2) 사이에 50%의 자료가 분포되어 있다. 분포의 양쪽 꼬리부분의 모습은 최대, 최소 및 사분위수를 보면 미루어 짐작할 수 있다. 남자배우의 연령은 30~38과 48~76에 여배우의 연령은 21~27과 39~74에 각각 25%의

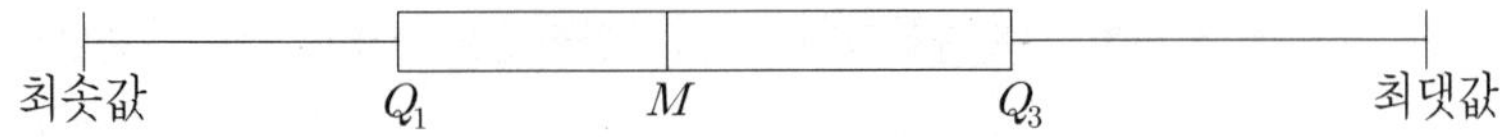

그림 6.2.1 상자-수염 그림의 작성

자료가 놓여 있으므로 두 연령분포의 왼쪽 꼬리는 비슷하고 오른쪽 꼬리는 여우가 남우보다 더 길게 늘어져 있음을 짐작할 수 있다.

이상에서 보면 최솟값, 제1사분위수, 중앙값, 제3사분위수, 최댓값을 이용하여 한 묶음의 자료에 대한 분포를 효과적으로 기술하고 있음을 알 수 있다. 분포를 기술하는데 사용되는 이와 같은 5개의 수치를

(최솟값, 제1사분위수, 중앙값, 제3사분위수, 최댓값)

으로 나타내고, 이를 **다섯 수치 요약**(five number summary)이라 한다. 남·여 배우의 연령 자료에 대한 각각의 다섯 수치 요약은

남자배우 : (30, 38, 41.5, 48, 76),   여자배우 : (21, 27, 33.0, 39, 74)

이다. 이 다섯 수치 요약을 시각적으로 표현한 그래프를 **상자-수염 그림**(box-and-whisker plot) 또는 간단히 **상자그림**이라고 한다. 그림 6.2.1과 같이 상자그림은 Q_1에서 Q_3까지 그린 상자, 상자 안에 중앙값을 표시하는 선 및 사분위수에서 양 끝까지 그은 선으로 작성된다. 상자그림은 가로나 세로 어느 쪽으로도 그릴 수 있는데 그래프에는 수치 눈금이 표시되어야 한다. 상자그림을 볼 때는 먼저 분포의 중심을 나타내는 중앙값의 위치를 살펴보고, 다음으로 중간 50% 자료의 산포를 나타내는 상자의 크기를 본 다음 양쪽 꼬리를 비교해서 자료 분포의 대칭성을 파악한다.

예제 6.1.5의 자료로 그린 그림 6.2.2를 보면 남우의 연령이 여우의 연령보다 전체적으로 높고 중앙값 근처 자료가 퍼진 정도는 비슷한데 최대값 쪽 꼬리가 길게 늘어진 비대칭형 분포 모습임을 알 수 있다. 그리고 오른쪽 꼬리의 길이를 보면 여우 꼬리가 남우에 비해 더 길게 늘어져서 비대칭도가

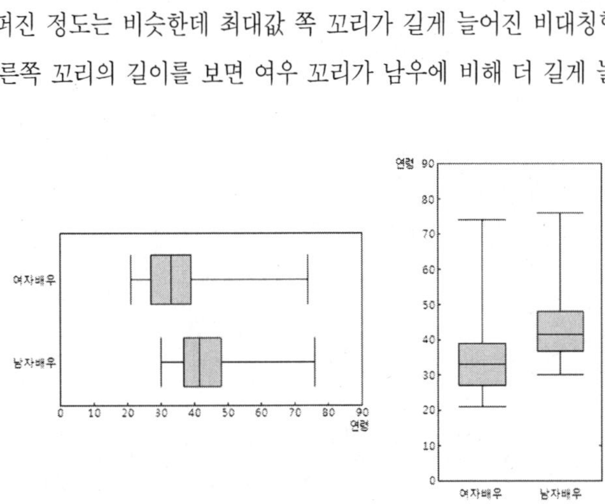

그림 6.2.2 비교를 위한 상자그림

표 6.2.1 도시별 소비자물가지수 (한국통계월보, 1995.10, 기준년도 1990년)

품목	종합	식료품	주거비	광열수도	가구가사	피복신발	보건의료	교육교양	교통통신	기타잡비
서울	129.0	134.8	132.0	126.8	115.7	116.1	117.1	131.5	130.5	122.8
부산	131.1	135.6	133.7	121.0	119.5	117.4	120.5	133.9	143.7	125.3
대구	130.2	136.9	139.7	121.0	116.2	122.9	117.3	132.0	126.1	124.6
인천	128.4	136.3	130.2	121.0	119.3	118.5	121.9	132.0	121.8	120.2
광주	128.9	138.2	131.8	117.7	112.5	115.5	117.6	131.8	126.6	121.4
대전	133.7	142.5	133.1	122.2	130.1	127.4	116.9	138.2	125.6	124.5
전주	132.2	140.4	120.0	123.7	123.3	126.2	121.7	132.5	143.5	121.6
춘천	131.2	136.3	129.9	119.7	113.7	117.0	121.5	146.7	131.4	123.3
청주	126.8	134.1	127.6	118.3	118.0	116.6	117.2	128.7	132.2	117.2
수원	131.5	137.3	139.8	123.3	115.6	121.6	120.5	136.6	129.9	118.4
마산	126.7	136.4	121.4	121.9	114.2	120.6	120.1	133.0	125.5	117.2

더 심함을 보여주고 있다. 상자그림은 줄기-잎 그림을 더 압축한 그래프이기 때문에 자료의 세부적인 모습을 보여주지는 못한다. 따라서 표 6.2.1의 물가지수 자료로 그린 그림 6.2.3과 같이 상자그림은 여러 분포를 나란히 비교하는데 주로 사용된다, 그림 6.2.3에서 각 영역별 중앙값을 보면 식료품, 교육교양, 주거비, 교통통신 등이 물가상승을 주도하였으며, 가구가사, 피복신발, 보건의료, 광열수도 등이 물가상승을 억제하였음을 알 수 있으며, 가격상승을 주도한 품목 중에서 식료품비는 대전과 전주에서, 교통통신비는 부산과 전주에서, 교육비는 춘천에서 큰 폭으로 올랐으나 그 외의 도시들에서는 고르게 상승하였음을 볼 수 있다. 주거비는 수원과 대구에서 크게 올랐지만 전주와 마산의 상승폭이 작고, 가구가사는 대전이 타 도시에 비해 두드러지게 올랐음을 확인할 수 있다.

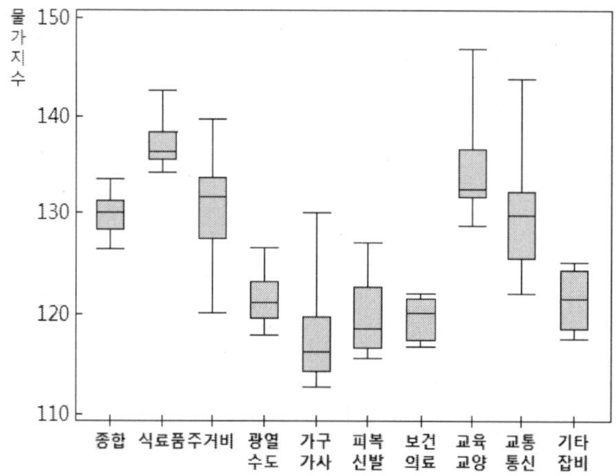

그림 6.2.3 품목별 도시별 물가지수에 대한 상자그림

6.2.2 평균과 표준편차

자료의 분포를 요약된 수치로 기술할 때 다섯 수치 요약이 이해하기 쉽고 분포를 간단히 설명할 수 있는 좋은 방법이기는 하지만 분포의 중심위치를 나타내는 값으로는 관측치들의 평균이, 퍼짐의 정도를 나타내는 값으로는 표준편차가 가장 많이 쓰이는 전통적인 기술통계이다.

통상적으로 평균은 산술평균을 의미한다. n개의 자료 $x_1, x_2, \cdots, x_n$들의 평균은 자료값들의 총합을 자료의 개수 n으로 나눈 값인데, 기호 $\bar{x}$('x-bar')로 나타낸다. 즉, $\bar{x}$는

$$\bar{x}=\frac{\text{자료값들의 총합}}{\text{자료의 개수}}=\frac{x_1+x_2+\cdots+x_n}{n}=\frac{1}{n}\sum_{i=1}^{n}x_i$$

로 정의한다.

예제 6.1.5의 남자배우 연령자료에 대한 평균을 구해 보면

$$\bar{x}=\frac{30+31+\cdots+62+76}{50}=\frac{2608}{50}=43.47$$

이다. 이 값은 남자배우 60명의 평균 연령인데 연령 분포의 중심위치를 나타내는 대푯값이다. 남자배우 연령자료를 점도표로 나타내면 그림 6.2.4와 같은데, 수평막대의 각 관측치 위치에 관측치의 무게와 같은 추를 올려놓는다면 평균의 위치는 수평막대가 좌우 평형이 되는 무게중심이 바로 평균값에 해당된다.

관측된 자료의 평균은 자료의 분석이나 통계적 추론에서 가장 널리 사용되는 통계수치이다. 그러나 각 관측값이 동일한 비중으로 반영되는 평균은 극단적으로 아주 작거나 큰 이상치에 영향을 많이 받기 때문에 이상치가 있는 자료의 대푯값으로 평균을 사용할 때는 주의하여야 한다.

다음은 평균에 관한 몇 가지 유용한 성질들이다.

(i) $x_1, x_2, \cdots, x_n$의 평균을 $\bar{x}$라 할 때 $y_i=ax_i+b$의 평균 $\bar{y}$는 $\bar{y}=a\bar{x}+b$이 된다. 상수이다.

(ii) m개 자료의 평균을 $\bar{x}$, n개 자료의 평균을 $\bar{y}$라 할 때, 전체 자료의 평균 $\bar{z}$는 다음과 같다.

$$\bar{z}=\frac{m\bar{x}+n\bar{y}}{m+n}.$$

(iii) 관측치 x_i의 편차(偏差, deviation) $d_i=x_i-\bar{x}$들의 합은 0이다.

(iv) $\Sigma_1^n(x_i-a)^2$은 $a=\bar{x}$일 때 최소이다.

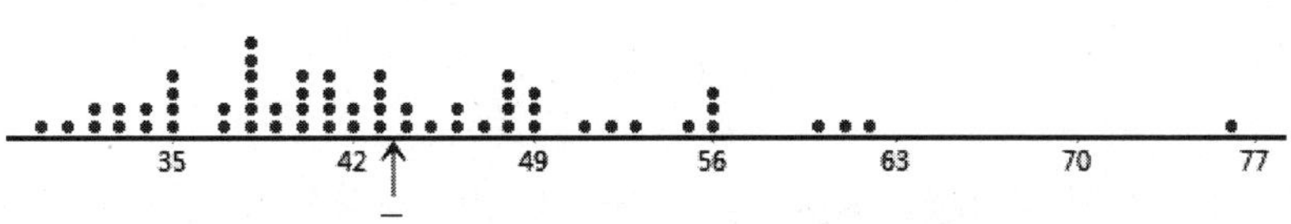

그림 6.2.4 남자배우 연령자료에서 평균값의 위치

예제 6.2.1

다음은 어느 중학교 3학년 2개 반의 국어, 영어, 수학 과목 시험성적에 관한 [표]이다.

[표] 반별 · 과목별 시험성적 (단위: 점)

구분	평균				과목별 총점
	1반		2반		
	남학생(20명)	여학생(10명)	남학생(15명)	여학생(15명)	
국어	6.0	6.5	A	6.0	365
영어	B	5.5	5.0	6.0	320
수학	5.0	5.0	6.0	5.0	315

※ 각 과목의 만점은 10점임

(1) A와 B를 구하여라.

(2) 국어의 각 반 평균을 구하여라.

(3) 1반 여학생의 3과목 전체 평균을 구하여라.

(4) 전체 남학생의 수학 평균을 구하여라

(풀이)

(1). 총점=(평균)×(학생 수)이므로 A와 B는 다음과 같이 구해진다.

$$6.0\times20+6.5\times10+\mathrm{A}\times15+6.0\times15=365 \ \Rightarrow\ 15\mathrm{A}=90 \ \Rightarrow\ \mathrm{A}=6.0,$$

$$\mathrm{B}\times20+5.5\times10+5.0\times15+6.0\times10=320 \ \Rightarrow\ 20\mathrm{A}=100 \ \Rightarrow\ \mathrm{B}=5.0.$$

(2) 1반 : $\frac{6.0\times20+6.5\times10}{20+10}=\frac{185}{30}$, 2반 : $\frac{1}{2}(6+6)=6$

(3) 반 여학생의 3과목 전체 평균 : $\frac{1}{3}(6.5+5.5+5.0)=\frac{17}{3}$

(4) 전체 남학생의 수학 평균 : $\frac{5.0\times20+6.0\times15}{20+15}=\frac{190}{35}>5$, ♣

자료의 중심위치를 나타내는 대푯값으로 평균을 사용할 때, 관측치 x_i의 변화량은 관측치 x_i의 편차로 표현된다. 따라서 자료의 산포에 대한 측도로 편차들의 평균을 생각할 수 있다. 그러나 평균의 성질로 인하여 편차들의 합은 언제나 0이므로 편차로는 변동의 크기를 측정할 수 없다. 그런데, 이차원 공간상의 점 $(x_i,0)$과 $(\bar{x},0)$ 사이의 거리는 $(x_i-\bar{x})^2$의 제곱근이므로 편차의 제곱을 이용하면 변동의 크기를 측정할 수 있다. 즉, 편차의 제곱 $(x_1-\bar{x})^2, (x_2-\bar{x})^2, \cdots, (x_n-\bar{x})^2$들에 대한 평균

$$s^2=\frac{1}{n-1}\sum_{i=1}^{n}(x_i-\bar{x})^2$$

을 산포의 측도로 사용하며 이것을 **분산**(分散, variance) 또는 표본분산이라고 한다. 편차의 제곱들에 대한 평균 s^2을 구할 때 사용되는 정보의 수(편차의 수)는 n개인 것처럼 보이나 편차들의 합이

0이므로 정보의 양이 하나 줄어든다. 따라서 편차의 제곱합을 $n-1$로 나눈 값으로 분산으로 정의하고 $n-1$을 편차의 제곱합에 대한 **자유도**(自由度, degree of freedom)라 한다. 그런데 편차를 제곱한 것으로 구한 분산은 실제의 흩어진 정도를 제곱한 꼴이므로 원래의 흩어진 정도는 분산의 제곱근 s가 된다. 이 s를 **표준편차**(標準偏差, standard deviation)라 한다. 분산은

$$s^2=\frac{1}{n-1}\left[\sum_{i=1}^{n}x_i^2-n\bar{x}^2\right]$$

과 같은 계산공식으로 구하는 것이 편리하다.

일반적으로 평균을 대푯값으로 사용할 때 자료의 산포도를 나타내기 위해 가장 널리 사용되는 산포의 측도가 바로 이 표준편차이다. 표준편차는 손으로 계산하기가 쉽지 않고 요약된 통계만을 접하는 사람의 입장에서는 평균과 표준편차를 직접 구해야 할 경우는 거의 없을 것이므로 복잡한 계산공식 때문에 머리 아파하지 말자. 우리는 평균과 표준편차의 의미와 성질을 제대로 이해하는 것이 더 중요하다.

예제 6.2.2

두 야수선수 A와 B의 한 시즌 중 매 50타수 당 타율을 조사한 다음과 같은 자료로부터 두 야구 선구의 실력이 같다고 할 수 있는가?

A : 0.28 0.32 0.30 0.31 0.29 0.30

B : 0.10 0.40 0.20 0.50 0.35 0.25

(풀이)

A와 B의 평균 타율을 각각 계산해 보면 $\bar{x}_A=\bar{x}_B=0.30$으로 같다. 그러나 A는 시즌 내내 안정적으로 3할 근처의 타율을 유지하였지만 B는 타율의 기복이 심함을 알 수 있다. 이러한 타율의 변동을 설명할 수 있는 요약된 수치가 표준편차이다. 두 야구선수의 타율에 대한 표준편차를 계산해 보면 $s_A=0.014\approx0.01$, $s_B=0.145\approx0.1$가 된다. 여기서 A의 타율은 0.3 ± 0.02 이내에 분포되어 있고 B의 타율은 0.3 ± 0.2에 분포되어 있는데 0.02와 0.2는 각각의 표준편차의 두 배에 해당되는 값이다. 따라서 표준편차가 크면 타율의 변동폭이 커짐을 알 수 있다. 즉, s_B가 s_A보다 아주 크므로 B가 A에 비해 타격의 기복이 매우 심하다고 말할 수 있다. ♣

예제 6.2.3

다음 [그림]은 어느 대학의 통계학과목과 행정학과목에 대한 성적의 줄기-잎 그림이다. 이에 대한 해석으로 옳은 것은?

[그림] 과목별 수강자 성적 (줄기간격: 5, 잎 단위: 1)

과목 : 통계학			과목 : 행정학		
A	줄기	잎	A	줄기	잎
0	3		1	3	5
0	4		2	4	0
0	4		3	4	5
1	5	3	3	5	
3	5	79	8	5	56888
6	6	123	9	6	2
10	6	5678	13	6	5567
16	7	012344	17	7	0024
( )	7	578	( )	7	579
( )	8	14	( )	8	03334
( )	8	56779	( )	8	7
( )	9	134	( )	9	22
( )	9	8	( )	9	59

가. 행정학 점수의 분산이 통계학 점수의 분산보다 크다.

나. 과목당 성적이 하위 10% 이하인 학생을 과락 시키는 경우, 통계학의 과락기준점수가 행정학의 과락기준 점수보다 높다.

다. 두 과목 모두 60점대의 학생수가 70점대의 학생 수 보다 더 많다.

라. A는 '누적 학생 수'를 나타낸다.

마. 행정학을 수강한 학생 수가 통계학을 수강한 학생 수보다 많다.

(풀이)

가. 통계학 점수는 구간 [53, 98]에 분포하고 행정학 점수는 구간 [35, 99]에 분포하므로 행정학 점수의 분산이 통계학 점수의 분산보다 크다.

나. 수강생 30명의 10%는 3명이다. 통계학 과목의 하위 3번째 점수는 59점이고 행정학 과목의 하위 3번째 점수는 45점이다.

다. 통계학의 60점대 학생 수는 7명, 70점대 학생 수는 9명이고 행정학의 60점대 학생 수는 5명, 70점대 학생 수는 7명이다.

라. A는 각 줄기에 매달린 잎의 수를 누적한 누적도수이다.

마. 각 과목의 수강생은 30명으로 동일하다. ♣

자료의 대푯값으로 사용되는 또 다른 요약 통계로 **최빈값**(最頻값, mode)이 있다. 최빈값은 자료에서 가장 많이 관측된, 즉, 최대 빈도인 관측치이다. 다음 쪽의 그림 6.2.5를 보면 가장 많이 관측된 값은 네 번 관측된 32이므로 이 값이 주어진 자료에 대한 최빈값이다. 그런데 이 자료를 가로축 위에 점으로 표시한 그림 6.2.6을 보면 최빈값 32가 이 자료의 대푯값이라고 보기는 어렵다.

```
-2 | 6
-1 | 500
-0 | 98753
 0 | 011456778
 1 | 01224667999
 2 | 01234455799
 3 | 02222378
 4 | 3
 5 | 0
```

그림 6.2.5 50년 동안의 주식 수익률에 대한 줄기-잎 그림

따라서 줄기-잎 그림이나 히스토그램에서 빈도가 최대인 줄기나 계급구간의 중간값을 최빈값으로 사용한다. 그림 6.2.5의 줄기-잎 그림에서 빈도가 최대인 줄기는 10과 20의 2개이므로 최빈값도 15와 25의 2개가 된다. 즉, 최빈값은 하나 이상일 수 있다. 이런 이유로 특별한 경우가 아니면 최빈값을 자료의 대푯값으로 잘 사용하지 않는다.

자료의 대푯값과 산포의 측도로 자주 사용되는 (평균, 표준편차)와 (중앙값, 사분위수 범위)의 차이에 대하여 살펴보자. 예컨대, 6명의 월급(단위: 십만)이

38, 42, 40, 41, 39, 40

일 때, 이들의 평균 월급은 400만원이다. 그런데 여기에 1,100만원의 월급을 받는 사람을 더한 7명의 평균은 500만원이 된다. 이 경우 월급이 평균 월급보다 작은 사람은 6명이고 많은 사람은 1명이다. 마찬가지로 이들에 120만원의 월급을 받는 사람을 더한 7명의 평균은 360만원인데, 월급이 평균 월급보다 작은 사람은 1명이고 많은 사람은 6명이 된다. 그러나 어느 경우에도 중앙값은 400만원이다. 이와 같이 평균은 길게 늘어진 쪽의 꼬리에 위치한 이상점에 매우 큰 영향을 받지만 중앙값은 그런 관측치에 거의 영향을 받지 않는다. 표준편차도 평균과 마찬가지로 이상점에 의해 매우 큰 영향을 받지만 사분위수 범위는 그렇지 않다. 따라서 일반적으로 좌우 대칭형 분포에 대한 요약 통계로 평균과 표준편차를, 이상점이 있는 분포나 비대칭형 분포에 대한 요약 통계로 다섯 수치 요약을 사용한다. 비대칭형 분포가 그림 다음 쪽의 6.2.7에서와 같이 왼쪽으로 길게 늘어진 형태이면 평균은 이상점 쪽으로 끌려가게 되어 중앙값보다 작아진다. 반대로 오른쪽으로 길게 늘어진 꼬리를 갖는 비대칭형 분포의 평균은 중앙값보다 커진다.

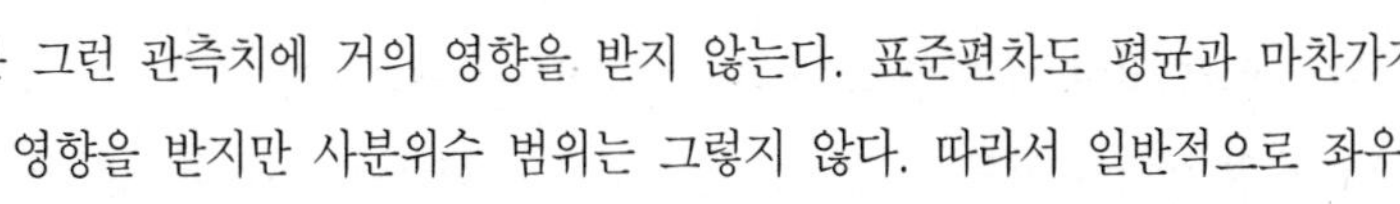

그림 6.2.6 50년 동안의 주식 수익률에 대한 점도표

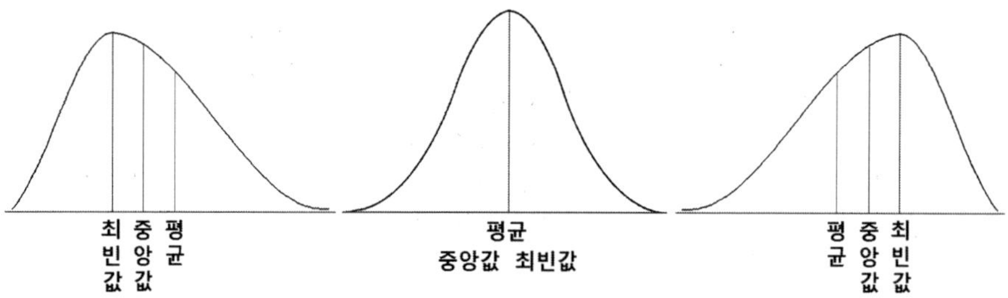

그림 6.2.7 분포 형태에 따른 평균, 중앙값 및 최빈값

예제 6.2.4

30가구 구성된 어떤 마을의 가구당 연간 소득을 조사하여 마을의 연간 소득수준을 설명하려고 한다. 다음 자료는 가구당 연간 소득의 평균값, 중앙값, 최빈값이다. 이에 대한 설명으로 옳은 것을 모두 고르면?

[표] 가구당 연간 소득 (단위: 백만원)

평균값	중앙값	최빈값
45.5	35.2	34.0

※ : 최빈값은 구간 간격을 2백만 원으로 하는 도수분포표를 이용하였음.

가. 평균값이 중앙값과 최빈값에 비해 큰 것은 연간 소득이 평균값 이상인 가구 수가 평균값 이하인 가구 수보다 많다는 의미이다.

나. 3천4백만 원 이상의 연간 소득을 올리는 가구는 15가구 이상이다.

다. 다수의 자료에 비해 아주 작거나 아주 큰 값이 존재하는 자료를 요약할 때 평균값은 치우친 값들에 대해 매우 안정적이다.

(풀이)

가. 연간 소득이 평균값보다 아주 큰 가구들이 존재한다는 의미이다.

나. 3천5백2십만 원 이상인 가구가 50%(15가구)이므로 3천4백만 원 이상인 가구는 15가구 이상이다.

다. 중앙값이 치우친 값들에 대해 안정적이다. ♣

평균이라고 하면 대략 자료의 절반 정도가 평균값보다 큰 값들이고, 나머지 절반 정도가 평균값보다 작은 값들이라고 생각하기 쉬운데, 이 말은 전체 자료의 분포가 평균을 중심으로 좌우 대칭적일 때만 옳다. 그러나 전체 자료의 분포가 대칭적이지 못하여 한쪽으로 치우친 경우나 자료에 극단적인 특이값이 존재하는 경우에는 자료의 대푯값으로 평균이 적절치 못함을 알 수 있다. 따라서 평균을 구하기 전에 히스토그램 등을 통하여 분포의 대칭성을 확인하고, 자료에 이상치가 포함되어 있는지를 살펴보아야 한다. 전체 자료의 분포가 대칭적이지만 자료에 이상치가 포함되어 있는 경우에는 특이값을 제외한 나머지 자료의 평균을 대푯값으로 사용할 수 있다. 자료를 크기 순서로 나열한 작은 쪽과 큰 쪽의 α%를 이상치로 간주하여 이들을 제외한 나머지 자료의 평균을 α%-**절사평균**(絶捨平均, trimmed mean)이라 한다.

예제 6.2.5

5개 전구를 랜덤하게 추출하여 측정한 수명시간이

$$967,\quad 949,\quad 940,\quad 952,\quad 922$$

시간이었다.

(1) 표본의 평균 수명시간을 구하여라.

(2) 949를 499로 잘못 기록했을 때의 평균과 20%-절사평균을 구하여 (1)에서 구한 평균과 비교하여라.

(풀이)

(1) $\bar{x}_1=\frac{1}{5}(967+949+940+952+922)=946$(시간)

(2) 잘못 기록한 자료의 평균은

$$\bar{x}_2=\frac{1}{5}(967+499+940+952+922)=856(\text{시간})$$

이고, 5개의 20%가 1개이므로 499, 922, 940, 952, 967 중에서 가장 작은 값과 가장 큰 값 499와 967을 제외한 922, 940, 952의 평균

$$\bar{x}_3=\frac{1}{3}(940+952+922)=938(\text{시간})$$

이 20%-절사평균이다. 즉, 잘못된 평균과 정확한 평균의 차이는 90시간으로 꽤 크지만 절사평균과 원래 평균값의 차이는 별로 크지 않음을 알 수 있다. ♣

6.2.3 표준점수와 변동계수

어떤 학생 A가 이번 수학시험에서 반 평균점수 60보다 10점 더 높은 70점을 받았다고 할 때 A의 점수는 자기 반에서 높은 점수라고 말할 수 있는가? 이 반 학생들에 대한 수학점수 자료의 대부분(적어도 75% 이상)은 평균±(2×표준편차) 내에 있으므로 표준편차가 4점이라면 A의 점수는 이 반에서 상위 10%에 속한다. 즉, A의 점수는 평균에서 표준편차의 2.5배 만큼 높은 쪽으로 떨어져 있으므로 A의 성적은 상위 10%에 속한다고 말할 수 있다. 일반적으로 관측치 x_i의 편차 $x_i-\bar{x}$가 표준편차의 몇 배나 되는가를 나타내는 값

$$z_i = \frac{x_i - \overline{x}}{s}$$

를 x_i의 **표준점수**(standard score)라 하고, 이런 변환을 표준화 변환이라고 한다. 표준점수는 그 절댓값이 클수록 관측치가 평균에서 멀리 떨어진 값임을 의미하며 표준점수의 부호가 양(+)이면 관측치가 평균보다 크고, 음(−)이면 평균보다 작음을 의미한다.

예제 6.2.6

수학능력시험의 표준점수제는 선택영역이나 과목별 난이도에 따라 표준점수를 계산한다. 표준점수란 수험생 개인이 받은 원 점수에서 영역(과목)별 전체 응시생의 원 점수의 평균을 뺀 값을 해당과목 표준편차로 나누는 과정을 통해 구한다. 수학능력시험의 언어, 수리, 외국어 영역 및 사회탐구·과학탐구 영역, 제2외국어, 한문에 대한 표준점수를 구하는 산출식은 다음과 같다.

언어, 수리, 외국어 영역	표준점수 $= \dfrac{\text{원점수} - \text{응시집단 전체평균}}{\text{표준편차}} \times 20 + 100$
사회탐구·과학탐구 영역, 제2외국어, 한문 영역	표준점수 $= \dfrac{\text{원점수} - \text{응시집단 전체평균}}{\text{표준편차}} \times 10 + 50$

(1) 사회탐구영역 응시생 전체 원점수의 평균은 46점이고 표준편차가 2점이라고 한다. 원점수가 48점인 A학생의 표준점수를 구하여라.

(2) 수리영역 응시생 전체 원점수의 평균이 50점일 때 B학생의 원점수가 75점이라면 다음 중 점수가 어떠한 분포를 나타낼 때 가장 높은 표준점수를 얻겠는가?

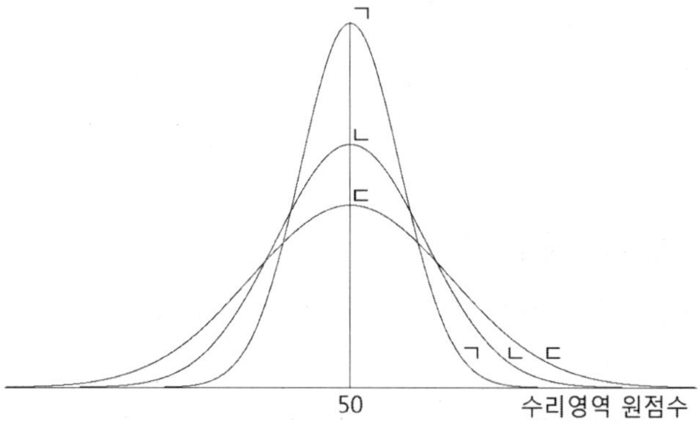

(풀이)

가. 표준점수$= \dfrac{48-46}{2} \times 10 + 50 = 60$.

나. 표준편차가 작을수록 표준점수는 높아진다. ♣

다음과 같은 두 종류의 자료 집단

자료 A :	1.0	2.0	3.0	4.0	5.0
자료 B :	0.1	0.2	0.3	0.4	0.5

의 산포를 비교하기 위하여 각 집단의 표준편차를 계산해 보면 $s_A=1.58$와 $s_B=0.158$인데, 이를 근거로 자료 A가 자료 B보다 퍼짐의 정도가 더 크다고 할 수 있겠는가? 자료 A의 관측치 4.0에 대한 편차 1.0이 자료 B의 관측치 0.4에 대한 편차 0.1에 비하여 그 절대 크기는 크지만 평균 3.0에 대한 편차 1.0의 상대적인 크기

$$\frac{4.0-3.0}{3.0}=33.3(\%)$$

는 평균 0.3에 대한 편차 0.1의 상대적인 크기와 같다. 따라서 두 집단의 산포를 비교하기 위해서는 편차의 상대적인 크기를 이용한 산포의 측도가 요구된다. 그러한 측도로 평균에 대한 편차의 상대적인 크기를 제곱한 것들의 평균

$$c^2=\frac{1}{n-1}\sum_{i=1}^{n}\left(\frac{x_i-\bar{x}}{\bar{x}}\right)^2=\frac{1}{\bar{x}^2}\frac{1}{n-1}\sum_{i=1}^{n}(x_i-\bar{x})^2=\left(\frac{s}{\bar{x}}\right)^2$$

을 생각할 수 있다. 이 c^2을 **상대분산**(相對分散, relative variance)이라 하고, 상대분산의 제곱근 c를 **변동계수**(變動係數, coefficient of variation)라 한다. 즉, 평균에 대한 표준편차의 상대적인 크기를 변동계수라 한다. 통상적으로 변동계수 c는 상대적인 크기를 백분율로 변환한 다음과 같은 식

$$c=\frac{s}{\bar{x}}\times 100(\%)$$

으로 표현된다. 변동계수는 표준편차를 평균으로 나눈 것이므로 자료의 측정 단위와 무관하게 사용할 수 있는 산포의 측도이다. 측정 단위가 다르거나 평균의 차이가 아주 큰 집단 간의 산포는 측정단위와 무관한 변동계수를 이용하여 비교하여야 한다. 위에 나열한 두 자료의 경우에 표준편차만 보면 1.58과 0.158로 큰 차이가 나는 것처럼 보이지만 변동계수를 구해보면 52.7%로 동일하다. 즉, 두 자료 집단의 산포의 정도는 서로 같다.

평균과 표준편차가 자료의 분포 모습에 대한 모든 정보를 제공하지는 않는다. 자료의 분산 s^2은 관측치 x_i들이 평균 $\bar{x}$에서 얼마나 떨어져서 분포하고 있는가에 대한 정보를 제공할 뿐이고 자료들이 평균 주변에 대칭적으로 분포하고 있는가에 대한 정보를 제공하지는 않는다. 그런데, 평균의 성질에 의하면 편차 $x_i-\bar{x}$들의 합은 0이고, 특별히 자료가 평균 $\bar{x}$에 대하여 대칭적으로 분포하면

$$w=\frac{1}{n-1}\sum_{i=1}^{n}(x_i-\bar{x})^3$$

이므로 w를 분포의 비대칭성(非對稱性, skewness)에 대한 측도로 사용할 수 있다. 일반적으로 분

포곡선이 대칭이면 $w=0$이고, 오른쪽으로 편중된(skewed to the left) 분포일 때는 $w<0$, 왼쪽으로 치우친(skewed to the right) 분포에서는 $w>0$이다. 통상적으로 단위가 없는 $\eta=w/s^3$을 **비대칭계수**(coefficient of skewness)라 부른다. 한편,

$$v=\frac{1}{n-1}\sum_{i=1}^{n}\left(x_i-\overline{x}\right)^4$$

은 자료의 분포가 평균 근처에서 솟아 오른 정도를 나타내는 **첨도**(尖度, kurtosis)의 지표로 사용된다. 일반적으로 $\kappa=v/s^4-3$을 **첨도계수**(尖度係數, coefficient of kurtosis)라 부른다. 첨도계수가 양이면 자료의 분포는 평균 부근에서 정규분포에 비하여 더 뾰족한 모양을 하고 있으며, 음이면 정규분포에 비하여 더 납작한 모양의 분포가 된다. 정규분포를 따르는 자료의 첨도계수는 0이다.

예제 6.2.7

미니탭을 이용하여 그림 6.2.5의 주식수익률 자료를 요약한 결과가 다음 [그림]과 같다. 주식수익률 자료에 대한 [보기]의 설명 중 옳지 않은 것은? 풀이는 독자에게 맡긴다.

[그림] 미니탭을 이용한 주식수익률 자료의 요약

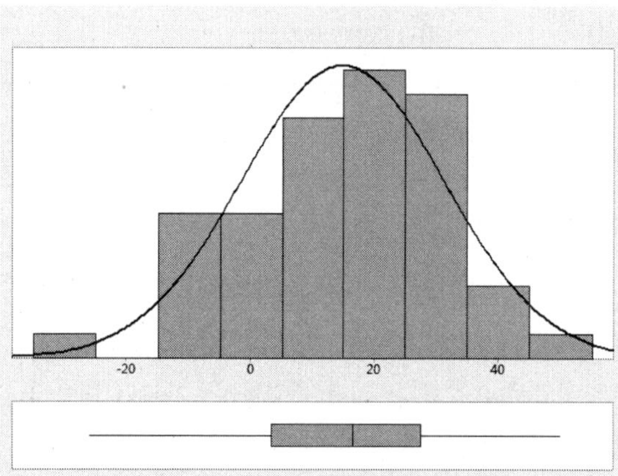

Anderson-Darling 정규성 검정	
A-제곱	0.27
P-값	0.657
평균	14.780
표준 편차	16.382
분산	268.379
왜도	-0.260726
첨도	-0.340604
N	50
최소값	-26.000
제1 사분위수	3.250
중위수	16.500
제3 사분위수	27.500
최대값	50.000
평균의 95% 신뢰 구간	
10.124	19.436
중위수의 95% 신뢰 구간	
9.343	22.328
표준 편차의 95% 신뢰 구간	
13.685	20.415

[보기]

가. 다섯 숫자 요약은 $(-26.00, 3.25, 16.5, 27.5, 50.00)$이다.

나. 전체 자료의 75%가 구간 $(3.25, 27.5)$에 속해 있다.

다. 자료의 범위는 76.00이고 사분위수 범위는 24.25이다.

라. 자료의 변동계수는 110.84%이다.

마. 비대칭계수(왜도)가 -0.26이므로 자료의 분포는 오른쪽으로 약간 치우친 모습이다.

바. 분포의 솟아 오른 정도는 정규분포와 거의 같다고 할 수 있다.

사. 수익률 -26%에 대한 표준점수는 -2.489이므로 이 자료값은 이상점으로 볼 수 있다. ♣

6.2.4 산점도와 상관계수

같은 척도로 측정된 두 양적 변수 간의 관계를 도시하는데 사용되는 가장 보편적인 그림이 **산점도**(散點圖, scatter diagram)이다. 산점도는 n개의 조사단위로부터 두 양적 변수를 관측하여 얻은 n쌍의 관측치 $(x_1, y_1), (x_2, y_2), \cdots, (x_n, y_n)$을 이차원 평면상의 해당 좌표에 점이나 문자로 나타낸 그림으로 두 변수 사이의 관계를 시각적으로 보여준다. 산점도는 항상 설명변수를 x축으로 삼아서 그려야 하지만 설명변수와 반응변수의 구별이 없을 때는 어떤 변수를 x축으로 삼아도 무방하다.

산점도를 보면 두 변수 사이의 분포 형태(shape), 두 변수의 증감 방향(direction) 및 연관관계의 강도(intensity)를 설명할 수 있다. 분포 형태란 산점도가 어떤 모양(직선 또는 곡선 모양)의 분포를 보이고 있는가에 대한 것이고, 방향이란 두 변수의 변화 방향에 대한 일치성 여부에 관한 것이다. 한 변수의 평균보다 큰 값이 다른 변수의 평균보다 큰 값에 대응되고 평균보다 작은 값은 다른 변수의 평균보다 작은 값에 대응되면 두 변수는 양(+)의 연관성을 가지고 있다고 말하며, 반대의 경우에는 음(−)의 연관성을 지니고 있다고 말한다. 그리고 연관관계의 강도는 관측치들이 얼마나 정확한 모양을 띠는가에 따라 결정된다. 또한 산점도를 보면 수치 자료에서 잡아내기 어려운 자료의 분포 모습뿐 아니라 전체적인 경향에서 이탈되어 있는 관측치들에 대한 정보를 효과적으로 찾아낼 수 있으며 각 관측점의 개별 상황도 살펴볼 수 있다.

그림 6.2.8은 세계은행에서 얻은 각 나라의 GDP와 평균 수명에 관한 자료로 그린 산점도이다. (Moore, 2001) 여기서 독립변수는 한 국가의 富를 측정하는 기준으로 사용되는 1인당 GDP($)이고, 반응변수는 평균 수명이다. 이 산점도로부터 부유한 나라의 국민일수록 더 오래 살고 있음을 볼 수 있다. 그런데, 1인당 GDP가 $5,000 근방에 도달할 때까지는 평균 수명이 매우 급하게 증가하지만 그 이후는 GDP가 증가하여도 별 변화가 없다. 오히려 1인당 GDP가 $30,000에 가까운 미국의

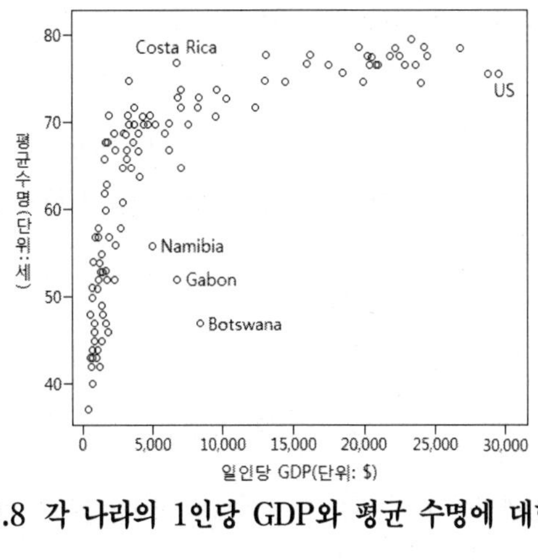

그림 6.2.8 각 나라의 1인당 GDP와 평균 수명에 대한 산점도

평균 수명보다 \$6,000 정도인 코스타리카의 평균 수명이 약간 더 길다. 아프리카에 위치한 세 나라(나미비아, 가봉, 보츠와나)의 경우는 이상점으로 보인다. 그림 6.3.8에서 두 변수는 GDP가 \$5,000까지는 대단히 강한 양의 직선관계를, 그 이후는 아주 약한 양의 직선관계를 갖고 있는데 전체적으로는 강한 곡선관계를 갖는 것으로 보인다.

비교적 쉽게 파악할 수 있는 두 변수의 연관관계는 직선관계이다. 직선관계의 강도를 시각적으로 판단하는 것은 쉽지 않다. 두 양적 변수 사이의 직선관계를 나타내는 기술통계량이 **피어슨의 상관계수**(相關係數, Pearson's correlation coefficient)이다.

두 변수에 대한 n개의 관측치 쌍을 $(x_1, y_1), (x_2, y_2), \cdots, (x_n, y_n)$이라 할 때,

$$s_{xy} = \frac{1}{n-1}\sum_{i=1}^{n}(x_i - \bar{x})(y_i - \bar{y})$$

를 관측 자료에 대한 **공분산**(共分散, covariance)이라 하고,

$$r = \frac{s_{xy}}{s_x s_y}$$

를 두 변수의 직선관계에 대한 방향과 강도를 나타내는 상관계수라 한다. 여기서 s_x는 x_i들의 표준편차를, s_y는 y_i들의 표준편차를 나타낸다. 상관계수에 관한 내용은 7.3절 및 9.4.1절에서 논의한다.

예제 6.2.8

어떤 개념을 측정하기 위하여 10개의 문항으로 리커트 척도 SL1을 구성하였다. 5명을 대상으로 타당성이 입증된 기존의 리커트 척도 SL2와 새로 만든 척도 SL1을 측정한 자료가 아래 표와 같을 때, SL1과 SL2의 상관계수를 구하여 SL1의 타당성을 평가하여라.

번호	1	2	3	4	5
SL1(x_i)	38	56	59	64	74
SL2(y_i)	41	63	70	72	84

(풀이

$$\text{SL1}: \bar{x} = 58.2,\ s_x = 13.20, \qquad \text{SL2}: \bar{y} = 66.0,\ s_y = 15.89$$

이고, SL1과 SL2의 각 관측치에 대한 표준점수를 곱한 것들의 합은

$$\frac{1}{s_x s_y}\sum_{i=1}^{5}(x_i - \bar{x})(y_i - \bar{y}) = 3.9758$$

이다. 따라서 SL1과 SL2의 상관계수는

$$r = \frac{3.9758}{4} = 0.994$$

이므로 SL1과 SL2와 상관계수가 대단히 큰 값이므로 SL1은 타당도가 높은 척도이다. ♣

연습문제 6.2

01. 자료들의 분포형태와 대표값에 관한 설명 중 옳은 것은?
    가. 오른쪽 꼬리가 긴 분포에서는 중앙값이 평균보다 크다.
    나. 왼쪽 꼬리가 긴 분포에서는 최빈값 < 평균 < 중앙값 순이다.
    다. 중앙값은 분포와 무관하게 최빈값보다 작다.
    라. 비대칭의 정도가 강한 경우에는 대표값으로 평균보다 중앙값을 사용하는 것이 더 바람직하다고 할 수 있다.

02. 다음 중 중앙값과 동일한 척도는?
    가. 최빈값　　나. 평균　　다. 제3사분위수　　라. 제2사분위수

03. 도수분포가 비대칭이고 극단치들이 있을 때 보다 적절한 중심성향 척도는?
    가. 산술평균　　나. 중위수　　다. 최빈수　　라. 조화평균

04. 자료 $x_1, x_2, \cdots, x_n$의 표준편차가 3일 때, $-3x_1$, $-3x_2, \cdots$, $-3x_n$의 표준편차는?
    가. −3　　나. 9　　다. 3　　라. −9

05. 어떤 철물점에서 10가지 길이의 못을 팔고 있다. 단, 못의 길이는 각각

    2.5, 3.0, 3.5, 4.0, 4.5, 5.0, 5.5, 6.0, 6.5, 7.0 (단위: cm)

    이다. 만약, 현재 남아 있는 못 가운데 10%는 4.0cm인 못이고, 15%는 5.0cm인 못이며, 53%는 5.5cm인 못이라면 못 길이의 최빈수는?
    가. 4.5　　나. 5.0　　다. 5.5　　라. 6.0

06. 전국의 고등학생 1000명을 대상으로 모의수능시험을 치른 결과 A영역 (80점 만점)에서 평균이 45점, 표준편차가 15점이었다. 어떤 학생의 원점수가 67.5점 일 때 평균이 50점, 표준편차는 10점으로 환산하는 표준점수는 얼마인가?
    가. 65.0　　나. 72.5　　다. 50.0　　라. 70.5

07. n개의 자료 $x_1, x_2, \cdots, x_n$의 평균을 $\overline{x}$, 표준편차를 s라고 할 때, i번째 자료 x_i의 표준화 점수를 구하는 방법은?
    가. $s(x-\overline{x})$　　나. $\overline{x}(x-s)$　　다. $(x-\overline{x})/s$　　라. $(x-s)/\overline{x}$

08. 변량 $x_1, x_2, \cdots, x_n$에 대하여 $|x_1-a|+|x_2-a|+\cdots+|x_n-a|$을 최소로 하는 대푯값 a는?
    가. 산술평균　　나. 중위수(중앙값)　　다. 최빈수　　라. 기하평균

09. 5개의 자료값 10, 20, 30, 40, 50의 특성으로 옳은 것은?
    가. 평균 30, 중앙값 30　　나. 평균 35, 중앙값 40
    다. 평균 30, 최빈값 50　　라. 평균 25, 중앙값 10

10. 다음 중 자료의 산포도를 나타내는 척도는?
    가. 중앙값　　나. 사분위수　　다. 백분위수　　라. 사분위 범위

11. 자료 $x_1, x_2, \cdots, x_n$을 $z_i = ax_i + b$, $i=1,2,\cdots,n$, a, b는 상수로 변환할 때, 평균과 분산에 있어서 변환한 자료와 원자료 사이에 성립하는 관계식은? (단, 원자료의 평균과 분산은 각각 $\bar{x}$, s_x^2이고, 변환한 자료의 평균과 분산은 각각 $\bar{z}$, s_z^2이다.

가. $\bar{z} = a\bar{x} + b$, $s_z^2 = as_x^2 + b$　　나. $\bar{z} = a\bar{x}$, $s_z^2 = a^2 s_x^2$

다. $\bar{z} = a\bar{x} + b$, $s_z^2 = a^2 s_x^2 + b$　　다. $\bar{z} = a\bar{x} + b$, $s_z^2 = a^2 s_x^2$

12. 어떤 기업체의 인문사회계열 출신 종업원 평균급여는 140만원, 표준편차는 42만원이고, 공학계열 출신 종업원 평균급여는 160만원, 표준편차는 44만원일 때의 설명으로 틀린 것은?

가. 공학계열 종업원의 평균급여 수준이 인문사회계열 종업원의 평균급여 수준보다 높다.

나. 인문사회계열 종업원 중 공학계열 종업원보다 급여가 더 높은 사람도 있을 수 있다.

다. 공하계열 종업원들 급여에 대한 중앙값이 인문사회계열 종업원들 급여에 대한 중앙값보다 크다고 할 수는 없다.

라. 인문사회계열 종업원들의 급여가 공학계열 종업원들의 급여에 비해 상대적 산포도를 나타내는 변동계수가 더 작다.

13. 다음 중 평균에 관한 설명으로 틀린 것은?

가. 중심경향을 측정하기 위한 척도이다.

나. 이상치에 크게 영향을 받는 단점이 있다.

다. 이상치가 존재할 경우를 고려하여 절사평균(trimmed mean)을 사용하기도 한다.

라. 표본의 몇몇 특성값이 모평균으로부터 한 쪽 방향으로 멀리 떨어지는 현상이 발생하는 자료에서도 좋은 추정량이다.

14. 피어슨의 대칭도를 산술평균($\overline{X}$), 중위수(Me) 및 최빈수(Mo) 간의 관계식으로 바르게 나타낸 것은?

가. $\overline{X} - Mo = 3(Me - \overline{X})$　　나. $Mo - \overline{X} = 3(Mo - Me)$

다. $\overline{X} - Mo = 3(\overline{X} - Me)$　　라. $Mo - \overline{X} = 3(Me - Mo)$

15. A반 학생은 50명이고 B반 학생은 100명이다. A반과 B반의 평균성적이 각각 80점과 85점이었다. A반과 B반을 합한 전체 평균성적은?

가. 80.0　　나. 82.5　　다. 83.5　　라. 84.5

16. 어느 한 집단에 대한 신체검사 결과에서 키와 발의 산포 크기를 비교할 때 가장 적합한 것은?

가. 변동계수　　나. 분산　　다. 표준편차　　라. 결정계수

17. 평균이 50이고, 표준편차가 10인 어떤 자료에 값이 모두 동일하게 10인 6개의 자료를 더 추가하였다. 표준편차의 변화는?

가. 당초의 표준편차보다 더 커진다.　　나. 당초의 표준편차보다 더 작아진다.

다. 변하지 않는다.　　라. 판단할 수 없다.

18. n개의 자료 $x_1, x_2, \cdots, x_n$의 분산이 10일 때 각 자료에 5를 더한 자료들의 분산은?

가. 10　　나. 15　　다. 35　　라. 50

19. 변량의 평균변동률(평균변화율)을 산출하는데 적당한 척도는?
가. 산술평균 나. 조화평균 다. 기하평균 라. 최빈수

20. 어느 학생이 10km의 산길을 올라갈 때는 시속 4km, 내려올 때는 시속 6km로 걸었다. 평균 시속은?
가. 4.7(km/h) 나. 4.8(km/h) 다. 4.9(km/h) 라. 5.0(km/h)

21. 중심위치를 측정하는 통계량 중 분포의 모든 관찰값과의 차이를 제곱했을 때 이 제곱의 합을 최소로 하는 통계량은?
가. 최빈값 나. 중위수 다. 평균 라. 범위

22. 다음의 통계량 중에서 성격이 다른 것은?
가. 최빈값 나. 중앙값 다. 평균 라. 왜도

23. 다음 중 측정단위가 서로 다른 두 집단의 산포를 나타내는 측도로 가장 적당한 것은 ?
가. 평균절대편차 나. 사분위수 범위 다. 분산 라. 변동계수

24. A, B 두 도시에서 각각 100명씩의 근로자 표본을 추출하여 남녀별로 일당을 구해본 결과 다음과 같은 결과가 나왔다. 두 도시 근로자의 평균 임금은 얼마인가?

구분	남성근로자 평균 일당	표본수	여성근로자 평균 일당	표본수
A	16,000원	40명	19,000원	60명
B	17,000원	80명	20,000원	20명

가. 26,500원 나. 19,700원 다. 18,300원 라. 17,700원

25. 어느 대학교 학생들을 대상으로 네 변수(키, 몸무게, 혈액형, 월 평균 용돈)에 대한 관측값을 얻었다. 이들 변수 중 관측값들을 대표하는 측도로 최빈값(mode)을 사용하는 것이 가장 적절한 것은?
가. 키 나. 몸무게 다. 혈액형 라. 월평균 용돈

26. 아래와 같이 집단별로 구분된 자료가 있다. 이 자료의 중앙값이 포함된 구간은?

집단	15~19	20~24	25~29	30~34	35~39	40~44	45~49	50~54	55~59	60~64
빈도	12	15	29	17	6	18	16	5	3	8

가. 25~29 나. 30~34 다. 35~39 라. 40~44

27. 분산에 관한 설명으로 틀린 것은?
가. 편차제곱의 평균이다.
나. 자료가 평균에 밀집할수록 분산의 값은 더욱 작아진다.
다. 분산은 양수 또는 음수를 취한다.
라. 자료가 모두 동일한 값이면 분산은 0이다.

28. 자료의 산포를 측정하는 통계량 중 통계량의 단위가 나머지와 다른 것은?
가. 분산 나. 범위 다. 사분위 범위 라. 표준편차

29. 1985년과 1995년의 직종별 임금 분산(분포)의 격차를 비교하려 한다. 다음 중 어떤 것을 이용하는 것이 가장 바람직한가?

가. 표준편차 나. 범위 다. 사분편차 라. 변이계수(변동계수)

30. 표본으로 추출된 6명의 학생이 지원했던 여름방학 아르바이트의 수가 (10, 3, 3, 6, 4, 7)이다. 피어슨의 비대칭계수에 근거한 자료의 분포에 관한 설명으로 옳은 것은?

가. 비대칭계수의 값이 0에 근사하여 좌우 대칭형 분포를 나타낸다.
나. 비대칭계수의 값이 양의 값을 나타내어 왼쪽으로 꼬리를 길게 늘어뜨린 모양을 나타낸다.
다. 비대칭계수의 값이 음의 값을 나타내어 왼쪽으로 꼬리를 길게 늘어뜨린 모양을 나타낸다.
라. 관측 값들이 주로 왼쪽에 모여 있어 오른쪽으로 꼬리를 길게 늘어뜨린 모양을 나타낸다.

31. 오른쪽으로 꼬리가 길게 늘어진 형태의 분포에 대해 옳은 설명으로만 짝지어진 것은?

A. 왜도는 양의 값을 가진다.	B. 왜도는 음의 값을 가진다.
C. 자료의 평균은 중위수보다 큰 값을 가진다.	D. 자료의 평균은 중위수보다 작은 값을 가진다.

가. A, C 나. A, D 다. B, C 라. B, D

32. 분포의 모양이 대칭을 벗어나 어느 한쪽으로 기울어진 정도를 나타내는 측도는 ?

가. 평균(mean) 나. 분산(variance) 다. 왜도(skewness) 라. 첨도(kurtosis)

33. 어느 중학교 1학년의 신장을 조사한 결과 평균이 136.5㎝, 중앙값은 130.0㎝였다. 신장의 표준편차가 2.0㎝라면 이 분포에 대한 설명으로 옳은 것은?

가. 정규분포이다. 나. 왼쪽으로 긴 꼬리를 갖는 비대칭분포이다.
다. 이들 자료로는 알 수 없다. 라. 오른쪽으로 긴 꼬리를 갖는 비대칭분포이다.

34. 다음은 어느 수험생의 영어성적표 중 일부이다. 점수에 대한 해석으로 옳은 것은?

구 분	듣기 영역 (110점 만점)	말하기 영역 (90점 만점)	읽기 영역 (80점 만점)	쓰기 영역 (50점 만점)
원점수	91	64	71	41
T Score	50	67	48	52

※ $\text{T Score} = \dfrac{\text{원점수} - \text{응시집단 전체평균}}{\text{표준편차}} \times 10 + 50$

가. 이 수험생은 듣기영역에서 원점수가 가장 높지만 듣기영역이 다른 영역에 비하여 우수하다고 말할 수 없다.
나. 듣기영역의 응시집단 전체 평균점수는 90점보다 낮다.
다. 이 수험생의 쓰기영역의 점수는 해당 영역의 응시집단 전체 평균점수보다 높다.
라. 이 수험생의 읽기영역의 점수는 해당 영역의 응시집단 전체 평균점수보다 높다.

35. 다음 중 상관분석의 적용을 위해 산점도(scatter plot)에서 관찰해야 할 자료의 특징이 아닌 것은?

가. 이상점의 존재 여부 나. 선형 또는 비선형 관계의 여부
다. 자료의 층화 여부 라. 원점(0, 0)의 통과 여부

제7장

확률과 확률분포

7.1 확률

통계적 사고는 표본에서 얻은 부분정보를 근거로 모집단의 특성을 유추하는 귀납적 접근 방법을 그 근간으로 한다. 따라서 통계적 추론에서는 불확실성의 개입을 피할 수 없다. 따라서 통계적 추론은 그 결과에 대한 불확실성의 정도를 평가할 수 있어야 한다. 통계적 추론에 대한 불확실성의 정도는 확률이라는 잣대로 수량화하여 평가한다. 이 절에서는 가변적이고 불확정적인 현상의 불확실성 정도를 수량화하기 위한 확률과 확률분포모형에 대하여 논의한다.

7.1.1 우연실험과 사건

태어날 신생아의 성(sex)은 '남' 또는 '여' 둘 중의 하나인 줄은 알지만 어떤 성을 가진 아이가 태어날 것인가에 대해서는 사전에 정확히 예측할 수 없다. 이와 같은 불확정적인 상황에서 우연히 발생하는 결과를 생성해 내는 과정을 **우연실험**(偶然實驗, random experiment)이라고 한다. 일반적으로 동일한 조건 하에서 반복 시행이 가능하고 시행의 결과는 출현 가능한 여러 경우들 중의 하나이지만 시행결과를 오차 없이 예측할 수 없는 불확실한 자료 생성과정을 우연실험이라 한다.

우연실험의 시행에서 모든 가능한 출현결과들의 집합을 **표본공간**(sample space)이라 하고, 보통 그리스 대문자 Ω(오메가)로 나타낸다. Ω의 임의의 부분집합을 **사건**(event)이라 하고, 영문 대문자 E, F 등으로 나타낸다. 하나의 출현결과(원소)로 이루어진 사건을 **근원사건**(elementary event)이라 한다. 우연실험에서 나타난 출현결과가 사건 E를 구성하는 원소들 중의 하나이면 '사건 E가 일어났다.'고 하고, 출현결과가 E에 속하지 않는 원소이면 '사건 E가 일어나지 않았다.'고 말한다.

예제 7.1.1

공정한 동전을 두 번 던져서 나타나는 면을 관찰하는 우연실험에서 동전의 앞면을 H, 뒷면을 T라 하면 실험의 표본공간 Ω는

$$\Omega=\{(\mathrm{H,H}),(\mathrm{H,T}),(\mathrm{T,H}),(\mathrm{T,T})\}$$

이 된다. 이 우연실험에서 앞면이 적어도 한번 나오는 사건 E는

$$E=\{(\mathrm{H,H}),(\mathrm{H,T}),(\mathrm{T,H})\}$$

로 표현된다. 또, 앞면이 한 번도 안 나오는 사건은 $F=\{(\mathrm{T,T})\}$인데, F는 근원사건이다. ♣

사건에 대한 연산은 집합의 연산과 동일하다. 표본공간 Ω의 부분집합으로 정의된 두 사건을 E와 F라 할 때 집합의 기본연산에 의하여 생성되는 사건은

· **합사건**$(E \cup F)$: E와 F의 적어도 어느 하나에 속하는 원소들로 이루어진 사건

· **공통사건**$(E \cap F)$: E와 F에 모두 속하는 원소들로 이루어진 사건

· **여사건**$\left(E^C\right)$: E에 속하지 않은 원소들로 이루어진 사건

의 세 가지가 있다. 그리고 E와 F가 동시에 일어날 수 없다면, 즉, $E \cap F = \varnothing$이면 E와 F를 **서로 배반**(mutually exclusive)인 사건이라 한다.

예제 7.1.2

예제 7.1.1에서 뒷면이 적어도 한번 나오는 사건을

$$G=\{(\mathrm{H,T}),(\mathrm{T,H}),(\mathrm{T,T})\}$$

라 하면, E와 G의 합사건은

$$E \cup G=\{(\mathrm{H,H}),(\mathrm{H,T}),(\mathrm{T,H}),(\mathrm{T,T})\}$$

로 표본공간 Ω와 일치한다. 따라서 표본공간 Ω도 사건이고, 이 사건은 우연실험에서 반드시 일어나는 사건이므로 **확실한 사건**(sure event)이라고도 한다. 또한, E와 G의 공통사건은

$$E \cap G=\{(\mathrm{H,T}),(\mathrm{T,H})\}$$

이고, E의 여사건 E^C는 앞면이 한 번도 안 나오는 사건이므로

$$E^C=\{(\mathrm{T,T})\}=F$$

가 된다. ♣

7.1.2 확률의 정의

어떤 우연실험의 표본공간이 주어지면 표본공간의 부분집합으로 정의되는 특정 사건 E가 일어날 가능성을 생각하게 된다. 우리는 특정 사건 E가 일어날 가능성을 수치화한 것을 사건 E가 일어날 확률이라 부르고 $P(E)$로 나타낸다.

유한집합 Ω가 표본공간인 우연실험에서 임의의 사건 E가 일어날 확률은

$$P(E)=\frac{|E|}{|\Omega|}$$

으로 정의할 수 있는데 이를 **수학적 확률**이라 한다. 여기서 $|\cdot|$는 집합의 크기를 나타내는 기호로 집합에 속하는 원소의 개수를 의미한다. 수학적 확률의 정의에 의하면 표본공간 Ω에 속하는 한 원소 $\omega(\in \Omega)$로 이루어진 근원사건 $\{\omega\}$에 대한 확률은

$$P(\{\omega\})=\frac{1}{|\Omega|}$$

이 된다. 즉, 수학적 확률은 우연실험의 출현 가능한 결과가 유한개이고 각 출현결과가 나타날 가능성이 동일한 것으로 가정하여 사건에 대한 확률을 것으로 **고전적 확률**(classical probability)이라 한다. 그리고 주어진 실험의 각 출현결과가 나타날 가능성이 동일함을 분명하게 나타내기 위하여 관례적으로 "랜덤하게", "임의로", "무작위로" 또는 "우연히" 등과 같은 용어를 써서 우연실험을 기술하고 있다. 어떤 사건에 대한 수학적 확률을 구하려면 그 사건이 일어날 경우의 수를 구해야 한다. 경우의 수에 관한 내용은 Ross(1994)의 1장을 보라.

수학적 확률의 정의에서 핵심은 각 출현결과에 대한 출현 가능성이 동등하다고 가정하는 것이 타당한가에 있다. 인간은 연역적 사고와 더불어 귀납적 사고에 의하여 경험적으로 배운 것으로부터 지식을 축적한다. 오래 전부터 신생아를 성별로 분류하여 헤아려 본 인류는 남녀의 성비가 대략 51대 49임을 알게 되었는데 이는 난자와 결합한 정자가 Y염색체를 지닌 정자일 가능성이 X염색체를 지닌 정자일 가능성보다 클 것이라는 개연성을 암시하고 있다. 우리나라 통계청 자료에 의하면 2002년에 태어난 아이는 494,625명이었다. 그 중에서 첫째 아이는 239,184명이었는데 이 중 남자 아이는 123,355명으로 51.6%이었고 여자 아이는 115,829명으로 48.4%이었다. 남녀 아이의 비율 차이가 3.2%p라는 것은 대상 집단의 크기가 24만 정도인 것을 고려하면 이것은 심각한 성비 불균형을 나타낸다. 이런 사례들로 인해 다음과 같은 통계적 확률을 생각하게 된다.

우연실험을 N번 시행하였을 때 사건 E가 n번 일어났다면 E가 일어날 확률 $P(E)$를

$$P(E) = \frac{n}{N}$$

으로 정의하고, 이를 **통계적 확률**이라 한다. 통계적 확률은 많이 시행한 우연실험에서 E가 일어난 횟수에 대한 상대적인 비율을 사건 E에 대한 확률로 간주한 것이다. 통계적 확률에서의 핵심은 우연실험이 동일한 조건하에서 반복적으로 시행되어야 한다는 것과 당연히 N이 커야 그 확률을 신뢰할 수 있다는 것이다. 프로 야구에서 타자들의 타율은 시즌 초에 들쑥날쑥 하다가 타수가 늘어난 시즌 중반 이후에는 상당히 안정적인 값을 취하는 것을 볼 수 있다. 즉, 타자가 타석에 들어선 횟수 N이 커질수록 타율은 안정적인 값을 취하게 되고 그 값을 그 타자가 안타를 쳐낼 확률이라 할 수 있다. 이것은 통계적 확률이 수학적 확률을 대신할 수 있음을 보여주는 사례이다.

프랑스의 박물학자 뷔퐁(Count Buffon, 1707-1788)은 동전을 4,040번 반복해서 던졌는데 앞면이 2,048번이 나왔고 그 비율은 0.5069이다. 한편, 영국의 통계학자 칼 피어슨(K. Pearson)은 동전을 24,000번이나 반복해서 초인적으로 던진 결과로 앞면이 12,012번 나왔고, 그 상대도수는 0.5005이다. 이와 같이 어떤 우연실험을 무한히 반복적으로 수행하였을 때 특정 사건이 발생하는 상대도수가 수렴하는 값을 그 사건이 일어날 확률로 해석하는 것이 통계적 확률의 개념이다. 이런 의미에서 통계적 확률을 **경험적 확률**(empirical probability)이라고도 한다.

어떤 사건이 발생할 확률은 수학적 확률이든 통계적 확률이든 간에 그 사건이 발생할 상대적인

비율로 해석할 수 있으므로 표본공간 Ω의 부분집합인 임의의 사건 E에 대한 확률 $P(E)$는

$$0 \le P(E) \le 1$$

이어야 한다. 그리고 사건 E와 F가 서로 배반사건이면 E와 F는 동시에 일어날 수 없으므로 E와 F의 합사건 $E \cup F$에 대한 확률은 각 사건에 대한 확률의 합이 되어야 한다. 즉, $E \cap F = \varnothing$이면

$$P(E \cup F) = P(E) + P(F)$$

이어야 한다. 따라서 어떤 사건 E에 대응되는 확률은 적어도 다음과 같은 세 가지 조건

(i) 확실한 사건 Ω에 대한 확률은 1이어야 한다.
(ii) 임의의 사건 E에 대한 확률은 0 이상의 값을 가져야 한다.
(iii) 서로 배반인 사건의 합사건에 대한 확률은 개별 사건에 대한 확률의 합과 같아야 한다.

을 만족해야 함을 알 수 있다. 위의 세 조건을 만족하는 집합함수 $P(\cdot)$를 확률측도 또는 간단히 확률이라 하고, 이와 같이 정의하는 확률을 **공리적 확률**(axiomatic probability)이라 한다.

공리적 확률의 정의에 의하여 사건이 일어날 확률을 직접 구할 수 있는 것은 아니다. 공리적 확률의 정의에는 확률측도 P가 만족해야 할 조건만 제시되어 있다. 수학적 확률은 표본공간 Ω에 속하는 각 원소가 나타날 가능성이 동일하다는 조건 하에서 사건 E에 대한 확률을 구할 수 있도록 정의된 것으로 공리적 확률의 세 조건을 만족하는 하나의 확률측도이다.

7.1.3 확률의 계산

확률의 성질을 이용하면 확률을 비교적 쉽게 구할 수 있다. 확실한 사건 Ω는 서로 배반인 사건 E와 E^C의 합사건이므로 여사건 E^C가 일어날 확률은

$$P(E^C) = 1 - P(E)$$

가 된다. 또, 임의의 두 사건 E와 F의 합사건 $E \cup F$에 대한 확률은

$$P(E \cup F) = P(E) + P(F) - P(E \cap F)$$

와 같은 식으로 구할 수 있다. 이 식은 n개의 사건에 대한 합사건인 경우로 확장할 수 있다.

예제 7.1.3

3명의 비정규직이 포함된 10명 중에서 임으로 2명을 뽑았을 때 2명 모두 비정규직인 사건 E의 확률을 구하여라.

(풀이)

10개 중에서 2개를 택하는 경우의 수, 즉, 표본공간 Ω의 크기는 ${}_{10}C_2$이고, 비정규직 3명 중에

서 2명를 뽑는 경우의 수, 즉, 사건 E의 크기는 ${}_3C_2$이므로 E에 대한 확률은 다음과 같다.

$$P(E) = \frac{{}_3C_2}{{}_{10}C_2} = \frac{3}{45} = \frac{1}{15}.$$ ♣

예제 7.1.4

다음 표는 어느 회사원 100명을 대상으로 승용차 구매 실태를 조사한 자료이다. 조사대상 회사원 100명 중에서 랜덤하게 뽑은 한 명의 사원이 남자인 사건을 E, 뽑힌 사원이 중형차를 가지고 있는 사건을 F라 할 때, E와 F의 합사건 $E \cup F$에 대한 확률을 구하여라.

[표] 성별 차종별 자동차 수 (단위: 대)

성별 \ 차종	중형	소형	계
남	16	50	66
여	10	24	34
계	26	74	100

(풀이)

조사대상 중에서 한 명을 랜덤하게 뽑는 실험의 표본공간 Ω는 100명의 사원 각각이 원소가 되는 집합이다. 사건 E와 F의 합사건 $E \cup F$는 남자 사원과 중형차를 가지고 있는 사원 모두가 포함되는 사건이다. 즉, $E \cup F$는 표에서 빗금 친 부분으로, 남자이면서 중형차를 가진 사원, 남자이면서 소형차를 가진 사원과 여자이면서 중형차를 가진 사원이 여기에 포함된다. 여기에 해당되는 표본원소에는 남자(사건 E)인 66명에 여자이면서 중형차를 가지고 있는 10명을 더한 76명이 포함된다. 이것은 남자 사원 66명에 중형차를 가진 사원 26명을 합한 다음, 중복되어 포함된 남자이면서 중형차를 가진 사원 16명을 뺀 것과 같다. 즉,

$$|E \cup F| = n(E) + n(F) - n(E \cap F) = 66 + 26 - 16 = 76$$

이므로 합사건 $E \cup F$에 대한 확률은 다음과 같다.

$$P(E \cup F) = P(E) + P(F) - P(E \cap F) = 0.66 + 0.26 - 0.16 = 0.76.$$ ♣

예제 7.1.5

어느 마을에서 고추를 재배하는 농가는 전체의 0.4, 인삼을 재배하는 농가는 전체의 0.75이고, 고추와 인삼을 모두 재배하는 농가는 전체의 0.3이다. 이 마을에서 랜덤하게 뽑은 한 농가가 고추 또는 인삼을 재배하는 농가일 확률을 구하여라.

(풀이)

랜덤하게 뽑은 한 농가가 고추를 재배하는 사건을 E, 인삼을 재배하는 사건을 F라 하면, 사건

E, F 및 $E\cap F$에 대한 확률은 각각

$$P(E)=0.4, \quad P(F)=0.75, \quad P(E\cap F)=0.3$$

이다. 따라서 합사건 $E\cup F$에 대한 확률은 다음과 같이 구해진다.

$$P(E\cup F)=P(E)+P(F)-P(E\cap F)=0.4+0.75-0.3=0.85.$$ ♣

예제 7.1.6

어느 동아리 회원 10명 중에서 적어도 2명의 생일이 같을 확률을 구하여라. 단, 1년은 365일이라 한다.

(풀이)

10명 중에서 적어도 2명의 생일이 같은 사건을 E라 하면 E의 여사건 E^c는 10명의 생일이 모두 다른 사건이다. 한 사람의 생일이 정해지는 경우는 365가지이므로 10명의 생일이 정해지는 경우의 수는 365^{10}이 된다. 그리고 10명의 생일이 모두 다른 경우의 수는 365일 중에서 10일을 비복원으로 추출하는 방법의 수 ${}_{365}\mathrm{P}_{10}$과 같으므로 사건 E에 대한 확률은 다음과 같다.

$$P(E)=1-P(E^c)=1-\frac{{}_{365}\mathrm{P}_{10}}{365^{10}}\approx 1-0.88=0.12.$$ ♣

일반적으로 우연히 모인 n명 중에서 적어도 2명의 생일이 같은 사건 E_n이 일어날 확률은

$$P(E_n)=1-\frac{{}_{365}\mathrm{P}_n}{365^n}$$

이 된다. 위 식을 이용하여 우연히 모인 25명 중에서 적어도 두 사람의 생일이 같을 확률을 구해보면 약 0.57정도 된다. 이 값은 무심코 생각한 결과보다 상당히 큰 값임을 알 수 있다. 실제로 50명의 학생으로 구성된 학급에서 적어도 두 사람의 생일이 같을 확률은 97%를 넘는다.

예제 7.1.7

다음 [표]는 어느 병원에 1년 동안 찾아온 남자 당뇨병 환자에 대한 자료이다.

[표] 남자 당뇨병 환자 분류표 (단위: %)

나이 \ 당뇨병	경증		중증	
	부모의 당뇨병 유무		부모의 당뇨병 유무	
	유	무	유	무
40세 미만	15	10	8	2
40세 이상	15	20	20	10

이 집단에서 임의로 뽑은 한 명이 중증의 당뇨병 환자일 사건을 E, 나이가 40세 미만일 사건

을 F, 부모가 당뇨병 환자일 사건을 G라 할 때

(1) $P(E^C)$와 $P(E\cup G)$를 구하여라.

(2) 사건 $E^C\cap F^C\cap G^C$를 기술하고 그 확률을 구하여라.

(풀이)

(1) 사건 E, F, G에 대한 각각의 확률은

$$P(E)=0.4,\quad P(F)=0.35,\quad P(G)=0.58$$

이고, 두 사건의 공통사건에 대한 확률은

$$P(E\cap F)=0.1,\quad P(F\cap G)=0.23,\quad P(E\cap G)=0.28$$

이다. 따라서 E의 여사건 E^c에 대한 확률은

$$P(E^C)=1-P(E)=0.6$$

이고, E와 G의 합사건 $E\cup G$에 대한 확률은 다음과 같다.

$$P(E\cup G)=P(E)+P(G)-P(E\cap G)=0.4+0.58-0.28=0.7.$$

(2) $E^C\cap F^C\cap G^C$는 부모는 당뇨병 환자가 아닌 40세 이상의 경증인 당뇨병 환자일 사건이다.

$$P(E\cap F\cap G)=0.08,$$

$$\begin{aligned}P(E\cup F\cup G)&=P(E)+P(F)+P(G)-[P(E\cap F)+P(F\cap G)+P(E\cap G)]+P(E\cap F\cap G)\\&=(0.4+0.35+0.58)-(0.1+0.23+0.28)+0.08=0.8\end{aligned}$$

이고, 드 모르강의 법칙에 의하면

$$E^C\cap F^C\cap G^C=(E\cup F\cup G)^C$$

이므로 구하는 확률은 다음과 같이 구해진다.

$$P(E^C\cap F^C\cap G^C)=P\left[(E\cup F\cup G)^C\right]=1-P(E\cup F\cup G)=0.2.$$ ♣

유한표본공간에서 사건에 대한 수학적 확률은 그 사건의 크기에 비례하게 된다. 이와 동일한 맥락으로 표본공간이 수직선이나 평면 또는 공간에서의 유계인 연속체로 구성되어 있을 때 표본공간의 부분집합인 영역 E에 대한 확률은 그 영역의 크기에 비례하는 것으로 정의할 수 있다. 여기서 영역 E의 크기는 길이, 넓이 또는 부피 등을 뜻하며 기호 $|E|$로 나타낸다.

예제 7.1.8

갑과 을이 진주역에서 12시와 1시 사이에 만나기로 하고 먼저 도착한 사람이 20분만 기다리기로 하였다. 두 사람은 12시~1시에 랜덤하게 도착할 때 두 사람이 만날 확률을 구하여라.

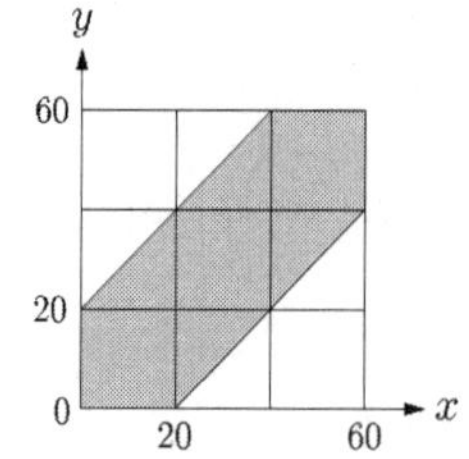

그림 7.1.1 $E=\left\{(x,y)\in\Omega \,\middle|\, |x-y|\le 20\right\}$

(풀이)

갑과 을이 도착하는 시각을 각각 12시 x분과 y분이라 하면 갑과 을의 도착시각에 대한 확률은 모두 구간 $[0,60]$에서 도착하는 시각까지의 길이에 비례한다. 여기서 표본공간은

$$\Omega=\left\{(x,y) \,\middle|\, 0\le x\le 60,\ 0\le y\le 60\right\}$$

이고, 두 사람이 만나는 사건 E는 그림 7.1.1에서의 영역

$$E=\left\{(x,y)\in\Omega \,\middle|\, |x-y|\le 20\right\}$$

이므로 사건 E에 대한 확률은 넓이에 비례한다. 따라서 E에 대한 확률은 다음과 같다.

$$P(E)=\frac{|E|}{|\Omega|}=\frac{60^2-40^2}{60^2}=\frac{5}{9}.$$ ♣

7.1.4 조건부 확률과 독립사건

예제 7.1.4에서 조사대상 100명 중 랜덤하게 뽑은 한 사원이 남자일 사건을 E라 하면

$$P(E)=\frac{|E|}{|\Omega|}=\frac{n(E)}{n(\Omega)}=\frac{66}{100}=0.66$$

이 된다. 그런데 랜덤하게 뽑은 사원이 중형차를 가지고 있다는 사실을 알고 있었다면 이 사원이 남자일 확률은 어떻게 구해야 할까? 이 사원이 중형차를 가지고 있기 때문에 우리는 중형차를 가지고 있는 26명만을 고려하고 소형차를 가지고 있는 74명은 고려할 필요가 없다. 따라서 랜덤하게 뽑은 사원이 중형차를 가지고 있다는 사건 F에 대한 확률이

$$P(F)=\frac{|F|}{|\Omega|}=\frac{n(F)}{n(\Omega)}=\frac{26}{100}=0.26$$

이라는 정보 하에서 남자일 확률은

$$\frac{16}{26}=\frac{16/100}{26/100}=\frac{n(E\cap F)/n(\Omega)}{n(F)/n(\Omega)}=\frac{P(E\cap F)}{P(F)}$$

가 된다. 여기서 F에 대한 정보를 알고 있다는 조건은 우연실험에서 가능한 표본공간이 Ω에서 F

로 바뀌었다는 것이고, 이 상황에서 "사건 E가 일어난다."는 것은 실제로 "사건 $E\cap F$가 일어난다."는 것이다. 사건 F가 일어났다는 조건 하에서 사건 E가 일어날 확률을 조건부 확률이라 하며 기호 $P(E|F)$로 표기한다. 조건부 확률 $P(E|F)$는 다음과 같이 정의한다.

$$P(E|F)=\frac{P(E\cap F)}{P(F)},\ P(F)>0.$$

조건부 확률의 정의에 의하면 **확률의 곱셈공식**이라 부르는 다음과 같은 식

$$P(E\cap F)=P(E|F)P(F)=P(F|E)P(E)$$

가 성립한다. 즉, 사건 E와 F가 동시에 일어날 확률은 E가 일어나고 E가 일어났다는 조건 하에서 F가 일어날 확률 또는 F가 일어나고 F가 일어났다는 조건 하에서 E가 일어날 확률과 같다.

표본공간 Ω가 E_1과 E_2로 분할되어 있으면 임의의 사건 F는

$$F=(E_1\cap F)\cup(E_2\cap F)$$

이고, $E_1\cap F$와 $E_2\cap F$는 서로 배반이므로

$$P(F)=P(E_1\cap F)+P(E_2\cap F)$$

가 된다. 따라서 확률의 곱셈법칙을 이용하면 사건 F에 대한 확률은

$$P(F)=P(E_1)P(F|E_1)+P(E_2)P(F|E_2)$$

인데, 이 식을 **전확률 공식**이라 한다. 전확률 공식을 이용하면 조건부 확률 $P(E_1|F)$는

$$P(E_1|F)=\frac{P(E_1\cap F)}{P(F)}=\frac{P(E_1)P(F|E_1)}{P(E_1)P(F|E_1)+P(E_2)P(F|E_2)}$$

와 같은 식으로 구할 수 있는데, 이 식을 **베이즈 공식**(Bayes' formular)이라 한다. 전확률 공식과 베이즈 공식을 표본공간 Ω가 n개의 사건 $E_1, E_2, \cdots, E_n$으로 분할된 경우로 확장하면, 임의의 사건 F에 대한 전확률 공식은

$$P(F)=\sum_{i=1}^{n}P(E_i)P(F|E_i)$$

가 되고, 조건부 확률 $P(E_k|F)$에 대한 베이즈 공식은 다음과 같다.

$$P(E_k|F)=\frac{P(E_k)P(F|E_k)}{\sum_{i=1}^{n}P(E_i)P(F|E_i)}.$$

예제 7.1.9

A도시 남성의 20%는 성인병이 있다고 한다. A도시에서 성인병이 있는 남성의 70%가 비만이

고, 성인병이 없는 남성의 30%가 비만이라고 할 때, 이 도시의 비만인 남성 가운데 성인병이 있는 남성의 비율을 구하여라.

(풀이)

A도시의 남성이 100명이라고 가정하면 성인병이 있는 20명의 70%인 14명과 성인병이 없는 80명의 30%인 24명의 합인 38명이 비만인 남성이므로 비만인 남성이 성인병에 걸릴 확률은 $\frac{14}{38}$가 된다. 이와 같은 내용을 공식화한 것이 베이즈 공식이다.

A도시 남성이 성인병에 걸린 사건을 E_1, E_1의 여사건을 E_2라 하면

$$P(E_1)=0.2, \quad P(E_2)=1-0.2=0.8$$

이다. 또, A도시 남성이 비만인 사건을 F라 하면

$$P(F|E_1)=0.7, \quad P(F^C|E_1)=1-0.7=0.3,$$

$$P(F|E_2)=0.3, \quad P(F^C|E_2)=1-0.3=0.7$$

이므로 비만인 남성이 성인병에 걸릴 조건부 사건에 대한 확률 $P(E_1|F)$는

$$P(E_1|F)=\frac{P(F|E)P(E)}{P(F|E)P(E)+P(F|E_2)P(E_2)}=\frac{0.7\times 0.2}{0.7\times 0.2+0.3\times 0.8}=\frac{14}{38}$$

가 된다. ♣

조건부확률에서 조건으로 주어진 사건을 '원인'으로 해석하면 $P(F|E_1)$와 $P(F|E_2)$는 각각 '원인'이 E_1과 E_2일 때 사건 F가 발생할 확률이 된다. 따라서 F가 일어날 확률 $P(F)$는 '원인'이 E_1일 때 F가 발생할 확률 $P(F|E_1)$와 원인이 E_2일 때 F가 발생할 확률 $P(F|E_2)$ 및 각 '원인'에 대한 확률 $P(E_1)$와 $P(E_2)$로부터 구할 수 있다. 또한, F가 일어난 후의 각 원인에 대한 확률 $P(E_1|F)$와 $P(E_2|F)$는 베이즈 공식을 이용하여 구할 수 있다. 이런 의미에서 원인 E_1, E_2에 대한 확률을 **사전확률**(事前確率, prior probability), F가 일어난 각 원인에 대한 확률 $P(E_1|F)$와 $P(E_2|F)$를 **사후확률**(事後確率, posterior probability)이라 한다.

예제 7.1.10

다음 [표]는 어느 지역에서 세대 간 직업이동성을 알아보기 위하여 임의로 표본을 추출하여 조사한 자료이다. 직업은 편의상 A, B, C로 구분하였다. 이에 대한 다음 물음에 답하여라.

(1) 자녀의 직업이 C일 확률을 구하여라.

(2) 자녀의 직업이 B인 경우에 부모의 직업이 C일 확률을 구하여다.

(3) 부모와 자녀의 직업이 모두 A일 확률을 구하여라.

(4) 자녀의 직업이 A일 확률과 부모의 직업이 A일 확률을 비교하여라.

[표] 세대 간 직업이동성 비율(단위: %)

부모의 직업	자녀의 직업		
	A	B	C
A	45	48	7
B	5	70	25
C	1	50	49

※ 1) 전체 부모 세대의 직업은 A가 10%, B가 40%, C가 50%임.
2) 조사한 부모 당 자녀수는 한 명임.

(풀이)

부모의 직업을 A_1, B_1, C_1이라 하면

$$P(A_1)=0.1,\quad P(B_1)=0.4,\quad P(C_1)=0.5$$

이고, 자식의 직업을 A_2, B_2, C_2라 하면

$$P(A_2|A_1)=0.45,\quad P(B_2|A_1)=0.48,\quad P(C_2|A_1)=0.07$$
$$P(A_2|B_1)=0.05,\quad P(B_2|B_1)=0.70,\quad P(C_2|B_1)=0.25$$
$$P(A_2|C_1)=0.01,\quad P(B_2|C_1)=0.50,\quad P(C_2|C_1)=0.49$$

이다.

(1) 전확률 공식을 이용하면 $P(C_2)$는 다음과 같이 구해진다.

$$P(C_2)=P(A_1)P(C_2|A_1)+P(B_1)P(C_2|B_1)+P(C_1)P(C_2|C_1)$$
$$=0.1\times0.07+0.4\times0.25+0.5\times0.49=0.352$$

(2) 베이즈 정리에 의하면 $P(C_1|B_2)$는 다음과 같이 구해진다.

$$P(C_1|B_2)=\frac{P(C_1)P(B_2|C_1)}{P(A_1)P(B_2|A_1)+P(B_1)P(B_2|B_1)+P(C_1)P(B_2|C_1))}$$
$$=\frac{0.5\times0.5}{(0.1\times0.48+0.4\times0.7+0.5\times0.5}=0.433$$

(3) $P(A_1\cap A_2)=P(A_1)P(A_2|A_1)=0.1\times0.45=0.045$

(4) 자녀의 직업이 A_2일 확률은

$$P(A_2)=P(A_1\cap A_2)+P(B_1\cap A_2)+P(C_1\cap A_2)$$
$$=P(A_1)P(A_2|A_1)+P(B_1)P(A_2|B_1)+P(C_1)P(A_2|C_1)$$
$$=0.1\times0.45+0.4\times0.0+0.5\times0.01=0.07<0.1$$

이므로 부모의 직업이 A_1일 확률보다 작다.

참고: 이 문제에서 주어진 표의 단위가 비율(%)이기 때문에

$$P(\mathrm{A}_2)=\frac{45+5+1}{300}=\frac{51}{300}$$

과 같이 구하면 안 된다. 이와 같은 방식으로 확률을 구하려면 각 셀의 실제 크기를 구해야 한다. 예컨대, 부모의 직업이 A, B, C인 세대 수를 각각 100, 400, 500이라 하고 주어진 표를 실제 크기를 나타내는 표로 재구성하면

부모의 직업	자녀의 직업		
	A	B	C
A (100)	45 (45%)	48 (48%)	7 (7%)
B (400)	20 (5%)	280 (70%)	100 (25%)
C (500)	5 (1%)	250 (50%)	245 (49%)
1,000	70	578	352

이 된다. 이 표를 이용하면

$$P(C_2)=\frac{352}{1000}=0.352,\quad P(C_1|B_2)=\frac{250}{578}=0.433,$$

$$P(A_1\cap A_2)=\frac{45}{1000}=0.045,\quad P(A_2)=\frac{70}{1000}=0.07$$

인데, 전확률 공식 및 베이즈 정리에 의하여 구한 값과 정확히 일치한다. ♣

된장찌개로 아침식사를 하는 것과 독감에 걸린 것이 서로 연관되었다고 할 수는 없을 것이다. 이처럼 두 사건에서 어느 한 사건의 발생 여부가 다른 사건의 발생 여부와 무관하다면 두 사건은 서로 독립이라고 한다. 일반적으로 두 사건 E와 F에서 사건 F의 발생 여부가 사건 E의 발생 가능성에 영향을 미칠 수 있으므로 $P(E|F)$는 $P(E)$와 같지 않다. 그러나 사건 F의 발생 여부가 사건 E의 발생 여부와 무관하여 $P(E|F)$와 $P(E)$가 같을 수 있다. 이러한 맥락에서

$$P(E|F)=P(E)$$

일 때 사건 E는 사건 F와 서로 독립이라고 한다. $P(F)=0$인 경우에도 두 사건의 독립성을 정의할 수 있도록 일반적으로

$$P(E\cap F)=P(E)P(F)$$

일 때 사건 E와 F는 **서로 독립**(mutually independent)이라 한다.

예제 7.1.11

흰 색과 빨간 색인 두 주사위를 던지는 실험에서 흰 색 주사위의 눈이 홀수일 사건을 E, 빨간 색 주사위의 눈이 짝수일 사건을 F, 두 주사위의 눈의 합이 홀수일 사건을 G라 할 때, E와 F, F와 G, G와 E는 각각 서로 독립임을 보여라.

(풀이)

직관적으로 E와 F는 서로 독립임을 알 수 있다. 그러나 F와 G, G와 E의 관계는 분명하지 않다. 이 실험의 표본공간 Ω는

$$\Omega=\{(i,j)\,|\,i,j=1,2,\cdots,6\}$$

이고, 그 크기는 $|\Omega|=36$이다. 그리고 E와 F의 경우의 수는 $3\times 6=18$로 같고, G의 경우의 수는 $3\times 3\times 2=18$이므로

$$P(E)=P(F)=P(G)=\frac{18}{36}=\frac{1}{2}$$

이다. 한편, $E\cap F$, $F\cap G$, $G\cap E$에 대한 각각의 경우의 수는 $3\times 3=9$로 같으므로

$$P(E\cap F)=P(F\cap G)=P(G\cap E)=\frac{9}{36}=\frac{1}{4}$$

이다. 따라서

$$P(E\cap F)=P(E)P(F),\ P(F\cap G)=P(F)P(G),\ P(G\cap E)=P(G)P(E)$$

이므로 E와 F, F와 G, G와 E는 각각 서로 독립이다. ♣

두 사건의 독립에 대한 개념을 셋 이상의 사건이 독립인 경우로 일반화하여 보자. 예제 7.1.11에서 다음과 같은 조건

$$P(E\cap F)=P(E)P(F),\quad P(F\cap G)=P(F)P(G),\quad P(G\cap E)=P(G)P(E)$$

는 사건 E, F, G 중에서 임의의 두 사건이 서로 독립임을 의미하므로 사건 E, F, G는 **쌍으로 독립**(pairwise independent)이라고 한다. 그런데

$$(E\cap F)\subset G\ \Rightarrow\ (E\cap F\cap G)=(E\cap F)$$

이므로

$$P(G|E\cap F)=\frac{P(E\cap F\cap G)}{P(E\cap F)}=\frac{P(E\cap F)}{P(E\cap F)}=1\neq\frac{1}{2}=P(G)$$

이 된다. 즉, 사건 E와 F는 각각 사건 G와 독립이지만 공통사건 $E\cap F$는 사건 G에 영향을 주고 있으므로 이러한 경우의 사건 E, F, G는 진정한 의미에서 "서로 독립"이라고 말할 수 없다. 따라서 이러한 경우를 배제하기 위해서 쌍으로 독립인 세 사건 E, F, G에 대하여

$$P(E\cap F\cap G)=P(E)P(F)P(G)$$

를 만족할 때 세 사건 E, F, G는 서로 독립이라고 정의한다. 예제 7.1.19에서

$$P(E\cap F\cap G)=P(E\cap F)=\frac{1}{4}\neq P(E)P(F)P(G)=\frac{1}{8}$$

이므로 세 사건 E, F, G는 쌍으로 독립이지만 서로 독립은 아니다.

세 사건 E, F, G가 서로 독립이면 쌍으로 독립이고

$$P(\{E\cap F\}\cap G)=P(E\cap F\cap G)=P(E)P(F)P(G)=P(E\cap F)P(G)$$

이므로 $E\cap F$와 G는 서로 독립이다.

일반적으로 세 사건 E, F, G가 서로 독립이면 다음이 성립한다.

1. E^c, F^c, G^c는 서로 독립이다.
2. $E \cup F$와 G는 서로 독립이다.
3. E와 $F \cap G$는 서로 독립이다.

위의 세 성질은 세 사건이 독립일 때 임의의 두 사건으로 표현되는 사건은 다른 한 사건과 서로 독립임을 의미한다. 이상에서 논의한 내용은 n개의 사건 $E_1, E_2, \cdots, E_n$의 독립에 대한 성질로 확장할 수 있다.

예제 7.1.12

한 동전을 4번 던질 때 i번째가 앞면이 나오는 사건을 E_i, $i=1,2,3,4$라 하면 E_i들은 서로 독립임을 쉽게 보일 수 있다. 여기서 처음 두 번째까지 앞면이 한 번 나오는 사건을 G_1, 3번째와 4번째에 모두 앞면이 나오는 사건을 G_2라 하면

$$G_1 = (E_1 \cap E_2^c) \cup (E_1^c \cap E_2), \quad G_2 = E_3 \cap E_4$$

이므로 독립성의 성질에 의하여 G_1과 G_2는 서로 독립이다. 실제로 확률을 구해 보면

$$P(G_1 \cap G_2) = \frac{1}{8}, \quad P(G_1) = \frac{1}{2}, \quad P(G_2) = \frac{1}{4}$$

이므로 $P(G_1 \cap G_2) = P(G_1)P(G_2)$가 성립한다. ♣

연습문제 7.1

01. 8개의 붉은 구슬과 2개의 푸른 구슬일 들어 있는 주머니가 있다. 10명이 차례로 주머니에서 구슬을 하나씩 꺼낼 때, 2번째 사람이 푸른 구슬을 꺼낼 될 확률은?

가. 0.25　　나. 0.2　　다. 0.4　　라. 0.6

02. 한국 남성의 10%는 폐암에 걸린다고 한다. 그런데, 폐암에 걸린 남성의 80%가 흡연자이고, 폐암에 걸리지 않은 남성의 40%가 흡연자라 한다. A라는 어떤 흡연남성이 폐암에 걸릴 확률은 대략 얼마일까?

가. 약 15%　　나. 약 18%　　다. 약 21%　　라. 약 25%

03. 전체 인구의 2%가 어느 질병을 앓고 있다고 한다. 이 질병을 검진하기 위해 사용되고 있는 어느 진단 시약은 질병에 걸린 사람 중 80%, 질병에 걸리지 않은 사람 중 10%에 대해 양성반응을 보인다. 어떤 사람의 진단 테스트 결과가 양성반응일 때, 이 사람이 질병에 걸렸을 확률은?

가. $\frac{7}{57}$　　나. $\frac{8}{57}$　　다. $\frac{10}{57}$　　라. $\frac{11}{57}$

04. $P(A)=0.4$, $P(B)=0.2$, $P(B|A)=0.4$일 때 $P(A|B)$는?

가. 0.4　　나. 0.5　　다. 0.6　　라. 0.8

05. 어떤 비행기가 추락된 지역은 3개의 가능지역이 있다. 추락한 비행기가 실제로 i지역이 있을 때 i지역에서 발견될 확률은 $1-\alpha_i$, $i=1,2,3$이다, 지역 1에서 찾지 못했다는 조건에서 추락한 비행기가 지역 1에 있었을 확률은?

가. $\frac{1}{\alpha_1+2}$　　나. $\frac{\alpha_1}{\alpha_1+2}$　　다. $\frac{2}{\alpha_1+2}$　　라. $\frac{1}{6}$

06. 사건 A와 B는 서로 배반사건이다. $P(A)>0$, $P(B)>0$일 때 A와 B에 대한 설명 중 맞는 것은?

가. A와 B는 독립이다.　　나. A와 B는 종속이다.

다. A와 B는 독립일 수도 종속일 수도 있다.　　라. A와 B는 독립도 종속도 아니다.

07. 어떤 상품에 대한 시장조사 결과 다음 자료를 얻었다. 한 사람을 임의로 선택했을 때 그 사람이 S(TV광고를 시청했음)에 속했다면 P(상품을 구입)의 조건부 확률은 얼마인가?

	TV광고 시청했음(S)	TV광고 시청 못했음(T)
상품 구입함(P)	40	60
상품 구입하지 않음(Q)	60	40

가. 0.4　　나. 0.5　　다. 0.6　　라. 0.7

08. 다음 [표]은 A도시의 전체 노동가능 인구 중 남성과 여성의 실업에 관한 것이다. A도시의 전체 노동가능인구 중 남성이 58%를 차지한다고 한다. 물음에 답하여라.

[표] A도시의 남녀별 실업률(단위 : %)

	노동가능인구	
	남	여
실업률	6.2	4.3

(1) 고용상태에 있는 한 명을 임의로 뽑았을 때 그 사람이 남자일 확률과 여자일 확률을 각각 구하여라.

(2) A 도시의 전체 실업률을 구하여라.

(3) 노동가능 인구 중에서 임의로 뽑은 한 명이 실업자라고 한다. 그 사람이 남자일 확률과 여자일 확률을 각각 구하여라.

09. 다음[표]는 이동통신 사용자의 향후 회사 이동성향(단위: %)을 나타낸 자료이다. 현재 사용자의 회사별 구성비 A : 40%, B : 30%, C : 30%이라고 한다. 물음에 답하여라.

[표] 사용자의 향후 회사 이동성향 (단위 : %)

현재	일년 뒤			합계
	A	B	C	
A	80	10	10	100
B	10	70	20	100
C	40	10	50	100

(1) 1년 뒤 A, B, C사 사용자 구성비를 구하여라.

(2) 1년 뒤에 A, B사에서 C사로 이동할 확률을 구하여라.

(3) 1년 뒤에 타 회사로 이동할 확률을 구하여라.

7.2 확률변수와 확률분포

모집단을 구성하는 기본단위에서 측정되는 특성(변수)의 값은 개별 단위마다 변하지만 어떤 규칙에 따라 변할 것이라고 생각된다. 통계학에서는 변수가 변하는 규칙을 변수의 관찰 가능한 값이 얼마나 자주 관찰될 수 있는가의 정도로 나타내고 이를 변수의 **확률분포** 또는 간단히 분포라 한다. 이 절에서는 확률변수와 확률분포를 이용하여 모집단을 규정하고 추론의 대상을 명확히 하는 방법에 대하여 논의한다.

우연실험에서 표본공간에 속하는 개별 원소들은 원소가 지닌 특성을 측정한 수치로 나타낼 수 있다. 사실, 실험의 주된 관심사는 원소 그 자체보다 수치로 측정되는 특성값이다. 예컨대, 어느 고등학교 3학년 학생(Ω) 중에서 랜덤하게 한 명을 뽑는 실험에서 우리는 뽑힌 아무개(ω)가 누구인가 보다는 아무개의 성적(X)에 관심이 있다고 하자. 즉, 성적을 측정하여 아무개가 취득한 점수(x)에 관심이 있다면 이 대응관계는

$\omega(\in\Omega)$		X		x
아무개	$\longrightarrow$	대응방법 또는 규칙	$\longrightarrow$	점수

와 같은 그림으로 나타낼 수 있다. 여기서 X는 Ω를 정의역, 실수직선 $\mathbb{R}$을 공변역으로 하는 실수값 함수 $X:\Omega\rightarrow\mathbb{R}$인데, 이 X를 **확률변수**(random variable)라 한다. 즉, 확률변수 X는 Ω에 속하는 한 원소에 단 하나의 실수를 대응시키는 규칙으로, Ω에 속하는 ω에 대하여 $X(\omega)=x$, $\omega\in\Omega$임을 의미한다. 예컨대, 동전을 한 번 던지는 실험에서 나타나는 앞면을 H, 뒷면을 T라 하면 이 실험의 표본공간은 $\Omega=\{\mathrm{H},\mathrm{T}\}$이다. 여기서 하나의 함수를 $X(\mathrm{H})=1$, $X(\mathrm{T})=0$으로 정의하면 X는 확률변수가 된다.

확률변수는 표본공간을 실수직선의 부분집합으로 변환하는 실수값 함수인데, 함수의 가능한 값은 실험의 결과에 따라 랜덤하게 나타나므로 함수를 확률변수라 부른다. 확률변수 X의 모든 가능한 값들의 집합을 X의 영역(range)이라 하는데 여기서는 R_X로 표기한다. 확률변수를 이용하면 우연실험에서의 사건을 간단히 표기할 수 있다. 예컨대, 동전을 한 번 던지는 실험에서 앞면이 나타나는 사건 $\{\mathrm{H}\}$는 $\{X=1\}$로, 뒷면이 나올 사건 $\{\mathrm{T}\}$는 $\{X=0\}$으로 간단히 표현된다. 즉, 표본공간 Ω의 부분집합으로 정의되는 사건 E는 $X(E)=A$인 R_X의 부분집합 A로 표현된다. 따라서 X의 영역 R_X의 임의의 부분집합으로 표현되는 사건 A의 확률 $P_X(A)$를 구할 수 있다면 표본공간은 더 이상 고려의 대상이 되지 않는다.

이상으로부터 표본공간에서 정의되는 확률변수란 우리의 관심사인 사건을 효과적으로 정의하기 위한 것으로 값이 랜덤하게(랜덤실험을 통해) 정해지는 변수이며 모집단을 실수직선 상의 집합으로 기술하기 위한 수단임을 알 수 있다.

예제 7.2.1

균일한 동전을 3번 던지는 실험에서 동전의 앞면을 H, 뒷면을 T라 하면 가능한 출현결과는

$$\omega_1=(\mathrm{HHH}),\ \omega_2=(\mathrm{HHT}),\ \omega_3=(\mathrm{HTH}),\ \omega_4=(\mathrm{HTT}),$$
$$\omega_5=(\mathrm{THH}),\ \omega_6=(\mathrm{THT}),\ \omega_7=(\mathrm{TTH}),\ \omega_8=(\mathrm{TTT})$$

과 같은 8가지이므로 표본공간은

$$\Omega=\{\omega_1, \omega_2, \omega_3, \omega_4, \omega_5, \omega_6, \omega_7, \omega_8\}$$

이고, X_i, $i=1,2,3$를 i번째 던진 동전의 면이 H이면 1, T이면 0이라 정의하면

$$X_1(\omega_1)=X_1(\omega_2)=X_1(\omega_3)=X_1(\omega_4)=1,\quad X_1(\omega_5)=X_1(\omega_6)=X_1(\omega_7)=X_1(\omega_8)=0$$

이므로 X_1은 표본공간의 각 원소에 단 하나의 실수 0 또는 1을 대응시키는 확률변수이다. 마찬가지로 X_2와 X_3도 확률변수들이다. 그리고 각 X_i의 영역은

$$R_{X_i}=\{0,1\},\ i=1,2,3$$

으로 동일하다. 한편, 3번 중에서 앞면이 나온 횟수를 Y라 하면

$$Y(\omega_1)=3,\ Y(\omega_2)=Y(\omega_3)=Y(\omega_5)=2,\ Y(\omega_4)=Y(\omega_6)=Y(\omega_7)=1,\ Y(\omega_8)=0$$

이므로 Y도 확률변수이고, 그 영역은 $R_Y=\{0,1,2,3\}$이 된다.

이상으로부터 하나의 표본공간에서 관심사에 따라 여러 확률변수들을 정의할 수 있으며

$$Y=X_1+X_2+X_3$$

이므로 확률변수의 함수도 확률변수임을 알 수 있다. ♣

예제 7.2.1에서 $Y=2$일 사건은 사건 $E_2=\{\omega_2, \omega_3, \omega_5\}$와 동일하므로

$$P_Y(Y=2)=P(E)=\frac{|E_2|}{|\Omega|}=\frac{3}{8}$$

이 된다. 같은 방법에 의하면

$$P_Y(Y=0)=\frac{1}{8},\quad P_Y(Y=1)=\frac{3}{8},\quad P_Y(Y=3)=\frac{1}{8}$$

인데, 이를 표로 정리하면

$Y=y$	0	1	2	3
$P_Y(Y=y)$	$\frac{1}{8}$	$\frac{3}{8}$	$\frac{3}{8}$	$\frac{1}{8}$

이 된다. 이와 같이 확률변수 Y의 가능한 각 값 $Y=y$에 대한 확률을 구하여 정리한 표를 확률변수 Y의 확률분포(표) 또는 간단히 분포라 한다. 이 표를 이용하면

$$P_Y(Y=0,1)=P_Y(Y=0)+P_Y(Y=1)=\frac{4}{8}$$

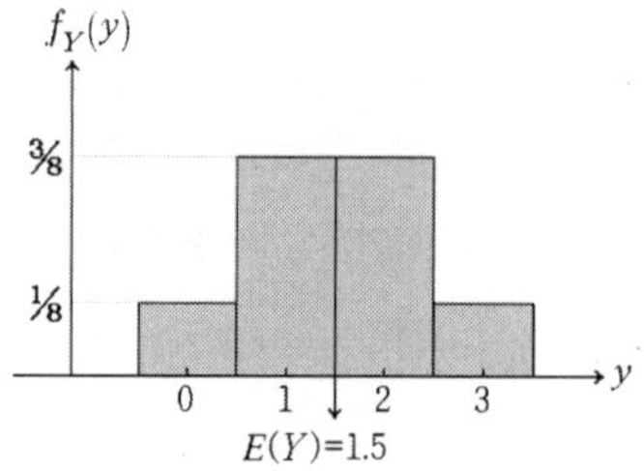

그림 7.2.1 확률변수 Y의 확률기둥그래프

와 같이 Y로 표현되는 모든 사건들에 대한 확률을 구할 수 있다. 표로 정리된 Y의 확률분포는 그림 7.2.1과 같은 확률기둥그래프로 나타낼 수 있으며

$$f_Y(y) = \frac{1}{8}\,{}_3C_y, \quad y = 0, 1, 2, 3$$

과 같은 수식으로 표현할 수 있다. 이상으로부터 확률분포는 확률변수의 영역 위에서 확률변수가 취할 수 있는 값들에 대한 확률이 어떻게 분포되어 있는가를 나타내는 것으로 확률변수가 정의되면 그 확률분포는 분포함수식, 그래프, 확률분포표 등으로 나타낼 수 있음을 알 수 있다.

예제 7.2.2

진주시에서 500가구를 랜덤하게 추출하여 가구당 자동차 보유 대수(X)를 조사하여 다음과 같은 도수분포표

자동차 보유 대수(X)	0	1	2	3	4	계
도수	69	173	156	67	35	500
상대도수	0.138	0.346	0.312	0.134	0.07	1.000

를 얻었다면 이 표의 세 번째 행은 X의 확률분포에 대한 하나의 근사치를 제공하고 있으므로 $P_X(X=x)$에 대한 근삿값을 구할 수 있다. 한편, 표본의 수가 커질수록 이 상대도수는 X의 확률분포(모집단)에 근접해 갈 것이다. ♣

예제 7.2.3

다음 쪽의 그림 7.2.2는 2,000명의 헝가리인 남자들에 대한 이마의 최대 폭을 측정하여 얻은 자료로 작성한 히스토그램과 도수다각선을 그린 것이다. 만약 조사 당시의 헝가리인 남자 전체에 대한 자료로 도수다각선을 그린다면 그 다각선은 거의 흑색으로 그려진 부드러운 곡선에 접근할 것으로 예상할 수 있을 것이다. 그렇다면 흑색 곡선을 헝가리인 남자 전체의 이마의 최대 폭에 대한 이론적인 분포로 가정할 수 있겠다.

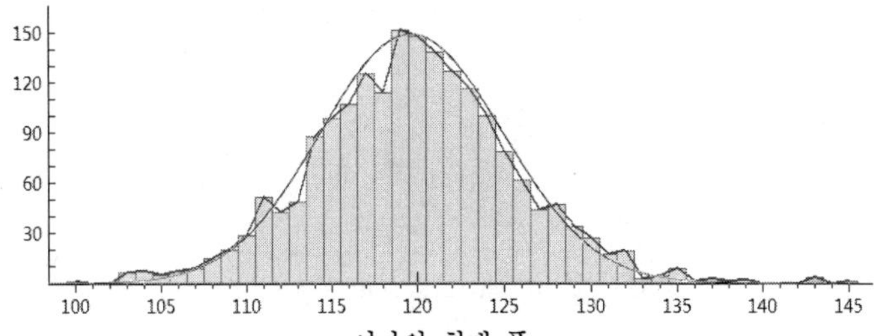

그림 7.2.2 헝가리인 남자 2000명에 대한 이마의 최대 폭의 분포

[출처 : 1903년 Biometrika에 실린 K. Pearson의 논문 “두개골에 관한 소고”]

일반적으로 확률변수 X의 확률분포는 확률분포의 평균, 분산 등과 같이 분포의 특성을 나타내는 미지모수들이 포함된 적절한 함수식 f_X를 이용하여 표현할 수 있다. 예제 7.2.2와 7.2.3을 보면 확률변수 X는 X의 영역 R_X의 성질에 따라 **이산확률변수**(discrete random variable)와 **연속확률변수**(continuous random variable)로 구분할 수 있다.

고속도로에서 하루에 발생하는 사고 건수, 특정한 질병이 발견할 때까지 검사한 사람의 수 등과 같이 취할 수 있는 가능한 값이 유한개인 확률변수나 무한히 커질 수는 있지만 셀 수 있는 값을 갖는 확률변수를 이산확률변수라 한다.

이산확률변수 X의 확률분포는 X의 가능한 값 x_i에 대응하는 확률 $p_i=P(X=x_i)$를 나열한 다음과 같은 확률분포표

$X=x$	x_1	x_2	$\cdots$	x_i	$\cdots$	합계
$P(X=x)$	p_1	p_2	$\cdots$	p_i	$\cdots$	1.00

나 x와 $P(X=x)$의 대응관계를 수식으로 나타낸 함수

$$f_X(x)=P(X=x),\ x=x_1, x_2, \cdots$$

가 된다. 일반적으로 확률변수 X의 영역을 R_X라 할 때, 사건 $A(\subset R_X)$에 대한 확률 $P_X(A)$가

$$P_X(A)=\sum_{x\in A} f_X(x)$$

로 구해지면 f_X를 이산확률변수 X의 **확률질량함수**(probability mass function, p.m.f)라 한다. 영역이 R_X인 이산확률변수 X의 확률질량함수 f_X는

(i) $f_X(x)=P_X(X=x)\geq 0$

(ii) $\sum_{x\in R_X} f_X(x)=\sum_{x\in R_X} P_X(X=x)=1$

을 만족하여야 한다. 이 성질들을 만족하는 함수는 어떤 이산확률변수의 p.m.f가 될 수 있다.

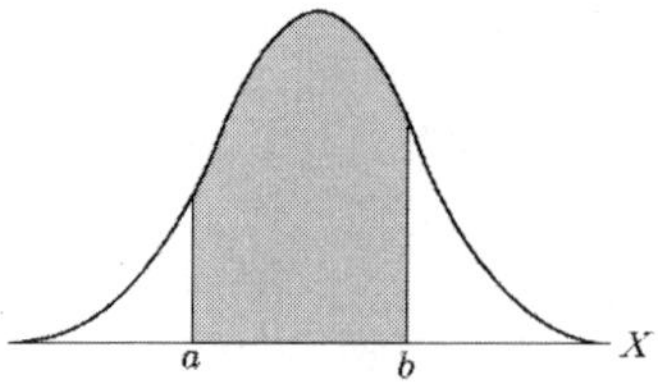

그림 7.2.3 $P(a \le X \le b) = \int_a^b f_X(x)dx$

연속확률변수는 사람의 키나 몸무게, 종합물가지수, 백열전구의 수명시간 등과 같이 확률변수의 가능한 값이 실수 구간에 속하는 확률변수이다. 따라서 연속확률변수의 확률분포는 X의 가능한 하나의 값 x에 확률을 대응시킬 수 없으므로 x가 어떤 구간에 속할 때 확률이 더 크고 어떤 구간에 속할 때는 확률이 작은가를 나타내 주는 함수를 이용하여 표현한다.

확률변수 X가 구간 $[a, b]$에 속할 확률 $P(a \le X \le b)$가 그림 7.2.3과 같이

$$P(a \le X \le b) = \int_a^b f_X(x)dx$$

로 구해지면 f_X를 연속확률변수 X의 **확률밀도함수**(probability density function, p.d.f)라 한다. 영역이 R_X인 연속확률변수 X의 확률밀도함수 f_X는

(i) $f_X(x) \ge 0$

(ii) $\int_{-\infty}^{\infty} f_X(x)dx = 1$

을 만족하는 함수이고, 이 성질을 만족하는 함수는 연속확률변수의 p.d.f가 될 수 있다.

(1) 기댓값

확률변수가 취하는 값의 변화에 따른 확률들이 퍼져있는 모습을 나타내는 확률분포는 확률질량함수나 확률밀도함수의 그래프를 보면 그 모습을 개략적으로 파악할 수 있지만 적절한 수치에 의하여 그 모습을 기술할 수 있어야 한다. 통상적으로 확률분포의 특징적인 모습은 확률분포의 중심위치와 확률변수가 취하는 값들이 중심위치 주변에 퍼져 있는 정도를 나타내는 특성값을 이용하여 기술하고 있다. 그러한 특성값은 확률변수의 기댓값을 이용하여 구할 수 있다.

1,000원을 주고 복권을 구입하고 선택한 두 자리 수가 00에서 99까지의 100개 중에서 임의로 추출한 숫자와 일치하면 100,000원을 받는다고 할 때 이 복권의 기대금액은 얼마일까? 이 우연실험의 표본공간은 Ω={당첨, 꽝}이고 각 경우에 받는 금액은 100,000원과 0원이므로 두 가능한 결과들에 대한 산술평균을 생각하면 기대금액이 50,000원이 된다. 그러나 이것은 100,000원을 받을 가능성이 0원을 받을 가능성보다 훨씬 적음을 고려하고 있지 않기 때문에 타당하지 않다.

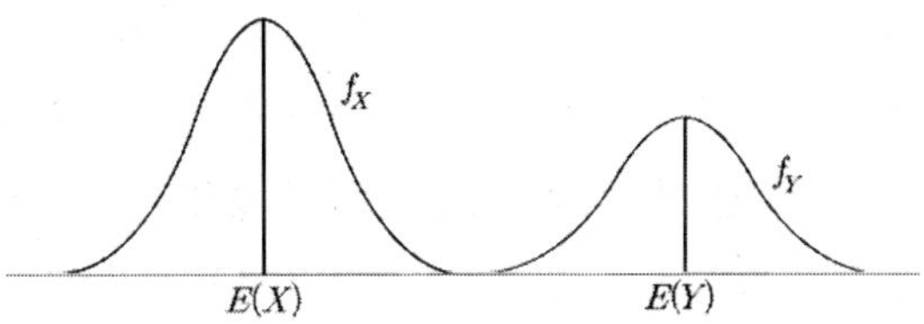

그림 7.2.4 두 확률분포의 중심위치

당첨확률이 0.01이므로 100번의 복권 구입에서 한 번 정도 십만 원을 받을 수 있고 나머지 99번은 0원을 받을 것이므로 장기적인 안목에서 기대되는 금액은 당첨확률을 가중치로 준 가중평균

$$(100{,}000)\times(0.01)+(0)\times(0.99)=1{,}000(\text{원})$$

이 타당하다. 즉, 이런 복권 판매를 장기적으로 계속한다면 복권을 사는 쪽이나 파는 쪽 모두 남는 게 없다. 당연히 복권을 파는 쪽에서는 당첨확률을 낮추려 할 것이다. 여기서 표본공간의 각 경우에 받을 수 있는 금액을 확률변수 X라 하면 X의 확률분포는

X	0	100,000
확률	0.99	0.01

이다. 이와 같은 특정 확률분포 하에서 복권을 장기적으로 계속 구매할 때 기대되는 금액 1,000원을 확률변수 X의 **기댓값**(expected value)이라 하고 기호 $E(X)$로 나타낸다.

확률변수 X의 기댓값 $E(X)$는 확률분포의 중심위치를 나타내는 분포의 한 특성값이다. 그림 7.2.4는 확률분포함수가 f_X와 f_Y인 두 분포에서 기댓값이 각 분포의 중심위치를 나타내고 있음을 보이고 있다. 확률변수 X의 확률분포가 통계조사 대상인 모집단의 분포에 대한 이론적인 모형으로 사용되면 X의 기댓값 $E(X)$를 **모평균**(population mean)이라 하며 기호 μ 또는 μ_X로 나타낸다.

확률분포함수가 f_X인 확률변수 X의 영역을 R_X라 할 때, X의 기댓값 $E(X)$는

$$E(X)=\begin{cases}\displaystyle\sum_{x\in R_X} xf_X(x) & , X\text{는 이산확률변수}\\ \displaystyle\int_{R_X} xf_X(x)dx, & X\text{는 연속확률변수}\end{cases}$$

와 같은 식으로 구한다.

이산확률변수 X의 확률분포가

X	x_1	x_2	$\cdots$	x_i	$\cdots$	x_n
확률	p_1	p_2	$\cdots$	p_i	$\cdots$	p_n

일 때, X의 기댓값 $E(X)$는

$$E(X)=\sum(\text{확률변수의 출현 가능한 값})\times(\text{출현 확률})=\sum_{i=1}^{n}x_ip_i$$

와 같은 식으로 계산된다. 따라서 기댓값은 출현 가능한 결과들에 대하여 출현 가능성(확률)이 높은 결과를 더 배려한 평균이라 할 수 있다. 기댓값을 평균이라 할 때의 평균은 우연실험을 많이 시행할 때 실제로 볼 수 있는 "**긴 안목(long-run)에서의 평균**"을 의미한다. 예컨대, 어느 야구 선구의 평균 타율이 2할 5푼이라고 하는 것은 이 선수가 3번의 타석에서 안타를 치지 못했을 때 4번째 타석에서는 반드시 안타를 칠 것이라는 의미가 아니고 이 선수가 오랫동안 많은 횟수의 타석에서 안타를 쳐낸 결과를 보면 25%정도 안타를 때려낼 수 있다는 것을 의미한다.

예제 7.2.1에서 확률변수 Y의 확률분포표를 이용하여 Y의 기댓값을 구하면

$$E(Y)=0\times\frac{1}{8}+1\times\frac{3}{8}+2\times\frac{3}{8}+3\times\frac{3}{8}=\frac{3}{2}$$

인데, 이 기댓값 1.5는 확률변수 Y의 관찰 가능한 값은 아니다. 일반적으로 확률변수 Y의 기댓값 $E(Y)$는 Y의 관찰 가능한 값과 일치하지 않을 수 있다. 기댓값 1.5의 의미는 동일한 조건 하에서 동전을 3번 던지는 실험을 반복하였을 때 관찰되는 Y값들의 산술평균이 1.5에 한없이 접근해 갈 것이라고 기대된다는 것으로 Y의 확률분포의 중심위치를 나타내는 값이 1.5라는 것이다. 확률변수 Y의 확률기둥그래프를 그린 그림 7.2.1에서 금속판을 이 확률기둥그래프의 모양대로 오려내면 $E(Y)=1.5$의 위치는 금속판의 밑변에서 좌우 평형을 이루는 점으로 금속판 질량분포의 중심(重心)이 된다. 이런 의미에서 평균을 **일차원점적률**(moment)이라 한다.

X가 Ω에서 정의된 확률변수일 때 X의 함수 $g(X)$도 확률변수이다. 따라서 $g(X)$의 확률분포가 존재하고 그 확률분포는 X의 확률분포로부터 유도할 수 있다. $g(X)$의 기댓값 $E[g(X)]$는

$$E[g(X)]=\begin{cases}\sum_{x\in R_X} g(x)f_X(x) & ,\ X\text{는 이산확률변수}\\ \int_{R_X} g(x)f_X(x)dx, & X\text{는 연속확률변수}\end{cases}$$

와 같은 식으로 구한다. 여기서 R_X는 X의 영역이다. 이 식을 이용하여 예제 7.2.1의 $g(Y)=Y^2$에 대한 기댓값을 구하면

$$E(Y^2)=0^2\times\frac{1}{8}+1^2\times\frac{3}{8}+2^2\times\frac{3}{8}+3^2\times\frac{1}{8}=3$$

으로 구해진다.

다음은 기댓값에 관한 몇 가지 성질들이다.

(i) $E(c)=c$

(ii) $g(X)\geq 0 \Rightarrow E[g(X)]\geq 0$

(iii) $^\forall x,\ g_1(x)\leq g_2(x) \Rightarrow E[g_1(X)]\leq E[g_2(X)]$

(iv) $E\left[\sum_i c_i g_i(X)\right]=\sum_i c_i E\left[g_i(X)\right]$

예제 7.2.4

확률변수 X의 확률밀도함수 f_X가

$$f_X(x)=2(1-x), \quad 0<x<1$$

일 때 $E(6X+3X^2)$을 구하여라.

(풀이)

$$E(X)=\int_{-\infty}^{\infty} xf_X(x)dx=\int_0^1 x[2(1-x)]dx=\frac{1}{3},$$

$$E(X^2)=\int_0^1 x^2[2(1-x)]dx=\frac{1}{6}$$

이므로 기댓값의 성질 (iv)를 이용하면 구하는 기댓값은 다음과 같다.

$$E(6X+3X^2)=6E(X)+3E(X^2)=6\times\frac{1}{3}+3\times\frac{1}{6}=\frac{5}{2}.$$ ♣

(2) 분산

확률변수 X의 기댓값 $E(X)$로는 단지 확률분포의 중심위치에 대한 정보만을 얻을 수 있을 뿐이고 X의 가능한 값들이 $E(X)$의 주변에 어떤 모습으로 흩어져 있는지에 대해서는 알 수 없다. 실제로 분포의 중심위치는 같으면서 분포의 모습이 서로 다를 수 있기 때문에 확률분포가 분포의 중심위치 주변에 어느 정도로 밀집되어 있는가를 파악할 수 있는 적절한 측도가 필요하다.

확률분포의 산포(散布)에 대한 측도로 X에서 분포의 중심위치 $E(X)$까지의 거리를 나타내는 편차 $X-E(X)$에 대한 평균 $E[X-E(X)]$을 생각할 수 있지만 $X-E(X)$가 떨어져 있는 크기와 방향을 함께 나타내고 있기 때문에 $E[X-E(X)]$는 언제나 0이 되어 산포의 측도로 사용할 수 없다. 그런데 산포에서 방향은 문제가 되지 않으므로 방향을 제거한 $|X-E(X)|$의 기댓값을 산포의 측도로 사용할 수 있다. 이러한 측도를 **평균편차**라 하는데 평균편차는 일차원 공간상의 거리일 뿐이다. 따라서 방향을 제거하는 다른 방법으로 편차의 제곱을 생각한다. 일반적으로 편차의 제곱에 대한 평균, 즉,

$$Var(X)=E\left[\left(X-E(X)\right)^2\right]$$

을 확률분포의 산포에 대한 측도로 이용하며 이를 확률변수 X의 **분산**(分散, variance)이라 하고 기호 $Var(X)$ 또는 $V(X)$로 표기한다. 확률변수 X의 확률분포가 모집단의 분포에 대한 이론적 모형으로 사용될 때는 X의 분산 $Var(X)$를 **모분산**(母分散 population variance)이라 하며 σ^2, σ_X^2 등의 기호로 나타낸다.

확률변수 X의 영역을 R_X라 할 때 $\mu_X=E(X)$라 하면 X의 분산 $Var(X)$는

$$Var(X)=\begin{cases}\sum_{x\in R_X}(x-\mu_X)^2 f_X(x), & X\text{는 이산확률변수}\\ \int_{R_X}(x-\mu_X)^2 f_X(x), & X\text{는 연속확률변수}\end{cases}$$

와 같은 식으로 구한다. 확률변수 X의 분산은 편차의 제곱에 대한 기댓값이므로 X와 분산의 단위가 다른데, 같은 단위에서의 산포에 대한 측도가 자주 요구되므로 분산에 대한 양의 제곱근을 산포의 측도로 사용하면서 이를 **표준편차**(標準偏差, standard deviation)라 부른다. 표준편차에 대한 기호로는 $sd(X)$, σ_X 등이 사용된다.

분산은 다음과 같은 관계식

$$Var(X)=E\left[\left(X-E(X)\right)^2\right]=E\left(X^2\right)-\left[E(X)\right]^2$$

을 이용하여 계산하는 것이 편리하다. 그리고 a, b가 상수일 때

$$Var(aX+b)=a^2\,Var(X)$$

가 성립한다.

예제 7.2.5

두 주사위를 던지는 실험에서 두 주사위의 눈의 합을 X라 할 때, X의 분산을 구하여라.

(풀이)

확률변수 X의 확률분포는

$X=x$	2	3	4	5	6	7	8	9	10	11	12
$f_X(x)$	$\frac{1}{36}$	$\frac{2}{36}$	$\frac{3}{36}$	$\frac{4}{36}$	$\frac{5}{36}$	$\frac{6}{36}$	$\frac{5}{36}$	$\frac{4}{36}$	$\frac{3}{36}$	$\frac{2}{36}$	$\frac{1}{36}$

이므로 X와 X^2의 기댓값을 구하면

$$\mu_X=E(X)=\sum_{x=2}^{12}xf_X(x)=7,\qquad E\left(X^2\right)=\sum_{x=2}^{12}x^2f_X(x)=\frac{329}{6}$$

이 된다. 따라서 X의 분산은 다음과 같이 구해진다.

$$Var(X)=E\left(X^2\right)-\mu_X^2=\frac{329}{6}-7^2=\frac{35}{6}.$$

♣

예제 7.2.6

확률변수 X와 Y의 확률밀도함수 f_X와 f_Y가

$$f_X(x)=\frac{1}{2}a,\ -a<x<a,\qquad f_Y(y)=\frac{1}{4}a,\ -2a<y<2a$$

일 때 X와 Y의 표준편차를 구하여 두 분포의 산포를 비교하여라.

(풀이)

확률변수 X와 Y의 평균은 0으로 동일하다. 따라서

$$Var(X)=E(X^2)=\int_{-a}^{a} x^2\left(\frac{1}{2a}\right)dx=\frac{1}{3}a^2,$$

$$Var(Y)=E(Y^2)=\int_{-2a}^{2a} y^2\left(\frac{1}{4a}\right)dy=\frac{4}{3}a^2$$

이므로 X와 Y의 표준편차는 각각

$$\sigma_X=\frac{1}{\sqrt{3}}a,\quad \sigma_Y=\frac{2}{\sqrt{3}}a$$

가 된다. 이것은 Y의 확률분포가 X의 확률분포에 비하여 평균 0을 중심으로 2배 더 넓은 구간에 분포되어 있음을 의미한다. ♣

확률변수 X의 평균과 분산이 μ_X와 σ_X^2일 때, $Y=aX+b$의 평균 μ_Y와 분산 σ_Y^2은

$$\mu_Y=E(Y)=a\mu_X+b,\quad \sigma_Y^2=Var(Y)=a^2\sigma_X^2$$

이 된다. 그리고

$$Z=\frac{X-\mu_X}{\sigma_X}$$

를 **표준화 확률변수**(標準化 確率變數, standardized random variable)라 하고

$$z=\frac{x-\mu_X}{\sigma_X}$$

를 $X=x$의 **표준점수**(standard score)라 한다. 표준화 확률변수의 평균과 분산은 항상 0과 1이므로 단위가 다른 확률변수들의 관측값에 대한 평균으로부터의 거리를 비교할 때는 표준점수를 이용하여야 한다.

임의의 확률분포에서 분포의 평균 μ_X와 표준편차 σ_X가 알려져 있을 때 다음과 같은 **체비쉐프 부등식**(Tchebysheff's inequality)

$$\forall k>0,\ P(|X-\mu_X|\geq k\sigma_X)\leq\frac{1}{k^2}\ \text{또는}\ P(|X-\mu_X|\leq k\sigma_X)\geq 1-\frac{1}{k^2}$$

을 이용하면 μ_X와 σ_X로 표현되는 사건에 대한 확률의 상한이나 하한을 구할 수 있다. 예컨대, 오랜 기간의 관측에 의하여 확률변수 X는 평균 20, 표준편차 2인 분포를 따르는 것으로 알려져 있다면 X의 분포를 모르더라도 체비쉐프 부등식에 의하면

$$P(16\leq X\leq 24)=P(|X-20|\leq 2\times 2)\geq 1-\frac{1}{2^2}=\frac{3}{4}$$

임을 알 수 있다.

연습문제 7.2

01. 확률변수 X의 확률분포가 다음과 같다. 평균과 분산으로 옳은 것은?

X	0	1	2	계
$P(X=x)$	0.2	0.6	0.2	1

가. 1.0, 0.4 나. 0.8, 0.4 다. 1.0, 0.2 라. 0.8, 0.2

02. 퀴즈 게임에서 우승한 당신은 주사위를 던져서 그 나온 숫자에 100,000원을 곱한 상금을 받게 되었다. 그런데 그 주사위에는 홀수가 없이 짝수만이 있다. 즉 2가 2면, 4가 2면, 6이 2면인 것이다. 당신이 그 주사위를 던졌을 때 받게 될 상금의 기댓값과 표준편차는 얼마인가?

가. 기댓값=350,000원, 표준편차=16,300원 나. 기댓값=350,000원, 표준편차=14,000원
다. 기댓값=400,000원, 표준편차=16,300원 라. 기댓값=400,000원, 표준편차=14,000원

03. 다음 중 연속확률변수가 아닌 것은?

가. 사람의 체중 나. 불량품의 개수 다. 전기 사용시간 라. 곡물의 무게

04. 다음은 확률변수 X에 대한 확률분포이다. $2X-5$의 분산은?

X	0	1	2	계
$P(X=x)$	0.2	0.6	0.2	1

가. 0.4 나. 0.6 다. 1.6 라. 2.4

05. 다음 [표]는 2006년도 경기전망을 나타낸 것이다. 경제성장률이 [표]에서 나타나는 경우보다 2%p씩 상승하는 경우 경제성장률의 기댓값과 분산을 구하여라.

[표] 2006년도 경기전망

경제성장률(확률변수)	5%	15%	20%
확률	0.2	0.4	0.4

06. 다음은 A 보험회사에서 지난 5년 동안 자동차 보험 가입자 280명이 자동차 사고로 보험금 지급을 요청한 건수 X를 조사하여 작성한 경험적 확률분포표이다. X의 기댓값과 표준편차를 구하여라.

$X=x$	0	1	2	3	4	5	6
$P(X=x)$	0.307	0.286	0.204	0.114	0.064	0.018	0.007

07. 어떤 기금 모금의 행사에서 \$1, \$2, \$5, \$12의 상품이 각각 25개, 5개, 3개, 1개 들어있는 추첨함이 준비되어 있다. 돈을 지불하면 한 번의 뽑을 기회가 주어진다고 한다. 지불한 금액과 같은 값의 상품을 얻을 것을 기대하려면 얼마를 지불하면 되는가?

08. 어느 도시에서 운행되고 있는 영업용 택시에는 1부터 N까지 일련번호가 부여되어 있다고 한다. 어느 날 탄 택시에 부여된 번호를 X라 할 때 X의 기댓값과 분산을 구하여라.

7.3 결합확률분포와 상관계수

7.3.1 결합확률분포

우연실험에서 발생하는 대부분의 사건들은 여러 확률변수들을 이용하여 나타낼 수 있다. 둘 이상의 확률변수들이 어떤 확률적 관계를 가지고 분포되어 있는가를 나타내는 확률분포를 **결합확률분포**(joint probability distribution)라 한다. 이 절에서는 두 확률변수에 대한 결합확률분포와 두 확률변수 사이의 연관성에 대한 측도를 살펴보기로 한다.

이산확률변수 X와 Y의 결합확률분포는 $X=x$이고 $Y=y$일 확률 $P(X=x, Y=y)$를 표 7.3.1과 같은 결합확률분포표나 x와 y의 함수 $f_{X,Y}(x,y)$로 나타낸다. 일반적으로 두 확률변수 X와 Y의 영역을 $R_{X,Y}$라 할 때 사건 $A(\subset R_{XY})$에 대한 확률 $P_{X,Y}(A)$가

$$P_{X,Y}(A)=\sum_x \sum_y f_{X,Y}(x,y),\ (x,y)\in A$$

로 구해지면 $f_{X,Y}$를 이산확률변수 X와 Y의 **결합확률질량함수**(joint p.m.f)라 한다. $f_{X,Y}$는

(i) $f_{X,Y}(x,y)\ge 0$

(ii) $\sum_x \sum_y f(x,y)=1,\ (x,y)\in R_{X,Y}$

을 만족하는 함수이고, 이 조건을 만족하는 함수는 두 이산확률변수의 j.p.m.f가 될 수 있다.

영역이 $R_{X,Y}$인 X와 Y의 j.p.m.f가 $f_{X,Y}$일 때 X의 p.m.f f_X와 Y의 j.p.m.f f_Y는

$$f_X(x)=\sum_{y\in R_{X,Y}} f_{X,Y}(x,y),\quad f_Y(y)=\sum_{x\in R_{X,Y}} f_{X,Y}(x,y)$$

인데, 이들 두 함수 f_X와 f_Y를 X와 Y의 **주변확률질량함수**(marginal p.m.f)라 한다. 주변확률질량함수는 X 또는 Y만의 확률분포를 나타내는 함수들이다. 표 7.3.1에서 마지막 열은 X의 주변확률질량함수이고, 마지막 행은 Y의 주변확률질량함수이다.

표 7.3.1 이산확률변수 X와 Y의 결합확률분포표

$X=x$ \ $Y=y$	y_1	$\cdots$	y_j	$\cdots$	$f_X(x)$
x_1	p_{11}	$\cdots$	p_{1j}	$\cdots$	$p_{1.}$
$\vdots$	$\vdots$	$\vdots$	$\vdots$	$\vdots$	$\vdots$
x_i	p_{i1}	$\cdots$	p_{ij}	$\cdots$	$p_{i.}$
$\vdots$	$\vdots$	$\vdots$	$\vdots$	$\vdots$	$\vdots$
$f_Y(y)$	$p_{.1}$	$\cdots$	$p_{.j}$	$\cdots$	1.00

$p_{i.}=P(X=x_i)=\Sigma_j p_{ij}=f_X(x_i),\quad p_{.j}=P(Y=y_j)=\Sigma_i p_{ij}=f_Y(y_j)$

예제 7.3.1

흰 공 3개, 푸른 공 3개, 붉은 공 2개, 검은 공 2개가 들어있는 상자에서 공 3개를 랜덤하게 추출할 때 흰 공의 수를 확률변수 X, 검은 공의 수를 확률변수 Y라 한다.

(1) X와 Y의 결합확률질량함수를 구하고 그 그래프를 그려라.

(2) $P(0<X\le 2, Y=2)$와 $P(X\ge 1)$을 구하여라.

(3) X와 Y의 주변확률분포를 각각 구하여라.

(풀이)

(1) 10개의 공에서 3개의 공을 뽑는 경우의 수는

$$\binom{10}{3}=\frac{10!}{3!\,7!}=120$$

가지이고 각 경우가 나타날 가능성은 동일하다고 한다. 흰 공 3개에서 x개, 검은 공 2개에서 y개, 푸른 공과 붉은 공 5개에서 $(3-x-y)$개를 뽑는 경우의 수를 $n(x,y)$라 하면

$$n(x,y)=\binom{3}{x}\binom{2}{y}\binom{5}{3-x-y}$$

가 된다. 따라서 X와 Y의 결합확률질량함수는

$$f_{X,Y}(x,y)=\frac{n(x,y)}{120},\quad x=0,1,2,3,\ y=0,1,2,\ x+y\le 3$$

이 된다. (x,y)에 대한 $f_{X,Y}(x,y)$를 구하여 정리한 것이 표 7.3.2이고, 이를 그림으로 나타낸 것이 다음 쪽의 그림 7.3.1이다.

(2) 표 7.3.2에 의하면 $P(0<X\le 2, Y=2)$와 $P(X\ge 1)$은 다음과 같이 구해진다.

$$P(0<X\le 2, Y=2)=\sum_{x=1}^{2}f_{X,Y}(x,2)=f_{X,Y}(1,2)+f_{X,Y}(2,2)=\frac{3}{120}+0=\frac{3}{120},$$

$$P(X\ge 1)=1-f_X(0)=1-\frac{35}{120}=\frac{85}{120}.$$

(3) X의 주변확률분포는 표 7.3.2의 마지막 행이고, Y의 주변확률분포는 표 7.3.1의 마지막 열에 표시되어 있다.

표 7.3.2 예제 7.3.1의 결합확률분포표

y \ x	0	1	2	3	$f_Y(y)$
0	$\frac{10}{120}$	$\frac{30}{120}$	$\frac{15}{120}$	$\frac{1}{120}$	$\frac{56}{120}$
1	$\frac{20}{120}$	$\frac{30}{120}$	$\frac{6}{120}$	0	$\frac{56}{120}$
2	$\frac{5}{120}$	$\frac{3}{120}$	0	0	$\frac{8}{120}$
$f_X(x)$	$\frac{35}{120}$	$\frac{63}{120}$	$\frac{21}{120}$	$\frac{1}{120}$	1

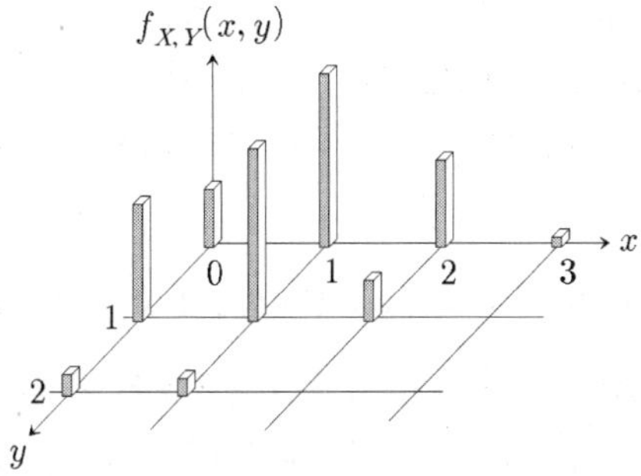

그림 7.3.1 예제 7.3.1의 X와 Y에 대한 결합확률분포

예제 7.3.2

남강직물회사에서는 주간 근무조와 야간 근무조가 교대로 근무하고 있다고 한다. 관리자가 오랜 기간 동안의 근무일지를 토대로 아래의 표와 같은 주간 근무조의 결근자 수(X)와 야간 근무조의 결근자 수(Y)에 대한 결합확률분포를 제시하였다.

x \ y	0	1	2	3	$f_X(x)$
0	0.05	0.05	0.10	0.00	0.20
1	0.05	0.10	0.25	0.10	0.50
2	0.00	0.15	0.10	0.05	0.30
$f_Y(y)$	0.10	0.30	0.45	0.15	1.00

(1) X와 Y의 평균과 분산을 구하여라.

(2) $Z=X+Y$의 확률분포를 이용하여 Z의 평균과 분산을 구하여라.

(3) $E(XY)$를 구하여라.

(풀이)

(1) 주변확률분포로부터 각각의 평균과 표준편차를 구하면 다음과 같다.

$$\mu_X=E(X)=0\times0.20+1\times0.50+2\times0.3=1.1,$$

$$E(X^2)=0^2\times0.20+1^2\times0.50+2^2\times0.3=1.7,$$

$$\sigma_X^2=Var(X)=E(X^2)-[E(X)]^2=1.7-(1.1)^2=0.49.$$

$$\mu_Y=E(X)=0\times0.10+1\times0.30+2\times0.45+3\times0.15=1.65,$$

$$E(Y^2)=0^2\times0.10+1^2\times0.30+2^2\times0.45+3^2\times0.15=3.45,$$

$$\sigma_Y^2=Var(Y)=E(Y^2)-[E(Y)]^2=3.45-(1.65)^2=0.7275.$$

(2) Z는 주간 근무조와 야간 근무조 결근자 수의 합이므로 Z의 영역은 $R_Z=\{0,1,2,3,4,5\}$이고, $Z=z$에 대응하는 $(X,Y)=(x,y)$의 집합은

$\{Z=0\} \Leftrightarrow \{(x,y)\,|\,(0,0)\}$, $\{Z=1\} \Leftrightarrow \{(x,y)\,|\,(0,1),(1,0)\}$,
$\{Z=2\} \Leftrightarrow \{(x,y)\,|\,(0,2),(1,1),(2,0)\}$, $\{Z=3\} \Leftrightarrow \{(x,y)\,|\,(0,3),(1,2),(2,1)\}$,
$\{Z=4\} \Leftrightarrow \{(x,y)\,|\,(1,3),(2,2)\}$, $\{Z=5\} \Leftrightarrow \{(x,y)\,|\,(2,3)\}$

이다. 따라서

$$f_Z(1)=P_Z(Z=1)=f_{X,Y}(0,1)+f_{X,Y}(1,0)=0.05+0.05=0.10$$

과 같은 방법으로 각 $Z=z$에 대한 $f_Z(z)$를 구하면 Z의 확률분포표는

$Z=z$	0	1	2	3	4	5
$f_Z(z)$	0.05	0.10	0.20	0.40	0.20	0.05

가 된다. 이 확률분포를 이용하여 Z의 평균과 분산을 구하면 다음과 같다.

$$\mu_Z=\sum_{z=0}^{5} z f_Z(z)=2.75, \quad E(Z^2)=\sum_{z=0}^{5} z^2 f_Z(z)=8.95 \quad \Rightarrow \quad \sigma_Z^2=E(Z^2)-\mu_Z^2=1.388.$$

(3) $E(XY)=\sum_{x=0}^{2}\sum_{y=0}^{3} xy f_{X,Y}(x,y)=1.9$. ♣

두 사건 E와 F가 서로 독립일 필요충분조건은

$$P(E\cap F)=P(E)P(F)$$

이다. 따라서 두 확률변수 X와 Y 각각의 영역을 R_X와 R_Y라 할 때, 사건 $A(\subset R_X)$와 $B(\subset R_Y)$가 서로 독립일 필요충분조건은

$$P(A\cap B)=P(X\in A, Y\in B)=P(X\in A)P(Y\in B)$$

가 된다. 그러므로 X로 표현되는 임의의 사건과 Y로 표현되는 임의의 사건이 서로 독립이면 두 확률변수 X와 Y가 독립이라고 한다. 그런데 X와 Y가 이산확률변수일 때 두 사건을 $A=\{X=x\}$와 $B=\{Y=y\}$라 하면 두 확률변수가 서로 독립일 필요충분조건은

$$P(X=x, Y=y)=P(X=x)P(Y=y)$$

인데, 이 조건을 확률질량함수 f_X, f_Y 및 $f_{X,Y}$의 식으로 나타내면

$$f_{X,Y}(x,y)=f_X(x)f_Y(y)$$

이다. 일반적으로 X와 Y의 결합질량(밀도)함수 $f_{X,Y}$와 주변질량(밀도)함수 f_X 및 f_Y에 대하여 위와 같은 식을 만족하면 두 확률변수 X와 Y는 서로 독립이고 그 역도 성립한다.

확률변수 X와 Y가 서로 독립이면

$$E(XY)=E(X)E(Y)$$

이고, X의 함수 $u(X)$와 Y의 함수 $v(Y)$도 서로 독립이므로 $u(X)$와 $v(Y)$의 기댓값이 존재하면

$$E[u(X)v(Y)]=E[u(X)]E[v(Y)]$$

가 성립한다.

사건의 독립에 대한 성질과 유사하게 확률변수 $X_1, X_2, \cdots, X_n$이 서로 독립이면 임의의 두 확률변수 X_i와 X_j, $i \neq j$는 서로 독립이지만 그 역은 성립하지 않는다. 예컨대, X_1, X_2, X_3의 영역이

$$R=\{(x_1,x_2,x_3) \mid (1,0,0), (0,1,0), (0,0,1), (1,1,1)\}$$

이고 결합확률질량함수 f_{X_1,X_2,X_3}가

$$f_{X_1,X_2,X_3}(x_1,x_2,x_3)=\frac{1}{4}, \quad (x_1,x_2,x_3) \in R$$

인 경우에 X_i와 X_j, $i \neq j$의 결합확률질량함수 f_{X_i,X_j}는

$$f_{X_i,X_j}(x_i,x_j)=\frac{1}{4}, \quad (x_i,x_j) \in \{(0,0),(1,0),(0,1),(1,1)\}$$

이고, X_i의 확률질량함수 f_{X_i}는

$$f_{X_i}(x_i)=\frac{1}{2}, \quad x_i=0,1$$

이 된다. 따라서 $i \neq j$일 때

$$f_{X_i,X_j}(x_i,x_j)=f_{X_i}(x_i)f_{X_j}(x_j)$$

이므로 X_i와 X_j는 서로 독립이지만

$$f_{X_1,X_2,X_3}(x_1,x_2,x_3) \neq f_{X_1}(x_1)f_{X_2}(x_2)f_{X_3}(x_3)$$

이므로 X_1, X_2, X_3는 서로 독립이 아니다.

7.3.2 공분산과 상관계수

두 확률변수 X와 Y가 서로 종속되어 있다면 두 변수가 서로 어떤 관계를 갖으며 변한다고 볼 수 있다. 그러한 변화 양상은 X와 Y의 결합분포에서 $X=x$이고 $Y=y$인 점 (x, y)와 X와 Y의 평균점 (μ_X, μ_Y)을 맞꼭지점으로 하는 직사각형의 면적 $A=(x-\mu_X)(y-\mu_Y)$에 대한 평균

$$E(A)=E[(X-\mu_X)(Y-\mu_Y)]$$

로 설명할 수 있다. 점 (x, y)가 xy-평면의 제 1사분면 또는 제 3사분면에 위치하면 그 면적이 양이고, 제 2사분면 또는 제 4사분면에 위치하면 음인데, x와 y가 평균점에서 멀어질수록 면적은 더욱 커진다. 따라서 대부분의 점 (x, y)들이 제 1사분면 또는 제 3사분면에 위치하면서 평균점을 통과하는 직선 주변에 밀집되어 있다면 면적들의 평균은 양의 큰 값을 갖게 되고, 제 2사분면 또는 제 4사분면에서 직선 주변에 밀집되어 있으면 면적이 음의 큰 값이 된다. 그러한 성질을 지닌 면적들의 기댓값

$$Cov(X, Y)=E[(X-\mu_X)(Y-\mu_Y)]$$

를 확률변수 X와 Y의 **공분산**(共分散, covariance)이라 한다. 그런데, 두 변수의 측정 단위가 다르고 각각의 표준편차에 차이가 있을 수 있다. 따라서 단위를 없애고 표준편차가 1이 되도록 변환한 표준점수를 이용하여 면적을 구하고, 그 면적들의 기댓값을 구하면

$$Corr(X, Y)=\rho=E\left(\frac{X-\mu_X}{\sigma_X}\right)\left(\frac{Y-\mu_Y}{\sigma_Y}\right)=\frac{Cov(X, Y)}{\sigma_X\sigma_Y}$$

가 된다. 이 ρ를 X와 Y의 **상관계수**(correlation coefficient)라 하며, 두 변수의 직선 관계에 대한 방향과 강도를 나타내는 측도로 사용한다. 공분산을 구할 때에는

$$Cov(X, Y)=E(XY)-\mu_X\mu_Y$$

와 같은 계산식을 이용하는 것이 편리하다. 다음은 공분산과 상관계수에 관한 성질들이다.

(i) $Cov(aX+b, cY+d)=ac\,Cov(X, Y),\ ac\neq 0$

(ii) $Corr(aX+b, cY+d)=\dfrac{ac}{|ac|}Corr(X, Y)$

(iii) $Var(aX\pm bY)=a^2Var(X)+b^2Var(Y)\pm 2ab\,Cov(X, Y)$

예제 7.3.2에서

$$\mu_X=1.1,\quad \mu_Y=1.65,\quad \sigma_X^2=0.49,\quad \sigma_Y^2=0.7275,\quad E(XY)=1.9$$

이므로 X와 Y의 공분산과 상관계수는 다음과 같이 구해진다.

$$Cov(X, Y)=E(XY)-\mu_X\mu_Y=1.9-1.1\times 1.65=0.085,$$

$$\rho=\frac{Cov(X, Y)}{\sigma_X\sigma_Y}=\frac{0.085}{\sqrt{0.49}\sqrt{0.7275}}=0.14.$$

상관계수 ρ는 $-1\leq\rho\leq 1$인데, ρ가 1 또는 -1에 가까운 값일수록 (X, Y)의 가능한 값 (x, y)들이 직선 주변에 밀집되어 분포한다. 따라서 ρ가 1에 가까운 값이면 두 변수 사이에 양의 방향으로 강한 직선관계(선형관계)가 존재하고, -1에 가까운 값이면 음의 방향으로 강한 직선관계가 존재한다. 여기서 양의 방향이란 X와 Y의 변화 방향이 동일하여 X가 커지면 Y도 커지고 Y가 작아지면 X도 작아지는 쪽을 의미하며, 음의 방향이란 두 변수의 변화 방향이 서로 반대 방향이라는 것으로 X가 커지면 Y는 작아지고, Y가 커지면 X는 작아지는 경향이 있음을 나타낸다.

(x, y)들이 각 사분면에 고루 분포하거나 어떤 곡선 주변에 밀집되어 분포하면 ρ는 0 또는 0에 가까운 값이 되어 두 변수 사이에 직선관계가 없음을 나타낸다. 상관계수는 두 확률변수 간의 직선관계에 대한 방향과 강도를 재는 측도일 뿐이고 곡선관계나 다른 어떤 관계를 재는 측도도 아니다. 따라서 ρ가 0에 가까운 값이라는 것은 두 변수 사이에 직선관계가 없다는 것을 나타낼 뿐이

고 곡선관계나 다른 어떤 관계도 없다는 의미는 아님에 유의해야 한다. 또한, 두 변수 사이의 직선관계가 인과관계를 의미하는 것은 아니다.

두 확률변수 X와 Y가 서로 독립이면

$$E(XY)=E(X)E(Y) \quad \Rightarrow \quad Cov(X,Y)=0,\ Corr(X,Y)=0$$

이고, 또한,

$$Var(aX \pm bY)=a^2 Var(X)+b^2 Var(Y)$$

가 성립하지만 위의 네 식이 모두 성립하여도 X와 Y는 서로 독립이라고 할 수 없다. 예컨대, X와 Y의 결합확률분포가

y \ x	-2	-1	0	1	2	$f_Y(y)$
0	0	0	$\frac{1}{5}$	0	0	$\frac{1}{5}$
1	$\frac{1}{5}$	$\frac{1}{5}$	0	$\frac{1}{5}$	$\frac{1}{5}$	$\frac{4}{5}$
$f_X(x)$	$\frac{1}{5}$	$\frac{1}{5}$	$\frac{1}{5}$	$\frac{1}{5}$	$\frac{1}{5}$	1

일 때 $E(XY)=0$이므로 X와 Y의 공분산과 상관계수는 모두 0이다. 그러나

$$f_{X,Y}(x,y)=\frac{1}{5} \neq f_X(0)f_Y(0)=\frac{1}{5}\times\frac{1}{5}$$

이므로 X와 Y는 서로 독립이 아니다.

연습문제 7.3

01. 두 확률변수 X와 Y가 독립일 때 틀린 것은?

가. $E(XY)=E(X)E(Y)$　　나. $Cov(X,Y)=0$

다. $V(X+Y)=V(X)+V(Y)$　　라. $V(X-Y)=V(X)-V(Y)$

02. 이산확률변수 X와 Y의 결합확률분포표가 다음과 같다. X와 Y의 상관계수에 대한 설명으로 가장 적절한 것은?

Y \ X	1	2	3	4	5
1	0.00	0.15	0.00	0.00	0.00
2	0.15	0.10	0.05	0.00	0.00
3	0.05	0.00	0.10	0.00	0.00
4	0.00	0.00	0.10	0.15	0.00
5	0.00	0.00	0.00	0.05	0.10

가. 상관계수는 양의 값을 갖는다.　　나. 상관계수는 음의 값을 갖는다.

다. 상관계수는 0이다.　　라. 상관계수를 구할 수 없다.

03. 두 변수 X와 Y의 상관계수는 0.92이다. $U=X/2+5$, $V=Y+1$일 때, U와 V의 상관계수는?

가. 0.69　　나. -0.69　　다. 0.92　　라. -0.92

04. 다음 표의 x와 y 사이의 상관계수에 대한 설명 중 맞는 것은 ?

x	1	2	3	4	5
y	5	4	3	2	1

가. 완전 양의 상관관계　　나. 상관이 없다.
다. 강한 양의 상관관계　　라. 완전 음의 상관관계

05. 상관관계에 대한 설명으로 옳은 것은?
가. 두 변수 간에 강한 상관관계가 존재하면 두 변수는 서로 독립적이라고 한다.
나. 두 변수 간의 상관관계로부터 인과관계를 도출할 수 있다.
다. 두 변수 간에 상관관계가 없다면 피어슨 상관계수의 값은 0이다.
라. 피어슨 상관계수의 값은 항상 0이상 1이하이다.

06. 상관계수에 관한 설명으로 옳은 것은?
가. 두 변수 X와 Y 사이의 선형관계의 정도를 나타내는 측도이다.
나. 상관계수는 0과 1 사이의 값이다.
다. X와 Y의 상관계수가 ρ_{XY}이면 aX와 bY의 상관계수는 $ab\rho_{XY}$이다.
라. X가 증가할 때 Y가 감소하면 상관계수는 1에 가까이 간다.

07. X와 Y의 결합확률분포함수가 다음과 같을 때 X와 Y의 상관계수는 얼마인가?

Y \ X	-1	0	1
0	0	0.2	0
1	0.4	0	0.4

가. 0　　나. -1　　다. 1　　라. -0.5

08. 회사 영업부에 일정시간 동안 고객에게서 들어온 Fax의 수를 X, e-mail의 수를 Y라 할 때, X와 Y의 의 결합확률분포가 다음과 같다고 한다.

X \ Y	4	6	8	10
0	0.10	0.10	0.05	0.20
2	0.05	0.05	0.10	0.15
3	0.05	0.05	0.05	0.05

(1) Fax가 온 횟수의 주변확률분포를 구하여라.
(2) e-mail이 온 횟수의 주변확률분포를 구하여라.
(3) $E(X)$, $E(Y)$ 및 $E(XY)$를 구하여라.
(4) X와 Y의 공분산을 구하여라.
(5) X와 Y의 상관계수를 구하여라.
(6) X와 Y는 독립인가?
(7) $X+Y$의 확률분포를 구하여라.
(8) $E(X+Y)$와 $Var(X+Y)$를 구하여라.

7.4 확률분포모형

여러 확률실험과 관련되어 있는 확률분포들은 동일한 함수식으로 표현될 수 있다. 동일한 함수식으로 표현되는 특정한 확률분포를 확률분포모형이라 한다. 확률분포모형의 함수식에는 분포의 특성을 나타내는 미지모수가 포함되어 있다. 통계적 추론이란 모수를 추정하여 모집단의 확률분포를 단 하나로 결정하려는 과정이라 할 수 있다. 따라서 이 절에서는 통계적 추론에서 모집단에 대한 이론적 확률분포로 자주 이용되는 확률분포모형과 적용 사례들에 대하여 논의한다.

7.4.1 이항분포

하나의 동전을 던져 나타나는 면(앞면 또는 뒷면), 목장에서 새로 태어나는 송아지의 성별(암 또는 수), 질병에 대한 감염 여부, 외과 의사가 집도한 정교한 수술의 결과(성공 또는 실패)를 관찰하는 우연실험들은 실험의 출현결과들을 서로 배반인 2가지 형태로 분류할 수 있는 실험이다. 실험의 가능한 출현결과가 2가지인 실험의 시행을 **베르누이 시행**(Bernoulli trial)이라고 한다.

베르누이 시행에서 관찰되는 실험결과를 "성공(S)"과 "실패(F)"라 할 때 실험결과가 성공이면 1, 실패이면 0을 대응시키는 확률변수를 X로 정의하면 베르누이 시행의 성공확률 p는 $P(X=1)$이고 실패할 확률은 $1-p$이다. 일반적으로 임의의 실험에서 실험의 표본공간을 Ω, 사건 $E(\subset\Omega)$가 일어날 확률을 $p=P(E)$, $0<p<1$라 하고, 확률변수를

$$^{\forall}\omega\in\Omega,\quad X=X(\omega)=\begin{cases}1, & \omega\in E\\ 0, & \omega\notin E\end{cases}$$

로 정의하면 X의 확률분포는

$X=x$	0	1	합계
$P(X=x)$	$1-p$	p	1

이 된다. 이러한 확률분포를 따르는 확률변수를 **베르누이 확률변수**(Bernoulli random variable)라 한다. 이산확률변수 X의 확률질량함수 f_X가

$$f_X(x\,;p)=p^x(1-p)^{1-x},\quad x=0,1,\quad 0<p<1$$

인 분포를 모수가 p인 **베르누이 분포**라 하고 기호 $b(1,p)$로 표기한다.

예제 7.4.1

야구경기에서 타율이 3할 3푼 3리인 어떤 타자가 타석에 들어서서 타격을 할 때 다음 각 확률을 구하여라.

(1) 처음 두 타석에서 연속으로 안타를 칠 확률

(2) 네 번째 타석에서 처음으로 안타를 칠 확률

(3) 네 번의 타석에서 하나의 안타를 칠 확률

(풀이)

안타를 성공(S), 그 밖의 경우를 실패(F)라 하면 매 타격은 서로 독립이고 성공확률이 ⅓인 베르누이 시행이므로 구하는 확률은 다음과 같다.

(1) $P(\{SS\})=\left(\frac{1}{3}\right)^2=\frac{1}{9}$

(2) $P(\{FFFS\})=\left(\frac{2}{3}\right)^3\left(\frac{1}{3}\right)=\frac{8}{81}$

(3) $P(\{SFFF, FSFF, FFSF, FFFS\})=(4)\left(\frac{1}{3}\right)\left(\frac{2}{3}\right)^3=\frac{32}{81}$. ♣

성공확률이 p인 베르누이 시행을 독립적으로 n번 반복하는 베르누이 과정(Bernoulli process)에서 실험의 성공 횟수를 확률변수 X로 정의할 때 X의 확률분포를 구하여 보자. X의 영역은

$$R_X=\{0, 1, 2, \cdots, n\}$$

이고, 실험의 표본공간 Ω는 2^n개의 표본점으로 구성되어 있는

$$\Omega=\{(O_1, O_2, \cdots, O_n)\,|\,O_i=S \text{ or } F,\ i=1,2,\cdots,n\}$$

이다. 여기서 사건 $\{X=x\}$, $x=0, 1, 2, \cdots, n$은 정확히 x개의 S(성공)와 $n-x$개의 F(실패)로 구성된 표본점 $(O_1, O_2, \cdots, O_n)$들을 원소로 하는 사건이고, 그러한 표본점들의 개수는 n개의 자리에서 S가 놓일 x의 자리를 뽑는 경우의 수 ${}_nC_x$가 된다. 그리고 n회의 베르누이 시행은 서로 독립이므로 한 표본점에 S가 x개, F가 $n-x$개일 확률은 ${}_nC_x$가지의 각 경우에서 $p^x(1-p)^{n-x}$으로 모두 동일하다. 따라서 $P(X=x)$는 ${}_nC_x$가지의 각 경우에 대한 확률 $p^x(1-p)^{n-x}$의 합이 된다. 즉,

$$P(X=x)=\binom{n}{x}p^x(1-p)^{n-x}$$

이다. 확률변수 X의 확률질량함수 f_X가

$$f_X(x;n,p)=\binom{n}{x}p^x(1-p)^{n-x},\ x=1, 2, \cdots, n,\ 0<p<1$$

인 분포를 모수가 n과 p인 **이항분포**(二項分布, binomial distribution)라 하고, 기호 $b(n, p)$로 표기한다.

예제 7.4.2

멘델의 유전법칙에 따르면 빨간색과 파란색 꽃이 섞여서 피는 나팔꽃을 자가 수정하여 얻은

나팔꽃 씨앗의 25%는 파란색 꽃을 피운다고 한다. 자가 수정하여 얻은 5개의 나팔꽃 씨앗에 대하여 다음 물음에 답하여라.

(1) 빨간색 나팔꽃을 피우는 씨앗이 하나도 없을 확률을 구하여라.

(2) 빨간색 나팔꽃을 피우는 씨앗이 4개 이상일 확률을 구하여라.

(풀이)

5개의 씨앗 중에서 빨간색 꽃을 피우는 씨앗의 수를 확률변수 X라 하면 X의 가능한 값은 $0, 1, 2, 3, 4, 5$이고 빨간색 꽃을 피우는 씨앗일 확률은 멘델의 유전법칙에 따라 0.25가 된다. 한편, 각 씨앗의 꽃 색깔은 서로에게 영향을 주지 않으므로 씨앗들은 서로 독립이다. 따라서 X는 성공확률이 0.25인 5회의 베르누이 시행에서 성공한 횟수와 같은 분포인 이항분포 $b(5, 0.25)$를 따르므로 구하는 확률은 다음과 같다.

(1) $P(X=0)=\binom{5}{0}\left(\frac{1}{4}\right)^0\left(\frac{3}{4}\right)^5=0.237$

(2) $P(X\geq 4)=P(X=4)+P(X=5)$

$$=\binom{5}{4}\left(\frac{1}{4}\right)^4\left(\frac{3}{4}\right)^1+\binom{5}{5}\left(\frac{1}{4}\right)^5\left(\frac{3}{4}\right)^0=0.015+0.001=0.016.$$ ♣

$n=6$일 때 p가 0.3, 0.5, 0.7인 이항분포의 확률기둥그래프가 그림 7.4.1에 주어져 있다. 이항분포의 모습은 그림 7.4.1에서 보는 것처럼 $p=0.5$이면 좌우 대칭이고, $p<0.5$이면 왼쪽으로 편중된(skewed to the right) 형태이며, $p>0.5$이면 오른쪽으로 편중된(skewed to the left) 모습이다.

이항분포에 관한 확률은 부록에 주어져 있는 이항분포표를 이용하여 구할 수 있다. 이 표에는 여러 n과 p 및 c에 대하여 $P(X\leq c)$를 계산한 값이 제시되어 있다. 이항분포표를 이용하여 확률을 구할 때는 다음과 같은 관계식을 이용하여 구할 수 있다.

$$P(X=x)=P(X\leq x)-P(X=x-1),$$
$$P(X>x)=1-P(X\leq x),$$
$$P(a<X\leq b)=P(X\leq b)-P(X\leq a)$$

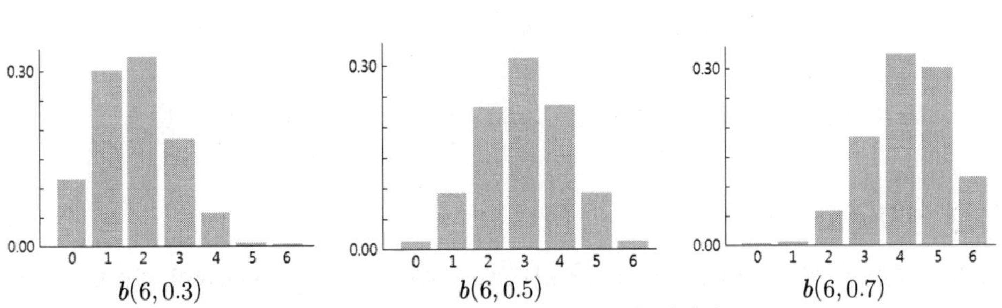

그림 7.4.1 $n=6$, $p=0.3, 0.5, 0.7$**인 이항분포**

예제 7.4.3

인공 부화한 달걀에서 암평아리가 나올 확률은 0.5라고 한다. 부화된 15마리의 병아리 중에

(1) 암평아리가 6마리일 확률을 구하여라.

(2) 암평아리가 7마리 이상 10마리 이하일 확률을 구하여라.

(풀이)

부화된 병아리 15마리 중에 포함된 암평아리의 수를 X라 하면 $X \sim b(15, 0.5)$이다. 따라서 부록의 이항분포표를 이용하여 확률을 구하면 다음과 같다.

(1) $P(X=6)=P(X\le 6)-P(X\le 5)=0.304-0.151=0.153$.

(2) $P(7\le X\le 10)=P(X\le 10)-P(X\le 6)=0.941-0.304=0.627$. ♣

$X\sim b(n,p)$일 때 X의 평균과 분산은 다음과 같다.

$$E(X)=np, \quad Var(X)=npq, \quad q=1-p, \ 0<p<1.$$

예제 7.4.4

비행기 좌석의 예약 취소율은 20%라고 한다. 예약 손님이 100명일 때,

(1) 예약을 취소하는 고객 수에 대한 평균과 표준편차를 구하여라.

(2) 예약을 취소하는 사람이 20명 이상 30명 이하일 확률을 구하여라.

(풀이)

예약을 취소하는 고객의 수를 확률변수 X라 하면 $X\sim b(100, 0.2)$이다. 따라서

(1) X의 평균과 표준편차는 다음과 같이 구해진다.

$$\mu_X=np=100\times 0.2=20,$$

$$\sigma_X=\sqrt{np(1-p)}=\sqrt{100\times 0.2\times 0.8}=4.$$

(2) 구하는 확률은

$$P(20\le X\le 30)=\sum_{x=20}^{30}\binom{100}{x}(0.2)^x(0.8)^{100-x}$$

인데 이 확률은 이항분포의 정규근사(7.4.2절 참조)를 이용하여 구할 수 있다.

7.4.2 정규분포

표본 자료로 작성한 히스토그램이 대칭적인 모습일 때는 그 자료를 이용하여 히스토그램의 전체적인 모습을 잘 나타내는 부드러운 곡선을 그릴 수 있는데 그 곡선을 모집단 전체의 분포를 나

타내는 분포곡선으로 가정할 수 있을 것이다. 그러한 곡선 중에서 가장 대표적인 것이 종모양의 형태를 갖고 있는 정규분포 곡선인데, 모집단에 대한 이론적인 분포로 가장 많이 사용되는 확률분포가 정규분포이다. 그림 7.2.2를 보면 히스토그램에 잘 근사하는 종 모양의 곡선이 그려져 있는데, 그 곡선이 정규분포의 확률밀도함수이다.

생물학적 모집단을 대상으로 측정하여 얻은 자료의 분포는 대부분 정규분포를 따르는 것으로 알려져 있다. 같은 양을 반복 측정하여 얻은 자료의 분포 역시 정규분포를 따르는 경향이 있다. 측정오차에 이러한 경향이 있다는 사실은 C. Gauss(1777~1855)에 의해 발견되었는데 그는 천문 측정의 오차를 정규분포로 설명하였다. 사실, 서로 독립적인 여러 효과들의 합으로 표현되는 변수는 정규분포를 따르는 것으로 알려져 있다. 측정오차도 이런 변수의 일종이다. 따라서 지능지수나 수능시험과 같이 문항이 많은 시험의 성적은 거의 정규분포를 따른다.

정규분포곡선의 함수식은 이항확률에 대한 근삿값을 계산할 때 이용되다가 Gauss에 의하여 처음으로 확률분포로 사용되었다. Gauss는 물리학 실험에 수반되는 계측오차에 관한 확률분포로 가우스분포라 부르는 연속확률분포를 제시하였다.

연속확률변수 X의 확률밀도함수 f_X가

$$f_X(x;\mu,\sigma^2)=\frac{1}{\sqrt{2\pi}\,\sigma}e^{-(x-\mu)^2/2\sigma^2},\quad |x|<\infty,\ |\mu|<\infty,\ \sigma>0$$

인 분포를 평균이 μ이고 분산이 σ^2인 **정규분포**(nomal distribution)라 하며, 기호 $N(\mu,\sigma^2)$으로 나타낸다. 정규분포곡선은 그림 7.4.2와 같이 평균 μ와 표준편차 σ에 의하여 곡선의 중심위치와 모양이 완전히 결정된다. 정규분포의 확률밀도함수 $f_X(x)$는 $x=\mu$에 대하여 좌우대칭이고, $x=\mu$에서 함수 값이

$$f_X(\mu)=\frac{1}{\sqrt{2\pi}\,\sigma}$$

로 최대이며, $x=\mu\pm\sigma$에서 변곡점, x축이 점근선인 곡선이다. 따라서 정규분포 곡선은 평균에 대

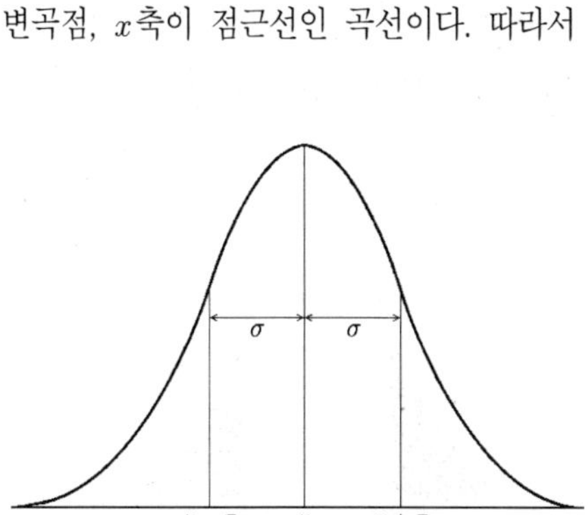

그림 7.4.2 평균이 μ이고 표준편차가 σ인 정규분포

하여 좌우 대칭인 곡선으로 그 형태는 중심 근방에서 위로 볼록하고 중심에서 멀어질수록 급격히 내려가다가 아래로 볼록한 형태로 바뀌면서 양쪽 꼬리부분에서는 서서히 내려가는 종 모양을 하고 있다. 그러한 형태는 표준편차에 의하여 결정된다. 정규곡선의 꼬리 쪽으로 접근하면 곡선이 급격히 감소하기 때문에 정규분포를 따르는 자료에는 이상점이 거의 없다.

확률변수 X의 분포가 $N(\mu,\sigma^2)$일 때, 확률변수

$$Y=aX+b, \quad a\neq 0$$

의 분포는 평균이 $a\mu+b$이고, 분산이 $a^2\sigma^2$인 정규분포임을 보일 수 있다. 따라서 표준화 확률변수

$$Z=\frac{X-\mu}{\sigma}$$

의 분포는 평균이 0이고 표준편차가 1인 정규분포가 된다. 평균이 0이고 표준편차가 1인 정규분포 $N(0,1)$은 **표준정규분포**(standard normal distribution)라 한다.

$Z\sim N(0,1)$일 때 확률 $P(a\leq Z\leq b)$는

$$P(a\leq Z\leq b)=\int_a^b \frac{1}{\sqrt{2\pi}}e^{-z^2/2}dz$$

를 계산해야 하는데 이 적분은 쉽지 않다. 이 확률은 여러 z값에 대하여

$$P(Z\leq z)=\Phi(z)=\int_{-\infty}^{z} \frac{1}{\sqrt{2\pi}}e^{-t^2/2}dt$$

를 계산하여 만들어 놓은 부록의 표준정규분포표를 이용하여 구할 수 있다. 즉, $P(a\leq Z\leq b)$는 표준정규분포표에서 $P(Z\leq a)$와 $P(Z\leq b)$를 구하면

$$P(a\leq Z\leq b)=P(Z\leq b)-P(Z\leq a)$$

와 같은 식으로 구할 수 있다. 또한, 그림 7.4.3처럼 표준정규분포는 $z=0$에 대하여 대칭이므로

$$P(Z\leq 0)=P(Z\geq 0)=0.5,$$
$$P(Z\leq -z)=P(Z\geq z)=1-P(Z\leq z)$$

가 된다. 표준정규분포의 제 $100(1-\alpha)$백분위수는 z_α로 표기한다. 즉,

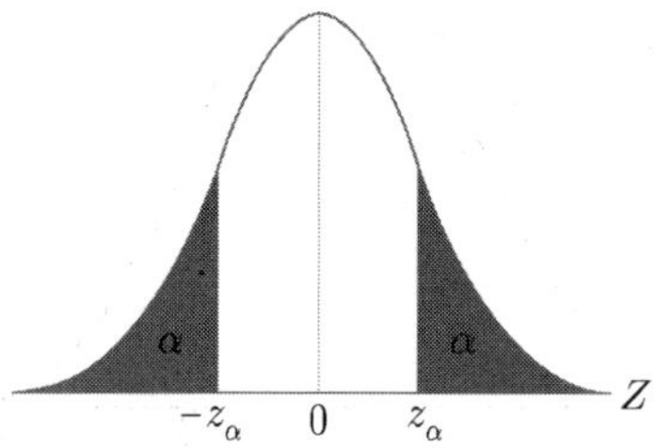

그림 7.4.3 표준정규분포의 $100(1-\alpha)\%$**백분위수** z_α

$$\Phi(z_\alpha)=P(Z\leq z_\alpha)=1-\alpha$$

인데, 정규분포의 대칭성에 의하여

$$\Phi(-z_\alpha)=P(Z\leq -z_\alpha)=\alpha=1-\Phi(z_\alpha)$$

가 된다. 다음의 표

z	1.00	1.645	1.96	2.00	2.58	3.00
$P(\lvert Z\rvert\leq z)$	0.683	0.900	0.950	0.954	0.990	0.997

는 자주 사용되는 z값에 대한 $P(|Z|\leq z)$를 구해 놓은 것이다.

$X\sim N(\mu,\sigma^2)$일 때 $P(a\leq X\leq b)$는 표준정규분포표를 이용하면

$$P(a\leq X\leq b)=P\left(\frac{a-\mu}{\sigma}\leq\frac{X-\mu}{\sigma}\leq\frac{b-\mu}{\sigma}\right)=P(z_a\leq Z\leq z_b)=\Phi(z_b)-\Phi(z_a)$$

와 같은 식으로 구할 수 있다.

예제 7.4.5

A 자동차 회사의 직원 10,000명을 대상으로 직원들의 근무연수를 조사하였더니 직원들의 평균 근무연수가 10년이고 표준편차는 4년이었다. 다음 물음에 답하여라.

(1) 현재 근무연수가 15년 이상인 직원에게 특별상여금을 지급하려 한다. 특별 상여금 지급 대상자는 몇 명 정도 되는가?

(2) 근무연수가 하위 10%에 해당되는 직원들 중에서 일부를 선발하여 해외파견근무를 시키려고 한다. 근무연수가 몇 년 이하인 직원을 대상으로 선발해야 하는가?

(3) 직원 중 근무연수가 중간 60%에 해당되는 직원들의 근무연수 구간을 구하여라.

(풀이)

근무연수 X는 평균 10년, 표준편차 4년인 정규분포를 따른다고 가정하면

(1) X가 15년 이상일 확률 $P(X\geq 15)$는

$$P(X\geq 15)=P\left(\frac{X-10}{4}\geq\frac{15-10}{4}\right)=P(Z\geq 1.25)=1-0.8944=0.1056$$

이므로 10,000명의 10.56%인 1,056명이 특별상여금 지급대상자이다.

(2) X가 x이하일 확률이 0.1이므로

$$P(X\leq x)=P\left(\frac{X-10}{4}\leq\frac{x-10}{4}\right)=P(Z\leq z_x)=0.1$$

인 z_x값을 찾으면 된다. 표준정규분포에서

$$P(Z\leq 1.285)=0.9 \quad\Rightarrow\quad P(Z\leq -1.285)=1-P(Z\leq 1.285)=0.1$$

이다. 따라서

$$z_x=\frac{x-10}{4}=-1.285 \quad \Rightarrow \quad x=10-1.285\times4=4.86$$

이므로 근무연수가 4.86년(약 5년) 이하인 직원이 선발대상이다.

(3) X가 10년 이상 x년 이하일 확률이 0.3이므로

$$P(10\le X\le x)=P\left(\frac{10-\mu}{\sigma}\le\frac{X-\mu}{\sigma}\le\frac{x-\mu}{\sigma}\right)=P(0\le Z\le z_x)=0.3$$

인 z_x값을 찾으면 된다. 표준정규분포표에서

$$P(Z\le0.845)-0.5=0.8-0.5=0.3$$

이므로

$$z_x=\frac{x-10}{4}=0.845 \quad \Rightarrow \quad x=10+0.845\times4=13.38$$

이다. 따라서 해당 구간은

$$(10-3.38,\ 10+3.38)=(6.62,\ 10.38)$$

이 된다. ♣

예제 7.4.6

어떤 커피 자동판매기에서는 컵에 평균 6온스의 커피가 채워진다고 한다. 컵에 채워지는 커피의 양은 정규분포를 따른다고 할 때 98%의 컵들에 적어도 5.85온스의 커피가 채워지기 위한 표준편차를 구하여라. 이 표준편차를 이용하여 컵의 최대 용량이 6.1온스일 때 컵이 넘칠 확률을 구하여라.

(풀이)

컵에 채워지는 커피의 양을 X라 하면, 부록의 표준정규분포표에서

$$0.02=P(X\le5.85)=\Phi\left(\frac{5.85-6}{\sigma}\right)=\Phi(-2.05)$$

임을 알 수 있다. 따라서

$$\frac{5.85-6}{\sigma}=-2.05$$

이므로 $\sigma=0.0732$이고, 컵이 넘칠 확률은

$$P(X>6.1)=P\left(Z>\frac{6.1-6}{0.0732}\right)=P(Z>1.366)=0.0853$$

이 된다. ♣

이항분포 $b(n,p)$에서 n이 충분히 크고 p가 0.5에 가까운 값이면 이항분포에 관한 확률은 정규분포를 이용하여 근사적으로 구할 수 있다. 실제로, $X\sim b(n,p)$일 때 np나 $n(1-p)$가 모두 충분히 크면 X의 분포는 평균이 $\mu=np$이고 분산이 $\sigma^2=np(1-p)$인 정규분포에 근접한다. 이 경우에 다음과 같은 표준화 확률변수

$$Z=\frac{X-np}{\sqrt{np(1-p)}}$$

의 분포는 표준정규분포 $N(0,1)$에 근접하게 된다. 따라서 n이 크고 p가 0.5에 가까운 값일 때 이항분포 $b(n,p)$와 관련된 확률은 $N(np,npq)$를 이용하여 근사적으로 구할 수 있다. 이러한 근사를 정규근사라 하는데 근사의 정확도는 n의 크기와 이항분포의 형태에 좌우된다. 이항분포의 정규근사에서는 $p=0.5$인 이항분포가 좌우 대칭이므로 p가 0.5에 가까운 값일수록 근사의 정도가 좋아진다.

예제 7.4.7

어느 프로야구 선수의 타율이 0.4라 한다. 이 선수가 15번의 타석에서 안타를 7번 이상 10번 이하의 안타를 칠 확률을 구하여라.

(풀이)

15번의 타석에서 안타를 칠 횟수를 X라 하면 $X\sim b(15,0.4)$이다. 따라서 이항분포표를 이용한 정확한 확률은

$$P(7\le X\le 10)=P(X\le 10)-P(X\le 6)=0.991-0.610=0.381$$

이고, 정규근사를 이용하면

$$P(7\le X\le 10)=\Phi\left(\frac{10-6}{\sqrt{3.6}}\right)-\Phi\left(\frac{6-6}{\sqrt{3.6}}\right)=0.982-0.700=0.282$$

가 된다. 그런데 $P(7\le X\le 10)$는 그림 7.4.4과 같이 6.5에서 10.5까지의 직사각형들에 대

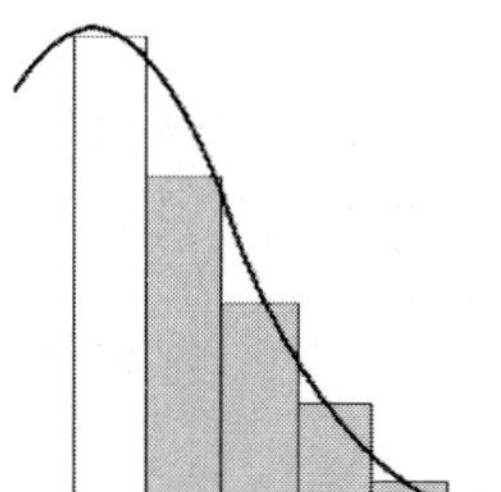

그림 7.4.4 이항분포에 대한 정규근사

한 면적의 합이므로 이 확률을 $P(7-0.5\le X\le 10+0.5)$로 생각하여 정규분포에 의한 근사계산을 한다면 근사의 정밀도가 높아질 수 있음을 알 수 있다. 즉,

$$P(7\le X\le 10)=\Phi\left(\frac{10.5-6}{\sqrt{3.6}}\right)-\Phi\left(\frac{6.5-6}{\sqrt{3.6}}\right)=0.991-0.602=0.389$$

과 같이 근사계산을 하면 n이 그다지 크지 않더라도 실제 값 0.381에 상당히 가깝게 됨을 알 수 있다. 이러한 수정은 이산형 분포에 대한 근사분포로 연속형 분포를 사용할 때 근사의 정밀도를 높이기 위한 것으로 **연속성 수정**(correction for continuity)이라 부른다. ♣

확률변수 X가 이항분포를 따를 때 $\{X=k\}$에 대한 확률은 $\{k-0.5\le X\le k+0.5\}$와 같이 연속성 수정을 하여 확률을 구해야 정규근사에 의한 확률의 정밀도를 높일 수 있다. 예제 7.4.4에서 X의 분포 $b(100, 0.2)$는 $n=100$이 충분히 크고 $p=0.2$가 0 또는 1에 가깝지 않으므로 평균이 20이고 분산이 16인 정규분포로 근사시킬 수 있다. 따라서 확률 $P(20\le X\le 30)$는

$$P(20\le X\le 30)\approx P\left(\frac{19.5-20}{4}\le\frac{X-20}{4}\le\frac{30.5-20}{4}\right)=\Phi(2.625)-\Phi(-0.125)=0.545$$

와 같이 근사적으로 구할 수 있다.

연습문제 7.4

01. 어느 회사원이 승용차로 출근하는 길에 신호등이 5개 있다고 한다. 각 신호등에서 빨간 등에 의해 신호 대기할 확률은 0.2이고, 각 신호등에서 신호 대기 여부는 서로 독립적이라고 가정한다. 어느 날 이 회사원이 5개의 신호등 중 1개의 신호등에서만 신호대기에 걸리고 출근할 확률을 구하는 식은?

가. $(0.2)^1$　　나. $1-(0.8)^5$　　다. $(0.2)^1(0.8)^4$　　라. $5(0.2)^1(0.8)^4$

02. 한 회사에서 생산되는 제품이 불량품일 확률은 서로 독립적으로 0.01임을 안다. 그 회사는 1상자에 10개씩 포장해서 판매를 하는데 만일 1상자에 불량품이 2개 이상이면 돈을 환불해 준다. 판매된 상자가 반품될 비율은 얼마인가?

가. 약 0.6%　　나. 약 0.4%　　다. 약 0.2%　　라. 약 0.08%

03. 창수는 공정한 동전 1개를 3회 던져서 나타나는 앞면의 횟수 당 10만원의 상금을 받는 게임을 하기로 하였다. 게임을 한 번 할 때마다 10만원을 내고 한다면 이 게임을 한 번 할 때마다 얼마의 금액을 벌 것으로 기대되는가?

가. 3만원　　나. 4만원　　다. 5만원　　라. 6만원

04. 어느 농구선수의 자유투 성공률은 70%라고 알려져 있다. 이 선수가 자유투를 20회 던진다면 몇 회 정도 성공할 것으로 기대되는가?

가. 7　　나. 8　　다. 14　　라. 16

05. 4개 중 하나를 선택하는 선다형 문제가 20문항이 있고 각 문항별 배점은 5점이다. 시험 결과 60점 미만은 불합격처리 된다고 한다. 이 시험에서 랜덤하게 답을 써넣은 경우에 합격할 확률을 구하는 식은?

가. $\sum_{x=12}^{20}\binom{20}{x}(0.75)^x(0.25)^{20-x}$　　나. $\sum_{x=11}^{20}\binom{20}{x}(0.75)^x(0.25)^{20-x}$

다. $1-\sum_{x=0}^{11}\binom{20}{x}(0.75)^x(0.25)^{20-x}$　　라. $1-\sum_{x=12}^{20}\binom{20}{x}(0.75)^x(0.25)^{20-x}$

06. 어느 학급 30명의 학생 중 가정에 PC를 보유하고 있는 학생이 20명, 보유하고 있지 않은 학생이 10명 있는 경우, 전체 학생 중 5명을 비복원 랜덤 추출하여 PC를 보유하고 있는 학생 수를 확률변수 X라고 정의하면 확률변수 X의 분포는?

가. 이항분포　　나. 초기하분포　　다. 포아송분포　　라. 정규분포

07. 다음 확률분포 중 확률변수의 성질상 다른 세 분포와 구별되는 것은 ?

가. 이항분포　　나. 다항분포　　다. 포아송분포　　라. 정규분포

08. 어느 대형마트 고객관리팀에서는 다음과 같은 기준에 따라 매일 고객집단을 분류하여 관리한다. 어느 특정한 날 마트를 방문한 고객들의 자료를 분류한 결과 A그룹이 30%, B그룹이 50%, C그룹이 20%인 것으로 나타났다. 이날 마트를 방문한 고객 중 임의로 4명을 택할 때 이 중 3명만이 B그룹에 속할 확률은?

구분	A그룹	B그룹	C그룹
구매금액	20만원 이상	10만원 이상 ~ 20만원 미만	10만원 미만

가. 0.25　　나. 0.27　　다. 0.37　　라. 0.39

09. 어떤 공장에서 생산된 전자제품 중 5개의 표본에서 한 개 이상의 불량품이 발견되면, 그날의 생산된 전 제품을 불합격으로 처리하고 그렇지 않으면 합격으로 처리한다. 이 공장의 생산 공정의 실제 불량률이 0.1일 때, 어느 날 생산된 전 제품이 불합격 처리될 확률은? (단, $9^5=59049$)

가. 0.10745　　나. 0.40951　　다. 0.42114　　라. 0.28672

10. 성공률이 p인 베르누이 시행을 4회 반복하는 실험에서 성공이 일어난 횟수 X의 표준편차는?

가. $2\sqrt{p(1-p)}$　　나. $2p(1-p)$　　다. $\sqrt{p(1-p)}/2$　　라. $p(1-p)/2$

11. 정규분포에 관한 설명으로 틀린 것은?

가. 종모양의 좌우 대칭인 분포이다.

나. 평균, 중위수, 범위는 모두 같다.

다. 분포곡선 아래의 전체 면적인 항상 1이다.

라. 표준편차의 값이 작을수록 평균 근처의 확률이 커지고 표준편차의 값이 커짐에 따라 분포곡선은 가로축이 가깝게 평평해진다.

12. 다음 중 평균이 0이고 분산이 2인 정규분포의 밀도함수 $f(x)$는 어느 것인가?

가. $f(x)=\frac{1}{2\sqrt{2\pi}}e^{x^2/8}$　　나. $f(x)=\frac{1}{2\sqrt{2\pi}}e^{x^2/4}$　　다. $f(x)=\frac{1}{\sqrt{4\pi}}e^{-x^2/8}$　　라. $f(x)=\frac{1}{\sqrt{4\pi}}e^{-x^2/4}$

7.5 표본분포

7.5.1 확률표본과 통계량

유권자가 이십만 명인 진주시에서 시장 후보로 나선 특정 후보의 지지율을 추정하는 문제에 대하여 생각하자. 유권자가 특정 후보를 지지하면 1, 지지하지 않으면 0의 값을 갖는 확률변수를 X라 하면 X의 확률분포는 표 7.5.1과 같다. 여기서 p는 전체 유권자 집단에서 특정 후보의 지지율을 나타내는 모수이다. 표 7.5.1과 같은 분포를 추측하려면 표본 유권자를 추출하고 표본에서 얻은 자료를 근거로 지지율 p를 추정해야 한다. 이제, 랜덤하게 뽑은 한 유권자의 특정 후보 지지여부를 X_1이라 하면 X_1은 확률분포가 표 7.5.1과 같은 확률변수이다. 랜덤하게 추출한 또 다른 유권자의 지지여부를 X_2라 하면 X_2의 분포 역시 표 7.5.1과 같고 X_1과는 서로 독립인 확률변수이다. 마찬가지로 모집단에서 랜덤하게 추출한 n번째로 유권자의 지지 여부를 나타내는 X_n도 확률분포가 표 7.5.1과 같고 다른 변수들과는 서로 독립인 확률변수이다. 이렇게 얻어진 n명의 유권자 각각의 특정 후보에 대한 지지 여부를 $X_1, X_2, \cdots, X_n$이라 하면, 이들은 모두 확률분포가 표 7.5.1로 동일하고 서로 독립인 확률변수들이다. 이와 같이 서로 독립이고 확률분포가 동일한 n개의 확률변수들을 크기 n인 **확률표본**(random sample)이라 한다.

확률변수 X를

$$X=\begin{cases}1, & \text{특정 후보 지지함}\\0, & \text{특정 후보 지지 안함}\end{cases}$$

로 정의하면 X의 분포는 관심 있는 모수가 미지의 지지율 p인 베르누이분포이다. 여기서 모집단으로부터 랜덤하게 추출한 n명의 유권자 각각의 지지여부를 $X_1, X_2, \cdots, X_n$이라 하면, 이들은 서로 독립이고 분포가 베르누이분포로 동일한 확률변수들로 크기 n인 확률표본이다. 실제 표본으로 뽑힌 유권자 1,000명의 특정 후보에 대한 지지여부를 조사한 자료 $\{0_1, 1_2, 1_3, \cdots, 0_{999}, 1_{1000}\}$은 확률표본 $X_1, X_2, \cdots, X_{1000}$의 한 관찰값이다. 이 확률표본의 관측치를 다음과 같은 공식

$$\hat{p}=\frac{1}{n}\sum_{i=1}^{n}X_i$$

에 대입하여 계산한 값이 0.453이었다면, 특정후보의 지지율을 45.3%로 추측하게 된다. 이와 같이 확률표본의 관측치를 요약하는 공식을 **통계량**(統計量, statistic)이라 한다.

표 7.5.1 특정 후보에 대한 지지 여부를 나타내는 X의 확률분포

X(지지 여부)$=x$	0(지지 안함)	1(지지함)
$f_X(x)=P(X=x)$	$1-p$	p

확률표본의 관측치는 실제로 추출된 표본에 따라 달라지므로 그 요약치도 표본에 따라 달라진다. 따라서 요약치로 나타날 수 있는 가능한 값들의 분포, 즉, 표본에 따른 요약치들의 분포를 생각할 수 있다.

확률분포가 동일하고 서로 독립인 n개의 확률변수 $X_1, X_2, \cdots, X_n$을 모집단의 확률분포로부터 추출한 크기 n인 확률표본이라고 하며, 확률표본의 관찰값을 요약하는 공식인 확률표본의 함수를 통계량이라 한다. 통계량은 표본에 따라 다른 값을 갖는 확률변수이므로 확률분포가 존재하는데 이러한 통계량의 확률분포를 **표본분포**(標本分布, sampling distribution)라 한다. 이 절에서는 미지 모수의 추론에 자주 사용되는 통계량들의 확률분포에 대하여 설명하고자 한다.

7.5.2 표본평균의 분포

통계량이 확률분포를 갖는 확률변수임을 확인하여 보자. 예컨대, 숫자 2, 4, 6, 8이 각각 적혀 있는 4개의 공을 모집단이라 하고 공에 적힌 숫자를 확률변수 X라 하면 X의 분포는

$X=x$	2	4	6	8	합계
$P(X=x)$	$\frac{1}{4}$	$\frac{1}{4}$	$\frac{1}{4}$	$\frac{1}{4}$	1.00

이고 확률기둥그래프는 그림 7.5.1과 같다. 이 분포의 중심위치를 나타내는 확률변수 X의 평균 μ와 산포도를 나타내는 분산 σ^2을 구하면

$$\mu=E(X)=5, \quad \sigma^2=Var(X)=5$$

가 된다. 이 분포에서 추출한 확률표본 X_1, X_2는 복원 추출한 두 공에 적힌 숫자들이고, X_1과 X_2의 가능한 값은 각각 2, 4, 6, 8이다. 따라서 (X_1, X_2)의 가능한 경우는 표 7.5.2와 같이 16가지가 된다. 표 7.5.2에서 각 셀의 우측에 있는 값은 표본평균

$$\overline{X}=\frac{1}{2}(X_1+X_2)$$

에 $X_1=x_1$과 $X_2=x_2$를 대입하여

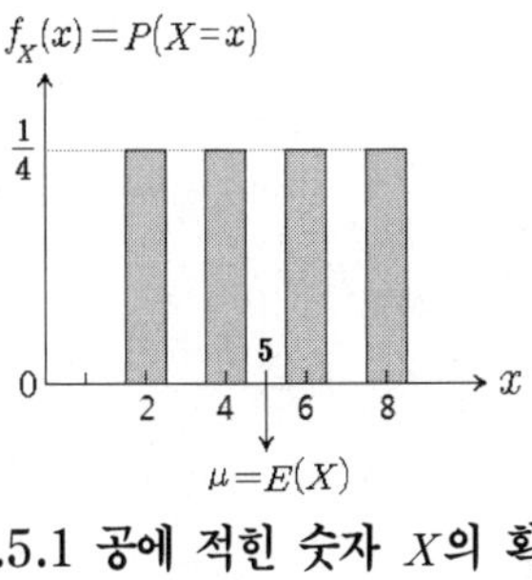

그림 7.5.1 공에 적힌 숫자 X의 확률분포

표 7.5.2 확률표본 (X_1, X_2)의 가능한 경우

$X_1=x_1$ \ $X_2=x_2$	2		4		6		8	
2	(2, 2)	2	(2, 4)	3	(2, 6)	4	(2, 8)	5
4	(4, 2)	3	(4, 4)	4	(4, 6)	5	(4, 8)	6
6	(6, 2)	4	(6, 4)	5	(6, 6)	6	(6, 8)	7
8	(8, 2)	5	(8, 4)	6	(8, 6)	7	(8, 8)	8

표 7.5.3 표본평균 $\overline{X}$의 확률분포

$\overline{X}=\overline{x}$	2	3	4	5	6	7	8	합계
$P(\overline{X}=\overline{x})$	$\frac{1}{16}$	$\frac{2}{16}$	$\frac{3}{16}$	$\frac{4}{16}$	$\frac{3}{16}$	$\frac{2}{16}$	$\frac{1}{16}$	1.00

$$\overline{x}=\frac{1}{2}(x_1+x_2)$$

를 계산한 값이다. 표 7.5.2를 이용하여 표본평균 $\overline{X}$의 확률분포를 구하면 표 7.5.3과 같고, 이 분포의 확률기둥그래프는 그림 7.5.2와 같다. 여기서 표본평균 $\overline{X}$에 대한 확률분포의 중심위치를 나타내는 $\overline{X}$의 평균 $E(\overline{X})$는

$$E(\overline{X})=2\times\frac{1}{16}+3\times\frac{2}{16}+\cdots+8\times\frac{1}{16}=5=\mu$$

로 X의 평균인 모평균과 일치함을 알 수 있다. 또, $\overline{X}$의 분산 $Var(\overline{X})$는

$$Var(\overline{X})=2^2\times\frac{1}{16}+3^2\times\frac{2}{16}+\cdots+8^2\times\frac{1}{16}-5^2=\frac{1}{2}\sigma^2$$

으로 X의 분산인 모분산 $\sigma^2=5$를 표본의 크기 2로 나눈 것과 같다. 따라서 표본평균 $\overline{X}$의 분포는 모평균 μ의 주변에 밀집되어 있는데, 표본의 크기 n이 커짐에 따라 표본평균의 값들이 모평균 근처로 더욱 더 집중되는 경향을 보일 것이라는 점을 암시하고 있다.

일반적으로 평균이 μ, 분산이 σ^2인 분포로부터 추출한 크기 n인 확률표본을 $X_1, X_2, \cdots, X_n$이라 할 때, 이 확률표본의 평균, 즉, 표본평균 $\overline{X}$의 평균과 분산은

$$E(\overline{X})=\mu, \quad Var(\overline{X})=\frac{1}{\sigma^2}$$

이 된다. 이 사실은 표본이 추출된 모집단의 분포와 관계없이 언제나 성립한다. 따라서 표본평균의 관측치들은 모평균을 중심으로 분포하며 그 산포도는 표본의 크기가 커질수록 작아지므로 표본평균이 모평균의 추론에 사용할 수 있는 적절한 통계량임을 암시하고 있다.

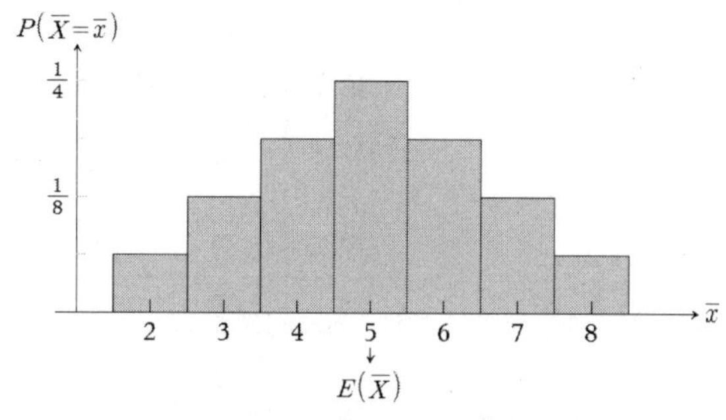

그림 7.5.2 $\overline{X}$의 확률분포

표본평균 $\overline{X}$를 모평균 μ의 추론에 사용할 때 모집단의 확률분포가 주어지면 표본평균의 분포를 구할 수 있고, $1-\alpha$가 주어지면

$$P(|\overline{X}-\mu| \le d)=1-\alpha$$

를 만족하는 d를 구할 수 있다. 즉, 모집단의 확률분포가 주어지면 표본평균의 분포를 구하여 모평균의 추론에 사용되는 표본평균에 대한 오차의 한계를 구할 수 있다.

정규분포 $N(\mu, \sigma^2)$로부터 추출한 크기 n인 확률표본의 평균

$$\overline{X}=\frac{1}{n}\sum_{i=1}^{n}X_i$$

의 분포는 평균이 μ, 분산이 σ^2/n인 정규분포임을 보일 수 있다. 따라서 표준화 확률변수

$$Z=\frac{\overline{X}-\mu}{\sqrt{\sigma^2/n}}=\frac{\overline{X}-\mu}{\sigma/\sqrt{n}}$$

의 분포는 표준정규분포 $N(0,1)$이 된다.

예제 7.5.1

어느 발전소에서 나오는 일일 황화 폐기물의 양은 평균이 61kg이고 표준편차가 10kg인 정규분포를 따른다고 한다. 임의로 4일을 택하여 조사한 황화 폐기물의 총합이 256kg을 넘을 확률을 구하여라.

(풀이)

발전소에서 나오는 일일 황화 폐기물의 양을 확률변수 X라 하면 $X \sim N(61, 10^2)$이고, 4일 동안 조사한 일일 황화 폐기물의 양을 X_1, X_2, X_3, X_4라 하면

$$\overline{X}=\frac{1}{4}\sum_{i=1}^{4}X_i \sim N(61, 10^2/4)$$

이다. 그런데

$$\sum_{i=1}^{4}X_i > 256 \quad \Leftrightarrow \quad \frac{1}{4}\sum_{i=1}^{4}X_i > 256/4 \quad \Leftrightarrow \quad \overline{X} > 64$$

이므로 구하는 확률은 부록의 표준정규분포표를 이용하면 다음과 같다.

$$P(\overline{X} > 64)=P\left(\frac{\overline{X}-61}{5} > \frac{64-61}{5}\right)=P(Z>0.6)=0.2743.$$ ♣

일반적으로 표본이 추출되는 모집단의 확률분포에 대한 가정이 없으면 표본평균의 분포를 유도할 수 없다. 그러나 모집단의 분포가 정규분포를 따르지 않더라도 표본의 크기가 충분히 크면 표본평균의 분포를 정규분포로 근사시킬 수 있다.

평균이 μ, 분산이 σ^2인 분포로부터 추출한 크기 n인 확률표본의 평균을 $\overline{X}$라 할 때, 표본의 크기 n이 충분히 크면 $\overline{X}$의 분포는 근사적으로 평균이 μ, 분산이 σ^2/n인 정규분포를 따른다. 즉, n이 충분히 크면 근사적으로

$$Z=\frac{\overline{X}-\mu}{\sigma/\sqrt{n}}\approx N(0,1)$$

인데, 이를 **중심극한정리**(中心極限定理, central limit theorem)라 한다.

예제 7.5.2

처리된 폐수의 오염지표로 생물학적 산소 요구량(BOD)를 사용한다. M제지공장에서는 정화한 폐수의 BOD가 하루당 3,000, 표준편차가 750이 되도록 설정하였다. 이 회사에서 49회에 걸쳐 측정한 BOD의 평균이 최대 허용 기준치인 3,200 이하일 확률을 구하여라.

(풀이)

중심극한정리에 의하면 $\overline{X}$의 분포가 근사적으로 평균이 μ, 분산이 σ^2/n인 정규분포를 따르므로 구하는 확률은 다음과 같다.

$$P(\overline{X}\le 3200)\approx P\left(Z\le\frac{3200-3000}{750/7}\right)=P(Z\le 1.87)=0.9693.$$ ♣

중심극한정리는 모집단의 확률분포와 무관하게 항상 성립한다. 베르누이분포 $b(1,p)$에서 추출한 크기 n인 확률표본을 $X_1, X_2, \cdots, X_n$이라 하면, 1의 값을 갖는 확률변수들의 개수 $\Sigma_1^n X_i$를 n으로 나눈 표본평균 $\overline{X}$는 1의 값을 갖는 확률변수들의 수에 대한 비율과 일치한다. 즉, 표본비율

$$\hat{p}=\overline{X}=\frac{1}{n}\sum_{i=1}^{n}X_i$$

는 표본평균이므로 표본비율에 대하여 중심극한정리를 적용할 수 있다. 확률변수 X의 확률분포가 $b(1,p)$일 때 $\hat{p}$의 평균과 분산은

$$E(\hat{p})=\frac{1}{n}\sum_{i=1}^{n}E(X_i)=p,$$

$$Var(\hat{p})=\frac{1}{n^2}\sum_{i=1}^{n}Var(X_i)=\frac{p(1-p)}{n}$$

이므로 중심극한정리에 의하면 표본의 크기 n이 충분히 클 때 $\hat{p}$의 분포는 근사적으로 평균이 p, 분산이 $p(1-p)/n$인 정규분포를 따른다. 따라서 다음이 성립한다.

$$Z=\frac{\hat{p}-p}{\sqrt{p(1-p)/n}}\approx N(0,1).$$

예제 7.5.3

남강제약에서 생산되는 당뇨병 치료제의 효율은 60%로 알려져 있다. 랜덤하게 뽑은 100명의 당뇨병 환자에게 이 회사에서 생산한 치료제를 투여하였을 때 70명 이상이 치료될 확률을 구하여라.

(풀이)

100명 중에서 치료된 환자의 비율을 $\hat{p}$이라 하면 중심극한정리에 의하여

$$\hat{p} \approx N(0.6,\, 0.24/100)$$

이므로 구하는 확률은 다음과 같다.

$$P(\hat{p} \geq 0.7) \approx P\left(Z \geq \frac{0.7-0.6}{\sqrt{0.24/100}}\right) = P(Z \geq 2.04) = 0.021.$$ ♣

7.5.3 표본분산의 분포

평균이 μ, 분산이 σ^2인 분포에서 추출한 확률표본 $X_1, X_2, \cdots, X_n$의 평균을 $\overline{X}$라 할 때

$$S^2 = \frac{1}{n-1}\sum_{i=1}^{n}\left(X_i - \overline{X}\right)^2$$

으로 정의하는 **표본분산** S^2의 기댓값은 $E(S^2) = \sigma^2$이므로 σ^2의 추론에 S^2을 이용한다. 이 S^2과 관련된 분포가 카이제곱분포이다. 일반적으로 확률변수 V의 확률밀도함수가

$$f_V(v) = cv^{r/2-1}e^{-v/2}, \quad c>0,\ v>0$$

일 때 V의 분포를 자유도가 r인 **카이제곱분포**라 하고 기호 $\chi^2(r)$로 나타낸다. $\chi^2(r)$의 모습은 자유도 r에 의하여 결정되는데 자유도가 커지면 좌우 대칭인 모양으로 접근한다. 그림 7.5.3은 자유도에 따른 카이제곱분포의 확률밀도함수를 그린 것이다.

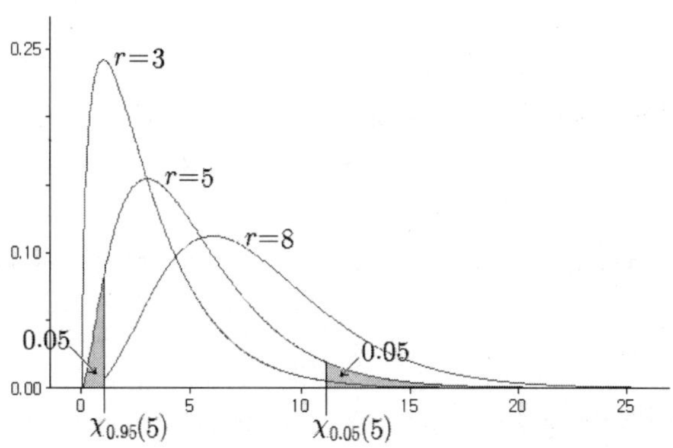

그림 7.5.3 자유도가 $r=3, 5, 8$인 카이제곱분포

확률변수 V의 분포가 $\chi^2(r)$일 때 V의 $100(1-\alpha)$백분위수, 즉, $P(V>v)=\alpha$를 만족하는 값 v는 $\chi^2_\alpha(r)$로 표기한다(그림 7.5.3 참조). 자유도 r과 α의 변화에 따른 $\chi^2_\alpha(r)$은 부록의 χ^2-분포표에 주어져 있다. 확률변수 V의 분포가 $\chi^2(10)$일 때 부록의 χ^2-분포표에 의하면

$$\begin{aligned} P(3.25 \le V \le 20.48) &= P(V \le 20.48) - P(V \le 3.25) \\ &= [1-P(V>20.48)] - [1-P(V \le 3.25)] \\ &= (1-0.025) - (1-0.975) = 0.95 \end{aligned}$$

이고, $P(V>v)=0.05$를 만족하는 v는 $v=\chi^2_{0.05}(10)=18.31$이 된다.

분포이론에 의하면 $Z\sim N(0,1)$일 때 Z^2의 분포는 $\chi^2(1)$이므로 $N(\mu,\sigma^2)$에서 추출한 크기 n인 확률표본 $X_1,X_2,\cdots,X_n$의 표본평균을 $\overline{X}$, 표본분산을 S^2이라 하면

$$X_i \sim N(\mu,\sigma^2) \Rightarrow Z_i^2 = \left(\frac{X_i-\mu}{\sigma}\right)^2 \sim \chi^2(1),$$

$$\overline{X} \sim N(\mu,\sigma^2/n) \Rightarrow Z^2 = \left(\frac{\overline{X}-\mu}{\sigma/\sqrt{n}}\right)^2 \sim \chi^2(1)$$

이 된다. 또한, 카이제곱분포를 따르고 서로 독립인 확률변수들의 합은 자유도가 각 카이제곱분포의 자유도의 합인 카이제곱분포를 따른다. 따라서

$$\sum_{i=1}^n Z_i^2 = \sum_{i=1}^n \left(\frac{X_i-\mu}{\sigma}\right)^2 = \frac{1}{\sigma^2}\sum_{i=1}^n (X_i-\overline{X})^2 + \left(\frac{\overline{X}-\mu}{\sigma/\sqrt{n}}\right)^2 \sim \chi^2(n),$$

$$\frac{(n-1)S^2}{\sigma^2} \sim \chi^2(n-1)$$

이 성립함을 보일 수 있다.

7.5.4 t-분포와 F-분포

(1) t-분포

정규분포 $N(\mu,\sigma^2)$에서 추출한 확률표본의 표본평균 $\overline{X}$를 표준화한

$$Z = \frac{\overline{X}-\mu}{\sigma/\sqrt{n}}$$

는 표준정규분포를 따르지만 σ^2이 미지인 경우에 σ를 표본표준편차 S로 대체한

$$T = \frac{\overline{X}-\mu}{S/\sqrt{n}}$$

는 정규분포를 따르지 않는다. 분포이론에 의하면 $Z\sim N(0,1)$와 $V\sim\chi^2(r)$인 두 확률변수가 서로 독립일 때 다음과 같은 확률변수

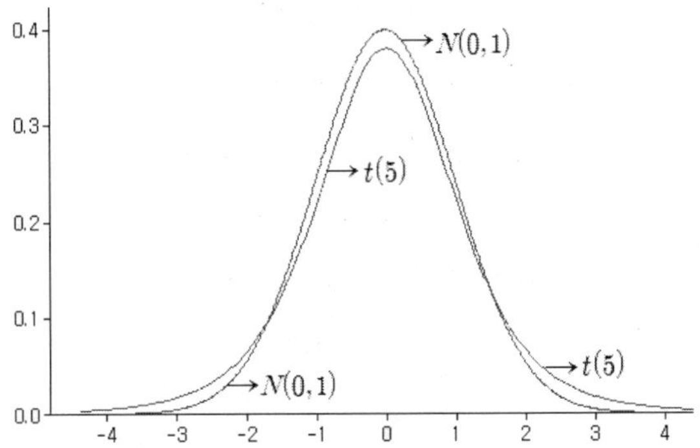

그림 7.5.4 $t(5)$**와** $N(0,1)$**의 비교**

$$T=Z\sqrt{\frac{r}{V}}$$

의 분포를 자유도가 r인 t-분포라 하며 기호 $t(r)$로 표기한다.

1908년에 영국의 통계학자 W. S. Gosset이 Student라는 필명으로 t분포를 발표하였다. 이런 연유로 t-분포를 Student의 t-분포라 부르기도 한다. 자유도가 r인 t-분포는 0을 중심으로 좌우 대칭인 형태로 표준정규분포와 유사한 모습인데 정규분포에 비하여 꼬리부분이 더 두터운 모양이다. 그림 7.5.4는 $t(5)$와 $N(0,1)$의 확률밀도함수를 함께 그린 것이다. $t(r)$은 자유도 r에 따라 그 모습이 변하는데 자유도가 $r\to\infty$일 때의 t-분포는 표준정규분포와 일치한다. 따라서 표본의 크기 n이 충분히 크면 $t(r)$의 근사분포로 표준정규분포를 사용할 수 있다.

$T\sim t(r)$일 때 그림 7.5.5와 같이 t-분포의 $100(1-\alpha)$백분위수를 $t_\alpha(r)$로 나타내면

$$P\left[T>t_\alpha(r)\right]=\alpha$$

이고, t-분포는 좌우 대칭이므로

$$P\left[T<-t_\alpha(r)\right]=\alpha$$

가 된다. 자유도 r과 α의 변화에 따른 $t_\alpha(r)$는 부록의 t-분포표에 주어져 있다. 부록의 t-분포표

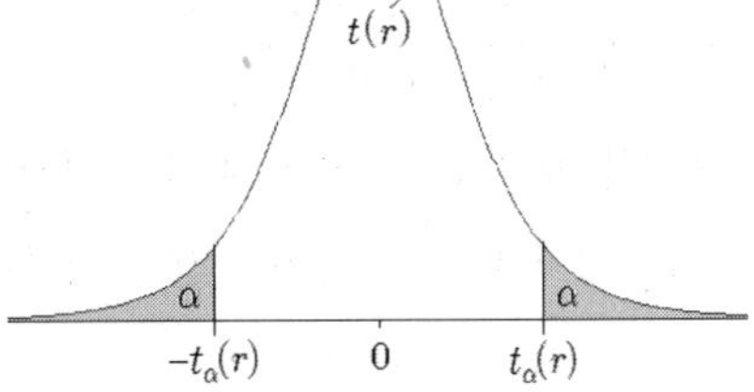

그림 7.5.5 $P(T<-t_\alpha(r))=P(T>t_\alpha(r))=\alpha$

에서 자유도가 $r=20$이고 $\alpha=0.025$일 때의 값이 2.086인데 이는

$$t_{0.025}(20)=2.086$$

임을 나타내고, 확률변수 T가 자유도 $r=20$인 t-분포를 따를 때

$$P(T\geq 2.086)=0.025$$

임을 의미한다. 또한, t-분포는 $T=0$에 대하여 좌우 대칭이므로

$$t_{0.95}(20)=-t_{0.05}(20)=-1.725$$

가 된다.

정규분포 $N(\mu,\sigma^2)$에서 추출한 크기 n인 확률표본의 표본평균을 $\overline{X}$, 표본분산을 S^2이라 하면

$$Z=\frac{\overline{X}-\mu}{\sigma/\sqrt{n}}\sim N(0,1),\quad V=\frac{(n-1)S^2}{\sigma^2}\sim\chi^2(n-1)$$

이므로 t-분포의 정의에 의하면

$$T=Z\sqrt{\frac{n-1}{V}}=\frac{\overline{X}-\mu}{S/\sqrt{n}}$$

의 분포는 자유도가 $n-1$인 t-분포이다.

(2) F-분포

두 정규모집단의 모평균을 비교하는 문제에 대하여 생각하자. 서로 독립인 정규분포 $N(\mu_X,\sigma_X^2)$과 $N(\mu_Y,\sigma_Y^2)$의 모평균의 비교에는 각 분포에서 추출한 표본평균을 이용한다. $N(\mu_X,\sigma_X^2)$에서 추출한 크기 n인 확률표본의 평균과 분산을 $\overline{X}$와 S_X^2, $N(\mu_Y,\sigma_Y^2)$에서 추출한 크기 m인 확률표본의 평균과 분산을 $\overline{Y}$와 S_Y^2이라 하면

$$\frac{(n-1)S_X^2+(m-1)S_Y^2}{\sigma^2}\sim\chi^2(n+m-2),$$

$$\frac{(\overline{X}-\overline{Y})-(\mu_X-\mu_Y)}{\sigma\sqrt{n^{-1}+m^{-1}}}\sim N(0,1),\quad \frac{(\overline{X}-\overline{Y})-(\mu_X-\mu_Y)}{S_p\sqrt{n^{-1}+m^{-1}}}\sim t(n+m-2)$$

임을 보일 수 있다. 여기서 S_p^2은

$$S_p^2=\frac{(n-1)S_X^2+(m-1)S_Y^2}{n+m-2}$$

이다. 두 정규모집단의 분산을 비교할 때 분산의 비(比)에 대한 추론에 이용되는 분포로 F-분포가 있다. 분포이론에 의하면 $V_1\sim\chi^2(\nu_1)$과 $V_2\sim\chi^2(\nu_2)$가 서로 독립일 때 확률변수

$$F=\frac{V_1/\nu_1}{V_2/\nu_2}$$

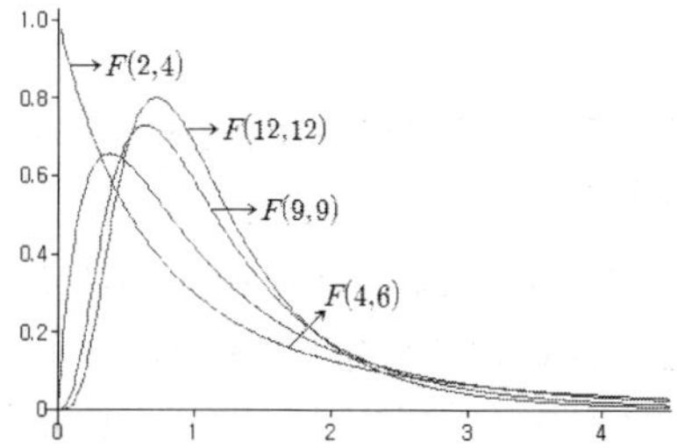

그림 7.5.6 $F(\nu_1, \nu_2)$의 확률밀도함수

의 분포를 분자의 자유도가 ν_1, 분모의 자유도가 ν_2인 F-분포라 하며 기호 $F(\nu_1, \nu_2)$로 표기한다. F-분포 $F(\nu_1, \nu_2)$는 그림 7.5.6처럼 왼쪽으로 편중된 모습이지만 분자, 분모의 자유도가 커짐에 점차 대칭적인 모습으로 접근한다. F-분포의 제 $100(1-\alpha)$백분위수, 즉, $P(F \geq c) = \alpha$를 만족하는 값 c는 $F_\alpha(\nu_1, \nu_2)$로 표기한다. 분자, 분모의 자유도 ν_1과 ν_2 및 α의 변화에 따른 $F_\alpha(\nu_1, \nu_2)$는 부록의 F-분포표에 주어져 있다.

F-분포의 성질에 의하면 $F \sim F(\nu_1, \nu_2)$일 때 $F^{-1} \sim F(\nu_2, \nu_1)$이 성립한다. 따라서

$$F_{1-\alpha}(\nu_2, \nu_1) = \frac{1}{F_\alpha(\nu_1, \nu_2)}$$

의 관계가 성립함을 알 수 있다. 예컨대, 부록의 F-분포표에 의하면 $F_{0.10}(3,4) = 4.19$이므로

$$F_{0.90}(4,3) = \frac{1}{F_{0.10}(3,4)} = \frac{1}{4.19} = 0.24$$

가 된다.

두 모집단의 모분산의 비 σ_X^2/σ_Y^2에 대한 추론에서는 표본분산의 비 S_X^2/S_Y^2을 이용한다. 서로 독립인 분포 $N(\mu_X, \sigma_X^2)$과 $N(\mu_Y, \sigma_Y^2)$에서 추출한 크기 n과 m인 확률표본의 표본분산을 각각 S_X^2과 S_Y^2이라 할 때

$$V_1 = \frac{(n-1)S_X^2}{\sigma_X^2} \sim \chi^2(n-1), \quad V_2 = \frac{(m-1)S_Y^2}{\sigma_Y^2} \sim \chi^2(m-1)$$

이므로 확률변수

$$F = \frac{V_1/(n-1)}{V_2/(m-1)} = \frac{S_X^2/\sigma_X^2}{S_Y^2/\sigma_Y^2}$$

의 분포는 분자의 자유도가 $n-1$, 분모의 자유도가 $m-1$인 F-분포를 따른다. 따라서 $\sigma_X^2 = \sigma_Y^2$이면

$$F = \frac{S_X^2}{S_Y^2} \sim F(n-1, m-1)$$

이 된다. 그리고 $T \sim t(r)$이면 $T^2 \sim F(1, r)$이다.

연습문제 7.5

01. 모평균과 모분산이 각각 μ와 σ^2인 무한모집단으로부터 추출한 크기 n인 랜덤표본의 평균 $\overline{X}_n$의 확률분포에 대한 설명에서 틀린 것은?

가. $\overline{X}_n$의 기댓값은 표본의 크기 n에 관계없이 항상 모평균 μ와 같으나 $\overline{X}_n$의 표준편차는 표본의 크기 n이 커짐에 따라 점점 작아져 0으로 가까이 가게 된다.

나. 모집단의 확률분포가 정규분포이면 $\overline{X}_n$ 역시 정규분포를 따른다.

다. 모집단의 분포가 무엇이든 관계없이 $\overline{X}_n$은 평균이 μ이고 분산이 σ^2/n인 정규분포를 따른다.

라. 모집단의 확률분포가 좌우 비대칭인 분포이면 $\overline{X}_n$의 확률분포는 정규분포를 따르지 않는다.

02. 다음은 무엇에 관한 설명인가?

평균이 μ, 분산이 σ^2인 모집단으로부터 추출한 크기 n인 랜덤표본의 평균 $\overline{X}$의 확률분포는 n이 충분히 크면 근사적으로 정규분포 $N(\mu, \sigma^2/n)$을 따른다.

가. 중심극한정리　　나. 정규분포　　다. 이항분포　　라. 표본분포

03. 표준정규분포를 따르는 확률변수의 제곱은 어떤 분포를 따르는가?

가. t-분포　　나. 정규분포　　다. F-분포　　라. 카이제곱분포

04. $X_1, X_2, \cdots, X_9$이 $N(\mu, \sigma^2)$에서 추출한 크기 9인 확률표본일 할 때, $\sum_{i=1}^{9}(X_i-\mu)^2/\sigma^2$의 확률분포는?

가. 정규분포　　나. 자유도가 9인 χ^2-분포

다. 자유도가 8인 χ^2-분포　　라. 자유도가 9인 t-분포

05. A아파트에 설치된 승강기는 적재중량 한계가 1,120kg, 승차정원은 성인 16명이라고 되어 있다. 우리나라 성인의 몸무게는 평균 69kg, 표준편차가 4kg인 정규분포를 따른다고 하자. 이 때 무작위로 승강기에 탄 성인 16명의 몸무게가 적재중량 한계를 초과할 확률은 얼마인가?

(단, $P(Z>0.5)=0.309$, $P(Z>1.0)=0.159$, $P(Z>2.0)=0.023$, $P(Z>4.0)=0.000$)

가. 0.309　　나. 0.159　　다. 0.023　　라. 0.000

06. 확률변수 X의 분포는 자유도가 각각 a와 b인 $F(a, b)$를 따를 때, $Y=1/X$의 분포는 무엇인가?

가. $F(a, b)$　　나. $F(1/a, 1/b)$　　다. $F(b, a)$　　라. $F(1/b, 1/a)$

07. 앞면이 나올 확률이 0.5인 동전을 n번 던질 때 앞면이 나타난 비율 $\hat{p}_n$에 대한 설명으로 틀린 것은?

가. $\hat{p}_{100}=\hat{p}_{1000}$이다.　　나. $\hat{p}_n$의 분산은 $1/(4n)$이다.

다. $n\hat{p}_n$의 분포는 이항분포 $b(n, 0.5)$를 따른다.

라. n이 커짐에 따라 $\hat{p}_n$의 확률분포는 근사적으로 정규분포를 따른다.

08. 다음 t-분포의 특징을 설명한 것 중 잘못된 것은?

가. 자유도가 커질수록 정규분포에 가까워진다.　　나. t-분포 곡선은 대칭곡선을 이룬다.

다. t-분포는 큰 표본에 많이 이용되는 분포곡선이다.

라. t-분포는 자유도에 따라 변하며 자유도가 작아질수록 평평한 정도가 커지고 옆쪽으로 벌어진다.

제8장

통계적 추론

8.1 추정과 검정

연구대상 모집단의 개체에 대한 관심사(특성)를 측정하기 위한 확률변수를 정의하면 이 확률변수의 확률분포가 모집단의 분포이므로 모집단의 특성에 대한 추론이란 모집단의 관심 변수에 대한 확률분포의 특성을 추론함을 의미한다. 예컨대, 모집단의 분포가 정규분포를 따른다고 할 때 정규분포는 평균과 분산에 의하여 기술된다. 따라서 평균이나 분산이 미지이면 모집단에서 추출한 확률표본으로부터 평균과 분산을 추측하여 정규분포를 단 하나로 결정해야 한다. 이와 같이 모집단에 대한 확률분포를 가정하고 모집단에서 추출한 확률표본으로부터 확률분포를 단 하나로 결정하는 미지모수(평균, 분산 등)를 추측하는 과정을 통계적 추론(statistical inference)이라 한다.

일반적으로 모집단의 관심변수에 대하여 가정하는 확률분포는 미지모수를 포함하는 함수식으로 표현된다. 따라서 통계적 추론은 가정된 분포의 미지모수에 대한 추론이라 할 수 있다. 전통적인 통계적 추론에서는 확률변수 X의 확률분포함수를 함수식이 알려진 $f_X(x;\theta)$로 가정하고 미지모수 θ의 값에 대하여 추론한다. 통계적 추론은 미지모수의 추정(estimation)과 모수에 대한 가설검정으로 나눌 수 있다. 먼저 미지모수의 추정에 대하여 알아보자.

8.1.1 추정

미지모수의 추정은 점추정과 구간추정으로 구분할 수 있다. 확률분포 $f_X(x;\theta)$로부터 추출한 크기 n인 확률표본을 $X_1, X_2, \cdots, X_n$이라 할 때, 표본을 요약한 통계량 $T=t(X_1, X_2, \cdots, X_n)$에 표본의 관측값 $x_1, x_2, \cdots, x_n$을 대입하여 구한 하나의 값으로 θ를 추측하는 것을 **점추정**이라 하고, 두 통계량에 표본의 관측값을 대입하여 계산한 값

$$L=t_1(x_1, x_2, \cdots, x_n)=l \text{과 } U=t_2(x_1, x_2, \cdots, x_n)=u$$

를 이용하여 θ가 구간 $l<\theta<u$에 속한다고 추측하는 것을 **구간추정**이라 한다.

θ의 추정에 사용되는 통계량을 **추정량**(estimator), 추정량의 식에 표본의 관찰값을 대입하여 구한 값을 **추정치**(estimate)라 하는데, 확률표본의 함수로 표현되는 통계량은 무수히 많이 있으므로 어떤 통계량을 모수의 추정량으로 사용할 것인가를 결정해야 한다. θ의 추정량으로 사용될 수 있는 통계량들 중에서 θ에 가장 "**근접**(close)"하여 분포하는 통계량 T를 구하는 방법은 명백하지 않고, 가능한 추정량들이 너무 많기 때문에 가능한 추정량들의 범위를 적절한 성질을 갖는 통계량들로 제한하고, 그들 중에서 θ에 주변에 가장 집중되어 분포하는 통계량을 추정량으로 결정하는 방법이 보편화되어 있다.

직관적으로 보면, θ를 중심으로 그 주변에 밀집되어 분포하는 통계량 T의 관측치가 $\theta+b$를 중

심으로 분포하는 통계량 T^*의 관측치보다 θ에 근접하여 나타날 가능성이 높을 것이다. 따라서 분포의 중심위치가 모수 θ인 통계량들을 우선 고려한다. 통계량 T가 θ의 추정량일 때, θ의 모든 가능한 값에 대하여 $E(T)=\theta$이면 T를 θ에 대한 **비편향**(非偏向, unbiased) **추정량**이라 한다. 예컨대, 평균이 μ, 분산이 σ^2인 분포에서 추출한 확률표본의 표본평균 $\overline{X}$와 표본분산 S^2은

$$E(\overline{X})=\mu, \quad E(S^2)=\sigma^2$$

이므로 모집단의 분포와 관계없이 μ와 σ^2에 대한 비편향추정량이다. 비편향추정량이 아닌 추정량은 **편향추정량**(biased estimator)이라 한다. 추정량 T가 θ에 대한 편향추정량이면

$$E(T)=\theta+b, \quad b\neq 0$$

이 되고, b를 추정량 T의 **편의**(偏倚) 또는 **편향**(bias)이라 한다.

추정량 T를 이용하여 미지모수 θ를 추정할 때는 반드시 추정오차를 제시해야 한다. 추정량 T의 오차 $T-\theta$에 대한 측도로는 **평균제곱오차**(mean squared error)라 부르는

$$\text{MSE}(T)=E\left[(T-\theta)^2\right]$$

를 사용한다. 추정량 T가 모수 θ에 대한 비편향추정량이면 $E(T)=\theta$이므로

$$\text{MSE}(T)=E\left[(T-\theta)^2\right]=E\left[\left(T-E(X)\right)^2\right]=Var(T)$$

가 된다. 따라서 가능한 추정량으로 비편향추정량만을 고려하면 추정량의 오차에 대한 측도로 추정량의 분산을 사용할 수 있다. θ의 비편향추정량 T의 분산 $Var(T)$는 T의 가능한 값들이 θ를 중심으로 그 주변에서 퍼져있는 산포를 크기이므로 분산이 작은 비편향추정량일수록 θ의 주변에 더욱 밀집되어 분포한다. 따라서 비편향추정량의 분산을 비교하여 분산이 작은 추정량을 θ의 추정량으로 선택한다. 일반적으로 T_1과 T_2가 모수 θ에 대한 비편향추정량일 때

$$Var(T_1) \leq Var(T_2)$$

이면 T_1이 T_2보다 **더 유효한** 또는 **효율적인 추정량**(more efficient estimator)이라 한다. θ에 대한 모든 비편향추정량들 중에서 분산이 가장 작은 추정량을 **최소분산 비편향 추정량**이라 한다.

한편, θ의 추정량 T_n은 표본의 크기 n에 종속되어 있는데 직관적으로 표본의 크기 n이 커지면 T_n은 θ로 근접해가야 한다. 크기 n인 확률표본의 함수 $T_n=t(X_1, X_2, \cdots, X_n)$이 θ의 추정량일 때

$$\forall\varepsilon>0, \ \lim_{n\to\infty} P(|T_n-\theta|<\varepsilon)=1$$

이면 T_n을 θ에 대한 **일치추정량**(consistent estimator)이라 한다.

또한, 통계량 T는 표본에 내재된 정보를 요약하는 것이므로 추정량으로 사용되는 T에는 표본에 포함되어 있는 θ에 관한 모든 정보가 포함되어 있어야 한다. 이런 성질을 지닌 통계량을 **충분통계량**(sufficient estimator)이라 한다. 통상적으로 비편향성, 유요성, 일치성, 충분성의 네 성질을

만족하는 통계량을 추정량으로 사용한다. 평균이 μ, 분산이 σ^2인 분포에서 추출한 확률표본의 표본평균 $\overline{X}$는 모집단의 분포와 관계없이 네 성질을 모두 만족하는 통계량임이 알려져 있다. 이런 이유로 모평균의 추정량으로 표본평균이 주로 이용되고 있다. 그러나 네 성질을 만족하는 추정량이 가장 좋은 추정량이라는 것은 아니다.

θ의 참값은 미지이므로 θ의 추정량 T에 대한 오차 $T-\theta$는 직접 계산할 수 없다. 그러나 적당한 α값이 주어지면 T의 확률분포로부터

$$P\left(|T-\theta|<d\right)=1-\alpha$$

를 만족하는 d를 구할 수 있다. 이 d를 신뢰수준 $100(1-\alpha)\%$에서 추정량 T에 대한 오차의 한계라 한다. 그런데, 위의 식은

$$P\left(T-d<\theta<T+d\right)=1-\alpha$$

와 같은 식으로 고쳐 쓸 수 있다. 이 식에서 구해지는 구간

$$T-d<\theta<T+d$$

를 신뢰수준이 $100(1-\alpha)\%$인 θ의 신뢰구간이라 한다. 신뢰수준이 $100(1-\alpha)\%$로 주어지면 추정량 T에 대한 분포의 제 $100(1-\alpha/2)$백분위수를 주어진 신뢰수준에 대한 **신뢰계수**라 한다.

일반적으로 추정량 T에 대한 오차의 한계 d는 다음과 같은 식

$$d=(\text{신뢰계수})\times(\text{추정량의 표준편차})$$

으로 표현된다. 추정량 T의 표준편차를 **표준오차**(standard error)라 하며, 기호 $s.e(T)$로 표기한다. 따라서 추정량 T에 대한 오차의 한계 d는

$$d=(\text{신뢰계수})\times s.e(T)$$

이므로 θ에 대한 신뢰구간의 상, 하한은

$$T\pm d=T\pm(\text{신뢰계수})\times s.e(T)$$

이 되고, 신뢰계수는 T의 분포와 주어진 신뢰수준에 따라 결정된다.

8.1.2 가설검정

자연이나 사회현상의 연구에서는 관심의 대상을 설명할 수 있는 모형을 설정하고 설정한 모형을 검정하게 된다. 모형의 검정은 연역적 논리에 의한 검정과 관측된 자료를 근거로 하는 검정으로 나눌 수 있다. 통계학에서의 모형 검정은 관측된 자료에 의한 검정으로 경험적 사실로부터 귀납적 논리에 의하여 유추해낸 잠정적인 것이다. 이런 관점에서 귀납적 논리로 입증하려는 명제적 진술을 **가설**(假說, hypothesis)이라 부르며, 논리적 검정과 구별하여 "통계적 가설검정" 또는 간단히 "가설검정"이라 한다. 통계적 가설검정에서는 관측된 결과가 가정한 모형(가설)과 아주 다르게

나타나면 가설을 버리고 그렇지 않으면 관측된 결과가 설정한 가설이 틀렸다는 것을 입증하지 못한다고 판단한다.

가설은 형사사건의 재판에서 검사의 주장과 흡사하다. 피고가 유죄라고 하는 검사의 주장은 증거를 통해서만 입증될 수 있는 가설이다. 검사의 주장과 같이 입증하려는 새로운 주장(가설)을 통계학에서는 **대립가설**(對立假說, alternative hypothesis)이라 한다. 형사재판에서 피고는 유죄판결이 있기 전까지 무죄로 취급되도록 법으로 보장되어 있다. 따라서 피고가 유죄라는 검사의 주장에 상반되는 피고가 무죄라는 주장이 존재하는데 이런 가설을 **귀무가설**(歸無假說: null hypothesis)이라 한다. 귀납적 논리에 의한 가설검정에는 서로 상반되는 두 가지 가설이 쌍으로 존재한다. 그런데, 피고가 스스로 무죄임을 증명할 필요는 없고 유죄를 입증할 증거는 검사가 제시하여야 하고 증거가 불충분하면 피고는 자동적으로 본연의 위치인 무죄로 판결된다. 즉, 유죄를 입증하지 못하면 무죄는 저절로 성립된다. 따라서 피고인이 실제로 유죄인가의 여부와 관계없이 피고가 유죄라는 주장(가설)은 받아들여질 수도 있고 기각될 수도 있다. 피고가 유죄임을 주장하는 검사는 기소의 목적을 달성하기 위하여 스스로 증거를 수집해야 하듯이 가설검정에서는 새 주장인 대립가설을 입증하기 위하여 통계적 방법으로 자료(증거)를 수집해야 한다. 수집된 자료에 의하여 대립가설이 충분히 입증되지 못하면 귀무가설을 기각할 수 없다.

일반적으로 확률변수 X의 확률분포 $f_X(x;\theta)$에 대한 가정

$$H: f_X(x;\theta)=f_X(x;\theta_0),\ \theta_0\in\Theta_0$$

를 **통계적 가설**(statistical hypothesis)이라 한다. 여기서 Θ_0는 θ의 영역 Θ의 부분집합이다. 확률변수 X의 확률분포 $f_X(x;\theta)$에 대한 함수식이 알려져 있고 모수만 결정되지 않은 것으로 가정하면 통계적 가설은 모수 θ의 수식인 $H:\theta\in\Theta_0$의 형태로 표현된다.

가설검정의 목적은 모집단의 분포에 어떤 변화가 일어났는가를 탐지해 내자는 것인데, 전통적으로 변화가 있다는 뚜렷한 증거가 관측되지 않는다면 변화가 없다는 쪽을 고수하려 한다. 따라서 "분포에 변화가 없다."는 의미를 지닌 모수의 수식을 귀무가설로 설정하고, 이 가설을 부정하는 쪽으로 대립가설을 세운다. 가설 $H:\theta\in\Theta_0$에 의하여 확률변수 X의 분포가 단 하나로 결정되면 그 가설을 **단순가설**이라 하고, 분포가 단 하나로 결정되지 않는 가설을 **복합가설**이라 한다.

예제 8.1.1

비타민 C의 감기예방 효과를 확인하기 위하여 다음과 같은 실험을 실시한다고 하자.

> "건강상태가 비슷한 240명의 지원자를 랜덤하게 두 집단으로 나누어 집단 1에는 하루에 1000㎎(이 양은 미국에서 성인에게 추천된 하루 섭취량의 16.7배임)의 비타민 C를 투여하고, 집단 2에는 비타민 C와 모양은 같지만 내용물에 비타민 C가 들어 있지 않은 僞藥(placebo)을 투여한다."

이 실험에서 집단 1이 실험집단이고 집단 2가 대조집단인데, 실험대상자는 자신이 어느 집단에 속했는지를 모르게 해야 하며 실험대상자의 건강상태를 검진하는 의사도 각 실험대상자에게 어떤 처리가 가해졌는지를 모르게 해야 한다. 이런 방법이 실험에서의 이중눈가림기법이다. 이 실험에서 감기에 영향을 줄 수 있는 요인들인 나이, 직업, 흡연습관 등은 두 집단이 비슷한 형태의 분포를 하고 있는 것으로 가정한다. 한 겨울 3개월 동안 두 집단을 정기적으로 검진하였더니 감기환자가 실험집단에서는 24명, 대조집단에서는 42명이었다고 한다. 이 실험결과를 보면 비타민 C를 복용한 실험집단이 대조집단에 비해 감기환자가 15% 적은 것으로 나타났는데, 이 결과를 근거로 비타민 C가 감기 예방에 효과가 있다고 할 수 있는가?

(풀이)

이 문제를 통계적 가설검정의 문제로 바꾸어 보자. 실험집단과 대조집단에 대한 감염율의 참값을 각각 p_1과 p_2라 할 때

"비타민 C가 감기 예방에 효과가 있다고 말할 수 있다."

라는 주장은

"비타민 C를 투여하면 $p_1<p_2$이다."

와 같은데, 이 주장에는 뚜렷한 증거를 제시하지 못하면 비타민 C를 투여해도 $H_0: p_1=p_2$임을 고수하겠다는 주장이 대응된다. 문제는 p_1과 p_2의 관측치 $\hat{p}_1$과 $\hat{p}_2$의 차이가 15%라는 증거에 의하여 비타민 C의 효과가 있다는 새로운 주장 $H_1: p_1<p_2$의 채택여부를 판단하라는 것이다. 여기서 비타민 C의 효과가 있다는 주장이 대립가설 $H_1: p_1<p_2$이고, 대립가설이 거짓이라는 주장이 주장이 귀무가설 $H_0: p_1=p_2$인데 H_0는 단순가설이고, H_1은 복합가설이다.

H_0와 H_1이 수학적 명제이면 논리적으로 "H_0는 참이고 H_1은 거짓이다."라 하면 그만이지만 통계적 사고에 의하면 H_0가 참일 수도 있고 H_1이 참일 수도 있다.(왜?) 그래서 H_0와 H_1을 명제라 하지 않고 가설이라고 부른다. 비타민 C의 감기예방 효과를 적극적으로 주장하고 나선 홍길동이 없었다면 세상은 H_0인 상태로 조용하다. 홍길동이 실험을 통해서 H_1에 대한 믿을만한 증거를 제시하지 못하면 잠시 시끌벅적하다가 "별 것 아니군."하며 원상태(H_0)로 되돌아가 조용해진다. 그래서 원상태로 되돌아가는 가설이라는 의미로 H_0를 귀무가설이라 하고, 여기에 대립하는 새로운 주장이라는 의미로 H_1을 대립가설이라 부른다.

H_0의 기각여부는

"비타민 C의 효과가 없는데도 우연히 감염율의 차이가 15% 이상"

일 확률에 의하여 판단할 수 있다. 분포이론에 의하면 $p_1=p_2$일 때

$$P(|\hat{p}_1-\hat{p}_2|\geq 0.15)=0.0094$$

인데, 이 확률의 의미는 $p_1=p_2$, 즉, 비타민 C의 효과가 없는데 우연히 15%이상 차이가 나는 경우는 같은 실험을 100번 하였을 때 기껏해야 1번 정도 관찰될 수 있는 희귀한 사건이라는 것이다. 그럼에도 불구하고 15%의 차이가 관찰되었으므로 이것을 우연이라고 말할 수는 없고 비타민 C의 효과 때문이라고 할 수밖에 없다. 따라서 감기예방을 위하여 비타민 C를 다량으로 복용하는 것은 의미가 있다고, 즉, 통계적으로 유의미(有意味)하다고 할 수 있다. 이와 같이 관측된 사건이 우연히 일어날 확률이 아주 작다면 실험단위에 가해지는 처리가 의미를 지닐 수 있다는 측면에서 그 확률을 **유의확률**(significant probability)이라 부른다. ♣

예제 8.1.1에서 $\hat{p}_1$과 $\hat{p}_2$의 차이가 c이상일 때, 즉,

$$\left|\hat{p}_1-\hat{p}_2\right| \geq c$$

이면 H_0를 기각하고 비타민 C의 효과를 인정할 때 $\hat{p}_1-\hat{p}_2$를 가설 H_0에 대한 H_1을 검정하기 위한 **검정통계량**(test statistic)이라 하고, 귀무가설 H_0를 기각할 수 있는 검정통계량 $\hat{p}_1-\hat{p}_2$의 영역 C를 검정의 **기각역**(rejection region) 또는 위험역(critical region)이라 한다. 결국, 가설검정이란 검정에 이용할 검정통계량 T의 영역 R_T에서 귀무가설 H_0를 기각할 영역인 R_T의 부분집합 C를 결정하는 것이다.

검정통계량 T의 관측값 t_0가 기각역 C에 속하면 H_0를 기각하는 검정에서 실제로 H_0가 참인데 관찰값 t_0가 C에 속해서 H_0를 기각하거나, 반대로 H_1가 참인데 t_0가 C에 속하지 않아서 H_1을 기각하는 오류를 범할 수 있다. 가설검정에서는 확률표본의 관측치를 근거로 H_0를 기각하거나 H_1을 기각하게 되므로 H_0 또는 H_1의 어느 것이 참인가에 따라 필연적으로 두 종류의 오류가 발생한다. 하나는 귀무가설 H_0가 참인데 H_0를 기각하는 오류로, 이 오류를 **제 1종 오류**(Type I error)라 한다. 제 1종 오류를 범할 확률은 α로 나타낸다. 또 다른 하나는 대립가설 H_1이 참인데도 H_1을 기각하는 오류인데, 이 오류를 **제 1종 오류**(TypeⅡ error)라 한다. 제 2종 오류를 범할 확률은 β로 나타낸다. 가설검정에서 발생하는 오류는 형사재판의 판결에서 발생할 수 있는 오판과 같은 것으로 제 1종 오류는 무죄인 피고인을 유죄로 판결하는 오류이고, 제 2종 오류는 유죄인 피고인을 무죄로 판결하는 오류와 같다. 어느 오판이 더 심각한 오판이라고 할 수 있는가? 표 8.1.1은 가설검정

표 8.1.1 검정의 오류

검정 결과 \ 실제 현상	H_0가 참	H_1이 참
H_0를 기각	제 1종 오류	옳은 결정
H_1을 기각	옳은 결정	제 2종 오류

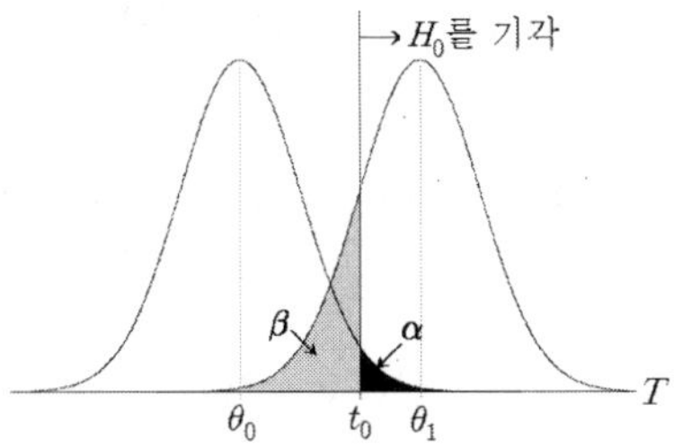

그림 8.1.1 기각역이 $C=\{T\geq t_0\}$일 때, 두 종류 오류를 범할 확률

에서 발생할 수 있는 두 종류의 오류를 정리한 것이다. 검정통계량 T에 의한 검정의 기각역이 C일 때, 제1종 오류 및 제2종 오류를 범할 확률 α와 β는 다음과 같은 식

$$\alpha=P(T\in C\mid H_0:\theta\in\Theta_0),\quad \beta=P(T\in C^{C}\mid H_1:\theta\in\Theta_1)$$

으로 표현된다. 그림 8.1.1에 단순대립가설 $H_1:\theta=\theta_1$에 대한 단순귀무가설 $H_0:\theta=\theta_0<\theta_1$의 검정에서 기각역이 $C=\{T\geq t_0\}$일 때 두 종류의 오류를 범할 확률 α와 β를 도시되어 있다.

가설검정에는 언제나 두 종류의 오류가 발생하므로 이상적인 검정은 $\alpha=\beta=0$인 검정이지만 그러한 검정은 명백한 경우를 제외하면 구할 수 없다. 따라서 α와 β가 허용될 수 있는 적정 수준에서 최소로 유지되기를 바랄 수밖에 없다. 그러나 α와 β는 각각의 가설을 조건으로 하는 조건부 확률이므로 α와 β가 모두 최소인 검정은 구할 수 없다. 그런데 사회 통념상 무죄인 사람을 유죄로 판결하는 오류를 유죄인 사람을 무죄로 판결하는 오류보다 더 심각하게 여기는 것처럼 통계적 검정에서도 제1종 오류를 보다 심각한 오류로 여겨서 제1종 오류를 범할 확률의 최대 허용한계를 작은 수준에서 미리 설정하고 제2종 오류를 최소화하는 검정방법을 고려한다. 이 때, 제1종 오류를 범할 확률의 최대 허용한계를 **유의수준**(有意水準, level of significance)이라 한다. 검정통계량 T와 유의수준 α가 주어지면

$$P(T\in C\mid H_0)\leq\alpha$$

로부터 검정의 기각역 C를 구할 수 있다. 가설검정에서 유의수준 α의 선택은 완전히 임의적인 것으로 엄밀하게 말하면 통계적인 문제가 아니다. H_0를 기각하여 발생하는 제1종 오류로 인한 위험의 심각성 또는 경제적, 실질적 의미 등이 유의수준 α의 선택에 영향을 준다.

기각역이 $C=\{T\geq t_0\}$이고 $P(T\geq t_0)=\alpha$인 검정에서 $t_0<t_1<t_2$를 검정통계량 T의 두 관측치라 하면 t_1과 t_2에 대하여 동일한 유의수준 α에서 H_0를 기각한다. 그러나 관측치 t_2가 관측치 t_1보다 H_1에 대한 더 뚜렷한 증거라고 할 수 있다. 따라서 주어진 관측치에 의하여 H_0를 기각할 수 있는 유의수준이 얼마나 작아도 되는가를 표시하는 방법을 생각할 수 있다. 작은 유의수준에서 H_0를 기각할 수 있을수록 그 관측치는 H_1에 대한 더욱 뚜렷한 증거로 볼 수 있다. 따라서 검정통계량

의 관측치에 의하여 H_0를 기각할 수 있는 최소의 유의수준을 구하여 관측치의 유의성에 대한 지표로 사용한다. 이를 **유의확률** 또는 p-값(p-value)이라 부른다.

대립가설 H_1에 대한 H_0의 검정에서 검정통계량 T에 의한 기각역이 $C=\{T \geq c\}$와 같은 형태일 때, 제1종 오류를 범할 확률은

$$\alpha = P(T \geq c \mid H_0)$$

이므로 검정의 유의수준이 α로 주어지면 T의 분포로부터 기각역의 경계값 c를 구할 수 있다. 그리고 검정통계량 T의 관측치 t_0에 대한 유의확률은

$$p_0 = P(T \geq t_0 \mid H_0)$$

가 된다. 검정의 결과를 기술할 때 단순히 유의수준 α에서 가설의 유의성 여부만 나타내는 것보다 관측치에 대한 유의확률을 나타내 주는 것이 더 많은 정보를 제공한다. 즉, p-값이 작은 값일수록 귀무가설 H_0에 대한 더 강한 반증으로 생각할 수 있다. 실제로 검정통계량 T의 관측값 t_0에 대한 유의확률 p_0가 유의수준 α 이하이면 귀무가설 H_0를 유의수준 p_0에서 기각할 수 있다.

제1종 오류, 즉, 참인 H_0를 기각하는 오류를 범할 확률이 주어진 유의수준을 넘지 않는 검정에서 참인 대립가설 H_1을 탐지해내는 것도 대단히 중요하다. 유의수준이 α인 검정의 기각역을 C라 할 때 참인 대립가설 $H_1: \theta \in \Theta_1$을 탐지해 낼 능력은 제2종 오류

$$\beta = P(T \in C^c \mid H_1: \theta \in \Theta_1)$$

에 의하여 평가할 수 있다. 대립가설 $H_1: \theta = \theta_1 \in \Theta_1$이 참일 때 귀무가설 H_0를 기각할 확률은

$$P(T \in C \mid \theta = \theta_1 \in \Theta_1) = 1 - \beta$$

가 된다. 이 확률을 대립가설 $H_1: \theta = \theta_1$에 대한 **검정력**(檢定力, power)이라고 한다. 귀무가설 H_0가 참일 때 일어날 확률이 아주 작은 사건이 H_1이 참일 때 상대적으로 자주 일어나야만 하는 것은 아니다. 따라서 유의확률 p-값을 근거로 H_0를 기각할 때 H_1에 대한 증거의 강도를 평가하기 위하여 검정력을 구해보는 것이 필요하다. 검정력은 표본의 크기로 조절할 수 있다.

귀무가설 $H_0: \theta = \theta_0$에 대한 대립가설 $H_1: \theta \neq \theta_0$의 검정에서 기각역은

$$C = \{T \leq c_1 \text{ 또는 } T \geq c_2\}$$

으로 검정통계량의 분포에서 양 끝 부분에 해당된다. 이와 같이 기각역의 영역이 분포의 양쪽 꼬리 부분인 기각역을 **양측 기각역** 또는 **양측검정**(two-tailed test)이라 한다. 대립가설이

$$H_1: \theta < \theta_0 \text{ 또는 } H_1: \theta > \theta_0$$

일 때, 검정의 기각역은

$$C = \{T \leq c\} \text{ 또는 } C = \{T \geq c\}$$

와 같이 검정통계량의 분포에서 어느 한쪽 꼬리 부분이 된다. 이와 같은 형태의 기각역을 **단측 기각역** 또는 **단측검정**(one-tailed test)이라 한다.

실제로 진행되는 가설검정의 절차는 다음과 같다.

1. 가설을 세운다.

가설검정은 대립가설로 표현되는 주장에 대한 검정이므로 연구자가 새로이 내세우는 주장이 대립가설에 해당된다. 따라서 대립가설이 충분히 입증되지 못했을 때 남게 되는 원래의 상태 또는 현재 인정되고 있는 것을 귀무가설로 설정한다. 일반적으로 가설은 분포를 결정하는 모수의 수식으로 표현된다. 분포의 모수를 θ라 할 때 전형직인 귀무가설 $H_0 : \theta=\theta_0$에 대한 대립가설은

$$(\text{i})\ H_1 : \theta>\theta_0, \qquad (\text{ii})\ H_1 : \theta<\theta_0, \qquad (\text{iii})\ H_1 : \theta\neq\theta_0$$

의 어느 하나로 나타난다.

2. 가설검정에 이용할 검정통계량을 결정한다.

가설이 모수의 수식으로 표현되면 그 모수의 최량추정량을 검정통계량으로 사용한다.

3. 유의수준을 결정하여 기각역을 구한다.

기각역의 형태는 대립가설의 형태에 따라 결정된다. 따라서 검정통계량이 T일 때 각 대립가설에 대응하는 검정의 기각역은

$$(\text{i})\ C=\{T\geq c_1\}, \qquad (\text{ii})\ C=\{T\leq c_2\}, \qquad (\text{iii})\ C=\{T\geq c_1\} \text{ 또는 } \{T\geq c_1\}$$

와 같은 형태로 주어진다. 유의수준이 α인 검정의 기각역 C는 다음과 같은 식

$$P(T\in C\,|\,H_0)=\alpha$$

로부터 구해진다. 이 확률은 검정의 기각역이 C일 때 제1종 오류를 범할 확률이다.

4. 표본에서 구한 검정통계량의 관측치가 기각역에 속하면 H_0를 기각한다.

통계분석 패키지에서는 검정통계량의 관측치에 대한 유의확률을 제공하고 있으므로 유의확률이 주어진 유의수준보다 작으면 H_0를 기각한다.

연습문제 8.1

01. 표본의 크기가 커짐에 따라 확률적으로 모수에 수렴하는 추정량을 무엇이라고 하는가?

가. 불편추정량(unbiased estimator)　　나. 유효추정량(efficient estimator)

다. 일치추정량(consistent estimator)　　라. 충분추정량(sufficient estimator)

02. 점추정치(point estimate)에 관한 설명 중 틀린 것은?
가. 표본의 크기가 커질수록 표본으로부터 구한 추정치가 모수와 같지 않을 확률이 0에 가깝다는 것을 일치성(consistency)이 있다고 한다.
나. 표본에 의한 추정치 중에서 중위수는 평균보다 중앙에 위치하기 때문에 더욱 효율성(efficiency)이 있는 추정치가 될 수 있다.
다. 추정량의 성질 중 하나는 추정량의 기댓값이 모수값이 되는 것인데 이를 불편성(unbiasedness)이라 한다.
라. 좋은 추정량의 성질 중 하나는 추정량의 값이 주어질 때 조건부 분포가 모수에 의존하지 않는다는 것이며 이를 충분성(sufficiency)이라 한다.

03. 다음은 추정에 관한 설명이다. 틀린 것은?
가. 통계에서 추징이란 표본의 특성치를 이용한 모집단 특성치의 수량적인 추정을 말한다.
나. 점추정과 구간추정이 있다.
다. 불편성, 일치성, 유효성, 충분성이 있는 추정량이 바람직하다.
라. 표본표준편차는 모표준편차의 불편추정량이다.

04. 모집단의 평균을 μ, 표본의 평균을 $\overline{X}$라 할 때, $E(\overline{X})=\mu$의 의미는?
가. 무작위 표본의 평균은 모집단 평균에 대한 불편추정량(unbiased estimator)이다.
나. 무작위 표본의 평균은 모집단 평균에 대한 일치추정량(consistent estimator)이다.
다. 무작위 표본의 기대치는 모집단 분산에 대한 불편추정량이다.
라. 무작위 표본의 기대치는 모집단 분산에 대한 일치추정량이다.

05. 표본의 크기를 선택하는데 고려해야 할 2가지 상호 관련된 요인으로 신뢰수준과 신뢰구간이 있다. 표본의 크기를 100에서 400으로 4배 증가시켰을 때 신뢰수준 95%와 99%에 대한 신뢰구간의 길이는 어느 정도로 작아질 수 있는가 ?
가. 95%의 경우 50%, 99%의 경우 25%　　나. 각각 50%
다. 95%의 경우 25%, 99%의 경우 50%　　라. 각각 25%

06. 표본의 크기에 대한 설명으로 틀린 것은?
가. 가설검정에서 오류의 가능성을 줄이기 위한 것과 표본의 크기와는 관련이 없다.
나. 다른 조건은 일정하다면 표본의 크기가 클수록 평균의 표본오차는 더 작아진다.
다. 표본이 클수록 진실한 가설을 기각할 가능성은 더 작아진다.
라. 모집단이 동질적일수록 표본의 크기는 작아진다.

07. 통계적 가설검증에서 유의수준과 오류의 발생 확률의 관계에 대해서 잘못 서술한 것은?
가. 가설검증에서 유의수준이란 제1종 오류를 범할 때 최대 허용오차이다.
나. 유의수준을 감소시키면(예컨대, 0.05에서 0.01로) 제2종 오류의 확률 역시 감소한다.
다. 제2종 오류의 확률, 즉, 거짓인 귀무가설을 받아들인 확률은 쉽게 결정할 수 없다.
라. 유의수준은 표본의 결과가 모집단의 성질을 반영하는 것이 아니라 표본의 특성에 따라 나타날 확률의 범위이다.

08. 추정과 검정에 대한 설명으로 틀린 것은 ?
    가. 점추정보다 구간추정이 더 많은 정보를 제공한다.
    나. 유의수준은 귀무가설 하에서의 검정력으로 해석할 수 있다.
    다. 유의수준이 α인 검정이란 제1종 오류를 범할 확률이 α이하인 검정법을 말한다.
    라. 대립가설의 검정력은 작을수록 좋은 검정법이다.

09. 가설검정의 오류에 대한 설명으로 틀린 것은?
    가. 제2종 오류는 대립가설(H_1)이 사실일 때 귀무가설(H_0)을 채택하는 오류이다.
    나. 가설검정의 오류는 유의수준과 관계가 있다.
    다. 제1종 오류를 작게 하기 위해서는 유의수준을 크게 할 필요가 있다.
    라. 제1종 오류와 제2종 오류를 범할 가능성은 반비례 관계에 있다.

10. 가설검정에서 대립가설(H_1)이 사실일 때 귀무가설(H_0)을 기각할 확률은?
    가. 검정력　　나. 신뢰수준　　다. 유의수준　　라. β

11. 검정력(power)에 대한 설명으로 옳은 것은?
    가. 옳은 귀무가설을 기각시킬 확률　　나. 옳은 귀무가설을 채택할 확률
    다. 거짓인 귀무가설을 채택할 확률　　라. 귀무가설이 거짓일 때 이를 기각시킬 확률

12. 가설검정에서 유의확률(p-값)과 유의수준(level)의 관계에 대하여 바르게 설명한 것은?
    가. 유의확률이 유의수준보다 클 때 귀무가설을 기각한다.
    나. 유의확률이 유의수준보다 작을 때 귀무가설을 기각한다.
    다. 유의확률이 유의수준과 같을 때만 귀무가설을 기각한다.
    라. 유의확률과 유의수준 중 어느 것이 큰가하는 문제와 가설검정과 관계가 없다.

13. 다음은 가설검정에 관한 설명이다. 옳은 것은?
    가. 검정통계량은 확률변수이다.
    나. 대립가설은 사전에 알고 있는 값이다.
    다. 유의수준 α를 작게 할수록 좋은 검정법이다.
    라. 가설이 틀렸을 때 틀렸다고 판정할 확률을 유의수준이라 한다.

14. 유의확률(p-value)의 설명으로 틀린 것은?
    가. 검정통계량이 실제 관측된 값보다 대립가설을 지지하는 방향으로 더욱 치우칠 확률로, 귀무가설 H_0 하에서 계산된 값이다.
    나. 주어진 자료와는 직접적으로 관계가 없다.
    다. 유의확률이 작을수록 H_0에 대한 반증이 강한 것을 뜻한다.
    라. 귀무가설 H_0에 대한 반증의 강도에 대한 기준값을 미리 정해놓고 p-값을 그 기준값과 비교한다.

15. 유의수준 α에서 단측 가설검정을 시행하고자 한다. 다음 중 귀무가설을 기각하는 유의확률 p-값의 조건으로 옳은 것은?
    가. $\alpha > p$-값　　나. $\alpha < p$-값　　다. $(1-\alpha) > p$-값　　라. $(1-\alpha) < p$-값

16. 참인 귀무가설을 기각할 때 생기는 오류는?
    가. 가설오류　　나. 제3종 오류　　다. 제2종 오류　　라. 제1종 오류

17. 가설검증에서 영가설(또는 귀무가설)이 허위일 때 이 영가설이 올바로 기각될 확률을 나타내는 것은?
    가. α　　나. β　　다. $1-\alpha$　　라. $1-\beta$

18. 연구자들은 자신의 연구결과가 기존의 가설을 극복하기를 원하기 때문에 통계적 검정력(statistical power)을 높이고자 한다. 다음 중, 통계적 검정력을 높이는 방법이라 할 수 없는 것은 무엇인가?
    가. 표본의 수를 늘인다.
    나. 연구조건을 통제하여 모집단의 분산이 작아지게 한다
    다. 유의수준을 높인다.
    라. 충분한 사전 조사를 바탕으로 양측 검정보다는 단측 검정을 한다.

8.2 정규모집단에 대한 추론

모집단의 확률분포에 대한 추론에서 가장 기본적인 것은 분포의 중심위치와 산포에 관한 추론이라 하겠다. 따라서 이 절에서는 모집단의 분포를 정규분포로 가정하고 분포의 중심위치와 산포를 나타내는 모평균과 모분산 또는 모표준편차에 대한 추정 및 가설검정에 대하여 논의한다.

8.2.1 모평균에 대한 추론

평균이 μ이고 분산이 σ^2인 모집단에서 추출한 크기 n인 확률표본의 평균 $\overline{X}$가 모평균 μ에 대한 **최량 선형 비편향추정량**(Best Linear Unbiased Estimator; BLUE)임이 알려져 있다. 따라서 μ의 추정량을 $\hat{\mu}$라 하면 $\hat{\mu}=\overline{X}$이고, $\hat{\mu}$의 분산은

$$Var(\hat{\mu})=Var(\overline{X})=\frac{\sigma^2}{n}$$

이므로 모평균 μ의 추정량 $\hat{\mu}=\overline{X}$에 대한 표준오차는

$$s.e(\overline{X})=\frac{\sigma}{\sqrt{n}}$$

가 된다. 모분산 σ^2이 미지일 때 σ^2의 추정량으로는 표본분산 $\hat{\sigma}^2=S^2$을 이용하며 σ의 추정량으로 표본표준편차 S를 사용한다. 따라서 모분산 σ^2이 미지일 때 μ의 추정량 $\overline{X}$에 대한 표준오차는

$$\widehat{s.e}(\overline{X})=\frac{S}{\sqrt{n}}$$

로 추정한다. S^2은 σ^2의 비편향추정량이지만 S는 σ의 비편향추정량이 아니다. 그러나 표본의 크기가 충분히 크면 S의 편향은 무시할 수 있는 정도이다.

σ^2이 알려진 정규분포 $N(\mu,\sigma^2)$으로부터 추출한 크기 n인 확률표본의 표본평균 $\overline{X}$를 모평균 μ의 추정량으로 사용할 때

$$Z=\frac{\overline{X}-\mu}{\sigma/\sqrt{n}} \sim N(0,1)$$

이므로 표준정규분포를 이용하면

$$P(|Z|\le z_{\alpha/2})=P\left(\left|\frac{\overline{X}-\mu}{\sigma/\sqrt{n}}\right|\le z_{\alpha/2}\right)=1-\alpha$$

이 된다. 따라서

$$P\left(|\overline{X}-\mu|\le z_{\alpha/2}\frac{\sigma}{\sqrt{n}}\right)=P(|\overline{X}-\mu|\le d)=1-\alpha$$

이므로 신뢰수준 $100(1-\alpha)\%$에 대한 신뢰계수는 $z_{\alpha/2}$이고, 신뢰수준 $100(1-\alpha)\%$에서 모평균 μ에

대한 추정량 $\overline{X}$의 오차의 한계 d는

$$d=z_{\alpha/2}\frac{\sigma}{\sqrt{n}}$$

가 된다. 또한,

$$P\left(|\overline{X}-\mu|\le z_{\alpha/2}\frac{\sigma}{\sqrt{n}}\right)=P\left(\mu-z_{\alpha/2}\frac{\sigma}{\sqrt{n}}\le\overline{X}\le\mu+z_{\alpha/2}\frac{\sigma}{\sqrt{n}}\right)=1-\alpha$$

이므로 $\overline{X}$가 모평균 μ에서 $\pm z_{\alpha/2}\frac{\sigma}{\sqrt{n}}$ 이내에 속할 확률은 $1-\alpha$이고, 부등식

$$\mu-z_{\alpha/2}\frac{\sigma}{\sqrt{n}}\le\overline{X}\le\mu+z_{\alpha/2}\frac{\sigma}{\sqrt{n}}$$

는 다음과 같은 식

$$\mu\in\left[\overline{X}-z_{\alpha/2}\frac{\sigma}{\sqrt{n}},\ \overline{X}+z_{\alpha/2}\frac{\sigma}{\sqrt{n}}\right]$$

과 동치이다. 따라서 크기 n인 표본의 관측치에서 구한 표본평균 $\bar{x}$를 이용하여

$$\left(\bar{x}-z_{\alpha/2}\frac{\sigma}{\sqrt{n}},\ \bar{x}+z_{\alpha/2}\frac{\sigma}{\sqrt{n}}\right)$$

와 같은 구간을 반복하여 무한히 만들면 모든 구간의 $100(1-\alpha)\%$에 해당하는 구간에는 μ가 포함되어 있다. 그렇지만 하나의 표본평균 $\bar{x}_0$에 의하여 만들어진 구간

$$\left(\bar{x}_0-z_{\alpha/2}\frac{\sigma}{\sqrt{n}},\ \bar{x}_0+z_{\alpha/2}\frac{\sigma}{\sqrt{n}}\right)$$

에 모평균 μ가 포함될 확률은 0 또는 1이다. 즉, 이 구간에 모평균이 실제로 포함되어 있는가는 알 수 없다. 그러나 이 구간은 같은 방법으로 반복하여 구한 100개 구간 중에서 모평균이 포함된 $100(1-\alpha)$개 중의 하나이거나 모평균이 포함되지 않은 100α개 중의 하나일 것이다. 이런 관점에서 위의 구간을 신뢰수준이 $100(1-\alpha)\%$인 신뢰구간이라 한다.

모분산 σ^2이 미지인 정규모집단이면

$$T=\frac{\overline{X}-\mu}{S/\sqrt{n}}\sim t(n-1)$$

이므로

$$P(-t_{\alpha/2}<T<t_{\alpha/2})=1-\alpha$$

이다. 따라서 μ의 추정량 $\overline{X}$에 대한 $100(1-\alpha)\%$ 오차의 한계 d는

$$d=t_{\alpha/2}(n-1)\frac{S}{\sqrt{n}}$$

이고, μ에 대한 $100(1-\alpha)\%$ 신뢰구간의 상, 하한은 $\overline{X}\pm d$가 된다.

모집단의 분포를 정규분포로 가정할 수 없거나 모분산 σ^2이 미지이더라도 표본의 크기 n이 충분히 크면 중심극한정리에 의하여 표본평균 $\overline{X}$의 분포는 근사적으로 정규분포를 따른다. 따라서 신뢰수준 $100(1-\alpha)$에 대응하는 신뢰계수로 $z_{\alpha/2}$를 이용하여 신뢰구간을 구하면 된다.

예제 8.2.1

스마트 폰에 장착하는 배터리를 생산하는 회사에서 새로 개발한 배터리 $n=16$개를 랜덤하게 추출하여 수명시간을 조사하였더니 표본평균은 $\bar{x}=48$시간, 표본표준편차는 $s=6$시간이었다. 새로 개발한 배터리의 수명시간 X는 평균이 μ, 분산이 σ^2인 정규분포를 따른다고 한다.

(1) $\sigma=5$로 알려져 있을 때 μ에 대한 95% 신뢰구간을 구하여라.

(2) σ가 미지일 때 μ에 대한 95% 신뢰구간을 구하여라.

(3) σ가 미지일 때 추정치에 대한 95.4% 오차의 한계가 2시간 이하이도록 μ를 추정하고자 한다. 필요한 표본의 크기를 구하여라.

(풀이)

(1) $\hat{\mu}=\overline{X}$이므로 μ의 추정치는 $\hat{\mu}=\bar{x}=48$시간이고, 추정치의 표준오차는

$$\text{s.e}(\hat{\mu})=\frac{\sigma}{\sqrt{n}}=\frac{5}{4}=1.25\text{시간}$$

이다. 그리고 $\overline{X}\sim N(\mu, 5^2/16)$이므로 95% 신뢰계수는 $z_{0.05/2}=1.96$이 된다. 따라서 모평균의 추정량 $\overline{X}$에 대한 95% 오차의 한계는

$$d=1.96\frac{\sigma}{\sqrt{n}}=1.96\frac{5}{4}=2.45\text{시간}$$

이므로 $\hat{\mu}=\bar{x}=48$시간을 이용하여 구한 95% 신뢰구간은 다음과 같다.

$$(48-2.45,\ 48+2.45)=(45.55,\ 50.45)$$

(2) μ의 추정치 $\hat{\mu}=\bar{x}=48$시간에 대한 표준오차는

$$\widehat{s.e}(\hat{\mu})=\frac{s}{\sqrt{n}}=\frac{6}{4}=1.5\text{시간}$$

으로 추정되고, $T=(\overline{X}-\mu)/1.5\sim t(15)$이므로 95% 신뢰계수는 $t_{0.05/2}(15)=2.131$이 된다. 따라서 μ에 대한 95% 신뢰구간은 다음과 같이 구해진다.

$$48\pm2.131\times1.5=(44.8,\ 51.2).$$

(3) $\overline{X}\sim N(\mu, \sigma^2/n)$일 때 $100(1-\alpha)\%$ 신뢰계수는 $z_{\alpha/2}$이므로 주어진 오차의 한계가 d_0일 때

$$d=z_{\alpha/2}\frac{\sigma}{\sqrt{n}}\le d_0 \quad\Rightarrow\quad n\ge\frac{z_{\alpha/2}^2\sigma^2}{d^2}$$

이다. $d_0=2$, $z_{0.023}=2$ 이고, σ^2이 미지이므로 $\hat{\sigma}^2=s^2=36$을 이 식에 대입하면

$$n\geq\frac{z_{\alpha/2}^2 s^2}{d^2}=\frac{2^2\times36}{2^2}=36$$

이 된다. 따라서 필요한 최소 표본의 크기는 $n=36$개다. ♣

예제 8.2.2

빛의 속도에 대하여 어느 정도 정확한 측정을 시도한 것은 약 120년 전 일이었다. 물리학자 뉴컴(S. Newcomb)과 미켈슨(A. Michelson)은 그들의 실험실에서 일정한 거리가 떨어진 곳의 거울을 이용하여 빛이 7,400m의 거리를 이동하는데 걸리는 시간을 측정하였다. 뉴컴의 측정 시간(초)을 (소요시간-24800×10^{-9})$\times10^9$으로 변환하여 얻은 64개 자료의 평균은 27.750이고, 표준편차는 5.083이었다. 이 자료를 이용하여 빛이 7,400m의 거리를 이동하는데 걸리는 시간 μ에 대한 99% 신뢰구간을 구하여라.

(풀이)

분포에 대한 가정이 없지만 표본의 크기 $n=64$가 충분히 크므로 표본평균 $\overline{X}$의 분포는 근사적으로 정규분포를 따른다. 따라서 $z_{0.005}=2.58$을 이용한 99% 신뢰구간은 다음과 같다.

$$\overline{x}\pm z_{0.005}\frac{s}{\sqrt{n}}=27.750\pm2.580\times\frac{5.083}{8}=27.75\pm1.64.$$ ♣

평균이 μ, 분산이 σ^2인 모집단에서 추출한 크기 n인 확률표본에 의하여 귀무가설 $H_0:\mu=\mu_0$에 대한 대립가설

$$\text{(i) } H_1:\mu<\mu_0,\qquad \text{(ii) } H_1:\mu>\mu_0,\qquad \text{(iii) } H_1:\mu\neq\mu_0$$

를 검정할 때 검정통계량으로 표본평균 $\overline{X}$를 사용한다. 따라서 유의수준 α가 주어지면 검정의 기각역은 $\overline{X}$를 표준화한 검정통계량

$$Z_0=\frac{\overline{X}-\mu_0}{\sigma/\sqrt{n}}\quad\text{또는}\quad T_0=\frac{\overline{X}-\mu_0}{S/\sqrt{n}}$$

의 분포에 따라 결정된다. 검정에 사용되는 검정통계량의 분포가 정규분포이면 **z-검정**, t-분포이면 **t-검정**이라 한다. 다음 쪽의 표 8.2.1은 모집단에 대한 가정과 검정통계량의 분포에 따른 모평균에 대한 검정방법을 정리한 것이다. 다음은 가설검정과 신뢰구간의 관계를 나타내고 있다.

대립가설 $H_1:\mu\neq\mu_0$에 대한 귀무가설 $H_0:\mu=\mu_0$의 유의수준 α인 검정에서 검정통계량 $\overline{X}$의 관측치를 $\overline{x}_0$라 할 때, μ_0가 $\overline{x}_0$를 이용하여 구한 모평균 μ의 $100(1-\alpha)$% 신뢰구간에 포함되면 유의수준 α에서 귀무가설 H_0를 기각할 수 없다.

표 8.2.1 모평균의 검정법

가정	모분산 σ^2	검정통계량의 분포	귀무가설 $H_0 : \mu=\mu_0$	
			대립가설 H_1	유의수준 α인 기각역
정규 모집단	기지 (known)	$Z_0=\dfrac{\overline{X}-\mu_0}{\sigma/\sqrt{n}} \sim N(0,1)$	$\mu<\mu_0$	$Z_0 \le -z_\alpha$
			$\mu>\mu_0$	$Z_0 \ge z_\alpha$
			$\mu\ne\mu_0$	$\lvert Z_0\rvert \ge z_{\alpha/2}$
	미지 (unknown)	$T_0=\dfrac{\overline{X}-\mu_0}{S/\sqrt{n}} \sim t(n-1)$	$\mu<\mu_0$	$T_0 \le -t_\alpha(n-1)$
			$\mu>\mu_0$	$T_0 \ge t_\alpha(n-1)$
			$\mu\ne\mu_0$	$\lvert T_0\rvert \ge t_{\alpha/2}(n-1)$
대표본 $(n\ge30)$	미지일 때 $\hat{\sigma}=S$	$Z_0=\dfrac{\overline{X}-\mu_0}{S/\sqrt{n}} \approx N(0,1)$	$\mu<\mu_0$	$Z_0 \le -z_\alpha$
			$\mu>\mu_0$	$Z_0 \ge z_\alpha$
			$\mu\ne\mu_0$	$\lvert Z_0\rvert \ge z_{\alpha/2}$

예제 8.2.3

A시에서 A시 근로자들의 연평균 소득이 4,500만원이라고 발표하였다. A시의 한 아파트 단지에 거주하고 있는 근로자들의 연평균 소득이 A시의 연평균 소득과 차이가 있는지를 알아보기 위하여 12가구를 랜덤하게 추출하여 소득을 조사하였더니 $\bar{x}=4{,}800$, $s=200$이었다. 이 아파트 단지의 연평균 소득은 A시의 연평균 소득과 다르다고 할 수 있는가를 유의수준 5%에서 검정하여라. 단, A시의 연평균 소득은 정규분포를 따른다고 가정한다.

(풀이)

귀무가설 $H_0 : \mu=4{,}500$에 대한 대립가설 $H_1 : \mu\ne4{,}500$을 유의수준 5%에서 검정한다. 이 검정에서 모집단의 분포는 σ^2이 미지인 정규분포를 따르고 표본의 크기가 $n=12$로 작으므로

$$T_0=\frac{\overline{X}-\mu_0}{S/\sqrt{n}} \sim t(n-1)$$

을 검정통계량으로 사용한다. 이 검정통계량 T_0의 관찰값은

$$|t_0|=\left|\frac{2800-2500}{200/\sqrt{12}}\right|=5.196$$

이고, T_0의 분포는 자유도가 11인 t-분포이므로 유의수준 5%인 기각역은 t-분포표로부터

$$|T_0|\ge t_{0.025}(11)=2.201$$

이다. 따라서 T_0의 관찰값 $t_0=5.196$이 2.201보다 크므로 H_0를 기각하고, 유의수준 5%에서 이 아파트 단지의 연평균 소득은 A시의 연평균 소득과 다르다고 할 수 있다. ♣

모집단의 개체 ω가 특정한 속성 A에 속하면 1, 속하지 않으면 0인 확률변수를 X라 하면, X의 기댓값 $E(X)=p$는 모집단에서 속성 A에 속하는 개체들의 비율, 즉, 모비율이고, 이 모집단에서 추출한 확률표본 $X_1, X_2, \cdots, X_n$은 베르누이분포 $b(1,p)$에서 추출한 크기 n인 확률표본이다. 모비율 p는 모평균의 일종이므로 모비율의 추정량으로 표본평균의 일종인 표본비율

$$\hat{p}=\frac{1}{n}\sum_{i=1}^{n}X_i$$

를 사용한다. 표본비율 $\hat{p}$의 기댓값과 분산을 구해 보면

$$E(\hat{p})=p, \quad Var(\hat{p})=\frac{p(1-p)}{n}$$

이므로 $\hat{p}$는 p에 대한 비편향추정량이고, $\hat{p}$의 표준오차는

$$s.e(\hat{p})=\sqrt{\frac{1}{n}p(1-p)}$$

이다. 통상적으로 p는 미지이므로 $\hat{p}$의 표준오차는

$$\widehat{s.e}(\hat{p})=\sqrt{\frac{1}{n}\hat{p}(1-\hat{p})}$$

와 같은 식으로 추정한다. 비율의 추정 문제에서는 표본의 크기 n이 충분히 크기 때문에 표본평균의 일종인 $\hat{p}$은 중심극한정리에 의하여 근사적으로 평균이 p, 표준편차가 $\widehat{s.e}(\hat{p})$인 정규분포를 따른다. 따라서 추정량 $\hat{p}$에 대한 $100(1-\alpha)\%$ 오차의 한계는 $d=z_{\alpha/2}\widehat{s.e}(\hat{p})$이고, 신뢰구간의 상, 하한은 $\hat{p}\pm d$가 된다. 한편, 모비율 p의 검정에서 귀무가설 $H_0: p=p_0$에 대한 대립가설

$$\text{(i) } H_1: p<p_0, \qquad \text{(ii) } H_1: p>p_0, \qquad \text{(iii) } H_1: p\neq p_0$$

의 검정통계량으로 표본비율 $\hat{p}$을 사용한다. H_0가 참$(p=p_0)$일 때 추정량 $\hat{p}$의 표준오차는

$$s.e(\hat{p})=\sqrt{\frac{1}{n}p_0(1-p_0)}$$

이므로 검정통계량 $\hat{p}$은 중심극한정리에 의하여 근사적으로 정규분포를 따른다. 즉,

$$Z_0=\frac{\hat{p}-p_0}{\sqrt{p_0(1-p_0)/n}}\approx N(0,1)$$

이므로 각 대립가설에 대한 기각역은 다음과 같다.

$$\text{(i) } Z_0\le -z_\alpha, \qquad \text{(ii) } Z_0\ge z_\alpha, \qquad \text{(iii) } |z_0|\ge z_{\alpha/2}$$

예제 8.2.4

어느 회사의 평소 지각율은 6%로 알려져 있다. 어느 날 출근 시간대에 눈이 내려서 100명

의 직원들 중 9명이 지각을 하였다.

(1) 눈 내린 날의 지각율에 대한 95.4% 신뢰구간을 구하여라.

(2) 눈 내린 날의 지각율이 평소의 지각율과 다르다고 할 수 있는가? 유의수준 4.6%에서 검정하여라.

(풀이)

(1) 표준정규분포에서 95.4% 신뢰계수는 $z_{0.023}=2$이므로 95.4% 신뢰구간은 다음과 같다.

$$\hat{p} \pm z_{\alpha/2}\widehat{s.e}(\hat{p}) = 0.09 \pm 2\sqrt{\frac{1}{100}\times 0.09 \times 0.91} = 0.09 \pm 0.057 = (0.043,\ 0.147)$$

(2) $\hat{p}=0.09$가 (1)에서 구한 신뢰구간에 포함되므로 유의수준 4.6%에서눈 내린 날의 지각율이 평소의 지각율과 같다는 귀무가설 $H_0: p=0.06$를 기각할 수 없다. 실제로 눈 내린 날의 지각율이 평소와 다르다는 대립가설 $H_1: p>0.06$의 검정에서 유의수준 4.6%인 기각역은 $|Z_0|\geq 2$이고, $p_0=0.06$일 때 검정통계량 Z_0의 관찰값이

$$z_0 = \frac{0.09-0.06}{\sqrt{(0.06)(0.94)/100}} = 1.236 < z_{0.023} = 2$$

이므로 H_0를 기각할 수 없다. 미니탭을 이용하여 관측치에 유의확률을 구해 보면

$$P(X \geq 9 \mid H_0) = 0.103$$

인데, 유의확률이 유의수준 5%보다 크므로 $H_0: p=0.06$을 기각할 수 없다. ♣

8.2.2 모분산에 대한 추론

정규분포 $N(\mu,\sigma^2)$에서 추출한 크기 n인 확률표본을 $X_1, X_2, \cdots, X_n$이라 할 때 모분산의 추론에는 σ^2의 비편향추정량인 표본분산 S^2을 이용한다. 분포이론에 의하면

$$\chi^2 = \frac{(n-1)S^2}{\sigma^2} \sim \chi^2(n-1)$$

이므로 이를 이용하면 모분산 σ^2에 대한 추정이나 가설검정을 할 수 있다. 그림 8.2.1을 보면 자

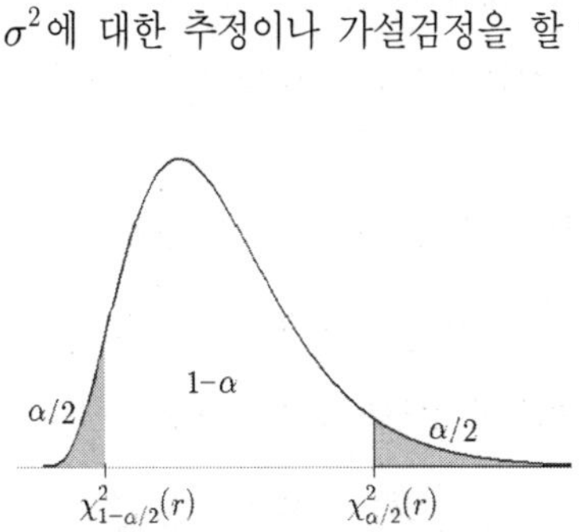

그림 8.2.1 자유도가 r인 χ^2-분포

유도가 r인 χ^2-분포에서

$$P\left[\chi^2_{1-\alpha/2}(r)<\chi^2<\chi_{\alpha/2}(r)\right]=1-\alpha$$

이므로

$$P\left[\chi^2_{1-\alpha/2}(r)<\frac{(n-1)S^2}{\sigma^2}<\chi_{\alpha/2}(r)\right]=1-\alpha$$

이다. 따라서 모분산 σ^2의 $100(1-\alpha)\%$ 신뢰구간은

$$\frac{(n-1)S^2}{\chi^2_{\alpha/2}(r)}<\sigma^2<\frac{(n-1)S^2}{\chi_{1-\alpha/2}(r)}$$

와 같은 식으로 구할 수 있다. 또한, 귀무가설 $H_0:\sigma^2=\sigma_0^2$에 대한 대립가설

(i) $H_1:\sigma^2<\sigma_0^2$, (ii) $H_1:\sigma^2>\sigma_0^2$, (iii) $H_1:\sigma^2\neq\sigma_0^2$

의 검정에서 검정통계량으로 표본분산 S^2를 사용한다. 귀무가설 $H_0:\sigma^2=\sigma_0^2$이 참이면

$$\chi_0^2=\frac{(n-1)S^2}{\sigma_0^2}\sim\chi^2(n-1)$$

이므로 위의 각 대립가설에 대한 유의수준 α인 기각역은 다음과 같다.

(i) $\chi_0^2\le\chi^2_{1-\alpha}(n-1)$, (ii) $\chi_0^2\ge\chi^2_{\alpha}(n-1)$, (iii) $\chi_0^2\le\chi^2_{1-\alpha/2}(n-1)$ 또는 $\chi_0^2\ge\chi^2_{\alpha/2}(n-1)$.

예제 8.2.5

대형극장에서 영화표 매표창구마다 관객들이 줄을 서는 대신 은행에서 시행하고 있는 번호표 제도를 도입하려 한다. 이 제도를 시행할 때 관객들의 평균 대기시간이 줄지는 않겠지만 대기시간의 분산을 줄임으로써 관객들의 불만을 감소시킬 수 있을 것으로 예상되기 때문이다. 현행 대기시간의 분포는 표준편차가 3분인 정규분포를 따른다고 한다. 번호표 제도를 시범 실시한 후 20명의 관객을 랜덤하게 추출하여 대기시간을 조사하였더니 표준편차가 2.1분이었다. 번호표 제도의 도입으로 대기시간의 분산을 줄인다고 볼 수 있는가? 유의수준 5%로 검정하고, 번호표 도입 후 대기시간의 분산에 대한 90% 신뢰구간을 구하여라.

(풀이)

귀무가설 $H_0:\sigma^2=9$에 대한 대립가설 $H_1:\sigma^2<9$의 검정에서 유의수준 5%인 기각역은

$$\chi_0^2<\chi^2_{0.95}(19)=10.12$$

이고, $n=20$, $s=2.1$, $\sigma_0^2=9$을 이용한 검정통계량의 관찰값은

$$\chi_0^2=\frac{(20-1)(2.1)^2}{9}=9.31$$

이므로 유의수준 5%에서 H_0를 기각할 수 있다. 따라서 번호표 제도의 도입으로 대기시간의 분산은 감소한다고 할 수 있다. 그리고 부록의 χ^2-분포표에서 $\chi^2_{0.05}(19)=30.14$이므로 번호표 도입 후의 대기시간에 대한 분산의 90% 신뢰구간은

$$\frac{19\times(2.1)^2}{30.14}<\sigma^2<\frac{19\times(2.1)^2}{10.12} \quad \Rightarrow \quad 2.78<\sigma^2<8.28$$

으로 구해진다. ♣

연습문제 8.2

01. 어느 지역에서 A후보의 지지도를 알아보기 위하여 무작위로 추출한 100명에게 의견을 물어보았니 50명이 A후보를 지지한다고 응답하였다. A후보의 지지율 p에 대한 95% 신뢰구간을 반올림하여 소수 둘째 자리까지 구하면? 단, $P(|Z|>1.64)=0.10$, $P(|Z|>1.96)=0.05$, $P(|Z|>2.58)=0.01$이다.
가. $0.40\le p\le 0.60$ 나. $0.45\le p\le 0.55$ 다. $0.42\le p\le 0.58$ 라. $0.41\le p\le 0.59$

02. 다음 중 단일 모분산의 검정에 사용되는 분포는?
가. 정규분포 나. 이항분포 다. 카이제곱 분포 라. F-분포

03. 크기 100인 표본에서 구한 모평균에 대한 95% 신뢰구간의 길이가 0.2이다. 표본의 크기를 400으로 늘렸을 때 모평균에 대한 95% 신뢰구간의 길이는 얼마인가?
가. 0.05 나. 0.1 다. 0.15 라. 구할 수 없다.

04. 우리나라 대학생들의 일주일 동안 독서시간은 평균 20시간, 분산 9인 정규분포라고 알려져 있다. 이를 확인하기 위해 36명의 학생을 조사하였더니 평균이 19시간으로 나타났다. 이를 이용하여 우리나라 대학생들의 평균 독서시간이 20시간보다 작다고 말할 수 있는지 검정할 때 다음 중 옳은 것은?
단, $P(|Z|>1.645)=0.10$, $P(|Z|>1.96)=0.05$이다.
가. 검정통계량을 계산하면 -2가 된다.
나. 가설검정에는 χ^2분포가 이용된다.
다. 유의수준 0.05에서 우리나라 대학생들의 평균 독서시간이 20시간 보다 작다고 말할 수 없다.
라. 표본분산이 알려져 있지 않아 가설검정을 수행할 수 없다.

05. 이라크 파병에 대한 여론조사를 실시했다. 100명을 무작위로 추출하여 조사한 결과 56명이 파병에 찬성했다. 이 자료로부터 파병을 찬성하는 사람이 전 국민의 과반수 이상인가를 유의수준 5%에서 검정할 때 다음 중 옳은 것은? 단, $P(|Z|>1.64)=0.10$, $P(|Z|>1.96)=0.05$, $P(|Z|>2.58)=0.01$이다.
가. 이 자료의 통계적 분석으로 한국인의 찬성률이 과반수 이상이라고 결론을 내릴 수 있다.
나. 이 자료의 통계적 분석으로 한국인의 찬성률이 과반수 이상이라고 결론을 내릴 수 없다.
다. 이 자료의 통계적 분석으로 표본의 수가 부족해서 결론을 얻을 수 없다.
라. 표본 중 과반수 이상이 찬성하여서 찬성률이 과반수 이상이라고 결론을 내릴 수 있다.

06. 모평균에 대한 신뢰구간 길이를 1/4로 줄이려면 원래 표본의 크기를 몇 배로 증가시켜야 하는가?
가. 0.25배 나. 0.5배 다. 2배 라. 16배

07. 대표본에서 구한 변동계수(cofficient of variaion) c를 이용하여 모평균 μ에 대한 95% 신뢰구간을 표시하고자 한다. 표본평균을 $\bar{y}$, 표본분산을 s, 표본의 크기를 n이라 할 때 올바른 공식은?

가. $\bar{y} \pm 1.96c/\sqrt{n}$ 나. $\bar{y}(1 \pm 1.96c/\sqrt{n})$

다. $\bar{y}(1 \pm 1.96c)$ 라. $(\bar{y}/c) \pm 1.96s/\sqrt{n}$

08. 총선을 앞두고 한 지역구의 유권자 400명을 대상으로 조사한 결과 A후보의 지지율은 30.5%, B후보의 지지율은 34.8%로 나왔다. 자료에 따르면 이번 조사는 95% 신뢰수준에서 오차의 한계가 ±5%라고 하였다. 이 때 결과의 해석으로 옳은 것은?

가. 실제 선거에서 A후보가 앞설 수도 있다.

나. A후보는 지지율이 낮으므로 포기하는 편이 낫다.

다. B후보가 지지율이 높으므로 당선 가능성이 높다.

라. 500명을 대상으로 조사한다면 오차의 한계는 ±5%보다 크게 된다.

09. 표본 자료에서 모평균 μ에 대한 95%의 신뢰구간이 (-0.042, 0.522)로 구해졌다면 유의수준 5%에서 귀무가설 $H_0: \mu=0$대한 대립가설 $H_1: \mu \neq 0$의 검정 결과는 어떻게 해석할 수 있는가?

가. 신뢰구간과 가설검정은 무관하므로 신뢰구간을 기초로 검정에 대한 어떤 결론도 내릴 수 없다.

나. 신뢰구간이 0을 포함하기 때문에 귀무가설을 기각할 수 없다.

다. 신뢰구간의 상한이 0.522로 0보다 상당히 크기 때문에 귀무가설을 기각해야 한다.

라. 신뢰구간을 구할 때 표준정규분포의 임계값을 사용했는가 또는 t분포의 임계값을 사용했는가에 따라 해석이 다르다.

10. 평균이 μ이고 분산이 $\sigma^2=9$인 정규모집단에서 추출한 크기 100인 확률표본의 표본평균 $\overline{X}$를 이용하여 가설 $H_0: \mu=0$대한 $H_1: \mu>0$을 유의수준 0.05로 검정할 때 기각역은 $z \geq 1.645$이다. 여기서 검정통계량 Z에 해당하는 것은?

가. $100(\overline{X}/9)$ 나. $100(\overline{X}/3)$ 다. $10(\overline{X}/9)$ 라. $10(\overline{X}/3)$

11. 정규분포로부터 추출한 크기 16인 확률표본의 관측치로부터 를 따르고, 16개의 자료로부터 $\sum x_i=1600$, $\sum x_i^2=160165$를 얻었을 때 가설, $H_0: \sigma^2=15$에 대한 $H_1: \sigma^2>15$를 유의수준 5%에서 검정하기 위한 검정통계량의 값과 비교할 기준값을 바르게 나열한 것은?

가. 11, $\chi^2_{0.025}(15)$ 나. 11, $\chi^2_{0.05}(15)$ 다. 10, $\chi^2_{0.025}(18)$ 라. 10, $\chi^2_{0.05}(18)$

12. 정규분포 $N(\theta, 16)$에서 추출한 크기 n인 확률표본을 이용하여 가설 $H_0: \theta=10$에 대한 $H_1: \theta>10$을 검정하고자 한다.

$$\bar{x}_{25}=11.4011.40,\ \Phi(0.35)=0.6404,\ \Phi(0.75)=0.9599$$

일 때 $\alpha=0.01$과 $\alpha=0.05$인 검정의 결과는? 단, $Z \sim N(0,1)$일 때 $\Phi(t)=P(Z \leq t)$이다.

가. $\alpha=0.01$과 $\alpha=0.05$일 때 모두 귀무가설 기각

나. $\alpha=0.01$과 $\alpha=0.05$일 때 모두 귀무가설 채택

다. $\alpha=0.01$일 때는 귀무가설 기각, $\alpha=0.05$일 때는 귀무가설 채택

라. $\alpha=0.01$일 때는 귀무가설 채택, $\alpha=0.05$일 때는 귀무가설 기각

13. 다음 중 검정통계량의 분포가 정규분포임을 이용하지 않는 검정은?
    가. 대표본에서 모평균의 검정
    나. 대표본에서 두 모비율의 차에 관한 검정
    다. 모집단이 정규분포인 대표본에서 모분산의 검정
    라. 모집단이 정규분포인 소표본에서 모분산을 알 때 모평균의 검정

14. 모표준편차 σ를 알고 있는 경우 μ에 대한 신뢰구간은 $\sqrt{n}(\overline{X}-\mu)/\sigma$가 정규분포를 따른다는 사실에 의해 구해진다. 모표준편차 σ를 모르는 경우는 $\sqrt{n}(\overline{X}-\mu)/s$, ($s$는 표본표준편차)가 자유도가 $(n-1)$인 t-분포임을 이용한다. 이 때, 표본의 크기가 5인 경우 $E(s)=0.94\sigma$가 된다면 σ를 모르는 경우는 아는 경우보다 95% 신뢰구간의 크기가 어느 정도나 증가하는가? (단, $z_{0.025}=1.96$, $t_{0.025}(4)=2.78$)
    가. 약 13%　　나. 약 33%　　다. 약 25%　　라. 약 11%

15. 모비율 θ를 추정하기 위하여 크기 n인 확률표본을 추출하였다. θ에 관한 신뢰구간의 길이는 n및 표본비율 p와 어떤 관계가 있는가?
    가. 신뢰구간의 길이는 n과 관계없다.
    나. 신뢰구간의 길이는 n이 커짐에 따라 감소한다.
    다. 신뢰구간의 길이는 p와 관계없다.
    라. 신뢰구간의 길이는 p가 커짐에 따라 감소한다.

16. 어떤 동전이 공정한지 알기 위하여 A씨는 100번 던져서 60번 앞면이 나왔기 때문에 앞면이 나올 확률을 0.6이라고 추정하였고, B씨는 200번 던져서 90번 앞면이 나왔기 때문에 앞면이 나올 확률을 0.45라고 추정하였다. 다음 중 이 동전의 앞면이 나올 확률의 추정치로 맞는 것은?
    가. 0.525　　나. 0.45　　다. 0.6　　라. 0.5

제9장

통계분석법

9.1 범주형 자료의 분석

일반적으로 사회과학에 사용하는 척도는 여러 개의 문항들로 구성되는데 이 경우 각각의 문항은 하나의 변수이므로 하나의 조사에서 여러 변수들에 대한 자료가 얻어진다. 이때, 문항들 간의 연관성은 척도의 구성에서 고려해야 할 중요한 요소가 된다. 또한, 연구의 목적은 학력과 소득의 관계, 연령과 정치성향과의 관계, 소득과 삶의 만족도와의 관계 등과 같은 변수들 간의 관계를 규명하고자 하는 경우가 대부분이다. 이 절에서는 두 범주변수 간의 연관성에 대한 추론에 대하여 논의하고, 이를 확장하고자 한다.

9.1.1 연관성 측도

두 변수들에 대한 측정 자료에서 변수 간의 연관성을 유추할 수 있다면 이는 한 변수의 변화를 다른 변수의 변화로 어느 정도 설명할 수 있음을 나타낸다. **연관관계**(聯關關係, association)란 두 변수가 같이 변하면서 서로에게 기대는 상호 의존적 관계를 말한다. 연관관계는 한 변수의 변화로 인한 다른 변수의 변화 방향 및 그 크기로 나타낸다.

$r \times c$ 이원분류표에 대해서는 범주변수의 유형이나 연관관계의 상황에 따라 그 연관성의 정도를 측정하는 여러 측도들이 제안되어 있다. 여기서는 2×2 이원분류표 자료에서 연관성의 강도를 측정할 수 있는 두 가지 측도를 소개한다.

실험집단과 대조집단에서 처리 결과를 관찰한 실험 자료로 작성된 표 9.1.2와 같은 2×2분류표에서 집단과 처리 간의 연관 강도 또는 처리효과는 **상대위험률**(相對危險率, relative risk)로 나타낸다. 계산할 수 있다. 표 9.1.1과 같은 분류표에서 상대위험률은

$$RR = \frac{\text{실험집단의 위험률}}{\text{대조집단의 위험률}} = \frac{e_1/(e_1+e_2)}{c_1/(c_1+c_2)}$$

와 같은 식으로 정의한다.

예제 9.1.1

다음은 22,071명의 남성을 랜덤하게 두 집단으로 나누어서 한 집단에는 저용량(325㎎/일)의

표 9.1.1 실험 자료의 2×2분류표

	처리 결과		합계
	위험함	위험하지 않음	
실험집단	e_1	e_2	e_1+e_2
대조집단	c_1	c_2	c_1+c_2

아스피린을 복용시키고 다른 집단에는 위약(僞藥, placebo)을 복용하게 한 후 약 60개월 동안 심근경색을 일으켰는지의 여부를 관찰한 자료이다. 소량의 아스피린 복용이 심장병 발생 위험을 줄이는데 효과가 있는지를 알아보기 위하여 아스피린을 복용시킨(처리를 가한) 집단이 실험집단이다. 상대위험률을 구하여 두 범주변수 간의 연관성을 기술하여라.

[표] 심근경색 발병기록(단위: 명)

투약	심근경색 발병		합계
	유	무	
아스피린	139	10,898	11,037
플라시보	239	10,795	11,034

(출처: Dawson-Saunders and Trapp, 1994)

(풀이)

위약 복용집단의 발병위험률에 대한 아스피린 복용집단의 발병위험률의 비로 구해지는 상대위험률을 계산하면

$$RR = \frac{139/11037}{239/11034} = \frac{0.0126}{0.0217} = 0.581$$

이 된다. 따라서 상대위험률이 1보다 작으므로 아스피린을 복용하면 복용하지 않는 것에 비해 심근경색이 발병할 위험을 42% 정도 줄일 수 있다. ♣

실험에 의하지 않고 사례를 수집하여 조사한 자료에서는 실험집단이나 대조집단의 크기가 연구자에 의해 결정된 것이 아니므로 상대위험률을 구할 수 없다. 이때에는 상대위험률 대신에 **오즈비**(odds ratio)를 사용할 수 있다. **오즈**(odds)란 어떤 사건의 발생비율에 대한 그 사건이 발생하지 않은 비율의 비로 정의된다. 표 9.1.2와 같은 분류표에서 범주변수 R과 C 사이에 아무런 연관관계가 없다면 범주 R_1에서의

$$\text{범주 } C_1\text{의 발생비율} : \text{범주 } C_2\text{의 발생비율} = \frac{a}{a+b} : \frac{b}{a+b}$$

와 범주 R_2에서의

$$\text{범주 } C_1\text{의 발생비율} : \text{범주 } C_2\text{의 발생비율} = \frac{c}{c+d} : \frac{d}{c+d}$$

표 9.1.2 조사 자료의 2×2분류표

범주변수		C	
		C_1	C_2
R	R_1	a	b
	R_2	c	d

는 같아야 할 것이다. 즉, 범주 R_1에서 C_1과 C_2의 발생비율의 비를 나타내는 오즈

$$O_1 = \frac{a}{a+b} \bigg/ \frac{b}{a+b} = \frac{a}{b}$$

와 범주 R_2에서 C_1과 C_2의 발생비율의 비를 나타내는 오즈

$$O_2 = \frac{c}{c+d} \bigg/ \frac{d}{c+d} = \frac{c}{d}$$

가 같으면 변수 R과 C 사이에는 연관관계가 없다. 따라서 두 오즈의 비

$$R_o = \frac{O_1}{O_2} = \frac{a/b}{c/d} = \frac{ad}{bc}$$

가 1에 가까운 값이면 두 변수 간에 연관성이 없다는 것을, 1보다 아주 작거나 아주 큰 값이면 두 변수 사이에 어떤 연관관계가 있다는 것을 나타낸다. 위의 식으로 구하는 두 오즈의 비를 오즈비 또는 **교차곱의 비**(cross-product ratio)라 하며 두 변수의 연관성 강도를 재는 측도로 사용한다.

예제 6.1.1의 이원분류표에서 오즈비를 구하면

$$R_{o(T)} = \frac{17 \times 141}{19 \times 149} = 0.85$$

이므로 전체적으로는 사형선고와 피고인의 인종 간에 연관성이 없는 것처럼 보이지만, 피해자의 인종에 따라 다시 분류한 삼원분류표에서 피해자의 인종별로 오즈비를 구하면

$$R_{o(B)} = \frac{6 \times 52}{11 \times 97} = 0.29, \quad R_{o(W)} = \frac{0 \times 132}{19 \times 9} = 0$$

이 되어 피해자의 인종과 사형선고 사이에 강한 연관성을 보이고 있다. 즉, 피고자의 인종에 따라 사형선고율이 크게 다름을 알 수 있다.

예제 9.1.2

다음 [표]는 818명의 조사대상자로부터 콜레라 예방접종(I) 여부와 감염(C) 여부를 조사하여 정리한 분류표이다. 두 변수 사이의 연관성을 기술하여라.

[표] 예방접종 유, 무에 따른 감염자 기록(단위: 명)

		감염 여부		합계
		Yes	No	
예방접종 여부	Yes	276	3	279
	No	473	66	539
합계		749	69	818

(출처: Greenwood and Yule, 1915. Proc. Roy. Soc. Medicine, 8, 113.)

(풀이)

주어진 자료로부터 오즈비를 계산하면

$$R_o = \frac{276 \times 66}{3 \times 473} = 12.84$$

인데, 이는 예방접종을 한 집단에서의 감염되지 않음에 대한 감염됨의 비가 예방접종을 하지 않은 집단에서의 감염되지 않음에 대한 감염됨의 비의 약 13배가 됨을 의미한다. 동시에 감염되지 않은 집단에서의 예방접종 유·무의 비가 감염된 집단의 비의 13배임을 나타낸다. 이런 의미에서 콜레라 예방접종(I) 여부와 콜레라 감염(C) 여부는 오즈비가 12.84정도로 강한 양(+)의 연관관계를 갖는다고 할 수 있다. ♣

$r \times c$ 분류표에서 두 분류변수 사이의 연관성을 재는 측도로는 명목척도 자료에 대한

- **피어슨의 평균제곱 분할계수**(Pearson's mean square contingency coefficient)
- **연관성 예측지수 람다**(λ)

등과 순서척도 자료에 대한

- **순위상관계수**(順位相關係數, Spearman's rank correlation coefficient)
- **켄달의 타우**(Kendall's τ)

등을 들 수 있는데 여기서는 스피어만의 순위상관계수에 대하여만 간단히 설명하기로 한다. 순위상관계수는 두 순서척도 변수의 연관도를 재는 대표적인 측도이다. 하나의 조사단위에서 두 변수의 쌍 (X, Y)를 순서척도로 측정한 크기 n인 확률표본을 $(X_1, Y_1), (X_2, Y_2), \cdots, (X_n, Y_n)$이라 하고, X값들 중에서 X_i의 순위를 r_{X_i}, Y값들 중에서 Y_i의 순위를 r_{Y_i}라 할 때

$$r_s = \frac{1}{n(n^2-1)/12} \sum_{i=1}^{n} \left(r_{X_i} - \bar{r}\right)\left(r_{Y_i} - \bar{r}\right)$$

를 X와 Y의 순위상관계수라 한다. 여기서

$$\bar{r} = \frac{1}{2}(n+1)$$

이다. 위에서 정의한 r_s에 대한 식은 $D_i = r_{X_i} - r_{Y_i}$, $i = 1, 2, \cdots, n$이라 할 때

$$r_s = 1 - \frac{6}{n(n^2-1)} \sum_{i=1}^{n} D_i^2$$

과 동치이며, $\left(r_{X_i}, r_{Y_i}\right)$, $i = 1, 2, \cdots, n$를 이용하여 구한 피어슨의 상관계수와 동일하다.

모집단의 상관계수 ρ_s가 0이라는 귀무가설 $H_0 : \rho_s = 0$은 $n \geq 10$이면 다음과 같은 통계량

$$T_0 = r_s \sqrt{\frac{n-2}{1-r_s^2}} \sim t(n-2)$$

를 이용하여 검정할 수 있다. 즉 $T_0=t_0>t_{\alpha/2}(n-1)$이면 귀무가설을 기각한다.

예제 9.1.3

12쌍의 일란성 쌍둥이를 대상으로 그들의 공격성향을 측정하기 위한 심리검사를 실시하여 다음과 같은 자료를 얻었다. 쌍둥이 형제간의 공격성향 정도는 유사하다고 할 수 있는가?

쌍둥이 NO.	1	2	3	4	5	6	7	8	9	10	11	12
형(X_i)	86	71	77	68	91	72	77	91	70	71	88	87
아우(Y_i)	88	77	76	64	96	72	65	90	65	80	81	72

(풀이)

문제에서 검정하려는 것은 쌍둥이들 중에서 형들의 집단과 아우들의 집단 간에 차이가 없다($\mu_X=\mu_Y$)는 것이 아니고 각 쌍둥이 내에서 형과 아우 간의 공격성향이 유사한가이다. 즉, 형과 아우의 공격성향이 서로 독립인가를 검정하고자 하는 것이므로 귀무가설을 $H_0: \rho=0$으로 둔다. 따라서 형과 아우의 공격성향이 유사하다면 표본상관계수는 1에 근접한 값으로 나타나서 귀무가설을 기각하게 될 것이다. 그런데 심리검사의 경우 대개 리커트 척도로 측정되므로 주어진 자료를 순서척도 자료로 간주하여 스피어만의 순위상관계수 r_s를 검정통계량으로 이용한다. X_i와 Y_i의 순위를 각각 구하면

쌍둥이 NO.	1	2	3	4	5	6	7	8	9	10	11	12
r_{X_i}	8	3.5	6.5	1	11.5	5	6.5	11.5	2	3.5	10	9
r_{Y_i}	10	7	6	1	12	4.5	2.5	11	2.5	8	9	4.5

인데, 순위가 같은 짝에는 평균 순위를 부여하였다. 따라서

$$\sum_{i=1}^{12}\left(r_{X_i}-r_{Y_i}\right)^2=75 \quad \Rightarrow \quad r_s=1-\frac{6\times 75}{12(12^2-1)}=0.7378,$$

$$T_0=r_s\sqrt{\frac{n-2}{1-r_s^2}}=(0.74)\sqrt{\frac{10}{1-(0.74)^2}}=3.468$$

이고, $t_{0.025}(10)=2.228$이므로 귀무가설을 기각한다. 즉, 쌍둥이 형제 사이의 공격성향 정도는 높은 연관관계를 갖는다고 할 수 있다. ♣

대부분의 연관성 측도에는 두 범주변수 간의 연관관계를 판정할 수 있는 기준이 없다. 이제부터는 분류표에 제시되는 각 범주의 관찰도수(observed frequency)를 이용하여 범주변수의 확률분포나 범주변수들 간의 연관관계를 검정하는 방법에 대하여 알아보자.

일반적으로 n개의 관측치가 k개의 범주로 분류될 때 i번째 범주에 속하는 관측치의 수(관찰도

수)를 O_i, 관측치가 i번째 범주에 속할 확률을 p_i라 하면 n개의 관측치들 중에서 i번째 범주에 속할 것으로 예상되는 **기대도수**(期待度數, expected frequency) E_i는 np_i가 된다. 이 때,

$$\chi^2=\sum_{i=1}^{k}\frac{(O_i-E_i)^2}{E_i}$$

은 관찰도수가 기대도수에 근접하고 있는 정도를 나타내는 통계량이다. 분포이론에 의하면 이와 같은 통계량은 근사적으로 χ^2-분포를 따르기 때문에 χ^2-통계량이라고 하며 χ^2-통계량을 이용한 검정을 χ^2-검정이라고 한다.

9.1.2 적합성 검정

적합성 검정(適合性 檢定, goodness of fit test)이란 관찰된 도수가 정규분포나 이항분포 같은 이론분포와 일치하는가를 검정하는 것으로 관찰도수와 이론분포에 의한 기대도수가 얼마나 잘 일치하는가를 평가한다. 여기서는 모집단 내의 각 원소가 k개 범주 중의 하나에 속하고 한 원소가 범주 i에 속할 확률이 p_i, $i=1,2,\cdots,k$인 다항 모집단에 대하여만 다룬다.

다항분포를 가정한 모집단에서 명목척도로 측정된 n개의 표본자료는 표 9.1.3의 세 번째 행과 같은 형태로 요약된다. 이 자료가 가정한 확률분포에 잘 적합되는가를 검정하는 문제에서 확률분포에 대한 가정은 귀무가설

$$H_0 : p_i=p_{i0},\ i=1,2,\cdots,k$$

로 표현되고, 귀무가설 하에서 관찰도수가 $O_i=n_i$인 범주 i의 기대도수 E_i는

$$E_i=np_{i0},\ i=1,2,\cdots,k$$

가 된다. 이상의 내용을 정리한 표 9.1.3이 적합도 검정을 위한 자료구조이다. 여기서 귀무가설이 참이라면 O_i-E_i는 거의 0에 가까운 값일 것이므로 통계량

$$\sum_{i=1}^{k}(O_i-E_i)^2=\sum_{i=1}^{k}(n_i-np_{i0})^2$$

은 아주 작은 값이 되어야 한다. 그런데

표 9.1.3 적합도 검정의 자료구조

범주	1	2	$\cdots$	i	$\cdots$	k	합계
귀무가설	p_{10}	p_{20}	$\cdots$	p_{i0}	$\cdots$	p_{k0}	1.0
관찰도수 O_i	n_1	n_2	$\cdots$	n_i	$\cdots$	n_k	n
기대도수 E_i	np_{10}	np_{20}	$\cdots$	np_{i0}	$\cdots$	np_{k0}	n

$$\chi_0^2=\sum_{i=1}^{k}\frac{(O_i-E_i)^2}{E_i}=\sum_{i=1}^{k}\frac{(n_i-np_{i0})^2}{np_{i0}} \sim \chi^2(k-1)$$

이므로 유의수준이 α인 검정에서 $\chi_0^2>\chi_\alpha^2(k-1)$일 때 귀무가설 H_0를 기각한다.

예제 9.1.4

90명의 애주가에서 세 종류의 맥주 중에서 자신이 선호하는 맥주를 선택하도록 하였더니 종류별 관찰도수가 $n_1=23$, $n_2=36$, $n_3=31$이었다. 세 종류의 맥주에 대한 애주가들의 선호도가 다르다고 할 수 있는가? 유의수준 5%로 검정하여라.

(풀이)

세 종류의 맥주에 대한 애주가들의 선호도를 각각 p_1, p_2, p_3라 하면 선호도가 동일하다고 하는 귀무가설은

$$H_0 : p_1=p_2=p_3=\frac{1}{3}$$

와 같은 식으로 표현된다. 따라서 각 범주에 대한 기대도수는

$$E(n_i)=np_i=90\times\frac{1}{3}=30 \quad i=1, 2, 3$$

이므로 검정통계량 χ_0^2의 관찰값은

$$\chi_0^2=\sum_{i=1}^{3}\frac{(O_i-E_i)^2}{E_i}=\frac{(23-30)^2}{30}+\frac{(36-30)^2}{30}+\frac{(31-30)^2}{30}=2.87$$

로 구해진다. 통계량 χ_0^2은 자유도가 $(3-1)=2$인 χ^2-분포를 따르므로 기각역은

$$\chi_0^2>\chi_{0.05}^2(2)=5.991$$

이고

$$\chi_0^2=2.87<\chi_{0.05}^2(2)=5.991$$

이므로 H_0를 기각할 수 없다. 즉, 애주가들의 세 맥주에 대한 선호도는 다르다고 할 수 없다. ♣

예제 9.1.5

어느 고속도로 휴게소에서는 새로 디자인한 포장지로 포장한 소형, 중형, 선물용의 세 가지 크기의 호두과자를 판매할 예정이다. 과거의 판매기록에 의하면 소형 1개가 팔릴 때 중형은 3개, 선물용은 2개가 팔렸다고 한다. 이 휴게소에서는 새로 포장된 호두과자도 과거와 비슷한 비율로 판매될 것인가를 파악하고자 한다. 3가지 크기별로 새로 포장된 과자를 일주일 동안 시험 판매한 결과 1,200상자가 팔렸는데 포장의 크기별 판매 수량은 다음의 표

소형	중형	선물용	합계
240	570	390	1,200

와 같다. 새로 포장된 호두과자의 크기별 판매양상이 변했다고 할 수 있는가?

(풀이)

소형, 중형, 선물용에 대한 과거 판매량의 비는 1 : 3 : 2이므로 각 크기별 판매비율을 p_1, p_2, p_3이라 하면, 새로 포장된 호두과자도 과거와 비슷한 비율로 판매될 것이라는 귀무가설은

$$H_0 : p_1=\frac{1}{6},\ p_2=\frac{3}{6},\ p_3=\frac{2}{6}$$

이 된다. 따라서 각 범주에 대한 기대도수는

$$E_1=200,\quad E_1=200,\quad E_3=400$$

이므로 χ_0^2-통계량의 값은

$$\chi_0^2=\sum_{i=1}^{3}\frac{(O_i-E_i)^2}{E_i}=\frac{(240-200)^2}{200}+\frac{(570-600)^2}{600}+\frac{(390-400)^2}{400}=9.75$$

이고, χ_0^2-통계량은 자유도가 $(3-1)=2$인 χ^2-분포를 따르므로 검정의 기각역은

$$\chi_0^2>\chi_{0.05}^2(2)=5.991$$

이 된다. χ_0^2-통계량의 관찰값을 보면

$$\chi_0^2=9.75>\chi_{0.05}^2(2)=5.991$$

이므로 귀무가설 H_0를 기각한다. 즉, 시험판매의 결과에 의하면 새로 포장한 호두과자의 크기별 판매양상은 과거의 판매양상과 다른 모습을 보일 것으로 보인다. ♣

9.1.3 동일성 검정

r개의 다항모집단 A_i에서 각각 n_i개의 표본을 추출하고, n_i개의 자료를 범주변수 B의 각 범주 B_j, $j=1, 2, \cdots, c$에 따라 분류하여 i번째 표본 중 범주 B_j에 속하는 자료의 개수를 n_{ij}라 하면 총 n개의 자료는 다음 쪽의 표 9.1.4와 같은 형태의 분할표로 요약된다. 표 9.1.4에서 n_i는 고정된 상수로 확률변수가 아니지만 n_i개의 자료에서 범주 B_j의 관찰도수 n_{ij}는 확률변수들이고

$$\sum_{j=1}^{c} n_{ij}=n_{i.},\ i=1, 2, \cdots, r$$

이어야 한다. 이제, 다항모집단 A_i의 표본 자료가 범주 B_j에 속할 확률을 $p_{j|i}$라 하면 이 확률 $p_{j|i}$는 A_i에서 B_j에 속할 조건부 확률, 즉, $p_{j|i}=P(B_j|A_i)$이고, $\sum_{j=1}^{c} p_{j|i}=1$을 만족하여야 한다. 여기서 검정하려는 것은 각 범주 B_j에 속하는 비율이 모든 모집단에 대하여 동일하다고 할 수 있는가

표 9.1.4 동일성 검정의 자료구조

모집단 \ 범주	B_1	$\cdots$	B_j	$\cdots$	B_c	합계
A_1	n_{11}	$\cdots$	n_{1j}	$\cdots$	n_{ic}	$n_{1.}$
$\vdots$	$\vdots$	$\cdots$	$\vdots$	$\cdots$	$\vdots$	$\vdots$
A_i	n_{i1}	$\cdots$	n_{ij}	$\cdots$	n_{ic}	$n_{i.}$
$\vdots$	$\vdots$	$\cdots$	$\vdots$	$\cdots$	$\vdots$	$\vdots$
A_r	n_{r1}	$\cdots$	n_{rj}	$\cdots$	n_{rc}	$n_{r.}$
합계	$n_{.1}$	$\cdots$	$n_{.j}$	$\cdots$	$n_{.c}$	n

이므로 이 검정을 **동일성 검정**(test of homogeneity)이라 한다. 따라서 동일성 검정에서의 귀무가설은

$$H_0 : p_{j|1}=p_{j|2}=\cdots=p_{j|r},\ j=1,2,\cdots,c$$

이 된다. 이 귀무가설이 옳을 때 관측 자료가 범주 B_j에 속할 확률은 전체 표본 n개에서 B_j에 속하는 $n_{.j}$개가 차지하는 비율로 추정할 수 있다. 즉,

$$\hat{p}_{j|1}=\hat{p}_{j|2}=\cdots=\hat{p}_{j|r}=\frac{n_{.j}}{n},\ j=1,2,\cdots,c$$

이므로 귀무가설이 옳을 때 범주 A_iB_j에 대한 기대도수 E_{ij}는

$$\hat{E}_{ij}=(A_i\text{의 표본크기})\times(A_i\text{에서 }B_j\text{에 속할 확률})=n_{i.}\times p_{j|i}=\frac{n_{i.}\times n_{.j}}{n}$$

으로 추정된다. 따라서 동일성 검정에 대한 검정통계량은

$$\chi_0^2=\sum_{i=1}^{r}\sum_{j=1}^{c}\frac{\left(n_{ij}-\hat{E}_{ij}\right)^2}{\hat{E}_{ij}}$$

이고, 그 분포는 근사적으로 자유도가 $(r-1)(c-1)$인 χ^2-분포임이 알려져 있다. 따라서

$$\chi_0^2>\chi_\alpha^2\big((r-1)(c-1)\big)$$

이면 귀무가설 H_0를 기각한다.

예제 9.1.6

어느 식료품 회사에서 새로 개발한 두 통조림 A와 B에 대한 선호도가 지역별로 다른가를 알아보고자 한다. 네 지역에서 시식회를 가진 결과가 다음 [표]와 같을 때, 지역별로 통조림 A와 B를 좋아하는 비율이 다르다고 볼 수 있는가? 유의수준 5%에서 검정하여라.

[표] 통조림 시식회 결과

지　역	통조림 A	통조림 B	설문지 응답자
전라도(R_1)	65 (58.32)	53 (59.68)	118
경상도(R_2)	59 (66.72)	73 (68.28)	125
서　울(R_3)	48 (44.48)	42 (45.52)	90
충청도(R_4)	43 (45.47)	49 (46.53)	92
합계	215	220	435

(풀이)

지역별로 통조림의 선호도가 동일하다는 귀무가설은

$$H_0 : p_{1|1}=p_{1|2}=p_{1|3}=p_{1|4}$$

와 같다. [표]에서 괄호 안의 숫자는 각 범주에서의 기대도수를 추정한 것인데 범주 R_1A에서의 기대도수는

$$\hat{E}_{11}=n_{1.}\times\frac{n_{.1}}{n}=\frac{118\times 215}{435}=58.32$$

와 같은 식으로 추정한 것이다. 다음으로 검정통계량 χ_0^2의 값을 계산하면

$$\chi_0^2=\sum_{i=1}^{4}\sum_{j=1}^{2}\frac{\left(n_{ij}-\hat{E}_{ij}\right)^2}{\hat{E}_{ij}}=3.99$$

이고, 그 분포는 근사적으로 자유도가 $(4-1)(2-1)=3$인 χ^2분포를 따른다. 따라서

$$\chi_0^2=3.99<\chi_{0.05}^2(3)=7.81$$

이므로 지역별 통조림 선호도가 동일하다는 귀무가설 H_0를 기각할 수 없다. ♣

동일성 검정에서 $r=c=2$인 경우에

$$P(B_1|A_1)=p_1,\ P(B_2|A_1)=1-p_1,\quad n_{11}+n_{12}=n_1$$
$$P(B_1|A_2)=p_2,\ P(B_2|A_2)=1-p_2,\quad n_{21}+n_{22}=n_2$$

라 하면, 동일성 검정은 서로 독립인 두 이항모집단 $b(1,p_1)$과 $b(1,p_2)$에 대한 가설 $H_0:p_1=p_2$에 대한 검정과 완전히 일치한다. 이 경우의 p_1-p_2에 대한 추론은 정규분포를 이용하는 것이 보다 효율적이다.

두 이항모집단에서 랜덤하게 추출한 크기 n_1과 n_2인 확률표본의 비율을 $\hat{p}_1$과 $\hat{p}_2$라 하면

$$E\left(\hat{p}_1-\hat{p}_2\right)=p_1-p_2,\quad Var\left(\hat{p}_1-\hat{p}_2\right)=\frac{p_1(1-p_1)}{n_1}+\frac{p_2(1-p_2)}{n_2}$$

이므로 $\hat{p}_1-\hat{p}_2$는 p_1-p_2에 대한 비편향추정량이고, $\hat{p}_1-\hat{p}_2$에 대한 표준오차는

$$\widehat{s.e}(\hat{p}_1-\hat{p}_2)=\sqrt{\frac{\hat{p}_1(1-\hat{p}_1)}{n_1}+\frac{\hat{p}_2(1-\hat{p}_2)}{n_2}}$$

으로 추정된다. 따라서 표본의 크기 n_1과 n_2가 충분히 클 때 근사적으로

$$Z=\frac{(\hat{p}_1-\hat{p}_2)-(p_1-p_2)}{\widehat{s.e}(\hat{p}_1-\hat{p}_2)}\sim N(0,1)$$

이므로 p_1-p_2에 대한 $100(1-\alpha)\%$ 신뢰구간의 상, 하한은

$$(\hat{p}_1-\hat{p}_2)\pm z_{\alpha/2}\sqrt{\frac{\hat{p}_1(1-\hat{p}_1)}{n_1}+\frac{\hat{p}_2(1-\hat{p}_2)}{n_2}}$$

이 된다. 또한, 귀무가설 $H_0: p_1=p_2$에 대한 대립가설

$$\text{(i) } H_1: p_1<p_2, \qquad \text{(ii) } H_1: p_1>p_2, \qquad \text{(iii) } H_1: p_1\neq p_2$$

의 검정에서 $\hat{p}_1-\hat{p}_2$가 검정통계량으로 사용된다. 그런데, 귀무가설 하에서는 $p_1=p_2=p$이므로 p에 대한 추정량으로 **합동표본비율**(pooled sample proportion)

$$\hat{p}_0=\frac{n_1\hat{p}_1+n_2\hat{p}_2}{n_1+n_2}$$

를 이용하여 $\hat{p}_1-\hat{p}_2$에 대한 표준오차를 추정하여야 한다. 즉,

$$\widehat{s.e}(\hat{p}_1-\hat{p}_2)=\sqrt{\hat{p}_0(1-\hat{p}_0)\left(\frac{1}{n_1}+\frac{1}{n_2}\right)}$$

이고, 표본의 크기 n_1과 n_2가 충분히 크면 H_0하에서 표준화한 검정통계량

$$Z_0=\frac{\hat{p}_1-\hat{p}_2}{\sqrt{\hat{p}_0(1-\hat{p}_0)\left(\frac{1}{n_1}+\frac{1}{n_2}\right)}}$$

의 분포는 근사적으로 표준정규분포 $N(0,1)$을 따른다. 따라서 각 대립가설에 대한 기각역은

$$\text{(i) } Z_0\le -z_\alpha, \qquad \text{(ii) } Z_0\ge z_\alpha, \qquad \text{(iii) } |Z_0|\ge z_{\alpha/2}$$

가 된다.

예제 9.1.7

예제 9.1.1에서 위약을 복용한 집단의 심근경색 발병률을 p_1, 아스피린을 복용한 집단의 심근경색 발병률을 p_2라 할 때, p_1-p_2에 대한 95% 신뢰구간을 구하고, 아스피린을 복용하는 것이 심근경색 발병률을 줄이는데 효과가 있다고 할 수 있는가를 유의수준 1%에서 검정하여라.

(풀이)

p_1과 p_2의 추정치는

$$\hat{p}_1=\frac{239}{11034}=0.0217,\quad \hat{p}_2=\frac{139}{11037}=0.0126$$

이므로 p_1-p_2의 추정치는

$$\hat{p}_1-\hat{p}_2=0.0217-0.0126=0.0091$$

이고, 추정치의 95% 오차의 한계는

$$1.96\times\sqrt{\frac{\hat{p}_1(1-\hat{p}_1)}{11034}+\frac{\hat{p}_2(1-\hat{p}_2)}{11037}}=0.00342$$

이므로 p_1-p_2에 대한 95% 신뢰구간은

$$0.0091\pm0.0034=(0.0057,\ 0.0125)$$

가 된다. 다음으로 귀무가설 $H_0: p_1=p_2=p$에 대한 대립가설 $H_1: p_1>p_2$의 검정에서 유의수준 1%인 기각역은 $Z_0\geq z_{0.01}=2.33$이고, 귀무가설 하에서

$$\hat{p}_0=\frac{139+239}{22071}=0.0171$$

을 이용한 검정통계량의 관찰값은

$$Z_0=\frac{\hat{p}_1-\hat{p}_2}{\sqrt{\hat{p}_0(1-\hat{p}_0)\left(\frac{1}{11034}+\frac{1}{11037}\right)}}=5.19$$

이므로 $H_0: p_1=p_2=p$를 기각한다. 즉, 유의수준 1%에서 아스피린을 복용하는 것이 심근경색 발병률을 줄인다고 할 수 있다. ♣

명목척도로 측정된 자료에 의한 가설검정에는 서로 관련된 두 표본이 종속적일 때, 검정통계량

$$\chi_0^2=\frac{(|n_{12}-n_{21}|-1)^2}{n_{12}+n_{21}}\sim\chi^2(1)$$

을 이용하는 **맥네머 검정**(McNemar test), 세 범주 이상에서 서로 관련되어 있는 표본자료를 이용하여 두 처리의 차이를 검정할 때, 다음과 같은 검정통계량

$$Q_0=\frac{k(k-1)\sum_{j=1}^{k}(c_j-\bar{c})^2}{\sum_{i=1}^{n}r_i(k-r_i)}\approx\chi^2(k-1)$$

을 사용하는 **코크란의 Q-검정**(Cochran's Q-test) 등이 있는데, 자세한 내용에 대하여는 관련 서적을 참조하기 바란다. 지금까지 살펴 본 검정 방법들은 모두 명목척도 자료에 대한 것인데 순서

척도 자료에 대하여도 사용할 수 있다. 그러나 순서척도 자료에 의한 검정을 위하여 특별히 고안된 방법보다 효과적인 방법이라 할 수 없다. 순서척도 자료에 대한 검정방법으로는

- **콜모고로프-스미르노프 적합도 검정**(Kolmogorov-Smirnov goodness-of-fit test)
- **만-휘트니 검정**(Mann-Whitney test)
- **크루스칼-월리스 검정**(Kruskal-Wallis test)

등의 다양한 비모수 검정법들이 있는데, 이에 대하여는 비모수 관련 서적을 참조하기 바란다.

9.1.4 독립성 검정

9.1.1절에서 2×2분류표로 주어지는 자료의 상대위험률 및 오즈비를 계산하여 두 분류변수 간의 연관성 정도를 파악하였는데, 여기서는 일반적인 $r\times c$분류표에서 두 분류변수 간의 연관성 여부를 검정하는 방법에 대하여 알아보자. 두 분류변수가 서로 독립이라는 귀무가설이 기각되면 그들 사이에는 어떤 연관성이 있다고 볼 수 있을 것이다.

분류변수 A는 r개의 범주 $A_1, A_2, \cdots, A_r$로, 변수 B는 c개의 범주 $B_1, B_2, \cdots, B_c$로 구분될 때 범주 A_i와 B_j에 모두 속하는 관측치의 수를 n_{ij}라 하면 표 9.1.4과 같은 형태의 $r\times c$분할표를 작성할 수 있다. 표 9.1.4에서

$$n_{i.}=\sum_{j=1}^{c} n_{ij},\quad n_{.j}=\sum_{i=1}^{r} n_{ij}$$

인데, $n_{i.}$는 범주 A_i에 속하는 관측치의 수를, $n_{.j}$는 범주 B_j에 속하는 관측치의 수를 나타내며 n은 전체 관측치의 수이다. 여기서 관측치가 범주 A_i와 B_j에 모두 속할 확률을 p_{ij}, 범주 A_i에 속할 확률을 $p_{i.}$, B_j에 속할 확률을 $p_{.j}$라 하면 두 분류변수가 서로 독립이라는 귀무가설은

$$H_0: p_{ij}=p_{i.}\,p_{.j},\quad i=1,2,\cdots,r,\ j=1,2,\cdots,c$$

로 표현된다. 여기서 미지인 $p_{i.}$와 $p_{.j}$는

$$\hat{p}_{i.}=\frac{n_{i.}}{n} \text{ 와 } \hat{p}_{.j}=\frac{n_{.j}}{n}$$

로 추정하고, 귀무가설이 참이면 p_{ij}는

$$\hat{p}_{ij}=\hat{p}_{i.}\times\hat{p}_{.j}=\frac{n_{i.}\times n_{.j}}{n^2}$$

로 추정할 수 있다. 따라서 귀무가설 하에서 범주 A_iB_j에 대한 기대도수 E_{ij}는

$$\hat{E}_{ij}=n\hat{p}_{ij}=\frac{n_{i.}\times n_{.j}}{n}$$

로 추정할 수 있다. 그리고 검정통계량은 n이 클 때 근사적으로

$$\chi_0^2=\sum_{i=1}^{r}\sum_{j=1}^{c}\frac{\left(n_{ij}-\hat{E}_{ij}\right)^2}{\hat{E}_{ij}}\sim\chi^2\big((r-1)(c-1)\big)$$

이므로 $\chi_0^2>\chi_\alpha^2\big((r-1)(c-1)\big)$이면 귀무가설 H_0를 기각한다.

예제 9.1.8

309명의 유권자를 대상으로 실시한 여론조사 결과를 지역과 지지후보에 따라 분류한 자료

분류 변수		지 역				
		R_1	R_2	R_3	R_4	계
지지후보	C_1	15 (22.51)	21 (20.99)	45 (38.94)	13 (11.56)	94
	C_2	26 (22.99)	31 (21.44)	34 (39.77)	5 (11.81)	96
	C_3	33 (28.50)	17 (26.57)	49 (49.29)	20 (14.63)	119
계		74	69	128	38	309

에서 지역과 지지후보는 무관하다고 할 수 있는가? 유의수준 5%로 검정하여라.

(풀이)

지역과 지지후보는 무관하다는 귀무가설은

$$H_0: p_{ij}=p_{i.}\,p_{.j},\quad i=1,2,3,\ \ j=1,2,3,4$$

으로 표현된다. 주어진 표에서 괄호 안의 숫자는 각 범주의 기대도수를 추정한 것이다. 예컨대, 범주 C_1R_1에서의 기대도수는

$$\hat{E}_{11}=\frac{n_{1.}\times n_{.1}}{n}=\frac{94\times 74}{309}=22.51$$

와 같은 추정한 것이고, 이들을 이용하여 검정통계량 χ_0^2의 값을 계산하면

$$\chi_0^2=\sum_{i=1}^{3}\sum_{j=1}^{4}\frac{\left(n_{ij}-\hat{E}_{ij}\right)^2}{\hat{E}_{ij}}=\frac{(15-22.15)^2}{22.15}+\cdots+\frac{(15-22.15)^2}{22.15}=19.17$$

이고, 그 분포는 근사적으로 자유도가 $(3-1)(4-1)=6$인 χ^2-분포를 따른다. 따라서

$$\chi_0^2=19.17>\chi_{0.05}(6)=12.592$$

이므로 귀무가설 H_0를 기각한다. 즉, 지역과 지지후보 간에는 어떤 연관성이 존재하여 지역에 따라 지지후보가 다르다고 할 수 있다. ♣

연습문제 9.1

01. 두 모평균의 차이에 대한 검정을 실시할 때 틀린 설명은?
    가. 두 모집단에 대해 독립의 가정이 필요하다.
    나. 소표본에서 분산을 모르는 경우 t-검정을 실시한다.
    다. 소표본인 경우 모집단에 대해 통상적으로 정규분포를 가정한다.
    라. 대표본의 경우에는 분산을 모르는 경우에도 정규(z)검정을 실시한다.

02. 교육수준과 결혼생활의 관계를 조사하였다. 이처럼 두 요인 간의 연관성을 판단할 수 있는 통계분석법은 어느 것인가?
    가. 적합도 검정　　나. 독립성 검정　　다. 동질성 검정　　라. F-검정

03. 다음 중 범주형 자료가 아닌 것은?
    가. 성적점수를 (중간+기말)/2로 계산하였다.
    나. 성별 비율을 알아보기 위하여 남자는 1, 여자는 2로 놓았다.
    다. (중간+기말)/2로 성적점수를 계산한 다음, A, B, C, D, F등급으로 평가하였다.
    라. 설문지 조사에서 미혼은 0, 기혼은 1로 놓았다.

04. 다음 중 적합도 검정에 해당되는 것은?
    가. t-검정　　나. F-검정　　다. χ^2-검정　　라. z-검정

05. O_i는 관측도수이고, E_i는 기대도수이다. 다음 중 맞는 것은?
    가. $\chi^2=\sum_{i=1}^{k}\frac{(O_i-E_i)^2}{E_i}$　　나. $\chi^2=\sum_{i=1}^{k}\frac{(O_i-E_i)}{E_i}$　　다. $\chi^2=\sum_{i=1}^{k}\frac{(O_i-E_i)^2}{O_i}$　　라. $\chi^2=\sum_{i=1}^{k}\frac{(O_i-E_i)}{O_i}$

06. 다음 중 사용하는 검정통계량이 다른 것은?
    가. 적합도 검정　　나. 독립성 검정　　다. 동질성 검정　　라. 모평균 검정

07. 교육수준(초졸, 중졸, 고졸, 대학이상)별로 소득의 정도(상, 중, 하)가 다른지 알아보려고 한다. 이때 쓰이는 검정법과 그에 따른 자유도는?
    가. t-검정, 3　　나. t-검정, 6　　다. χ^2-검정, 3　　라. χ^2-검정, 6

08. 두 정당 A와 B에 대한 선호도가 성별에 따라 다른지 알아보기 위하여 1,000명을 임의로 추출하였다. 이 경우에 가장 적합한 통계분석법은?
    가. 분산분석　　나. 회귀분석　　다. 인자분석　　라. 교차분석

09. 10대 청소년 480명을 대상으로 인터넷 사용 시 가장 많은 시간을 할애해서 이용하는 서비스가 무엇인지 물었더니 다음 결과를 얻었다. 이 결과를 이용해서 가장 많은 시간을 할애해서 이용하는 서비스에 서로 차이가 없다는 귀무가설을 검정하기 위한 카이제곱 통계량의 값과 자유도는 얼마인가?

    e-메일(175명),　　뉴스 등 정보검색(92명),　　게임(213명)

    가. 카이제곱 통계량=136.1235, 자유도=2　　나. 카이제곱 통계량=136.1235 자유도=23
    다. 카이제곱 통계량= 47.8625, 자유도=2　　라. 카이제곱 통계량= 47.8625, 자유도=23

10. 분할표에서의 검증에 대한 설명으로 잘못된 것은?
   가. 분할표는 측정치를 격자로 분리하여 변수 간의 비교가 한눈에 용이하도록 만든 표이다.
   나. 일반적으로 명목자료를 비교할 때 사용되고 서열이나 등간척도에 의한 자료는 분석이 곤란하다.
   다. 유의도는 χ^2검증에 의하며 공식은 $\chi^2=\Sigma(f_0-f_e)^2/f_e$으로 표시된다.
   라. 연관성 검증은 ϕ를 사용하는데 공식은 $\phi=\sqrt{\chi^2/n}$으로 나타낸다.

11. 두 변수에 대한 분할표에서 두 변수의 독립성 여부를 검정하기 위하여 카이제곱 검정을 실시하고자 할 때 필요한 항목만으로 구성된 것은?
   가. 실측도수, 이론도수, 자유도, 평균　　나. 실측도수, 이론도수, 자유도, 분산
   다. 실측도수, 이론도수, 자유도, 유의수준　　라. 실측도수, 이론도수, 변동계수, 유의수준

12. 발표된 의학통계에 의하면 질병으로 인한 사망 중 4가지 주요 질병 A, B, C, D에 의한 사망률은 각각 15%, 21%, 18%, 14%라고 한다. 어떤 병원에서 질병으로 인한 사망자 308명을 분류해 보니 다음 표와 같았다. 이 병원에서의 사망비율은 발표된 사망비율과 다르다고 주장할 수 있는지 $\alpha=0.05$에서 검정하고자 한다. 이 문제에 대한 적합한 검정통계량의 값은?

질병	A	B	C	D	기타	합계
사망자 수	43	76	85	21	83	308

   가. 29.87　　나. 31.77　　다. 38.59　　라. 42.12

13. 작년도 자료에 의하면 어느 대학교의 도서관에서 도서를 대출한 학부 학생들의 학년별 구성비는 1학년 12%, 2학년 20%, 3학년 33%, 4학년 35%였다. 올해 이 도서관에서 도서를 대출한 학부 학생들의 학년별 구성비가 작년도와 차이가 있는가를 분석하기 위해 학부생 도서 대출자 400명을 랜덤하게 추출하여 학생들의 학년별 도수를 조사하였다. 이 자료를 갖고 통계적인 분석을 하는 경우 사용하게 되는 검정통계량은?
   가. 자유도가 4인 카이제곱 검정통계량　　나. 자유도가 (3, 396)인 F-검정통계량
   다. 자유도가 (1, 398)인 F-검정통계량　　라. 자유도가 3인 카이제곱 검정통계량

14. <표 A>와 <표 B>에서 행과 열의 독립성에 대한 가설을 검정하고자한다. <표 A>에서의 카이제곱 통계량을 χ^2_A, p-값(유의확률)을 p_A라 하고, <표 B>에서의 카이제곱 통계량을 χ^2_B, p-값(유의확률)을 p_B라 하자. 다음 중 맞는 것은?

<표 A>

	열1	열2
행1	12	32
행2	24	62
행3	6	12

<표 B>

	열1	열2
행1	120	320
행2	240	620
행3	60	120

   가. $\chi^2_A=\chi^2_B$, $p_A=p_B$　　나. $\chi^2_A=\chi^2_B$, $p_A>p_B$　　다. $\chi^2_A<\chi^2_B$, $p_A=p_B$　　라. $\chi^2_A<\chi^2_B$, $p_A>p_B$

15. 성과 정당지지도 사이에 관계가 있는가를 살펴보기 위하여 설문조사를 실시하였다. 분석한 결과 Person 카이제곱 값이 32.29, 자유도가 2. 유의확률이 0.000이었다. 이러한 분석에 근거할 때, 유의수준 0.05에서 "성과 정당지지도 사이의 관계"에 대한 결론은?

가. 위에 제시한 통계량으로는 성과 정당지지도 사이의 관계를 알 수 없다.
나. 성과 정당지지도 사이에 유의미한 관계가 있다.
다. 성과 정당지지도 사이에 유의미한 관계가 없다.
라. 남성이 여성보다 정당지지도가 높다.

16. 세 가지 서로 다른 포장방법의 선호도가 같은지를 조사하기 위하여 90명으로부터 선호하는 포장형태를 조사한 결과 다음과 같이 얻었다. 선호도가 동일한지를 검정하는 카이제곱 검정통계량의 값은?

포장형태	A	B	C
응답자수	23	36	31

가. 2.87　　나. 2.97　　다. 3.07　　라. 4.07

17. 화장터 건립의 후보지로 거론되는 3지역의 여론을 비교하고자 한다. 각 지역에서 500명, 450명 400명을 임의로 추출하여 건립에 대한 찬성여부를 물어서 분할표를 작성한 결과 검정통계량의 값이 7.55일 때 유의수준 5%에서 이 검정의 결과는?

$$\left(\chi^2_{0.025}(2)=7.38,\quad \chi^2_{0.05}(2)=5.99,\quad \chi^2_{0.025}(3)=9.35,\quad \chi^2_{0.05}(3)=7.81\right)$$

가. 지역에 따라 건립에 대한 찬성률에 차이가 있다.
나. 지역에 따라 건립에 대한 찬성률에 차이가 없다.
다. 표본의 크기가 지역에 따라 다르므로 말할 수 없다.
라. 비교해야 하는 카이제곱 분포의 값이 주어지지 않아서 말할 수 없다.

18. 한 여론조사에서 어느 지역의 유권자 중에서 940명을 임의로 추출하여 연령별, 세대별로 가장 선호하는 정당을 조사한 결과의 이차원 분할표가 다음과 같다. 독립성 검정을 위한 어느 통계 소프트웨어의 출력결과를 이용하여 유의수준 0.05에서 검정할 때 올바른 해석은?

연령 \ 정당	A	B	C	합계
30미만	158	53	62	273
30~49	172	128	83	383
50이상	95	162	27	284
합계	425	343	172	940

카이제곱 검정			
	값	자유도	점근 유의확률
피어슨 카이제곱	91.341	4	0.000
우도비	93.347	4	0.000
선형 대 선형결합	3.056	1	0.080
유효케이스	940		

가. 카이제곱 통계량에 대한 유의확률이 유의수준보다 작으므로 독립이라는 가설을 기각한다.
나. 우도비 통계량에 대한 유의확률이 유의수준보다 작으므로 독립이라는 가설을 기각할 수 없다.
다. 카이제곱 통계량이 유의수준보다 크므로 독립이라는 가설을 기각한다.
라. 우도비 통계량이 유의수준보다 크므로 독립이라는 가설을 기각할 수 없다.

19. 다음 표는 5명의 학생에 대한 국어와 수학 시험의 등수를 조사한 것이다. 이 자료를 보고 국어와 수학의 Spearman 순위상관계수는 어떻다고 생각되는가?

국어	1	2	3	4	5
수학	1	2	3	4	5

가. 매우 높은 음의 상관관계　　나. 매우 낮은 음의 상관관계
다. 매우 높은 양의 상관관계　　라. 매우 낮은 양의 상관관계

9.2 두 모집단의 비교

이 절에서는 구간 및 비율척도 자료를 분석하는 데 적합한 통계적 추론 절차에 대하여 살펴보고자 한다. 단일 모집단의 모평균, 모비율 및 모분산에 대한 추론은 8장에서 논의하였고, 본 절에서는 두 모집단에서의 모평균과 모비율의 차이 및 모분산의 비에 대한 통계적 추론에 대하여 다룬다. 여러 모집단의 모평균에 대한 추론은 9.3절에서 다루기로 한다.

9.2.1 두 모평균의 차이에 대한 추론

서로 독립인 두 정규분포 $N(\mu_1, \sigma_1^2)$과 $N(\mu_2, \sigma_2^2)$에서 추출한 크기 n_1과 n_2인 확률표본의 평균을 각각 $\overline{X_1}$과 $\overline{X_2}$라 하면

$$E(\overline{X_1}-\overline{X_2})=\mu_1-\mu_2, \qquad Var(\overline{X_1}-\overline{X_2})=\frac{\sigma_1^2}{n_1}+\frac{\sigma_2^2}{n_2}$$

이므로 $\overline{X_1}-\overline{X_2}$는 두 모평균의 차이 $\mu_1-\mu_2$에 대한 비편향추정량이고, $\overline{X_1}-\overline{X_2}$에 대한 표준오차는

$$s.e(\overline{X_1}-\overline{X_2})=\sqrt{\frac{\sigma_1^2}{n_1}+\frac{\sigma_2^2}{n_2}}$$

이 된다. $\overline{X_1}-\overline{X_2}$를 이용한 $\mu_1-\mu_2$의 추론은 모분산에 대한 정보의 양에 따라 구분할 수 있다.

(i) σ_1^2과 σ_2^2이 알려진 경우

$$Z=\frac{(\overline{X_1}-\overline{X_2})-(\mu_1-\mu_2)}{\sqrt{\sigma_1^2/n_1+\sigma_2^2/n_2}} \sim N(0,1)$$

이므로 $\mu_1-\mu_2$의 추론에 표준정규분포를 이용한다.

(ii) $\sigma_1^2=\sigma_2^2=\sigma^2$인데 σ^2이 미지인 경우

크기가 n_1과 n_2인 각 표본의 표본분산 S_1^2과 S_2^2을 이용하여 σ^2의 합동추정량을 구하면

$$\hat{\sigma}^2=S_p^2=\frac{(n_1-1)S_1^2+(n_2-1)S_2^2}{n_1+n_2-2}$$

이고, 분포이론에 의하여

$$T=\frac{(\overline{X_1}-\overline{X_2})-(\mu_1-\mu_2)}{\sqrt{S_p^2(1/n_1+1/n_2)}} \sim t(n_1+n_2-2)$$

이므로 $\mu_1-\mu_2$의 추론에 $t(n_1+n_2-2)$를 이용한다.

(iii) σ_1^2과 σ_2^2이 미지인 경우

분포이론에 의하면 σ_1^2과 σ_2^2을 각각의 표본분산 S_1^2과 S_2^2으로 대체한

$$T=\frac{(\overline{X_1}-\overline{X_2})-(\mu_1-\mu_2)}{\sqrt{S_1^2/n_1+S_2^2/n_2}}$$

의 분포는 근사적으로 자유도가

$$n^*=\frac{(S_1^2/n_1+S_2^2/n_2)^2}{(n_1-1)^{-1}(S_1^2/n_1)^2+(n_2-1)^{-1}(S_2^2/n_2)^2}$$

인 t-분포를 따른다. 따라서 $\mu_1-\mu_2$의 추론에 $t(n^*)$를 이용한다.

(iv) σ_1^2과 σ_2^2이 미지이고 정규분포를 따르지 않는 경우

표본의 크기 n_1과 n_2가 충분히 크면 중심극한정리에 의하여

$$Z=\frac{(\overline{X_1}-\overline{X_2})-(\mu_1-\mu_2)}{\sqrt{S_1^2/n_1+S_2^2/n_2}}\approx N(0,1)$$

이므로 $\mu_1-\mu_2$의 추론에 표준정규분포를 이용한다.

서로 독립인 분포 (μ_1,σ_1^2)과 (μ_2,σ_2^2)의 두 모평균을 비교하기 위한 귀무가설

$$H_0:\mu_1=\mu_2\,(\mu_1-\mu_2=0)$$

에 대한 대립가설

$$\text{(i) } H_1:\mu_1<\mu_2,\qquad \text{(ii) } H_1:\mu_1>\mu_2,\qquad \text{(iii) } H_1:\mu_1\neq\mu_2$$

의 검정에서 검정통계량은 위의 네 가지 경우에 따라 $\overline{X_1}-\overline{X_2}$를 표준화한 통계량을 사용한다. 다음 쪽의 표 9.2.1은 모평균의 차이에 대한 추정 및 검정법을 정리한 것이다.

예제 9.2.1

두 종류의 휘발유 첨가제 A와 B에 의한 자동차 연비의 차이를 조사하려 한다. 10종류의 자동차를 랜덤하게 두 그룹으로 나누어 연비를 조사한 결과가 다음과 같다.

A : 13, 14, 9, 11, 13	B : 9, 10, 12, 11, 8

이다. 다음의 각 경우에서 휘발유 첨가제에 따른 평균 연비의 차이 $\mu_d=\mu_A-\mu_B$에 대한 95% 신뢰구간을 구하고, $H_1:\mu_A=\mu_B$에 대한 $H_1:\mu_A>\mu_B$를 유의수준 5%에서 검정하여라.

(1) 휘발유 첨가제에 따른 자동차 연비는 분산이 서로 같은 정규분포를 따른다.

(2) 휘발유 첨가제에 따른 자동차 연비는 분산이 서로 다른 정규분포를 따른다.

표 9.2.1 두 모평균의 차이에 대한 추론

<table>
<tr><td rowspan="3">모집단에 대한 가정</td><td rowspan="3">모분산 σ_1^2과 σ_2^2</td><td>$\overline{X_1}-\overline{X_2}$에 대한 표준오차</td><td colspan="2" rowspan="2">귀무가설 $H_0 : \mu_1=\mu_2$</td></tr>
<tr><td>$\mu_1-\mu_2$에 대한 100(1−α)% 신뢰구간</td></tr>
<tr><td>검정통계량의 분포</td><td>대립가설 H_1</td><td>기각역</td></tr>
<tr><td rowspan="9">서로 독립인 정규 모집단 $N(\mu_1, \sigma_1^2)$ 과 $N(\mu_2, \sigma_2^2)$</td><td rowspan="3">기지 (known)</td><td>$s.e(\overline{X_1}-\overline{X_2})=\sqrt{\frac{1}{n_1}\sigma_1^2+\frac{1}{n_2}\sigma_2^2}$</td><td>$\mu_1<\mu_2$</td><td>$Z_0\le -z_\alpha$</td></tr>
<tr><td>$(\overline{X_1}-\overline{X_2})\pm z_{\alpha/2}\, s.e(\overline{X_1}-\overline{X_2})$</td><td>$\mu_1>\mu_2$</td><td>$Z_0\ge z_\alpha$</td></tr>
<tr><td>$Z_0=\frac{\overline{X_1}-\overline{X_2}}{s.e(\overline{X_1}-\overline{X_2})}\sim N(0,1)$</td><td>$\mu_1\ne\mu_2$</td><td>$\lvert Z_0\rvert\ge z_{\alpha/2}$</td></tr>
<tr><td rowspan="3">미지 (unknown) $\sigma_1^2=\sigma_2^2=\sigma^2$ $\hat{\sigma}^2=s_p^2$</td><td>$\widehat{s.e}(\overline{X_1}-\overline{X_2})=\sqrt{\left(\frac{1}{n_1}+\frac{1}{n_2}\right)S_p^2}$</td><td>$\mu_1<\mu_2$</td><td>$T_0\le -t_\alpha(\nu)$</td></tr>
<tr><td>$(\overline{X_1}-\overline{X_2})\pm t_{\alpha/2}(\nu)\,\widehat{s.e}(\overline{X_1}-\overline{X_2})$</td><td>$\mu_1>\mu_2$</td><td>$T_0\ge t_\alpha(\nu)$</td></tr>
<tr><td>$T_0=\frac{\overline{X_1}-\overline{X_2}}{\widehat{s.e}(\overline{X_1}-\overline{X_2})}\sim t(\nu=n_1+n_2-2)$</td><td>$\mu_1\ne\mu_2$</td><td>$\lvert T_0\rvert\ge t_{\alpha/2}(\nu)$</td></tr>
<tr><td rowspan="3">미지 (unknown) $\hat{\sigma}_1^2=S_1^2$ $\hat{\sigma}_2^2=S_2^2$</td><td>$\widehat{s.e}(\overline{X_1}-\overline{X_2})=\sqrt{\frac{1}{n_1}S_1^2+\frac{1}{n_2}S_2^2}$</td><td>$\mu_1<\mu_2$</td><td>$T_0\le -t_\alpha(n^*)$</td></tr>
<tr><td>$(\overline{X_1}-\overline{X_2})\pm t_{\alpha/2}(n^*)\,\widehat{s.e}(\overline{X_1}-\overline{X_2})$</td><td>$\mu_1>\mu_2$</td><td>$T_0\ge t_\alpha(n^*)$</td></tr>
<tr><td>$T_0=\frac{\overline{X_1}-\overline{X_2}}{\widehat{s.e}(\overline{X_1}-\overline{X_2})}\sim t(n^*=n_1+n_2-2)$</td><td>$\mu_1\ne\mu_2$</td><td>$\lvert T_0\rvert\ge t_{\alpha/2}(n^*)$</td></tr>
<tr><td rowspan="3">대표본 $n_1\ge 30$, $n_2\ge 30$</td><td rowspan="3">미지 (unknown) $\hat{\sigma}_1^2=S_1^2$ $\hat{\sigma}_2^2=S_2^2$</td><td>$\widehat{s.e}(\overline{X_1}-\overline{X_2})=\sqrt{\frac{1}{n_1}S_1^2+\frac{1}{n_2}S_2^2}$</td><td>$\mu_1<\mu_2$</td><td>$Z_0\le -z_\alpha$</td></tr>
<tr><td>$(\overline{X_1}-\overline{X_2})\pm z_{\alpha/2}\, s.e(\overline{X_1}-\overline{X_2})$</td><td>$\mu_1>\mu_2$</td><td>$Z_0\ge z_\alpha$</td></tr>
<tr><td>$Z_0=\frac{\overline{X_1}-\overline{X_2}}{\widehat{s.e}(\overline{X_1}-\overline{X_2})}\sim N(0,1)$</td><td>$\mu_1\ne\mu_2$</td><td>$\lvert Z_0\rvert\ge z_{\alpha/2}$</td></tr>
</table>

(풀이)

(1)
$$\bar{x}_{\mathrm{A}}=12,\ s_{\mathrm{A}}=2.00,\quad \bar{x}_{\mathrm{B}}=10,\ s_{\mathrm{A}}=1.58$$

이므로 차이 μ_d의 추정치는

$$\hat{\mu}_d=\bar{x}_{\mathrm{A}}-\bar{x}_{\mathrm{B}}=12-10=2$$

이다. 다음으로 $\sigma_{\mathrm{A}}^2=\sigma_{\mathrm{B}}^2=\sigma^2$이므로 σ^2의 합동추정치를 구하면

$$s_p^2=\frac{4\times(2.00)^2+4\times(1.58)^2}{8}=(1.803)^2$$

이고, $\overline{X}_{\mathrm{A}}-\overline{X}_{\mathrm{B}}$를 표준화한 통계량의 분포는 자유도가 8인 t-분포이므로 $t_{0.025}(8)=2.306$ 이다. 따라서 μ_d에 대한 95% 신뢰구간은

$$(12-10)\pm 2.306\times\sqrt{(1.803)^2\times(5^{-1}+5^{-1})}=(-0.63, 4.63)$$

이고,

$$t_0=\frac{12-10}{\sqrt{(1.803)^2\times(5^{-1}+5^{-1})}}=1.754<2.306$$

이므로 H_0를 기각할 수 없다. 즉, 첨가제에 따라 연비에 차이가 있다고 할 수 없다.

(2) $\sigma_{\mathrm{A}}^2\neq\sigma_{\mathrm{B}}^2$이므로 $\bar{x}_{\mathrm{A}}-\bar{x}_{\mathrm{B}}$에 대한 표준오차의 추정치는

$$\widehat{s.e}(\bar{x}_{\mathrm{A}}-\bar{x}_{\mathrm{B}})=\sqrt{(2.00)^2/5+(1.58)^2/5}=1.140$$

으로 추정하고,

$$n^*=\frac{((2.00)^2/5+(1.58)^2/5)}{[(2.00)^2/5]/4+[(1.58)^2/5]/4}\approx 7$$

이므로 $\overline{X}_{\mathrm{A}}-\overline{X}_{\mathrm{B}}$를 표준화한 통계량의 분포는 근사적으로 자유도가 7인 t-분포를 따른다. 따라서 $t_{0.025}(7)=2.365$이므로 μ_d에 대한 95% 신뢰구간은

$$(12-10)\pm 2.365\times 1.140=(-0.70, 4.70)$$

이고, $\mu_d=\mu_{\mathrm{A}}-\mu_{\mathrm{B}}=0$이 이 신뢰구간에 속하므로 H_0를 기각할 수 없다. ♣

예제 9.2.2

어느 대학의 학생상담연구소에서 1학년 학생과 4학년 학생을 대상으로 심리검사를 실시하고자 한다. 졸업과 취업문제로 인해 심리적으로 불안한 4학년 학생들의 심리검사 점수가 1학년 신입생들의 심리검사 점수보다 낮게 나타날 것이라고 예상하고 있다. 이를 확인하기 위하여 심리검사를 실시한 결과 다음과 같은 자료

$$1\text{학년}:\ n_1=40,\ \bar{x}_1=70,\ s_1=9.0,\qquad 4\text{학년}:\ n_4=40,\ \bar{x}_4=60,\ s_4=8.0$$

을 얻었다. 이 심리검사 자료에 의하면 4학년의 심리검사 점수가 1학년의 심리검사 점수보다 낮다고 할 수 있는가? 유의수준 5%에서 검정하여라.

(풀이)

1학년과 4학년의 평균 심리검사 점수가 같다고 하는 귀무가설 $H_0 : \mu_1 - \mu_4 = 0$에 대한 4학년의 평균이 1학년의 평균보다 낮다고 하는 대립가설 $H_1 : \mu_1 - \mu_4 > 0$의 검정에서

$$Z_0 = \frac{\overline{X_1} - \overline{X_2}}{\sqrt{\sigma_1^2/n_1 + \sigma_2^2/n_2}} \approx N(0,1)$$

이므로 유의수준이 5%인 검정의 기각역은

$$Z_0 \geq z_{0.05} = 1.645$$

이 된다. 따라서 검정통계량의 관찰값

$$z_0 = \frac{70-60}{\sqrt{(9^2+8^2)/40}} = 5.25 \ = 5.25$$

가 1.645보다 커서 기각역에 속하므로 귀무가설 H_0를 기각한다. 따라서 4학년의 심리검사 점수가 1학년의 심리검사 점수보다 낮다고 할 수 있다. ♣

9.2.2 대응비교

두 모집단의 평균을 비교할 때 비교 대상의 쌍들을 조사하여 집단 간의 차이를 추론하는 방법을 **대응비교**(對應比較, paired comparison) 또는 **쌍체비교**라 한다. 예를 들면, 실험의 처리효과를 알아보기 위한 처리 전과 처리 후의 비교나 왼손과 오른손의 악력 비교 등과 같이 한 개체에서 두 개의 관측치가 짝을 지어 얻어지는 경우의 비교를 대응비교라 한다. 일반적으로 이질적인 각 실험단위에 두 처리를 적용하여 비교함으로서 개체의 차이로 인한 외부변수의 효과를 제거하디 위한 것이 대응비교의 목적이다. 대응비교를 위한 자료의 구조는 표 9.2.2와 같다.

대응비교에서 처리 X와 Y는 정규분포를 따른다고 가정한다. 실험단위 n개를 랜덤하게 추출하고 각 처리를 적용하여 얻은 관측치의 쌍 (X_i, Y_i)에 의해 처리효과를 나타내는 모평균 $\mu_X = E(X)$와 $\mu_Y = E(Y)$를 비교할 때 짝지은 관측치의 차이 $D_i = X_i - Y_i$를 이용한다.

표 9.2.2 대응비교를 위한 자료구조

실험단위	1	2	⋯	n
처리 1(X)	X_1	X_2	⋯	X_n
처리 2(Y)	Y_1	Y_2	⋯	Y_n
차이($D=X-Y$)	D_1	D_2	⋯	D_n

쌍을 이룬 관측치의 차이 $D_i=X_i-Y_i$, $i=1,2,\cdots,n$의 평균과 분산을

$$\overline{D}=\frac{1}{n}\sum_{i=1}^{n}D_i,\quad S_D^2=\frac{1}{n-1}\sum_{i=1}^{n}\left(D_i-\overline{D}\right)^2$$

이라 하면

$$E(\overline{D})=\frac{1}{n}\sum_{i=1}^{n}E(X_i-Y_i)=\mu_X-\mu_Y$$

이므로 $\overline{D}$는 $\mu_D=\mu_X-\mu_Y$에 대한 비편향추정량이고, D_i는 σ_D^2이 미지인 정규분포를 따르므로

$$T=\frac{\overline{D}-\mu_D}{S_D/\sqrt{n}}\sim t(n-1)$$

이 된다. 따라서 $\mu_D=\mu_X-\mu_Y$에 대한 $100(1-\alpha)\%$ 신뢰구간의 상, 하한은

$$\overline{D}\pm t_{\alpha/2}(n-1)\frac{S_D}{\sqrt{n}}$$

와 같은 식으로 구해진다. 그리고 귀무가설 $H_0:\mu_X-\mu_Y=0$에 대한 대립가설

(i) $H_1:\mu_1<\mu_2$, (ii) $H_1:\mu_1>\mu_2$, (iii) $H_1:\mu_1\neq\mu_2$

를 검정하기 위한 검정통계량은 귀무가설 하에서

$$T_0=\frac{\overline{D}}{S_D/\sqrt{n}}\sim t(n-1)$$

이므로 각 대립가설에 대한 기각역은 다음과 같다.

(i) $T_0\leq -t_\alpha(n-1)$, (ii) $T_0\geq t_\alpha(n-1)$, (iii) $|T_0|\geq t_{\alpha/2}(n-1)$.

예제 9.2.3

어느 회사에서 직업훈련이 근로자의 작업능률 향상에 효과가 있는지를 알아보기 위하여 12명의 근로자를 랜덤하게 추출하였다. 추출된 근로자를 대상으로 직업훈련 전(X)과 후(Y)의 작업능률점수를 조사하였더니 다음과 같았다.

번호	1	2	3	4	5	6	7	8	9	10	11	12
전(x_i)	80	85	85	80	83	88	70	90	86	84	77	95
후(y_i)	88	90	80	80	93	95	79	88	84	92	80	90
차이(d_i)	-8	-5	5	0	-10	-7	-9	2	2	-8	-3	5

직업훈련 전과 후의 작업능률의 차이에 대한 95% 신뢰구간을 구하여라. 이 자료로부터 직업훈련을 받은 후에 작업능률이 전보다 향상되었다고 할 수 있는지를 유의수준 5%에서 검정하여라. 여기서 X와 Y의 분포는 정규분포로 가정한다.

(풀이)

$d_i = x_i - y_i$들의 평균과 분산은

$$\bar{d} = -3 - 3,\ s_D^2 = 31.09$$

이고, $t_{0.025}(11) = 2.201$이므로 $\mu_D = \mu_X - \mu_Y$에 대한 $100(1-\alpha)\%$ 신뢰구간의 상, 하한은

$$-3 \pm 2.201 \times \sqrt{\frac{31.09}{12}} = -3 \pm 3.54$$

가 된다. 그리고 $H_0 : \mu_X = \mu_Y$에 대한 $H_1 : \mu_X < \mu_Y < \mu_2$의 검정에서 기각역은

$$T_0 = \frac{\overline{D}}{S_D / \sqrt{n}} \le -1.796$$

인데, 검정통계량의 관찰값은

$$t_0 = \frac{-3}{\sqrt{31.09/12}} = -1.864 < -1.796$$

이므로 H_0를 기각한다. 직업훈련을 받은 후에 근로자들의 작업능률이 전보다 향상되었다고 할 수 있다. 사실, $\mu_D = \mu_X - \mu_Y$에 대한 95% 신뢰구간에 0이 속하지 않으므로바로 H_0를 기각할 수 있다. ♣

9.2.3 모분산의 비에 대한 추론

때로는 두 정규모집단의 분산을 비교해야 할 경우가 있다. 두 분산 σ_1^2과 σ_2^2의 비교에는 분산의 비 σ_1^2/σ_2^2을 이용한다. 서로 독립인 두 정규모집단 $N(\mu_1, \sigma_1^2)$과 $N(\mu_2, \sigma_2^2)$에서 추출한 크기 n_1과 n_2인 표본의 분산을 각각 S_1^2과 S_2^2이라 할 때, 분포이론에 의하면

$$F = \frac{S_1^2/\sigma_1^2}{S_2^2/\sigma_2^2} \sim F(n_1 - 1, n_2 - 1)$$

이므로 $\nu_1 = n_1 - 1,\ \nu_2 = n_2 - 1$라 하면

$$F_{1-\alpha/2}(\nu_1, \nu_2) < F = \frac{S_1^2/\sigma_1^2}{S_2^2/\sigma_2^2} < F_{\alpha/2}(\nu_1, \nu_2)$$

이 된다. 따라서 σ_1^2/σ_2^2에 대한 $100(1-\alpha)\%$ 신뢰구간은

$$\frac{S_2^2/S_1^2}{F_{\alpha/2}(\nu_1, \nu_2)} < \frac{\sigma_1^2}{\sigma_2^2} < \frac{S_2^2/S_1^2}{F_{1-\alpha/2}(\nu_1, \nu_2)}$$

으로 구해진다. 그리고 두 분산이 같다고 하는 귀무가설 $H_0 : \sigma_1^2 = \sigma_2^2$에 대한 대립가설

$$\text{(i) } H_1 : \sigma_1^2 < \sigma_2^2, \qquad \text{(ii) } H_1 : \sigma_1^2 > \sigma_2^2, \qquad \text{(iii) } H_1 : \sigma_1^2 \ne \sigma_2^2$$

의 검정에서 H_0가 참이면

$$F_0 = S_1^2/S_2^2 \sim F(\nu_1, \nu_2)$$

이므로 각 대립가설에 대한 유의수준 α인 기각역은 다음과 같이 주어진다.

(i) $F_0 \le F_{1-\alpha}(\nu_1, \nu_2)$, (ii) $F_0 \ge F_{\alpha}(\nu_1, \nu_2)$, (iii) $F_0 \le F_{1-\alpha/2}(\nu_1, \nu_2)$ 또는 $F_0 \ge F_{\alpha/2}(\nu_1, \nu_2)$

예제 9.2.4

어느 타이어 공장에서 생산되는 타이어의 불량률을 줄이기 위하여 공정 조건을 개선하였다고 한다. 다음은 공정조건 개선 전후의 타이어 1,000개당 불량 타이어의 개수를 조사한 자료이다.

개선 전	25	16	10	17	21	23	18	28	12	16
개선 후	14	7	13	8	9	11	12	10	15	20

공정조건 개선 후에 타이어의 불량률이 줄었다고 할 수 있는가를 유의수준 5%에서 검정하여라. 단, 1,000개당 불량 타이어의 수는 정규분포를 따른다고 한다.

(풀이)

개선 전후의 불량품의 수에 대한 평균과 분산을 각각 (μ_1, σ_1^2), (μ_2, σ_2^2)이라 하면 $H_0: \mu_1 = \mu_2$에 대한 $H_1: \mu_1 > \mu_2$를 검정해야 하는데, 이 검정은 두 모분산의 동일성 여부에 따라 달라진다. 따라서 분산이 동일하다는 가설 $H_0: \sigma_1^2 = \sigma_2^2$을 먼저 검정하자. 전후의 각 자료에 대한 표본분산은 $s_1^2 = 32.044$, $s_2^2 = 14.767$이므로 검정통계량의 관찰값

$$f_0 = s_1^2/s_2^2 = 2.17$$

이 $F_{0.025}(9,9) = 4.03$보다 작으므로 유의수준 5%에서 두 모분산이 동일하다는 귀무가설을 기각할 수 없다. 그러므로 $\sigma_1^2 = \sigma_2^2 = \sigma^2$라는 조건하에서 두 모평균의 차이에 대한 검정을 하면 된다. $\bar{x}_1 = 18.6$, $\bar{x}_2 = 11.9$이고, σ^2에 대한 합동추정치는

$$s_p^2 = \frac{9 \times (32.044 + 14.767)}{18} = (4.84)^2$$

이고, 검정통계량의 관찰값

$$t_0 = \frac{18.6 - 11.9}{\sqrt{23.41 \times (1/10 + 1/10)}} = 3.10$$

이 $t_{0.05}(18) = 1.734$보다 크므로 귀무가설 $H_0: \mu_1 = \mu_2$를 기각한다. 즉, 공정조건 개선 후에 평균 불량 타이어의 수가 줄었다는 뚜렷한 증거가 있다. ♣

연습문제 9.2

01. 두 모평균의 차이에 관하여 신뢰구간을 구하거나 검정하기 위해서는 두 모집단의 표본에서 구한 통계량의 차이 $\overline{X_1}-\overline{X_2}$에 대한 표준편차를 구할 필요가 있다. 표본의 특성치들이

집단 1 : $n=10$, $\bar{x}_1=115$, $s_1^2=24$, 집단 2 : $n=8$, $\bar{x}_2=110$, $s_2^2=20$

일 때 $\overline{X_1}-\overline{X_2}$의 표준편차를 구하여라. 단, 두 모집단은 정규분포를 이루고 분산은 서로 같다고 가정한다.

가. 2.211 나. 2.237 다. 2.535 라. 2.854

02. "아침에 공부하는 학생이 저녁에 공부하는 학생보다 더 좋은 수학 점수를 받을 것이다."라는 가설을 세웠다. 학기말 시험 결과에 의하여 이 가설을 검정하고자 할 때 귀무가설과 대립가설을 바르게 설정한 것은? 단, 아침에 공부하는 학생 집단의 평균 점수를 μ_1, 저녁에 공부하는 학생 집단의 평균 점수를 μ_2라 한다.

가. $H_0 : \mu_1=\mu_2$, $H_1 : \mu_1 \neq \mu_2$ 나. $H_0 : \mu_1=\mu_2$, $H_1 : \mu_1 > \mu_2$

다. $H_0 : \mu_1=\mu_2$, $H_1 : \mu_1 < \mu_2$ 라. $H_0 : \mu_1 > \mu_2$, $H_1 : \mu_1=\mu_2$

03. A, B 두 회사의 제품을 각각 6개씩 랜덤하게 추출하여 제품의 강도를 측정한 결과가 다음과 같았다. A, B 각 회사의 제품 강도에 대한 모표준편차는 3과 5라고 할 때, 두 회사 제품의 평균에 차이가 있다고 할 수 있는지를 유의수준 5%로 검정하고자 한다. 다음 중 옳지 않은 것은?

A사	26,	27,	18,	26,	25,	24
B사	14,	9,	13,	15,	23,	21

가. $H_0: \mu_A=\mu_B$, $H_1 : \mu_A \neq \mu_B$ 나. $\bar{x}_A=24.33$, $\bar{x}_B=15.83$ 다. $|z_0|=\dfrac{24.33-15.83}{\sqrt{(3^2+5^2)/6}}=3.57$

라. $|z_0|=3.57>z_{0.025}=1.96$이므로 H_0를 기각할 수 없다.

04. 다음의 상황에 알맞은 검증방법은?

"도시지역과 시골지역의 평균 가족 수에 차이가 있는지를 알아보기 위해 도시지역과 시골지역 중 각각 몇 개의 지역을 골라 가족 수를 조사하였다."

가. χ^2-검증 나. 독립표본 t-검증 다. F-검증 라. 대응표본 t-검증

05. 다음의 상황에 알맞은 검정방법은?

"휘발유를 제조하는 A정유회사에서는 새로운 휘발유를 생산하여 1리터 당 주행거리가 길어졌는지를 알아보기 위해 동일한 차와 동일한 운전자에게 동일한 거리를 휘발유만 서로 달리한 채 운행하게 하였다."

가. χ^2-검증 나. 독립표본 t-검증 다. F-검증 라. 대응표본 t-검증

06. 두 모평균의 차이에 대한 검정을 실시할 때 틀린 설명은?

가. 두 모집단이 서로 독립이라는 가정이 필요하다.

나. 소표본에서 분산을 모르는 경우 모집단의 분포를 정규분포로 가정하고 t-검정을 실시한다.

다. 소표본에서 분산을 모르는 경우 모집단의 분포를 정규분포로 가정하고 z-검정을 실시한다.

라. 대표본의 경우에는 분산을 모르는 경우에도 z-검정을 실시한다.

07. 두 모집단으로부터 뽑은 표본의 정보가 다음과 같을 때 $\mu_1-\mu_2$에 대한 95% 신뢰구간을 구하고, 그 이론적 근거에 대하여 설명하여라.

구분	크기	표본평균	표본분산
표본 1	40	41	26
표본 2	50	40	22

08. 두 종류의 담배 A와 B의 니코틴 함량을 비교하기 위하여 담배를 랜덤하게 추출하여 조사한 결과가 다음과 같다.(단위: mg) 확률표본이 서로 독립인 정규모집단으로부터 추출되었다고 할 때

(1) 두 담배 A와 B의 니코틴 함량 차에 대한 95% 신뢰구간을 구하여라.

(2) 두 담배 A와 B의 니코틴 함량이 다르다고 할 수 있는가? 유의수준 5%로 검정하여라.

구분	크기	표본평균	표본분산
A	10	4.2	0.8
B	8	3.6	0.5

09. 어느 신제품에 대한 A, B 두 지역의 만족도를 조사한 결과가 다음과 같았다.

(1) 신제품에 대한 두 지역의 만족도 차이의 95% 신뢰구간을 구하여라.

(2) 두 지역의 만족도가 다르다고 할 수 있는가? 유의수준 5%로 검정하여라.

지역 / 구분	A	B
조사자 수	200	100
만족자 수	130	55

10. 어떤 공구 제조회사에서 새로 개발한 공정에 의하여 생산된 공구의 내구성이 기존 공구의 내구성보다 높은가를 알아보고자 한다. 각각에서 표본을 뽑아 내구성을 측정한 자료가 다음과 같다. 자료는 마모 정도를 측정하여 정수로 변환한 것이다.

기존 공정	46	52	58	59	54	47	57	58	54	40	48	45	53	51	50
새 공정	32	13	25	23	33	13	16	23	14	31	30	34	33	28	26

(1) 두 공정의 분산이 다르다고 할 수 있는가? 유의수준 5%에서 검정하여라.

(2) 두 공정의 평균 마모 정도에 차이가 난다고 할 수 있는가? 모집단에 대한 적절한 가정을 하고 유의수준 5%에서 검정하여라.

11. 남녀공학인 어느 고등학교에서 수학 성적이 성별에 따라 차이가 나는지를 알아보기 위하여 남학생 41명, 여학생 59명을 랜덤하게 뽑아 조사한 자료가 다음과 같았다. 각 과목별 성적이 성별에 따라 차이가 나는지를 유의수준 5%로 검정하여라.

과목명	성별	크기	평균	표준편차
수학	남	41	55.4	27.08
	여	59	58.9	26.07

9.3 분산분석

앞 절에서 살펴본 두 모집단의 모평균 비교는 다수의 모집단에 대한 모평균의 비교 문제로 확장할 수 있다. 그러나 여러 개의 모집단에서 두 개씩 짝을 지어 두 모평균의 차이에 대한 t-검정을 한다는 것은 비효율적일 뿐만 아니라 통계적으로도 적절하지 못하다. 이런 경우에는 분산분석을 통한 F-검정을 실시한다. 분산분석법은 1919년 R. A. Fisher(1890-1962)에 의해 고안된 방법으로 실험계획법에 따라 실험을 하여 얻은 자료의 분석에 주로 이용되어 왔다. 분산분석이란 몇 가지 요인들이 반응변수에 영향을 준다고 할 때 관측된 반응치들의 총변동을 각 요인에 의한 변동과 우연에 의한 변동(오차변동)으로 분해한 다음, 각 요인변동을 오차변동과 비교하여 개별 요인들이 반응결과에 영향을 주는지를 검정하는 통계분석법이다. 이 때, 반응값의 총변동은 편차의 제곱합으로 표현되며, 이것을 총제곱합(SST: total sum of squares)이라 한다. SST는 각 요인별 제곱합과 오차제곱합(SSE: error sum of squares)으로 분해된다. 예를 들어, 반응변수에 영향을 주는 요인이 A와 B라 하면 SST를

$$\text{SST} = \text{SS}_\text{A} + \text{SS}_\text{B} + \text{SS}_{\text{A}\times\text{B}} + \text{SSE}$$

와 같이 분해할 수 있다. 여기서 SS_A와 SS_B는 요인(인자) A와 B에 의한 제곱합이고 $\text{SS}_{\text{A}\times\text{B}}$는 두 요인의 교호작용효과에 의한 제곱합을 나타낸다.

분산분석의 결과는 표 9.3.1과 같은 분산분석표로 요약된다. 분산분석표에서 제곱평균은 제곱합을 그 자유도로 나눈 것이고, 분산비는 각 요인에 대한 제곱평균을 오차에 대한 제곱평균으로 나눈 것이다. 분산비는 적절한 가정 하에서 F-분포를 따르는 통계량이고 이 통계량을 이용하여 각 요인에 대한 유의성 검정을 할 수 있다.

9.3.1 여러 모평균의 비교 - 일원배치법

모분산이 σ^2으로 동일하고 모평균이 $\mu_j,\ j=1,2,\cdots,k$인 k개의 정규 모집단에서 k개의 모평균이 동일하다고 하는 귀무가설

표 9.3.1 분산분석표

변동요인	자유도	제곱합	제곱평균	분산비
A	$a-1$	SS_A	MS_A	F_A
B	$b-1$	SS_B	MS_B	F_B
A×B	$(a-1)(b-1)$	$\text{SS}_{\text{A}\times\text{B}}$	$\text{MS}_{\text{A}\times\text{B}}$	$F_{\text{A}\times\text{B}}$
오차	$ab(r-1)$	SS_E	MS_E	
총합	$n-1$	SS_T		

$$H_0: \mu_1=\mu_2=\cdots=\mu_k=\mu$$

를 검정하고자 할 때, 검정을 위하여 k개의 각 모집단에서 추출한 크기 n인 k개의 확률표본은 표 9.3.2와 같이 나타낼 수 있다. 표 9.3.2에서

$$\bar{x}_{.j}=\frac{1}{n}x_{.j}=\frac{1}{n}\sum_{i=1}^{n}x_{ij},\ j=1,2,\cdots,k$$

이고, 전체 자료의 총합과 평균은

$$x_{..}=\sum_{j=1}^{k}\sum_{i=1}^{n}x_{ij},\quad \bar{x}_{..}=\frac{1}{nk}x_{..}=\frac{1}{kn}\sum_{j=1}^{k}\sum_{i=1}^{n}x_{ij}$$

로 나타낸다. j번째 모집단에서 얻어진 관측치들은 $N(\mu_j,\sigma^2)$에서의 크기 n인 확률표본이므로

$$X_{ij}=\mu_j+\varepsilon_{ij},\quad i=1,2,\cdots,n,\ j=1,2,\cdots,k \tag{9.3.1}$$

으로 표시할 수 있다. 여기서 ε_{ij}는 우연변동을 나타내는 오차항으로 서로 독립이고 $N(0,\sigma^2)$을 따르는 확률변수들이다. 식 (9.3.1)은

$$X_{ij}-\mu=\mu_j-\mu+\varepsilon_{ij},\quad i=1,2,\cdots,n,\ j=1,2,\cdots,k \tag{9.3.2}$$

와 같이 쓸 수 있고, 이 식 (9.3.2)의 양변을 제곱하여 i, j에 대한 합의 기대치를 구하면

$$knE(X_{ij}-\mu)^2=n\sum_{j=1}^{k}(\mu_j-\mu)^2+kn\sigma^2 \tag{9.3.3}$$

이 된다. 따라서 귀무가설이 참이라면 $\mu_1=\mu_2=\cdots=\mu_k=\mu$이므로 식 (9.3.3)의 오른쪽 첫 번째 항

$$A=n\sum_{j=1}^{k}(\mu_j-\mu)^2$$

은 0이 되어야 하고 A의 추정치도 σ^2의 추정치에 비하여 아주 작은 값이 될 것이다. 한편, j번째 모집단에서 얻어진 i번째 관측치 x_{ij}를

$$x_{ij}-\bar{x}_{..}=(\bar{x}_{.j}-\bar{x}_{..})+(x_{ij}-\bar{x}_{.j}) \tag{9.3.4}$$

표 9.3.2 k개의 모집단에 각각 추출한 크기 n인 표본 자료

1	2	$\cdots$	j	$\cdots$	k
x_{11}	x_{12}	$\cdots$	x_{1j}	$\cdots$	x_{1k}
$\vdots$	$\vdots$	$\cdots$	$\vdots$	$\cdots$	$\vdots$
x_{i1}	x_{i2}	$\cdots$	x_{ij}	$\cdots$	x_{ik}
$\vdots$	$\vdots$	$\cdots$	$\vdots$	$\cdots$	$\vdots$
x_{n1}	x_{n2}	$\cdots$	x_{nj}	$\cdots$	x_{nk}
$x_{.1}$	$x_{.2}$	$\cdots$	$x_{.j}$	$\cdots$	$x_{.k}$
$\bar{x}_{.1}$	$\bar{x}_{.2}$	$\cdots$	$\bar{x}_{.j}$	$\cdots$	$\bar{x}_{.k}$

표 9.3.3 표 9.3.2의 자료에 대한 분산분석표

변동 요인	자유도	제곱합	제곱평균	분산비
집단 간	$k-1$	SSB	V_{B}	F_0
집단 내	$k(n-1)$	SSW	V_{W}	
총 합	$kn-1$	SST		

와 같이 분해하고, 식 (9.3.4)의 양변을 제곱하여 i, j에 대한 합을 구하면

$$\sum_{j=1}^{k}\sum_{i=1}^{n}(x_{ij}-\bar{x}_{..})^2=\sum_{j=1}^{k}\sum_{i=1}^{n}(\bar{x}_{.j}-\bar{x}_{..})^2+\sum_{j=1}^{k}\sum_{i=1}^{n}(x_{ij}-\bar{x}_{.j})^2$$

이 된다. 이 식의 각 항을 왼쪽에서부터 SST, SSB, SSW라 하면, 이들은

$$\mathrm{SST}=\sum_{j=1}^{k}\sum_{i=1}^{n}(x_{ij}-\bar{x}_{..})^2=\sum_{j=1}^{k}\sum_{i=1}^{n}x_{ij}^2-\mathrm{CT}$$

$$\mathrm{SSB}=\sum_{j=1}^{k}\sum_{i=1}^{n}(\bar{x}_{.j}-\bar{x}_{..})^2=\sum_{j=1}^{k}\sum_{i=1}^{n}\bar{x}_{.j}^2-\mathrm{CT}$$

$$\mathrm{SSW}=\sum_{j=1}^{k}\sum_{i=1}^{n}(x_{ij}-\bar{x}_{.j})^2=\mathrm{SST}-\mathrm{SSB}$$

와 같은 식으로 계산할 수 있다. 여기서

$$\mathrm{CT}=\frac{1}{kn}\left(\sum_{j=1}^{k}\sum_{i=1}^{n}x_{ij}\right)^2$$

이고, SST는 총변동을, SSB는 집단 간 변동을, SSW는 집단 내 변동을 나타내는 제곱합이다. 또한,

$$E(V_{\mathrm{B}})=E\left(\frac{1}{k-1}\mathrm{SSB}\right)=\frac{A}{k-1}+\sigma^2, \quad E(V_{\mathrm{W}})=E\left(\frac{1}{k(n-1)}\mathrm{SSW}\right)=\sigma^2$$

이므로 분포이론에 의하면 귀무가설이 참일 때 통계량 $F_0=V_{\mathrm{B}}/V_{\mathrm{W}}$는 분자의 자유도가 $k-1$이고 분모의 자유도가 $k(n-1)$인 F-분포를 따른다. 따라서

$$F_0>F_\alpha(k-1, k(n-1))$$

이면 k개 모집단의 모평균이 동일하다는 귀무가설을 기각할 수 있다. 이상의 결과는 표 9.3.3과 같은 분산분석표로 요약된다.

예제 9.3.1

예제 3.3.3의 표 3.4.2에 주어진 자료를 이용하여 각 문항의 평균 점수가 다르다고 할 수 있는가를 검정하여라.

(풀이)

각 문항의 평균 점수가 같다는 귀무가설은

$$H_0 : \mu_1=\mu_2=\mu_3=\mu_4=\mu_5$$

으로 표현된다. 통계분석 패키지(미니탭)를 이용하여 구한 다음과 같은 분산분석표

요인	자유도	제곱합	제곱평균	분산비	p-값
문항	4	10.06	2.515	1.25	0.297
응답자	95	191.70	2.018		
총합	99	201.76			

를 보면 유의확률(p-값)이 0.297이므로 1% 이하의 유의수준에서 귀무가설 H_0를 기각할 수 없다. 즉, 유의수준 1% 이하에서 다섯 문항의 평균 점수는 다르다고 할 수 있다. 실제로 각 문항에 대한 표본평균과 표준오차를 구해보면

문항 번호	1	2	3	4	5
표본평균	4.20	4.75	4.80	5.15	4.50
표준오차	1.36	1.52	1.32	1.18	1.67

인데, 다섯 문항의 표본평균에 비슷하여 귀무가설이 기각되지 않음을 알 수 있다. 다만, 4번 문항은 표준오차가 너무 작아서 변별력이 없는 문항으로 보인다. ♣

여러 모평균의 비교에 사용된 통계적 모형 및 자료구조는 가장 간단한 실험계획법인 일원배치법의 그것과 동일하다. 일원배치법은 실험의 반응값에 대한 한 인자의 영향을 조사하기 위한 실험계획법이다. 수준의 수가 k개인 인자 B의 효과를 확인하기 위하여 n개의 실험단위를 랜덤하게 분할한 크기 n_j인 각 그룹에 한 처리를 랜덤하게 배치하여 실험하거나, k개의 각 처리조건(수준)에서 n_j번씩 반복하여 실험하되 총 $n=\sum_{j=1}^{k} n_j$회의 실험순서를 랜덤하게 하여 실험하는 경우의 실험계획법을 **일원배치법**이라고 한다. 그런데 $n_j=\overline{n}$이라 하면 이 때의 자료 구조는 표 9.3.2와 정확히 일치한다. 또, 인자 B의 j번째 수준에서 가능한 반응값들의 모평균을 μ_j, 실험 전체의 모평균을 μ라 하고, μ와 μ_j의 차이를 $\alpha_j=\mu_j-\mu,\ j=1,2,\cdots,k$라 하면 일원배치법에서의 선형모형

$$X_{ij}=\mu_j+\varepsilon_{ij}=\mu+\alpha_j+\varepsilon_{ij},\quad \varepsilon_{ij}\sim N(0,\sigma^2)$$

은 식 (9.3.1)과 일치한다. 여기서 α_j는 j번째 처리효과 또는 집단효과를 나타내는 것으로 인자 B의 주효과이다. 주효과의 합은

$$\sum_{j=1}^{k}\alpha_j=\sum_{j=1}^{k}(\mu_j-\mu)=0$$

표 9.3.4 일원배치법에 대한 분산분석표

요인	자유도	제곱합	제곱평균	분산비	p-값
처리	$k-1$	SSB	V_B	F_0	p_0
오차	$n-k$	SSW	V_W		
총합	$n-1$	SST			

이므로 인자 B의 각 처리효과가 존재하지 않는다는 귀무가설

$$H_0 : \alpha_j = 0,\ j=1,2,\cdots,k$$

는 k개 집단의 모평균이 동일하다는 귀무가설과 동일하다.

인자 B의 수준의 수가 k개이고 j번째 처리에서 실험의 반복횟수가 n_j인 일원배치법의 분산분석표는 표 9.3.4와 같이 주어진다. 표 9.3.4에서 $n=\Sigma_{j=1}^{k} n_j$이다.

예제 9.3.2 (김우철 외, 2002)

어느 시장조사기관에서 여러 가지 대중매체가 주는 정보의 양을 비교하기 위하여 실험을 계획하였다. 40명의 성인을 랜덤하게 추출하여 철저한 면접을 통해 TV, 신문, 라디오, 잡지 중 어느 매체를 많이 접하는지에 따라 분류하였다. 다음 표

조사대상 대중매체			
TV	신문	라디오	잡지
16	13	18	11
19	14	18	15
25	15	15	11
22	16	14	17
21	15	14	17
15	13	10	13
16	19	18	14
22	16	15	16
21	20	15	13
18	14		11
	11		

는 최근에 일어난 사건들에 대한 조사 대상자들의 인지도를 측정한 실험에서 얻어진 값들을 나타내고, 값이 클수록 인지도가 높은 것을 의미한다. 이 자료를 이용하여 사람들의 인지도가 대중매체에 따라 다르다고 할 수 있는가?

(풀이)

통계분석 패키지 미니탭을 이용하여 구한 다음과 같은 분산분석표

요인	자유도	제곱합	제곱평균	분산비	p-값
대중매체	3	185.04	61.68	8.27	0.000
오차	36	268.56	7.46		
총합	39	453.60			

을 보면 유의확률(p-값)이 0.1%이하이므로 유의수준 0.1&이하에서 대중매체에 따라 사람들의 인지도가 다르다고 할 수 있다. ♣

9.3.2 이원배치법

이원배치법은 실험의 반응값에 대한 두 인자의 영향을 조사할 때 사용되는 실험계획법이다. 실험에서의 두 인자가 A와 B일 때, 인자 A의 수준을 $A_1, A_2, \cdots, A_l$, 인자 B의 수준을 $B_1, B_2, \cdots, B_k$라 하면 나타낼 때, 각 수준조합 A_iB_j에서 r번 반복하여 실험한 자료구조는 표 9.3.5와 같다. 이원배치법에서 총 lkr번의 실험은 완전히 랜덤하게 선택된 순서에 의하여 시행되어야 한다. 인자의 수준조합의 수인 lk개의 순서만 랜덤하게 정하여 r번의 실험만 랜덤하게 시행하는 실험은 랜덤화에 제약이 가해지는 경우로 반복이 있는 이원배치법에 의한 요인실험이 아님에 유의해야 한다. 표 9.3.5에서 $r=1$이면 반복이 없는 이원배치법의 자료구조가 된다.

수준조합 A_iB_j에서 얻어진 관측치들을 $N(\mu_{ij}, \sigma^2)$에서의 크기 r인 확률표본의 관측치라 하면

$$X_{ijh} = \mu_{ij} + \varepsilon_{ijh}, \quad i=1,2,\cdots,l,\ j=1,2,\cdots,k,\ h=1,2,\cdots,r$$

표 9.3.5 이원배치법에 의한 자료구조

인자	B_1	$\cdots$	B_j	$\cdots$	B_k
A_1	x_{111} $\vdots$ x_{11r}	$\cdots$ $\cdots$ $\cdots$	x_{1j1} $\vdots$ x_{1jr}	$\cdots$ $\cdots$ $\cdots$	x_{1k1} $\vdots$ x_{1kr}
$\vdots$	$\vdots$	$\cdots$	$\vdots$	$\cdots$	$\vdots$
A_2	x_{i11} $\vdots$ x_{i1r}	$\cdots$ $\cdots$ $\cdots$	x_{ij1} $\vdots$ x_{ijr}	$\cdots$ $\cdots$ $\cdots$	x_{ik1} $\vdots$ x_{ikr}
$\vdots$	$\vdots$	$\cdots$	$\vdots$	$\cdots$	$\vdots$
A_l	x_{l11} $\vdots$ x_{l1r}	$\cdots$ $\cdots$ $\cdots$	x_{lj1} $\vdots$ x_{ljr}	$\cdots$ $\cdots$ $\cdots$	x_{lk1} $\vdots$ x_{lkr}

표 9.3.6 반복수가 동일한 이원배치법의 분산분석표

요인	자유도	제곱합	제곱평균	분산비	p-값
인자 A	$l-1$	SS_A	$V_A=SS_A/(l-1)$	$F_A=V_A/V_E$	p_A
인자 B	$k-1$	SS_B	$V_B=SS_B/(k-1)$	$F_B=V_B/V_E$	p_B
교호작용	$(l-1)(k-1)$	$SS_{A\times B}$	$V_{A\times B}=SS_{A\times B}/(l-1)(k-1)$	$F_{A\times B}=V_{A\times B}/V_E$	$p_{A\times B}$
잔차	$lk(r-1)$	SS_E	$V_E=SS_E/lk(r-1)$		
총합	$lkr-1$	SS_T			

로 표시할 수 있다. 여기서 ε_{ijh}는 오차항으로 서로 독립이고 $N(0,\sigma^2)$을 따르는 확률변수들이고, μ_{ij}는 수준조합 A_iB_j에서의 모평균이다. 실험 전체의 모평균을 μ, 수준 A_i와 B_j에서의 모평균을 각각 $\mu_{i.}$와 $\mu_{.j}$라 하면, 위의 식은

$$X_{ijh}-\mu=(\mu_{i.}-\mu)+(\mu_{.j}-\mu)+(\mu_{ij}-\mu_{i.}-\mu_{.j}+\mu)+\varepsilon_{ijh}$$
$$=\alpha_i+\beta_j+(\alpha\beta)_{ij}+\varepsilon_{ijh},$$
$$\Sigma_i\alpha_i=0,\quad \Sigma_j\beta_j=0,\quad \Sigma_i\Sigma_j(\alpha\beta)_{ij}=0$$

와 같이 쓸 수 있다. 여기서 $\alpha_i=\mu_{i.}-\mu$는 인자 A의 i번째 처리효과, $\beta_i=\mu_{.j}-\mu$는 인자 B의 j번째 처리효과를 나타내며, $(\alpha\beta)_{ij}=\mu_{ij}-\mu_{i.}-\mu_{.j}+\mu$는 인자 A의 i번째 수준과 인자 B의 j번째 수준에서의 교호작용효과를 나타내는데, 이 식이 반복이 있는 이원배치법의 선형모형이다. 반복이 있는 이원배치법에 대한 분산분석표는 표 9.3.6과 같다.

표 9.3.6의 결과에서

$$F_A>F_\alpha(l-1,lk(r-1)) \text{ 또는 } p_A<\alpha$$

이면 인자 A의 효과가 없다는 귀무가설 $H_0:\alpha_i=0$을 기각한다. 또,

$$F_B>F_\alpha(k-1,lk(r-1)) \text{ 또는 } p_B<\alpha$$

이면 인자 B의 효과가 없다는 귀무가설 $H_0:\beta_j=0$을 기각하며 마찬가지로

$$F_{A\times B}>F_\alpha((l-1)(k-1),lk(r-1)) \text{ 또는 } p_{A\times B}<\alpha$$

일 때 두 인자의 교호작용효과가 없다는 귀무가설 $H_0:(\alpha\beta)_{ij}=0$을 기각한다.

반복이 없는 이원배치법에서는 교호작용효과를 오차와 분리할 수 없기 때문에 분석을 위한 선형모형은

$$X_{ij}=\alpha_i+\beta_j+\varepsilon_{ijh},\ \Sigma_i\alpha_i=0,\ \Sigma_j\beta_j=0,\ \varepsilon_{ij}\sim N(0,\sigma^2)$$

표 9.3.7 반복이 없는 이원배치법의 분산분석표

요인	자유도	제곱합	제곱평균	분산비	p-값
인자 A	$l-1$	SS_A	$V_A=SS_A/(l-1)$	$F_A=V_A/V_E$	p_A
인자 B	$k-1$	SS_B	$V_B=SS_B/(k-1)$	$F_B=V_B/V_E$	p_B
오차	$(l-1)(k-1)$	SS_E	$V_E=SS_E/(l-1)(k-1)$		$p_{A\times B}$
총합	$lk-1$	SS_T			

으로 가정하며, 이에 대한 분산분석표는 표 9.3.7과 같이 주어진다.

예제 9.3.3

예제 3.3.3의 자료는 문항과 응답자를 인자로 하는 반복이 없는 이원배치법에 의한 자료로 볼 수 있다. 분산분석표를 구하여 설문지의 신뢰도를 평가하여라.

(풀이)

5번 문항은 점수가 낮을수록 만족도는 높음을 나타내므로, 5번 문항의 점수는 8점에서 5번 문항의 점수를 뺀 점수로 바꾸어서 분산분석을 실시하면 각 경우에 대하여 다음과 같은 분산분석표가 구해진다.

반복이 없는 이원배치법에 대한 분산분석표

요 인	자유도	제곱합	제곱평균	F	p-값
문 항	4	10.06	2.515	1.25	0.295
응답자	19	39.36	2.072	1.03	0.435
오차	76	152.34	2.004		

분산분석표에서 문항간의 차이에 대한 유의확률이 매우 크므로 문항간의 차이가 없다는 귀무가설을 기각할 수 없다. 즉, 삶의 만족도에 대한 척도는 동일 개념을 측정하는 동질적인 문항들로 구성되어 있다고 볼 수 있다. 또한, 분산분석표를 보면 응답자간의 차이도 없는 것으로 볼 수 있는데 대학원생 20명으로 구성된 응답자 집단이 동질적임을 보여주고 있다. 따라서 이 설문지는 신뢰성을 확보하고 있는 것으로 평가할 수 있다. ♣

연습문제 9.3

01. 둘 이상의 모평균을 비교하는 검정에서 바람직한 분석방법은?
가. 회귀분석 나. 교차분석 다. 분산분석 라. 상관분석

02. 각 집단의 평균들이 전체 평균에서 얼마나 떨어져 있는가를 나타내는 것은?
가. 집단 내 분산 나. 집단 간 분산 다. 전체 분산 라. 분산

03. 분산분석을 수행하는데 필요한 가정이 아닌 것은?
가. 독립성(independence) 나. 불편성(unbiasedness)
다. 정규성(normality) 라. 등분산성(homoscedasticity)

04. 분산분석에 대한 설명 중 옳은 것으로 짝 지어진 것은?

A. 집단 간 분산을 비교하는 분석이다. B. 집단 간 평균을 비교하는 분석이다. C. 검증통계량은 집단 내 제곱합과 집단 간 제곱합으로 구한다. D. 검증통계량은 총 제곱합과 집단 간 제곱합으로 구한다.

가. A, C 나. A, D 다. B, C 라. B, D

05. 일원분산분석을 시행하였다. 처리는 모두 5개이며, 각 처리 당 6회씩 반복 실험을 하였다. 결정계수의 값이 0.6, 처리평균제곱의 값이 300이라면 오차제곱합의 값은 얼마인가?
가. 800 나. 900 다. 1600 라. 1800

06. 세 집단의 평균이 서로 같은지 다른지를 검정하기 위하여 각 집단에서 크기가 6, 7, 11인 표본을 각각 추출하였다. 이 때, 작성되는 분산분석표의 평균오차제곱합(MSE)의 자유도는?
가. 23 나. 22 다. 21 라. 20

07. 실험계획법의 교호작용(interaction effect)에 관한 설명으로 옳은 것은 ?
가. 교호작용의 유무는 주효과의 유무와 전혀 관계없이 해석한다.
나. 교호작용은 인자수준의 조합에서 생기는 효과를 말한다.
다. 반복이 없는 이원배치법에서도 교호작용의 유무를 조사할 수 있다.
라. 인자의 수가 많은 다원배치법에서는 고차의 교호작용에 대한 해석을 반드시 해야 한다.

08. 지역과 비료의 종류에 따라 토마토 생산량에 차이가 있는지를 확인하기 위하여 4개 지역에서 각각 A, B, C 세 종류의 비료를 적용시킨 후에 생산량을 조사하였다. 지역과 비료의 종류에 따라 생산량에 차이가 있는가를 알고 싶다면 어떤 통계분석 방법을 사용해야 하는가?
가. 분할표 분석 나. 회귀분석 다. 분산분석 라. 상관분석

09. $k(\geq 3)$개의 처리를 비교하기 위하여 각 처리에서 r번씩 실험하였다. 처리 평균들을 비교하기 위하여 모든 처리 쌍에 대하여 제 1종 개별 오류율(individual error rate)이 α인 t-검증(검정)을 수행하는 경우 제 1종 모임 오류율은?
가. α보다 작다. 나. α와 같다. 다. α보다 크다. 라. 경우에 따라 다르다.

10. 다음의 상황에 알맞은 검정방법은?
[농민이 세 종류의 종자 중 가장 수확량이 많이 나오게 하는 종자를 구입하려 심으려 한다.]
가. 독립표본 t-검정 나. 대응표본 t-검정 다. χ^2-검정 라. F-검정

11. '성별 평균소득'에 관한 설문조사 자료를 정리한 결과, 집단 내 편차제곱의 평균(MSw)은 50, 집단 간 편차제곱의 평균(MSb)은 25로 나타났다. 이 경우에 F값은?
가. 0.5 나. 2 다. 25 라. 75

12. 다음 중 표를 잘못 해석한 것은?

요인	제곱합	자유도	평균제곱	F-값	유의확률
처리	3836.55	4	959.14	15.48	0.000
잔차	1549.27	25	61.97		
계	4385.83	29			

가. 분산분석에 사용된 집단의 수는 5개이다.
나. 분산분석에 사용된 케이스의 수는 30개이다.
다. 각 처리별 평균값의 차이가 있다.
라. 만약 F-값이 주어지지 않는다면 가설 검증이 곤란하다.

13. 다음은 일원배치 분산분석 결과표이다. 표에서 얻는 결과와 다른 것은?

	제곱합	자유도	F
급간	SSb	$m-1$	$[SSb/(m-1)]/[SSw/(m(n-1))]$
급내	SSw	$m(n-1)$	

가. 분석된 자료의 형태는 m개의 독립표본으로 이루어져 있고 각 독립표본에 n개의 관측값이 있다.
나. F-값으로 가설 $H_0 : \mu_1=\mu_2=\cdots=\mu_m$을 검정할 수 있다.
다. $E(SSb/\sigma^2)=m$, (단, $X_{ij}\sim N(\mu, \sigma^2)$)
라. $SSb=n\sum_{j=1}^{m}(\bar{x}_{.j}-\bar{x}_{..})^2$

14. 직업별로 소비자행동에 어떤 차이가 있는지를 보기 위해서 취업주부를 대상으로 전문직, 사무직, 생산직으로 나누어 소비성향을 측정하였다. 이때 소비행동은 여러 개의 문항을 이용하여 연속변수의 척도를 구성하였다. 직업별로 소비행동의 차이가 있는지를 알아보려면 어떤 통계적 분석을 실시하는 것이 가장 적합하겠는가?

가. 분할표 분석　　나. 회귀분석　　다. 상관관계 분석　　라. 분산분석

15. 다음은 처리(treatment)의 각 수준별 반복수이다. 오차변동의 자유도는?

수준	1	2	3
반복수	7	4	6

가. 13　　나. 14　　다. 15　　라. 16

16. $I(\geq 2)$개의 처리를 비교하기 위하여 $J(\geq 2)$개의 블록에서 각 처리가 1회씩 실험되었다. 처리 i와 블록 j, $i=1,\cdots,I$, $j=1,\cdots,J$에서 얻은 연속형 반응을 y_{ij}라 할 때, 이 자료에 대한 통계적 모형으로 가장 유용한 것은?

가. $y_{ij}=\mu+\varepsilon_{ij}$, $\varepsilon_{ij}\sim N(0, \sigma^2)$이며 서로 독립
나. $y_{ij}=\mu+\alpha_i+\varepsilon_{ij}$, $\varepsilon_{ij}\sim N(0, \sigma^2)$이며 서로 독립
다. $y_{ij}=\mu+\beta_j+\varepsilon_{ij}$, $\varepsilon_{ij}\sim N(0, \sigma^2)$이며 서로 독립
라. $y_{ij}=\mu+\alpha_i+\beta_j+\varepsilon_{ij}$, $\varepsilon_{ij}\sim N(0, \sigma^2)$이며 서로 독립

17. 어떤 공장의 세 기계의 생산량의 평균에 대한 실험에서의 F값이 1.5953로 나왔다. 실험에서의 검정결과는? (단, $F_{0.05}(3, 7)=4.347$)

가. 귀무가설 채택　　나. 귀무가설 기각　　다. 대립가설 채택　　라. 판정보류

9.4 상관분석과 회귀분석

자연이나 사회현상을 설명하기 위해서는 두 개 이상의 여러 변수들을 고려해야 하는 경우가 흔히 있다. 이 때, 우리는

(1) 변수들이 서로 연관되어 있는가?

(2) 연관관계가 있다면 어떤 관계로 얼마나 밀접하게 관련되어 있는가?

(3) 한 변수의 변화로부터 다른 변수의 변화를 예측할 수 있는가?

등에 대하여 관심을 갖게 된다. 위와 같은 문제는 개별 변수를 따로 분석하여 해결할 수 있는 것이 아니고 관련 변수들을 함께 분석해야 한다. 여러 변수에 대하여 수집된 자료를 분석하여 변수들 간의 연관성 여부와 그 관계를 찾아낼 수 있다면 한 변수의 변화로부터 다른 변수의 변화를 예측할 수 있을 것이다. 6.2.4절에서 두 변수 간의 연관관계를 개략적으로 파악할 수 있는 산점도와 상관계수를 소개하였는데 이 절에서는 두 연속형 변수 간의 선형관계에 대한 추론 및 변수들 간의 함수관계에 대한 추론에 대하여 논의한다. 전자를 상관분석(相關分析, correlation analysis), 후자를 회귀분석(回歸分析, regression analysis)이라 한다.

상관분석에서는 두 변수 사이의 선형관계에 대한 추론이 주목적이기 때문에 상관관계가 있다고 하여 한 변수의 값으로부터 다른 변수의 값을 예측할 수는 없다. 그러나 어떤 변수가 다른 변수들의 영향으로 그 값이 변한다고 할 수 있다면 회귀분석을 통하여 다른 변수들의 영향으로 변하는 변수의 값을 예측할 수 있다.

9.4.1 상관분석

두 연속확률변수 사이에 어떤 관계가 있는가를 알아보고자 할 때 가장 먼저 해야 할 일은 서로 대응하는 자료를 이차원 평면 위에 점으로 나타내는 산점도를 그려보는 것이다. 산점도를 보면 두 변수 사이의 직선관계 여부는 비교적 쉽게 파악할 수 있다. 그러나 직선관계의 강도를 시각적으로 판단하기는 쉽지 않다. 자료를 이용하여 두 양적 변수 사이의 직선관계에 대한 방향 및 강도를 분석하고자 하는 통계적 방법을 상관분석이라 한다.

두 변수 X와 Y의 상관계수가 ρ인 이변량분포로부터 크기 n인 표본을 추출하여 얻은 관측치를 $(x_1, y_1), (x_2, y_2), \cdots, (x_n, y_n)$이라 할 때, 모상관계수 ρ는 다음과 같은 표본상관계수

$$r = \frac{1}{n-1}\sum_{i=1}^{n}\left(\frac{x_i-\bar{x}}{s_x}\right)\left(\frac{y_i-\bar{y}}{s_y}\right) = \frac{\Sigma(x_i-\bar{x})(y_i-\bar{y})}{\sqrt{\Sigma(x_i-\bar{x})^2}\sqrt{\Sigma(y_i-\bar{y})^2}}$$

로 추정한다. 다음은 표본상관계수 r에 관한 성질들이다.

1. r은 두 양적 변수간의 연관성을 나타내는 통계량이다.

$r>0$이면 변수 사이에 양의 연관성이 있으며, $r<0$이면 음의 연관성이 존재한다.

2. $|r|\le 1$.

r은 단위가 없는 -1과 1 사이의 숫자로 두 변수의 측정단위와 무관하다.

3. r은 산점도에서 점들이 직선 주변에 얼마나 밀집되어 있는가에 대한 측도이다.

상관계수는 두 변수 사이의 직선관계에 대한 방향 및 강도를 측정할 뿐이며, 곡선관계나 일반적인 연관성을 측정하지는 않는다. 산점도에서 관측점들이 $r>0$이면 기울기가 양인 직선 주변에 흩어져 있고, $r<0$이면 기울기가 음인 직선 주변에 흩어져 있다. $r=\pm 1$이면 두 변수 사이에 완전한 직선관계가 존재함을 의미하며 관측점들은 모두 직선상에 위치한다. $r=0$이면 변수들 사이에 직선관계가 없음을 나타낸다. 따라서 r의 절댓값이 커질수록 점들은 직선 주변에 가까이 모여들게 되는데, 그림 9.4.1은 이러한 상관계수의 성질을 잘 보여주고 있다.

4. r^2은 설명변수 X가 반응변수 Y의 변동을 얼마나 설명할 수 있는가를 나타낸다.

두 변수 사이에 완전한 직선 관계가 존재한다는 것은 한 변수 X의 값이 커지면 다른 변수 Y의 값이 X의 증분에 정확히 비례하여 커지거나 작아짐을 의미한다. 따라서 Y의 변화는 X의 변화에 의하여 완전히(100%) 설명된다. 일반적으로 변수 Y의 변동 중에서 직선관계에 있는 변수 X로 설명할 수 있는 부분을 변수 X의 설명력이라 한다. 설명력은 상관계수의 제곱인 r^2인데 이를 **결정계수**(決定係數, coefficient of determination)라 부른다. r^2은 0과 1 사이

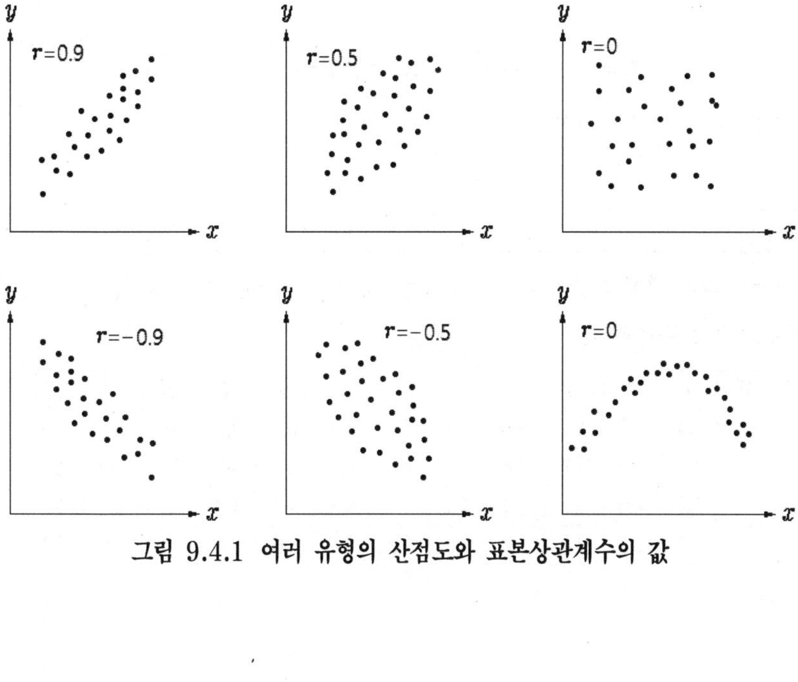

그림 9.4.1 여러 유형의 산점도와 표본상관계수의 값

의 값이므로 비율로 해석할 수 있다. 예컨대, 반응변수 Y와 설명변수 X의 표본상관계수 r이 -0.9일 때, Y의 변동을 나타내는 분산의 $100r^2=81\%$는 Y와 직선관계에 있는 X에 의하여 설명할 수 있다는 것이다. 물론 r^2은 연관성의 강도를 측정하는 것이지 연관성의 방향을 측정하는 것은 아니다.

5. 표본상관계수도 평균이나 표준편차와 마찬가지로 이상점의 영향을 많이 받는다.

따라서 산점도에서 이상점이 발견되면 상관계수의 의미를 해석할 때 주의해야 한다.

두 변수 각각에 같은 정도로 영향을 주는 제3의 변수가 존재할 때는 표본상관계수가 큰 값이라고 하여도 두 변수 사이에 직선관계가 없을 수도 있다. 예컨대, 범죄발생 건수와 술 소비량 간의 상관계수가 1에 가까운 값이라고 할 때 술 소비량이 늘면 범죄가 많이 일어난다고 말할 수 있는가? 인구가 늘어나면서 범죄발생 건수와 술 소비량이 같이 늘어나서 상관계수가 1에 가까운 값이 나타난 것인지도 모른다. 또한, 표본상관계수가 0에 가까운 값이라고 하여 두 변수 사이에 아무런 연관성이 없다는 의미가 아니고 단지 직선관계에 대한 증거가 없다는 것일 뿐이다.

표본상관계수 r은 모상관계수 ρ의 값에 영향을 받지만 표본이 추출되는 두 확률변수의 확률분포에도 영향을 받는다. 두 변수 X와 Y의 결합확률분포를 상관계수가 ρ인 이변량 정규분포라 가정할 때, 두 변수 간의 상관관계가 없다는 귀무가설 $H_0: \rho=0$에 대한 대립가설 $H_1: \rho\neq 0$의 검정에서 검정통계량은 귀무가설이 참($\rho=0$)이면

$$T_0=\frac{r\sqrt{n-2}}{\sqrt{1-r^2}} \sim t(n-2)$$

이므로 유의수준 α인 기각역은

$$|T_0|=t_0 \geq t_{\alpha/2}(n-2) \quad \text{또는} \quad p\text{-값}=P(T_0 \geq |t_0|) \leq \alpha$$

이면 귀무가설 $H_0: \rho=0$를 기각한다.

예제 9.4.1

다음은 우리나라의 전체 물가등락율 X와 교통통신비 Y에 대한 물가등락율을 2년 동안 월별로 조사한 자료가 다음과 같다.

월	1	2	3	4	5	6	7	8	9	10	11	12
x_i	6.4	6.5	5.1	6.8	5.7	4.3	6.4	6.1	3.8	5.9	5.6	3.5
y_i	4.3	7.1	4.9	1.8	6.1	4.6	4.9	6.1	4.2	6.4	6.2	4.2
x_i	5.7	4.9	4.7	5.9	4.2	4.4	6.9	4.7	4.3	7.4	5.1	4.7
y_i	5.7	5.2	6.0	5.9	4.3	7.2	6.4	2.0	6.6	7.5	3.8	7.7

월별 물가등락율은 전년도 같은 달을 기준으로 가격의 변동을 백분율로 나타낸 것이다. 첫 번째 값은 전체 물가등락율(x_i)이고 두 번째 값은 교통통신비 물가등락율(y_i)이다. 산점도를 그리고 두 변수 간의 상관계수가 0이라고 할 수 있는가? 유의수준 5%에서 검정하여라.

(풀이)

주어진 자료에서

$$\sum_{i=1}^{24} x_i=129.0,\ \sum_{i=1}^{24} x_i^2=718.92,\ \sum_{i=1}^{24} y_i=129.1,\ \sum_{i=1}^{24} y_i^2=749.59,\ \sum_{i=1}^{24} x_i y_i=700.89,$$

$$\sum_{i=1}^{24}(x_i-\bar{x})^2=\sum_{i=1}^{24} x_i^2-\frac{1}{24}\left(\sum_{i=1}^{24} x_i\right)^2=25.545,$$

$$\sum_{i=1}^{24}(y_i-\bar{y})^2=\sum_{i=1}^{24} y_i^2-\frac{1}{24}\left(\sum_{i=1}^{24} y_i\right)^2=55.1396,$$

$$\sum_{i=1}^{24}(x_i-\bar{x})(y_i-\bar{y})=\sum_{i=1}^{24} x_i y_i-\frac{1}{24}\left(\sum_{i=1}^{24} x_i\right)\left(\sum_{i=1}^{24} y_i\right)=6.9775$$

이므로 표본상관계수는

$$r=\frac{6.9775}{\sqrt{25.545}\ \sqrt{55.1396}}=0.1859$$

이다. X와 Y의 표본상관계수 $r=0.1859$에 대하여 미니탭으로 구한 유의확률 0.384가 유의수준 0.05보다 크므로 유의수준 5%에서 X와 Y의 상관계수가 0이라는 귀무가설을 기각할 수 없다. 따라서 두 변수 사이에 상관관계는 없는 것으로 판단된다. 그런데 미니탭으로 그린 그림 9.4.2의 산점도를 보면 관측치 $(6.8, 1.8)$은 이상점으로 생각된다. 따라서 이 점을 제외하고 다시 표본상관계수를 구하면 $r=0.393$이고 이 값에 대한 유의확률은 0,063이 된다. 이 결과를 보면 표본상관계수는 이상점의 영향을 많이 받음을 알 수 있으며 대략 유의수준 6% 정도에서 $H_0: \rho=0$를 기각할 수 있다. 따라서 이상점을 제외하면 두 변수 사이에 약한 양의 상관관계가 있는 것으로 판단할 수 있다. ♣

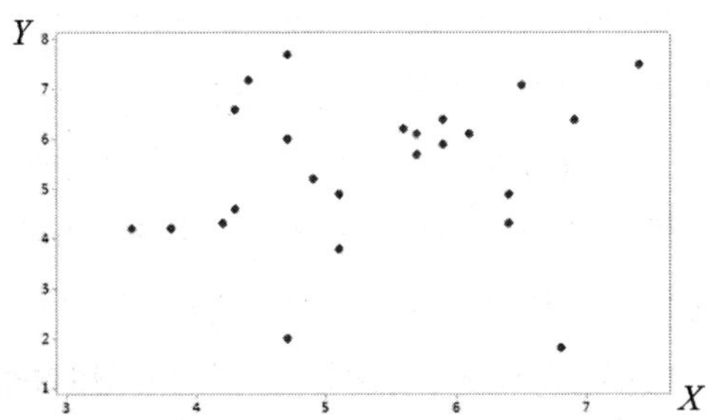

그림 9.4.2 X와 Y의 자료에 대한 산점도

9.4.2 회귀분석

관심 있는 어떤 변수에 영향을 주는 여러 변수들 간의 관계를 적절한 함수식으로 가정하고 그 관계식을 추정하여 관심 있는 변수의 변화를 예측하고자 하는 통계분석기법을 **회귀분석**이라 한다. 분석 이름에 회귀라는 단어를 사용하게 된 것은 아버지의 키와 아들의 키를 분석한 영국의 과학자 Sir Francis Galton에서 비롯되었다. 그는 1885년에 발표한 논문

"Regression toward mediocrity in hereditary stature"

에서 아버지의 키가 아주 크다고 하여 아들의 키가 아버지만큼 크지 않고 아버지가 아주 작다고 해도 아버지만큼 작지 않은 경향이 있어서 결국은 세대가 거듭 될수록 자손의 키는 "평범한 쪽으로 회귀"한다고 기술하였는데, 이에 연유하여 회귀라는 용어를 사용하게 되었다. 후에, 그는 "평범한 쪽으로 회귀"를 수정하여 "평균 쪽으로 회귀(regression toward mean)"한다고 바꿔 말하였으며 덧붙여 이러한 자식 대의 회귀현상은 부모 대에서의 평균에 대한 편차에 비례함을 발견하였다. 이 사실을 수학적으로 표현하면 아버지의 키를 X, 아들의 키를 Y라 할 때, 주어진 X에서 Y의 조건부 기댓값은 $(X-\mu_X)$에 비례한다는 것이다. 즉,

$$E(Y|X)=c(X-\mu_X)$$

이다. 여기서 c는 적절한 비례상수이고, μ_X는 X의 평균이다. 바로 이 관계가 두 변수 사이의 **선형회귀분석**(線形回歸分析, linear regression analysis)에 대한 이론적 기초가 된다.

세대 간의 키에 대한 회귀분석에서 두 변수 X와 Y 사이에 회귀관계가 전혀 없다면 조건부 기댓값의 식에서 X는 전혀 필요하지 않다. 이 경우, c'을 적절한 상수라 하면

$$E(Y|X)=-c\mu_X=c'$$

와 같이 쓸 수 있다. 즉, 부모대의 크기가 자식대의 크기에 전혀 영향을 미치지 못하며 이럴 때 우리는 두 변수 사이에 회귀관계가 없다고 말한다.

회귀분석이란 바로 Galton이 관찰한 것과 같은 현상을 정량화하여

$$Y=f(X)+\varepsilon$$

와 같은 형태의 통계적 모형(statistical model)을 도입하고, 여기에 체계적인 통계분석 절차를 추가한 것이다. 이러한 통계모형에서 X는 그 값이 오차 없이 독립적으로 주어지는 변수이므로 독립변수라 하고 Y는 독립변수 X와 오차에 의하여 결정되므로 종속변수라 한다. 회귀분석에서는 종속변수의 변화를 설명하는 변수라는 의미에서 독립변수를 설명변수라 하며, 종속변수는 설명변수의 변화에 반응하는 변수라는 뜻으로 반응변수라 한다. 일반적으로 한 반응변수 Y의 변동을 단 하나의 설명변수 X의 함수 $f(X)$로 설명하기 위한 분석절차를 **단순회귀분석**, 여러 설명변수들의 함수 $f(X_1,X_2,\cdots,X_k)$로 설명하기 위한 통계분석 절차를 **중회귀분석**이라 한다.

표 9.4.1 우리나라의 1인당 GNP(X)와 자동차 대수(Y)

x(단위: 만 원)	16	22	29	39	49	65	82	96	118
y(단위: 만 대)	17	18	19	22	28	38	49	53	57
x(단위: 만 원)	133	155	174	191	221	256	302	335	400
y(단위: 만 대)	65	79	95	111	131	161	204	266	339

반응변수 Y와 설명변수 X 사이의 통계적 관계는 산점도를 그려봄으로써 파악할 수 있다. 표 9.4.1은 1973년부터 1990년까지 우리나라의 1인당 GNP(X)와 자동차 대수(Y)에 대한 자료이다. 이 자료에 대한 산점도를 그려보면 그림 9.4.2와 같다. 그림 9.4.3를 보면 약간의 곡선관계가 보이지만 점들이 어떤 직선 주변에 흩어져 나타나 있으므로 두 변수의 관계를 대략적으로 직선관계로 가정할 수 있겠다.

변수 y가 오차 없이 변수 x만의 일차식으로 표현된다고 가정하면 두 변수는 절편이 β_0이고 기울기가 β_1인 직선의 식 $y=\beta_0+\beta_1 x$로 정확히 표현될 것이다. 이러한 두 변수의 관계는 변수 x가 한 단위만큼 변할 때 변수 y의 값이 x의 위치와 무관하게 β_1만큼 변하는 것임을 의미한다. 그러나 그림 9.4.3의 산점도에서 볼 수 있듯이 모든 점들이 모두 하나의 직선 위에 놓이는 경우는 거의 없고, 관측값이 직선 위나 주변에 흩어져서 나타나는 경우에 두 변수의 관계를 규명하기 위해서는 통계적 개념이 필요하다. 즉, 변수 y의 변동은 x의 변화로 설명할 수 있는 부분 외에 설명할 수 없는 오차 등과 같은 요인에 기인하는 것으로 보고, 여러 요인에 의한 변동량은 관측할 수는 없지만 어떤 확률적 성질을 갖고 있다고 하는 통계적 개념을 적용하여 문제를 해결한다.

반응변수 Y의 변화량은 설명변수 X의 변화로 설명할 수 있는 부분과 X로 설명할 수 없는 오차의 합으로 생각할 수 있다. 이러한 관점에서 X의 변화로 설명되는 Y의 변화량은 X에 비례한다고

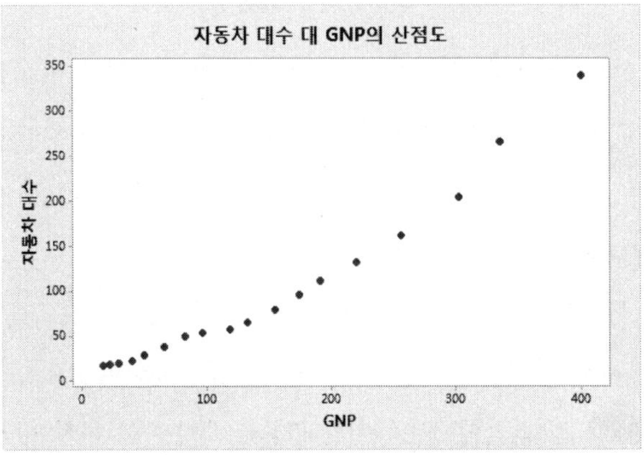

그림 9.4.3 1인당 GNP(X)와 자동차 대수(Y)의 산점도

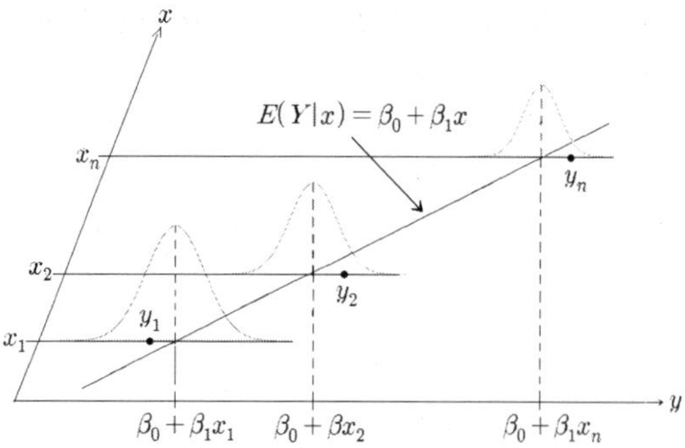

그림 9.4.4 $Y|x$의 확률분포 $N(\beta_0+\beta_1 x, \sigma^2)$과 관측치

가정하고 오차에 대한 확률적 성질을 구체적으로 규정한 통계적 모형을 생각할 수 있다. 설명변수 x값에 대응하는 반응변수의 값 y를

$$Y=\beta_0+\beta_1 x+\varepsilon$$

으로 표현되는 확률변수 Y의 관측값으로 여기는 모형을 단순선형회귀모형이라 한다. 여기서 오차항 ε은 평균이 $E(\varepsilon)=0$, 분산이 $Var(\varepsilon)=\sigma^2$인 분포를 따르는 확률변수로 가정한다.

단순선형회귀모형은 $X=x$일 때 반응변수 Y의 변동을 x의 일차식 $\beta_0+\beta_1 x$에 의하여 설명하고자 하는 통계모형인데 x만으로 설명되지 않는 Y의 변동 및 측정오차 등을 모두 오차 ε으로 표기하고 있다. 단순선형회귀모형에서 절편 β_0와 기울기 β_1은 회귀계수(regression coefficient) 또는 모수라 부르는 미지의 상수이다. 따라서 β_0와 β_1을 추정하면 단순선형회귀모형은 단 하나의 일차식으로 결정된다.

단순선형회귀모형의 가정 $E(\varepsilon)=0$, $Var(\varepsilon)=\sigma^2$에 의하면

$$E(Y_i)=\beta_0+\beta_1 x_i, \quad Var(Y_i)=\sigma^2$$

이므로 오차 ε_i들이 서로 독립이고 동일한 분포 $N(0,\sigma^2)$를 따른다면 회귀모형으로부터 $X=x_i$일 때 반응변수 Y_i는 평균이 $\beta_0+\beta_1 x$이고 분산이 σ^2인 정규분포를 따르게 된다. 즉,

$$Y_i|x_i \sim N(\beta_0+\beta_1 x_i, \sigma^2)$$

이고, y_i는 이 분포에서 관측된 Y_i의 한 값이다. 설명변수의 값 $x_1, x_2 \cdots, x_n$에 대응하는 종속변수 $Y_1, Y_2, \cdots, Y_n$은 서로 독립적으로 관측된다고 가정하고 그 관측값 $y_1, y_2, \cdots, y_n$을 그림으로 나타내면 그림 9.4.3과 같다. 따라서 그림 9.4.4에서의 관측값 y_1은 평균이 $\beta_0+\beta_1 x_1$인 정규분포에서 관측된 값인데 직선상의 점 $\beta_0+\beta_1 x_1$이 $N(0,\sigma^2)$을 따르는 오차 ε_1에 의하여 변동된 것으로 해석할 수 있다.

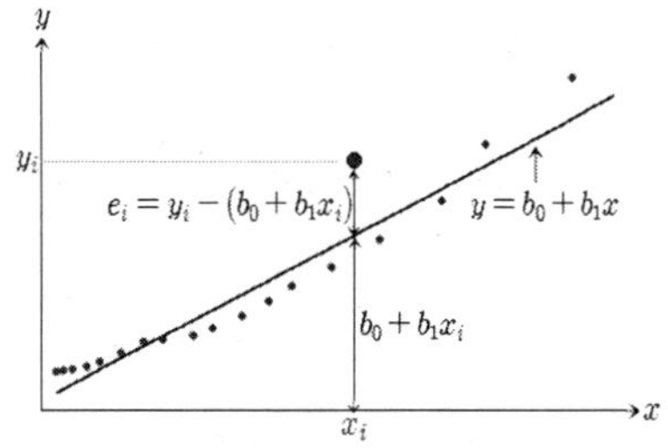

그림 9.4.5 산점도와 적합 직선 및 수직거리

설명변수 X와 반응변수 Y에 대하여 관측한 자료 $(x_1, y_1), (x_2, y_2), \cdots, (x_n, y_n)$을 이용하여 그린 산점도에서 자료들이 적절한 직선 주변에 밀집되어 분포하는 것으로 판단되면 X와 Y의 관계를 단순선형회귀모형으로 가정하고, 두 변수를 관측한 자료를 이용하여 미지인 절편 β_0와 회귀계수 β_1을 추정하게 된다. 그런데 선형회귀모형에 자료를 적합한 식

$$y_i = \beta_0 + \beta_1 x_i + \varepsilon_i,\ i = 1, 2, \cdots, n$$

을 모두 만족하는 직선은 구할 수 없으므로 β_0와 β_1을 추정할 수 있는 객관적이고 효율적인 방법이 필요하다. 그림 9.4.5는 그림 9.4.3의 산점도에 임의의 직선 $y = b_0 + b_1 x$를 그린 것이다. 이 그림에서 x_i에 대응되는 반응변수의 관측값은 y_i이고, 직선을 이용하여 x_i에서 추측된 반응변수의 추정값은 $b_0 + b_1 x_i$이므로 실제 관측값 y_i에서 추정값 $b_0 + b_1 x_i$까지 수직거리

$$\varepsilon_i = y_i - (b_0 + b_1 x_i)$$

들이 전체적으로 최소가 되는 직선을 구하고자 한다. 즉, 오차 ε_i의 제곱합

$$Q = \sum_{i=1}^{n} \varepsilon_i^2 = \sum_{i=1}^{n} (y_i - b_0 - b_1 x_i)^2$$

을 최소로 하는 b_0와 b_1을 구하는데, 이와 같은 방법을 최소제곱법(least squares method)라 한다. Q를 최소로 하는 b_0와 b_1은

$$\frac{\partial Q}{\partial b_0} = 0, \quad \frac{\partial Q}{\partial b_1} = 0$$

을 만족하는 값들이다. 이 연립방정식은 **정규방정식**(normal equation)이라 부르는

$$\sum_{i=1}^{n} y_i = nb_0 + b_1 \sum_{i=1}^{n} x_i, \quad \sum_{i=1}^{n} x_i y_i = b_0 \sum_{i=1}^{n} x_i + b_1 \sum_{i=1}^{n} x_i^2$$

과 동치이다. 여기서

$$s_{xy} = \sum_{i=1}^{n} (x_i - \bar{x})(y_i - \bar{y}), \quad s_{xx} = \sum_{i=1}^{n} (x_i - \bar{x})^2$$

로 두고 정규방정식을 b_0와 b_1에 대하여 풀면

$$b_1=\frac{s_{xy}}{s_{xx}}, \quad b_0=\bar{y}-b_1\bar{x}$$

이 된다. 이 b_0와 b_1을 β_0와 β_1에 대한 **최소제곱추정량**이라 하며 $\hat{\beta}_0$와 $\hat{\beta}_1$으로 표기한다. 최소제곱추정량을 이용하여 구한 직선

$$\hat{y}=\hat{\beta}_0+\hat{\beta}_1 x=\bar{y}+\hat{\beta}_1(x-\bar{x})$$

를 최소제곱 회귀직선이라 부른다. 최소제곱 회귀직선에 의하여 추정된 $\hat{y}_i$는 설명변수 값이 x_i일 때 반응변수 Y_i의 평균 $E(Y_i|x_i)=\beta_0+\beta_1 x_i$에 대한 추정값인데, 편의상 $\hat{E}(Y_i|x_i)$를 $\hat{y}_i$로 나타내고 있음에 유의하여야 한다.

최소제곱추정치는 통계분석 패키지를 이용하여 구하는 것이 보통이지만 직접 계산에 의하여 구할 때는 다음과 같은 계산 공식을 이용하는 것이 편리하다.

$$s_{xy}=\Sigma_1^n(x_i-\bar{x})(y_i-\bar{y})=\Sigma_1^n x_i y_i-\frac{1}{n}\left(\Sigma_1^n x_i\right)\left(\Sigma_1^n y_i\right),$$

$$s_{xx}=\Sigma_1^n(x_i-\bar{x})^2=\Sigma_1^n x_i^2-\frac{1}{n}\left(\Sigma_1^n x_i\right)^2.$$

설명변수의 값이 x_i일 때 관측값 y_i와 최소제곱 회귀직선을 이용한 추정값 $\hat{y}_i$의 차이

$$e_i=y_i-\hat{y}_i=y_i-(\hat{\beta}_0+\hat{\beta}_1 x_i), \quad i=1, 2, \cdots, n$$

를 **잔차**(殘差, residual)라 부른다. 이 잔차 e_i는 단순선형회귀모형에서의 오차항

$$\varepsilon_i=y_i-(\beta_0+\beta_1 x_i), \quad i=1, 2, \cdots, n$$

에 대한 관측값으로 생각할 수 있다. 잔차는 그 값이 작을수록 회귀직선에 의한 추정값이 관측값에 잘 적합되고 있음을 의미한다. 잔차는 오차항의 분산 σ^2의 크기에 종속되어 있고, 잔차의 합은 0이므로 잔차들의 제곱합을 이용하여 σ^2을 추정할 수 있다. 잔차들의 제곱합은 **잔차제곱합**(residual sum of squares) 또는 **오차제곱합**(error sum of squares)이라 부르고 SSE로 나타낸다. 즉,

$$\mathrm{SSE}=\Sigma_1^n e_i^2=\Sigma_1^n(y_i-\hat{y}_i)^2$$

인데,

$$\Sigma_1^n e_i=0, \quad \Sigma_1^n \hat{y}_i e_i=\Sigma_1^n x_i e_i=0$$

과 같은 두 개의 선형조건이 성립하므로 n개의 잔차에 대한 자유도는 $n-2$이다. 따라서 오차분산 σ^2은 SSE를 $n-2$로 나눈 식

$$\hat{\sigma}^2=\frac{\mathrm{SSE}}{n-2}=\frac{1}{n-2}\sum_{i=1}^{n}(y_i-\hat{y}_i)^2$$

으로 추정한다.

오차분산의 추정량 $\hat{\sigma}^2$은 **평균제곱오차**(mean squared error)라 부르며 기호 MSE로 나타낸다. 잔차제곱합 SSE를 직접 계산할 때는 다음과 같은 계산 공식을 사용하는 것이 편리하다.

$$\text{SSE}=s_{yy}-\hat{\beta}_1^2 s_{xx}=s_{yy}-\frac{s_{xy}^2}{s_{xx}}.$$

설명변수 X의 일차식으로 구해진 최소제곱 회귀직선에 의하여 반응변수 Y의 변동을 충분히 설명할 수 없다면 구한 회귀직선은 의미가 없는 것이다. 따라서 회귀직선의 유의미성에 대한 검토가 필요하다. 만약 두 변수 사이의 회귀관계가 전혀 없다면 당연히 반응변수의 값은 설명변수 값의 변동 여부에 아무런 영향을 받지 않아야 한다. 단순선형회귀모형에서 설명변수 값의 변화에 따른 반응변수의 변동량은 회귀계수 β_1에 의하여 결정되며 절편 β_0는 반응변수의 변동량과는 전혀 관계가 없다. 따라서 두 변수 사이의 회귀관계가 없다면 X의 한 단위 변화에 따른 Y의 변동량을 나타내는 회귀계수 β_1의 값은 0이 되어야 한다. 이 경우에 축소된 모형은 $y=\beta_0+\varepsilon$이고, β_0의 추정량은 $\bar{y}$이므로 $\hat{y}$는 $\bar{y}$와 거의 일치하여 회귀선과 평균과의 차이 $\hat{y}-\bar{y}$는 0에 가깝게 될 것이다. 반대로 회귀관계가 확실히 존재한다면 회귀선과 평균의 차이는 상대적으로 커질 것이다.

반응변수의 관측치 y_i와 y_i들의 평균 $\bar{y}$와의 차이를 나타내는 편차 $\hat{y}-\bar{y}$는 그림 9.4.6처럼

$$y_i-\bar{y}=(\hat{y}_i-\bar{y})+(y_i-\hat{y}_i)$$

와 같이 분할할 수 있다. 여기서 $\hat{y}_i-\bar{y}$는 x의 변화에 따른 y의 변화량을 나타내는 것으로 회귀직선에 의하여 설명할 수 있는 편차이고, $y_i-\hat{y}$는 오차항으로 인한 편차이다. 그런데 오차항의 추정치인 $y_i-\hat{y}$는 회귀직선으로 설명할 수 없는 부분이므로 회귀직선이 자료에 잘 적합된 것이라면 $y_i-\bar{y}$의 대부분은 $\hat{y}_i-\bar{y}$가 차지해야 할 것이다.

n개의 관측치에 대한 편차 $y_i-\bar{y}$의 제곱합은

$$\sum_{i=1}^{n}(y_i-\bar{y})^2=\sum_{i=1}^{n}(\hat{y}_i-\bar{y})^2+\sum_{i=1}^{n}(y_i-\hat{y}_i)^2$$

이 되는데, 이 식은 편차의 제곱합이 잔차제곱합과 회귀직선으로 설명되는 편차의 제곱합으로 쪼

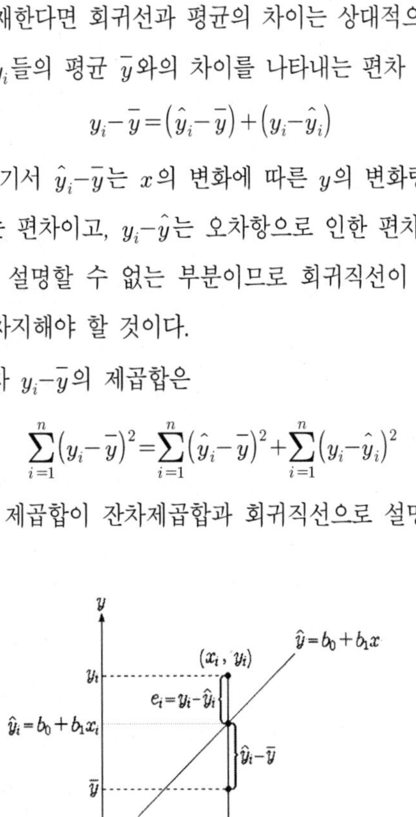

그림 9.4.6 편차 $y_i-\bar{y}$의 분해

개지고 있음을 보이고 있다. 편차의 제곱합은 관측값 y_i들의 변동량을 나타내는 것으로 **총제곱합**(total sum of squares)이라고 하고 기호 SST로 나타낸다. 그리고 회귀직선으로 설명되는 편차의 제곱합은 **회귀제곱합**(sum of square due to regression)이라 부르며 기호 SSR로 표기한다.

관측치들이 평균 주변에 흩어진 정도를 나타내는 총제곱합 SST는 총변동 중에서 회귀선으로 설명할 수 있는 부분인 회귀제곱합 SSR과 회귀선으로 설명할 수 없는 변동을 나타내는 잔차제곱합 SSE의 합이 된다. 따라서 SST에서 SSR이 차지하는 부분이 크다는 것은 회귀직선이 관측결과를 잘 설명해 주고 있음을 의미한다. 총변동에서 회귀선으로 설명할 수 있는 부분은 SST에 대한 SSR의 비율로 나타내고 이를 **결정계수**(決定係數, coefficient of determination)라 한다. 결정계수는 R^2으로 표기한다. 즉,

$$R^2=\frac{\text{SSR}}{\text{SST}}=1-\frac{\text{SSE}}{\text{SST}}$$

이다. R^2은 0이상 1이하인 값으로 회귀직선의 기여율을 나타내는데

$$R^2=\frac{\text{SSR}}{\text{SST}}=\frac{s_{xy}^2}{s_{xx}s_{yy}}=\left[\frac{s_{xy}}{\sqrt{s_{xx}}\sqrt{s_{yy}}}\right]^2=r^2$$

이 된다. 즉, 결정계수는 표본상관계수 r의 제곱과 같다. 따라서 R^2의 값이 1에 가까울수록 산점도에서 점들이 회귀직선 주변에 밀집되어 있어서 선형회귀모형이 관측결과를 잘 설명해 주고 있음을 나타낸다.

결정계수 R^2의 값이 0에 가깝다면 두 변수 사이의 관계를 선형모형으로 나타내는 것이 적절하지 않음을 의미한다. 산점도에서 점들이 수평선 주변에 퍼져 있어서 특별한 경향을 보이지 않는다면 두 변수 사이에 아무런 관계가 없다고 할 수 있다. 이런 경우에는 R^2이 거의 0에 가까운 값이 되고 두 변수 사이에 다른 적절한 모형을 기대할 수도 없을 것이다. 또한, 산점도에서 점들이 곡선 주변에 띠를 형성하여 분포하고 있으면 R^2이 0에 가까운 값이 된다. 이런 경우는 두 변수 사이에 직선관계를 가정한 선형모형이 부적절함을 의미하며 두 변수 사이의 통계모형으로 비선형모형을 고려해야 한다.

R^2으로 회귀직선의 유의미성을 판단하는 것은 다소 주관적이므로 단순선형회귀모형의 모수들에 대하여 통계적 추론을 할 필요가 있다 단순선형회귀모형의 3가지 기본 가정인 선형성, 등분산성, 독립성에 오차항이 정규분포를 따른다는 가정을 더하면 통계적 추론에 필요한 표본분포를 구할 수 있다. 이러한 가정이 타당하다는 전제 하에서 단순선형회귀모형의 추론에 대하여 알아보자.

먼저, 설명변수 x가 반응변수 Y의 변동을 설명하는데 기여하는가, 즉, 회귀직선이 의미가 있는가를 검정하는 방법에 대하여 논의한다. 회귀직선이 의미가 있다는 것은 직선의 기울기가 0이 아니라는 것이므로 회귀직선의 유의성 검정은 귀무가설 $H_0:\beta_1=0$에 대한 대립가설 $H_0:\beta_1\neq 0$의 검정과

표 9.4.2 회귀직선의 유의성 검정을 위한 분산분석표

변동요인	자유도	제곱합	평균제곱	F-값	유의확률
회귀	1	SSR	MSR=SSR/1	F_0=MSR/MSE	$P(F_0 \geq f_0)$
잔차	$n-2$	SSE	MSE=SSE/$(n-2)$		
계	$n-1$	SST			

같다. 회귀직선이 유의미하다면 관측치들의 총변동을 나타내는 총제곱합 SST 중에서 회귀제곱합 SSR의 비중이 크고 잔차제곱합 SSE의 비중은 작아질 것이므로 오차제곱합 SSE에 대한 SSR의 비가 클수록 회귀직선이 유의함을 강하게 시사한다. 분포이론에 의하면 귀무가설 H_0가 참일 때

$$F_0 = \frac{\text{SSR}/1}{\text{SSE}/(n-2)} \sim F(1, n-2)$$

이므로 검정통계량 F_0의 관측치 f_0에 대한 검정의 유의확률은

$$p\text{-값} = P(F_0 \geq f_0), \quad F_0 \sim F(1, n-2)$$

이 되고, 유의수준 α인 검정의 기각역은 $F_0 \geq F_\alpha(1, n-2)$이 된다. 회귀직선의 유의성 검정을 위한 통계량들은 표 9.4.2와 같은 분산분석표로 요약된다. 분산분석표에서 평균제곱은 대응하는 제곱합을 그 자유도로 나눈 값이다. 한편, β_1의 추정량 $\hat{\beta}_1$는

$$E(\hat{\beta}_1) = \beta_1, \quad Var(\hat{\beta}_1) = \sigma^2 / s_{xx}$$

인 정규분포를 따르고, $\hat{\sigma}^2$=MSE이라 하면

$$T = \frac{\hat{\beta}_1 - \beta_1}{\sqrt{\text{MSE}/s_{xx}}} \sim t(n-2)$$

임이 알려져 있다. 그런데 귀무가설 $H_0: \beta_1 = 0$가 참이면

$$F_0 = \frac{\text{SSR}/1}{\text{SSE}/(n-2)} = \frac{\hat{\beta}_1^2 s_{xx}}{\text{MSE}} = \left[\frac{\hat{\beta}_1 - 0}{\sqrt{\text{MSE}/s_{xx}}} \right]^2 = T_0^2$$

이고, T_0는 자유도가 $n-2$인 t-분포를 따르므로 대립가설 $H_0: \beta_1 \neq 0$에 대한 F-검정은 t-검정과 정확히 일치한다. 따라서 분산분석표에서 검정통계량 F_0의 관측치 f_0에 대한 검정의 유의확률이 유의수준 α보다 작거나 $t_0 = \sqrt{f_0} \geq t_{\alpha/2}(n-2)$이면 귀무가설 $H_0: \beta_1 = 0$를 기각하고 관측된 데이터는 추정된 회귀직선에 잘 적합되고 있는 것으로 해석한다. 그러나 결정계수 값이 작을 때는 Y의 변동을 설명하는데 기여할 수 있는 또 다른 설명변수가 있는가를 살펴보아야 한다. 가설 $H_0: \beta_1 = 0$의 검정에서 유의할 점은 귀무가설이 기각되지 않는 경우에 반응변수 Y를 설명변수 X에 의하여 설명할 수 없다고 결론지으면 안 된다는 것이다. 왜냐하면, 두 변수 사이에 직선관계가 실제로 존재하지만 주어진 x값들의 범위 내에서 직선관계가 나타나지 않았거나 두 변수 사이에 곡선관계가 존

재하여 귀무가설이 기각되지 않을 수도 있기 때문이다. 따라서 귀무가설을 기각할 수 없을 때에는 두 변수 사이에 직선관계가 보이지 않는 것으로 해석해야 한다.

예제 9.4.2

우리나라의 1인당 GNP를 설명변수 X, 자동차 대수를 반응변수 Y로 하는 단순선형회귀모형을 가정하고, 표 9.4.1의 자료에 대하여

(1) 최소제곱 회귀직선을 구하여라.

(2) $\varepsilon \sim N(0, \sigma^2)$일 때 σ^2을 추정하여라.

(3) 분산분석표를 작성하고 회귀직선의 유의성에 대하여 검정하여라.

(풀이)

(1) 주어진 자료로부터

$$\Sigma x_i = 2683.0,\quad \Sigma x_i^2 = 625869,\quad \Sigma y_i = 1752.0,\quad \Sigma y_i^2 = 314332,\quad \Sigma x_i y_i = 436857,$$

$$s_{xx} = \Sigma x_i^2 - \frac{1}{18}(\Sigma x_i)^2 = 225952.94,$$

$$s_{xy} = \Sigma x_i y_i - \frac{1}{18}(\Sigma x_i)(\Sigma x_i) = 175711.67$$

이므로 β_0와 β_1의 최소제곱추정치는

$$\hat{\beta}_1 = b_1 = \frac{175711.67}{225952.94} = 0.7776,\quad \hat{\beta}_0 = b_0 = \bar{y} - b_1\bar{x} = -18.572$$

가 된다. 따라서 최소제곱 회귀직선은

$$\hat{y} = \hat{\beta}_0 + \hat{\beta}_1 x = -18.57 + 0.78x$$

이다.

(2) 주어진 자료로부터

$$s_{yy} = \Sigma y_i^2 - \frac{1}{18}(\Sigma y_i)^2 = 143804,\qquad \text{SSE} = s_{yy} - \frac{s_{xy}^2}{s_{xx}} = 7162.3$$

이므로 오차분산 σ^2의 추정치는 다음과 같다.

$$\hat{\sigma}^2 = \frac{\text{SSE}}{n-2} = 447.6$$

(3) 미니탭으로 회귀분석을 실행하면 다음과 같은 분산분석표

변동요인	자유도	제곱합	평균제곱	F-값	p-값
회귀	1	136641.7	136641.7	305.25	0.000
잔차	16	7162.3	447.6		
계	17	143804.0			

를 구할 수 있다. 분산분석표에서 검정통계량의 관찰값 f_0=305.25에 대한 유의확률이 거의 0.000으로 아주 작으므로 $H_0: \beta_1=0$를 기각한다. 즉, 추정된 회귀직선식

$$\hat{y}=-18.58+0.778x$$

은 유의수준 0.1% 미만에서 유의하다. 그리고 결정계수 R^2은

$$R^2=\frac{136641.7}{143804}=95.02(\%)$$

이므로 Y의 총변동의 95.2%는 독립변수 X에 의한 변동이다. ♣

회귀계수 β_1의 최소제곱추정량 $\hat{\beta}_1$을 표준화하면

$$T=\frac{\hat{\beta}_1-\beta_1}{\sqrt{\text{MSE}/s_{xx}}} \sim t(n-2)$$

이므로 β_1에 대한 $100(1-\alpha)\%$ 신뢰구간의 상, 하한은

$$\hat{\beta}_1 \pm t_{\alpha/2}(n-2)\sqrt{\text{MSE}/s_{xx}}$$

가 되고, 귀무가설 $H_0: \beta_1=\beta_{10}$에 대한 대립가설 $H_1: \beta_1 > \beta_{10}$의 검정에서 검정통계량

$$T_0=\frac{\hat{\beta}_1-\beta_{10}}{\sqrt{\text{MSE}/s_{xx}}}$$

을 이용한 유의수준 α인 검정의 기각역은 $T_0 \geq t_{\alpha/2}(n-2)$가 되고, 대립가설이 $H_1: \beta_1 < \beta_{10}$인 검정에서 유의수준 α인 검정의 기각역은 $T_0 \leq -t_{\alpha/2}(n-2)$이 된다.

다음으로 β_0의 추정량 $\hat{\beta}_0=b_0=\bar{y}-b_1\bar{x}$을 표준화하면

$$T=\frac{\hat{\beta}_0-\beta_0}{\sqrt{\left(n^{-1}+\bar{x}^2/s_{xx}\right)\text{MSE}}} \sim t(n-2)$$

이므로 β_0의 $100(1-\alpha)\%$ 신뢰구간의 상, 하한은

$$\hat{\beta}_0 \pm t_{\alpha/2}(n-2)\sqrt{\left(n^{-1}+\bar{x}^2/s_{xx}\right)\text{MSE}}$$

이 되고, 귀무가설 $H_0: \beta_0=\beta_{00}$에 대한 각 대립가설의 검정은 검정통계량은

$$T_0=\frac{\hat{\beta}_0-\beta_{00}}{\sqrt{\left(n^{-1}+\bar{x}^2/s_{xx}\right)\text{MSE}}} \sim t(n-2)$$

를 이용한 t-검정이 된다.

예제 9.4.3

예제 9.4.2에서

(1) t-검정을 이용하여 회귀직선의 유의성을 검정하여라.

(2) β_1에 대한 95% 신뢰구간을 구하고, $H_1:\beta_1<0$를 유의수준 5%에서 검정하여라.

(3) β_0에 대한 95% 신뢰구간을 구하고, $H_1:\beta_0\neq 0$를 유의수준 5%에서 검정하여라.

(풀이)

미니탭을 이용한 회귀분석 결과는 그림 9.4.7과 같다. 이 결과를 이용하여 문제를 풀기로 한다.

(1) $H_0:\beta_1=0$에 대한 $H_1:\beta_1\neq 0$의 t-검정에서 검정통계량 T_0의 관찰값 $t_0=17.47$에 대한 유의확률 0.000이 아주 작으므로 H_0를 기각한다. 따라서 추정된 회귀직선은 유의수준 0.1% 미만에서 유의하다. 여기서

회귀 분석: Y 대 X

분산 분석

출처	DF	Adj SS	Adj MS	F-값	P-값
회귀	1	136642	136642	305.25	0.000
X	1	136642	136642	305.25	0.000
오차	16	7162	448		
총계	17	143804			

모형 요약

S	R-제곱	R-제곱(수정)	R-제곱(예측)
21.1576	95.02%	94.71%	92.25%

계수

항	계수	SE 계수	T-값	P-값	VIF
상수	-18.58	8.30	-2.24	0.040	
X	0.7776	0.0445	17.47	0.000	1.00

회귀 방정식

Y = -18.58 + 0.7776 X

비정상 관측치에 대한 적합치 및 진단

관측	Y	적합치	잔차	표준화 잔차	
18	339.00	292.48	46.52	2.69	R X

R 큰 잔차

X 비정상적인 X

그림 9.4.7 미니탭을 이용한 회귀분석 결과

$$t_0^2=(17.4714)^2=305.25=f_0$$

이므로 t-검정은 예제 9.4.2의 F-검정과 동일한 검정임을 알 수 있다.

(2) 그림 9.4.7을 보면 $\widehat{s.e}(\hat{\beta}_1)=0.0445$이고 $t_{0.025}(16)=2.120$이므로 β_1의 95% 신뢰구간은

$$\hat{\beta}_1 \pm t_{0.025}(16)\widehat{s.e}(\hat{\beta}_1)=0.7776\pm 2.12\times 0.0445=(0.872, 0.683)$$

이 된다. 그리고 $H_0:\beta_1=1$에 대한 $H_1:\beta_1<1$의 검정에서 $\alpha=0.05$인 기각역은

$$T_0\le -t_{0.05}(16)=-1.746$$

이고, 검정통계량 T_0의 관찰값은

$$t_0=\frac{\hat{\beta}_1-\beta_{10}}{\widehat{s.e}(\hat{\beta}_1)}=\frac{0.7776-1}{0.0445}=-5.034\le -1.746$$

이므로 H_0를 기각한다. 따라서 β_1은 1보다 작다고 할 수 있다.

(3) 그림 9.4.7을 보면 $\widehat{s.e}(\hat{\beta}_0)=8.30$이므로 β_0의 95% 신뢰구간은

$$\hat{\beta}_0 \pm t_{0.025}(16)\widehat{s.e}(\hat{\beta}_0)=(-18.58)\pm 2.12\times 8.30=(-0.984, -36.176)$$

이다. 그리고 $H_0:\beta_0=0$에 대한 $H_1:\beta_0\neq 0$의 검정에서 검정통계량 T_0의 관찰값 $t_0=-2.24$에 대한 유의확률 0.04가 주어진 유의수준 0.05보다 작으므로 H_0를 기각한다. 따라서 회귀직선의 절편은 0이라고 할 수 없다. $H_0:\beta_0=0$를 기각할 수 없거나 논리적으로 $x=0$일 때 $y=0$인 경우에는 회귀직선모형을 $y=\beta_1 x+\varepsilon$으로 설정하여 회귀분석을 실시해야 한다. ♣

회귀직선이 자료에 잘 적합된 것이고 설명력이 크다고 하여 가정한 선형모형이 타당한 것이라고 말할 수는 없다. 가정한 단순선형회귀모형이 타당한 것인가는 오차항에 대한 가정이 실제 자료에 타당한 것인가로 판단한다. 단순선형회귀모형의 오차 ε_i에 대한 4가지 가정은 잔차를 통하여 검토할 수 있다. 잔차의 검토에서 오차항에 대한 가정이 타당하다고 판단될 때 회귀분석 결과에 대한 추론이 의미가 있게 된다.

오차 ε_i에 대한 4가지 가정을 표준화한 오차로 나타내면

$$\frac{\varepsilon_i-0}{\sqrt{Var(\varepsilon_i)}}=\frac{Y_i-(\beta_0+\beta_1 x_i)}{\sigma}, \quad i=1, 2, \cdots, n$$

들이 표준정규분포를 따르며 서로 독립이라는 것이 된다. 오차 ε_i는 잔차 e_i로 추정하므로 e_i를 오차 ε_i의 관측값으로 생각하여 오차항에 대한 가정을 검토할 수 있다.

잔차 e_i는 평균이 0이고, 분산이 $\sigma^2(1-h_{ii})$인 정규분포를 따른다. 여기서 h_{ii}는

$$h_{ii}=\frac{1}{n}+\frac{1}{s_{xx}}(x_i-\bar{x})^2$$

인데, x_i의 값이 $\bar{x}$에서 멀어질수록 h_{ii}값은 커진다. 그런데 $\varepsilon_i \sim N(0,\sigma^2)$이므로 ε_i는 x_i의 값과 관계없이 모두 같은 분산 σ^2을 갖는다. 그러나 e_i의 분포는 평균이 0이고, 분산이 $\sigma^2(1-h_{ii})$인 정규분포이므로 e_i의 분산이 x_i의 값에 따라 $\sigma^2(1-h_{ii})$로 달라진다. 따라서 e_i를 수정한 잔차를 생각할 필요가 있다. 따라서 잔차 e_i를 e_i의 표준오차로 나눈 **스튜던트화 잔차**(studentized residual)

$$t_i=\frac{e_i}{\hat{\sigma}\sqrt{1-h_{ii}}}, \quad i=1,2,\cdots,n$$

를 이용하여 오차항에 대한 가정을 검토하기로 한다.

잔차를 이용하여 회귀모형 대한 가정을 검토하는 과정을 **잔차분석**(analysis of residual)이라 하는데, 보통은 $(x_1,t_1),(x_2,t_2),\cdots,(x_n,t_n)$을 좌표평면에 표시한 **잔차도**(殘差圖, residual plot)를 이용하여 잔차분석을 한다. 잔차도는 x_i나 $\hat{y}_i$를 x축, e_i, t_i 또는 $t_{(-i)}$를 y축으로 하는 좌표평면에 각 관측치에 대응되는 잔차를 표시하여 작성한다. 이렇게 작성된 잔차도로부터 가정된 모형의 함수 관계에 대한 부적당함이나 가정된 등분산성 또는 정규성이 위배되는가를 파악할 수 있다.

잔차도는 그림 9.4.8의 잔차도와 같이

(i) 잔차들이 전체적으로 0에 대하여 대칭적으로 분포하고,

(ii) 설명변수의 값에 따른 잔차의 산포가 크게 다르지 않으며,

(iii) 점들이 특정한 형태를 띠면서 나타나지 않고,

(iv) 거의 모든 점들이 ±2의 범위 이내에 나타나면

분석모형으로 단순선형회귀모형을 적용하는 것이 타당하다고 할 수 있다.

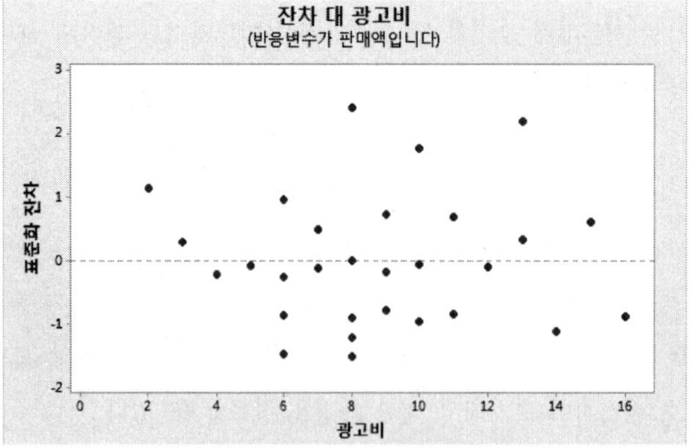

그림 9.4.8 바람직한 표준화 잔차도

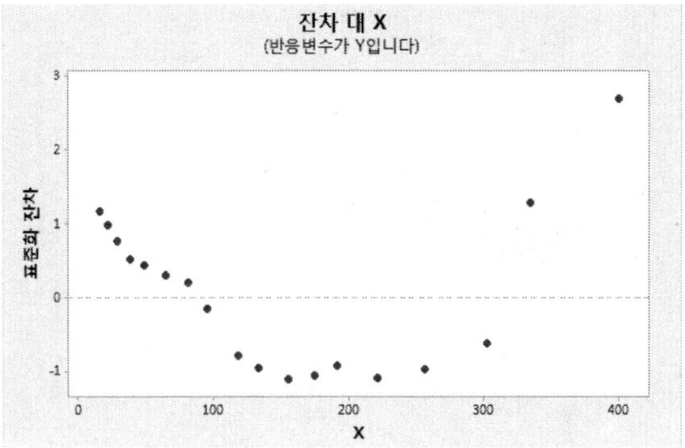

그림 9.4.9 예제 9.4.2에서의 표준화 잔차도

(1) 선형관계 및 이상치 검토

잔차도가 그림 9.4.9와 같이 어떤 함수관계가 표출되는 경우에는 선형모형의 타당성을 의심하지 지 않을 수 없다. 그림 9.4.9를 보면 표준화 잔차들이 이차 곡선의 형태를 띠면서 나타나고 있다. 이와 같이 설명변수의 값에 따른 표준화 잔차들이 특정한 형식을 따라 나타나는 것은 가정한 선형모형이 타당하지 않음을 의미한다. 이런 경우에는 다음과 같은 다항회귀모형

$$y_i = \beta_0 + \beta_1 x_i + \beta_2 x_i^2 + \varepsilon_i$$

등을 타당한 모형으로 가정하고 자료를 재분석하여야 한다.

회귀분석에서 이상치는 가정된 모형을 따르지 않는 관측치를 의미한다. 단순선형회귀모형에서는 x에서의 반응값 y가 평균반응 $\beta_0 + \beta_1 x$에서 많이 떨어져 있거나 x에서 반응변수의 분산이 σ^2보다 아주 큰 경우에 이상치가 발생한다. 표준화 잔차 t_i의 절댓값이 2.5보다 큰 관측치는 이상치로 간주할 수 있다. 그림 9.4.7과 그림 9.4.9를 보면 18번 관측치의 표준화 잔차가 2.69로 커서 이상치로 보인다. 일단 이상치로 판명된 관측치는 별도의 검토 분석이 필요하며 때로는 이상치를 제외한 자료들로 다시 분석하기도 한다.

(2) 오차의 등분산성 검토

등분산성이란

$$Var(\varepsilon_i) = \sigma^2, \ i = 1, 2, \cdots, n$$

으로 표현되는 오차에 대한 가정이다. 다음 쪽의 그림 9.4.10과 같은 잔차도를 보면 x_i의 값이 커짐에 따라 표준화 잔차가 널려 있는 폭도 커지고 있다. 이것은 설명변수 x의 값이 커짐에 따라 오차의 산포가 증가하는 경향이 보이는 것으로 등분산성의 가정에 위배되는 경우로 판단할 수 있다. 그림 9.4.10의 잔차도와 같이 잔차의 분산이 x_i에 비례하여 커지는 경우에는 $\sigma_i^2 = x_i \sigma^2$이라 할

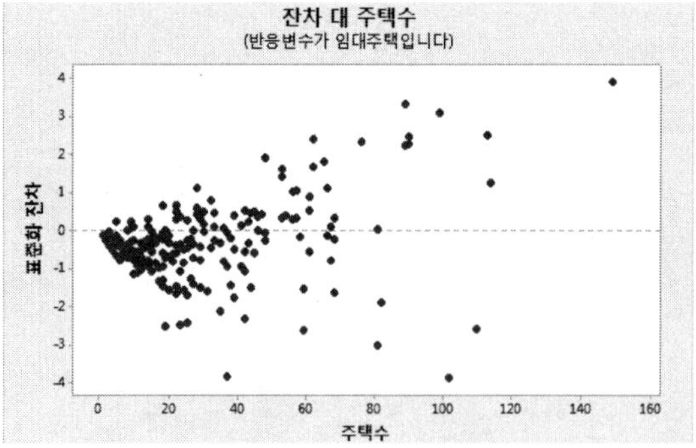

그림 9.4.10 등분산성 위배 잔차도

수 있으므로 $w_i=x_i^{-1}$를 가중치로 사용하는 가중회귀분석을 하거나 반응변수 y를 변환하여 회귀분석을 하는 방법으로 문제를 해결할 수 있다.

(3) 오차의 독립성 검토

회귀모형에서 가장 중요한 가정은 오차 ε_i가 서로 독립이라는 것이다. 실제 문제에서는 오차의 독립성을 보장하기 위하여 관측치를 얻는 순서를 랜덤하게 정하는 등의 방법을 사용함으로써 실험을 할 때 각 추출단위가 독립이 되도록 실험을 설계하기도 한다. 그러나 물가나 주식가격과 같이 시간의 흐름에 따라 관측치를 얻게 되는 경우에는 관측치의 순서를 랜덤하게 정할 수 없으므로 오차가 독립이라는 가정이 위배되는 경우가 흔히 발생한다. 일반적으로 연속적인 시점에서 수집되는 실험 자료의 경우에는 독립성에 대한 가정이 위배되기 쉽다.

잔차도가 그림 9.4.11과 같이 시간의 흐름 또는 관측의 순서에 따라 잔차들의 값이 양수의 값으로 나타나다가 다음에 음수로 나타나는 형태가 반복되는 체계적인 경향을 보인다면 잔차가 시간의 흐름이나 관측의 순서에 영향을 받는 것으로 볼 수 있으므로 독립성의 가정에 위배되는 것으로 판

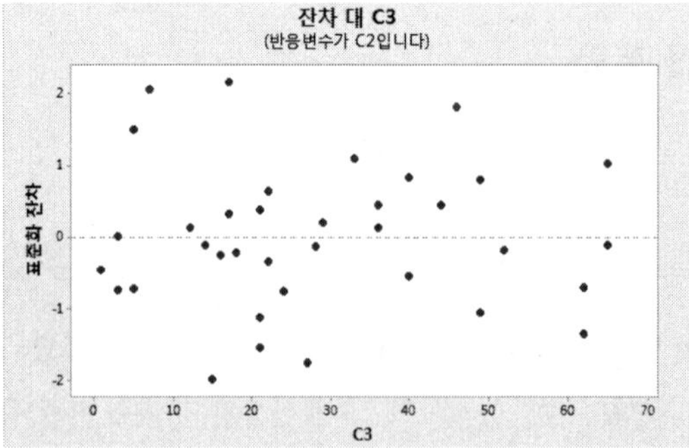

그림 9.4.11 자기상관이 있는 표준화 잔차도

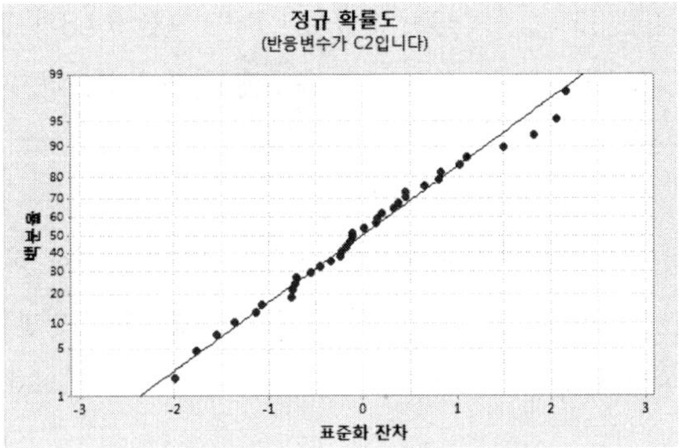

그림 9.4.12 정규확률도

된다. 또한 잔차의 산점도에서 점들이 어떤 직선을 따라 모여 있다면 잔차 e_i는 직전의 잔차 e_{i-1}과 상관관계가 있다고 판단되므로 오차의 독립성에 위배된다고 할 수 있다. 사실, 이와 같은 오차 간의 **자기상관**(自己相關, autocorrelation)관계는 잔차도를 통해서 쉽게 파악할 수 있는 것은 아니고 보통은 **Durbin-Watson 통계량**을 이용하여 검정한다. Durbin-Watson 검정통계량은

$$D=\sum_{i=2}^{n}(e_i-e_{i-1})^2\Big/\sum_{i=1}^{n}e_i^2$$

으로 정의되는데, 오차항 간에 음의 자기상관이 존재하면 D값은 4에 가까운 값이 되고, 양의 자기상관이 존재할 때는 D값이 0에 근접하는 값이 된다. D값이 2에 근접하면 자기상관이 없는 것으로 본다. 오차에 자기상관관계가 있는 것으로 판단되면 시계열 모형을 쓰는 것이 바람직하다.

(4) 오차의 정규성 검토

오차의 분포는 잔차에 대한 히스토그램을 그려서 정규분포를 따른다고 할 수 있는지를 대략적으로 검토할 수 있다. 정규분포의 형태는 대칭이므로 잔차의 히스토그램의 모양이 비대칭이면 오차가 정규분포를 따른다고 보기는 힘들다. 그러나 분포가 대칭이라고 하여 반드시 정규분포를 따른다고 할 수는 없다. 따라서 잔차의 정규성을 파악하는 데에는 보통 정규확률도를 이용한다. 잔차에 대한 정규확률도에서 점들이 직선 주변에 가까이 위치하여 있으면 잔차는 정규분포를 따른다고 할 수 있다. 그러나 점들이 곡선의 형태를 보이거나 직선에서 멀리 벗어나 있다면 잔차가 정규분포를 따른다고 할 수 없다.

정규확률도는 정규분포 분위수 대조도라고도 하는데, x축에 표준화 잔차를 크기 순서로 늘어놓고 y축에 대응하는 정규백분위수를 나타내도록 xy-평면상에 잔차의 산점도를 그린 그림을 말한다. 만약 n개의 점이 대체적으로 일직선상에 놓여 있으면 정규성에 대한 가정은 받아들여지지만 직선의 형태를 벗어나 역 S자의 형태를 이루는 경우는 Cauchy분포와 같이 정규분포에 비해 꼬리

가 두꺼운 확률분포를 따른다고 할 수 있다. 그림 9.4.12는 그림 9.4.8의 표준화 잔차를 이용하여 그린 정규확률도인데 거의 대부분의 점들이 직선 주변에 가까이 분포하고 있으므로 오차는 정규분포를 따른다고 할 수 있다.

둘 이상의 설명변수를 이용하여 반응변수 Y의 변화를 설명하기 위한 회귀모형을 **중회귀모형**(多重回歸模型, multiple regression model)이라 한다. 특별히 k개의 설명변수의 값 $x_1, x_2, \cdots, x_k$에서 관측되는 반응변수 Y에 대하여

$$Y=\beta_0+\beta_1x_1+\beta_2x_2+\cdots+\beta_kx_k+\varepsilon$$

과 같은 선형관계를 가정한 모형을 **중선형회귀모형**이라 한다. 여기서 β_0와 $\beta_1, \beta_2, \cdots, \beta_k$는 추정해야 할 회귀계수들이며, ε_i는 평균이 0, 분산이 σ^2인 정규분포를 따르고 서로 독립인 오차항이다.

중선형회귀분석에서는 선형관계의 타당성을 검토하기 위하여 자료의 산점도를 그려보는 작업이 반드시 필요하다. 그런데 중회귀분석의 경우는 k개의 변수가 포함되어 있기 때문에 단순회귀와는 달리 자료를 동시에 그래프로 표현하기는 어렵다. 그러나 최소한 x_i와 y_i를 짝으로 하여 xy-평면 위에 산점도를 그려보아야 한다.

관측된 자료가 $(x_{i1}, x_{i2}, \cdots, x_{ik}, y_i)$일 때, 중선형회귀모형은

$$y_i=\beta_0+\beta_1x_{i1}+\beta_2x_{i2}+\cdots+\beta_kx_{ik}+\varepsilon_i,\ i=1,2,\cdots,n$$

과 같은 식으로 표현된다. 여기서 ε_i의 분산은 σ^2으로 x_i들과 관계없이 일정하며 ε_i와 ε_j는 서로 독립이라 가정하고 통계적 추론을 위하여 ε_i는 정규분포를 따른다고 가정한다.

중선형회귀모형은 회귀계수의 추론만 보면 단순선형회귀모형을 설명변수가 k개인 경우로 확장한 것이므로 행렬로 나타낸 단순선형회귀모형의 회귀계수 추론과정은 중선형회귀모형의 그것과 동일하다. 관측치를 x_1만 고려만 단순선형회귀모형에 적용하면

$$y_i=\beta_0+\beta_1x_{i1}+\varepsilon_i,\ i=1,2,\cdots,n$$

인데, 이것을 행렬을 이용하여 나타내면 $\mathrm{y}=\mathrm{X}\beta+\varepsilon$이 된다. 여기서

$$\mathrm{y}=\begin{bmatrix} y_1 \\ y_2 \\ \vdots \\ y_n \end{bmatrix},\quad \mathrm{X}=\begin{bmatrix} 1 & x_{11} \\ 1 & x_{21} \\ \vdots & \vdots \\ 1 & x_{n1} \end{bmatrix},\quad \beta=\begin{bmatrix} \beta_0 \\ \beta_1 \end{bmatrix},\quad \varepsilon=\begin{bmatrix} \varepsilon_1 \\ \varepsilon_2 \\ \vdots \\ \varepsilon_n \end{bmatrix}$$

이다. 따라서 오차제곱합

$$Q=\sum_{i=1}^{n}\varepsilon_i^2=\varepsilon^t\varepsilon=(\mathrm{y}-\mathrm{X}\beta)^t(\mathrm{y}-\mathrm{X}\beta)$$

를 최소로 하는 β를 $\mathrm{b}^t=[b_0\ b_1]$라 하면, b는 정규방정식

$$X^tXb=X^ty$$

의 해가 된다. 따라서 β의 최소제곱 추정치 b는

$$\hat{\beta}=b=(X^tX)^{-1}X^ty$$

가 된다. 이제, 관측치를 중선형회귀모형에 적용한 것을 행렬로 나타내면 $y=X\beta+\varepsilon$으로 단순선형회귀모형에 적용한 식과 동일하다. 다만,

$$y=\begin{bmatrix} y_1 \\ y_2 \\ \vdots \\ y_n \end{bmatrix}, \quad X=\begin{bmatrix} 1 & x_{11} & x_{12} & \cdots & x_{1k} \\ 1 & x_{21} & x_{22} & \cdots & x_{2k} \\ \vdots & \vdots & \vdots & \vdots & \vdots \\ 1 & x_{n1} & x_{2n} & \cdots & x_{nk} \end{bmatrix}, \quad \beta=\begin{bmatrix} \beta_0 \\ \beta_1 \\ \vdots \\ \beta_k \end{bmatrix}, \quad \varepsilon=\begin{bmatrix} \varepsilon_1 \\ \varepsilon_2 \\ \vdots \\ \varepsilon_n \end{bmatrix}$$

으로 X와 β가 k개의 설명변수인 경우로 확장된 것일 뿐이다. 그러므로 중선형회귀모형에서 β에 대한 최소제곱추정량은

$$\hat{\beta}=b=(X^tX)^{-1}X^ty$$

이 되고, 오차항의 분산 σ^2에 대한 비편향추정량은

$$\hat{\sigma}^2=\frac{1}{n-k-1}\sum_{i=1}^{n}(y_i-\hat{y}_i)^2$$

으로 주어진다. 또한, 편차 $y_i-\bar{y}$의 총제곱합(SST)도 단순회귀분석에서와 마찬가지로 회귀제곱합(SSR)과 잔차제곱합(SSE)으로 쪼개진다. 제곱합의 분할은 표 9.4.3과 같은 분산분석표로 요약된다.

중회귀모형의 유의성 검정에서 귀무가설은

$$H_0: \beta_1=\beta_2=\cdots=\beta_k=0$$

이고, 대립가설은

$$H_1: \text{모든 } \beta_i \text{들이 0은 아니다.}$$

가 된다. 이와 같은 가설의 검정에는 검정통계량

$$F_0=\frac{MSR}{MSE}$$

를 이용한다. 귀무가설 H_0가 참일 때 $F_0 \sim F(k, n-k-1)$이므로 유의수준이 α인 검정의 기각역은

표 9.4.3 중회귀분석의 분산분석표

요 인	제곱합	자유도	제곱평균	F	유의확률
회 귀	SSR	k	MSR	f_0	$p=P(F\geq f_0)$
잔 차	SSE	$n-k-1$	MSE		
합 계	SST	$n-1$			

$$F_0 \geq F(k, n-k-1)$$

이고, 검정통계량의 관측값 f_0에 대한 유의확률이 유의수준 α보다 작으면 H_0를 기각한다.

개별 회귀계수의 유의성 검정에서 귀무가설은 $H_0 : \beta_i = 0$이고, 대립가설은 $H_1 : \beta_i \neq 0$인데 귀무가설 H_0가 참이면

$$T_{0i} = \frac{\hat{\beta}_i}{\widehat{s.e}(\hat{\beta}_i)} \sim t(n-k-1)$$

이므로 유의수준이 α인 검정의 기각역은

$$|T_{0i}| \geq t_{\alpha/2}(n-k-1)$$

이고, 검정통계량의 관측값 t_{0i}에 대한 유의확률이 유의수준 α보다 작으면 H_0를 기각한다.

단순회귀분석과 마찬가지로 중회귀분석에서도 중선형회귀모형의 타당성에 대한 검토가 이루어져야 한다. 중회귀분석에서도 표준화 잔차

$$t_i = \frac{e_i}{\widehat{s.e}(e_i)}, \quad i = 1, 2, \cdots, n$$

을 이용하여 잔차분석을 할 수 있다. 다만, 중회귀분석에서는 설명변수가 여러 개이므로 $\hat{y}$를 가로축으로, 표준화 잔차를 세로축으로 하여 그린 잔차도를 이용한다. 중회귀분석에서는 모형의 타당성 검토도 중요하지만 설명변수들이 서로 독립인가도 대단히 중요한 문제다. 중회귀분석에서 고려해야 할 여러 문제들의 해결을 위하여 잔차분석을 포괄하여 확장시킨 것이 **회귀진단**(regression diagnostics)인데, 여기에 대하여는 관련 전문서적을 참조하기 바란다.

중회귀분석에서 사용되는 설명변수들은 구간 및 비율척도로 측정되는 양적 변수인 경우가 대부분이다. 그러나 사회조사자료의 분석에서는 성별, 학력, 흡연여부 등과 같은 범주변수를 회귀모형에 포함시켜야 하는 경우가 발생한다. 회귀모형에 범주변수를 포함하려면 **가변수**(假變數, dummy variable)를 이용하여 수량화해야 한다. 가변수란 변수의 각 범주에 양적 의미는 없는 수치(예컨대, 0 또는 1)을 부여하여 범주를 구분할 수 있도록 만든 변수이다. 예컨대, 연봉(Y)은 근무연수(X)와 성별(S)에 따라 변한다고 할 때, 연봉을 예측하기 위한 다음과 같은 중선형 회귀모형

$$Y = \beta_0 + \beta_1 X + \beta_2 S + \varepsilon$$

을 생각할 수 있다. 여기서 X는 양적 변수이고, S는 범주변수로 남자에 1, 여자에 0을 부여하는 가변수이다. 이 회귀모형에서 회귀계수 β_1은 양적 변수 X가 한 단위 증가할 때 변하는 반응변수 Y의 변화량을 나타낸다. 그런데, $E(Y)$는

$$\text{남자}: S = 1 \Rightarrow E(Y_m) = \beta_0 + \beta_1 X + \beta_2,$$

$$\text{여자}: S = 0 \Rightarrow E(Y_w) = \beta_0 + \beta_1 X$$

이므로

$$E(Y_m)-E(Y_w)=\beta_2$$

가 된다. 따라서 범주변수에 대한 회귀계수 β_2는 두 범주의 차이, 즉, 근무연수가 동일한 남, 여의 연봉차이를 나타낸다.

예제 9.4.4

체중조절 다이어트 식품의 연속 36개월 판매실적에 관한 자료를 이용하여 광고에 의한 판매 촉진 효과를 평가하려고 한다. 아래의 [표]에 주어진 자료를 분석하여 적절한 선형회귀모형을 구하여라.

[표] 광고비와 판매액

번호	판매액	광고비	번호	판매액	광고비	번호	판매액	광고비
1	12.0	15	13	17.3	21	25	16.0	5
2	20.5	16	14	25.3	29	26	20.7	14
3	21.0	18	15	25.0	62	27	26.5	36
4	15.5	27	16	36.5	65	28	30.6	40
5	15.3	21	17	36.5	46	29	32.3	49
6	23.5	49	18	29.6	44	30	29.5	7
7	24.5	21	19	30.5	33	31	28.3	52
8	21.3	22	20	28.0	62	32	31.3	65
9	23.5	28	21	26.0	22	33	32.2	17
10	28.0	36	22	21.5	12	34	26.4	5
11	24.0	40	23	19.7	24	35	23.4	17
12	15.5	3	24	19.0	3	36	16.4	1

(풀이)

회귀분석에서 첫 번째로 해야 할 일은 산점도를 그려보는 것이다. 산점도를 보고 변수 사이의 관계를 유추하여 회귀모형을 설정한다. 광고비와 판매액 자료에 대하여 회귀선을 표시한 산점도를 그린 것이 그림 9.4.13이다. 이 산점도를 보면 주어진 x값에서 y값들의 변동 폭이 약간

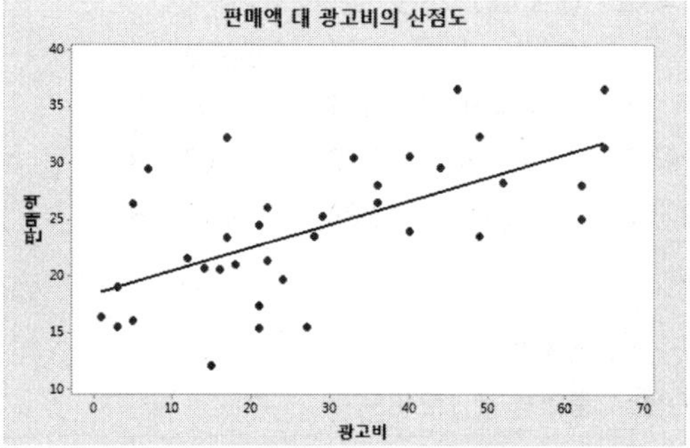

그림 9.4.13 광고액 대비 판매액 산점도

크지만 점들이 직선 주변에 널려 있으므로 단순선형회귀모형

$$y=\beta_0+\beta_1 x+\varepsilon, \quad \varepsilon \sim i.i.d\ N(0,\sigma^2)$$

을 가정하고 이 모형에 대한 회귀분석을 실시한 결과가 그림 9.4.14와 같다.

그림 9.4.14에서 분산분석을 보면 추정된 회귀직선의 유의성을 검정하기 위한 검정통계량의 관찰값이 22.54이고 이에 대한 유의확률이 0.000이므로 추정된 회귀직선은 가정한 선형

회귀 분석: 판매액 대 광고비

분산 분석

출처	DF	Adj SS	Adj MS	F-값	P-값
회귀	1	533.2	533.20	22.54	0.000
광고비	1	533.2	533.20	22.54	0.000
오차	34	804.1	23.65		
적합성 결여	23	567.7	24.68	1.15	0.421
순수 오차	11	236.4	21.49		
총계	35	1337.3			

모형 요약

S	R-제곱	R-제곱(수정)	R-제곱(예측)
4.86327	39.87%	38.10%	32.72%

계수

항	계수	SE 계수	T-값	P-값	VIF
상수	18.32	1.49	12.31	0.040	
광고비	0.2079	0.0438	4.75	0.000	1.00

회귀 방정식

판매액 = 18.32 + 0.2079 광고비

비정상 관측치에 대한 적합치 및 진단

관측	Y	적합치	잔차	표준화 잔차	
30	29.50	19.78	9.72	2.07	R
33	32.20	21.86	10.34	2.17	R

R 큰 잔차

Durbin-Watson 통계량

Durbin-Watson 통계량 = 1.24854

그림 9.4.14 예제 9.4.4의 미니탭을 이용한 회귀분석 결과

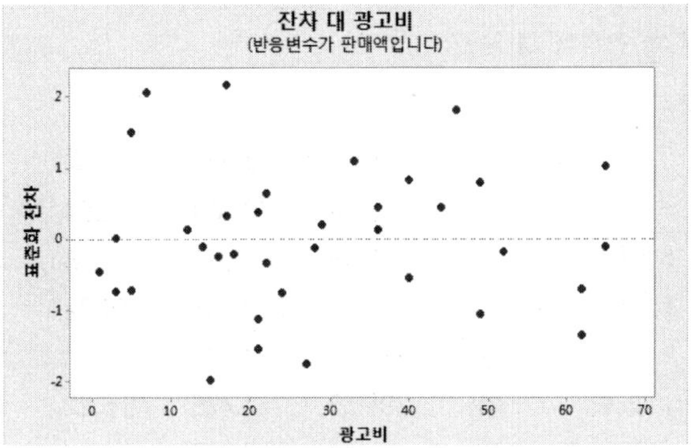

그림 9.4.15 단순회귀모형에 대한 잔차도

모형에 잘 적합된다고 할 수 있다. 그런데 모형요약을 보면 오차항의 표준편차 σ의 추정값은 4.86이고, 광고비의 설명력을 나타내는 결정계수는 39.87%로 광고비만으로는 판매액의 변동을 충분히 설명할 수 없음을 알 수 있다. 따라서 판매액의 변동을 설명할 수 있는 다른 독립변수를 찾아야 할 필요가 있다. 한편, 추정된 회귀직선

$$\hat{y}=18.32+0.2079x$$

에서 $\hat{\beta}_0$와 $\hat{\beta}_1$에 대한 유의확률은 모두 0.000이므로 회귀직선은 유의미하지만 30번과 33번 관측치의 표준화 잔차가 2보다 커서 비정상적인 관측치로 판단할 수 있으며 Durbin-Watson 통계량의 값이 1.248로 2보다 상당히 작아서 오차들 간에 자기상관관계가 있는 것으로 보인다. 실제로 그림 9.4.15의 잔차도를 보면 표준화 잔차들이 그룹을 형성하여 증가 또는 감소하는 직선 주변에 분포하는 경향을 보이고 있어서 오차항의 독립성을 의심하게 한다. 이상으로부터 추정된 회귀직선이 가정한 선형모형에 잘 적합되고 있지만 설명력이 아주 약하고 오차항이 독립이라는 보장이 없으므로 새로운 설명변수를 추가한 모형을 설정해야 한다.

당월의 판매액은 당월의 광고비뿐만 아니라 누적된 광고 효과에 의한 전월의 판매량도 영향을 받을 것으로 생각된다. 따라서 다음과 같은 중선형 회귀모형

$$y_t=\beta_0+\beta_1 x_t+\beta_2 y_{t-1}+\xi_t, \quad \xi_t \sim i.i.d\ N(0,\sigma^2)$$

을 가정하여 중회귀분석을 실시하기로 한다. x_t와 y_{t-1}를 설명변수로 하는 중회귀 선형모형에 대한 회귀분석 결과는 다음 쪽의 그림 9.4.16과 같다.

그림 9.4.16에서 분산분석을 보면 추정된 회귀직선의 유의성을 검정하기 위한 검정통계량의 관찰값 32.84에 대한 유의확률이 0.000이므로 추정된 회귀직선은 가정한 선형모형에 잘 적합된다고 할 수 있으며, 결정계수는 67.24%이므로 당월 광고비와 전월 판매액에 의하여 당월 판매액의 변동을 어느 정도는 설명할 수 있어서 가정한 모형은 유용하다.

회귀 분석: 판매액 대 광고비

분산 분석

출처	DF	Adj SS	Adj MS	F-값	P-값
회귀	2	795.43	397.714	32.84	0.000
당월광고비	1	237.98	237.977	16.65	0.000
전월판매액	1	323.55	323.548	26.72	0.000
오차	32	387.50	12.109		
적합성 결여	31	385.50	12.436	6.22	0.309
순수 오차	1	2.00	2.000		
총계	34	1182.93			

모형 요약

S	R-제곱	R-제곱(수정)	R-제곱(예측)
3.47986	67.24%	65.19%	59.94%

계수

항	계수	SE 계수	T-값	P-값	VIF
상수	7.45	2.47	3.02	0.005	
당월광고비	0.1465	0.0330	4.43	0.000	1.10
전월판매액	0.5280	0.1020	5.17	0.000	1.10

회귀 방정식

판매액 = 7.45 + 0.1465 당월광고비 + 0.5280 전월판매액

비정상 관측치에 대한 적합치 및 진단

관측	Y	적합치	잔차	표준화 잔차	
4	15.50	22.49	-6.99	-2.05	R

R 큰 잔차

Durbin-Watson 통계량

Durbin-Watson 통계량 = 2.02611

그림 9.4.16 예제 9.4.4의 중회귀분석 결과

또한, 추정된 회귀계수 $\hat{\beta}_0$, $\hat{\beta}_1$ 및 $\hat{\beta}_2$에 대한 유의확률은 모두 0.000이므로 회귀계수들은 유의하고, 4번 관측치의 표준화 잔차가 -2보다 약간 작아서 비정상적인 관측치로 판단할 수 있으나 정상적인 관측치로 보아도 무방하겠다. 그리고 Durbin-Watson 통계량의 값이 2.03으로 2와 거의 같은 값이므로 오차들 간의 자기상관관계는 없는 것으로 판단된다. 실제로

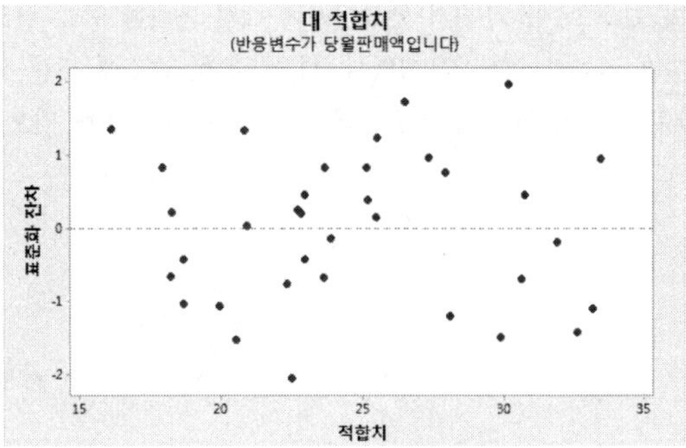

그림 9.4.17 중회귀모형에 대한 잔차도

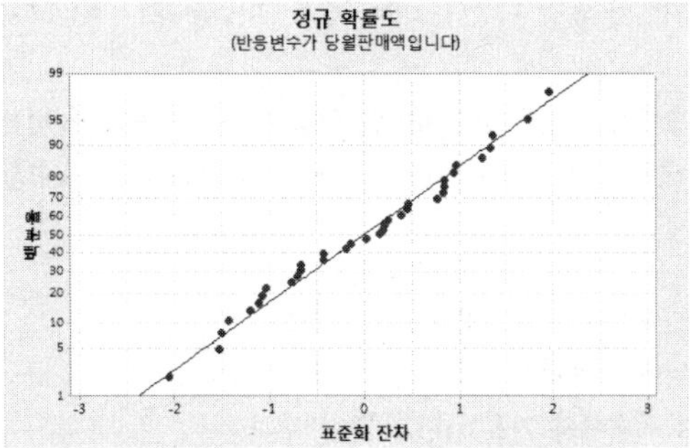

그림 9.4.18 예제 9.4.4의 정규확률도

그림 9.4.17의 잔차도를 보면 오차항의 독립성을 의심할만한 경향이 보이지 않는다. 또, 그림 9.4.18의 잔차에 대한 정규확률도를 보면 잔차는 정규분포를 따른다고 할 수 있다. 이상의 결과를 종합하면 당월의 판매액에 대한 다음의 예측식

$$\hat{y}_t = 7.45 + 0.1465x_t + 0.528y_{t-1}$$

은 유용한 회귀모형이라 할 수 있다. ♣

연습문제 9.4

01. 변수 x와 y의 상관계수가 r이고, 회귀식이 $ax+by=1$이다. $r=-1$일 때 a와 b의 관계로 옳은 것은?

가. $|a|=|b|,\ a\geq 0,\ b\geq 0$　　나. $|a|=|b|,\ a>0,\ b<0$

다. $|a|=|b|,\ a>0,\ b>0$　　라. $|a|=|b|,\ a<0,\ b>0$

02. 교육수준과 정치적 성향의 관계를 알아보기 위하여 조사를 실시하였다. 조사한 자료를 분석한 결과 교육년수로 측정한 교육수준의 분산이 70, 정치적 성향의 분산이 50, 두 변수의 공분산은 $\sqrt{560}$ 이었다. 이때, 두 변수 간의 적률상관계수의 값은 얼마인가?

가. 0.1　　나. 0.2　　다. 0.3　　라. 0.4

03. 미국에서 흑인과 백인의 교육수준별 주관적 계급의식에 대한 조사를 통해 얻은 자료에 회귀분석을 적용한 결과 아래 그림과 같은 관계를 얻을 수 있었다. 다음 중 이 그림에 대한 설명으로 잘못된 것은 무엇인가? 그림에서 변수값이 상, 중, 하로 표시된 것은 그림의 편의를 위한 것으로 실제 측정과 분석은 연속변수로 이루어졌다.

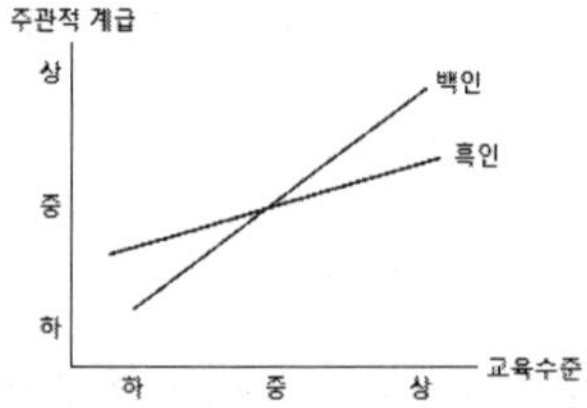

가. 흑, 백 모두 교육수준이 상승함에 따라 주관적 계급의식 역시 높아진다.

나. 흑인의 주관적 계급의식은 중간 이상의 교육수준을 받았을 경우 백인보다 낮지만 그 이하일 경우 백인보다 높다.

다. 교육수준이 흑인의 주관적 계급의식에 미치는 영향의 정도는 백인에 비해 더 낮다.

라. 주관적 계급의식에 대하여 영향을 미치는 독립변수로서 인종과 교육수준 간에는 통계적 상호작용이 존재하지 않는다.

04. 상관계수(피어슨 상관계수)에 대한 설명으로 틀린 것은 ?

가. 선형관계에 대한 설명에 사용된다.

나. 상관계수의 부호는 회귀계수의 기울기(b)와 항상 같다.

다. 상관계수는 절대치가 클수록 두 변수의 선형관계가 강하다고 할 수 있다.

라. 상관계수의 값은 변수의 단위가 달라지면 영향을 받는다.

05. 두 변수 X와 Y 사이의 관계를 알아보기 위해 조사한 결과 다음과 같은 자료를 얻었다. 두 변수의 관련성에 대한 분석으로 옳은 것은?

X	1	2	3	4	5
Y	8	7	5	4	2

가. X와 Y 사이에 양의 상관관계가 존재한다.
나. X와 Y 사이에 상관관계는 0이다.
다. X와 Y 사이에 음의 상관관계가 존재한다.
라. X와 Y 사이의 상관관계는 알 수 없다.

06. 상관계수에 대한 설명이다. 옳은 것으로 짝지은 것은?

A. 피어슨의 상관계수는 켄달의 타우보다 이상점 자료에 더 민감하다.
B. 피어슨의 상관계수는 켄달의 타우보다 이상점 자료에 덜 민감하다.
C. 켄달의 타우는 자료들 간의 순위 정보를 이용한다.
D. 스피어만 상관계수는 자료들의 순위정보를 이용한다.

가. A, C
나. A, D
다. B, C
라. B, D

07. 회귀계수 β_1과 상관계수 r의 관계로 맞지 않는 것은?

가. $\beta_1>0$이면 $r>0$: 양의 상관
나. $\beta_1=1$이면 $r=1$: 무상관
다. $\beta_1=0$이면 $r=0$: 무상관
라. $\beta_1<0$이면 $r<0$: 음의 상관

08. 회귀모형 $Y=\beta_0+\beta_1 X+\varepsilon$에서 가설 $H_0:\beta_1=0$를 검정하는데 필요한 통계량의 분포는?
가. $t(n-1)$ 나. $F(1, n-2)$ 다. $N(\beta_0, \beta_1)$ 라. $\chi^2(n-1)$

09. 회귀분석에서 종속변수의 총 변동 중 독립변수에 의해서 설명되는 부분의 비율은?
가. 회귀계수 나. 신뢰계수 다. 결정계수 라. 자유도

10. 두 변수 X와 Y가 서로 독립일 때 X와 Y의 회귀직선의 기울기는?
가. 0 나. 1 다. 0.5 라. -1

11. 최소제곱 추정법에 대한 설명으로 틀린 것은?
가. 잔차의 제곱합을 최소로 하는 추정법이다.
나. 최소제곱법에 의한 추정량을 최소제곱 추정량이라 한다.
다. 평균을 최소로 하는 방법이다.
라. 회귀계수의 추정에 사용할 수 있다.

12. 단순선형회귀모형 $y_i=\alpha+\beta x_i+\varepsilon_i$에서 오차항에 대한 가정이 아닌 것은?
가. 정규분포 나. 등분산 다. $E(\varepsilon_i)=0$ 라. $Cov(\varepsilon_i, \varepsilon_j)\neq 0,\ i\neq j$

13. '권위주의적 태도'와 같이 하나의 추상적인 개념에 대해 다수의 문항을 지표로 사용하는 척도를 이용하여 계산하거나 적용할 수 있는 통계량 또는 통계방법이 아닌 것은?
가. 상관계수(correlation coefficient) 나. 변동계수(coefficient of variation)
다. 회귀분석(regression analysis) 라. 요인분석(factor analysis)

14. 결정계수(coefficient of determination) R^2에 대한 설명으로 틀린 것은?
가. 총제곱의 합 중 설명된 제곱의 합의 비율을 뜻한다.
나. 종속변수에 미치는 영향이 적은 독립변수가 추가된다면 결정계수는 변하지 않는다.
다. R^2의 값이 클수록 회귀선으로 실제 관찰치를 예측하는데 정확성이 높아진다.
라. 독립변수와 종속변수 간의 표본상관계수 r의 제곱 값과 같다.

15. 교육수준에 따른 생활만족도의 차이를 다양한 배경변수를 통제한 상태에서 비교하기 위하여 다중회귀분석을 실시하고자 한다. 교육수준을 5개의 범주로(무학, 초등교졸, 종졸, 고졸, 대졸 이상) 측정하였다. 이 때, 교육수준별 차이를 나타내는 가변수(dummy variable)를 몇 개 만들어야 하겠는가?
가. 1개 나. 2개 다. 4개 라. 5개

16. x에 대한 y의 회귀방정식이 $y=0.5x+1$이고 x와 y의 표준편차가 각각 2, 1일 때 x와 y의 상관계수 r_{xy}의 값은?
가. 0.5 나. 0.8 다. 1 라. -1

17. 봉급생활자의 연봉과 근속년수, 학력 간의 관계를 알아보기 위하여 회귀분석을 실시하기로 한다. 그런데 근속년수는 양적변수이지만 학력은 중졸, 고졸, 대졸로 수준 수가 3개인 지수변수(또는 가변수) 자료일 때 적합한 다중회귀모형을 만들기 위한 설명변수의 수는 몇 개인가?
가. 1개 나. 2개 다. 3개 라. 4개

18. 단순선형회귀모형 $Y_i=\beta_0+\beta_1 X_i+\varepsilon_i$에 대한 설명 중 틀린 것은?
가. 두 변수 X와 Y의 관계식은 선형식으로 표현될 수 있어야 한다.
나. 최소자승법에 의한 모수 추정량은 모든 선형불편추정량 중에서 최소분산을 갖는다.
다. 모형의 유의성 여부는 F-검정에 의해 판단한다.
라. 결정계수 R^2은 총 변동 중에서 회귀선에 의해 설명되는 비율을 측정한 값이며 두 변수 간의 상관계수와는 무관하다.

19. 소득은 보통 교육과 비례한다고 한다. 하지만, 우리 사회와 같이 남녀의 직업 불평등이 있는 사회에서 소득은 성별에 따라 크게 차이가 난다. 이것을 검정하기 위한 선형회귀모형으로

$$y=\beta_0+\beta_1 x_1+\beta_2 x_2+\beta_3 x_1 x_2+\varepsilon$$

을 설정하였다. 여기서 y는 100만원 단위의 소득, x_1은 교육년수, x_2는 성별을 나타내는 변수로 남자는 1, 여자는 0의 값을 갖는다. 자료를 분석한 결과 회귀계수의 추정치는

$$\hat{\beta}_0=6.0,\quad \hat{\beta}_1=2.5,\quad \hat{\beta}_2=1.5,\quad \hat{\beta}_3=0.5$$

이고 도출된 통계량은 모두 유의하다. 남자의 회귀식을 구하면?
가. $y=7.5+3.0x_1$ 나. $y=6.0+3.0x_1$ 다. $y=7.5+2.5x_1$ 라. $y=6.0+2.5x_1$

20. 단순회귀에서 적합 직선을 $y=\alpha+\beta x+\varepsilon$라고 하고, 두 변수 Y와 X사이의 피어슨 상관계수를 r이라고 하자. 다음 중 맞는 것은?
가. β와 r은 항상 같은 부호이다.
나. $\alpha>0$인 경우, β와 r은 같은 부호이다.
다. β와 r은 항상 다른 부호이다.
라. $\alpha>0$인 경우, β와 r은 다른 부호이다.

21. 다음의 표는 변수의 측정수준에 따라 적합한 분석방법을 제시하고자 하는 것이다. 이때 각 칸에 들어갈 수 있는 분석방법의 조합으로 맞게 결합된 것은 ?

종속변수의 측정수준	독립변수의 측정수준	
	비연속	연속
비연속	A	
연속	B	C

가. A - 분할표 분석, B - 회귀분석, C - 분산분석
나. A - 분할표 분석, B - 분산분석, C - 회귀분석
다. A - 분산분석, B - 회귀분석, C - 분할표 분석
라. A - 회귀분석, B - 분산분석, C - 분할표 분석

22. 다음은 단순선형회귀모형 $Y_i=\alpha+\beta X_i+\varepsilon_i$를 추정해서 얻은 잔차 e_i에 관한 설명이다. 옳지 않은 것은?
가. $\Sigma e_i=0$ 나. $\Sigma x_i e_i=\Sigma \hat{y}_i e_i$ 다. $\Sigma e_i^2=\Sigma \hat{y}_i e_i$ 라. $\Sigma e_i=\Sigma x_i e_i$

23. 다중회귀분석에서 독립변수의 수가 지나치게 많을 경우의 부작용이 아닌 것은?
가. 설명력의 증가가 현저히 줄어든다.
나. 추정치의 표준오차는 커진다.
다. 회귀식의 적합도나 타당도가 낮아진다.
라. 종속변수에 대한 독립변수의 상대적 영향력의 비교가 곤란하다.

24. 분석자 A는 자료 A에 대한 단순회귀분석의 결과로 $y_A = \alpha_A + \beta_A x$를 얻었고, 분석자 B는 자료 B에 대한 단순회귀분석의 결과로 $y_B = \alpha_B + \beta_B x$를 얻었다. 그런데 결과적으로 $\alpha_A = \alpha_B$, $\beta_A = \beta_B$이였다고 하자. 그리고 오차분산의 추정값도 같으나 독립변수 X의 분산이 자료 A보다 자료 B에서 크다고 하자. 다음 중 맞는 것은?

가. $Var(\beta_A)$의 추정값 = $Var(\beta_B)$의 추정값　　나. $Var(\beta_A)$의 추정값 < $Var(\beta_B)$의 추정값

다. $Var(\beta_A)$의 추정값 > $Var(\beta_B)$의 추정값　　라. 경우에 따라 다르다.

25. 다음 자료는 설명변수 X와 반응변수 Y사이의 관계를 알아보기 위하여 조사한 자료이다. 설명변수와 반응변수 사이에 단순회귀모형을 가정할 때, 회귀직선의 기울기에 대한 추정값은 얼마인가?

x_i	0	1	2	3	4	5
y_i	4	3	2	0	-3	-6

가. -2　　나. -1　　다. 1　　라. 2

26. 회귀분석에 있어서 잔차분석은 모형의 적절성 여부에 중요한 역할을 담당한다. 잔차분석 방법 중 Q-Q 그림을 통해 검정할 수 있는 모형의 가정은 무엇인가?

가. 선형성　　나. 등분산성　　다. 정규성　　라. 독립성

27. 중회귀 모형 $y_i = \beta_0 + \beta_1 x_{1i} + \beta_2 x_{2i} + \varepsilon_i$에서 오차분산 σ^2의 추정량은? (단, e_i는 잔차이다.)

가. $\frac{1}{n-2}\Sigma(y_i - \hat{\beta}_0 - \hat{\beta}_1 x_{1i} - \hat{\beta}_2 x_{2i})^2$　　나. $\frac{1}{n-1}\Sigma e_i^2$

다. $\frac{1}{n-3}\Sigma e_i^2$　　라. $\frac{1}{n-4}\Sigma(y_i - \hat{\beta}_0 - \hat{\beta}_1 x_{1i} - \hat{\beta}_2 x_{2i})^2$

28. 단순회귀분석에서 회귀선이 $y = 0.5 - 2x$와 같이 주어졌을 때 잘못된 것은?

가. 반응변수는 y이고 설명변수는 x이다.

나. 설명변수가 한 단위 증가할 때 반응변수는 2단위 감소한다.

다. 반응변수와 설명변수의 상관계수는 0.5이다.

라. 설명변수가 0일 때 반응변수의 예측값은 0.5이다.

29. 다음과 같은 가상의 자료를 이용하여 단순선형회귀모형을 추정하면?

$$n=10,\quad \Sigma x_i = 90,\quad \Sigma y_i = 50,\quad \Sigma(x_i - \bar{x})^2 = 160,\quad \Sigma(x_i - \bar{x})(y_i - \bar{y}) = 80,\quad \Sigma(y_i - \bar{y})^2 = 120$$

가. $\hat{y} = 0.5x - 0.5$　　나. $\hat{y} = 1.5x - 8.5$　　다. $\hat{y} = 0.5x + 0.5$　　라. $\hat{y} = 15x + 8.5$

30. $Y|X = \alpha + \beta X + \varepsilon$, $\varepsilon \sim N(0, \sigma^2)$의 회귀직선 식에서 회귀계수 α, β의 추정량이

$$\hat{\alpha} = \bar{y} - \hat{\beta}\bar{x},\quad \hat{\beta} = s_{xy}/s_{xx},\quad s_{xy} = \Sigma(x_i - \bar{x})(y_i - \bar{y}),\quad s_{xx} = \Sigma(x_i - \bar{x})^2$$

일 때 $E(\hat{\beta})$와 $Var(\hat{\beta})$의 값은?

가. β/n, σ^2/s_{xx}　　나. β, σ^2/s_{xx}　　다. β/n, σ^2/s_{xy}　　라. β, σ^2/s_{xy}

31. 단순선형회귀모형 $y = \beta_0 + \beta_1 x + \varepsilon$에서 오차항 ε의 분포가 평균이 0이고 분산이 σ^2인 정규분포를 따른다고 가정하자. 22개의 자료들로부터 회귀식을 추정하고 나서 잔차제곱합을 구하였더니 그 값이 4000이

었다. 이 때, 분산 σ^2의 불편 추정값은?

가. 100　　나. 150　　다. 200　　라. 250

32. 단순회귀모형 $y_i=\alpha+\beta x_i+\varepsilon_i$, $i=1,2,\cdots,n$에서 회귀직선의 기울기 β의 추정량

$$\hat{\beta}=s_{xy}/s_{xx},\quad \text{단, } s_{xy}=\Sigma(x_i-\bar{x})(y_i-\bar{y}),\quad s_{xx}=\Sigma(x_i-\bar{x})^2$$

에 대한 설명으로 옳은 것은?

가. $\hat{\beta}$는 $N(\beta, \sigma^2/s_{xx})$인 정규분포를 따른다.

나. σ^2의 불편추정량은 잔차제곱평균 $MSE=SSE/n$와 같다.

다. $Var(\hat{\beta})$의 불편추정량은 MSE/s_{xy}이다.

라. $(\hat{\beta}-\beta)/\sqrt{MSE/s_{xx}}$는 F-분포를 따른다.

33. 교육년수(x_1), 아버지의 교육년수(x_2), 나이(x_3)가 소득에 얼마나 영향을 미치는지 알아보기 위해 회귀분석을 하였다. 회귀식은

$$y=8.14+3.48x_1+12.77x_2+5.49x_3$$

로 구해졌다. 회귀계수를 표준화시켜 구한 회귀식은

$$y=8.14+2.88x_1+1.69x_2+1.89x_3$$

이었다. 세 변수 중 소득에 가장 많은 영향을 미치는 변수는?

가. 아버지의 교육년수　　나. 교육년수　　다. 나이　　라. 비교할 수 없다.

34. 인구수가 생산량에 미치는 영향을 분석하기 위하여 인구수(단위 : 100명)를 독립변수, 생산량(단위 : 1만원)을 종속변수로 설정하여 회귀분석을 실시하였다. 분석결과가

$$\text{회귀방정식 : } Y=273.50+1.47X,\quad r^2=0.25$$

일 때, 회귀방정식에 대한 정확한 설명은 ?

가. 인구수가 0이면, 평균생산량도 0이다.

나. 회귀선은 곡선형이다.

다. 인구수가 100명 증가할 경우에, 평균생산량은 약 14,700원 증가한다.

라. 회귀방정식에 의하여 인구수가 생산량을 설명하는 정도는 75%이다.

35. 중회귀 분석에서 비표준화 회귀계수(unstandardized regression coefficient)는 독립변수의 단위에 영향을 받기 때문에 각 독립변수의 상대적 영향력을 비교할 수 없다. 이를 위하여, 단위를 통일시킨 표준화 회귀계수를 사용한다. 다음 중 표준화 회귀계수의 설명으로 틀린 것은?

가. 표준화 회귀계수는 -1과 1 사이에 있다.

나. 단순회귀분석에서는 표준화 회귀계수가 두 변수의 적률상관계수와 같다.

다. 두 변수의 적률상관계수는 비표준화 회귀계수$\times(s_x/s_y)$의 식으로 구한다.

라. 표준화 회귀계수와 비표준화 회귀계수의 부호는 항상 같다.

참고문헌

- 김광웅(1989), 사회과학연구방법론, 박영사.
- 김경동, 이온죽, 김여진(2009), 사회조사 연구방법, 박영사.
- 김기영 외 6인(2007), 통계적 탐구, 교우사.
- 김영원, 류제복, 박진우, 홍기학 역(2006), 표본조사의 이해와 활용, Thomson Korea.
- 김우철 외 7인(1996), 일반통계학, 영지문화사.
- 김해동(1990), 조사방법론, 법문사.
- 권기만, 안민영, 최종후(2001), *서울시 반부패지수와 LISEREL 모형에 의한 대안*, 한국조사연구학회, 2001년 춘계학술발표회논문집, 3-11.
- 남궁평, 박옥희, 홍종선(2001), 조사방법과 엑셀을 이용한 자료분석, 박영사.
- 박성현(1999), 현대실험계획법, 민음사.
- 박홍래(2000), 통계조사론, 법문사.
- 배규환, 이태림, 이기재, 조사방법론과 사회통계, SPSS 아카데미.
- 성태제(2000), 타당도와 신뢰도, 양서원
- 여운승(1997), 마케팅 조사방법, 민음사.
- 오인환(1998), 사회조사방법론, 나남출판.
- 유영호(1997), 설문조사법, 자유아카데미.
- 이경희(2005), 연구조사방법론, 민영사.
- 이관우(1987), 조사분석방법론, 박영사.
- 이계오 외(2001), 인터넷 조사, 나남출판.
- 채서일(1993), 사회과학조사방법론, 학현사.
- 한국통계학회(1997), 통계학 용어집, 자유아카데미.
- 한국통계학회 조사통계연구회(1996), 통계조사방법, 자유아카데미.
- 허명회(1991), *설문지·시험지 문항의 신뢰성 분석*, 한국통계학회, 응용통계연구, 제4권 제1호, 93-105.
- 허명회(1992), 수량화 방법론의 이해, 자유아카데미.
- 허명회(2006), 통계적 사고, 교우사.
- 홍두승(2001), 사회조사분석 3판, 다산출판사.
- 홍찬식(2007), 통계학, 지인북스

- Backstorm, C. H. and Hursh-César(1981), Survey Research, 2nd. ed., John Wiley.
- Bailey, K. D.(1981), Methods of Social Research, 2nd. ed,, The Free Press.
- Bohrnstedt, G. W.(1983), Measurment, Chapter 3 in Handbook of Survey Research, Academic Press.
- Carmines, E. G. and Zeller, R. A.(1979), Reliability and Validity Assesment, Series: Quantitative Applications in the Social Sciences, No. 17, Sage Publications.
- Converse, J. M. and Presser, S.(1986), Survey Questions, Sage Publications.
- Dane, F. C.(1990), Research Methods, Duxbury Press.
- Fowler, Jr. F. J. and Mangione, T. M.(1990), Standardized Survey Interviewing, Sage Publications.
- Fowler, Jr. F. J.(1993), Survey Research Methods, Sage Publications.
- Goode. W. J.(1981), Methods in Social Research, McGraw-Hill.
- Litwin, M. S.(1995), How to Measure Survey Reliability and Validity, The Suevey Kit, Vol. 7, Sage Publications.
- Moore, D. S.(2001), Statistics: Concepts and Controversies, 5th. ed. W. H. Freeman and Company.
- Neuman, W. L.(1994), Social Research Methods: Qualitative and Quantitative Approaches, Allyn and Bacon.
- Osgood, C., G. Suci and P. Tannenbaum(1957), The Measurement of Meaning, Urbana : Univ. of Illinois Press.
- Phillips, Bernard S.(1971), Social Research : Strategy and Tactics, N. Y. Macmillan
- Rea, L. M. and R. A. Parker(1992), Designing and Conducting Survey Research, San Francisco : Jossey-Dass.
- R. Valliant, Alan H. Dorfman and Richard M. Royall(2000), Finite Population Sampling and Inferrence, John Wiley.
- Sharon L. Lohr(1999), Sampling : Design and Analysis, Duxbury Press.
- Simon, J. L.(1969), Basic Research Methods in Social Science, N. Y. Random House.
- Summers, G. F.(1970). Atitute Measurement, Chicago : Rand McNally & Co.
- Tourangeau, R., Rips L. J. and Rasinski, K.(2000), The Psychology of Survey Response, Cambridge Univ. Press.

부 록

[표 1] 난수표

Line	01~05	06~10	11~15	16~20	21~25	26~30	31~35	36~40	41~45	46~50
001	63629	81091	79636	58711	67063	74553	01869	44807	51263	92081
002	94181	69418	93450	51420	64078	86131	30111	20870	31701	15614
003	38489	15287	13206	09982	79485	61621	27048	54530	30895	91249
004	25568	71430	05233	69922	03013	53161	70383	14784	94458	57569
005	06393	26190	58188	28174	24170	97455	61358	52739	81513	87385
006	45887	09763	47724	32942	79058	56346	31519	31313	28974	01907
007	92394	19938	23411	22594	67362	29593	18738	61954	65760	34938
008	57228	22019	84660	97955	46867	40599	53286	91502	01505	07850
009	24162	09376	33345	12899	44739	31232	65173	52075	20178	78611
010	06693	52050	49642	68449	32817	57497	57870	50545	02049	32286
011	25769	12117	49152	72612	86235	64363	15593	15876	75031	79774
012	24752	78220	89275	22942	20761	05607	93156	29050	23059	33240
013	22794	64174	59281	89874	21727	75075	75758	67146	00988	65173
014	89690	16755	55683	58216	21186	40336	27231	18587	55618	44805
015	71618	67152	00244	93356	03731	32964	48450	22051	32178	74824
016	30745	40716	71086	07695	68724	60076	28340	63351	32497	93400
017	80234	34820	56614	72960	14848	46862	20911	73734	53185	11288
018	98802	80176	57207	60440	28199	81926	23925	15454	67320	60426
019	00391	42815	73641	25233	47173	41928	09608	74582	28457	90850
020	92924	41351	38782	62613	27647	73182	83002	02003	37169	88292
021	55566	71272	95740	41931	18265	98866	48373	24457	66398	70096
022	12219	30961	69863	15784	05461	79568	62422	59873	50416	50494
023	53492	70345	24415	77281	61246	17797	14348	03263	82148	28884
024	98036	99089	27617	65134	77566	53589	13878	82138	87073	23833
025	57146	73198	15753	12480	82896	88818	88556	76893	68889	67900
026	71253	64026	16276	79964	83321	09799	41438	13733	60172	16985
027	10807	42816	77792	54775	85837	40166	08217	19477	37945	52423
028	51398	96757	00068	45395	38742	73510	83542	57391	55056	27455
029	75143	39350	32838	95012	62113	70967	40025	17366	79801	68714
030	57973	92797	72592	65543	05001	51989	30548	10827	31619	24150
031	68288	41081	25985	89130	96054	60464	92234	94002	18821	63324
032	46647	86349	26421	36222	41557	60552	10849	63571	08313	86474
033	07767	18886	73867	39619	33422	92223	47913	78768	94772	07067
034	80104	73304	71995	17213	20586	73662	25837	09466	35527	08048
035	12189	78473	96621	52143	22324	00170	17608	24983	70565	56143
036	32619	62749	91412	78887	66846	60583	74931	05013	92492	88080
037	18973	25350	89950	12700	82231	48489	14342	70890	22512	93782
038	64741	75723	51039	38824	08541	68298	18442	52252	45592	28349
039	91126	06987	33033	05386	15139	66181	01325	62211	98226	32975
040	39548	77971	71483	23844	62193	82274	32375	65229	65956	55867
041	21069	03105	89869	24956	40718	33682	12697	41515	71937	84663
042	94777	41234	52405	44588	03230	39271	40118	81355	32616	24028
043	18206	46937	02046	16885	41684	25650	45027	56755	36179	26212
044	97516	44957	12794	09773	92907	87046	54278	96025	02091	07053
045	32024	51831	50328	89936	02127	88981	02267	13028	30976	84610
046	41659	30055	28218	24333	07602	15887	63708	25982	58916	16462
047	56612	84519	37145	93674	25232	15470	54859	42432	69207	96908
048	17174	00669	82408	94498	38300	22807	27068	16903	10463	27132

[표 2] 누적이항분포표 : $P(X \leq k) = \sum_{x=0}^{k} \binom{n}{x} p^x (1-p)^{n-x}$

n	k	p 0.1	0.2	0.3	0.4	0.5
2	**0**	0.8100	0.6400	0.4900	0.3600	0.2500
	1	0.9900	0.9600	0.9100	0.8400	0.7500
	2	1.0000	1.0000	1.0000	1.0000	1.0000
3	**0**	0.7290	0.5120	0.3430	0.2160	0.1250
	1	0.9720	0.8960	0.7840	0.6480	0.5000
	2	0.9990	0.9920	0.9730	0.9360	0.8750
	3	1.0000	1.0000	1.0000	1.0000	1.0000
4	**0**	0.6561	0.4096	0.2401	0.1296	0.0625
	1	0.9477	0.8192	0.6517	0.4752	0.3125
	2	0.9963	0.9728	0.9163	0.8208	0.6875
	3	0.9999	0.9984	0.9919	0.9744	0.9375
	4	1.0000	1.0000	1.0000	1.0000	1.0000
5	**0**	0.5905	0.3277	0.1681	0.0778	0.0313
	1	0.9185	0.7373	0.5282	0.3370	0.1875
	2	0.9914	0.9421	0.8369	0.6826	0.5000
	3	0.9995	0.9933	0.9692	0.9130	0.8125
	4	1.0000	0.9997	0.9976	0.9898	0.9688
	5	1.0000	1.0000	1.0000	1.0000	1.0000
6	**0**	0.5314	0.2621	0.1176	0.0467	0.0156
	1	0.8857	0.6554	0.4202	0.2333	0.1094
	2	0.9842	0.9011	0.7443	0.5443	0.3437
	3	0.9987	0.9830	0.9295	0.8208	0.6563
	4	0.9999	0.9984	0.9891	0.9590	0.8906
	5	1.0000	0.9999	0.9993	0.9959	0.9844
	6		1.0000	1.0000	1.0000	1.0000
7	**0**	0.4783	0.2097	0.0824	0.0280	0.0078
	1	0.8503	0.5767	0.3294	0.1586	0.0625
	2	0.9743	0.8520	0.6471	0.4199	0.2266
	3	0.9973	0.9667	0.8740	0.7102	0.5000
	4	0.9998	0.9953	0.9712	0.9037	0.7734
	5	1.0000	0.9996	0.9962	0.9812	0.9375
	6		1.0000	0.9998	0.9984	0.9922
	7			1.0000	1.0000	1.0000

[표 2] 누적이항분포표 계속

n	k	p 0.1	0.2	0.3	0.4	0.5
8	**0**	0.4305	0.1678	0.0576	0.0168	0.0039
	1	0.8131	0.5033	0.2553	0.1064	0.0352
	2	0.9619	0.7969	0.5518	0.3154	0.1445
	3	0.9950	0.9437	0.8059	0.5941	0.3633
	4	0.9996	0.9896	0.9420	0.8263	0.6367
	5	1.0000	0.9988	0.9887	0.9502	0.8555
	6		0.9999	0.9987	0.9915	0.9648
	7		1.0000	0.9999	0.9993	0.9961
	8			1.0000	1.0000	1.0000
9	**0**	0.3874	0.1342	0.0404	0.0101	0.0020
	1	0.7748	0.4362	0.1960	0.0705	0.0195
	2	0.9470	0.7382	0.4628	0.2318	0.0898
	3	0.9917	0.9144	0.7297	0.4826	0.2539
	4	0.9991	0.9804	0.9012	0.7334	0.5000
	5	0.9999	0.9969	0.9747	0.9006	0.7461
	6	1.0000	0.9997	0.9957	0.9750	0.9102
	7		1.0000	0.9996	0.9962	0.9805
	8			1.0000	0.9997	0.9980
	9				1.0000	1.0000
10	**0**	0.3487	0.1074	0.0282	0.0060	0.0010
	1	0.7361	0.3758	0.1493	0.0464	0.0107
	2	0.9298	0.6778	0.3828	0.1673	0.0547
	3	0.9872	0.8791	0.6496	0.3823	0.1719
	4	0.9984	0.9672	0.8497	0.6331	0.3770
	5	0.9999	0.9936	0.9527	0.8338	0.6230
	6	1.0000	0.9991	0.9894	0.9452	0.8281
	7		0.9999	0.9984	0.9877	0.9453
	8		1.0000	0.9999	0.9983	0.9893
	9			1.0000	0.9999	0.9990
	10				1.0000	1.0000

[표 2] 누적이항분포표 계속

n	k	p 0.1	0.2	0.3	0.4	0.5
15	**0**	0.2059	0.0352	0.0047	0.0005	0.0000
	1	0.5490	0.1671	0.0353	0.0052	0.0005
	2	0.8159	0.3980	0.1268	0.0271	0.0037
	3	0.9444	0.6482	0.2969	0.0905	0.0176
	4	0.9873	0.8358	0.5155	0.2173	0.0592
	5	0.9978	0.9389	0.7216	0.4032	0.1509
	6	0.9997	0.9819	0.8689	0.6098	0.3036
	7	1.0000	0.9958	0.9500	0.7869	0.5000
	8		0.9992	0.9848	0.9050	0.6964
	9		0.9999	0.9963	0.9662	0.8491
	10		1.0000	0.9993	0.9907	0.9408
	11			0.9999	0.9981	0.9824
	12			1.0000	0.9997	0.9963
	13				1.0000	0.9995
	14					1.0000
	15					
20	**0**	0.1216	0.0115	0.0008	0.0000	0.0000
	1	0.3917	0.0692	0.0076	0.0005	0.0000
	2	0.6769	0.2061	0.0355	0.0036	0.0002
	3	0.8670	0.4114	0.1071	0.0160	0.0013
	4	0.9568	0.6296	0.2375	0.0510	0.0059
	5	0.9887	0.8042	0.4164	0.1256	0.0207
	6	0.9976	0.9133	0.6080	0.2500	0.0577
	7	0.9996	0.9679	0.7723	0.4159	0.1316
	8	0.9999	0.9900	0.8867	0.5956	0.2517
	9	1.0000	0.9974	0.9520	0.7553	0.4119
	10		0.9994	0.9829	0.8725	0.5881
	11		0.9999	0.9949	0.9435	0.7483
	12		1.0000	0.9987	0.9790	0.8684
	13			0.9997	0.9935	0.9423
	14			1.0000	0.9984	0.9793
	15				0.9997	0.9941
	16				1.0000	0.9987
	17					0.9998
	18					1.0000
	19					
	20					

[표 3] 표준정규분포표

$$P(Z \le z) = \int_{-\infty}^{z} \frac{1}{\sqrt{2\pi}} e^{-x^2/2} dx$$

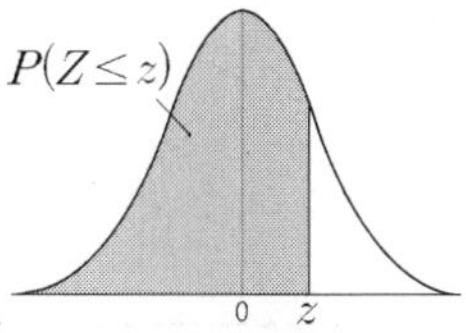

z	0	0.01	0.02	0.03	0.04	0.05	0.06	0.07	0.08	0.09
0.0	0.5000	0.5040	0.5080	0.5120	0.5160	0.5199	0.5239	0.5279	0.5319	0.5359
0.1	0.5398	0.5438	0.5478	0.5517	0.5557	0.5596	0.5636	0.5675	0.5714	0.5754
0.2	0.5793	0.5832	0.5871	0.5910	0.5948	0.5987	0.6026	0.6064	0.6103	0.6141
0.3	0.6179	0.6217	0.6255	0.6293	0.6331	0.6368	0.6406	0.6443	0.6480	0.6517
0.4	0.6554	0.6591	0.6628	0.6664	0.6700	0.6736	0.6772	0.6808	0.6844	0.6879
0.5	0.6915	0.6950	0.6985	0.7019	0.7054	0.7088	0.7123	0.7157	0.7190	0.7224
0.6	0.7258	0.7291	0.7324	0.7357	0.7389	0.7422	0.7454	0.7486	0.7518	0.7549
0.7	0.7580	0.7612	0.7642	0.7673	0.7704	0.7734	0.7764	0.7794	0.7823	0.7852
0.8	0.7881	0.7910	0.7939	0.7967	0.7996	0.8023	0.8051	0.8079	0.8106	0.8133
0.9	0.8159	0.8186	0.8212	0.8238	0.8264	0.8289	0.8315	0.8340	0.8365	0.8389
1.0	0.8413	0.8438	0.8461	0.8485	0.8508	0.8531	0.8554	0.8577	0.8599	0.8621
1.1	0.8643	0.8665	0.8686	0.8708	0.8729	0.8749	0.8770	0.8790	0.8810	0.8830
1.2	0.8849	0.8869	0.8888	0.8907	0.8925	0.8944	0.8962	0.8980	0.8997	0.9015
1.3	0.9032	0.9049	0.9066	0.9082	0.9099	0.9115	0.9131	0.9147	0.9162	0.9177
1.4	0.9192	0.9207	0.9222	0.9236	0.9251	0.9265	0.9279	0.9292	0.9306	0.9319
1.5	0.9332	0.9345	0.9357	0.9370	0.9382	0.9394	0.9406	0.9418	0.9430	0.9441
1.6	0.9452	0.9463	0.9474	0.9485	0.9495	0.9505	0.9515	0.9525	0.9535	0.9545
1.7	0.9554	0.9564	0.9573	0.9582	0.9591	0.9599	0.9608	0.9616	0.9625	0.9633
1.8	0.9641	0.9649	0.9656	0.9664	0.9671	0.9678	0.9686	0.9693	0.9700	0.9706
1.9	0.9713	0.9719	0.9726	0.9732	0.9738	0.9744	0.9750	0.9756	0.9762	0.9767
2.0	0.9773	0.9778	0.9783	0.9788	0.9793	0.9798	0.9803	0.9808	0.9812	0.9817
2.1	0.9821	0.9826	0.9830	0.9834	0.9838	0.9842	0.9846	0.9850	0.9854	0.9857
2.2	0.9861	0.9865	0.9868	0.9871	0.9875	0.9878	0.9881	0.9884	0.9887	0.9890
2.3	0.9893	0.9896	0.9898	0.9901	0.9904	0.9906	0.9909	0.9911	0.9913	0.9916
2.4	0.9918	0.9920	0.9922	0.9925	0.9927	0.9929	0.9931	0.9932	0.9934	0.9936
2.5	0.9938	0.9940	0.9941	0.9943	0.9945	0.9946	0.9948	0.9949	0.9951	0.9952
2.6	0.9953	0.9955	0.9956	0.9957	0.9959	0.9960	0.9961	0.9962	0.9963	0.9964
2.7	0.9965	0.9966	0.9967	0.9968	0.9969	0.9970	0.9971	0.9972	0.9973	0.9974
2.8	0.9974	0.9975	0.9976	0.9977	0.9977	0.9978	0.9979	0.9980	0.9980	0.9981
2.9	0.9981	0.9982	0.9983	0.9983	0.9984	0.9984	0.9985	0.9985	0.9986	0.9986
3.0	0.9987	0.9987	0.9987	0.9988	0.9988	0.9989	0.9989	0.9989	0.9990	0.9990
3.1	0.9990	0.9991	0.9991	0.9991	0.9992	0.9992	0.9992	0.9992	0.9993	0.9993
3.2	0.9993	0.9993	0.9994	0.9994	0.9994	0.9994	0.9994	0.9995	0.9995	0.9995
3.3	0.9995	0.9995	0.9996	0.9996	0.9996	0.9996	0.9996	0.9996	0.9996	0.9997
3.4	0.9997	0.9997	0.9997	0.9997	0.9997	0.9997	0.9997	0.9997	0.9998	0.9998

[표 4] t-분포표

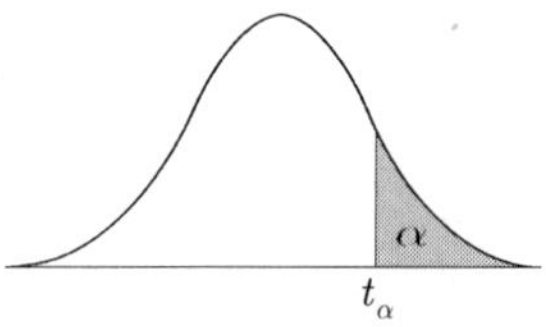

d.f.	α							
	0.25	**0.1**	**0.05**	**0.025**	**0.01**	**0.00833**	**0.00625**	**0.005**
1	1.000	3.078	6.314	12.706	31.821	38.204	50.923	63.657
2	0.816	1.886	2.920	4.303	6.965	7.650	8.860	9.925
3	0.765	1.638	2.353	3.182	4.541	4.857	5.392	5.841
4	0.741	1.533	2.132	2.776	3.747	3.961	4.315	4.604
5	0.727	1.476	2.015	2.571	3.365	3.534	3.810	4.032
6	0.718	1.440	1.943	2.447	3.143	3.288	3.521	3.707
7	0.711	1.415	1.895	2.365	2.998	3.128	3.335	3.499
8	0.706	1.397	1.860	2.306	2.896	3.016	3.206	3.355
9	0.703	1.383	1.833	2.262	2.821	2.934	3.111	3.250
10	0.700	1.372	1.812	2.228	2.764	2.870	3.038	3.169
11	0.697	1.363	1.796	2.201	2.718	2.820	2.981	3.106
12	0.695	1.356	1.782	2.179	2.681	2.780	2.934	3.055
13	0.694	1.350	1.771	2.160	2.650	2.746	2.896	3.012
14	0.692	1.345	1.761	2.145	2.624	2.718	2.864	2.977
15	0.691	1.341	1.753	2.131	2.602	2.694	2.837	2.947
16	0.690	1.337	1.746	2.120	2.583	2.673	2.813	2.921
17	0.689	1.333	1.740	2.110	2.567	2.655	2.793	2.898
18	0.688	1.330	1.734	2.101	2.552	2.639	2.775	2.878
19	0.688	1.328	1.729	2.093	2.539	2.625	2.759	2.861
20	0.687	1.325	1.725	2.086	2.528	2.613	2.744	2.845
21	0.686	1.323	1.721	2.080	2.518	2.602	2.732	2.831
22	0.686	1.321	1.717	2.074	2.508	2.591	2.720	2.819
23	0.685	1.319	1.714	2.069	2.500	2.582	2.710	2.807
24	0.685	1.318	1.711	2.064	2.492	2.574	2.700	2.797
25	0.684	1.316	1.708	2.060	2.485	2.566	2.692	2.787
26	0.684	1.315	1.706	2.056	2.479	2.559	2.684	2.779
27	0.684	1.314	1.703	2.052	2.473	2.553	2.676	2.771
28	0.683	1.313	1.701	2.048	2.467	2.547	2.669	2.763
29	0.683	1.311	1.699	2.045	2.462	2.541	2.663	2.756
30	0.683	1.310	1.697	2.042	2.457	2.536	2.657	2.750
40	0.681	1.303	1.684	2.021	2.423	2.499	2.616	2.704
60	0.679	1.296	1.671	2.000	2.390	2.463	2.575	2.660
120	0.677	1.289	1.658	1.980	2.358	2.428	2.536	2.617
∞	0.675	1.282	1.645	1.960	2.327	2.395	2.498	2.576

[표 5] χ^2-분포표

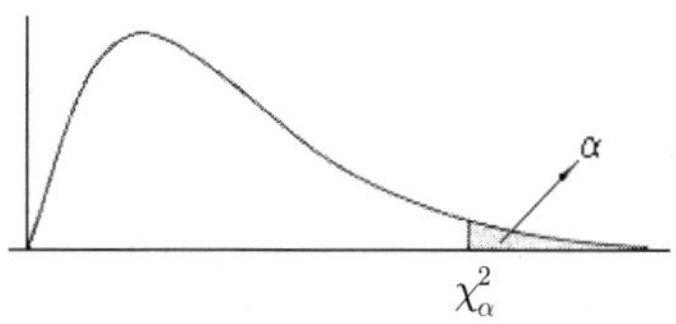

d.f.	α								
	0.99	**0.975**	**0.95**	**0.9**	**0.5**	**0.1**	**0.05**	**0.025**	**0.01**
1	0.0002	0.001	0.004	0.02	0.45	2.71	3.84	5.02	6.63
2	0.02	0.05	0.10	0.21	1.39	4.61	5.99	7.38	9.21
3	0.11	0.22	0.35	0.58	2.37	6.25	7.81	9.35	11.34
4	0.30	0.48	0.71	1.06	3.36	7.78	9.49	11.14	13.28
5	0.55	0.83	1.15	1.61	4.35	9.24	11.07	12.83	15.09
6	0.87	1.24	1.64	2.20	5.35	10.64	12.59	14.45	16.81
7	1.24	1.69	2.17	2.83	6.35	12.02	14.07	16.01	18.48
8	1.65	2.18	2.73	3.49	7.34	13.36	15.51	17.53	20.09
9	2.09	2.70	3.33	4.17	8.34	14.68	16.92	19.02	21.67
10	2.56	3.25	3.94	4.87	9.34	15.99	18.31	20.48	23.21
11	3.05	3.82	4.57	5.58	10.34	17.28	19.68	21.92	24.72
12	3.57	4.40	5.23	6.30	11.34	18.55	21.03	23.34	26.22
13	4.11	5.01	5.89	7.04	12.34	19.81	22.36	24.74	27.69
14	4.66	5.63	6.57	7.79	13.34	21.06	23.68	26.12	29.14
15	5.23	6.26	7.26	8.55	14.34	22.31	25.00	27.49	30.58
16	5.81	6.91	7.96	9.31	15.34	23.54	26.30	28.85	32.00
17	6.41	7.56	8.67	10.09	16.34	24.77	27.59	30.19	33.41
18	7.01	8.23	9.39	10.86	17.34	25.99	28.87	31.53	34.81
19	7.63	8.91	10.12	11.65	18.34	27.20	30.14	32.85	36.19
20	8.26	9.59	10.85	12.44	19.34	28.41	31.41	34.17	37.57
21	8.90	10.28	11.59	13.24	20.34	29.62	32.67	35.48	38.93
22	9.54	10.98	12.34	14.04	21.34	30.81	33.92	36.78	40.29
23	10.20	11.69	13.09	14.85	22.34	32.01	35.17	38.08	41.64
24	10.86	12.40	13.85	15.66	23.34	33.20	36.42	39.36	42.98
25	11.52	13.12	14.61	16.47	24.34	34.38	37.65	40.65	44.31
26	12.20	13.84	15.38	17.29	25.34	35.56	38.89	41.92	45.64
27	12.88	14.57	16.15	18.11	26.34	36.74	40.11	43.19	46.96
28	13.56	15.31	16.93	18.94	27.34	37.92	41.34	44.46	48.28
29	14.26	16.05	17.71	19.77	28.34	39.09	42.56	45.72	49.59
30	14.95	16.79	18.49	20.60	29.34	40.26	43.77	46.98	50.89
40	22.16	24.43	26.51	29.05	39.34	51.81	55.76	59.34	63.69
50	29.71	32.36	34.76	37.69	49.33	63.17	67.50	71.42	76.15
60	37.48	40.48	43.19	46.46	59.33	74.40	79.08	83.30	88.38
70	45.44	48.76	51.74	55.33	69.33	85.53	90.53	95.02	100.43
80	53.54	57.15	60.39	64.28	79.33	96.58	101.88	106.63	112.33
90	61.75	65.65	69.13	73.29	89.33	107.57	113.15	118.14	124.12
100	70.06	74.22	77.93	82.36	99.33	118.50	124.34	129.56	135.81

[표 6] F-분포표

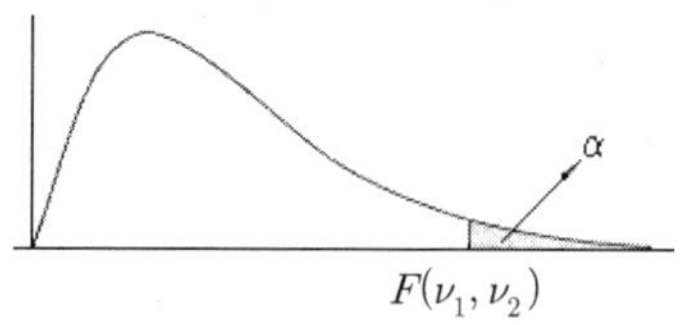

$\alpha = 0.10$

$\nu_2 \backslash \nu_1$	1	2	3	4	5	6	7	8	9	10
1	39.86	49.50	53.59	55.83	57.24	58.20	58.91	59.44	59.86	60.19
2	8.53	9.00	9.16	9.24	9.29	9.33	9.35	9.37	9.38	9.39
3	5.54	5.46	5.39	5.34	5.31	5.28	5.27	5.25	5.24	5.23
4	4.54	4.32	4.19	4.11	4.05	4.01	3.98	3.95	3.94	3.92
5	4.06	3.78	3.62	3.52	3.45	3.40	3.37	3.34	3.32	3.30
6	3.78	3.46	3.29	3.18	3.11	3.05	3.01	2.98	2.96	2.94
7	3.59	3.26	3.07	2.96	2.88	2.83	2.78	2.75	2.72	2.70
8	3.46	3.11	2.92	2.81	2.73	2.67	2.62	2.59	2.56	2.54
9	3.36	3.01	2.81	2.69	2.61	2.55	2.51	2.47	2.44	2.42
10	3.29	2.92	2.73	2.61	2.52	2.46	2.41	2.38	2.35	2.32
11	3.23	2.86	2.66	2.54	2.45	2.39	2.34	2.30	2.27	2.25
12	3.18	2.81	2.61	2.48	2.39	2.33	2.28	2.24	2.21	2.19
13	3.14	2.76	2.56	2.43	2.35	2.28	2.23	2.20	2.16	2.14
14	3.10	2.73	2.52	2.39	2.31	2.24	2.19	2.15	2.12	2.10
15	3.07	2.70	2.49	2.36	2.27	2.21	2.16	2.12	2.09	2.06
16	3.05	2.67	2.46	2.33	2.24	2.18	2.13	2.09	2.06	2.03
17	3.03	2.64	2.44	2.31	2.22	2.15	2.10	2.06	2.03	2.00
18	3.01	2.62	2.42	2.29	2.20	2.13	2.08	2.04	2.00	1.98
19	2.99	2.61	2.40	2.27	2.18	2.11	2.06	2.02	1.98	1.96
20	2.97	2.59	2.38	2.25	2.16	2.09	2.04	2.00	1.96	1.94
21	2.96	2.57	2.36	2.23	2.14	2.08	2.02	1.98	1.95	1.92
22	2.95	2.56	2.35	2.22	2.13	2.06	2.01	1.97	1.93	1.90
23	2.94	2.55	2.34	2.21	2.11	2.05	1.99	1.95	1.92	1.89
24	2.93	2.54	2.33	2.19	2.10	2.04	1.98	1.94	1.91	1.88
25	2.92	2.53	2.32	2.18	2.09	2.02	1.97	1.93	1.89	1.87
26	2.91	2.52	2.31	2.17	2.08	2.01	1.96	1.92	1.88	1.86
27	2.90	2.51	2.30	2.17	2.07	2.00	1.95	1.91	1.87	1.85
28	2.89	2.50	2.29	2.16	2.06	2.00	1.94	1.90	1.87	1.84
29	2.89	2.50	2.28	2.15	2.06	1.99	1.93	1.89	1.86	1.83
30	2.88	2.49	2.28	2.14	2.05	1.98	1.93	1.88	1.85	1.82
40	2.84	2.44	2.23	2.09	2.00	1.93	1.87	1.83	1.79	1.76
60	2.79	2.39	2.18	2.04	1.95	1.87	1.82	1.77	1.74	1.71
120	2.75	2.35	2.13	1.99	1.90	1.82	1.77	1.72	1.68	1.65
∞	2.71	2.30	2.08	1.94	1.85	1.77	1.72	1.67	1.63	1.60

[표 6] F-분포표 계속

$\alpha = 0.10$

ν_2 \ ν_1	12	15	20	24	30	40	60	120	∞
1	60.71	61.22	61.74	62.00	62.26	62.53	62.79	63.06	63.33
2	9.41	9.42	9.44	9.45	9.46	9.47	9.47	9.48	9.49
3	5.22	5.20	5.18	5.18	5.17	5.16	5.15	5.14	5.13
4	3.90	3.87	3.84	3.83	3.82	3.80	3.79	3.78	3.76
5	3.27	3.24	3.21	3.19	3.17	3.16	3.14	3.12	3.11
6	2.90	2.87	2.84	2.82	2.80	2.78	2.76	2.74	2.72
7	2.67	2.63	2.59	2.58	2.56	2.54	2.51	2.49	2.47
8	2.50	2.46	2.42	2.40	2.38	2.36	2.34	2.32	2.29
9	2.38	2.34	2.30	2.28	2.25	2.23	2.21	2.18	2.16
10	2.28	2.24	2.20	2.18	2.16	2.13	2.11	2.08	2.06
11	2.21	2.17	2.12	2.10	2.08	2.05	2.03	2.00	1.97
12	2.15	2.10	2.06	2.04	2.01	1.99	1.96	1.93	1.90
13	2.10	2.05	2.01	1.98	1.96	1.93	1.90	1.88	1.85
14	2.05	2.01	1.96	1.94	1.91	1.89	1.86	1.83	1.80
15	2.02	1.97	1.92	1.90	1.87	1.85	1.82	1.79	1.76
16	1.99	1.94	1.89	1.87	1.84	1.81	1.78	1.75	1.72
17	1.96	1.91	1.86	1.84	1.81	1.78	1.75	1.72	1.69
18	1.93	1.89	1.84	1.81	1.78	1.75	1.72	1.69	1.66
19	1.91	1.86	1.81	1.79	1.76	1.73	1.70	1.67	1.63
20	1.89	1.84	1.79	1.77	1.74	1.71	1.68	1.64	1.61
21	1.87	1.83	1.78	1.75	1.72	1.69	1.66	1.62	1.59
22	1.86	1.81	1.76	1.73	1.70	1.67	1.64	1.60	1.57
23	1.84	1.80	1.74	1.72	1.69	1.66	1.62	1.59	1.55
24	1.83	1.78	1.73	1.70	1.67	1.64	1.61	1.57	1.53
25	1.82	1.77	1.72	1.69	1.66	1.63	1.59	1.56	1.52
26	1.81	1.76	1.71	1.68	1.65	1.61	1.58	1.54	1.50
27	1.80	1.75	1.70	1.67	1.64	1.60	1.57	1.53	1.49
28	1.79	1.74	1.69	1.66	1.63	1.59	1.56	1.52	1.48
29	1.78	1.73	1.68	1.65	1.62	1.58	1.55	1.51	1.47
30	1.77	1.72	1.67	1.64	1.61	1.57	1.54	1.50	1.46
40	1.71	1.66	1.61	1.57	1.54	1.51	1.47	1.42	1.38
60	1.66	1.60	1.54	1.51	1.48	1.44	1.40	1.35	1.29
120	1.60	1.55	1.48	1.45	1.41	1.37	1.32	1.26	1.19
∞	1.55	1.49	1.42	1.38	1.34	1.30	1.24	1.17	1.00

[표 6] F-분포표 계속

$\alpha = 0.05$

ν_2 \ ν_1	1	2	3	4	5	6	7	8	9	10
1	161.4	199.5	215.7	224.6	230.2	234.0	236.8	238.9	240.5	241.9
2	18.51	19.00	19.16	19.25	19.30	19.33	19.35	19.37	19.38	19.40
3	10.13	9.55	9.28	9.12	9.01	8.94	8.89	8.85	8.81	8.79
4	7.71	6.94	6.59	6.39	6.26	6.16	6.09	6.04	6.00	5.96
5	6.61	5.79	5.41	5.19	5.05	4.95	4.88	4.82	4.77	4.74
6	5.99	5.14	4.76	4.53	4.39	4.28	4.21	4.15	4.10	4.06
7	5.59	4.74	4.35	4.12	3.97	3.87	3.79	3.73	3.68	3.64
8	5.32	4.46	4.07	3.84	3.69	3.58	3.50	3.44	3.39	3.35
9	5.12	4.26	3.86	3.63	3.48	3.37	3.29	3.23	3.18	3.14
10	4.96	4.10	3.71	3.48	3.33	3.22	3.14	3.07	3.02	2.98
11	4.84	3.98	3.59	3.36	3.20	3.09	3.01	2.95	2.90	2.85
12	4.75	3.89	3.49	3.26	3.11	3.00	2.91	2.85	2.80	2.75
13	4.67	3.81	3.41	3.18	3.03	2.92	2.83	2.77	2.71	2.67
14	4.60	3.74	3.34	3.11	2.96	2.85	2.76	2.70	2.65	2.60
15	4.54	3.68	3.29	3.06	2.90	2.79	2.71	2.64	2.59	2.54
16	4.49	3.63	3.24	3.01	2.85	2.74	2.66	2.59	2.54	2.49
17	4.45	3.59	3.20	2.96	2.81	2.70	2.61	2.55	2.49	2.45
18	4.41	3.55	3.16	2.93	2.77	2.66	2.58	2.51	2.46	2.41
19	4.38	3.52	3.13	2.90	2.74	2.63	2.54	2.48	2.42	2.38
20	4.35	3.49	3.10	2.87	2.71	2.60	2.51	2.45	2.39	2.35
21	4.32	3.47	3.07	2.84	2.68	2.57	2.49	2.42	2.37	2.32
22	4.30	3.44	3.05	2.82	2.66	2.55	2.46	2.40	2.34	2.30
23	4.28	3.42	3.03	2.80	2.64	2.53	2.44	2.37	2.32	2.27
24	4.26	3.40	3.01	2.78	2.62	2.51	2.42	2.36	2.30	2.25
25	4.24	3.39	2.99	2.76	2.60	2.49	2.40	2.34	2.28	2.24
26	4.23	3.37	2.98	2.74	2.59	2.47	2.39	2.32	2.27	2.22
27	4.21	3.35	2.96	2.73	2.57	2.46	2.37	2.31	2.25	2.20
28	4.20	3.34	2.95	2.71	2.56	2.45	2.36	2.29	2.24	2.19
29	4.18	3.33	2.93	2.70	2.55	2.43	2.35	2.28	2.22	2.18
30	4.17	3.32	2.92	2.69	2.53	2.42	2.33	2.27	2.21	2.16
40	4.08	3.23	2.84	2.61	2.45	2.34	2.25	2.18	2.12	2.08
60	4.00	3.15	2.76	2.53	2.37	2.25	2.17	2.10	2.04	1.99
120	3.92	3.07	2.68	2.45	2.29	2.18	2.09	2.02	1.96	1.91
∞	3.84	3.00	2.60	2.37	2.21	2.10	2.01	1.94	1.88	1.83

[표 6] F-분포표 계속

$\alpha = 0.05$

ν_2 \ ν_1	12	15	20	24	30	40	60	120	∞
1	243.9	245.9	248.0	249.1	250.1	251.1	252.2	253.3	254.3
2	19.41	19.43	19.45	19.45	19.46	19.47	19.48	19.49	19.50
3	8.74	8.70	8.66	8.64	8.62	8.59	8.57	8.55	8.53
4	5.91	5.86	5.80	5.77	5.75	5.72	5.69	5.66	5.63
5	4.68	4.62	4.56	4.53	4.50	4.46	4.43	4.40	4.37
6	4.00	3.94	3.87	3.84	3.81	3.77	3.74	3.70	3.67
7	3.57	3.51	3.44	3.41	3.38	3.34	3.30	3.27	3.23
8	3.28	3.22	3.15	3.12	3.08	3.04	3.01	2.97	2.93
9	3.07	3.01	2.94	2.90	2.86	2.83	2.79	2.75	2.71
10	2.91	2.85	2.77	2.74	2.70	2.66	2.62	2.58	2.54
11	2.79	2.72	2.65	2.61	2.57	2.53	2.49	2.45	2.41
12	2.69	2.62	2.54	2.51	2.47	2.43	2.38	2.34	2.30
13	2.60	2.53	2.46	2.42	2.38	2.34	2.30	2.25	2.21
14	2.53	2.46	2.39	2.35	2.31	2.27	2.22	2.18	2.13
15	2.48	2.40	2.33	2.29	2.25	2.20	2.16	2.11	2.07
16	2.42	2.35	2.28	2.24	2.19	2.15	2.11	2.06	2.01
17	2.38	2.31	2.23	2.19	2.15	2.10	2.06	2.01	1.96
18	2.34	2.27	2.19	2.15	2.11	2.06	2.02	1.97	1.92
19	2.31	2.23	2.16	2.11	2.07	2.03	1.98	1.93	1.88
20	2.28	2.20	2.12	2.08	2.04	1.99	1.95	1.90	1.84
21	2.25	2.18	2.10	2.05	2.01	1.96	1.92	1.87	1.81
22	2.23	2.15	2.07	2.03	1.98	1.94	1.89	1.84	1.78
23	2.20	2.13	2.05	2.01	1.96	1.91	1.86	1.81	1.76
24	2.18	2.11	2.03	1.98	1.94	1.89	1.84	1.79	1.73
25	2.16	2.09	2.01	1.96	1.92	1.87	1.82	1.77	1.71
26	2.15	2.07	1.99	1.95	1.90	1.85	1.80	1.75	1.69
27	2.13	2.06	1.97	1.93	1.88	1.84	1.79	1.73	1.67
28	2.12	2.04	1.96	1.91	1.87	1.82	1.77	1.71	1.65
29	2.10	2.03	1.94	1.90	1.85	1.81	1.75	1.70	1.64
30	2.09	2.01	1.93	1.89	1.84	1.79	1.74	1.68	1.62
40	2.00	1.92	1.84	1.79	1.74	1.69	1.64	1.58	1.51
60	1.92	1.84	1.75	1.70	1.65	1.59	1.53	1.47	1.39
120	1.83	1.75	1.66	1.61	1.55	1.50	1.43	1.35	1.26
∞	1.75	1.67	1.57	1.52	1.46	1.39	1.32	1.22	1.00

찾아보기

ㅅ

ㅇ

ㅈ

저자

金 洙 澤

서울대학교 계산통계학과 이학사, 이학석사
부산대학교 통계학과 이학박사
현: 국립 경상대학교 자연과학대학 정보통계학과 교수
저서: 행렬대수학 for Statistics, 2019년, 자유아카데미
수리통계학 개론, 2018년, 자유아카데미
사회조사방법론, 2015년, 자유아카데미
미적분과 행렬대수, 2013년, 자유아카데미
자료해석, 2012년, 자유아카데미
수리통계학, 2010년, 자유아카데미
표본조사설계, 2010년, 자유아카데미

감수

한국통계학회 조사통계연구회

김규성 서울시립대학교 통계학과 교수
김영원 숙명여자대학교 통계학과 교수
박진우 수원대학교 데이터과학과 교수
변종석 한신대학교 응용통계학과 교수
이기재 한국방송통신대학교 정보통계학과 교수
한근식 한신대학교 컴퓨터공학과 교수
홍기학 동신대학교 컴퓨터학과 교수

사회조사분석사 대비

사회조사방법의 이해

저 자 김수택
감 수 한국통계학회 조사통계연구회
발 행 인 김지영
발 행 처 자유아카데미
주 소 경기도 파주시 회동길 37-42 파주출판도시
전 화 031-955-1321
팩 스 031-955-1322
홈페이지 www.freeaca.com
전자우편 main@freeaca.com (대표)
editor@freeaca.com (편집)
crm@freeaca.com (영업)
등 록 제406-2003-017호, 1980. 7. 12
제1판1쇄 2019년 8월 25일 발행
정 가 32,000원

저자와의 협의하에 인지생략

ISBN 979-11-5808-225-3 93310